주목하지 않을 권리

주목하지 않을 권리

The Attention Merchants

당신의 관심을 은근슬쩍 사고파는 **광고 산업에 대항할 유일한 방법**

팀 우 지음 | 안진환 옮김

알키

일러두기

1. 인명·지명 등은 한글 맞춤법, 외래어 표기법에 따라 표기하는 것을 원칙으로 했으나 널리 쓰이는 표기법이 있을 때는 통용되는 방식에 따랐다.
2. 본문 아래 실린 각주는 모두 저자의 것이며, 옮긴이 주는 괄호 안에 넣어 표시했다.
3. 책, 영화, 텔레비전 프로그램 등이 국내에 번역된 경우 그에 따랐고, 그 외에는 옮긴이가 번역해서 실었다.
4. 단행본은 《》, 잡지, 신문, 영화, 텔레비전 프로그램 등은 〈〉로 표기했다.

시에라에게 이 책을 바칩니다.

나의 경험은 내가 주의를 기울이기로 동의한 모든 것이다.

— 윌리엄 제임스

나는 관념적인 원리 수준에서 사람들 생각의 소중한 고결성을 논하는 동시에,
구체적인 사실 수준에서 사람들에게 일상의 상당 부분을 기획자 무리가
퍼붓는 포화 속에서 보내도록 강요하는 사회의 이성이 무섭다.

— 찰스 L. 블랙 주니어

안녕하십니까, 한국의 독자 여러분.

주의력 사업 세계에 들어오신 걸 환영합니다. 사실 이 세계는 이미 여러분들이 살고 계신 곳입니다. 인간의 주의력과 시간이 가장 귀중한 이 세계에서 우리 모두는 그 값진 자원의 일부를 얻고자 애쓰는 노력을 일상적으로 수천 건은 아니라도 수백 건씩 접하며 살고 있습니다. 이 책은 바로 그런 주의력 사업의 세계가 형성된 과정과 그 세계의 핵심을 이루는 광고나 정치 선전, 종교, 기술 플랫폼 등의 실상 및 중요성에 대한 여러분들의 이해를 돕고자 집필되었습니다.

우리 가족은 대만 출신입니다. 덕분에 부모님의 고향을 오가며 거기서 그리 멀지 않은 한국도 여러 차례 방문하는 기회를 갖게 되었습니다. 그때마다 저는 한국의 발전상을 눈으로 확인하며 탄복하지 않을 수 없었습니다. 한국이 이룩한 그 모든 것에 실로 큰 박수를 보내는 바입니다. 이 책이 특히 한국 독자들에게 흥미로울 것이라 믿는 이유는 오늘날 지구상에서 한국만큼 높은 수준의 디지털 기술과 온라인 연결성을 자랑하는 나라가 없기 때문입니다. 그리고 바로 그런 이유로 한국은 지금 주의력이 주도하는 세상에서 긍정적인 면과 부정적인 면 모두를 경험하고 있습니다. 주의력 사업 세계에서는 유명인이나 유력 인물, 온라인 네트워크에 의해 많은 것이 좌지우지됩니다. 게다가 그러한 영향이 가족 관계나 우정, 신앙, 정치철학 등에 도움이 되는 것으로 느껴지기도 합니다.

간단히 말하자면, 이 책의 목적은 우리가 살고 있는 이 광적인 세상에 대한 이해를 돕고 경각심을 높이고자 하는 것입니다. 모쪼록 즐거운 책읽기가 되길 바라마지 않습니다.

한국인 모두의 건투를 빕니다.

2019년 6월

팀 우

자, 이렇게 해봅시다

2011년, 캘리포니아 중부 지역에 위치한 트윈리버스 학군은 어려운 상황에 처해 있었다. 부유한 학군과 거리가 먼 트윈리버스는 2007년 서브프라임 모기지 사태와 주 정부의 재정 붕괴로 심각한 타격을 입었다. 2010년대에 접어들며 이 학군 내 학교들은 교과 외 활동은 물론 난방 같은 기본적인 것들까지 줄이고 있었다. 어느 겨울날, 한 학생은 섭씨 6도를 가리키는 교실 온도 조절 장치의 사진을 찍어 포스팅했다.

상황이 그러할 때, 학군 이사회 앞에 "교육자금파트너Education Funding Partners, EFP"라는 회사가 등장했다. EFP는 이 학군의 재정적 문제들을 해결하는 데 도움이 될 새로운 방법을 제안했다. 이른바 "사업의 힘"을 이용하여 공교육에 변혁을 하자는 솔깃한 제안이었다. EFP는 자신들이 중개업자 역할을 하며 해마다 전용 가능한 민간 자금을 50만 달러나 학군에 안겨주겠다고 약속했다. 또한 이 서비스에 대한 비용은 한 푼도 받지 않겠다고 강조했다. EFP의 홍보에 따르면, "EFP의 수입은 오로지 기업 기부금에서 발생하므로 본질적으로 학군에는 무료 서비스를 제공할 수 있다"는 것이었다.

이 무료 혜택을 받기 위해 이사회는 사실상 아무것도 할 일이 없었다. 그들은 다음과 같은 사실만 이해하면 되었다. 학군 내 학교들은 그 어떤 자선 모금 행사보다도 돈이 되는 자산을 이미 보유하고 있다는 사실이었다. 간단히 말해서, 그 자산은 학교의 학생들이었다. 의무교육의 속성상 학생들은 자리를 뜰 수 없는 청중이나 마찬가지였다. 만약 학교가 교육한다는 목적으로 학생들의 주의력을 사로잡을 수 있다면, 그들의 교육적 경험을 향상시키기 위해 그 주의력 가운데 일부를 판다고 해서 안 될 게 뭐가 있겠는가? 구체적으로 말하자면, EFP는 트윈리버스 학군에 교내 기업 광고를 허용할 것을 제안하고 있었다. 나아가 트윈리버스 학군과 미국 내 다른 학군 학생들을 한데 묶어 자금력이 훨씬 더 풍부한 〈포춘〉 500대 기업 같은 대형 브랜드를 유치하는 사업도 추진하겠다고 설명했다.

EFP는 이렇게 학군에 무상 지원금을 약속하는 동시에 기업 광고주들에게도 역시 매력적인 제안을 펼쳐놓았다. "학교 환경에 속한 청중에 제대로 접근해서 그들과 깊은 관계를 맺을 수 있도록 학교의 문호를 열어드리겠다." 광고주들은 오래전부터 어린 연령층에 직접 접근할 수 있기를 갈망해왔다. 감수성이 예민한 연령대에는 쉽게 영향을 미칠 수 있기 때문이다. 코카콜라나 맥도널드가 어린 연령층과 친밀한 관계를 맺으면 평생 지속되는 고객 충성도를 창출할 수도 있다. 광고 업계의 표현으로 "구매 결정을 이끌어내는 브랜드 인지도를 구축할 수 있는" 것이다. EFP가 고객들에게 제공한 것은 본질적으로 "(초등학교 1학년에서 고등학교 3학년까지로 구성된) K-12 시장에 참여할 수 있는 전대미문의 시스템"이었다. 그것은 미래의 소비자를 형성하는 기회를 의미했다.

트윈리버스는 곧 깨달음을 얻기 시작했다. 한 대변인은 이렇게 말했다. "우리는 우리의 자산에 대해 혁신적인 사고를 가져야 하며 더 많은 수익을 올리는 방법을 배워야 한다." 미국 내 다른 지역에서는 상업광고에 학교 문호를 개방하는 방안이 공공의 논쟁을 불러일으킨 바 있었다. 하지만 트윈리버스 학군의 행정가들은 해당 계약의 체결을 모종의 의무로 간주하는 것 같았다. 실제로 트윈리버스 학군은 2012년에 계약서에 서명했다. 학군의 사업담당책임자chief business officer는 이렇게 말했다. "학생들은 이 어려운 경제 시대에 이전 어느 때보다도 더욱, 우리가 우리의 자원을 확대할 방법을 찾아주길 기대하고 있다." EFP 측은 교내 광고의 모든 메시지가 "분별 있고 교육적일" 것이라고 약속했다. 그렇게 트윈리버스 학군은 학교의 문호를 개방하였다.

트윈리버스 학군은 학생들에 대한 접근권 판매를 주요한 수익원으로 의존하기 시작한 미국 내 다수의 학군 가운데 하나에 불과하다. 대부분이 저소득층이나 중산층 지역에 위치한 학군들이다. 일부는 학생들의 사물함과 복도 바닥에 광고를 붙였다. 플로리다의 어떤 학군 이사회는 맥도널드 로고를 성적표에 넣는 계약을 맺었다(성적이 좋으면 해피밀을 공짜로 먹을 자격이 생긴다). 최근 몇 년 동안 많은 학교의 복도에 공지 사항을 광고와 함께 보여주는 대형 스크린이 설치되었다. 한 스크린 제공 업체의 모토는 이러하다. "학교를 디지털 시대로 안내하라. 모두가 이익을 얻을 것이다."

공립학교에 광고를 도입하는 문제에서 가장 충격적인 건 아마도 관계자들이 그것을 논란의 여지가 없으며, 실로 논리적이라고까지 느낀다는 사실일 것이다. 관계자들은 그것을 양자 모두에게 유리한, 거부하면 무책임해 보일 수도 있는, 수입 창출 거래로 간주한다. 그러나 상황이 늘 이렇지는 않았다. 관습에 의해서든 기술적인 한계 때문이든, 생활의 여러 부분들, 일테면 가정과 학교, 사회적 상호작용 등이 광고와 상업을 막아주는 피난처가 되던 시대가 있었다. 그러나 지난 세기 내내, 우리는 아주 색다른 존재 방식을 받아들이게 되었다. 우리 삶의 거의 모든 부분이 최대한 상업적으로 이용되는 방식 말이다. 오늘날 성인들은 모종의 접근에서 벗어날 일이 거의 없다. 어떤 종류든 화면에서 멀어질 일이 좀처럼 없기에 유혹이나 판매의 대상이 될 수밖에 없다. 이 관점에서 보면, 학교 관리자들은 학생들에게 현실적인 교훈을 안겨주면서 결국 성인의 규범에 해당하는 것에 학생들을 노출시키는 셈이다. 하지만 그 규범은 어디에서 생겨난 것인가? 그리고 그 규범은 얼마나 정상적인 것일까?

이 책은 우리의 현 상황이 어떤 과정을 거쳐 어떻게 형성되었는지 설명한다. 한마디로 정리하자면, 한 세기 전에는 거의 존재하지도 않았던 어떤 산업이 극적이고 인상적으로 부흥하면서 오늘의 결과를 낳은 것이다. "주의력 사업"이 바로 그 산업이다. 주의력 사업은 태동 이래 다양한 형태를 취하면서 새로운 편의와 오락거리를 안겨주는 대가로 우리의 깨어 있는 순간들을 더욱더 많이 요구하고 획득해왔다. 인간의 삶을 급격하게 달라지게 하는 원대한 거래를 창출하면서 말이다. 그 과정에서 우리는 한 명의 개인으로서든 사회 전반으로서든 경제, 정치, 사회 등 우리가 생각할 수 있는 모든 차원에서 이뤄지는, 인류 역사상 전례 없는 삶의 경험을 받아들이게 되었다. 그리고 각각의 거래가 윈윈win-win으로 보인다는 전제하에 그것들 모두는 엄청난 총량으로 인간의 살아가는 방식에 더욱 모호하면서도 심오한 영향을 미치게 되었다.

그렇다면 정확히 주의력 사업가는 누구인가? 주의력 사업은 하나의 산업으로 볼 때 상대적으로 새로운 유형이다. 이 산업은 19세기에 태동한 것으로 볼 수 있다. 당시 뉴욕 시에서 광고에만 의존하는 최초의 신문이 발행되었고 파리에서는 휘황찬란한 새로운 종류의 상업 예술이 거리를 지나는 사람들의 눈을 사로잡기 시작했기 때문이다. 그러나 주의력을 수익으로 바꾸는 사업 모델이 지닌 최상의 잠재력은 상업적 사업체가 아니라 영국의 전쟁 선전원들이 대중 주의력의 영향력을 발견한 20세기 초에 이르러서야 제대로 이해되었다. 두 차례의 세계대전 동안 이루어진 선전 선동의 파괴적인 영향력은 이후 그러한 방법을 사용하는 각국 정부의 평판을 더럽히는 요인이 되었다. 적어도 서구에서는 그랬다. 그렇지만 각종 산업체들은 대중의 주의력을 사로잡았을 때 이루어낼 수 있는 바에 주목하지 않을 수 없었고, 이후 그것을 소중한 자원으로 취급하면서 주의력을 얻기 위해 갈수록 많은 프리미엄을 지불했다.

주의력 사업이 과거엔 원시적인 수준의 1인 사업이었다면, 사람들의 주의력을 수확해서 광고주들에게 전매, 즉 독점 판매하는 사업은 이제 우리 경제의 주요 부분으로 자리 잡았다. 내가 여기서 농작물에 비유해 "수확"이라는 표현을 쓰는 까닭은 주의력이 밀이나 돼지고기, 원유 등과 같은 상품처럼 널리 인식되고 있기 때문이다. 오래전부터 기존 산업들은 판매를 촉진하기 위해 주의력에 의존해왔다. 그리고 20세기의 새로운 산업들은 이 주의력을 자신들이 주조할 수 있는 모종의 화폐로 바꾸어놓았다. 라디오를 필두로 각각의 새로운 매체는 "무료" 콘텐츠를 제공하는 대가로 주의력을 획득해 전매하는 과정을 통해 상업적 생존 능력을 성취해냈다.

앞으로 살펴보게 되겠지만, 처음부터 승리 전략은 전에는 상업적 이용으로부터 차단되어 있던 시간과 공간을 찾아내 많든 적든 사람들의 수확되지 않은 의식을 거둬들이는 것이었다. 세 세대 전만 해도 대부분의 가족이 가정으로 무단 침입하는 방송을 용납하지 않을 것으로 인식되었다. 그 시절 사람들은 오늘날 우리의 가족이나 친구, 동료 네트워크가 무언가를 팔도록 돕는 소셜 미디어를 통해 각종 사업체에 '징집되고' 있다는 사실을 알면 경악할 것이다. 그런 사업체가 우리에게 돈을 주는 것도, 우리가 격렬하게 저항하는 것도 아니다. 오히려 대부분의 사람들은 우리의 시간과 주의력을 최대한 상업화하는 방법을 끊임없이 찾아내는 장치들을 몸에 지니고 다닌다. 한때는 충격적이었던 일이 그렇게 서서히 정상적인 것이 되었고, 그에 따라 우리 삶의 모습 또한 상업 논리에 점점 굴복하게 되었다. 이제는 그 점에 대해 이상하다고 전혀 생각하지 못할 정도로 말이다.

이 책은 나의 전작《마스터 스위치The Master Switch》와 기본적인 목적을 공유한다. 바로 경제적 야심과 파워가 우리의 살아가는 방식에 어떠한 영향을 미치는지 명확히 밝힌다는 것이다. 전작에서와 마찬가지로 나는 처음부터 냉소가의 영원한 질문을 제기하고 싶다. "주의력 사업의 부상은 나에게 어떤 변화를 주는가? 왜 나는 관심을 가져야 하는가?" 아주 간단히 말한다면, 사람들의 의식에 영향을 미치는 것이 사업의 본질인 이 산업이 삶의 방식을 근본적으로 바꿀 수 있고, 또 바꿀 것이기 때문이다.

현대인들이 주의력이 위기에 처했다는 광범위한 인식에 영향을 받는 시대를 살고 있는 것은 결코 우연이 아니다. 이는 "호모 디스트렉투스homo distractus(산만한 인간)"라는 표현에서, 즉 강박적으로 자신의 전자장치를 점검하는 것으로 유명한, 주의 집중 시간이 과거에 비해 현저히 짧아진 인간종이라는 표현에서 제대로 드러난다. 이메일을 확인하려고 자리에 앉았다가 자극적인 제목으로 클릭을 유도하는 미끼용 링크에 걸려 이런저런 광고만 실컷 감상하고는 의미 없이 흘러가버린 시간에 고개를 저어보지 않은 사람이 있는가.

많은 사람들이 끊임없이 정신을 빼앗기고 소셜 미디어나 텔레비전에 너무 많은 시간을 들이며 결국 각자의 유용한 목적에 도움이 되는 수준보다 더 많은 광고를 소비하고 있다. 이를 인정하면서도 우리의 냉소가는 여전히 다음과 같이 물을지도 모른다. "하지만 솔직히 말해서 이런 식으로 살기로 한 것은 우리의 선택이지 않은가?" 물론 그렇다. 자발적으로 혹은 어느 정도의 자의로 주의력 산업과 이 대단한 거래를 맺은 것은 바로 우리들이다. 그리고 혜택도 누리고 있다. 그러나 중요한 부분은 우리가 그 거래를 완벽하게 이해하고 있느냐는 것이다. 뉴스나 괜찮은 오락거리, 유용한 서비스를 얻기 위해 매일 주의력을 맞교환하는 일부 거래는 확실히 좋다고 할 수 있다. 그러나 그렇지 않은 거래도 많다. 이 책의 진정한 목적은 독자를 수용이나 거부 가운데 어느 하나를 선택하도록 설득하는 것이 아니다. 계약 조건을 명확하게 보게 만들고, 그러한 이해를 통해 자신이 살고 싶은 삶을 반영하는 거래를 요구하도록 이끄는 것이 목적이다.

역사를 통해서도 알 수 있듯이 우리는 주의력 사업가들을 상대할 때 전혀 힘을 못 쓰는 것이 아니다. 개개인은 무시하거나 관심을 끊거나 전원을 차단할 힘을 갖고 있다. 지난 세기 내내, 이 산업은 때때로 너무 많은 것을 요구하며 그 대가를 너무 적게 제공하거나 심지어 대중의 믿음을 깡그리 무너뜨리는 모습을 보이곤 했다. 그럴 때면 주의력 사업가들의 거래는 특정한 "각성"에 의해 공격을 받을 수 있고, 그러한 각성은 대중의 불만이 충분히 고조되는 경우 때로 제대로 갖춰진 "봉기"로 바뀔 수도 있다. 실제로 지난 세기에 몇 차례 목도된 것처럼 그러한 반란이 일어났을 때 주의력 사업가들과 그들의 파트너인 광고주들은 새로운 거래를 제시하면서 계약 조건을 수정해야만 했다. 적어도 코드를 잘라버리거나 전원을 끊어버리는 데 전념하는 사람들은 실제로 오늘날 그러한 시기를 살아가고 있을지도 모른다. 확실히 우리는 우리의 집합적 의식을 되찾는 것이 무엇을 의미할 수 있는지 진지하게 생각해보기에 적절한 시점에 와 있다.

결국 위기에 처한 것은 우리의 국가나 문화가 아니라 우리의 삶 그 자체이다. 잔인할 정도로 제한된 우리의 주의력 자원을 우리가 어떻게 사용하느냐 하는 것이 대부분의 사람들이 생각하고 싶어 하지 않는 수준으로 우리의 삶을 결정할 것이기 때문이다. 윌리엄 제임스가 지적했듯이, 우리 삶의 경험은 생이 끝나는 시점까지 선택에 의해 그랬든 무심히 그랬든 주의를 기울였던 모든 것과 동등하다는 점을 명심해야 한다. 우리는 제대로 깨닫지도 못한 채 상상한 것과 다른, 자신의 것이 아닌 삶을 살아갈 위험에 처해 있다. 거듭 강조하지만 앞으로 다룰 내용의 목적은 그 거래가 어떻게 이루어졌는지, 그리고 그것이 우리 모두에게 무엇을 의미하는지 보다 명확히 이해하도록 돕는 것이다.

CONTENTS

PART 4 유명해지는 것의 중요성

PART 5 다시는 속지 않으리라

PART 1

The Attention Merchants

맹렬한 근대화의 선구자들

자본주의가 등장한 이래로, 누군가의 주의를 사로잡으면 그의 지갑을 열 수 있는 것으로 알려져왔다. 그 이전에도 근대의 극장처럼 돈을 받고 구경거리를 보여주는 행사가 있기는 했다. 그러나 19세기 말까지도 최초의 진정한 주의력 산업은 여전히 미발달 단계에 머물러 있었다. 물론 그 당시에도 책이나 신문 같은 인쇄물이 수익을 겨냥해 제작된 지적 소모품으로서 생생한 구경거리에 가담한 상태였지만 말이다.
대규모로 주의력을 수확해서 상업 목적에 이용하는 최초의 수단이 부상한 것은 1890년대부터 1920년대가 끝날 무렵까지다. 광고라는 이름 아래 여러 가지 형태로 존재하는, 이제는 우리에게 친숙해진 무엇 덕분이었다. 시작 단계에서부터 그것은 조면기繰綿機만큼이나 변혁적인 기세를 떨쳤다. 왜냐하면 광고는 주의력이라는 환금성 작물을 놀라울 만큼 효율적으로 산업재로 바꾸어놓는 변환 엔진이었기 때문이다. 주의력은 그 자체로 사용이 가능했을 뿐 아니라 전매도 가능했다. 우리의 이야기는 바로 여기서 시작된다.

01

최초의 주의력 사업가

〈뉴욕타임스The New York Times〉와 〈월스트리트저널The Wall Street Journal〉의 창간호가 나오기까지는 아직 수십 년을 기다려야 했던 1833년 여름, 뉴욕 시의 대표적인 신문은 〈모닝쿠리어앤드뉴욕인콰이어러The Morning Courier and New York Enquirer〉였다. 인구가 30만에 육박하는 도시에서 고작 2,600부밖에 발행하지 않던 네 페이지짜리 일간지였다.[1] 판매가가 6센트였던 이 신문은 일종의 사치품이었는데, 그럴 만도 했다. 〈저널오브커머스The Journal of Commerce〉 등의 경쟁지와 마찬가지로 이 신문 역시 뉴욕 시의 재계 및 정계 엘리트층만 겨냥했기 때문이다. 사실 대부분의 뉴욕 사람들은 신문을 전혀 읽지 않았다. 한 역사가의 말을 빌리자면, "신문의 존재 자체를 아예 모르지는 않았더라도, 사람들은 적어도 신문에 영향을 받지는 않고 살았다. 이들 신문에는 평범한 독자의 눈길을 끌 만한 것이 거의 혹은 전혀 없었다".[2]

이 침체된 시장에서 벤자민 데이Benjamin Day라는 젊은이는 자신이 기회를 포착했다고 생각했다. 한때 신문사에서 일한 적 있는 스물세 살의 인쇄업자였던 데이는 직접 신문을 발행해보겠다는 결심을 굳혔다. 이 모험은 꽤나 무모했는데, 데이의 동기가 당시의 다른 신문사 경영자들과 달랐기 때문이다. 데이는 특정한 정치적 의제도 품고 있지 않았을 뿐 아니라 자신의 견해를 피력하기 위해 허황한 간행물에 돈을 댈 수 있을 만큼 부유하지도 않았다. 아주 높은 실크해트를 쓰고 얼굴을 찌푸린 그의 초상화에서도 알 수 있듯이, 데이는 자신이 저널리스트가 아니라 사업가라고 생각했다. "그는 개혁을 추진하거나 사람들을 각성시키기 위해서가 아니라 자신의 인쇄 사업을 발전시키기 위해 신문을 필요로 했다."

데이의 아이디어는 1센트, 즉 비누나 빗처럼 일상생활에서 쓰는 여러 물건과 같은 가격에 신문을 팔아보자는 것이었다. 그는 그 가격이라면 6센트짜리 경쟁지보다 훨씬 더 많은 청중을 확보할 수 있을 거라고 확신했다. 그러나 이 계획이 무모한, 어쩌면 자살행위에 가까울 수도 있었던 이유는 그러려면 밑지고 신문을 팔아야 하기 때문이었다. 데이가 구상하고 있었던 바는 생산 비용보다 더 높은 가격에 판매하는 방식, 즉 판매 수익을 올리는 전통적인 전략에서 벗어나는 것이었다. 대신 그는 다르지만 역사적으로 의미 있는 사업 모델에 의지하기로 했다. 자신이 확보하는 청중의 주의력을 되파는 일, 다시 말해 광고 수익에 의존하려는 것이었다. 데이가 이전 사람들보다 더욱 확실하게, 더욱 명확하게 이해한 것은 그의 독자들은 스스로를 고객이라고 생각할지 모르지만 실제로는 그의 '상품'이라는 사실이었다.

물론 그 이전에 광고를 수익원으로 삼으려 시도한 신문들이 전혀 없었던 것은 아니었다. 18세기 초 처음 일간지가 등장한 이후로 유료 공고문 같은 형태의 광고는 존재해왔다. 그러나 뉴스와 광고의 경계선이 명확하지 않았기 때문에 최초의 진정한 광고를 확인하기가 쉽지 않다. (1871년, 〈뉴욕타임스〉는 1652년작 서사시 〈이레노디아 그라툴라토리아Irenodia Gratulatoria〉의 출간 공고를 실으며 그것이 기사가 아닌 광고라는 점을 분명히 한다. 적어도 영어판 간행물로서는 처음인 셈이다.) 실제로 최초로 등장한 신문들은 "광고를 일종의 뉴스로 취급했다. (…) 아마도 그래야 독자들의 흥미를 유발할 수 있다고 생각했기 때문이었을 것이다." 이후 등장할, 미사여구로 설득하는 방식의 광고와는 달리, 초기 광고는 순전히 정보 제공 위주였다. 대부분이 흔히들 말하는 항목별 광고, 즉 안내 광고에 해당했는데, 유실물이나 팔려는 물건, 구인, 다양한 종류의 개인적 공지 사항 등을 담고 있었다.

데이의 의도는 그러한 게시판을 제공하려는 것이 아니라 독자들의 주의를 보다 유력한 광고주들에게 일괄적으로 판매하려는 것이었다. 그러나 그는 그러한 구별되지 않는 주의력을 누구에게든 가치 있게 보이게 하려면 엄청난 수의 독자들을 모아야만 했다. 이는 필요한 모든 수단을 동원해서 아주 광범위한 사회계층이 〈뉴욕선New York Sun〉을 매력 있는 신문으로 생각하게 만들어야 한다는 의미였다.

〈뉴욕선〉은 1833년 9월 3일 세상에 첫 모습을 드러냈다. 모두 텍스트로만 구성되었고, 비용을 아끼기 위해 보통의 신문보다 다소 작은 판형을 택했다. 데이는 모든 일을 혼자 처리했다. 그는 "소유주이자 발행인, 편집인, 수석 기자, 발송 직원이었다". 창간호의 경우, 그는 자신이 한 번도 부탁한 적이 없는 업체들의 광고로 지면을 채우는 이례적인 조치를 취했다. 사실상 그가 광고주를 찾기 위해 광고를 실었다고 말할 수 있을 정도다. 1면에 올린 창간 취지를 보면 그런 의도를 파악할 수 있었다. "이 신문의 목적은 모든 사람이 부담할 수 있는 가격으로 **하루의 모든 뉴스를** 대중에게 전달하는 동시에, 광고를 위한 유리한 매체를 제공하려는 것이다." 폭넓은 독자층을 제공한다는 약속을 실현키 위해 그는 누구도 눈길을 돌릴 수 없는 기사를 다루겠다는 계획을 세웠다.

창간호에 실린 첫 기사의 헤드라인은 다음과 같았다. "**구슬픈 자살** – 프레드 A. 홀Fred A. Hall이라는 사람이 지난 일요일 아편 팅크를 마시고 생을 마감했다." 기사에 따르면, 젊은 홀 씨는 그의 연애를 억지로 끝내려는 아버지에 의해 인도네시아로 쫓겨 가기 직전이었다. 이별을 견디지 못한 그는 자살을 택했다. "그는 스물넷의 나이로, 매력 있는 태도와 상냥한 성격의 소유자였다. 상황이 그리 감동적이지 않았더라도 그의 사망은 깊은 슬픔의 대상이었을 것이다."

〈선〉 창간호에는 윌리엄 스콧William Scott과 샬럿 그레이Charlotte Grey에 관한 기사도 실렸다. 스콧은 자신의 여자 친구인 그레이를 폭행한 혐의로 수감되었다. 치안판사 앞에 선 스콧은 피해자인 그레이와 결혼하겠다고 약속한다면 풀어주겠다는 제안을 받았다. "스콧 씨는 그 여자에게 색정 어린 눈길을 던진 다음, 창문 밖으로 시선을 돌려 교도소를 침울하게 살펴보았다. 그는 아내냐 교도소냐 둘 중에 어느 것을 선택해야 할지 망설였다. 판사는 즉각 대답하기를 요구했다. 마침내 그는 '저 물건과 결혼하는 게 낫겠다'고 결론 내렸다. 그들은 겉으로 보기엔 만족스러운 표정으로 법정을 떠났다."

전하는 바에 따르면, 창간호가 나온 그날 〈뉴욕선〉은 약 300부가 팔렸다. 나름대로 의미 있는 출발이었지만, 여전히 금전적으로는 손실을 안기는 사업이었다. 순조롭게 돌아가게 하려면 데이는 훨씬 더 잘해야만 했다. 그는 뉴욕 즉결심판소에서 최고의 기삿거리를 계속 찾아냈다. "술고래, 아내를 때리는 남편, 사기꾼, 좀도둑, 창녀와 성 매수남들의 암울한 이야기가 줄을 이었다." 결국 그는 영국의 한 일간지를 모방하여 조지 위스너George Wisner라는 사람을 고용해 즉결심판소만 전담시킴으로써(주급 4달러) "미 역사상 최초의 정규직 신문기자일 가능성이 높은 인물을 탄생시켰다". 데이의 부하는 매일 심판소에 취재를 나갔고, 즉결심판 과정 또는 그 소송 기록에서 뽑은 끔찍한 이야기나 코미디 같은 이야기를 잔뜩 갖고 돌아왔다. 예를 들어 존 롤러John Lawler라는, 몸집이 작고 곱슬머리인 남자는 원고인 메리 롤러Mary Lawler의 벌꿀 술 노점을 뒤엎은 혐의로 법정에 소환되었는데 다음과 같이 증언했다.

치안판사 자, 당신 이야기를 들어봅시다. 저 남자를 압니까?

원고 저 남자라고 말씀하셨나요? 판사님, 사실 저놈은 남자도 아니에요. 그냥 브랜디만 물고기처럼 마셔대는 놈입니다. (큰 웃음소리)

판사 저 남자를 전에 본 적이 있습니까?

원고 아마 그럴 겁니다. 여러 해 전에 제 남편이었으니까요. 하지만 판사님도 아시겠지만, 저는 저치와 이혼했습니다. 다시 말해서, 제가 더 이상 저 남자와 살지 않겠다고 쓴 서류 같은 것을 줬습니다. (웃음소리)

피고 판사님, 그런 게 절대 아닙니다. 저 여자는 다른 놈들과 눈이 맞아 가출하곤 했습니다. 그래서 럼주 한 병을 받고 저 여자를 팔아버린 겁니다.

다른 신문들과 달리 〈뉴욕선〉은 도망쳤다가 붙잡힌 노예에 대한 기사[1827년에 노예제가 폐지되었는데도 뉴욕은 여전히 노예주(노예제도가 합법화되었던 남부의 주-옮긴이) 주민들의 재산권은 인정했다]나 경매대가 갈라놓은 노예 부부들의 불행을 다룬 기사 등, 뉴욕의 노예 매매에 대해 상세히 보도하기도 했다. 다른 점에서는 정치와 무관심한, 초당파적인 입장을 보였지만, 주로 위스너 덕분에 〈뉴욕선〉은 노예제도 폐지를 지지하는 일관된 신조를 유지했다. 〈뉴욕선〉은 다음과 같이 말했다. "우리는 노예들을 묶은

쇠사슬이 철꺽거리는 소리가 더 이상 들리지 않고 미국인들이 세상 사람들 앞에서 '모든' 인간이 자유롭고 평등하게 창조되었다는 장엄한 원칙을 설파하고 또 실천할 날이 멀지 않았다고 믿는다."

그러한 기사 덕분에 데이는 자신이 얻고자 했던 청중과 주의력을 획득했다. 불과 석 달 만에 하루에 수천 부를 판매하게 되면서 기존의 저명한 신문들을 위협했다. 그러나 1센트의 가격만으로는 더 많은 신문을 찍어낼수록 더 많은 손실이 발생했다.[3] 따라서 신문은 전적으로 광고 수익에 의존했는데, 그 수익 역시 늘어나고 있었다. 그리하여 첫 해의 어느 마법과도 같은 시점에 유료 광고가 발생시킨 양력揚力이 막대한 비용의 중력을 앞지르는 일이 발생했다. 그리고 그 순간, 라이트 형제의 비행기처럼 〈뉴욕선〉은 날아올랐다. 더불어 세상은 전혀 다른 모습으로 변하기 시작했다.

1834년 말 무렵 〈뉴욕선〉은 1일 판매 부수가 5,000부라고 주장했고, 그로써 뉴욕 시 최고의 일간지가 되었다. 데이는 단지 자신의 소박한 수입을 보강하기 위해 벌인 일이었지만, 결국엔 신문이 독립적인 사업으로서 작동할 수 있음을 입증하는 셈이 되었다. 〈선〉의 성공으로 신문은 당의 기관지 역할을 할 필요가 없다는 것이 증명되었다. 더 이상 손실 비용을 대주는 부유한 후원자에게 의지할 필요가 없어진 것이었다. 경쟁 신문사들은 처음에는 〈선〉이 어떻게 더 싸게 팔면서도 더 많은 뉴스를 제공하고 더 많은 독자를 확보하며 앞서 나갈 수 있었는지 알아내지 못했다. 데이가 파악한 것은 신문 가판대 수익이 보잘것없다는 사실이었다. 광고 수익이 모든 것을 가능케 할 수 있다는 사실이었다.

데이는 벼락부자가 된 것 외에 다른 중요한 바도 이루어냈다. 단순한 사업 모델을 넘어, 신문이 대중에 미치는 장기적인 사회적 영향력은 엄청났다. 일간지를 구독하는 다수의 사람들은 위르겐 하버마스Jürgen Habermas가 "공론의 장public sphere"[4]이라 부른 것을, 이 효과를 지칭하는 더욱 친숙한 말로는 "여론"이라는 것을 탄생시켰다. 하지만 뭐라 부르든 이는 새로운 현상으로서, 막 생겨났지만 그 세가 커지고 있던 주의력 산업에 의지했다.

데이에게는 불행하게도 경쟁 신문사들은 결국 그가 어떻게 그 일을 해내고 있는지 알아냈다. 곧 그의 사업 모델은 모방꾼들을 마주했다. 그들 중 하나인 석간 〈뉴욕트랜스크립트New York Transcript〉는 스포츠 기사에 집중함으로써 ESPN의 효시를 이뤘는데, 당시 스포츠 기사는 경마와 프로 권투에 국한되었다. 그러나 가장 상대하기 힘든 도전자는 1835년에 제임스 고든 베넷James Gordon Bennett이라는 전직 교사가 창간한 또 다른 값싼 대중지인 〈모닝헤럴드The Morning Herald〉였다. 사시가 심했던 베넷은 이상한 사람이었다. 충격적이고 타락한 얘깃거리에 대한 대중의 욕구를 부추기면서도 자신은 상류계급의 표본이라고 내세우고 다닌 파렴치한 허풍쟁이였다. 역사가라면 그를 "악명 높은 사기꾼, 늘 자신의 목적을 달성한 사기꾼"이라고 부를 것이다. 베넷은 창간일 다음 날 신문에 자신의 임무는 "인간의 본성과 현실의 삶이 기이한 일과 예상 밖의 변화를 가장 잘 드러내는 모든 곳에서 (…) 세상을 정확히 그려내는 것"이라고 선언했다.

처음부터 〈헤럴드〉는 폭력적인 죽음을 전문적으로 다뤘다. 한 집계에 따르면, 〈헤럴드〉는 처음 두 주 동안 "세 건의 자살 사건, 세 건의 살인 사건, 다섯 명이 사망한 화재 사건, 머리를 날려버린 한 남자의 사고, 프랑스의 단두대 처형 묘사, 필라델피아에서 발생한 폭동, 그리고 50년 전 집행된 존 안드레 소령Major John André의 처형 등"에 대해 보도했다. 베넷은 이후 도끼에 목숨을 잃고 불이 붙은 침대 위에 남겨진 창녀 헬렌 주잇Helen Jewett 살인 사건에 대한 선정적인 보도 기사를 필두로 범죄 현장 보도 부문의 선구자가 된다. 베넷은 허락을 받고 그 나체 상태의 시신을 보러 들어갔다.

> 내가 지금껏 목격한 가장 놀라운 광경이었다. (…) 나는 탄성을 내지르지 않을 수 없었다. "세상에. 정말 조각상 같군!" 시신은 가장 순수한 대리석처럼 하얗고, 풍만하고, 광이 나 보였다. 우아한 다리, 아름다운 얼굴, 통통한 팔, 아름다운 가슴, 모든 점에서 탁월한, 완벽한 모습 그 자체였다. 메디치의 비너스 같다고 할까. (…) 한동안 나는 그 기이한 모습에 감탄하느라 바빠 아무것도 하지 못했다. (…) 피투성이가 된 오른쪽 관자놀이의 그 끔찍한 상처를 보고 나서야 그녀의 진저리 나는 운명을 떠올리게 되었다.

베넷은 여러 종류의 죽음을 보도하지 않을 때는 모욕적인 언사로 싸움을 거는 것으로 자신의 신문에 대한 관심을 확보하길 좋아했다. 한번은 어떤 단일 쟁점을 놓고 일곱 곳의 경쟁 신문사와 편집인들을 모독하기도 했다. 아마도 그는 언론 최초의 진정한 "악플러"였는지도 모른다. 현대의 악플러들과 마찬가지로 베넷의 모욕적인 언사는 영리하지 못했다. 그는 〈헤럴드〉보다 오래된 6센트짜리 신문 〈쿠리어앤드헤럴드〉와 그 신문의 통통한 편집인을 각각 "오만하다"고, "배불뚝이"라고 공격했다. 또한 〈선〉의 편집인들을 "사회의 쓰레기"라고 비난했고, 〈선〉은 "너무 품위가 떨어지고 너무 부도덕해서 멀쩡한 사람이라면 도저히 건드릴 수 없거나 어떤 가정이든 구독할 수 없다"고 했다. 〈선〉이 노예제 완전 폐지를 지지하는 입장임을 알아차렸을 때는 "곱슬머리에 입술이 두꺼운 검둥이들이 소유하고 통제하는, 낡아빠진 데다가 망해가는 싸구려 대중지"라고 공격했다.

정치인이나 프로레슬러, 래퍼 들이 잘 알듯이, 더러운 욕설은 주의력을 얻는 효과적인 방법으로 통한다. 그리고 그 방법은 베넷에게도 잘 통했다. 우리 시대에 그 기술을 실행에 옮기는 사람들처럼 베넷도 자신의 훌륭함을 요란하게 알리는 데 주저하지 않았다. 그는 다음과 같이 주장했다. "나의 〈뉴욕헤럴드〉는 인간에 대한 이해에 있어서 모든 것을 능가할 것이다. 내가 〈헤럴드〉를 사회생활의 기관이자 문명의 주요한 요소로, 다시 말하면 새러토가 콩그레스 샘의 순수한 발포성 액체가 지구의 중심으로부터 끓어올라 결국엔 미인의 장밋빛 입술을 만나는 것처럼 천부의 재능과 천부의 천재성, 천부의 힘이 매일 끓어오르는 통로로 만들고 있기 때문이다."

살인 기사와 허세 넘치는 폄하 발언을 섞어놓은 베넷의 〈헤럴드〉는 분명 많은 이들이 보기에 1센트를 지불할 만한 가치가 있었고, 1년이 채 되지 않아 7,000부의 발행 부수를 자랑하게 되었다. 이는 〈뉴욕선〉에 거의 맞먹는 수준이었다. 그렇게 어떤 신문이, 그리고 어떤 종류의 어필이 뉴욕에서 가장 많은 주의력을 거둬들일지 지켜볼 수 있는 레이스가 시작되었다.

이후의 경쟁에서 우리는 주의력 산업의 아주 기본적이고 어쩌면 영원할지 모를 원동력을 관찰할 수 있다. 이미 우리는 주의력 사업가의 기본적인 수법, 즉 겉으로 보기엔 공짜인 재료로 주의를 끈 다음 그것을 전매하는 수법을 알아냈다. 그러나 그 모델의 결과는 주의력을 획득하여 지킬 수 있는가에 전적으로 의존한다. 이는 경쟁이 이뤄지면 자연스럽게 밑바닥까지 달리게 될 거라는 의미이다. 다시 말하면, 거의 언제나 주의력은 더욱 화려하고 끔찍하고 충격적인 대안으로 이끌리게 되며, 어떤 자극이든 우리가 의도를 갖고 쏟는 "통제된" 주의력에 반대되는 주의력, 즉 인지과학자들이 인간의 "무의식적인" 주의력이라 부르는 것을 끌어들일 가능성이 더 높다.[5] 청중의 더욱 비천한 본능에 호소하는, 바닥없는 바닥을 향한 경쟁은 주의력 사업가에게 수확물을 얻기 위해 어디까지 가야 할 것인가라는 근본적이면서도 지속적인 딜레마를 제기한다. 만약 주의력 포획의 역사가 우리에게 무언가라도 가르쳐준다면, 바로 그 한계가 종종 이론일 뿐이며 실제 상황에서 스스로 한계를 부과하는 경우는 거의 없다는 것이다.

하지만 〈뉴욕선〉의 경우에는 이론적인 한계에 대한 증거마저 거의 없다. 왜냐하면 〈선〉은 새로운 경쟁사들에 대응하는 과정에서 사람들이 생각하는 저널리즘의 가장 중요한 윤리, 즉 사실에 입각해야 하는 윤리를 기꺼이 내버렸기 때문이다.

1835년, 〈헤럴드〉가 창간된 지 얼마 지나지 않았을 때 〈선〉은 에든버러의 한 신문사 기사를 전재하는 형식으로 유명한 과학자 존 허셜John Hershel의 "천문학적 발견"에 관한 기사를 1면 머리에 실었다. 유명 천문학자를 아버지로 둔 허셜은 실제로 1834년 새로운 망원경을 설치하기 위해 남아프리카 희망봉으로 이주한 상태였다. 〈선〉은 다음과 같이 보도했다. "그는 남반구에서 달에 존재하는 물체들을 뚜렷하게 볼 수 있었는데, 지구에서 육안으로 약 90미터 거리에 있는 물체들을 보는 것 같았다."[6] 이후 몇 주 동안 5부에 걸쳐 게재된 연재물에 허셜이 발견한 모든 것이 보도되었다. 기사에 따르면, 달은 큰 바다와 협곡, 붉은 암석과 달 나무들로 뒤덮여 있었다. 달 나무는 지구상의 다른 어떤 나무와도 닮지 않았지만, "영국 교회 경내의 키 큰 주목朱木과는 몇 가지 면에서 닮아 보였다". 그러나 허셜의 가장 중요한 발견은 달에 있는 생명체, 더 정확히 말하면 날개 달린 커다란 생명체였다. 이는 하늘 위에서 태어나지만 않았다면 인간으로 통할 수도 있었다.

> 분명 그것들은 인간과 '비슷했다'. 이제는 날개가 퇴화했고, 직립으로 당당하게 걸었기 때문이다. (…) 그들의 신장은 평균 120센티미터 정도였고, 얼굴을 제외한 부분은 윤기가 흐르는 짧은 구릿빛 털에 뒤덮여

있었다. 털은 없이 얇은 막으로 된 날개가 등 위에 편안히 달려 있었다. 우리는 과학적으로 그 생명체를 박쥐인간Vespertilio-homo이라 이름 붙였다. 그들의 일부 놀이가 인간의 예의범절 개념에 잘 어울리진 않겠지만 그들은 필시 순박하고 행복한 생명체일 것이다.

달과 달 위의 생명체에 대한 묘사(단순한 생명체가 아니라 유니콘과 강력한 성적 충동을 지닌 날개 달린 박쥐인간까지)는 부분적으로는 기사 작성자의 과학적 문체와 그 기사가 에든버러의 존경할 만한 신문으로부터 전재한 것이라는 주장, 세계 최대 망원경으로 발견한 것을 육안으로 복제할 수는 없다는 사실 덕분에 널리 받아들여졌다. 당연하게도 이 연재물은 일대 센세이션을 일으켰다. 신문 초판은 매진되었고, 다음 판 신문을 기다리기 위해 신문사 사무실 주위에 군중이 모여들 정도였다. 소동이 가라앉은 후, 불과 2년 전에 창간된 〈뉴욕선〉은 발행 부수를 아주 정확한 느낌을 주는 1만 9,360부로 끌어올린 상태가 되었다. 이는 뉴욕의 다른 일간지들뿐 아니라 수십 년 전에 창간된 런던의 일간지들도 능가하는 수준이었다. 그렇게 〈뉴욕선〉은 세계에서 가장 많이 읽히는 신문으로 자리 잡았다.

인간의 주의력을 되파는 작업을 기초로 사업체를 설립할 수 있다는 사실을 단호히 증명한 벤자민 데이는 주의력 사업가라는 명칭에 걸맞은 최초의 인물이 되었다. 달에 사는 생명체를 발견했다고 이제 막 보도한 신문사가 주장한 발행 부수를 의심할 만한 이유는 충분했을지도 모른다. 하지만 〈뉴욕선〉이 성공했다는 사실이나 데이가 구상한 모델이 라디오나 텔레비전 방송국에서부터 구글 및 페이스북에 이르는 여러 세대의 모방자들을 탄생시켰다는 사실을 부인할 수는 없을 것이다.

포스터는 1796년부터 존재했다. 그러나 어느 누구도 1860년대 말, 파리에 등장하기 시작한 것과 같은 포스터를 본 적은 없었다. 그중 일부는 높이 약 2미터에 반라의 아름다운 여성들이 강렬한 색채의 들판 위를 뛰어다니는 모습을 담았다. 한 저널리스트는 "빛이 나고 멋지고 눈이 부셔서 순식간에 무뎌졌다가 다시 되살아나기만 하는 생생한 느낌과 강렬한 감정에 경이로울 정도"라고 썼다. 당시 사람들은 파리의 도시 경관에 일어나고 있는 일에 실로 경이로워했다. 그것은 "망막을 통해 모든 이를 교육하는 것이었다. (…) 아무것도 없던 휑한 벽이 이제 일종의 다색 석판술 전람회처럼 사람들을 끌어들였다".

이 새로운 포스터는 쥘 셰레Jules Chéret의 발명품이었다. 예술가로 성공하겠다는 포부를 품은 쥘 셰레는 인쇄업자의 견습생으로 7년 동안 런던에서 석판인쇄술을 배웠다. 당시로서는 비교적 새로운 기술이었던 석판인쇄는 부드러운 석회암에 기름으로 이미지를 표현하는 기법이었다. 최신의 영국 기술을 파리로 가져온 뒤 자신의 혁신적인 아이디어를 추가한 셰레는 주문을 받아 완전히 새로운 유형의 상업미술을 생산해내기 시작했다.

셰레 이전의 포스터는 대개 글자로 되어 있었고 가끔 작은 삽화가 곁들여지곤 했다. 책의 속표지와 별로 다르지 않았는데, 크기만 더 클 뿐이었다. 우리는 대량생산된 포스터를 (정적인 버전의) 초기 스크린 정도로 편리하게 간주할 수 있다. 이제는 현대인의 삶 어디에나 존재하는 스크린 말이다. 파리의 대형 포스터는 대량생산된 최초의 포스터는 아니었다. 그러나 그것은 기술적으로나 개념 면에서 하나의 혁신이었다.* 파리의 포스터는 정지해 있었지만 밝고 대비되는 색채와 반라의 아름다운 여성들을 통해 대단한 활력의 느낌을 생생히 재현했다. 그런 요소들이 해당 포스터를 무시하기가 거의 불가능한 무엇으로 만든 것이다. 물론 예술과 자연에는 주의를 끄는 광경이 늘 있었다. 그러나 이 포스터는 상업용이었고 크기를 키울 수도 있었다. 한 비평가에 의해 "근대성을 개척한 대가"라 불린 세레는 수천 장의 포스터를 찍어 수백만 명의 지나가는 사람들에게 최면을 거는 듯한 효과를 일으킬 수 있었다. 그렇기에 그의 포스터는 주의력 수확의 산업화에서 두 번째 중요한 단계였다고 할 수 있다.[7]

주의력의 신경과학은 지난 수십 년 동안 큰 발전을 이뤘음에도 여전히 주의력의 대규모 수확에 대해 완전히 설명하기에는 원시적인 수준이다. 기껏해야 이 과학은 개인의 주의력 측면을 조명할 수 있을 정도다. 그러나 (우리가 더 깊이 들어가기 전에) 인간의 뇌에 대해 이해하는 데 절대적으로 중요한 한 가지는 과학자들이 파악해놓았음을 알 필요가 있다. 그것은 바로 무시할 수 있는 놀랍고도 훌륭한 능력이다.

누군가에게 상세히 이야기하고 있다가 결국 상대가 당신이 한 말을 단 한 마디도 듣지 않았다는 사실을 깨달은 경우가 있는가? 보거나 들을 수 있는 능력만큼이나 놀라운 게 인간의 무시할 수 있는 능력이다. 이 능력은 특정한 순간에 무언가에 주의를 기울여야만 하는 내재된 필요성과 함께

● 기술은 아니더라도 기법에서 세레에게는 전례가 있었다. 일본에서는 그 20~30년 전부터 광고인들이 목판인쇄술로 아름다운 여성이 등장하는 대형 포스터를 제작하기 시작했다. 다만 프랑스의 포스터에 나오는 여성들보다는 옷을 더욱 갖춰 입고 있었다. 디자인 역사가들은 일본의 인쇄물이 세레와 그의 모방자들에게 끼친 영향을 설명해왔다. Stephen Eskilson, *Graphic Design: A New History*, 2d. ed. (New Haven: Yale University Press, 2012), 59-61 참조.

주의력 산업의 발전을 좌지우지해왔다.

일상의 매 순간 우리는 정보의 공격을 받는다. 사실 모든 복잡한 생물, 특히 뇌가 있는 생물은 정보의 과부하에 시달린다. 인간의 눈과 귀는 (각기) 시각적, 청각적 파장의 스펙트럼을 통해 빛과 소리를 수용한다. 그리고 인간의 피부와 신경이 통하는 신체 부위들은 근육이 아프다거나 발이 차다는 등의 자체 신호를 보낸다. 전체적으로 보면, 인간의 감각은 1초마다 약 1,100만 비트의 정보를 우리의 불쌍한 뇌에 보낸다. 이는 마치 거대한 광섬유 케이블이 뇌에 바로 끼워져 있어서 전속력으로 정보를 보내는 양상이다. 이 사실에 비추어 보면 우리가 지루해할 수도 있다는 사실이 오히려 놀랍다.

다행히도 우리는 그러한 흐름을 자유자재로 차단하거나 진행시킬 수 있는 밸브를 가졌다. 달리 표현하자면, 우리는 "주파수를 맞추거나 차단할" 수 있다. 밸브를 닫으면, 수백만 비트의 유입 정보 중에서 이 페이지에 있는 단어들처럼 단 하나의 분리된 정보 흐름에 집중하면서 거의 모든 것을 무시할 수 있다. 실제로 우리는 우리 밖에 있는 모든 것을 차단하고 "생각에 빠질" 때처럼 내면의 대화에 집중할 수도 있다. 거의 모든 것을 차단하고 집중하는 이러한 능력이 바로 신경과학자들과 심리학자들이 '주의 기울임'이라 일컫는 것이다.[8]

우리는 한 가지 단순한 이유 때문에 정말로 많은 것을 무시한다. 그렇게 하지 않으면 곧바로 압도당할 것이고, 뇌가 정보로 범람하다 결국 작동을 멈출 것이기 때문이다. 정보의 종류에 따라 인간의 뇌는 해당 정보를 처리하는 데 일정한 시간이 걸리며, 한순간에 지나치게 많은 정보가 주어지면 한 번에 너무 많은 주문을 들은 웨이터처럼 당황하기 시작한다.

그러나 인간의 무시하는 능력은 또 다른 사실, 즉 우리가 늘 무언가에 주의를 기울이고 있다는 사실에 제한을 받는다. 주의력을 하나의 자원이나 일종의 화폐로 생각한다면, 우리는 그것이 항상 필연적으로 "소비되고" 있다는 사실을 인정해야 한다. 나중을 위해서 그것을 아껴둘 수는 없다. 늘 문제는 내가 무엇에 주의를 기울일 것인가이다. 우리의 뇌는 "쉿, 내가 지금 이걸 읽고 있잖아" 하는 경우에서부터 화면 모서리에서든 우리가 걷고 있는 길을 따라서든 주의를 끄는 것이라면 무엇이든 그에 따라 마음 가는 대로 내버려두는 경우까지 아주 다양한 단계의 의지로 이 문제에 답한다. 바로 이 부분에서 주의력 사업가가 자신의 기회를 만드는 것이다. 그러나 주의력 사업가가 성공하려면 사람들에게 동기를 부여하여 현재 주의가 가 있는 곳에서 그것을 회수하여 다른 곳에 넘기도록 만들어야 한다. 그것이 용의주도한 계산이 되게 할 필요는 없다.[9]

이를 통해 우리는 파리 포스터의 성공과 의미를 이해할 수 있다. 대담하며 대조적인 색채로 노란색, 붉은색, 푸른색이 서로의 색 위로 흘러넘칠 것 같은 느낌을 자아낸 이 포스터는 사실 무시하기가 불가능했다. 주의를 사로잡는 밝은 색채들의 효과는 당시에는 직관에 의해서만 이해되었지만, 이후로는 뇌과학자들에 의해 설명되었다. 활력이 넘쳐흐르는 반라의 여성들에 대한 묘사는 별도의 해설이 필요 없을 것 같고, 그들이 움직이는 것처럼 보인다는 점은 의미심장하다. 움직인다는 인상은 폴리베르제르Folies-Bergère 뮤직홀의 유명한 포스터에서처럼 약간씩 다른 자세를 취한 동일한 무용수의 여러 모습을 그려서 인쇄하면 만들 수 있다. 이 그림들을 빠른 속도로 차례로 보면 플립 북이나 뮤토스코프Mutoscope[초기의 (요지경식) 활동사진 영사기-옮긴이]를 볼 때와 같은 인상을 받는다. 빈 마리아니Vin Mariani(코카 잎에서 추출한 진액과 와인을 섞어 만든 음료-옮긴이) 초기 광고에 묘사된 여성은 잔에 술을 따르면서 치맛자락을 질질 끌며 포스터 밖으로 튀어나

올 것만 같았다.

포스터의 매력은 거기서 그치지 않는다. 의미심장한 부분은 포스터가 어딘가로 향하고 있는 누군가를 사로잡는다는 사실이다. 더 큰 목적의식이 있는 정신적 활동들의 틈새에 존재하는 "중간"의 순간들을 사로잡는 것이다. 전차를 기다리거나 그냥 여기저기 돌아다니거나 주의를 끄는 것을 찾다가 지루해졌을 수도 있을 때 말이다. 더 나은 할 일이 없을 때 세상을 응시하며 주의를 기울이는 습관은 인류의 등장 이래로 습성처럼 굳어진 게 분명하다. 그러나 그것을 상업적 목적에 이용하는 것은 상대적으로 새로운 일이다.

이제는 시끄러운 소리에 움찔하는 경우와 같은 그저 반사적인 것처럼 보이는 행동을 지배하는 신경회로라고 말하지만, 어쨌든 주의력 수확에서는 과거 인간의 뇌에서 '파충류적 근원'으로 간주되던 그것을 과소평가하지 말아야 한다. 누구든 일단 반응을 유발하는 자극을 인지하기만 하면, 도처에서 그것을 알아보기 시작하기 때문이다. 예컨대 상인들이 이용하는 번쩍번쩍 빛나는 간판이나 컴퓨터 화면에서 톡톡 튀는 아이콘, 인터넷 링크에 붙은 고양이나 섹시한 여성 사진 등과 같은 자극 말이다. 이 모든 자극은 우리가 의도하든 않든 우리를 관여하게 만드는 신경 반응을 유발한다. 고전적인 포스터 사진을 모아놓은 책을 쭉 넘겨보면 이해에 도움이 되는데, 그것이 주의력 자극제의 카탈로그에 가깝기 때문이다. 동작, 색상, 모든 종류의 생물, 성적 매력이 넘치는 남녀, 아기, 괴물 등이 우리의 신경 반응을 가장 잘 유발하는 듯하다. 이러한 반응을 알아채고 그것을 돈벌이에 이용한 것은 19세기 말 포스터 선구자들의 업적이었다. 이는 광고인들이나 결국 그들을 모방하게 될 정부 인사들이 결코 잊지 못하게 되는 교훈이었다.

처음에 파리의 포스터는 환영과 추앙을 받았다. 쥘 세레가 최전성기를 누릴 때, 프랑스 제3공화국은 민간인에게 주는 최고의 영예인 레지옹 도뇌르 훈장을 그에게 수여했다. 하지만 그는 다작에 열중했고, 그의 모방자들 또한 마찬가지였다. 그 결과 유럽과 아메리카 대륙 전역으로 "포스터 열풍"이 번졌다. 이내 프랑스에서만 수십 명의 포스터 예술가가 활동하기 시작했다. 그중에는 지금은 순수 미술로 더 유명한 사람들도 있었는데, 앙리 드 툴루즈 로트렉Henri de Toulouse-Lautrec이 대표적인 인물이다. 캉캉을 추는 무용수들이 고객들의 무릎 위에 앉아 있는 그의 포스터는 빼놓을 수 없는 작품이다.[10] 그러나 20세기가 시작되면서, 선견지명이 있었는지 세레와 일부 예술가들은 이 사업에서 손을 떼기 시작했고 그사이에 툴루즈 로트렉은 알코올의존증과 매독으로 세상을 떠났다. 이렇게 예술성이 사라졌음에도 포스터 열풍은 계속되면서 끝도 없이 파리를 뒤덮었다.

산업은 생물과는 달리, 자신의 성장에 유기적인 제한을 가하지 않는다. 즉 끊임없이 새로운 시장을 찾거나 기존 시장을 더욱 효과적으로 이용할 새로운 방법을 찾는다. 칼 마르크스Karl Marx의 냉정한 지적처럼 "산업은 모든 곳에 자리를 잡고, 모든 곳에 정착하며, 모든 것과 관계를 수립한다".[11] 얼마 지나지 않아 포스터는 파리를 규정하게 되었다. 당시 누군가가 말했듯이, 파리는 "굴뚝에서부터 인도人道에 이르기까지 간단한 글귀는 말할 것도 없고 온갖 색상과 형식을 담은 사각형 종이들이 엉망으로 흩어져 있는 거대한 포스터 벽에 불과했다".

결국 도가 지나쳤다. 신선함은 더 이상 찾을 수 없었다. 역사상 처음으로 (분명 마지막이 아니었다) 도를 지나친 주의력 수확이 격렬한 사회적 반응을 유발했다. 상업미술이 확산하면서 다른 것들을 대체한 결과로 사람들이 미치기 시작했다. 유명 광고인 데이비드 오길비David Ogilvy는 이렇게 지적한 바 있다. "나는 근사한 경치를 무척 좋아한다. 그런데 광고판 때문에 나아진 경치는 한 번도 본 적이 없다. 사방의 전망이 좋은 곳에 광고판을 세우는 인간이 가장 비열하다."

파리에서도 똑같이 미학적인 이유로 반대 의견이 제기되었다. 비평가들은 광고 포스터가 세계에서 가장 아름다운 도시라는 파리의 평판을 무너뜨리고 있다고 말했다. 프랑스의 풍경 및 미학 보호 협회Society for the Protection of the Landscape and Aesthetics of France와 파리의 친구들Les Amis de Paris 같은 단체들은 "추악한 포스터"를 향해 전쟁을 선포함으로써 지지 세력을 확보했다. 그들은 때로 광고를 "비위생적"이라고 매도하거나 광고를 매춘에 비유하면서 파리를 물질적으로 그리고 도덕적으로 "더욱 아름답게" 만들겠다는 목표를 선언했다.[12]

이 대목에서 잠시 멈춰서 반복적으로 등장하여 주의력 산업의 경로를 형성하는 주요한 원동력 역할을 한 "반란"에 주목해보자. 산업은 "모든 곳에 자리를 잡는" 본질적인 경향을 가질 수 있다. 그러나 문제의 상품이 사람들의 마음에 접근하는 기회라면, 성장에 대한 끊임없는 추구는 대규모든 소규모든 반발이 사실상 불가피하게 발생할 수밖에 없는 결과를 가져온다. 나는 소규모의 반발을 "각성 효과"라고 부를 것이다. 이는 한때는 주의력을 수확하는 수단으로서 매력적이었던 것이 그 매력을 잃기 시작할 때 발생하는 현상을 설명해준다. 상황을 무시하는 인간의 능력은 적응력을 지닌다. 충분히 노출되고 나면 어떤 자극에도 무관심해질 수 있는 것이다. 그래서 가령 한때는 주의를 끌었던 포스터를 마치 존재하지 않는 것인 양 보고 지나칠 수 있다. 주의력 사업가의 접근 방식이 항상 도를 지나쳐서 결국엔 충격을 유발하는 지경에 이르는 경향을 보이는 것은 바로 이러한 효과 때문이다.

그러나 반란은 우리 이야기에 중심이 되는 더욱 극적인 형태를 띨 수도 있다. 과부하가 발생했든, 속임을 당했든, 의도적으로 조종되었든 청중이 혹사당하고 있다고 믿기 시작하면, 그들의 반발은 가차 없이 장기적으로 지속되어 심각한 상업적 결과를 불러일으키고 접근법의 의미 있는 재발명을 요구할 수도 있다. 금융 버블이 터지는 경우와 마찬가지로, 대중의 반란은 주의력 산업의 구조를 바꾸어놓거나 규제 조치를 독려할 수도 있다. 파리에서 바로 그런 일이 벌어졌다. 반포스터 운동 단체는 시를 상대로 광고가 설치될 가능성이 있는 곳에 제한을 가하고 확산을 줄이기 위해 포스터에 세금을 부과하고 철로를 따라 설치하는 광고판을 금지하라고 로비를 벌이기 시작했다. 장소가 프랑스였던 만큼, 이 문제는 늘 미학적인 관심사로 언급되었지만, 종종 그렇듯이 그보다 더 심오한 무엇이 작용하고 있었다. 포스터에 당신의 주의를 빼앗길 때마다 당신의 의식과 어쩌면 그 이상의 무언가가 단 한순간일지라도 당신의 동의 없이 도용된 것이다. 침해를 당했다는 이런 식의 느낌은 필경 오길비가 다음과 같은 글을 썼을 때의 감정과 같을 것이다. "나는 매디슨 가에서 은퇴하면 조용한 모터바이크를 타고 전 세계를 누비며 밤을 틈타 포스터를 찢는 비밀 조직을 결성할 계획이다. 선행을 베푸는 이런 일을 하다 붙잡힌다 해도 우리에게 유죄를 선고할 배심원이 얼마나 되겠는가?"

앞으로 보게 되겠지만, 사실 그런 열렬한 반발 뒤에는 인간의 주의력을 이용하는 행위가 보다 심오한 모종의 방식으로 우리의 인격 자체를 이용하는 행위라는 인식이 자리 잡고 있는 경우가 아주 흔하다. 끊임없는 침입에 시달리다 보면 가끔은 이제 충분하다고 느끼는 지경에 이르는데, 그 느낌이야말로 주의력 산업이 무시할 수 없는 무엇이다. 파리 시 당국은 실제로 포스터 설치를 제한하는 적극적인 조치를 취했다. 그들은 포스터를 파멸의 원인, 억제해야 할 잡초로 생각하게 되었다. 그러한 제한 조치는 지금도 존재하며, 어쩌면 그것이 파리를 찾는 사람들이 계속 그 도시를 아름답다고 생각하는 한 가지 이유일 수도 있다.

02

연금술사

둥근 안경에 얇은 콧수염, 막 머리가 벗겨지기 시작한 그는 종종 눈에 띄지 않았을 게 분명하다. 윗옷 단춧구멍에 항상 꽂는 작은 꽃다발을 제외하고 그는 자기 치장에 관심이 없었다. 한번은 "신발에 들일 수 있는 최대한도는 6달러 50센트"라고 말하기도 했다.[1] 한가할 때 씹던 말린 감초 뿌리로 판단해보건대, 그는 "소심하고 내성적이며" 신경이 과민한 사람이었다. 딱히 좋아하는 것도 없었다. "사실상 그는 그 어떤 오락이나 스포츠, 음악, 정치, 책, 연극에도 빠지지 않았다."[2]

클로드 C. 홉킨스Claude C. Hopkins는 이렇게 인간의 주의력을 수확해서 이용하는 사업에 대변혁을 일으킬 가능성이 거의 없는 인물 같았다. 하지만 그는 20세기 초, 광고계의 가장 위대한 혁신가 중 한 명이 되어 그 일을 해냈다. 여전히 초기 단계이긴 했지만 이 새로운 커뮤니케이션 방식은 앞서 언급했듯이 주의력을 현금으로 바꾸는 수단이었고, 홉킨스는 주의력을 이용해 새로운 제품의 수요를 창출하는 기술의 특출한 달인이었다. 광고인인 드레이튼 버드Drayton Bird는 이렇게 썼다. "만약 광고 사업이 완벽한 천재를 배출한 적이 있다면, 클로드 홉킨스가 바로 그 천재일 것이다."[3]

홉킨스는 1866년 미시건의 소읍에서 태어났다. 어머니는 스코틀랜드 사람이었고, 아버지는 대대로 자유의지 침례파 목사를 지낸 집안 출신의 신문기자였다. 홉킨스는 엄격한 복음주의 교파 가정에서 성장했는데, 해당 교리에 비춰보면 그 자신이 쓴 글처럼 "삶의 모든 즐거움이 죄악인 것 같았다". 홉킨스가 열 살 때 아버지가 갑자기 가족을 버리고 떠나면서 그는 집에서 유일하게 돈을 벌어오는 존재가 되었다. 그는 청소 일도 하고 신문도 배달하고 은 식기 광택제도 팔며 돈을 벌었다. 열일곱 살 때 그는 집안 전통을 따라 교회에서 교리 강사 겸 (성직을 받지 못한) 목사로서 일하게 되었다. 그는 다음과 같은 글을 남겼다. "나는 성직자가 될 운명이었다. 내 이름도 성직자 인명부에서 골라서 정한 것이었다."

만약 홉킨스가 계속 소명에 충실했다면, 우리의 이야기는 달라졌을 것이다. 그런데 스무 살에 가까워지면서 그의 믿음에 위기가 닥치기 시작했다. 그는 "자신에게 금지되어 있던 삶의 무해한 즐거움에 대해 생각하게" 되었다. 목사직을 그만두기로 작정한 그는 800명 가까이 모인 신도들에게 마지막으로 설교하는 자리에서 지옥불과 세례를 받지 않은 어린아이의 지옥행 등에 이의를 제기하며, 그가 아는 규율에 반하는 이단적인 하소연을 늘어놓았다. 그는 심지어 천지창조 이야기, 요나와 고래 이야기에도 의문을 제기했다. 신도들은 충격을 받아 입을 굳게 다문 채 교회를 떠났고, 다음 날 그의 어머니는 의절을 선언했다. 홉킨스는 이제 돌이킬 수 없는 아웃사이더가 되었는데, 본인만이 아는 이유로 그 상태를 달가워하는 것 같았다.

홉킨스는 자신의 운명을 찾기 위해 고향을 떠났다. 종종 그다지 신뢰성 없는 설명을 제시하긴 했지만, 그는 부나 명예를 좇은 게 아니라 자신이 가장 좋아하는 것을 자유롭게 누리기 위해, 즉 열심히 일을 하기 위해 떠났다. 그는 이렇게 회상하곤 했다. "나는 늘 일에 중독되어 있었다. 나는 다른 사람들이 놀기를 좋아하는 만큼 일을 좋아한다. 일은 나의 직업인 동시에 나의 오락이다." 실제로 비천한 직업을 전전한 후 그는 카펫 청소기 판매 회사의 "책략가scheme man"로 들어갔다. 카피라이터들이 데이비드 오길비나 돈 드레이퍼Don Draper 수준의 영광을 얻기 훨씬 이전 시절인 초기의 광고 문안 작성자들은 그렇게 책략가로 불렸다. 이 신참의 재능은 산타클로스가 비쎌Bissell 카펫 청소기를 사용하는 광고를 구상해내면서 발견되었다. "비쎌 청소기만큼 선물 받은 사람에게 진정 지속적인 즐거움과 편안함을 안겨줄 물건을 과연 같은 가격으로 살 수 있을까요?[4] 이 물건은 선물한 사람을 10년 넘게 계속 생각나게 할 것입니다." 이 타락한 목사는 자신의 진정한 소명을 찾은 셈이었다.

목사라는 그의 초기 직업은 세상에 이름을 떨치게 된 사람에게는 어울리지 않는 각주처럼 보일 수도 있다. 그러나 주의력 포착이라는 보다 큰 역사에서 생각해보면 실제로 그 사실은 상당히 의미심장하다. 19세기 이전에 인간의 주의력은, 종국에 상업적으로나 정치적으로 이용된 사실과 비교해보면, 대체로 미개발된 자원에 해당했다. 한 가지 이유는 오늘날에 인식되는 것과 같은 광고가 없었기 때문이다. 물론 항상 상업용 안내판이나 간판 같은 것은 존재했다. 그리스인들과 로마인들조차 중국 상인들이 그랬던 것처럼 판매할 상품을 알리는 데 그런 것을 이용했다. 베수비오 화산 폭발을 견뎌낸 폼페이 벽들의 낙서 일부는 성매매를 위한 광고로 판명되었다. 그러나 앞으로 보게 되겠지만, 이런 종류의 표지標識와 산업화된 주의력 포착에는 중요한 차이가 존재한다.

과거에는 우리가 생각하는 주의력이 지금만큼 상업에 중요하지 않았다. 상인들은 의료와 같은 일부 직종과 소규모 자영업에 여전히 적용되는 방식인 좋은 평판이나 단골 인맥에 의존하여 손님이나 거래처를 끌어들였다. 광고에 관해 말하자면, "속물들의 일로 간주되거나 쓸모없는 것으로 생각되었다".[5] 처음의 두 나폴레옹 황제처럼 때로 어떤 왕이나 황제가 예외적으로 움직인 경우가 없진 않지만, 국가 역시도 대중의 마인드에 정기적으로 접근하려는 시도가 유용하다고 생각하지 않았다. 19세기부터 시작된 민주주의 시대 이전에 대부분의 정치권력은 피치자들에게 영향을 미쳐야 할 필요가 없었다.

그렇다고 해서 인간의 주의력을 정기적으로 요구한 사람들이 없었다는 얘기는 아니다. 다만 상업적, 정치적으로 요구하는 사람들이 아직 등장하지 않았을 뿐이었다. 그러나 그런 사람들은 실제로 등장했을 때, 이미 수백 년 동안 존재해오던 기존 세력과 마주쳤다. 종교 세력이 바로 그것이었다. 매일 그리고 주마다 이루어지는 의식뿐 아니라 도덕적 금지명령까지 갖춘 종교 조직은 오래전부터 인간의 주의력을 없어서는 안 될 토대로 간주하고 있었다. 이는 특히 일신교에 해당하는데, 하나의 진정한 신에게 철저히 충성하라는 요구는 분산되지 않은 주의력이라는 이상을 자연스럽게 장려한다. 예를 들어, 초기 기독교인들 사이에서 하느님에 대한 전적인 주의 집중은 끊임없는 기도를 의미했다. 초기 기독교 신학자 중 한 사람인 알렉산드리아의 클레멘스Clement of Alexandria는 "완벽한 기독교인이란 기도를 통해 하느님을 섬기려고 노력하며 평생 기도하는 사람"이라고 했다.[6] 마찬가지로, 4세기의 사막의 수도승들은 "먹고 잠잘 때만 최소한도로 중단하며 가능한 한 쉴 새 없이 기도하는 것"을 목표로 삼았다.[7]

신자들의 주의를 독차지하려는 그러한 열망은 기독교의 초기 시절 이후로 거의 중단되지 않았다. 1,700여 년이 지난 뒤, 감리교 창시자 존 웨슬리John Wesley는 하느님에게 익숙해진 마음을 유지하는 다양한 방법을 제시했는데 잠에서 깨자마자, 잠자리에 들기 직전에, 적어도 하루 중 한 시간 동안, 그리고 중요한 행동을 취하기 전에 하느님을 생각하는 습관을 들이는 것이었다. (이 규율은 서기 3세기에 미슈나Mishnah에 성문화된 여러 관습 가운데 밥을 먹거나 음료를 마시기 전과 같은 일상적인 순간이나 천둥소리를 들었을 때와 같은 예외적인 순간에 축복의 기도, 즉 베라카brachot를 올리는 유대교의 관습과 비슷한 점이 있다.)

확실히 20세기 이전의 모든 사람들이 항상 신을 생각하면서 돌아다녔던 것 같지는 않다. 그럼에도 교회는 주의력에 자극을 주는 작업에 의존하여 임무를 수행한 유일한 기관이었다. 그리고 때로 교육에서 맡은 중심 역할뿐 아니라 매일 또는 주마다 수행하는 직무를 통해 교회는 바로 그 일을 해냈다. 주의력 산업이 막 태동하던 당시, 종교는 아주 실질적인 의미에서 여전히 주의력을 획득하여 이용하는 유일한 대규모 노력 집단이자 현직 활동 조직이었다. 그러나 계몽주의가 제기한 회의까지 이겨냈던 조직화된 종교가 20세기 100년 동안에는 다른 용도로 주의력을 요구하는 여타의 조직에 비해 취약한 것으로 드러난다. 영생의 약속에도 불구하고 서양에서 신앙은 쇠퇴했고 계속 쇠퇴해왔으며 21세기에 들어서는 그런 경향이 더욱 가속화되고 있다.[8] 새로운 위안과 나름대로의 이상한 신을 제시하며 인간의 주의력을 얻으려고 하는 상업 세계의 경쟁자들은 확실히 이 쇠락 현상에 대한 대비책을 강구해야 한다. 어쨌든 주의력 수확은 궁극적으로 제로섬 게임이다. 하지만 이야기를 너무 앞서 나가지는 말자.

1893년에 열린 시카고 만국박람회에 참석한 사람이라면 그를 봤을지도

모른다. 클락 스탠리Clark Stanley는 페리스 대회전 관람차와 중앙 홀과는 멀찍이 떨어진 곳에서 카우보이 복장을 제대로 갖춰 입고 자신의 부스 앞에서 있었다. 구슬로 장식된 가죽 재킷에 형형색색의 스카프를 두르고 치렁치렁한 긴 머리에 턱수염과 코밑수염을 눈에 띄게 기른 상태였다. 그의 부스에는 방울뱀이 우글거렸다. 그 파충류들을 편하게 여기는 것 같은 스탠리는 방울뱀을 애완동물처럼 다루었다. 뱀을 쓰다듬고 목에 걸치기까지 했다. 그는 말했다. "나는 뱀에 물리는 걸 조금도 두려워하지 않습니다. 사실 뱀에 수백 번은 물렸습니다."

구경꾼들이 지켜보는 가운데 클락은 자루에 손을 넣어 살아 있는 뱀을 꺼낸 다음, 에테르로 뱀을 질식시켜서 물이 끓는 냄비에 집어넣곤 했다. 그렇게 하면 뱀의 지방질 찌꺼기가 물 위로 떠올랐는데, 클락은 그 찌꺼기를 걷어내어 그 자리에서 모종의 약제에 섞었다. 그는 그렇게 만들어진 묘약을 "클락 스탠리의 스네이크 오일 연고"라 칭하며 구경꾼들에게 팔았다. 클락은 뱀 기름이 많은 병을 고칠 수 있다고 떠벌였다. 그 약이 "사람과 짐승에게 다 좋다"고 했다.

스탠리의 인생에 대해 우리는 본인의 진술, 즉 그가 직접 쓴 《미국 카우보이의 인생과 모험The Life and Adventures of the American Cowboy》이라는 얇은 책에 나온 이야기밖에 아는 게 없다(책의 저자명은 '방울뱀 왕으로 더 잘 알려진 클락 스탠리'라고 적혀 있다). 이 책은 자서전인 동시에 광고용 책자 역할을 했다. 그의 설명에 따르면, 그는 1850년대에 텍사스 중부에서 태어났고, 열네 살 때부터 소몰이를 시작했다. 이후 10년 넘게 카우보이로 지내던 그는 어느 날 호피 인디언족의 초대로 그들을 방문하여 비밀스런 뱀 춤을 보게 되었다. 스탠리의 콜트 권총과 "멋진 사격 솜씨"에 감명받은 치료 주술사와 친해진 덕분에 그는 인디언들의 권유로 그들과 함께 생활하면서 신비한 비법들을 배울 수 있었다. 그 가운데 가장 귀중한 "뱀 기름 비법"은 그렇게 오직 클락에게만 전수되었다.

이 이야기 중에서 어디까지 진실인지는 우리가 절대 알 수 없지만, 우리가 확실하게 아는 한 가지는 그 시절 방울뱀 왕 클락 스탠리가 미국에서 가장 성공한 광고인 중 한 사람이었고 성장 중이던 "특허 의약품patent medicine(등록상표에 의해서 보호되고 의사의 처방 없이 구할 수 있는 약물을 뜻하지만, 과거에 돌팔이들이 행상으로 판매하던 약을 가리키는 데 주로 사용되었다-옮긴이)" 산업의 일부를 형성했다는 사실이다. 그의 뱀 기름 연고는 사실 "리디아 핑크햄의 생약Lydia Pinkham's Herb Medicine"이나 "키커푸의 인디언 새그와Kickapoo's Indian Sagwa" 등과 같은 유형의 수십여 제품 중 하나에 불과했다. 이 의약품들은 광고와 순회공연을 통해 판매되었는데, 거의 모든 병을 빠르게 낫게 해준다고 약속했다. 그러나 특허 의약품이 가장 중요한 영향을 미친 분야는 의료가 아니라 광고였다. 이 산업이 성장함에 따라, 광고에 대한 절박한 필요성이 미국에서 가장 창의적이고 재능 있는 다수의 카피라이터를 끌어들였고, 그들이 현대 광고의 가장 중요한 기법 몇 가지를 도출해내게 되었기 때문이다. 또한 최초로 광고가 기본적으로 아무 쓸모없는 무언가를 황금으로 바꾸어놓는 마법 같은 수단, 즉 일종의 연금술로서 실질적인 유용성을 가질 수 있음을 결정적으로 입증한 것도 이 특허 의약품 판매를 통해서였다.

따라서 1890년대의 어느 시점에, 쉴 새 없이 일하던 클로드 홉킨스가 위스콘신 주의 러신까지 가서 신경강장제를 비롯한 여러 특허 의약품을 전문으로 판매하는 닥터 슙스 강장제Dr. Shoop's Restorative의 광고책임자가 된 것은 별로 놀랄 일이 아니다.[9] 나중에 그는 다음과 같이 설명했다. "내가 활동하던 시절의 가장 위대한 광고인들은 의약품 분야에 몰려 있었다. 가끔은 광고가 정확히 무슨 일을 하는지 가늠하기가 어렵다. 하지만 의약품 분야에서는 아니다. 광고가 모든 일을 해야 한다."

파리의 포스터처럼 특허 의약품 광고인들도 놀라운 사진과 생각을 환기시키는 문구로 고개를 돌리게 만드는 것이 중요함을 이해했다. 스네이크 오일 연고 광고에는 카우보이모자와 스카프 사이에 자리한, 불가사의하게 사람의 마음을 사로잡는 클락 스탠리의 수염 난 얼굴이 등장했다. 이는 양식화된 사람 얼굴을 보여주던 초기 브랜딩 작업의 전형적인 사례로, 제미마 아줌마Aunt Jemima의 얼굴이나 퀘이커 오츠 퀘이커Quaker Oats Quaker의 남자에서 알 수 있듯이 지금도 지속되고 있는 기법이다. 이전 시대의 상업에서 평판 좋은 사람이 신뢰성의 기초였던 것에 착안해 사람의 얼굴을 등장시키는 이런 기법을 쓴 것으로 보인다. "**클락 스탠리의 스네이크 오일 연고**"라는 제품명은 "놀라운 통증 제거 약품" 및 "모든 통증과 불편함을 치료하는 가장 강력한 최상의 연고"라는, 효험을 주장하는 문구와 함께 용기 양면에 뱀을 형상화한 글씨체로 묘하게 적혀 있다. 또 다른 약 "키커푸의 인디언 새그와"의 광고도 손에 병을 쥐고 모든 것을 안다는 차분한 표정을 한 아메리카 원주민의 모습으로 이국적인 치료법의 힘을 떠올리게 한다.[10]

그러나 그들의 비결은 단순히 눈길을 사로잡는 데에만 있지 않았다. 의약품 광고는 뻔뻔스럽게도 소원을 이루게 해준다고 약속했다.* 아프거나 불편한 몸을 치료받는 것보다 더 원초적이고 유혹적인 소원이 또 어디 있겠는가? 클락 스탠리는 자신의 뱀 기름이 "류머티즘, 신경통, 좌골신경통, 뻐근한 허리, 요통, 수축된 근육, 치통, 염좌, 부기 등에" 좋다고 묘사했다. 인디

* 광고 역사의 초기, 구매자에게 설득력 있는 약속을 제공하는 기법을 "리즌 와이reason-why(제품의 효용성과 경쟁 우위의 강조로 제품을 구입해야 하는 이유를 제시하는 기법-옮긴이)" 혹은 "적극적 판매hard-sell" 광고라 칭했다.

애나 주 포트웨인의 제임스 키드 박사Dr. James W. Kidd라는 사람이 판매한 "불로장생의 영약The Elixir of Life" 같은 일부 특허 의약품은 심지어 불멸을 약속하기까지 했다. 모든 두려움 가운데 가장 큰 두려움에서 해방시켜준다는 것이었다. 키드 박사는 영약 광고문에서 "자신만이 아는 신비로운 혼합물의 도움으로 인간의 몸에 알려진 모든 질병을 고칠 수 있다"고 주장했다.[11]

영생은 말할 것도 없고 치료를 약속하는 힘은 목사 출신의 클로드 홉킨스에게는 너무도 익숙했을 것이다. 이제는 100년도 더 된, 닥터 숍스 의약품을 위한 그의 카피는 꼼꼼히 읽어볼 만하다. 환자가 전에도 여러 번 실망했을 가능성과 의심을 예상하는, 지금도 친숙한 방식을 따르고 있기 때문이다. 심지어 마태복음, 구체적으로는 "12년째 출혈이 있었고 많은 의원에게 많은 괴로움을 받았고 갖고 있는 모든 것을 허비했는데도 도무지 나아지는 게 없이 도리어 더 나빠진 어떤 여성"의 이야기(9장 25~26절)에 영향을 받은 것까지도 감지할 수 있다. 홉킨스는 다음과 같이 글을 쓰면서 그 비유를 떠올렸을지도 모른다.

> 어떤 환자는 이렇게 말할지도 모른다. "약이란 약은 모두 써봤고, 의사들도 많이 만나봤고, 돈도 많이 썼어요. 어떤 것도 도움이 되질 않아요." 그 사람에게 이 약을 만든 의사는 그보다 더 잘 안다고 말하라. 수천 명의 환자 옆에서 자신의 치료제가 가장 고치기 힘든 환자도 고쳐내는 것을 지켜본 이 의사는 이 약이 무엇을 해낼지 가장 잘 알고 있다.
> 숍 박사는 자신이 그 방법을 찾아냈음을 알고 있다. 그는 평생 끈기 있게 노력한 끝에 문제를 해결했다. 그는 자신이 수천 번 성공적인 테스트를 마쳤기 때문에 그것을 알고 있다. 그는 대형 병원에서 테스트를 했고 그 결과는 공개되었다. 그리고 그의 의견을 확인해주는 수많은 의

사들을 통해서도 성과를 확인했다. 또한 그의 개인 병원에서도 만성질환을 앓고 있는 10만 명 이상의 환자를 성공적으로 치료했다.

숍 박사는 다른 모든 치료법으로는 낫지 않은 수천 명의 환자들이 자신의 방법으로 치료된 것을 보았다. 그리고 그는 자신의 치료법이 이 책에 설명된 어떤 질병이든 고치지 못한 경우를 결코 본 적이 없다.

추가로 몇 가지의 신호 수법이 의약품 광고 방법을 완성시켰다. 아마도 그러한 수법 중에서 가장 중요한 것은 "비전의 성분"이었을 것이다. 모든 특허 의약품에는 비슷한 주장을 펴는 다른 모든 의약품과 차별화할 수 있는 무언가가 필요했다. 완벽하게 설명되지 않고 어쩌면 설명될 수도 없는 신비한 요소 같은 것 말이다. 그러한 성분은 상상력에 불을 지피면서 이성이 묽은 죽만 제공하는 상황에 희망을 심어줬다. 석탄산 연기, 습지의 뿌리, 바오밥나무 열매 같은 것 말이다. 클락 스탠리의 연고의 경우에는 물론 뱀 기름의 마법 자체가 비밀스런 성분이었다.[12]

그런 헛소리가 성공한 이유를 그 시대 사람들이 잘 속은 탓으로 돌리기는 쉽다. 하지만 결국 우리는 잠시 멈추고 특허 의약품을 판매하는 데 성공적으로 이용된 기법이 오늘날에도 여전히 일상적으로 쓰이고 있음을 생각하게 된다. 아시다시피 우리 시대의 로션과 약도 젊음과 건강, 체중 감소 등을 약속한다. 항산화제, 아미노산, 석류 또는 아사이베리 같은 기적의 열매, 추출한 케톤 성분이나 바이오팩터 같은 이국적인 성분 덕분이라 말한다. 코코넛 진액이나 로즈메리 추출물, 기타 식물에서 채취한 성분으로 탁월한 결과를 약속하지 않는 샴푸나 로션은 거의 없다. 기술의 열성적인 추종자인 우리는 어느 편인가 하면, 나이키 스포츠 신발의 "에어"나 일부 생수 브랜드의 3중 역삼투압 기법, 도금한 오디오 컴포넌트 케이블같이 기발한 전매특허의 혁신이 제공하는, 소위 차이라는 것의 정도에 더욱 민감하다. 세속적 합리주의와 기술 진보에도 불구하고, 마법과 같은 생각이 갖는 매력에 무너질 가능성은 지금도 인간의 마음에 굳건히 내재되어 있어서 그것을 깨워줄 광고인만을 기다리고 있다.

홉킨스는 적어도 슙 박사의 의약품에는 기적 같은 결과를 안겨주었다. 클락 스탠리 같은 광고인들은 비교적 신생 잡지인 〈레이디스홈저널Ladies' Home Journal〉이나 〈하퍼스Harper's〉 같은 주요 정기 간행물에 싣는 광고와 자체의 순회공연에 의존했다. 지역의 소규모 브랜드를 위해 전국적인 광고 캠페인을 펼치려 한 홉킨스는 두 명의 전직 행상인인 아론 몽고메리 워드Aaron Montgomery Ward와 리처드 시어스Richard Sears의 성공에서 영감을 얻었다. 이 두 사람의 통신 판매용 카탈로그, '몽고메리 워즈Montgomery Ward's'와 '시어스Sears's'는 연방 정부 보조금을 받는 집배원을 등에 업고 번창하는 사업을 확립했다. 그렇게 미국 우체국은 상업적인 주의력 수확 작업의 첫 번째 플랫폼이 되었다. 홉킨스는 슙 박사 의약품 팸플릿을 매일 40만 부 이상 부치기 시작했고, "디렉트메일" 광고(요즘엔 "스팸"으로 취급되는)의 효시라 할 선구적인 노력을 통해 수백만 명에게 손을 뻗었다.

홉킨스는 확신이 서지 않아 고민이 되더라도 결코 그런 생각을 표현하지는 않았다. "나는 이성적인 사람이라면 거부할 수 없는 제안을 갖고 있었다. 또한 대부분의 사람들이 이성적이기 때문에 어려움에 처한 사람들은 그것을 거부하지 않으리라는 것을 알았다. 나의 제안은 확고했다." 그러나 닥터 슙스 회사는 오래도록 홉킨스에게 의지할 수는 없게 된다. 책략가로서의 명성이 퍼져 나감에 따라 홉킨스는 더글러스 스미스Douglas Smith라는 돈 많은 기획자로부터 스카우트 제안을 받고 시카고로 옮겨 갔기 때문이다. 스미스는 캐나다의 한 살균제 제품(파울리스 리쿼드 오존Powley's Liquid Ozone)에 대한 소유권을 사들여서 리쿼존Liquozone으로 이름을 바꾸었다. 그러고는 홉킨스가 닥터 숍스 회사에서 했던 대로 리쿼존에도 해준다면 그에게 수익의 일부를 나눠주겠다고 했다. 물론 훨씬 더 큰 규모로 수행해야 한다는 조건이었다.

다시 한 번 홉킨스는 우편을 이용하여 전국에 대량으로 팸플릿을 뿌렸다. 리쿼존은 만드는 데 거의 비용이 들지 않았기 때문에 마진과 우편 발송 규모를 고려하면 제품이 치명적인 병(말라리아, 탄저병, 디프테리아, 암 등)은 물론 (비듬 같은) 잔병까지 없애줄 수 있다고 많은 사람들을 설득할 필요가 없었다. 홉킨스는 다시 한 번 천재성을 발휘해 무료 샘플이라는 아이디어를 처음으로 고안해냈다. "수백만 명이 이미 해본 그대로 하면 된다. 의심을 거두고 리쿼존을 테스트해보라."[13] 무료 샘플을 받은 평범한 소비자들은 그것이 아무 소용이 없음을 깨닫기도 전에 그 약품을 사는 데 91센트를 써버리곤 했다.[14]

1900년대 초, 홉킨스는 특허 의약품에 대한 반발과 적개심이 점점 커지기 시작했음을 느낄 수 있었다. 결국 이 의약품들은 부분적으로 마취 효과나 플라시보 효과가 발생한 경우를 제외하고는 주장했던 효능을 대체로 내지 못했기 때문이다. 사업은 계속 호황을 누렸지만, 속은 사람들 사이에서 회의론이 불거지고 있었다. 그러나 홉킨스의 천재성은 이제는 이안류처럼 점증하는 반발에 편승하기 시작할 정도로 대단했다. 이제 그는 뱀 기름 같은 가짜 약에 반대하는 내용으로 광고를 채웠다. 리쿼존은 제대로 된 제품이었다. 그의 디렉트메일 문구는 다음과 같았다.

먼저 우리는 특허 의약품 회사가 아니며 그들의 방법을 채택하지도 않는다는 점부터 밝히고 싶다. (…) 리쿼존은 돌팔이 짓거리에 쓰기에는 너무나도 중요한 제품이다.[15]

1904년까지 홉킨스와 스미스는 500만 개의 무료 샘플을 배포했고 (현재의 가치로) 1억 달러의 매출을 올렸다. 리쿼존은 유럽 시장에도 진출했는데, 새로운 광고 방식이 번역 과정을 거친 후에도 전혀 잃는 게 없음을 입증해주었다. 삶의 모든 고통을 완화해주겠다고 약속하는 과정에서 홉킨스는 세계 공통으로 이해되는 표현을 전달하고 있었다. 1905년, 클로드 홉킨스는 리쿼존 덕분에 미국 최고의 책략가가 되었고 더불어 부까지 챙겼다. 그는 특이한 사람이었지만 인간의 욕구에 대한 심도 깊은 이해를 토대로 성공을 이루어냈다. 그와 리쿼존에게는 불행하게도 홉킨스가 감지하기 시작한 반발은 곧 총력적으로 거세질 예정이었다.

1900년, 〈뉴욕선〉의 범죄 담당 기자였던 새뮤얼 홉킨스 애덤스Samuel Hopkins Adams는 이름을 떨치는 날이 오기만을 고대했다. 서른 살이 다 돼가던 그는 완벽하게 훌륭한 중산층 삶을 살고 있었지만, 〈선〉에서 9년을 보낸 터라 불안감이 점점 더 커져갔다. 나중에 그는 이렇게 썼다. "신문기자라는 직업은 5년 동안은 괜찮은 일자리다. 그러나 그 후에는 옮겨 가야 한다."[16]

당시의 많은 기자들처럼 애덤스도 다른 종류의 글을 쓰고 싶어 했다. 중요한 진실을 밝혀내고 세상을 바꾸는 글, 일반적인 신문 기사보다 더 긴 작품을 필요로 하는 임무를 원했던 것이다. 요즘 말로 바꾸면, 애덤스는 조사

전문 기자가 되었다고 말할 수 있다. 웬만큼 경력을 쌓고 나면 무언가 다른 것을 갈망하는 사람들이 적지 않다. 삶의 즉각적인 니즈를 해결하고 나면 어떤 사람들은 악당을 쫓거나 잘못을 바로잡거나 천사의 편에서 싸우고 싶은 열망을 느낀다. 애덤스가 바로 그랬다. 요즘 시대의 용어로 말하자면 애덤스는 탐사 보도 전문 기자가 되고 싶었던 것이다. 그 시대의 훨씬 더 자극적인 표현을 빌리자면, 그는 "추문 폭로자muckraker"가 되기로 결심했다. 애덤스의 전기 작가는 이렇게 표현했다. "그는 도덕률과 청교도적인 정의의 가치를 믿었다. 애덤스에게 부족했던 것은 주제였다." 이제 그는 특허 의약품에서 그 주제를 찾게 된다. 세기가 바뀌던 즈음, 특허 의약품 산업은 인구가 8,500만 명에 불과한 나라에서 매년 4,500만 달러에서 9,000만 달러에 이르는 매출을 올리고 있었는데, 인플레이션을 적용해 오늘날의 가치로 따지면 13~29억 달러에 달했다. 이 산업은 사기성이 내재되어 있었음에도 여러 가지 이유로 철저한 조사를 피해갔다.

우선, 지금은 당연시되는 규제 같은 것이 없었다. 대중에게 판매되기 전에 의약품을 테스트하는 FDA 같은 것도 없었다. 관습법을 위반했다고 약품 판매사를 고발하려는 노력은 대부분 실패로 끝났다. 19세기 법률 기준에 의하면 그들의 약속은 있어도 그만, 없어도 그만인 것이었고 어떤 제품을 벌컥벌컥 마신다는 것은 자발적 리스크 감수 행위로 간주되었다. 또한 오래전부터 언론은 가장 큰 광고 수익을 안겨주는 듯한 유일한 산업을 공격하는 일에 거의 관심을 보이지 않았다.* 이러한 상황은 1905년 추문 폭로 전문의 새로운 잡지 중 하나였던 〈콜리어스위클리Collier's Weekly〉 편집장이

* 예외가 있었는데, <레이디스홈저널>은 1892년경 의약품 광고 게재를 중단했다. 이 잡지의 편집장 에드워드 복Edward Bok 역시 워싱턴에서 특허 의약품 승인을 받는 데 들어가는 현행 요금이 상원의원의 경우 75달러, 하원의원의 경우엔 40달러라는 사실을 폭로했다.

애덤스에게 특허 의약품 업계의 비행을 조사해달라고 의뢰하면서 달라졌다. 애덤스는 자신의 천직을 찾은 사람처럼 열정적으로 해당 주제에 접근했다. 아주 철저한 조사에 착수한 애덤스는 범죄 담당 기자로서 익힌 몇 가지 기술에 의존했다. 그의 말을 들어보자. "공격하기 전에 상대가 어디 있는지 찾아내라. 눈을 감고 공격하지 마라."[17] 그는 홉킨스의 리쿼존과 클락 스탠리의 스네이크 오일 등 다수의 특허 의약품을 구입한 뒤, 화학자들에게 분석을 맡겼다.

1905년 10월 7일, 〈콜리어스〉는 "미국의 대단한 사기극"이라는 신랄한 제목으로 애덤스의 폭로 기사를 발표했다.[18] 그 자체로 주의를 확 끄는 걸작이었던 잡지 표지는 충격적이었다. 음영 처리한 두개골을 전면에 내세운 가운데 그 뒤로 여러 개의 돈주머니를 배열했고, 두개골의 치아에 특허 의약품 병을 물린 채 이마에 다음과 같은 고발장을 붙여놓았다.

특허 의약품 트러스트: 가난한 자들의 구미에 맞춘 독약

애덤스는 특허 의약품 업계 전체를 사기꾼으로 비난하면서 다음과 같이 기사를 시작했다.

> 잘 속아 넘어가는 미국은 올해 도합 7,500만 달러 정도를 특허 의약품 구입에 쏟아부을 전망이다. 이 액수를 고려해보면, 미국은 엄청난 양의 알코올과 오싹할 정도로 많은 양의 아편 및 마약, 강력하고 위험한 심장 기능 저하제에서 서서히 퍼지는 간장 각성제에 이르는 다양한 약물, 그리고 다른 모든 성분보다도 과도하게 희석되지 않은 사기를 들이켜게 될 것이다. 왜냐하면 능숙한 광고 사기꾼들이 활용하는 사기야말로

그 거래의 기초이기 때문이다.

이 기사는 특히 의약품의 치명적인 성분과 약품 사용자들이 겪은 죽음과 중독증, 광고 수익에 의존하는 언론의 공모 관계, 그리고 업계의 무수히 많은 의심쩍은 관행들을 자세히 다루었다. 이러한 폭로는 열한 건의 기사로 이뤄졌고, 더글러스 스미스와 클로드 홉킨스에게는 불행하게도 세 번째 기사는 리쿼존만을 다루었다. 애덤스는 "두드러진 광고와 무모한 주장들을 내세우는" 리쿼존이 특히 유해한 범죄자라고 지적했다.

애덤스는 "리쿼존은 미국의 공중 보건 체계가 느슨하고 국민 전체의 도덕성이 냉소적으로 용납해준 덕분에 계속 존재해온 사기"라고 결론 내렸다. 심지어 '액체산소'를 연상시키는 이름까지도 가짜였다. 애덤스는 "액체산소는 영하 110도 이상에서는 존재하지 않는다"고 지적했다. "단 한 숟갈 분량만 입에 넣어도 삼킬 시간도 없이 혀와 치아, 목이 그대로 얼어버린다." 더글러스 스미스에게는 "교묘한 사이비 과학적 사기 체계"를 수립했다고 비난했다. 홉킨스에 대해서는 의사들로부터 수십 건의 보증을 받은 것으로 리쿼존의 주장을 뒷받침한 점을 문제 삼았다. 애덤스는 각각의 보증을 그 옳고 그름에 근거하거나 혹은 보증인이 존재하지 않거나 사실은 수의사였음을 증명함으로써 반박했다.

당연히 애덤스는 화학적 분석도 의뢰했는데, 그 결과에 따르면 리쿼존은 고도로 희석된 황산에 색소를 가미한 용액에 지나지 않았다. 비인도적으로 느껴질 수도 있지만 어쩌면 그의 가장 인상적인 작업은 실험동물을 대상으로 리쿼존의 치유력 주장을 검사한 것이었다. 다수의 기니피그를 탄저병에 감염시킨 뒤, 절반은 리쿼존으로 치료하고 나머지 절반은 대조군으로 분류했다. 스물네 시간도 지나지 않아 치료 여부를 떠나 모든 기니피그가 죽었다. 디프테리아와 결핵으로 다시 실험했을 때도 결과는 비슷했다.[19] 연구실은 리쿼존이 "전혀 치료 효과가 없을뿐더러 순수한 형태로 투여했을 때 동물의 저항력을 약화시켜 오히려 치료받지 않은 동물보다 조금 더 일찍 죽게 만들었다"고 결론 내렸다.

애덤스의 기사는 그러한 폭로가 더 큰 충격을 안길 수 있는, 더 잘 믿는 시대에 등장했기 때문에 놀라울 정도로 격렬한 항의를 야기했다. 여러 여성 단체들과 하비 워싱턴 와일리Harvey Washington Wiley라는 이름의 십자군 같은 의사 등 다양한 관계자들이 식품과 의약품에 기본적인 분류 규정을 부과하는, 오래전부터 의회에 발목이 잡혀 있던 법률의 제정을 촉구하기 시작했다. 1906년, 업튼 싱클레어Upton Sinclair의 장편소설 《정글The Jungle》은 정육업계의 비도덕적이고 역겨운 관행을 묘사함으로써 업계의 전체적인 개혁에 대한 요구를 자극했다. 그 무렵 시어도어 루스벨트Theodore Roosevelt 대통령이 이러한 개혁 움직임에 동참했다. 이후 루스벨트 대통령은 "특허 의약품 업계를 아주 강력하게 공격함으로써 업계의 광고 비용을 크게 축소시켰다"며 〈콜리어스위클리〉를 높이 평가하는 연설을 했다.[20] 루스벨트는 의회에 대한 공격에도 힘을 실어주었다. 그리고 마침내 그해에 업계의 강력한 로비 활동과 의회의 완고한 미적거림을 뚫고 식품의약품법Food and Drugs Act이 통과되었다.

이 법은 명백히 미국적인 형식을 취했으며 그 형식은 오늘날까지 영향력이 있는 것으로 입증된다. 법은 특허 의약품이나 그에 대한 광고를 금지하기보다는 "거짓된 라벨 부착"을 불법화하는 "라벨의 정확성" 조건을 부과하는 동시에 "위험한" 성분을 기재할 것을 요구했다. 정부가 이해한 바에 따르면, 이 법은 치료의 잠재적 혜택에 대한 어떠한 거짓된 주장도 범죄로 간주했다. 적법한 의술의 발전과 함께 이 새로운 법률은 특허 의약품 산업의 몰락이 시작되었음을 알렸다. 물론 종말이 한꺼번에 닥친 것은 아니었다. 특허 의약품 산업의 몰락을 촉발시킨 더 큰 요인은 바로 대중이 업계 광고에 대한 미몽에서 깨어났다는 사실이었다. 거짓된 주장으로 대담하게 새로운 법을 위반하는 사람들조차도 냉혹한 대중을 마주했다. 대중은 이제 홉킨스에 의해 이미 논리의 극단까지 떠밀려 간, 한때는 정말로 매력적이었던 속임수에 둔감해진 상태였다. 일단 거품이 터지고 나자, 쓸모없는 진액을 진귀한 영약으로 둔갑시킨 그 놀라운 연금술은 다시는, 절대로 통할 수 없었다. 그렇게 '스테이크 오일'이라는 표현은 만병통치약에서 사기의 대명사로 전락하고 말았다. 결국 거의 모든 생산 업체들이 폐업이나 도산의 길을 걸었다. 한때 막강했던 이 미국의 산업은 1907년 정점을 찍은 이후 죽음의 소용돌이를 시작했고, 결국 1930년 무렵에는 비주류 사업이 되고 말았다.

우리는 특허 의약품을 성공한 그 산업 자체의 희생양으로도 생각할 수 있다. 어떻게 보면 민간요법은 수백 년에 걸쳐 우리 주위에 존재했다. 그리고 그들의 주장이 더욱 온당하고 그들의 광고가 덜 끈덕졌을 때에는 적어도 플라시보 효과를 통해 그들이 약속한 약효의 일부가 나타났을지도 모른다. 많은 과학자들이 플라시보 효과가 실재할 수 있음을 증명해왔지 않은가.

그러나 이 산업은 19세기 말의 자본주의 정신을 포착했고, 특허 의약품을 위해 그 정신을 너무나도 심각한 사기와 지나치게 많은 이익, 대중의 건강에 대한 너무나도 큰 피해로 바꾸어놓았다. 그렇게 그 산업은 산업 자체의 무게로 무너지고 말았다. 그러나 이 산업이 주의력을 현금으로 바꾸기 위해 고안해낸 수단은 다른 형태로 계속 살아남아 정부와 다른 상업적 사업체의 손에서 새로운 용도를 찾아내게 된다.

특허 의약품 판매업자들 중에서 인생의 제2막을 누린 사람은 거의 없었다. 방울뱀 왕 클락 스탠리는 한동안 스네이크 오일을 계속 팔아먹었지만, 결국엔 새 법률에 걸리고 말았다. 1916년 로드아일랜드의 한 검사는 화학국Bureau of Chemistry을 대리하여 클락 스탠리를 식품의약품법 위반 혐의로 기소했다. 스네이크 오일 샘플을 테스트한 화학국은 그것이 "1퍼센트 정도의 지방유(아마도 소기름인 듯하다)가 혼합된 경유(석유제품), 장뇌유 및 테레빈유 소량을 담고" 있음을 알아냈다.[21] 정부의 고발장에는 이렇게 적혀 있다. "스네이크 오일은 허위로 그리고 부정하게 모든 통증과 불편함을 치료하는 약품으로 묘사되었는데, 사실은 그렇지 않았다."

1907년, 〈콜리어스〉 기사와 새로운 법률의 통과, 리쿼존의 몰락 이후, 금욕적인 겉모습 아래 감춰진 섬세한 영혼으로 최후까지 남아 있던 홉킨스는 심각한 쇠락을 겪었다. 한 지인의 전언에 따르면, 홉킨스의 사업이 사기로 판명되어 엉망이 되자 그는 "수치심을 느끼고 낙담했다". 그는 모든 종류의 판매 기술을 포기하고 "다시는 광고의 소용돌이에 발을 들여놓지 않겠다"고 결심했다. 대신 그는 자신의 글 쓰는 재주를 이용하여 작가가 되기로 마음먹었다. "나는 바쁘게 살 생각이었다. 하지만 명예를 위해 글을 쓰지 돈을 위해 글을 쓰는 일은 없을 터였다."[22] 그는 프랑스인 의사에게 진찰을 받은 뒤 미시건 호숫가의 오두막에 칩거하면서 몸을 추슬렀다. 그리고 나중에 이렇게 말했다. "나는 햇볕을 쬐고 잠을 자고 놀고 우유를 마셨다." 만약 수천 킬로미터 떨어진 곳에서 모종의 사건들이 발생하지 않았더라면, 그것으로 홉킨스의 광고 경력은 종지부를 찍었을 것이다.

03

왕과 조국을 위해

1914년 8월 3일 정오가 지난 직후, 갑판 위를 서성거리던 허버트 키치너 경Lord Herbert Kitchener은 점점 화가 치밀었다. 그는 어서 빨리 영국령 이집트의 집으로 돌아가고 싶었지만, 그를 데려가기로 되어 있는 증기선은 여전히 도버항에 정박된 상태였다. 이미 출발 시각을 한 시간이나 넘긴 그때, 다우닝가에서 한 남자가 튀어나와서는 민첩하게 배 위에 올랐다. 그 전령은 키치너 경의 귀향을, 이집트행을 연기시킬 뿐 아니라 그를 대중 주의력 포착의 역사에서 중추적인 인물로 만드는 의외의 길로 인도할 총리의 서신을 갖고 있었다.[1]

키치너 본인은 주의력에 대해 잘 알고 있었다. 1911년, 그는 왕의 칙령으로 이집트 부영사로 임명되어 파라오의 나라를 사실상 지배하는 인물이었다. 그 무렵 그는 이미 영국에서 가장 유명한 육군 장교였고, 식민 통치의 살아 있는 화신이었다. 아서 코난 도일Sir Arthur Conan Doyle은 그를 이렇게 표현했다. "그는 아주 특별한 의미에서 왕과 같은 인물이었다. 인류의 대사를 만들어내고 관리하기 위해 태어난 사람이었다." 그의 꼿꼿한 자세와 큰 콧

수염, 제복 정장을 좋아하는 취향을 보면 그는 진짜로 왕과 같은 인물로 보였다.[2]

허버트 애스퀴스Herbert Asquith 총리의 전갈은 없어서는 안 될 인물인 키치너에게 전시 내각회의에 참석해야 하니 런던으로 돌아오라는 내용이었다. 영국은 다음 날 독일제국을 상대로 전쟁을 선포할 예정이었다. 영국에는 선택지가 그리 많지 않았는데, 독일이 벨기에에서 철군하라는 영국의 최후통첩을 거부했기 때문이었다. 하지만 안타깝게도 영국군은 대대적인 지상전을 치를 만한 상태가 전혀 아니었다. 나중에 키치너 경은 이렇게 말했다. "어느 누구도 나의 동료 각료들이 용기가 없다고 말할 수 없다. 그들은 군대가 없는데도 세계에서 가장 강력한 군사 대국을 상대로 전쟁을 선포했다." 당시 키치너는 다소 불안감에 휩싸인 채 전쟁부 장관직 임명을 받아들였다.[3]

1914년 8월 당시, 영국의 유능하고 전문적인 전투 전력은 8만 명의 정규군에 불과했다. 고인이 된 독일 수상 오토 폰 비스마르크Otto von Bismarck의 농담처럼 독일 경찰이 체포할 수 있을 정도로 작은 규모였다. 예비군을 더하면 수십만 명에 달했지만, 그들 중 다수가 해외에, 주로 인도에 주둔하고 있었다. 반면 독일은 여러 해 전부터 전시체제를 갖추고 있었다. 450만 명(예비군 포함)에 육박하는 독일제국군은 지난 수십 년 동안 패한 적이 없었다. 더욱이 수많은 인상적인 승리를 자랑하는 막강한 군대였다. 막 벨기에를 침략한 독일은 프랑스로 향하는 중이었고, 어느 누구도 막기 힘든 것처럼 보였다.[4]

동료들보다 훨씬 더 길게 전쟁이 이어질 것으로 예견한 키치너는 영국이 과거엔 전혀 하지 않았던 무언가를 해야 한다는, 다시 말해서 적어도 100만 명에 달하는 거대한 군대를 육성해야 한다는 아주 현실적인 견해를 취했다. 하지만 전통과 정책에 의해 징병이 배제된 상태였기에 키치너는 영국 대중에게 직접적으로, 인간적으로 호소해야 한다고 생각했다. 그리하여 국가가 주도하는 주의력 수확 작업이, 이후 역사가들이 "민간인을 겨냥한 최초의 체계적인 선전 캠페인"이라 부르게 될 작업이 시작되었다.[5]

현대에는 정부 주도의 대규모 신병 모집 캠페인이라는 아이디어가 특별히 논란거리처럼 보이지 않는다. 최근의 사례만 봐도 바로 그와 같은 정부의 노력에 의해 부담적정보험법Affordable Care Act(일명 오바마케어)이 운용 가능해졌다. 그러나 1914년에는 영국만이 아니라 그 어떤 나라에서도 그런 일은 전례가 없었다. 공식적인 영국사의 결론에 따르면, "국가가 스스로를 홍보한다는 것은 전쟁 이전에는 생각해낸 사람이 거의 없는 아이디어였고, 공고하지도 않고 실행에 옮겼다면 대중에게 혐오감을 주었을 것이다".[6]

인류 역사의 많은 기간 동안 지배자들은 대중의 주의를 얻어야 한다는 특별한 필요성을 느끼지 않았고, 실제로도 대개는 그런 일을 피하려 했다는 점을 기억하라. 고대 로마 시대부터 이루어진 새로운 피지배 국가로의 개선 행진 같은 의식이나 "왕의 신성한 옥체를 보여주기 위해" 중세 시대에 처음 행해진 왕의 행진Royal Progress을 제외하고, 왕이나 여왕들은 일찍이 권력을 표현할 때 접근 불가능의 신비성에 의존했다.

민주주의 시대 이전에는 앞에서 살펴본 바와 같이 교회만이 체계적으로 국민의 마음에 접근하는 기회를 얻으려 했고, 또 그런 기회를 이용했다. 실제로 "선전propaganda"이라는 바로 그 단어는 원래 신앙을 전파한다는, 엄격하게 교회와 관련된 의미를 갖고 있었다. 마크 크리스핀 밀러Mark Crispin Miller

는 이렇게 지적한다. "1915년이 돼서야 각국 정부는 국민을 일깨워 열광적인 동의를 얻어내기 위해 근대적인 매체 모두를 체계적으로 이용했다." 엄청난 자원을 갖추고 무력을 독점한 국가가 이 게임에 진입했다는 것은 대단히 중요한 일이 된다.[7]

키치너는 자신이 대영제국의 힘을 상징하는 살아 있는 아이콘으로 유명하다는 사실을 알고 있었다. 그가 전쟁부 장관에 새로이 임명된 지 일주일도 안 돼 모든 신문은 그의 호소문을 실었고 이 글은 영국 전역에 붙은 포스터에도 등장했다.

> 왕과 국가가 당신을 필요로 한다.
> 동원령
>
> 현재의 심각한 국가 비상사태를 맞아 국왕 폐하의 상비군에 10만 명의 병력이 즉시 추가되어야 한다. 키치너 경은 우리 제국의 안전을 간절히 바라는 모든 사람들이 이 호소에 즉각 반응할 것으로 확신한다.

이 수법이 독일 침략에 대한 미묘한 두려움이나 의무감을 자극했든, 단지 위인 자체의 이미지를 제시했든, 8월의 1차 호소문은 엄청난 성공을 거두었다. 한 달도 지나지 않아 하루에 3만 명이나 되는 남성들이 신병 모집 사무소에 이름을 올리고 있었다. 10월까지 75만 명이 영국 육군에 입대했는데, 두 달 만에 오늘날 미국의 현역 병력보다 더 큰 보병대가 탄생한 것이었다. 키치너 경은 이제 자신의 육군을 갖게 되었다.

그러나 키치너와 신병 모집 위원회는 모병에 성공하자마자 여전히 문제가 남아 있음을 깨달았다. 전투가 지속되던 탓에, 600만이 넘는 적군과 심각한 병력 손실의 가능성에 직면해 있던 영국에는 신병의 꾸준한 보충이 필요할 터였다.[8] 그러나 처음에는 그토록 성공적이었던 캠페인이 추진력을 잃는 듯 보였다. 실로 강력한 것으로 입증되었던 키치너 경의 친밀하고 개인적인 호소가 이제는 무시되고 있는 게 분명했다. 대중이 계속 신병 모집에 대해 생각하게 하려면, 무언가 더 대단한 것이 필요했다.

그 답은 바로 이따금 전하는 키치너의 호소에서 탈피해 정부 선전에 대한 더욱 체계적이고 총력적인 접근 방식으로 전환하는 것이었다. 그에 따라 1914년 가을 "상설 '정보' 캠페인" 운용을 위한 특별 의회모병위원회 Parliamentary Recruiting Committee가 설립되었다. 이는 신병 모집의 비상 국면을 영국 국민들 머릿속에 가장 중요한 것으로 각인하는 방법을 개발하기 위한 노력의 제도화였다. 이 캠페인에서 가장 유용한 도구는 앞에서 다룬 프랑스의 발명품, 즉 일러스트레이션이 들어간 대형 광고물인 것으로 드러났다. 1914년의 마지막 두 달부터 영국 전역은 정부의 전쟁 포스터로 뒤덮였다. 그리고 모병 기관의 산출에 따르면, 1916년까지 1,250만 장에 가까운 포스터를 찍어냈다. 전쟁이 끝날 무렵엔 도합 5,400만 장을 찍어낸 게 된다. 1915년 1월 3일 자 〈런던타임스〉의 보도에 따르면 이 포스터들은 "모든 광고판과 대부분의 창문, 버스, 전차, 상업용 트럭 등에서 볼 수 있었다. 넬슨 기념탑의 거대한 주춧돌도 포스터로 덮였다. 포스터가 대단히 많은 데다가 다양하다는 점이 놀랍다. 사방에서 키치너 경이 '나는 당신을 원한다'고 외치며 대단히 큰 손가락으로 준엄하게 가리키고 있다".[9]

손가락 포스터는 도처에 산재한 포스터들 중에서 가장 유명해졌다. 이 포스터에서 그 육군 원수는 "당신의 국가가 **당신을** 필요로 한다"는 문구와 함께 포스터를 보는 사람을 직접 가리킨다. 필시 많은 이들의 생각을 대변했을 한 신병의 말을 빌리자면, "어느 위치에서든 우리를 가리키는 키치너의 손가락과 키치너의 사진을 보게 되어 있었다. 그 손가락은 항상 우리를 가리켰다". 모든 효과적인 포스터와 마찬가지로 이 포스터 역시 무시하기가 거의 불가능한 것으로 드러났다.[10]

당국은 또한 가을에 대대적인 가두 행진과 집회의 형태로 이른바 "공격적인 옥외 선전"을 실시하기 시작했다. 1914년 가을 브라이튼에서 연출된 선전이 전형적이었는데, 말들이 거대한 대포를 끌고 악대가 군가로 군중을 흥분시키는 가운데 대규모 병력이 이 해변 도시를 가로지르며 가두 행진을 벌였다. 이어진 집회는 마음을 뒤흔드는 러디어드 키플링Rudyard Kipling의 연설에서 절정에 이르렀다. 러디어드 키플링은 고대에 처음 등장했을 때의 목적에 부합하도록 웅변술을 적절히 구사하며 독일 지배에 대한 뿌리 깊은 두려움을 이용해 애국심을 부추겼다.[11]

> 환상을 갖지 마십시오. 우리는 최고의 장비를 갖춘 강력한 적을 상대하고 있습니다. 그들은 우리를 완벽하게 파괴하겠다는 목표를 세웠습니다. 벨기에 침략과 프랑스 공격, 대對 러시아 방어는 중도에 거치는 단계일 뿐입니다. 독일의 진짜 목적은 그들이 우리에게 항상 얘기해온 그대로 영국과 영국의 부와 무역, 그리고 온 세계에 퍼져 있는 영국의 영토를 빼앗는 것입니다.
>
> 저들의 공격이 성공하리라고 잠시 가정한다면, 일부 사람들의 말처럼 영국은 이류 국가로 지위가 떨어지는 것이 아니라 하나의 국가로서 더 이상 존재하지 않게 되는 것입니다. 우리는 독일의 해외 영토가 될 것이며, 독일의 안전과 이익에 필요한 바에 따라 가혹하게 다스려질 것입니다.

만약 우리가 자신의 권리와 지구상에 존재할 자유를 위한 권리를 얻고자 한다면, 모든 사람들은 국가를 위한 봉사와 국가를 위한 희생에 자기 자신을 바쳐야 할 것입니다.[12]

전쟁 중에 쓴 일기를 훗날 책으로 낸 조지 코파드George Coppard는 크로이던에서 열린 이와 흡사한 집회에 참가한 뒤 열여섯의 나이로 군에 입대한 과정을 이렇게 설명했다. "너무 벅차서 도저히 저항할 수 없었다. 마치 자석에 끌린 것처럼 나는 내가 곧바로 입대해야 한다는 것을 알았다."[13]

정부는 계속적인 혁신이 필요함을 깨닫고 탁월한 아이디어 몇 가지를 더 생각해냈다. 예를 들어, 유개 화물 자동차로 이루어진 소규모 선전대 같은 것을 만들었는데, 이 자동차들은 시골의 대형 담벼락을 스크린 삼아 입대를 전도하는 영화를 상영할 수 있는 장비를 갖추었다. 따라서 자동차 극장은 연애가 아니라 생존의 위협 때문에 생겨났다고 할 수 있다. 1918년 전쟁 개시 4주년 기념일에 영국 정부는 전국 4,000곳 이상의 영화관과 음악당, 극장에서 총리의 봉인된 특별 메시지가 저녁 9시 정각에 크게 낭독되도록 조치한다. 요즘은 "방송하다"라는 뜻으로 주로 쓰는 "브로드캐스트broadcast"라는 표현이 여전히 작물 파종 기법에 적용되던 시대에 영국 총리는 그런 방법으로 한 번에 약 250만 명의 사람들을 접촉했다. 당시로서는 전대미문의 청중 규모였다.[14]

여기서 주목할 점은 대개 단일 창안물로는 정부의 노력을 그 방대한 규모와 조직에 걸맞게 나타낼 수 없다는 사실이다.[15] 이 점에 있어서 영국은 20세기의 절반이 지난 뒤 프랑스 철학자 자크 엘륄Jacques Ellul이 밝히게 될 식견을 예상했던 셈이다. 즉 선전은 성공하려면 전면적이어야 한다는 것이다. 선전은 그 시대에 이용 가능한 모든 기술적 방법과 매체를 활용해야 한다. 어떤 세기에는 영화, 포스터, 회합, 가가호호 유세를 활용해야 하고, ISIS의 부상이 증명하듯이 또 다른 세기에는 소셜 미디어까지도 이용해야 한다. 여기엔 신문 기사를 배치하고 저기에선 포스터나 라디오 프로그램을 활용하고 담벼락에는 슬로건이나 몇 개 뿌려놓는 식으로 산발적인 노력을 기울이거나 되는 대로 노력할 경우, 이 근대적인 형태의 주의력 포착은 바람직한 결실, 즉 전에는 상상하지도 못했던 결실을 맺지 못한다.[16]

주의력을 수확하는 가장 성공적이면서 적응력 높은 시도도 부족할 수 있다. 실제로 해당 작물의 본질상 대부분의 수확 시도는 부족하다. 결국 영국 군부도 나중에는 부족한 병력을 채우기 위해 징집에 의존하게 되었다. 그러나 키치너의 모병 운동은 역사상 가장 성공적이었던 사례로 봐도 무방하다. 전쟁이 시작되었을 때 징집 연령에 해당한 550만 명 중에서 1915년 9월 말까지 거의 절반이 자발적으로 입대했는데, 전쟁 초기에 충격적일 정도로 많은 사상자가 발생했는데도 그랬다. 그러한 요청에 주의를 기울인다는 것은 죽거나 심각한 부상을 당할 확률이 반반 정도인데도 그것을 받아들인다는 의미였다. 다른 국가들은 법적 강제에 의해 성취한 것을 키치너 경의 캠페인이 설득을 통해 이루었다는 사실은 모든 사람들에게 교훈을 남겼다. 특히 의약품 광고가 주의력을 현금으로 바꿀 수 있다는 사실을 증명한 것처럼, 이 최초의 선전 운동도 주의력이 죽을 가능성이 높은 군복무에 대한 순응과 같은 다른 형태의 가치로도 바뀔 수 있음을 보여주었다. 영국의 예는 20세기 내내 다른 이들에 의해 모방되었다. 소련과 중화인민공화국, 나치독일 등의 정부, 그리고 앞으로 보게 될 상업적 행위자들이 바로 그들이다. 역사가인 M. L. 샌더스M. L. Sanders와 필립 테일러Philip Taylor가 지적한 대로, "영국 정부는 현대 세계에 선전이라는 무기를 풀어놓은 판도라의 상자를 연 책임이 있었다".[17]

이 일을 시작한 키치너 경에 관해 덧붙이자면, 그는 자신이 사랑하던 이집트로 돌아가지도, 전쟁이 끝나는 것을 보지도 못했다. 1916년 6월, 외교 정상회담이 열리는 러시아로 가던 도중, 그를 태운 장갑 순양함은 (전쟁부 장관 집무실의 스파이로부터 첩보를 입수한 것으로 추정되는) 독일 잠수함이 설치해놓은 일단의 기뢰에 부딪히고 말았다. 키치너는 자신의 참모들을 비롯하여 600명이 넘는 승무원들과 함께 그렇게 사라졌다. 당시 영국의 선전 활동에 일조했던 아서 코난 도일은 그를 추모하며 다음과 같이 적었다. "오크니 제도의 그 황량한 물속에서 그는 방대하고 근본적인 무언가, 갑자기 왔다가 이상하게 가버린 무언가에 대한 기억을 남기고 떠났다. 강력한 정신이 속세를 지나갔다는 위대한 흔적을 남기고 가버린 것이다."[18]

영국의 선전 기술을 시험적으로 사용해본 최초의 국가는 세뇌에 치중하던 나라가 아니라 1917년 중립적인 입장을 포기하고 참전을 선언하는 자유의 땅 미국이었다. 미국인들은 영국의 텔레비전 프로그램을 차용하기 훨씬 이전에 영국의 선전 기술부터 가져왔다. 그러나 미국이 영국의 원본을 모방한 거의 모든 경우와 마찬가지로, 미국 버전은 규모가 훨씬 더 커졌다.

신문기자 조지 크릴George Creel은 우드로 윌슨Woodrow Wilson의 열렬한 지지자로서 1916년 윌슨의 재선 선거운동에서 대국민 메시지 전달이라는 핵심적인 역할을 수행했다. 그는 실로 열정과 활력이 넘치는 열혈 당원이었다. 한 저널리스트는 그에 대해 이렇게 적었다. "종교에 일요일이 있다면 정치에는 크릴이 있다. 크릴은 불의 십자가를 전달하는 십자군이다." 1917년, 윌슨이 (선거공약까지 깨면서) 독일제국을 상대로 선전포고를 준비하자, 크릴은 윌슨에게 미 행정부가 전시 언론 검열에 "진보적인" 대안을 적용해야 한다고 제안했다. 그는 미국이 전쟁에 대한 "열정과 열의를 불러일으키는 데" 현대의 과학적 광고 기법을 이용할 수 있다고 주장했다.

어쨌든 크릴에게 신세 졌다는 느낌을 갖고 있던 윌슨은 크릴의 아이디어를 매우 흥미롭게 생각했고, 그래서 의회에 선전포고를 요청한 지 일주일쯤 뒤 크릴을 새로이 설립된 "공보위원회Committee on Public Information"의 위원장으로 임명했다. 이 위원회는 미국 역사상 최초의 제도화된 연방 선전 기관이었다. 자신의 새로운 역할에 고무된 크릴은 진정한 신봉자로서 선전을 이용하는 것에 대해 어떠한 양심의 가책도 받지 않는 것처럼 보였다. 그는 그 작업을 "평범한 선전의 문제이자 거대한 판매 사업이며 세계에서 가장 큰 광고 모험"이라고 쾌활하게 설명했다.[19] 미국 최초의 선전 캠페인을 원활하게 가동시키기 위해 윌슨은 행정명령을 동원하여 크릴에게 구체적으로 명시되지 않은 폭넓은 권한을 부여했다. 크릴은 기꺼이 그 권한을 받아들여 행사하며 우려스럽다고 설명할 수밖에 없는 극단적인 수단까지 사용하기에 이른다.

1917년, 미국은 이미 수백만 명의 목숨과 어마어마한 자원을 앗아갔는데도 끝이 보이지 않는 전쟁에 참전하는 전략의 가치를 놓고 여전히 격렬한 의견 대립을 보이며 양분되어 있는 상태였다. 많은 사람들에게 그 전쟁은 본질적으로 유럽의 열강들이 유럽 영토를 놓고 다투는 양상으로 보였다. 그리고 많은 미국 국민들, 특히 독일계나 아일랜드계 미국인들은 자신의 국가가 영국 편을 들어야 할 특별한 이유를 이해하지 못했다. 윌슨과 크릴 모두 이러한 반대를 너무나도 잘 알고 있었다. 실제로 윌슨은 중립 입장을 지킨다는 정강으로 이제 막 재선에 성공한 터였고, 크릴은 선거운동 기간에 자신이 출간한 《윌슨과 이슈들Wilson and the Issues》이라는 베스트셀러에서 그 정강을 설명하고 정당화한 바 있었다.[20] 이 두 사람이 정립한 것보다 더 강력하게 중립을 옹호하는 논거는 존재하지 않았다.

그럼에도 윌슨이 생각을 바꿨을 때 조지 크릴은 도움이 된다는 것만으로 무한한 기쁨을 느끼는 소수의 사람들만이 해낼 수 있는 갑작스런 반전을 감행했다. 그는 지금 미국은 "분노와 혼란의 목소리, 상반된 이해관계들의 밀고 당기기"로 스스로를 위태롭게 하고 있기 때문에 분열된 여론을 수용할 여유가 더 이상 없다고 선언했다. 크릴로서는 "단순한 표면적 화합"을 이루는 것으로는 충분하지 않았다. 그런 수준을 뛰어넘어 이제 온 국민이 "미국이 표방하는 대의의 정당성에 대한 열렬한 믿음"을 공유해야만 했다.

"전쟁 의지"가 필수적으로 갖춰져야 했다. 민족주의 작가들에게서 차용한 개념으로 국가의 더 큰 의지에 개인을 포기한다는 의미인 "전쟁 의지" 말이다. 크릴은 "민주주의의 이러한 전쟁 의지, 즉 이기려는 의지는 해당 체제의 모든 국민 각자가 봉사와 희생이라는 최고의 활동에 몸과 마음, 정신 모두를 집중할 수 있는 정도에 좌우된다"고 지적했다. 귀에 익은 얘기 같다면, 분명 그렇다. 나중에 베니토 무솔리니Benito Mussolini는 자신만의 프로젝트를 "개인을 초월하고 그 개인을 영적인 사회의 의식 있는 일원으로 끌어올리는 객관적인 의지"의 창조로 설명한다.[21] 레니 리펜슈탈Leni Riefenstahl의 나치 선전 영화인 〈의지의 승리Triumph des Willens〉 또한 영적인 관점에서 집단 의지를 찬양하는 내용이 된다. 그러나 당장은 "미국 국민들을 하나로 모아 박애, 헌신, 용기, 불멸의 결단성을 지닌 하나의 열렬한 대중 본능으로 만드는" 파시스트적 미덕을 찬양하는 인물로는 크릴이 유일했다.

공정하게 말하자면, 크릴의 민족주의와 "전쟁 의지" 개념은 이후에 다른 곳에서 등장하는 보다 악의적인 종류와는 거리가 멀었다. 그는 다음과 같이 주장했다. "공보위원회는 결코 검열 기관, 즉 은닉이나 탄압 조직이 아니었다. 이 위원회가 처음부터 끝까지 강조한 것은 개방성과 명백성이었다." 그러나 크릴이 이류 파시스트였다 하더라도, 선전가로서는 일류였다. 스스로 단언한 것처럼 그가 실행한 것은 "(그 단어가 갖는) 진정한 의미에서의 선전, 즉 '믿음의 보급'을 의미하는 선전"이었기 때문이다.[22]

영국의 본보기를 따라 크릴은 국민 전체의 주의력을 대대적으로, 그리고 전면적으로 확보하려고 했다. 이를 위해서는 정부의 메시지를 넘쳐흐를 정도로 많이 전달하는 것이 필요했다. 그가 이해하기로 "모든 가능한 봇물을 제어하는 데 필요한 이 급류를 인도하는 동시에 수용하려면 보다 광범위할수록 더욱 좋기" 때문이었다.[23] "그러한 목적을 위해 우리가 이용하지 않은 호소 매체는 없었다. 인쇄물, 연설, 영화, 전보, 전화, 라디오, 포스터, 게시판 등 모든 것이 우리 국민과 다른 모든 국민들로 하여금 미국이 전쟁을 시작할 수밖에 없는 이유를 이해하게 만드는 우리의 캠페인에 이용되었다."

크릴 위원회는 설립된 지 1년 만에 스무 개의 국내 분과를 두고 보고된 직원만 15만 명을 갖췄다. 이 위원회는 아마 세계사에서 가장 빠른 속도로 성장한 정부 관료 조직이었을 것이다. 위원회는 대량생산의 시대정신과 교통하며 모든 일을 더욱 빠른 속도로 처리했다. 그들은 포스터와 연설문, 팸플릿, 보도 자료를 그 어떤 조직보다 더 많이 만들었다. "신문과 잡지는 물론이고 카운티 박람회, 영화관, 교실, 우체국 담벼락, 교회, 유대교 예배당, 학생회관 등 사실상 대중과 접촉할 수 있는 모든 물리적인 인터페이스가 공보위원회의 메시지를 전달하는 장소가 되었다." 전쟁을 찬성하는 논거는 "대량으로 반복해서 도처에 존재함으로써 압도적으로 강력해졌다". 인간의 주의력을 확보하려는 급증하는 다툼 속에서 크릴의 접근 방식은 융단폭격에 해당하는 것이었다.

크릴의 위원회가 꼼꼼히 기록을 해두었기 때문에 우리는 그가 얼마나 많은 사람들에게 영향을 미쳤는지 대략적으로 가늠할 수 있다. 당시 미국 정부는 7,500만 부의 팸플릿과 서적을 찍어냈다(《유에스에이투데이USA Today》의 구독자가 160만이라는 점과 비교해보라). 크릴 위원회는 "포 미닛 맨Four Minute Man"이라는 프로그램을 도입했는데, 영화관에서 필름이 교체되는 시간 동안 일반 시민에게 4분 길이로 전쟁에 찬성하는 연설을 하도록 요청하는 내용이었다. 7만 5,000명이 넘는 자원자가 총 75만 5,190번의 연설을 했고, 정확히 연인원 1억 3,445만 4,514명이 연설을 들었다.[24]

크릴의 지휘하에 미국 정부는 영화 산업과도 힘을 합쳐 미국 최초의 선전 영화 몇 편을 상영하기도 했다. 크릴 위원회의 특별 분과는 〈퍼싱의 십자군들Pershing's Crusaders〉이나 〈훈족에 전하는 미국의 대답America's Answer to the Hun〉 등과 같은 장편영화를 제작했다. 이 두 영화 모두, 꾸준히 입장권이 판매되었다. 크릴은 초기에 이미 막 할리우드로 이전하고 있던 민간 영화 산업을 향해 전쟁에 "편견을 갖게 만드는" 작품은 억압받게 될 것임을 명확히 밝혀둔 터였다. 몇 차례 촉구와 재촉을 받은 뒤 영화사들은 〈독일 문화의 늑대들Wolves of Kultur〉과 같은 애국 차원의 "혐오" 영화가 애국적인 동시에 상업적일 수도 있음을 이해하기 시작했다. 〈독일 문화의 늑대들〉이 15편까지 제작될 정도였다. 그러나 이 모든 영화들 중에서도 가장 크게 히트한 것은 〈카이저, 베를린의 야수The Kaiser, the Beast of Berlin〉였다. 애석하게도 복사본은 없지만, 미국 중서부에서 이 영화가 얻은 반응은 다음의 신문 기사에 고스란히 남아 있다.

> 오마하에서 일주일 동안 한 편의 영화를 관람한 최대 관객 수에 해당하는 1만 4,000명이 지난주 그 도시의 오디토리엄Auditorium에서 〈카이

저(베를린의 야수)〉를 관람했다. (…) 젊은 대령이 카이저의 턱을 강타하는 장면에서 매번 어마어마한 환호성이 터져 나왔다. 애국 단체들은 이 영화가 미국이 전쟁을 생각하도록 각성시키는 데 도움이 된다는 이유로 호평했다. 시내 전차들이 간판으로 이용되었다. 거리의 대형 현수막들이 시내의 군중들 머리 위에서 흔들렸다. 그리고 트럭 한 대가 카이저 모형과 "독일에 찬성하는 사람들에게는 입장료를 받지 않는다"는 대형 표지판을 달고 거리를 지나갔다. 그 초대장을 이용한 사람은 아무도 없었다.[25]

마지막으로, 영국의 모병 활동에 너무나도 중요했던 키치너의 거대한 포스터를 미국식으로 변형시킨 포스터가 있었다. 하지만 그 대의를 표방할 살아 있는 화신이 없었기 때문에 회화 분과는 신병 모집 장르에서 가장 잊히지 않을 사례일 게 확실한 인물 대신, 손가락으로 가리키며 "나는 미 육군을 위해 **당신**을 원한다"고 말하는 우화적인 엉클 샘Uncle Sam을 등장시켰다.[26] "이 미친 야수를 죽여라Destroy This Mad Brute"라는 또 다른 포스터에서 독일은 거대한 미친 고릴라로 나오는데, 아직 설익은 이 킹콩은 약탈당한 벨기에를 상징하는, 허리까지 옷이 벗겨진 아름다운 여인을 한쪽 손에 움켜쥐고 있다. 그리고 다른 한 손에는 "Kultur(독일 문화)"라는 단어가 새겨진 곤봉을 들었다. 이러한 호소는 남성의 편도체에 어울리는 것으로, 편도체란 fMRI에서 드러나듯이 원초적 공포를 접하면 활성화되는, 폭력적 감정을 관장하는 뇌 부위이다.

영국군과는 달리 미국군은 거의 처음부터 징병에 의존했지만, 그럼에도 70만 명 정도의 미국인이 자원 입대했다. 하지만 크릴이 거둔 모든 성공이 크릴 위원회의 뛰어난 주의력 포획과 효과적인 메시지 전달 때문만은 아니었다. 연방 검사들은 새로 제정된 방첩 및 선동법Espionage and Sedition Acts을 등에 업고 크릴 위원회의 천적인 반전주의자들을 제거하거나 침묵시키거나 겁을 주었다. 1918년 여름, 사회당Socialist Party을 설립한 유진 데브스Eugene Debs는 "감히 전쟁에 반대하는 의견을 속삭인 사람들에게 반역의 낙인을 찍는" 모종의 조직적 운동을 폭로하려고 애썼다. 오하이오 주 캔턴에서 연설하면서 그는 군중에게 이렇게 말했다. "여러분은 노예와 총알받이보다는 더 나은 무언가에 적합한 사람들입니다. 여러분은 게으른 착취자를 부자로 만들어주기 위해 일하고 생산하면서 자신은 가난하게 살도록 태어난 게 아닙니다. 여러분에게는 향상시켜야 할 마음이 있고 발전시켜야 할 정신이 있으며 지켜야 할 남자다움이 있음을 알아야 합니다." 그 후 북부 오하이오 연방 검사는 방첩법의 10가지 조항을 위반했다며 그를 기소했고, 그 때문에 데브스는 10년 형을 선고받았다. 위대한 진보적 영웅 올리버 웬델 홈스Oliver Wendell Holmes 판사가 쓴 판결문을 보면 미국 대법원은 만장일치로 데브스의 유죄를 인정했다.[27]

영국과 미국의 선전 캠페인이 거둔 기이한 성공은 여론이 갈린 문제에 대해 강력한 관점을 채택하도록 대중을 조종하는 과정에서 무엇이 가능한지에 대한 새로운 기준을 세우며 나머지 세기 동안 영향을 미쳤다. 그 세월을 살아간 사람들이 받은 영향은 각자의 성격 내면에 깊숙이 자리 잡은 무언가에 많이 좌우된 것으로 보인다. 그 경험을 두렵다고 생각해서 그런 일이 다시는 일어나지 않게 하겠다고 결심한 사람들도 있겠지만, 영국과 미국의 선전이 거둔 대단한 성공이 그야말로 고무적이라고 생각한 사람들도 있었다.

진보적 저널리스트이자 〈뉴리퍼블릭The New Republic〉의 공동 설립자이며 윌슨 행정부 내의 유력자였던 월터 리프먼Walter Lippmann은 미국이 참전해야 한다고 윌슨을 압박한 인물들 중 한 명이었다. 전쟁 중에 크릴 위원회에서 활동한 그는 국가 전체를 몰아대서 광신적인 찬성을 이끌어내는 위원회의 힘을 직접 목격했다. 애초에는 참전을 지지했지만 크릴 위원회가 너무 손쉽게 성공하는 것을 목도한 그는 평생을 냉소주의자로 살아가게 된다.

1922년에 발표한 대표작《여론Public Opinion》에서 설명했듯이 리프먼이 전쟁에서 깨달은 것은 사실 그대로의 복잡한 세상과 대중이 그 복잡한 세상을 이해하는 데 이용하는 내러티브, 즉 개략적인 "고정관념stereotypes(그가 이 책에서 처음 사용한 용어)" 사이에 차이가 있다는 사실이었다. 해당 전쟁과 관련해서, 리프먼은 피치자들의 "동의"가 (그의 표현을 빌리면) "만들어진 것manufactured"이라고 믿었다. 따라서 그는 다음과 같이 지적했다. "민주주의 본연의 신조, 즉 인간사를 관리하는 데 필요한 지식은 인간의 마음에서 자연 발생한다는 신조가 존재한다고 믿기가 더 이상 불가능하다. 우리가 그 이론에 따라 행동하는 경우, 우리는 스스로를 자기기만은 물론, 우리가 입증할 수 없는 설득 형태에 노출시키게 된다."[28]

리프먼은 어떤 커뮤니케이션이라도 의견을 전한다는 의미에서 선전이 될 가능성이 있다고 보게 되었다. 그것이 일단의 사실이나 하나의 관점을 제시해서 머리에 담긴 어떤 "고정관념"을 발전시키거나 약화시키기 때문이다. 따라서 어떤 사람이 소비하는, 다시 말해서 주의를 기울이는 모든 정보가 단지 모종의 반응만 유도하는 것이라 해도 특정한 영향을 미치기 마련이라고 말하는 것이 공정하다. 결과적으로 이러한 아이디어는 매우 근본적인 함축적 의미를 띠게 되는데, 우리가 진정으로 독립적인 생각을 할 수 있는 스스로의 능력을 때때로 과대평가한다는 사실을 암시하기 때문이다. 삶의 대부분의 영역에서 우리는 하나의 제품을 평가하든 정치적 제안을 평가하든, 사실들을 설명하면서 필연적으로 다른 사람들에게 의지하고 궁극적으로 만들어진 대안들 중에서 하나를 선택하고 만다. 그리고 만약 이것이 사실이라면, 주의력을 차지하기 위해 싸울 때, 누가 가장 먼저 혹은 가장 자주 영향을 미치느냐가 특별히 중요해진다. 진정으로 영향을 미치지 못하는 유일한 커뮤니케이션은 사람들이 무시하는 법을 배운 대상이거나 아예 듣지 않는 대상에서 나오는 것뿐이다. 자크 엘륄이 다음과 같이 주장한 것도 바로 이 때문이다. "모든 것을 읽고 나름의 의견이 있다고 주장하며 스스로 선전에 영향을 받지 않는다고 생각하는 지식인들은 사실 조종하기가 쉽다. 선전에 진정으로 영향을 받지 않는 이들은 단절된 사람들, 일테면 시골에 사는 사람들이나 도시의 빈민들이다."

리프먼이 생각하기에 이 모든 것은 영국 정부와 미국 정부가 어떻게 그토록 놀라운 속도로 "전쟁 의지"를 만들어낼 수 있었는지를 설명하는 데 도움이 되었다. 그들은 전쟁을 이해하는 데 이용할 수 있는 단순한 흑백논리의 고정관념을 제시했고, 국가의 모든 자원을 활용하여 그 관념을 철저하게 전파한 다음, 전쟁의 대의에 공감하는 고정관념을 가진 사람들에게 의견을 달리하는 어떠한 분석도 전달되지 못하게 막았다. "여론"이 그토록 쉽게 날조되었다는 사실로 인해 리프먼은 민주주의의 여론 의존성에 비관적인 입장을 내내 견지하지 않을 수 없었다.

리프먼의 신념은 미국 사법부의 저명한 진보적 인사들에 의해서도 공유되었는데, 그들은 데브스 같은 반대자들을 거칠게 취급하는 것을 목격하고는 진보주의의 이름으로 행해진 것들에 대해 다시 생각하기 시작했다. 자신의 소신을 밝힌 최초의 인물들 중 한 명이 하급법원의 유명한 판사인 러니드 핸드Learned Hand였다. 그는 전쟁 중에 방첩법에 의거한 기소를 기각한 몇 안 되는 판사들에 속했다.[29] 전쟁이 끝난 뒤에도 검사들이 계속해서 사회주의자와 무정부주의자가 가진 견해를 이유로 그들을 체포하여 투옥하자 대법원에서 가장 유명한 진보주의자에 속하던 홈스 재판관과 루이스 브랜다이스Louis Brandeis 재판관은 사고의 전환을 겪지 않을 수 없었다. 달변으로 유명했던 이 두 재판관은 일련의 이견과 동의를 거치며 헌법상의 더 강력한 권리인 표현의 자유를 보호하기 위한 논거의 개요를 잡았다. 브랜다이스 재판관은 마치 전쟁 중에 법원이 한 행동을 사과하기라도 하듯 휘트니 대 캘리포니아 주Whitney v. California 사건의 그 유명한 보충 의견서에 표현의 자유의 가치를 찬양하는 글을 남겼다.

> 미국의 독립을 일궈낸 선조들은 국가의 최종 목표가 사람들이 자신의 능력을 자유롭게 개발할 수 있도록 하는 일이라고 믿었다. 또한 정부에서는 신중한 권력이 독단적인 권력보다 우위에 있어야 한다고 믿었다. 그들은 자유를 목적이자 수단으로서 소중하게 생각했다. 그들은 자유가 행복의 비결이며 용기가 자유의 비결이라고 믿었다. 그들은 마음대로 생각할 수 있는 자유와 생각하는 대로 말할 수 있는 자유가 정치적 진실을 발견하고 퍼뜨리는 데 없어서는 안 될 수단이라고 믿었다. 그리고 표현과 집회의 자유가 없는 토론은 무익하고, 표현과 집회의 자유가 있을 때 토론이 유해한 신조를 퍼뜨리지 못하게 막는 적절한 보호막을 형성할 수 있다고 믿었다. 그들은 자유에 대한 가장 큰 위협 요소는 자력으로 저항할 수 없는 사람들이며, 공개적인 토론이 정치적 의무이자 미국 정부의 기본적인 원칙이어야 한다고 믿었다.[30]

그러나 엄청난 기회를 봤다는 의미에서 선전의 극적인 성공에 대해 실망이 아닌 열정으로 반응하며 거의 정반대되는 행동을 보여준 사람들도 있었다. 그들 중 한 명이 오스트리아 빈 출생의 에드워드 버네이스Edward Bernays라는 젊은 청년이었다. 어릴 때 미국으로 건너온 그는 지그문트 프로이트Sigmund Freud의 조카였으며, 전쟁이 시작됐을 때 24세의 나이로 기자에서 언론 홍보 담당자로 변신해 생계를 꾸리고 있었다. 버네이스는 의뢰인이 바라는 홍보를 위해 이미 무의식적인 욕구가 인간의 본성을 좌우한다는 삼촌의 아이디어를 활용하고 있었다. (전해지는 이야기에 따르면, 지그문트 프로이트가 여송연 한 상자를 받고 자신의 《개론 강의》를 조카에게 줬다고 한다.) 전쟁 중에 버네이스는 많은 저널리스트와 마찬가지로 크릴 위원회에서 일했고, 리프먼처럼 그도 민주주의의 무익함을 느꼈다. 그러나 리프먼과 달리 버네이스는 그 경험에서 '계몽된 조종enlightened manipulation'의 필요성에 대한 믿음을 얻었다. 그는 이렇게 썼다. "그렇지 않으면 대중은 아주 쉽게 부적절한 사람을 뽑거나 잘못된 것을 원할 수 있기 때문에 그들을 위에서부터 이끌어줘야 한다." 그가 이해한 바에 따르면, "대중의 조직화된 습관과 의견에 대한 의식적이고 영리한 조종이 민주 사회의 중요한 요소"였다.

그러나 버네이스가 진짜로 열중한 바는 사업체의 이익을 위해 조종하는 것이었다. 나중에 그는 이렇게 회상했다. "나는 전쟁을 위해 선전을 이용할 수 있다면 분명 평화를 위해서도 선전을 이용할 수 있다고 결론 내렸다." 그는 영향력 있는 전문가로 활동하면서 상업계의 의뢰인들을 위해 선전 기술을 이용하는 데 전념했다. 그리고 어느 시점부터는 자신을 "홍보의 아버지"라고 칭하기 시작했다. 그의 표현에 따르면, 전쟁에서 얻은 그 개가는 "삶의 각 분야에서 활동하는 몇 안 되는 지성인들로 하여금 대중의 마음을 엄격하게 관리할 수 있는 가능성에 눈을 뜨게 만들었다".[31] 그리고 "사업은 이익 공동체들이 대중에게 끼칠 수 있는 효과를 생생히 보여주는 예를 제공했다".

정부의 캠페인이 대규모 광고 캠페인으로 이뤄낼 수 있는 성과를 개념적으로 검증해주자, 미국의 기업들은 곧바로 버네이스의 열정을 붙잡기 시작했다. 영국과 미국이 공적인 목적에 광고를 이용했다는 사실에는 광고에 붙었던 더럽혀진 명성을 깨끗이 없애주는 무언가가 있었다. 상당히 공적인 목적에 이용되면서 광고는 더 이상 허풍을 떠받치는 단순한 지지대로 간주될 수 없었다. 광고 업계지 〈프린터스잉크Printer's Ink〉는 다음과 같은 결론을 내렸다. "광고는 전쟁의 중요한 수단으로서 신임장을 얻었다."[32]

전쟁의 패자들도 영국과 미국의 선전 활동을 목격한 중요한 증인들이었다. 당연히 그들 역시 그 활동에서 교훈을 얻고자 했다. 벨기에 침공의 선두에 섰던 독일 장군 에리히 루덴도르프Erich Ludendorff는 "적의 선전 활동 앞에서 우리는 뱀 앞에 웅크린 토끼 같았다"고 회상했다. 독일의 또 다른 전쟁 베테랑은 옥중에서 영국의 선전 활동을 "경이롭다"고 경탄하는 내용의 소논문을 썼다. "사랑과 증오, 옳고 그름, 진실과 거짓 같은 긍정 대비 부정 개념을 단순하게 제시했으며, 그럼으로써 일정한 의심을 유발했을지도 모를 어중간한 수단이 끼어들 여지를 허용치 않았다." 이렇게 논문까지 쓰며 찬미한 팬은 바로 아돌프 히틀러Adolf Hitler였다. 그는 기회가 주어진다면 자신은 훨씬 더 잘해낼 수 있다고 생각했다.

04

수요공학과 과학적 광고 그리고 여자들이 원하는 것

주위의 모든 사람들이 당신을 조용히 평가하고 있다.

_제이월터톰슨 광고사, 우드버리 미용 제품, 1922년

새뮤얼 베어먼S. N. Behrman은 〈뉴리퍼블릭〉에 다음과 같이 썼다. "광고인은 영원한 진리 앞에서도 부끄러운 줄을 모르는, 이 시대의 앙팡 테리블enfant terrible이다. 그들은 자신이 미국에서 가장 훌륭한 기관들에 없어서는 안 되는 사람임을 알고 있다는 것을 숨기지 않는다. 신문사, 잡지사는 그들에게 의존한다. 문학과 저널리즘은 그들의 시녀다. 스위프트앤드컴퍼니Swift and Company는 말할 것도 없고 전쟁조차 그들을 필요로 한다."[1]

세계대전은 얼마나 큰 변화를 안겨주는가.

전쟁이 끝난 직후인 1918년부터 1920년까지, 광고가 대중 사이에서 명예를 회복하고 민간 소비가 다시 증가함에 따라, 미국과 영국 기업들은 광고에 상당히 많은 돈을 지출하기 시작했다. 그 결과 불과 2년 만에 광고 업계의 매출은 두 배로 늘어났으며, 1930년까지 기업체들의 광고비 지출은 다시

그 열 배로 증가했다. 그리고 그 과정에서 대중의 마음에 접근하는 기회를 이용해 얻는 수익과 영향력이 분명해짐에 따라 진정으로 국제적인 산업이 최종적으로 탄생하였다.[2] 바로 광고 산업이다.

광고 산업이 새로이 얻은 자신감은 1923년에 발표된 성명서 〈과학적 광고Scientific Advertising〉에 제대로 표현되어 있다. 성명서는 다음과 같이 자랑했다. "광고가 일부의 노력으로 과학(학문)으로서의 지위에 도달한 시대가 왔다. 광고는 변치 않는 원칙들에 기초하며 상당히 정확하다. 원인과 결과를 제대로 파악할 때까지 분석된다. 우리는 무엇이 가장 효과적인지 알고 있으며, 기본적인 법칙에 따라 행동한다." 이제 광고에서는 어떤 것도 운에 맡겨지지 않았다. "모든 과정이 기록되고 있다. 정확한 지식의 나침반이 목적지가 어디든 가장 짧고 가장 안전하고 가장 돈이 적게 드는 경로를 안내한다."[3]

〈뉴리퍼블릭〉의 설명에 따르면, 당시의 전형적인 광고인은 "젊고, 잘생겼고, 완벽한 정장 차림에 머리에 기름을 바르고, 다채로운 색채의 구두를 신었다". 그러나 〈과학적 광고〉 성명서를 쓴 저자는 전혀 그렇지 않았다. 그는 우리가 미시건 호숫가에서 마지막으로 본 클로드 C. 홉킨스였다. 한때 목사였고 특허 의약품 책략가였던 그는 동시대 최고의 광고인이자 가장 영향력 있는 카피라이터로 재탄생했다. 시카고의 광고 회사 로드앤드토머스Lord & Thomas의 회장 앨버트 래스커Albert Lasker의 제의에 요양 생활을 접은 홉킨스는 담배나 오렌지주스, 치약 같은 생활용품을 판매하는 데 자신의 장기인 특허 의약품 기법을 이용했고, 그 낡은 상술이 어느 누구의 예상보다도 훨씬 더 다양한 제품에 놀라울 정도로 잘 통할 수 있음을 증명했다. 그의 성공은 카피라이터를 하급 직원에서 막후의 신비로운 거장으로, 다시 말하면 미지의 신제품을 전국적인 베스트셀러로 바꿀 수 있는 창조적인 귀재로 격상시키는 데 일조했다. 하지만 그는 자신의 외모는 전혀 바꾸지 않았는데, 여전히 둥근 안경을 쓰고 윗옷 단춧구멍에 꽃다발을 꽂은 채 말린 감초 뿌리를 신경질적으로 씹으며 혀 짧은 소리로 자신을 "디 디 홉킨스Thee Thee Hopkins"라고 소개했다. 드라마 〈매드맨Mad Man〉(1960년대 유명 광고 제작자의 일과 사랑, 권력 싸움을 다룬 드라마-옮긴이)의 주인공인 돈 드레이퍼의 최초의 화신으로 상상할 수 있는 모습은 아니지만 영향력은 그 정도였다고 볼 수 있다.[4]

이제는 유력자가 된 홉킨스는 업계 전체를 대변하길 좋아했다. 한번은 연설 중에 광고가 어떤 것이 되었는지 설명하면서 이렇게 말했다. "우리는 책상에 앉아 수백만 명의 마음을 흔듭니다."

> 우리는 거래의 흐름을 바꿉니다. 우리는 새로운 제국에 사람들을 이주시키고, 새로운 산업을 키우며, 풍습과 유행을 창조합니다. 우리는 아기가 먹게 될 음식과 엄마가 입게 될 옷, 집을 장식하고 꾸미는 방식을 지시합니다. (…) 우리의 이름은 알려지지 않습니다. 그러나 도시에서든 작은 시골 마을에서든 우리가 요구하는 대로 하고 있지 않는 가정은 거의 없습니다.[5]

홉킨스의 재능이 뛰어나긴 했지만, 광고인들뿐 아니라 광고 회사들 역시 1920년대의 진정으로 의미 있는 주역이었다. 대도시의 대형 대행사들로 이루어진 이 새로운 세대는 새로운 주의력 경제의 중개 및 제작 주체로 성장했다. 시카고의 로드앤드토머스, 뉴욕의 대형 신생 업체들인 제이월터톰슨J. Walter Thompson, BBDO, 매캔에릭슨McCann Erickson, 런던에 본부를 둔 WS 크로포드WS Crawford, 파리나 도쿄의 광고대행사 등 이 새로운 사업체들은 이후 100년 동안 주의력 포획과 수요 창출에 관한 민간 연구실로 기능하게 된다. 그들은 의뢰 고객들을 대신하여 제품 판매에 이용할 수 있는 주의력, 주로 인쇄 매체 독자들의 주의력을 사들였고, 그것을 최대한 효과적으로 사용하는 방법을 결정했다.

새로운 업체와 이전 업체 들은 규모와 축적된 지식 측면에서 크게 차이가 났다. 산업혁명이 제조업을 바꾸어놓고 포드의 조립라인이 더욱더 효율적인 대량생산 방식에 대한 끝없는 탐구를 추구했듯이, 이 신생 업체들도 무심코 직관을 발휘하여 즉흥적으로 아이디어를 내던 과거의 광고 방식을 주의력의 대량 수확을 위한 기계장치로 바꾸어놓았다. 그들의 광고 캠페인은 영국과 미국의 선전 캠페인처럼 끝없이 계속되고 철저했다. 그럼으로써 이미 인식되고 있던 '각성' 관련 문제를 어느 정도 해결했다. 하나의 접근 방식이 통하지 않으면 곧바로 새로운 방법을 도입했고, 그리하여 매출을 무기한 안정화하는 이상을 실현하기도 했다.

더욱이 이 산업의 활동은 세계에서 가장 부유한 국가들의 경제를 재편하는 데에도 도움을 주고 있었다. 미국의 평균 가정의 연간 내구재 지출액은 세기가 바뀔 무렵 79달러에 불과했지만 1920년대에는 279달러로 증가했다(현재의 가치로 환산하면 각각 1,900달러와 6,700달러이다). 1923년부터 1929년까지 총 소비지출은 25퍼센트가 증가했다. 그 결과는 대량생산이 일상생활의 거의 모든 면에 영향을 미침에 따라 훗날 "소비사회"로 불리게 될 사회로 변모하는 것이었다.[6]

그렇다면 그 시대에 유행한 "과학적 광고"란 무엇이었을까? 면밀히 조사해본 결과 그 표현은 몇 가지 기본적인 접근 방식을 멋져 보이게 꾸민 용어에 불과했다.[7] 첫 번째 접근 방식은 그것이 없었다면 존재하지 않았을, 상품에 대한 욕구를 만들어내는 것으로, 당시에는 "수요공학"으로 알려졌다. 두 번째 접근 방식은 "브랜딩"이라는 상대적으로 새로운 규칙으로, 타당하든 그렇지 않든, 특정 제조 업체의 무언가가 다른 비슷한 제조 업체들과 진정으로 차별화된다는 인상을 만들어냄으로써 해당 업체에 대한 고객 충성도를 창출하는 것이었다. 캐딜락Cadillac이나 코카콜라Coca-Cola 같은 브랜드가 대표적인 사례에 속한다. 세 번째 접근 방식은 최초로 "타깃" 광고를 활용하는 기법이었다. 이 타깃 광고는 아직은 이해하기 힘들었지만 점점 더 많은 사람들이 찾게 될 새로운 존재에 집중되었다. 여성 소비자라는 새로운 존재 말이다.

이 중의 어떤 접근 방식도 이해하는 데 고도의 지능이 필요하지 않았다. "수요공학"을 예로 들어보자. 듣기엔 불가사의하게 느껴지지만, 실제로 그것은 단지 몇 가지의 간단한 방법에 의존했다. 그중에서도 가장 간단한 것은 특허 의약품에 통했던 방식이었다. "리즌 와이" 광고라고도 알려진 이 방법은 특정 제품으로 기존의 어떤 문제를 기적적으로 고칠 수 있다고 제시하는 것이었다.[8]

오렌지주스라는 새로운 발명품을 위한 클로드 홉킨스의 광고 캠페인을 예로 들어보자. 그의 광고는 오렌지주스를 아기들을 위한 영약으로 제시했다. 그 사진을 보면 아기를 애지중지하는 엄마가 젖을 주는 자세로 뺨이 불그레한 갓 태어난 아기와 함께 앉아 있다. 하지만 이 엄마는 아기에게 숟갈로 오렌지주스를 먹이고 있다. "오렌지주스가 종종 어린 아기들의 음식으로 처방되고 있다. 의사들은 오렌지주스에 첨가물이 들어 있지 않다는 사실과 음식으로서의 가치를 잘 알기 때문이다." 또 다른 광고에서 "**와일리 박사**"라는 사람은 "오렌지가 (…) 약보다 더 좋다"고 말한다. 소비자는 "사실상 모든 유명 의사가 어린아이들, 심지어 갓난아기에게도 오렌지주스를 먹이도록 권한다"는 사실을 알게 된다. 나중에 "바이탈 아민 C(요즘 '비타민 C'라 부르는 것)"가 발견되면서 오렌지주스는 마법과도 같은 성분까지 획득하고, 매일 한 잔씩 마시는 것이 모든 사람들의 건강에 필수적인 일이 된다. "당신은 매일 오렌지주스를 마셔야 한다."[9]

여기에는 특허 의약품 광고와의 유사점이 깊이 자리한다. 오렌지주스와 유아의 건강 사이에 연관성이 있다는 주장이 아무런 근거가 없었고 결국엔 상당히 의심스러운 것으로 드러났기 때문이다. 오늘날 미국소아과학회American Academy of Pediatrics는 아기에게 오렌지주스를 주지 말라고 강력히 경고한다. "주스가 모유나 조제분유를 대체하게 되어 영양실조가 발생할 위험이 있기" 때문이다. 또한 "과도한 주스 섭취는 설사, 장내 가스, 복부팽만, 충치"를 유발할 수 있다. 이러한 부작용들이 1920년대에는 알려지지 않았던 탓이었을지도 모르지만, 이른바 건강상의 이점이라는 것에 대한 증거도 다를 바는 없었다. 오렌지주스는 위험하지는 않더라도 리쿼존과 마찬가지로 영약도 아니었다.[10]

소비자 중심주의가 발달하자, 생사의 문제이기는커녕 문제 축에도 끼지 못했던 문제를 해결해주는 제품을 파는 일도 가능해졌다. 제품이 문제를 해결해줄 것이라기보다는 문제가 어쨌든 존재한다고 보여줌으로써 수요를 가공해낸 것이다. 잠재의식 속의 불안감을 전면으로 끌어낸 것이야말로 1920년대 이전에는 거의 알려지지 않았던 구강세정제와 치약을 팔기 위한 대대적인 캠페인 뒤에 숨어 있는 탁월한 기략이었다.

"구취는 당신을 인기 없는 사람으로 만든다." 리스테린Listerine 광고 캠페인의 헤드라인이었다. 처음에는 전쟁터에서 의료용으로 쓰기 위해 만든 소독약이었던 이 갈색 액체는 바닥 청소용 세제로도 판매되고 있었다. 그런데 1920년대에 새로운 경영진이 맡은 이 제조 업체는 리스테린을 셀 수 없이 많은 미국인들이 자신도 모르게 시달리는 지독한 문제에 대한 해결책으로 제시했다. "당신이 아무리 매력이 넘치더라도, 당신의 친구들이 당신을 아무리 많이 좋아하더라도, 당신은 그들이 영원히 구취(불쾌한 입 냄새)를 참아줄 거라고 기대할 수는 없다. 그들은 당신을 잘 대할 수 있다. 하지만 그것은 노력을 요하는 일이다."[11]

불길하게 병원과 관련된 것처럼 들리는 "halitosis(구취)"라는 말은 리스테린이 소개하기 전까지는 꽤나 생소한 단어에 속했다. 그러나 그들은 모든 사람들이 때때로 다른 사람들과의 접촉 과정에서 직면하면서도 아무 말도 못하는 문제에 대한 두려움을 자극함으로써 인간의 정신과 시대의 경향을 정확히 평가했다. 문제가 있다면서 이런 종류의 정밀조사를 지시하면, 결국 사람들은 자신의 입 냄새에 대해 궁금해할 수밖에 없다(아마 당신도 지금 그럴 것이다). 이 광고 캠페인은 수요공학의 대작이 되었고, 1922년부터 1929년 사이에 리스테린 제조 업체의 연간 수입은 11만 5,000달러에서 800만 달러가 넘는 수준으로 늘어났다.[12]

또 다른 대표적인 신문 광고는 큰 활자로 다음과 같이 거부할 수 없는 과제를 제시했다. "혀로 치아를 쭉 훑어보라. 치아를 덮은 얇은 막이 느껴질 텐데, 그것이 바로 당신의 치아를 '누렇게' 보이게 하고 충치와 잇몸 질환을 유발하는 주범이다." 바로 홉킨스의 가장 유명한 광고 캠페인이었다. 이 역시 또 다른 잠재의식 속에 있는 부식과 노화에 대한 두려움을 멋지게 이용했다. "치아의 묵은 때를 없애주는 새로운 치약"인 펩소던트Pepsodent는 이 문제를 위해 의사들이 주문한 바로 그것이었다.[13]

이익을 위해 대중의 두려움을 조종하는 행위가 그냥 묵과될 리는 없었다. 1926년, 새로이 창간된 〈타임Time〉지는 다음과 같이 선언했다.

> 구매력이 있는 전능한 대중은 자신의 일상생활에서 광고라는 이 거대한 신종 사이비 과학이 하는 역할에 대해 제대로 이해하지 못하고 있다. 예를 들어, 그 펩소던트 치약은 당신의 욕실 선반까지 어떻게 찾아갔을까? (…) 어찌됐든 로드앤드토머스로 인해 당신이 모든 치약 중에서 펩소던트가 당신의 건강과 행복에 가장 긴요하다고 생각하게 되었기 때문에 그 치약이 거기까지 가게 된 게 분명하다. 당신은 기억하지 못할 수도 있지만, 어딘가에서 당신은 당신의 치아에 막이 형성되며 그 모래 같은 펩소던트가 그 막을 닦아 없애줄 것이라는 글을 읽었다.[14]

그럼에도 대중은 자신들에게 판매되고 있는 것에 대체로 만족했다. 그리고 홉킨스는 만족한 수준 이상이었다. 전직 목사는 그런 종류의 성공을 제대로 향유하지는 못했지만, 어쨌든 그 치약 회사의 일정 지분 소유자로서 그는 큰돈을 벌었다. 그는 자신이 펩소던트 광고 캠페인을 일종의 공공 봉사로 생각한다고 썼다. "상업적 측면은 대체로 이타적인 측면 안에 숨겨져 있었다. (…) 광고는 이타심과 봉사심을 내뿜는다." 또한 그는 "펩소던트로 100만 달러를 번" 것은 인정하면서도 그 돈을 쓸 방법을 찾기 힘들다며 불평하곤 했다.[15]

여기서 잠시 멈춰서 이런저런 광고의 심리학적 전제를 프로이트에게서 얻은 것일 수 있음을 인정하는 것이 옳다. 우연히도 그는 같은 시기에 최고의 생산성을 보여주었는데, 그의 작품들, 특히 《꿈의 해석Die Traumdeutung》과 《일상생활의 정신병리학Psychopathologie des Alltagslebens》은 번역본으로도 쉽게 구할 수 있었다. 실제로 무의식을 설명한 프로이트가 1910년대와 1920년대에 걸쳐 광고의 새로운 기법을 이끌어낸 게 분명하다는 주장이 종종 제기된다. 예를 들어, 이 주장은 2002년에 방영된 다큐멘터리 시리즈 〈자아의 세기The Century of the Self〉의 중심적인 견해다. 이 다큐멘터리는 상품 마케팅에 무의식적 정신에 대한 어필이 도입된 것은 프로이트의 조카로 크릴 위원회에서 활동한 에드워드 버네이스의 공로가 크다고 지적했다.

프로이트의 조카가 미국 광고계를 바꾸어놓았다는 단순한 설명은 리프먼이 제시한 고정관념의 의미에서 보면, 매력 있는 고정관념이다. 그러나 안타깝게도 역사 기록은 그것이 사실임을 증명해주지 않는다. 물론 프로이트의 사상이 소문이 났다는 것은 부인할 수 없다. 그리고 광고인들이 그의 사상에 무의식적으로 의지하지 않았음을 증명할 길은 거의 없다. 그러나 역사의 사실들을 살펴보면, 그 시대의 대표적인 광고 업체들이 프로이트의 미국 쪽 경쟁 세력인 행동심리학파를 대놓고 믿었음을 알 수 있다. 이 학파의 주요 목적, 즉 "행동에 대한 예측과 통제"는 분명 홉킨스 같은 사람들에게 가장 중요한 본질처럼 느껴졌을 것이다.[16]

뉴욕 제이월터톰슨사의 회장이자 행동과학 지지자 중 가장 영향력 있는 인사였을 스탠리 B. 리조Stanley B. Resor는 이렇게 지적했다. "극장에 가거나 넥타이를 고를 때마다, 우리는 확고한 법칙에 반응하고 있는 것이다. 모든 유형의 결정, 즉 소매점에서 발생하는 모든 구매 결정의 경우, 기본적인 법칙들이 사람들의 행동을 지배한다." 리조는 1913년에 발표된 〈행동주의자 성명서Behaviorist Manifesto〉의 유명한 저자인 존 B. 왓슨John B. Watson을 채용할 정도로 이 학문에 대해 진지한 태도를 보였다. 왓슨은 심리학자라기보다는 생태학자에 더 가까웠고, 개인의 정신과 사적 경험에 더 관심을 갖는 프로이트파 사람들보다 인간의 고정화한 특성과 조건 반응에 더 관심이 많았다. 프로이트와 달리 왓슨에게는 정신 상태와 기분은 그다지 상관없었다. 그는 "심리학이 의식에 대한 모든 언급을 포기해야 할 때가 온 듯하다"라고 말했다. 대신 그는 동물의 반응에 대한 단일 이론을 추구했는데, 행동주의

심리학자는 "인간과 동물 간의 경계를 인정하지 않기 때문이다".[17]

왓슨은 다른 동물들과 마찬가지로 인간도 예측 가능한 방식으로 반응하도록 길들여질 수 있다고 믿었다. 그리고 그의 유명한 실험들은 유아를 상대로 실시되었다. 개를 상대로 한 파블로프Ivan Petrovich Pavlov의 실험을 인간에게 적용한 "리틀 앨버트Little Albert" 실험에서 왓슨은 11개월짜리 아기에게 쥐에 대한 공포증을 유발했다. 흰 쥐를 보여줄 때마다 아기의 머리 뒤에서 망치로 금속 막대기를 두드린 것이다. 7주 간의 조건 부여 훈련이 끝나자 처음에는 쥐에 호의적이었던 그 아기는 쥐를 볼 때마다 울음을 터뜨리기 시작했다. 실제로 그 아기는 흰색 털이 달린 것은 무엇이든 두려워하기 시작했다. 왓슨은 "이제부터 그 아기는 산타클로스까지도 두려워할" 거라고 자랑스럽게 말했다.●

어찌 보면 왓슨은 제이월터톰슨에서 더 많은 사람들을 상대로 자신의 실험을 수행할 기회를 얻은 셈이었다. 그의 주장대로, "소비자가 반응하게 만들려면, 근본적이거나 조건화된 감정적 자극으로 소비자를 마주하는 게 필요할 뿐"이었다. 얼마 지나지 않아 리조는 왓슨을 "특사"이자 광고 담당 임원에 임명했다. 그는 광고 캠페인에 대해 조언을 제공하지 않을 때는 미국과 세계를 여행하면서 경영자들에게 대중의 마음을 통제하는 데 필요한 모든 수단을 갖추고 있는 자신의 회사와 과학적 광고를 선전하는 일을 했다. 그는 한 연설에서 분명히 말했다. "에덴동산에서 뱀이 이브에게 영향을 미치고 다시 이브가 아담을 설득한 이래로, 세상 사람들은 인간의 행동을 조종하는 방법과 수단을 알아내려고 노력해왔다. 광고에서는 그 과정을 셀링selling이라 부른다."[19]

● 실험이 진행된 병원에 유모로 채용된 아기의 엄마는 이 실험의 대가로 1달러를 받았다.[18]

위와 같이 초기 광고 산업이 세운 첫 번째 원대한 목표는 신제품에 대한 수요를 창출하는 것이었다. 그렇지 않았다면 리조의 설명대로, "미국의 대량생산의 성과물은 자체의 무게 때문에 무너졌을 것이다". 1920년대에 실현된 두 번째 목표는 브랜딩이라는 '평판의 공학'이었다.

브랜드는 대량생산 이전에는 거의 존재하지 않았다. 앞선 시대에는 개별 상인의 평판이 모든 것을 좌우했다. 사실 의사나 회계사 같은 전문 직종의 경우는 지금도 그렇다. 그런데 1920년대에 광고인들은 한때는 어쩔 수 없이 남에게서 얻었던 평판을 이제는 전쟁 의지나 소비재처럼 만들어낼 수 있음을 알게 되었다. 그리하여 20세기 초기 내내 미국과 유럽의 업체들은 수백만 달러를 투자하여 "캐딜락", "크래프트Kraft", "러키스트라이크Lucky Strike", "하인즈Heinz", "코카콜라"같이 전에는 명백한 의미가 없었던 이름에 붙는 모종의 연관성을 만들어냈다. 이 모든 이름이 지금도 친숙하고 거의 100년 내내 부러울 정도의 매출을 누린다는 사실을 보면, 적절히 관리만 하면 최초의 브랜딩 투자가 무한한 배당금을 낳을 수 있음을 알게 된다.

시어도어 맥매너스Theodore MacManus는 이러한 은근한 판매soft-sell 방식의 대표자로서 캐딜락, 닷지Dodge, 크라이슬러Chrysler, 제너럴일렉트릭General Electric 같은 브랜드를 구축한 제1공신으로 인정받는다. 뉴욕 주 버펄로에서 태어나 독실한 가톨릭 신자로 자란 맥매너스는 자신의 청교도 경쟁자들이 선호하는, 공격적이고 필사적인 리즌 와이 방식에 대체로 눈살을 찌푸렸다. 그의 주요한 지적 경쟁자인 클로드 홉킨스에 대해 맥매너스는 "모든 사람들을 바보"라고 생각하는 것 같은 파렴치한 사기꾼으로 판단했다. 맥매너스는 홉킨스의 방법이 소비자들을 업신여길 뿐 아니라 광고 의뢰인에게도 나쁘다고 여겼다. 그 방법이 "금세 사업 실패를 야기하는 화려한 광고만의 성공을 가져오기" 때문이었다.

맥매너스의 대안은 아이콘의 광고였다. 그는 브랜드들을 신뢰받도록, 심지어는 존경받도록 구축했다. 고객을 설득하려 하기보다는 그들을 개종시키려고, 다시 말하면 영구적인 충성심을 창출하려고 애썼다. 그의 손에서 캐딜락은 뭔가 대단한 것을 의미했고, 캐딜락을 모는 사람들은 그들의 자동차와 동일시되었다. 그는 캐딜락 운전자들에게 캐딜락이 세계에서 가장 훌륭한 자동차이기 때문에 "리더로서의 불이익"을 부득이 견뎌야 한다는 유명한 광고를 만들었다. "온 세상의 표준"이 된다는 것은 한편으론 "질투심 강한 소수의 날카로운 공격의 표적"이 된다는 의미라고 했다. 그러나 타고난 우수성은 드러나기 마련이라는 것이었다. "좋은 것 혹은 위대한 것은 아무리 거부의 아우성이 시끄럽다고 해도 유명해진다. 오래 살아남을 만한 것은 살아남는다." 맥매너스는 닷지 브랜드를 위해 "의존성dependability"이라는 새로운 말을 고안해냈다. 그는 "사람들이 바보이고 죄인일 수는 있지만 그들은 영원히 좋은 것을 찾아다닌다"고 주장했다.[20]

맥매너스의 "암시적인" 방식은 "힘이 아니라 침투를 통해 생각을 불어넣는" 광고였다. 그는 "해당 제품을 만드는 사람이 정직한 사람이고 그 제품은 다른 모든 제품보다 선호될, 정직한 제품"이라는 인상을 만드는 것을 목표로 삼았다. "견고하고 어느 정도 고결한 성품"의 투영은 아름다운 삽화 같은 약간의 감언에 의존했다. 그러면서 그는 자신이 솔직하게 진실을 전달하는 사람일 뿐이라고 생각했다. 이 훌륭한 광고 경영자는 새로이 발견된 선전의 힘을 그 방식에 보태기도 했는데, 그것으로 진실이 온당하게 인정받는 자연스러운 과정을 가속화하는 촉진제 역할을 하도록 만들 수 있다고 믿었기 때문이다.

맥매너스가 정말로 자신이 파는 모든 제품이 본질적으로 좋다고 믿었는지는 알 길이 없지만, 캐딜락이나 닷지 자동차의 대변자로서 그가 쓴 글은 부정하기 어려운, 어떤 진정성 같은 게 느껴진다. 물론 맥매너스는 광고대행사가 아니라 기업 쪽 사람이었다. 그는 문에 들어오는 누구든 칭송하는 노래를 불러야 할 필요가 없었다. 제너럴모터스General Motors가 대단한 자동차 회사로 성장해가는 동안 그 회사의 충직한 직원으로 지낸 그는 어쨌든 1920년대에 세계 최고 수준의 자동차를 홍보하고 있었다. 따라서 그의 지위에는 치약을 팔아야 하는 사람은 누리지 못했을, 시적인 찬사에 탐닉할 수 있는 허가증 같은 게 딸려 있었던 셈이다.

어쩌면 우리는 그의 생각이 어땠는지 절대로 모를 수도 있다. 그는 파우스트적인 불안을 전혀 비치지 않으면서 의뢰인들에게 이렇게 약속했다. "우리는 말하자면 하루아침에도 좋은 평판을 일으킬 수 있는 온실을 찾아냈습니다. 달리 말하면, 과거의 사람들은 평생을 기꺼이 노예처럼 일해서라도 얻으려 했던 것을, 이제는 몇 년이 아니라 몇 달의 기간 동안 과학에 가깝게 정확히, 그리고 성공을 보장하면서 성취하기 시작했습니다." 아마도 그의 이론에 대한 가장 인상적인 증거는 오늘날까지도 "캐딜락"이, 돈으로 살 수 있는 가장 좋은 자동차라고 생각하지 않는 사람들에게조차도 최상급(캐딜락 의료보험에서처럼)을 대표한다는 사실일 것이다.[21]

이 시기의 사업가들은 만약 미국이 소비사회가 되어가고 있다면 이러한 새로운 가사 용품 구매의 대부분이 가정의 안주인에 의해 이루어진다는 사실 또한 마치 갑자기 깨달은 양, 떠올렸다. 1921년 한 권위자는 이렇게 선

언했다. "집에서 사용할 물건을 구매할 때, 남자들이 먼저 자발적으로 나서는 일은 거의 없다." 그에 따라 주로 남자들이 경영하는 기업들은 여성 소비자의 암호를 풀어내는 것을 상거래의 핵심으로 생각하기 시작했다. 〈프린터스잉크〉에 실린 한 광고문이 상황을 대변했다. "인류의 적절한 연구 대상은 남자이다. (…) 하지만 시장의 적절한 연구 대상은 여성이다." 그러나 업계의 남자들에게 그 약속된 땅은 미지의 영역에 가까웠다.[22] 그렇게 해서 광고의 세 번째 주요 발전은 (이후 "타깃" 광고라 불리는 방식을 통해) 여성에게 어필하기 위해 새로이 큰 노력을 기울이는 것이 되었다.

헬렌 랜스다운Helen Landsdowne이라는 여성이 만든, 우드버리 비누의 유명한 초기 광고는 새로운 접근 방식의 전형이 되었다. 그녀에게 우드버리 광고가 들어왔을 당시, 그 제품은 오래전부터 특허 의약품 원칙에 의해 판매되고 있었다. 우드버리 비누 광고는 1877년에 이 비누를 제조한 피부과 전문의, 존 우드버리 박사Dr. John Woodbury의 콧수염 기른 얼굴이 브랜딩의 주제였다. 비누에도 일일이 찍혀 있는 그 얼굴에는 "피부, 두피, 안색을 위한 순수한 소독 세숫비누"라는 슬로건이 동반되었다. 다른 버전의 광고에서는 "여자는 아름다워야 한다"라는 마지막 대사로 좀 더 부드러운 느낌을 시도하기도 했다. 그러나 엄숙한 우드버리 박사의 얼굴이 여전히 중요해 보였기 때문에 다소 오싹한 불협화음을 만들어내고 있었다.[23]

예전의 우드버리 광고가 효과적이지 않았다는 점은 여성을 겨냥한 광고가 어리석게도 일련의 폭넓은 고정관념에 의존했음을 뜻하는 것이었다. 당대의 교과서에 해당하는 《광고, 그 원칙과 실제Advertising, Its Principles and Practice》는 다음과 같이 선언했다. "전체적으로 여자들은 남자들보다 더 남의 영향을 받기가 쉽다. 여자들은 감정에 더 쉽게 영향을 받는다." 《효과적인 직접 광고Effective Direct Advertising》의 저자 로버트 E. 램지Robert E. Ramsay는

"여자들이 남자들보다 색채와 삽화를 통한 어필에 더 민감하다"고 지적했다. 이러한 주장들은 그 타당성 여부를 떠나서 여성을 정확히 이해하지 못하게 만들었다.[24]

랜스다운은 완전히 다른 방향으로 갔다. 그녀의 광고에서는 깨끗이 면도를 하고 흰 넥타이를 맨 늠름한 남자가 팔로 아름다운 여성을 감싸 안고 그녀의 한쪽 손을 잡고 있는 모습이 등장한다. 그의 뺨이 그녀의 관자놀이 부근에 닿아 있는데, 그가 매료된 듯한 표정을 보여주는 가운데 그녀는 환하게 빛나는 피부를 뽐내며 날카롭게 독자를 응시한다.

카피는 이러하다. "만지고 싶은 피부, 당신도 눈부시게 빛나는 매끄러운 피부를 가질 수 있습니다."

이 콘셉트의 위력에 힘입어 우드버리 비누는 날개 돋친 듯 팔려 나갔다. 그녀의 콘셉트가 대단히 단순했음에도 홉킨스나 맥매너스 같은 카피라이터의 상상력을 교묘히 피해 간 무언가를 포착해낸 덕분이었다. 하지만 이는 성性의 문제가 아니다. 가끔 이 "피부" 광고는 최초로 성을 이용한 광고로 설명되지만, 19세기 말의 프랑스 포스터만 봐도 그것이 단순히 사실이 아님이 증명된다. 표현과 이미지의 이러한 결합에서 실로 가장 주목할 만한 점은 오래된 병에 든 새로운 뱀 기름처럼 어떤 문제에 대한 해결책을 제시하는 전통적인 광고와 달리, 랜스다운의 광고는 더 나은 삶에 대한 약속을 제공한다는 사실이다. 그녀의 광고는 독자에게 과거의 자신보다 더 나은 새로운 자신을 선전한다. 이것이야말로 아름답고 훌륭해지려는 소비자의 가장 깊은 열망에 제품을 연결 지어 들이미는, 획기적일 정도로 완곡한 방식이었다. 랜스다운의 약속이 여성의 모든 열망을 완벽하게 다룬 것은 아니었을지도 모르지만, 적어도 세숫비누 판매에 관한 한, 그녀가 지키기로 한 약속보다 더 나은 것을 제시한 경우는 그 이전은 물론 이후에도 거의 없었다. 어쨌든 우드버리를 비롯하여 다양한 크림과 연고를 공급하는 업체들은 환상을 채워주는 여러 약속을 내세우기 시작했는데, 일테면 그런 제품을 사용하면 화려한 상류사회 근처까지 도약할 수 있다는 식이었다.

우드버리 및 여러 광고에 힘입어 그녀는 전쟁이 끝난 뒤 제이월터톰슨 뉴욕 본사에 신설된 여성 전담부Women's Editorial Department를 맡아달라는 요청을 받았다. 당시 제이월터톰슨은 미국에서 가장 큰 광고 회사인 동시에, 과학적 광고에 가장 집착하고 있던 조직이었다. (이 회사 회장 스탠리 리조는 그녀에게 청혼까지 한다.) 이는 부서 전체에 여성의 욕구와 니즈를 파악하는 임무를 맡김으로써 여성을 타깃으로 삼는 기술과 과학을 발전시키겠다는 "과학적" 노력, 혹은 적어도 제도화된 노력에 해당했다.

이 새로운 부서에는 여성 직원들만 배치되었다. 이 '여성 설득자들'은 나머지 부서와 물리적으로 분리되어 있었다. 자신들만의 사무실 공간과 광고주, 심지어 독특한 스타일 지침서까지 갖춘 것이다. 예컨대 여성 비서들과 차별화하기 위해 모자를 쓰기로 방침을 정하기도 했다. 헬렌 랜스다운은 자신이 여성 참정권 운동가임을 밝히고 다수의 여성 참정권 운동 지도자를 직원으로 채용했다. 일례로 뉴욕의 유명한 활동가인 프랜시스 몰Frances Maule도 그녀의 직원이 되었는데, 부서에서 가장 자주 대중 연설을 맡은 그녀는 부서를 대표해 "여성은 '바보 같은 천사'라는 과거의 전통적인 개념을 버리고 '여성도 인간'이라는 오래된 참정권 슬로건"을 기억할 때가 왔다고 선언했다.[25]

그러나 인간으로서 여성은 일반 대중에게 통했던 똑같은 종류의 조종에 좌우되는 대상이었다. 우드버리 비누를 비롯한 수많은 광고에서 이용한 타깃 광고 유형은 이러하다. 제대로 된 비누나 트리트먼트, 혹은 크림만 사용하면 화려한 디너파티에서 감탄을 쏟아내는 남자들에게 둘러싸이게 되거나 실제 무도회나 비유적인 무도회에서 최고의 미인이 될 거라고 넌지시 이야기하는 것이다. 나중에 광고인협회 회장이 설명했듯이, "비누처럼 평범한 물건에 여성의 매력 같은 정서를 띠게 만드는 광고는 별로 중요하지 않은 것에 색과 향기를 더한다. 그런 광고는 또한 여성의 예뻐지려는 욕구를 새로이 자극하여 깊숙이 자리 잡고 있는 희망에 어필한다".

수요공학 또한, 여성 소비자들에게 맞게 "귓속말" 캠페인 혹은 "겁주기" 캠페인으로 재정비되었다. 사회적으로 망신을 당하거나 비판받게 될 것임을 경고하면서 해당 제품을 쓰면 구제될 수 있음을 알려주는 식이었다. 제이월터톰슨이 1922년에 제작한, 엄마들을 겨냥한 P&G 세제 광고를 생각해 보자. 카피는 다음과 같다. "만약에 어린 몰리가 사고라도 당하면, 주변 사람들은 그 '깨끗한' 속옷에 대해 어떻게 생각할까? 깨끗해야 할 몰리의 속옷이 실제로는 지저분한 잿빛이라면?" 미혼을 표적으로 삼은 리스테린은 엄청난 성공을 거둔 "구취" 캠페인을 새롭게 재정비했다. "가여운 에드나" 시리즈에서 문제는 에드나의 고약한 입 냄새다. 물론 어떤 친구도 그녀에게 그 고약한 입 냄새에 대해서는 말하지 않는다. 그 때문에 그녀는 사랑을 갈구하는 처지가 되고… 캠페인을 위해 만들어진 지속되는 표현을 빌리면, "종종 신부 들러리는 되었지만 결코 신부는 될 수 없었다".[26]

> 에드나의 경우는 정말로 가슴 아팠다. 모든 여자들처럼 그녀의 주된 소망은 결혼이었다. 그녀의 친구들 대부분은 결혼을 했거나 결혼할 예정이었다. 하지만 그녀보다 더 우아하거나 매력적이거나 사랑스러운 친구는 단 한 명도 없었다. 그녀의 나이가 비극적인 서른을 향해 점점 다가가고 있는데도 결혼은 그 어느 때보다 그녀의 인생에서 멀어진 듯 보였다. (…) 그것은 바로 방심할 수 없는 구취(불쾌한 입 냄새) 문제 때

문이다. 당신 스스로는 구취가 심한지 거의 알지 못한다. 그리고 가장 가까운 친구라도 그 사실을 당신에게 말해주지 못한다.

그리고 가끔 여성 참정권 운동 자체의 힘이 여성들에게 선전하는 데 이용되었다. 페미니즘적인 지침을 지닌 바닥 청소 세제를 상상해보라. 정확히 올드더치클렌저Old Dutch Cleanser가 그런 세제임을 주장했는데, 그들의 "여권 옹호자" 광고에는 "힘들고 단조로운 가사 노동으로부터의 자유"와 "깨끗한 집과 그 집을 즐길 수 있는 여유에 대한 권리"가 포함되었다. 비슷한 논리로 슈레디드휘트Shredded Wheat의 광고는 시리얼이 요리로부터의 "독립 선언"과 같은 것이라고 주장했다. 이렇게 이 여성 전담부에서는 상품과 개인 간의 결합을 탄생시켰고, 이 결합은 오늘날까지도 광고인들에게 도움을 주고 있다. 광고인들은 브랜드 개발이라는 문제로 유용성이나 품질을 생각하는 수준을 넘어, 소비자들이 동일시할 수 있는 특성과 연상을 상품에 불어넣기 시작했다.

제이월터톰슨의 여성 전담부는 1920년대 말까지 모든 광고에 자리 잡는 결정적인 기법을 개척하기도 했다. 헬렌 랜스다운과 스탠리 리조 모두, 여성은 명문가의 부유하고 유명한 사람들의 행동에 주목하고 모방할 가능성이 특히 높다고 생각했다. 그래서 1920년대 내내, 전에는 거의 이용된 적이 없던 방법, 즉 돈을 지불하고 얻은 보증 선전을 함께 소개하는 방식을 취했다. 그리고 이를 여성용 상품을 위한 주요 방식으로 바꾸어놓았다. 이후 이 방법은 모든 상품으로 확산되었다. 리조는 한 임원 회의에서 그 전략을 다음과 같이 설명했다. "모방의 열망은 남성보다 여성이 더 강하다. 유명한 심리학자인 롬브로소Cesare Lombroso는 외부의 물체로 자신의 상상력을 자극하는 여성의 능력의 관점에서 이를 설명한다. 그런 능력 덕분에 여성은 공주나 영화 속 여주인공이 추천한 콜드크림이나 세숫비누를 사용함으로써 공주나 영화 속 주인공이 될 수 있다."[27]

물론 유명인이나 스타들의 주의력 확보 역량은 새로울 게 거의 없었고, 광고의 발명품은 더더욱 아니었다. (나중에 파라마운트Paramount가 되는) 페이머스플레이어스Famous Players나 유나이티드아티스츠United Artists 같은 1910년대에 혜성처럼 등장한 영화사들은 많은 청중을 끌어들이는 찰리 채플린Charlie Chaplin이나 메리 픽포드Mary Pickford 같은 대형 스타들의 비범한 능력을 기반으로 성공했다. 앞에서 살펴본 바와 같이 키치너 경도 자신의 개인적인 유명세를 이용하여 많은 젊은 영국 남성들을 설득하여 '때 이른' 죽음에 이르게 하지 않았던가. 그리고 1923년에 〈타임〉지를 창간한 헨리 루스Henry Luce도 캘빈 쿨리지Calvin Coolidge 대통령이나 루스 본인이 좋아하는 베니토 무솔리니 같은 유명하고 유력한 사람들의 사진을 끊임없이 게재하여 발행 부수를 끌어올렸다. 무솔리니의 경우, 전쟁 전에 여덟 번이나 잡지에 등장했다. [1920년대에 〈타임〉에 실린 일 두체Il Duce(무솔리니의 별칭-옮긴이) 기사에는 "뛰어난 자제력과 보기 드문 판단력, 그리고 기존의 문제를 해결하는 데 효율적으로 자신의 생각을 활용하는 능력"을 갖춘 인물로 서술되었다.][28]

광고인들도 제한적이긴 했지만 유명인의 보증 선전 방식을 이용해오고 있었다. 일찍이 19세기에 페어즈Pear's 비누는 왕실에서 선택한 비누라고 선전했다. 그러나 감사해하는 환자들은 물론, 유명 '의사'들이 특허 의약품에 내준 추천장들은 결국 그러한 보증의 신뢰도를 떨어뜨리는 무엇이 되고 말았다. 그래서 제이월터톰슨이 랜스다운의 지시에 따라 원래는 미용 제품이 아니라 얼룩 제거제로 판매되던 폰즈Pond's 콜드크림을 위해 그 방식을 부활시키기까지는 약간의 대담성이 필요했다.

폰즈 크림을 보증 선전하는 선두 주자로 나선 이는 밴더빌트 가문 사람과 결혼했다가 이혼하며 유명해진 알바 벨몬트Alva Belmont였다. 그녀가 받은 대가는 전국여성당National Woman's Party에 대한 1,000달러의 기부금이었다. 그녀의 1924년 추천장은 여권 옹호론과 콜드크림이 기이하게 뒤섞여 있다. "벨몬트 여사는 자신의 엄청난 재산을 여성들의 대의에 아낌없이 기부하는 등 대단한 활동가였고 지금도 그렇다. 동시에 그녀는 중년과 말년까지 여성의 힘과 매력을 어떻게 유지하느냐 하는 여성의 특수한 문제에도 각별한 관심을 갖고 있다." 폰즈 콜드크림은 그렇게 두 가지 문제에 대한 해결책인 것으로 모습을 드러냈다.[29]

나중에는 앨리스 루스벨트 롱워스Alice Roosevelt Longworth(시오도어 루스벨트의 첫째 딸), 글로리아 모건 밴더빌트Gloria Morgan Vanderbilt(또 다른 밴더빌트 가문 사람과 결혼한 여성), 더 이후에는 루마니아 왕비나 (영국에서 가장 아름다운 여성으로 소문난) 다이애나 매너스Lady Diana Manners 같은 유럽의 왕족이나 귀족들에게도 의존했다. 이들 중 가장 인기 있는 인물은 스페인 공주 마리 드 부르봉Princess Marie de Bourbon of Spain이었는데, 그녀는 "다행히도 폰즈의 놀라운 두 가지 크림을 충실히 바르면 어떤 여성의 피부도 나빠질 이유가 없다"고 말한 것으로 인용됐다.[30]

광고 산업은 수요공학, 브랜딩, 타깃 광고 같은 다양한 "과학적" 기법을 통해 주의력을 매출로 전환하는, 갈수록 효율성이 높아지는 엔진이 되었다. 광고 업계는 지금은 익숙해진 방식, 즉 실현하려고 노력해도 점점 더 멀어져가는 이상을 소비자, 특히 여성 소비자에게 안겨주는 방식을 도입함으로써 그 일을 해냈다. 필경 사회적 관행 역시 늘 그렇게 해왔겠지만, 주의력 포획의 새로운 전략들은 사회적 관습보다 더 만족을 모르고 더 단호한 세력인 상업을 위해 그렇게 하고 있었다.

'여성 설득자들' 중의 다수가 여권운동에서도 일정 역할을 수행했지만, 그들이 결국 제이월터톰슨에서 한 일은 여권운동가들이 한때 없애버리려고 피나는 노력을 기울였던 건방진 편견과 고정관념을 강화하는 경향이 있었다. 프랜시스 몰은 한번은 광고에서 스스로 알든 모르든 여자들은 대개 자신이 "중요하지 않고 보잘것없고 부족하다는" 생각에 시달린다는 의견을 밝혔다. 성공적인 비누 및 콜드크림 광고는 해당 제품을 쓰면 "여성들이 늘 느끼고 싶어 하는 '만족스럽고 화려한' 그 느낌"을 얻을 수 있다면서, 위와 같은 위축된 감정에 대한 해결책을 약속함으로써 성공을 거두었다. 광고인협회 회장은 그 효과를 더욱 냉소적으로 설명했다. "물론 그것은 환상이다. (…) 그래도 여전히 그 목적에 이르는 수단이며 그에 대한 적절한 이용은 아주 바람직한 관행이다."[31]

05

러키의 롱런

조지 워싱턴 힐George Washington Hill에게는 닥스훈트 두 마리가 있었다. 한 마리는 이름이 러키였고 다른 한 마리는 스트라이크였다. 그는 1884년 아메리칸타바코컴퍼니American Tobacco Company의 회장 퍼시벌 힐Percival Hill의 아들로 태어났다. 조지 워싱턴 힐의 아버지는 아들에게 러키스트라이크라는 브랜드를 주면서 직접 경영하게 했다. 힐은 열혈 팬들이 스포츠 팀을 좋아하는 것처럼 자신의 브랜드에 빠져들었다. 러키 담배를 줄기차게 피워댈 뿐 아니라 자신의 롤스로이스 차 뒤쪽 창문에 담뱃갑을 테이프로 붙이고 다닐 정도였다. 앨버트 래스커는 이렇게 말했다. "나는 그를 균형 잡힌 사고를 하는 사람이라고는 말하지 못한다. 그의 유일한 인생 목표는 더 많은 러키스트라이크를 팔아치울 힘을 얻기 위해 일어나고, 먹고, 자는 것이었다."[1]

1925년 아버지 힐이 세상을 떠나면서 아메리칸타바코컴퍼니 전체가 조지 워싱턴의 손에 맡겨졌다. 그는 자신이 아끼는 러키스트라이크를 미국 최고의 담배로 만들겠다고 작정했고, 그렇게 하는 데 필요한 자금을 최대한 투입하기로 했다. 그 제품의 가치가 어떠했든 그는 돈이 많았고, 광고의 위력을 믿었다. 1931년까지 그는 1925년에 40만 달러 수준이었던 연간 광고비를 대략 2,000만 달러로 끌어올렸다. 이는 당시로서는 전례가 없는 지출이었고, 아마도 그때까지 단일 제품의 광고비로는 최고액이었을 것이다.[2]

대단한 성공을 거둔 동시에 너무 과하기도 했던 1920년대 말의 러키스트라이크 캠페인은 광고의 위력과 오만이 최고조에 달했음을 알려준다. 힐이 광고를 맡긴 사람은 로드앤드토머스의 래스커였다. 로드앤드토머스는 망해버린 특허 의약품 업계에서 클로드 홉킨스를 구해낸 뒤에 그의 적극적 판매 방식을 아낌없이 받아들인 그 광고사였다. (나이 든 홉킨스는 이제 은퇴한 상태였다. 그는 숲속의 대저택에서 살면서 회고록을 집필하고 있었다.) 팀을 완성하기 위해 힐은 에드워드 버네이스도 고용했다. 그 무렵 버네이스는 그의 저서 중 가장 호평을 받은《프로파간다Propaganda》를 막 출간한 상황이었다. 책에서 그는 정부가 전쟁 중에 발전시킨 기법을 이제는 사업체의 목적에 어떻게 이용할 수 있는지에 대한 자신의 아이디어를 밝히며 옹호론을 폈다. 이 두 사람은 작업에 착수했지만 항상 함께 일하지는 않았다.

러키스트라이크를 눈에 띄게 만들 수 있는 것은 무엇일까? 1917년, 일단 이 브랜드는 홉킨스가 구상한 아이디어로 시작했다.[3] 그들이 내세운 슬로건은 "구운 담배"였다. 마치 더 나은 맛을 나게 하는 "비법"인 것 같았다. 1920년대 중반에 래스커는 특허 의약품 각본에서 차용한 캠페인과 함께 그 콘셉트에 의지했다. 즉 이 브랜드를 건강에 좋은 강장제, 구체적으로 설명하면 대부분의 담배가 일으키는 인후염 문제에 대한 해결책으로 제시했다. 굽는 과정이 "해로운 부식성의 산"을 포함하여, "목에 염증을 유발하는 자극적인 성분을 제거해준다는" 새로운 주장과 함께 러키스트라이크의 슬로건은 "염증, 기침으로부터 목을 보호하는 담배"로 바뀌었다. 심지어 비밀스런 과정까지 수반되었다. "'**굽는**' 과정에는 자외선을 이용하는 과정도 포함된다. (…) 열은 정화 작용을 하기 때문에 그 추가된 비전인 '**굽는**' 과정이 목의 염증과 기침을 유발하는 해로운 자극 성분을 정화하고 없애준다."[4] 건강에 좋다는 점을 충분히 납득시키기 위해 래스커는 오페라 스타들과 여러 가수의 추천장을 곁들여 "소중한 목소리precious voice" 캠페인을 벌였다. 자신의 밥줄을 보호하기 위해 러키를 피운다는 메트로폴리탄 오페라 극장 대표 소프라노의 증언보다 더 설득력 있는 게 있을까?[5]

물론 그 추천장에는 돈이 지불되었다. 그러나 래스커가 가수들을 구슬려서 그런 결과를 얻어낼 수 있었다는 것은 여전히 놀라운 일이다. 1920년대 말에도 막연하지만 담배가 사람에게 해로울 것이라고 짐작되고 있었다. 그래서 래스커는 진실을 남보다 미리 점유하기 위해 과거의 특허 의약품이 이용하던 또 다른 수법을 전개했다. 의료계의 권위를 끌어들이려 한 것이다. 아메리칸타바코컴퍼니는 러키스트라이크 담배가 다른 브랜드보다는 덜 거슬릴 수 있다는 모호한 동의를 얻어내는 대가로 공짜 러키 담배를 의사들에게 보냈다.[6] 의사들이 무엇에 동의하는지 알고 있었는지 여부와는 관계없이, 로드앤드토머스는 사실상 의사들이 러키스트라이크를 피울 때의 건강상의 이점을 선전하는 것처럼 묘사하는 광고를 추진했다. 한 광고에는 흰 가운을 입은 의사가 담배 한 갑을 들고 있는 가운데, "2만 679명의 의사들이 '**러키**는 염증을 덜 유발한다'고 말한다. (…) 당신의 목을 보호해준다"[7]라는 카피가 딸려 있다.

흡연을 건강에 도움이 되는 습관으로 선전하는 것에는 모종의 천재성이 존재했다. 그래서 장기적으로 좋은 성과를 올렸는지도 모른다. 하지만 어느 시점에 이르자 조지 워싱턴 힐도 다른 많은 사람들처럼 1920년대의 여성 위주 원칙으로 전환하게 되었다. 느닷없이 그는 러키스트라이크가 성공할 진짜 비결은 여성을 설득하여 담배를 피우도록, 특히 사람들이 있는 데서 담배를 피우게 하는 것이라는 결정을 내렸다. 버네이스는 자신의 일기에 상사인 힐이 그런 깨달음을 얻은 그날을 다음과 같이 기록했다. "힐이 나를 불렀다. '어떻게 하면 여자들을 거리에서 담배를 피우게 만들 수 있을까? 여자들은 실내에서 담배를 피우잖아. 근데 만약 여자들이 자주 밖에서 시간을 보내면서 담배도 피우게 만든다면, 우린 여성 시장을 거의 두 배로 키울 수 있을 거야. 무언가 해봐. 행동에 옮겨보라고!'"[8]

1920년대 말에도 여자들이 사람들이 많은 데서 담배를 피우는 것은 금기시되었다. 잠시 동안이지만 뉴욕 같은 일부 도시에서는 심지어 위법행위로 간주되기도 했다.[9] 그러나 편집광적인 힐에게 그 아이디어는 순수한 상업적 기회에 해당했다. 그는 버네이스에게 "그건 우리 집 앞마당에서 새로 금광을 개발하는 것과 같은 거야"라고 말했다.

둘 다 훌륭한 전사였던 래스커와 버네이스는 곧바로 여성해방운동 정신을 붙잡았다. 아니 적어도 그 정신의 효용성을 알아챘다. 래스커는 자신의 아내가 식당에서 흡연을 자제해달라는 요청을 받은 뒤에 "여성 흡연에 대한 편견을 없애기로 결심했다"고 말했다. 그러나 사회운동가의 옷을 입은 상업적 목표라는 이 아이디어를 더 진지하게 받아들인 사람은 홍보 담당자인 버네이스였다. 그는 사실 홉킨스식의 광고를 반대했으며, 그런 광고를 시대에 뒤진 것으로 만드는 게 이상적이라고 믿었다. 버네이스는 이렇게 지적했다. "인쇄된 글의 매력만을 거의 전적으로 이용하는 구식의 선전가는 개별 독자를 설득하여 어떤 물건을 그 자리에서 사게 만들려고 애썼다." 이와는 반대로 버네이스는 관습과 규범을 바꾸어놓음으로써 훨씬 더 근본적인 차원에서 수요를 창출하는 게 가능하다고 믿었다. 그는 다음과 같이 물었다.

> 구매자가 새로운 피아노 대신 새로운 자동차에 돈을 쓰려는 진짜 이유는 무엇일까? 그가 음악이라는 상품보다 이동이라는 상품을 더 많이 원한다고 생각했기 때문일까? 다 그런 건 아니다. 그는 자동차를 산다. 당대의 집단적 관습이 자동차를 사는 것이기 때문이다. 따라서 현대의 선전가는 그 관습을 바꾸어놓을 상황을 만드는 일에 착수해야 한다.

따라서 능력 있는 선전가는 단순히 수요를 만들어내는 기술자가 아니라 관습을 만들어 주의력 포획을 상업적으로 이용하는 데 승수효과multiplier effect(어떤 경제 요인의 변화가 다른 경제 요인의 변화를 가져와 파급 효과를 낳고 최종적으로는 처음 몇 배의 증가 또는 감소로 나타나는 총효과를 의미한다-옮긴이)를 일으키는 사람일 수도 있었다.

버네이스는 여성의 실외 흡연에 대한 터부를 여성의 자유를 축소시키는 것이라는 프레임을 제시하여 뒤집으려고 애썼다. 담배가 남근을 상징하는 물건이며 구순기의 만족을 되살리는 원천이라는 아이디어 등, 프로이트의 몇 가지 대략적인 분석에 의존한 그는 흡연이 더욱 충만한 삶에 필수적인 것이라고 내세웠다. 그리고 일부 매력적인 여성들을 고용하여 1929년 뉴욕시 부활절 퍼레이드에서 러키스트라이크, 즉 "자유의 횃불"을 휘두르며 행진하게 했다.[10] 그는 유명한 페미니스트인 루스 헤일Ruth Hale에게 돈을 주고 그 행진에 여성들을 초대하는 편지에 서명하게 했다. "또 하나의 자유의 횃불에 불을 붙여라! 또 하나의 성적 터부에 맞서 싸우라!" 초대장의 핵심 문구다.[11]

이 주목을 끄는 행위의 실질적인 효과에 대한 역사의 기록은 다소 뒤죽

박죽되어 있는데, 정확히는 막후에서 꼭두각시를 조종하는 신비한 달인으로 인정받으려는 버네이스의 타고난 성향 때문이었다.[12] 많은 사람들은 너무 매력적인 이야기에 혹해서 그의 상황 설명을 받아들인 것 같았다. 즉 "자유의 횃불" 행진이 일종의 사회적 전환점을 나타낸다는 설명 말이다. 노엄 촘스키Noam Chomsky처럼 선전을 날카롭게 비판했던 사람도 여성들이 담배를 피우게 된 것은 1920년대에 버네이스를 제대로 유명하게 만든 그 "대단한 쿠데타 때문이었다"고 인정한다.[13]

물론 사회적 규범의 변화와 같은 복잡한 현상이 명확히 누구 때문에 일어났다고 말하는 것도, 그렇지 않다고 부인하는 것도 사실상 불가능하다. 그냥 "자유의 횃불" 사건에 대한 당대의 보도가 비교적 빈약했다는 것을 말하면 충분할 듯하다. 〈뉴욕타임스〉는 짐작건대 더 다급한 주제였던 부활절 퍼레이드 자체에 신경을 쓰느라 이 항의의 행진에 대한 설명을 퍼레이드 전체 기사의 중간쯤에 묻어버렸다. "부활절 퍼레이드 행사가 최고조에 달한 동안, 10여 명의 젊은 여성들이 허세를 부리듯 담배를 피우며 (5번가를) 왔다 갔다 했다. (…) 그들 중 한 명은 담배가 여자들이 남자들처럼 태연하게 거리에서 흡연하는 그날이 올 때까지 길을 비춰줄 '자유의 횃불'이라고 설명했다."[14] 〈워싱턴포스트〉는 1991년이 돼서야 이 시위를 언급했는데, 1991년까지 그 이야기가 전파되었다는 이유로 의미를 모은 결과였다. 결국 버네이스의 귀중한 승리는 역사가들의 주의를 사로잡는 일을 특별히 잘해낸 것일지도 모른다.

사장이 버네이스를 불러들였을 때와 거의 동시에, 래스커 역시 러키스트라이크에 대한 여성의 수요를 키워보라는 임무를 부여받았다. 이것이 "러키를 집어라" 캠페인의 시작이었다. 버네이스의 작업보다 훨씬 더 조잡하고 진부했지만 이 캠페인 역시 부활절의 모든 횃불보다 더 많은 담배를 여성들에게 판매했을 가능성이 높다. 래스커는 특허 의약품에서 차용된, 광고계에서 가장 신뢰할 수 있는 전제, 즉 담배는 무언가의 치료제가 되어야 한다는 전제로부터 출발했다. 인후염이 아니라면, 그럼 무엇의 치료제가 되어야 할까? 그는 여성들이 종종 몸무게 걱정을 한다는 점을 알아채고 러키스트라이크를 과도한 체중에 대한 해결책으로, 즉 다이어트 보조제로 선전하는 아이디어를 떠올렸다. 애초의 슬로건 "봉봉 캔디 대신 러키를 집어라"는 곧바로 "단것 대신 러키를 집어라"가 되었고 간단히 "러키를 집어라"로 오래도록 기억되었다.[15]

대표적인 광고에서 매력적인 불량소녀가 두 눈을 꼭 감고 담배 연기를 내뿜으며 입을 오므리고 있다. 카피는 이렇다. "날씬한 몸매를 유지하는 것, 어느 누구도 거부할 수 없다. (…) 단것 대신 러키를 집어라." 다수의 사람들이 "우리 모두를 쫓는 그림자"를 들먹인다. 이 카피가 나온 광고에서는 기혼 여성 같은 실루엣이 불길하게 나긋나긋한 젊은 여성의 배경을 이룬다. 덤으로 래스커는 이러한 광고에 홉킨스의 종결부인 "구운 담배"를 거의 전부 추가했다.

래스커는 절대로 제이월터톰슨에 간 적이 없었을 것이다. 하물며 여성전담 부서에는 더더욱 가지 않았을 것이다. 하지만 그들의 접근 방식을 모방한 그의 광고는 기적 같은 효과를 낳았다. 러키의 판매량은 1928년에만 83억 갑이 늘면서 폭발적으로 증가했다. 다른 브랜드들도 러키를 따라 하면서 1920년대부터 1930년대 중반까지 여성 흡연율은 세 배로 늘어났다.

이렇게 조지 워싱턴 힐은 자신이 원하는 바를 얻었다. 1920년대 말 러키스트라이크는 광고 지출 비용이라는 가장 명확한 이유로 카멜Camel을 앞지르고 미국 제1의 담배 브랜드가 되었다. 선전은 성공하려면 전면적이어야 한다. 그런데 이 캠페인은 도중에 몇 가지 선을 넘어 특허 의약품의 엄청난 성공을 가능케 한 위험한 허위 진술 같은 것에 의존했다. 이전과 똑같이 러키의 성공은 순전히 광고에 기반 했고, 대중의 건강을 희생시키며 획득되었다. 예상할 수 있듯이 "러키를 집어라" 캠페인 및 여타의 유사한 캠페인들은 대중의 분노의 물결을 일으키기 시작했고, 이 물결은 1930년대가 시작되면서 완벽한 힘을 얻게 되었다. 아메리칸타바코컴퍼니의 입장에서 보면, 이 물결은 연방거래위원회Federal Trade Commission가 힐과 래스커를 불러들여 그 의학적 추천장에 대해 이야기를 나눌 때 시작된 셈이다.

이제는 은퇴한 클로드 홉킨스는 1928년 자신의 영업은 자체 역사의 종언에 도달했다고 선언한다. 그는 이렇게 적었다. "인간의 본성은 변하지 않는다." 그리고 과학적 광고의 원칙들은 "알프스 산맥처럼 영속적이다". 당대의 광고대행사 자체가 제도적인 정교함을 갖춰서 다른 많은 것 외에 자신들까지 선전할 수 있게 됐다는 사실만큼 이런 단언을 뒷받침해주는 것은 없었다. 광고계 임원들은 이제 더 이상 싸구려 대중지의 원시적인 광고란을 팔러 다니는 게 아니라 급성장하는 제조 및 서비스 거대 업체들을 대행해 다양한 인쇄 매체에 글과 사진을 능숙하게 결합시켜 소비재 상품들에 삶과 죽음의 힘을 행사하고 있었다.[16] 1920년대가 끝나갈 무렵, 광고는 모호한 활동과 무시해도 좋은 산업의 위치에서 경제의 주요한 부분으로 성장해 있었다. 미국 기업들의 광고비 지출은 1914년의 7억 달러 수준에서 1929년에는 연간 300억 달러에 육박하게 되었는데, 당시 GDP의 3퍼센트에 해당했다.[17] 이제 광고 산업은 자신들이 도움을 주던 다수의 산업들만큼 규모가 커져 있었다.

스탠리 리조와 헬렌 랜스다운이 부부가 되어 회사의 대표를 맡은 제이월터톰슨은 그 무렵 세계에서 가장 큰 광고대행사가 되어 있었다.[18] 제이월터톰슨은 뉴욕 그랜드센트럴터미널(매디슨 가에서 한 블록 떨어져 있다)에 부속한 아르데코 스타일의 그레이바 빌딩Graybar Building 공간을 임대하여 사용함으로써 미국 기업계의 중심으로 이동하는 과정을 마무리 지은 상태였다.

정상에 올라간 사람들이 받은 보상은 실로 대단했다. 리조 부부는 코네티컷에 대저택을 구입했고, 와이오밍 주 잭슨홀에 어마어마하게 넓은 목장을 마련했다. 부부는 현대 건축의 개척자인 루트비히 미에 반 데어 로에Ludwig Mies van der Rohe에게 그 드넓은 목장에 자신들의 별장을 지어달라고 의뢰했다. 이 건축가가 미국에서 처음 맡은 주문이었다.[19] 시카고의 로드앤드토머스 회장 앨버트 래스커에 관해 말하면, 그의 약 2제곱킬로미터 너비의 사유지에는 농장은 물론이고 18홀 규모의 골프 코스와 극장 등 26개의 구조물이 갖춰졌다.[20] 심지어 금욕적인 전직 목사 클로드 홉킨스도 결국엔 미시건의 자연에 웅장한 대저택을 마련했고, 바다에 나갈 수 있는 요트까지 구비했다. 데이비드 오길비에 따르면, 홉킨스의 아내는 그를 설득하여 "저택을 손볼 정원사들을 채용하고 루이 16세 양식의 화려한 가구를 사들였다. 그녀는 끝없이 찾아오는 손님들로 그들의 거대한 저택을 채웠다. 그녀의 요리는 유명했다. 그리고 그녀는 한 번에 몇 시간씩 홉킨스에게 스카를라티Scarlatti의 곡을 연주해주었다".

엄청난 부와 위엄을 갖추게 된 광고 산업은 과학이라는 망토의 도움으로 숨겨온 그 기원에 더욱 어울리는 방식으로 스스로를 다르게 이해하기 시작했다. 광고계가 기꺼이 의절하는 길을 택한, 사기와 허풍을 암시하는 특허 의약품이 그들의 기원은 아니었다. 물론 그 방법과는 결코 의절하지 않았지만 말이다. 그보다는 이제 광고 산업은 최초의 선전 단체인 교회의 이미지에서 자신들을 확인하기 시작했다. 광고 산업의 활동을 선교로 보고 업계의 대가들을 자본주의의 새로운 사제 계급으로 이해하기 시작한 것이다. 광고대행사들은 국가의 가장 폭넓은 니즈와 가장 심오한 욕구를 충족시키는 거대한 신생 기업들을 대리해 일종의 선교를 펼치면서 대중을 교육하고 있었다. 쿨리지 대통령은 1926년의 한 연설에서 그 새로운 이미지를 다음과 같이 표현했다. "광고는 거래의 정신적인 측면을 보살핍니다. 광고는 여러분을 보호하면서 상업 세계에 영감을 불어넣고 고상하게 만드는 중요한 책임을 여러분에게 맡기는 거대한 권력입니다. 광고는 인류의 부흥과 구원이라는 보다 위대한 작업의 일부입니다."[21]

앞에서 살펴본 대로, 대부분의 재능 있는 카피라이터들 가운데 다수는 조직화된 종교를 독실하게 믿는 집안에서 자라났다. 그들 중 일부는 그 두 소명이 놀라울 정도로 거의 차이가 없다고 생각했다. 1925년의 베스트셀러 《아무도 모르는 사람The Man Nobody Knows》의 저자 브루스 바튼Bruce Barton 역시 감리교 목사의 아들이었는데, 비꼬려는 의도가 아니라 진심으로 숭배하는 마음으로 예수 그리스도를 초기의 광고인이자 소기업 사장으로 묘사했다. 그리스도가 이끌던 제자들은 "대중의 주의력을 제어하면서", "온순한 사람들이 땅을 물려받을 것이다"와 같은 매력적인 슬로건을 제안한 팀이었다. 바튼은 여기서 그치지 않고 더 깊이 나아가 다음과 같이 말했다. "광고는 세상만큼 오래된 세력이었다. (…) '빛이 있으라'는 그들의 헌장이 되고, 만물은 그것의 자극으로 흔들린다. 새의 멋진 깃털은 감정에 말을 거는 컬러 광고이다."

일부의 선언대로 광고가 고귀한 목적으로 승격되었든 아니든, 1920년대가 끝날 무렵에 광고는 의심할 바 없이 산업화 세계의 전역에서 일상생활의 방향을 바꾸어놓았다. 지금은 모든 사람들이 그 특징에 익숙해졌지만, 현대 생활의 두드러진 특징 하나가 그때 생겨났기에 하는 말이다. 즉 끊임없이 감언이설과 선전의 대상이 된다는 사실, 무시하려면 엄청난 노력이 필요한 어필이 끝없이 이어지면서 우리가 가진 모든 문제들을 해결하겠다고, 우리의 모든 열망을 채워주겠다고 약속한다는 사실이 바로 특징이다. 주요 브랜드들이 거대한 나무처럼 집단의식 속에 조금씩 자리를 잡아감에 따라 이제 광고는 대부분의 미국인들의 삶의 구조와 처음으로 한 몸이 되었다. 마치 캐딜락이나 코카콜라가 단순한 이름이었던 적은 결코 없었고 왠지 태고부터 의미가 결부되어 있었던 것 같았다. 광고가 조성한 건조물 환경도 자연의 생태계처럼 보이기 시작했다. 끊임없이 퍼붓는 상업적 제안이 현실이 된 것이다.

따라서 우리가 현재 알고 있는 수준의 주의력 포획의 산업화가 그 시절에 실제로는 시작 단계에 들어선 것뿐이라는 사실이 더더욱 놀랍게 느껴진다. 전자 미디어와 인터넷의 가능성은 여전히 먼 미래에 놓여 있었다. 광고의 성장 덕분에 세상은 많은 유인물로 어지러워진 듯했다. 하지만 이것들은 여전히 신문, 잡지, 포스터, 게시판, 전단지에 국한되었다. 그럼에도 가장 당당하게 광고를 요구하는 대부분의 사람들이 알아채지 못하는 사이에, 일부 광고의 전성기는 이미 끝나 있었다.

1932년 클로드 홉킨스가 66세의 나이에 심부전으로 세상을 떠났을 때, 〈뉴욕타임스〉는 그를 "1억 달러 가치의 카피를 쓴 사람"으로 묘사했다. 그러나 그렇게 성공을 거두었음에도 홉킨스는 죽음이 가까이 왔을 때 그 특이한 신앙심을 발휘하여 "나의 인색한 본능이 낭비를 무척 싫어한다는 점을 빼고, 돈은 나에게 아무런 의미도 없다"고 주장했다.[22] 그는 또한 자신의 자서전을 다음과 같은 이상한 말투로 끝맺었다. "광고의 성공에 불가결한 요소인 자연에 가장 가까이 사는 사람이 가장 행복하다." 자연을 광고로 대체하는 작업을 진두지휘한 사람의 감정치고는 기이했다. 어쩌면 그 늙은 목사에게는 예언할 게 하나 더 있었던 모양이다.

06

멋진 성공?

1926년, 스튜어트 체이스Stuart Chase와 프레드릭 슐링크Frederick Schlink가 그리니치빌리지의 한 무허가 술집에서 만났다. 대화를 나누던 두 사람은 서로 많은 것에 대해 생각이 같다는 걸 알게 되었다. 회계사인 체이스는 연방거래위원회에서 조사관으로 일한 적이 있었고, 슐링크는 전형적인 엔지니어로 국립연구소에서 일했다. 확연히 다른 일을 해온 이들이지만, 둘 다 과학적 방법과 그 방법이 여론에 반할 수도 있는 진실을 드러내는 힘에 대해 아주 열성적인 관심을 가진 사람들이었다. 무엇보다도 그들은 광고 업계가 미국 대중에게 저지르는 대대적인 사기 행위를 더할 나위 없이 경멸했다.[1]

둘은 훗날 진실과 광고 사이에 내재하는 갈등에 대한 자신들의 견해를 표현하기 위해 다음과 같은 비유를 이용했다.

> 두 사람이 유명한 석유 브랜드의 장점에 대해 이야기하고 있다. 한 사람이 말한다. "난 이 제품이 좋으리라고 확신해. 1년에 100만 달러어치를 팔아치우니까. 그 회사 광고는 사방에서 볼 수 있어." 하지만 나머지

한 사람은 이렇게 말한다. "난 얼마나 팔리는지는 관심 없어. 이 기름 한 방울을 구리 조각 위에 떨어뜨리고 스물네 시간 놔둔 적이 있어. 그랬더니 그 기름을 떨어뜨린 자리가 초록색으로 변하더라고. 이 제품은 부식을 일으켜. 그러니 어떻게 사용할 생각을 갖겠어." (…) 첫 번째 사람은 대중을 따랐지만, 그의 친구는 그런 중요한 사실을 무시하고 화학의 사실을 추구했다. 그 결과 그는 일반적인 행동과 정확히 반대되는 방침에 도달했다. 대중은 가끔 옳다. 그리고 종종 틀린다. 과학이 천칭의 눈금을 읽는 일만 남아 있다.[2]

그날 저녁, 체이스와 슐링크는 "당신이 지불한 돈의 가치Your Money's Worth: A Study in the Waste of the Consumer's Dollar"라는 제명으로 탄생할 성명서를 공동 집필하기로 결정했다. 내용의 일부를 소개하면 다음과 같다.

소비자들은 이상한 판매 나라의 수많은 앨리스처럼 서투르게 나아간다. 그들은 자신이 기꺼이 원하는 것이 아니라 원하도록 만들어진 것을 구입한다. 광고대행사 사무실에서는 인간 심리학이 다들 아는 기본에 속한다. 인간 심리학의 내용 중에 광고인이 배워서 써먹지 않은 것은 없다. (…) 그러나 이 전대미문의 촌극을 관리하는 신사들이 너무 빨리 거드름을 피우는 것일 가능성이 있다. 그 최고의 사람들이 뇌에 기록하는 일을 하다가 거의 한계에 도달했을 가능성도 있다. 그리고 그 많은 브랜드 이름이 구경꾼을 홀리는 대신 그를 어지럽게 만들 가능성도 있다. (…) 이 책은 그런 희망 속에서 집필되었지만, 이 책의 저자들은 과학의 승리가 불가피하다는 믿음 때문에 착각에 빠지지는 않았다.[3]

사람들이 서서히 고압적인 광고에 대해 각성하고 있다는 사실을 요약한 동시에 관련 상황을 자세히 설명한《당신이 지불한 돈의 가치》는 노예제도 폐지에 큰 영향을 미친《톰 아저씨의 오두막Uncle Tom's Cabin》처럼 동시대의 소비자 운동에 영향을 미치며 베스트셀러가 되었다. 그리고 대공황의 위기와 함께 또 다른 주요한 저항을 촉발시키면서 다시 한 번 소비자 저항 시대를 열었다. 저자들은 부분적으로 자신들이 "결코 혁명적이지 않은" 관점 덕분에 성공했음을 알고 있었다. 체이스와 슐링크는 결코 자유 시장이나 사유재산권 같은 미국 자본주의를 규정하는 어떠한 요소도 비난하는 사람들이 아니었다. 실제로 그들이 사람들을 호도하는 기만적인 주장과 비교적 불필요한 제품에 대한 수요를 조장하여 경제를 왜곡하고 국가에 손해를 입히고 있는 광고를 공격한 것은 시장을 흠 없는 상태로 지키기 위해서였다. 이 책이 성공을 거두자, 두 저자는 1929년에 소비자리서치Consumers' Research Incorporated라는 단체를 설립했다. 이 단체는 세계 최초로 소비자 제품을 과학적으로 실험 조사하는 것을 목표로 했다. 이 새로운 단체는 엄격한 실험을 바탕으로 제품 및 제품 설명에 대한 은밀한 평가 결과를 가입자들에게 제공하는 〈소비자리서치 회보Consumers' Research General Bulletin〉라는 믿을 만한 소식지를 발행했다.[4]

사실 체이스와 슐링크의 모험적 작업은 궁극적으로 광고 산업이 붕괴 직전에 이르는 데 원인이 된 광범위한 공격의 선봉장에 불과했다. 1930년대 내내 그 운동은 다양한 동조자를 끌어모았는데, 대표적으로 컬럼비아 대학의 경제학자이자 프랭클린 D. 루스벨트Franklin D. Roosevelt의 자문위원회 일원으로 광고의 90퍼센트가 경제적 낭비라는 의견을 밝힌 렉스포드 터그웰Rexford Tugwell 같은 학자들이 있었고, 여성구매자연맹League of Women Shoppers 등의 다양한 여성 단체 회원들도 있었다. 광고인들이 여성을 그토록 많이 타깃으로 삼았던 터라 여성들이 이 운동의 핵심으로 널리 간주된 것은 적절한 듯했다. 〈비즈니스위크Business Week〉 기사에 따르면, 일반 여성들은 "자신을 무도회에서 그토록 인기 있게 만들어준다는 그 비누가 정부에 의해 자동차나 헛간, 양계장 소독용으로 추천된 (…) 약간의 크레오솔로 만들어졌다는" 사실을 알고 분노했다.[5]

새로이 광고를 격렬히 비난하고 나선 사람들 중에는 광고계 내부 인물들도 있었다. 캐딜락, 닷지, 크라이슬러를 주목받게 만든 것으로 유명한 시어도어 맥매너스는 1928년 더 이상 참을 수가 없다고 결론 내렸다. 그는 〈애틀랜틱The Atlantic〉에 게재된 글에서 자신이 몸담고 있던 업계와 현대 문명 전체를 싸잡아 비난했다. "표면적인 어리석음을 평균적으로 괜찮은 인간 본성의 온전한 본질로 잘못 생각했다는 점에서 광고는 미쳐버렸다." 진지한 가톨릭교도였던 그는 미국식 청교도가 "공허의 구렁텅이"를 만들었고 사람들은 그 안에서 소비재를 "신들이 상냥하게 포장한 선물"로 숭배하게 되었다고 했다.[6]

유명한 카피라이터 헬렌 우드워드Helen Woodward는 자신이 평생 한 일이 공허하다고 한탄하는 책을 써 인기를 얻었다. 그녀는 전문가로서 다음과 같이 고백했다. "광고계에서 일하며 우리는 스스로 중요한 사람들이라고 생각했다. 우리는 우리가 무엇을 하는지 알고 있다고 생각했다. 우리는 다음 주, 아니 다음 해에 대한 계획도 갖고 있었다. 내가 아무것도 아니고, 우리가 아무것도 아니라는 것을 더디지만 충격적으로 깨닫게 되었다. 우리 모두는 우리가 알지도, 통제하지 못하는 바람에 흩날리는 깃털이었다."

가장 음울한 비난은 또 다른 전직 카피라이터 제임스 로티James Rorty의 저서였다. 그는 《우리 대가의 목소리: 광고Our Master's Voice: Advertising》(1934)에서 광고가 영혼에 미치는 영향을 설명했다. 그의 지적에 따르면, 광고인은

"불가피하게 자신에게서 인간성을 제거한다. 일부만 진실인 말과 노골적인 허상을 매일 거래하는 그는 갈수록 미묘하게 저급해진다. 어느 누구도 야만스런 천박함에 자기 인생을 희생하고 살 수는 없다. 그래서 광고인들은 살아도 사는 게 아니다. 그들은 둔해지고 체념하고 가망 없는 사람이 된다. 아니면 귀신 들린 몽상가나 가학성 변태가 되어버린다". 로티는 세계대전이 끝난 뒤 서양 문명에 대한 절망감을 토로한 T. S. 엘리엇T. S. Eliot의 〈공허한 인간The Hollow Men〉을 연상시키는 시적인 표현으로 자신의 옛 동료들을 이렇게 추모한다. "그들은 죽은 사람들이다. 그들의 뼈는 합성수지 같다. 그들의 피는 물이고, 그들의 살은 창백하다. 그렇다. 그들의 살을 찔러보면 피가 나지 않는다. 그들의 눈에는 가리개가 씌워져 있고, 슬프거나 뚫어지게 쳐다보거나 약간 미쳐 있다. 그들에게선 코를 찌르는 듯한 냄새가 난다. 그들은 그 냄새를 알아채지 못하는데, 어쩌면 그 기계 자체에서 방출되는 오존 분비물에 불과할 수도 있다."[7]

광고계는 이러한 공격을 그냥 앉아서 당할 정도로 그리 멀리, 그리 빨리 간 것은 아니었다. 국제광고협회International Advertising Association는 《당신이 지불한 돈의 가치》가 "공산주의자의 선전"을 담은 저서라고 선언했다. 또 다른 비판가는 소비자 운동의 목적이 "자본주의자들을 타도하려는 것"이라고 비난하면서 "하지만 전통적인 혁명 주체인 마르크스의 프롤레타리아가 아니라 진용을 갖춘 소비자와 가정주부들 집단에 의해 그런 시도가 수행되고" 있다고 했다.

그들은 또한 새로운 소비자단체들이 잘 속는 여성들에게 사회주의를 조장하려 한다고 공격함으로써 '먹이 주는 손'을 물었다. 한 거들먹거리는 비판가는 이렇게 지적했다. "여성 단체들은 토론 주제로 동양 여행이나 에드나 세인트 빈센트 밀레이Edna St. Vincent Millay의 시를 제쳐두고는 '소비자교육'

을 주제로 삼는 연사들을 시끄럽게 요구하고 있다. 여성지 편집자들은 이제 독자들이 여름 샐러드 조리 방법을 덜 원하고 소비재 사양이나 사회적 의식에 관한 정보를 더 많이 원한다고 생각한다."[8]

그러나 그렇게 용감하게 저항의 전선을 펼쳤지만 광고 산업은 심각한 어려움에 빠져 있었다. 미국의 모든 산업들과 마찬가지로 광고 산업도 대공황에 큰 피해를 입었다. 소비자의 분노 외에도 광고 산업은 자신들의 고객, 즉 제품 및 서비스 제조 업체 사이에서 고개를 들고 있는 새로운 회의론에 직면했다. 광고 산업의 고객들은 사세가 내리막을 겪게 되자 광고가 정말로 예전에 생각했던 것만큼 효과적인지 의심하기 시작했다. 만약 효과가 없다면 돈만 낭비하는 셈이었다. 경제 전체가 완전히 무너지자, 1930년대를 거치면서 광고비 지출은 1920년대 말 수준의 3분의 1 정도로 줄어들었다. 몇몇 업체들이 사업을 접었고, 소비를 부추기던 전직 고위 사제와 여사제들, 즉 광고인들도 실직자가 되었다. 일부 사업이라도 구해내려던 남은 업체들은 특히 의약품의 적극적 판매에 의지했지만, 그 방식은 비판자들이 제기한 최악의 주장이 정당함을 확인해줄 뿐이었다.[9]

한편 《먹고, 마시고, 조심하라Eat, Drink and Be Wary》, 《기니피그는 더 이상 안 돼Guinea Pigs No More》, 《인기 있는 사기 수법The Popular Practice of Fraud》을 비롯하여 《1억 마리 기니피그100,000,000 Guinea Pigs》(식품 및 약품 광고를 주제로 한 책), 《스킨 딥Skin Deep》(화장품 업계에 대한 공격) 등의 많은 저서가 출간되는 가운데, 소비자운동은 1930년대 초에 걸쳐 가차 없는 맹공을 계속 퍼부었다. 이 저서들은 광고도, 제조 업체도 믿을 수 없다는, 당시에 힘을 얻고 있던 의식에 힘을 불어넣었다. 이런 현상들이 합쳐지면서 흥미로운 의문, 즉 '만약에 있다면, 광고는 경제에 어떤 효용을 안기는가?'라는 의문이 제기되었다. 그럼, 잠시 이 문제를 생각해보자.[10]

고선 경제학에서 판매자는 상품을 원하는 소비자에게 그 상품을 공급한다. 그리고 가격은 수요와 공급이 교차하는 지점에서 결정된다. 그러나 물론 이 모델은 지금도 시장분석을 지배하고는 있지만, 여러 가지 세부적인 것들은 고려하지 않았다. 예를 들어, 소비자가 우선 시장에 존재하는 상품을 실제로 어떻게 찾아내느냐, 현대의 마케팅 용어로 표현하면 어떻게 "발견하느냐" 같은 것이다. 정보가 풍부한 세계에서도 이런저런 이유로 상품에 대해 듣지 못하는 경우가 허다하다. 그래서 자신이 알지도 못하는 것을 요청할 수는 없으니, 그것을 살 수 없다는 건 말할 것도 없다. 당신은 개봉되거나 출간된 지 여러 해 뒤에 영화나 소설을 발견하고 좋아하게 된 경우가 얼마나 자주 있는가?

사람들이 실제로 여러 제조 업체들이 제시하는 가격과 품질 차이에 대해 알아내지 못한다면, 고전 경제학이 상상하는, 가격과 품질의 차이에 의해 작동되는 경쟁 또한 유효하게 작용하지 못한다. 내가 15분만 투자하면 자동차 보험료를 15퍼센트 이상 아낄 수 있다는 사실을 알지 못한다면, 경쟁이 효율성에 어떻게 기여할 수 있겠는가? 바꿔 말하면 이렇다. 가격이 시장에서 하락했는데 아무도 그 사실에 대해 듣지 못한다면, 아무런 소용이 없는 것이다.

주의하지 않으면 정보에 따라 행동할 수 없다. 따라서 주의력 포획과 정보는 제대로 기능하는 시장경제나 선거(알려지지 않은 후보자는 이길 수 없다)와 같은 경쟁 과정에서는 지극히 중요하다. 그래서 인간의 마음에 접근하는 기회를 얻어내는 기술로서의 광고는 매우 주요한 기능을 할 수 있다. 광고는 이상적으로는 객관적인 방식을 통해 우리가 선택에 앞서 무엇을 알아야 하는지 알려줌으로써, 시장이나 선거 같은 정보에 근거한 선택에 의존하는 모든 것이 더 낫게 작동하게 만들 수 있다.

적어도 이상적인 상황은 그렇다. 물론 대부분의 기업들이 수익을 극대화하는 데 신경 쓰는 만큼 시장의 효율성에 신경 쓰지 않는다는 것이 문제다. 그래서 광고는 경쟁 과정을 돕기로 되어 있는 객관적인 정보를 제시하는 일 앞에서 거의 멈추지 않는다.[11] 결국 사람들로 하여금 우선 어떤 상품을 "원하게" 만드는 것은 무엇일까? 사람이 태어나면서부터 원하는, 안락함을 제공하는 기본적인 것이나 엄마 젖 같은 게 있다. 하지만 그런 데는 광고가 거의 필요하지 않다. 현대 경제의 다른 상품들 대부분은 이른바 후천적으로 익힌 취향이나 기호이다. 4K 텔레비전이나 에르메스, 루이뷔통 지갑, 페브리즈 같은 섬유 탈취제를 원하도록 태어난 사람은 없다. 따라서 지금까지 광고인들이 생각하는 가장 소중한 광고 기능은 광고가 없으면 존재하지 않을 수요를 형성하거나 창조하는 것이다.• 우리는 오렌지주스, 치약, 구강 세정제, 캐딜락 자동차, (여성들 사이에서) 담배에 대한 수요가 창출되는 과정에서 풍부한 예를 목격했다. 그리고 1920년대의 광고계 임원들은 이를 자신들이 하는 역할이라고 설명했다. 스탠리 리조는 이렇게 말했다. "미국의 대량생산의 성과물은 광고가 공급하는 대량 마케팅 시스템이 없다면 자체의 무게에 무너질 것이다."

체이스와 슐링크가 주장했듯이, 최악의 경우 광고는 완전히 거짓된 정보(일부 특허 의약품 광고에서처럼)나 판단을 그르치게 만드는 정보를 제시함으로써, 또는 중요한 진실(담배가 암을 유발한다는 사실 같은)을 공개하지 않음으로써 선택의 메커니즘을 실제로 공격하고 왜곡하려고 애쓴다. 고객에게 혼란을 안기거나 고객을 잘못된 방향으로 이끌거나 속이는 광고는 시장 프

• 경험적 증거에도 불구하고 일부 경제학자들은 광고가 수요를 만들 수 있다는 생각에 이의를 제기한다. "필요"를 만들 수 있는가 여부는 그것을 어떻게 규정하는가에 달렸을 수도 있다. 누군가에게 "아름다운 것"을 원하는 사람으로 태어났다고 말할 수 있으며, 그 경우 광고는 단지 그에게 무엇이 아름다운지 확인해줄 뿐이다. 혹은 누구든 그냥 쉽게 광고가 수요를 형성하거나 만든다고 말할 수도 있다.

로세스에 도움을 주지 않는다. 실제로 정보에 근거한 선택을 전제로 한 어떠한 프로세스에도 도움을 주지 않으며, 대신 그런 프로세스를 무산시킨다.

1920년대에 크게 발전한 브랜딩 작업은 약간은 다른 비판을 받고 있었다. 경제학자인 에드워드 체임벌린Edward Chamberlin이 1933년에 《독점적 경쟁 이론The Theory of Monopolistic Competition》에서 주장했듯이, 본질적인 가치와는 거의 관계가 없는 강력한 브랜드 충성도를 만드는 행위는 비이성적인 애착을 조성함으로써 해당 브랜드만큼 좋거나 그보다 나은 다른 브랜드와의 경쟁에서 살아남을 수 있게 하는 계산된 시도였다. 결국 가장 효과적인 브랜드 광고는 소비자에게 선택하도록 설득하는 게 아니라 선택할 게 없다고 설득하는 것이다. 다시 말해서, **가장 좋은 콜라**는 코카콜라이고, **당신의 담배**는 카멜이고, 사람들이 고려할 **유일한 오토바이**는 할리 데이비슨Harley-Davidson이라는 것이다. 해당 브랜드를 사람의 정체성의 일부로 만든다면 이에 성공할 수 있다. 누구든 위스콘신 주 주민이 자기 주에 느끼는 충성심만큼 밀러 맥주에 대해서도 충성심을 느낄 수 있다. 따라서 진정한 브랜드 광고는 설득하는 것이 아니라 개종시키려는 노력이다. 이 작업이 가장 성공적일 때, 광신적인 상품 추종 집단을 탄생시키며 이런 추종자들은 단순한 정보에 영향을 받을 수 없다. 애플과 에르메스, 포르셰 같은 기업들이 적어도 진정한 신봉자들의 경우 경쟁에 전혀 영향을 받지 않는 이런 충성도를 성취했다. 그 충실한 추종자들에게 주어지는 것은 단순히 좋은 제품만이 아니라(종종 그렇긴 하지만) 선택을 포기할 때 생기는 어떤 의미에 대한 의식, 즉 훨씬 더 심오하고 더 깊은 만족감을 주는 무엇이다.

광고의 해악은 1920년대 말과 1930년대의 러키스트라이크 캠페인에 의해 적절히 입증되었다. 그 담배의 광고에 지출된 어마어마한 돈은 더 저렴한 신생 브랜드가 크게 진전하지 못하게 막은 동시에, 위험한 상품에 대한 수요를 자극하고 브랜드 교체를 저지했다. 그 결과는 카멜, 러키스트라이크 등 유명 상표 담배들의 과점이었다. 이 과점 현상은 수십 년 동안 지속되었고, 당연히 폐암 환자도 다수 발생했다.[12]

광고가 당연히 받아야 할 벌을 받음에 따라, "러키를 집어라" 슬로건은 연방거래위원회의 주의를 끌었고, 아주 똑같은 운명이 러키스트라이크를 기다리고 있었다. (담배가 자신들의 제품을 대신한 데 대해 불만을 가진 제과 산업이 이 조사와 어떤 관련이 있었을지도 모른다.) 연방거래위원회는 의사들의 의심스런 보증서, 돈이 지급되는 추천서와 함께, 담배가 목을 진정시켜준다는 주장에 특별히 주목했다. 또한 담배가 체중 감량 보조제라는 주장도 편견을 갖고 바라보았다. 추천서 자체와 그에 대한 지불 사실을 떳떳이 밝히지 못하는 것이 기만적인 행위에 해당한다고 생각한 연방거래위원회는 러키가 체중 감소에 도움이 된다는 주장을 중단할 것을 힐에게 요구했다.[13]

안타깝게도, 기만적인 광고를 제재하려던 연방거래위원회의 실제 권한은 기껏해야 법적으로 애매모호한 상태였는데, 애써 발동한 제재마저도 러키 캠페인이 풀가동을 하고 있던 1931년에 회의적인 대법원에 의해 기각되었다. 그 결과, 힐과 래스커는 노골적인 주장 대신 다소 조심스러운 태도로 암시를 통해 주장을 퍼뜨리면서 자신들의 예전 수법으로 되돌아갔다. 1930년대 말부터 등장한 새로운 광고에는 다이빙 보드 끝에 선 날씬하고 아름다운 여성 주위를 뚱뚱한 실루엣이 둘러싼 모습이 등장한다. **"지금부터 5년 후 당신의 모습일까?"** 광고는 묻는다. "폭식의 유혹이 느껴지면, 대신 러키를 집어라."[14]

그러나 연방거래위원회의 굴욕과 전반적인 모욕감은 광고인들과 그 의뢰 고객들의 무절제를 통제하는 것을 목표로 삼는 사법적 개혁 운동을 유발했다. 농림부Agriculture Department(FDA의 전신) 차관보 자리에 경제학자인 렉스포드 터그웰이 소비자 보호 장치를 개선하는 권한을 갖고 임명되었다. 프랭클린 루스벨트 행정부의 다른 관리들처럼 그도 1906년의 식품의약품법이 부도덕한 관행을 막을 만큼 강력하지 않았다고 느꼈다. 그리하여 프랭클린 루스벨트 행정부는 입법부가 광고 업계에 강력한 규정을 적용하도록 압력을 가하는 법안을 상정했다.[15]

이른바 터그웰 법안은 실제로 애초의 구상대로 매우 엄격했다. 이 법안은 허위 표시와 허위 광고의 개념을 결합하면서 허위 광고는 분명히 사실이 아닌 광고는 물론이고 "모호한 말이나 추론"으로 거짓된 인상을 만드는 광고까지 해당한다고 명시했다. 또한 어떤 제품이 수많은 질병을 치료할 수 있다고 주장하는 광고도 금지했다. 허위로 표시되거나 광고된 상품은 농림부에 의해 압류 조치를 받게 되며, 그 주모자들은 형사 고발을 당하게 되는 것이었다.[16]

이런 강력한 약이 그대로 처방되었다면, 광고 업계가 1910년대와 1920년대 내내 채택해온 기법들 중 다수가 효과적으로 금지되었을 것이다. 더욱 부드러운 방식의 브랜드 광고는 영향을 받지 않았겠지만, 특허 의약품 방식 전부를 포함하여 리즌 와이 광고의 대다수가 맥을 못 추게 되었을 것이다. 만약 힐과 래스커가 러키스트라이크 캠페인을 기존 방식 그대로 지속했다면, 두 사람 모두 징역형을 선고받았을 것이다. 그리고 오늘날에도 낯익은, 이런저런 기적 같은 효과를 주장하는 인포머셜infomercial(인포메이션information과 커머셜commercial의 합성어로서 구체적 정보를 제공하는 상업광고-옮긴이) 중 다수도 불법행위로 간주되었을 것이다.

그러나 특허 의약품과는 달리, 광고 산업은 피투성이는 되었지만 스스로를 변호하는 수준 이상의 능력을 갖고 있었다. 그리고 막 날기 시작한 제약 산업이 그들 편에 합세했다. 제약 산업은 이미 정부를 상대하는 관계에서 풍부하게 경험을 쌓아놓은 상태였고 "성스러운 자기 치료 권리"를 단호히 보호하려 했다. 렉스포드 터그웰은 사회주의를 들여오려는 공산주의 요원이라는 주장의 표적이 되었다. 업계의 한 홍보 담당자는 이렇게 설명했다. "세상 사람들이 그가 러시아를 방문한 적이 있고 그곳의 제도를 만족스럽게 생각하는 것을 안다. 이제 그는 포장과 광고가 예방해야 하는 경제적 낭비라고 믿는다." 또한 광고계는 자신들의 명분에 신문사들을 끌어들였고, 그 법안이 통과되면 대부분의 거래를 철수하겠다고 신문사들을 위협하기까지 했다. 역사가인 잉거 L. 스톨Inger L. Stole이 지적했듯이, 미국 언론은 그 논쟁을 보도하기를 거의 전적으로 거부했다. 자신들의 생존이 위태롭다고 느낀 신문사, 식품 생산 업체, 약품 제조 업체들은 광고 업계와 단단한 밀집 대형을 형성하여 터그웰 법안이 전혀 효력을 발휘하지 못할 것으로 확신할 때까지 할 수 있는 건 무엇이든 했다. 심지어 그들은 간판만 내건 표면상의 조직에 자금까지 대주었다.[17]

결국 1938년에 애초의 구상보다 훨씬 더 약화된 법이 통과되었다. 이 법에 따라 연방거래위원회는 "불공정하거나 기만적인 행위 및 관행"을 금지하는 것으로 광고를 감독하는 권한을 다시 얻었는데, 여기서 "불공정하거나 기만적인 행위 및 관행"은 터그웰이 표적으로 삼은 잠재적 추론이 아니라 정말로 사실이 아닌 진술만을 가리켰다. 이 신생 법률은 "기업의 이익을 위해 그러한 보호책을 고통스럽지 않은 것으로 만들려는 5년간의 노력"을 반영했다. 컬럼비아 법대 교수인 밀턴 핸들러Milton Handler를 위시하여 많은 이들이 그 법은 충분하지 않다고 주장했다. "이 새로운 법은 다수의 허위 광고와 호도성 광고를 저지하려는 진지한 시도를 의미하지만, 안타깝게도 그 방향으로 내디딘 부적절한 첫걸음에 불과하다. 이 법률의 금지 조항들을 확대하고 효과적인 처벌로 해당 조항을 실행하는 수정안을 명백히 밝혀 강화하지 않으면, 이 법률은 허위 광고와 호도성 광고라는 골치 아픈 문제에 대한 지속적인 해결책을 안겨주지 못할 것이다."[18]

콧대가 꺾였다는 점만 빼면, 광고 산업은 살아남았고 대부분 갱생의 길을 택하지 않았다. 결국 그들에겐 정부보다 더 고약한 문제가 있다는 냉혹한 깨달음만이 남겨졌을 뿐이었다. 대공황기의 미국에서 광고 업계의 선전은 무시당하고 있었다. 그게 아니라면 적어도, 불과 몇 년 전만 해도 그토록 많은 돈을 허비하며 물건들을 죄다 사들였지만 이제는 그럴 돈이 부족해진 사람들이 그 선전을 듣고 있었다.[19]

무언가가 바뀌어야만 했고, 실제로 그럴 것이었다. 그러나 1930년대 말에 이용 가능한 주의력의 공급이 폭발하게 될 것으로 예측할 수 있었던 사람은 거의 없었다. 이 일은 두 가지의 새로운 발명 덕분에 일어났는데, 첫 번째 발명은 대부분의 사람들이 그 잠재성을 의심했고, 두 번째 발명은 사람들이 그 잠재성을 거의 상상도 못했다. 곧이어 완전히 새로운 주의력 경제가 탄생하고, 광고는 필사적으로 거기에 매달리게 된다.

PART 2

시간과 공간의 정복

20세기의 첫 30년은 주의력을 대규모로 수확해 전례 없는 수준의 상업적, 군사적 영향력으로 전환할 수 있다는 사실을 보여주었다. 주목할 부분은 (당시 그 놀라운 파급력으로 비평가들과 운동가들까지 흥분시켰던) 그러한 노력이 돌이켜보건대 시간과 장소에 너무 제약을 받았다는 사실이다. 광고(또는 비영리적인 쌍둥이에 해당하는 정치 선전)가 행해지는 곳을 찾기만 하면 주의력이 수확되는 장소와 시기를 알 수 있었다. 그 시절에는 피하기도 힘들고 매우 다채로워 보였을지도 모르지만 1930년 이전의 광고는 사실 가장 오래된 형태의 미디어와 가장 오래된 형태의 커뮤니케이션 네트워크에 국한되었다. 전자는 19세기 혹은 그 이전부터 존재했던 신문과 잡지, 광고판 등을, 후자는 우편 시스템을 말하는 것이다. 이제 막 대중의 삶을 변형시키기 시작한 영화와 라디오, (그리고 곧 도착할) TV와 같은 20세기의 새로운 미디어에 대한 광고 구매는 아직 이뤄지지 않고 있었다는 의미다. 게다가 고도로 상업화된 공공 영역과 전통적인 개인 영역 사이에 여전히 엄격한 구분이 있었다. 신문이나 전단지를 들여놓을 수는 있었지만 그런 경우만 제외하면 가정은 공공장소에서 가해지는 상업적 폭격을 피할 수 있는 피신처였다. 그렇지만 이런 상황은 곧 바뀌게 된다.

1930년대 세계적인 경기 침체와 더불어 광고 산업이 추락하면서 업계는 존재론적 위기에 처해 필사적으로 회생의 길을 찾지 않을 수 없었다. 광고의 유용성에 대한 의문까지 제기된 터라 이제 낡은 주의력 채널로는 더 이상 광고 사업을 존속시키기에 충분한 수익을 창출할 수 없었다. 그래서 업계는 다른 채널을 찾기 시작했고, 그러한 노력은 결국 대중 주의력의 주맥으로 입증되는 무엇을 찾아내기에 이르렀다. 새로운 기술을 토대로 광고와 그 주인인 상거래는 수천 년 동안 인간 주의력의 주요 성역이었던 가정에 진입하게 된다.

07

프라임 타임의 발명

1928년, 펩소던트 치약의 새로운 본부장 월터 템플린Walter Templin은 망하기 직전의 회사를 구할 아이디어를 찾고 있었다.

불과 몇 년 전만 해도 펩소던트는 클로드 홉킨스의 창의적인 "치태" 캠페인 덕에 크림 치약의 왕으로 군림했었다. 하지만 1920년대 말 무렵, 펩소던트는 (정확하지만) 나빠진 평판에 시달렸다. 지금의 치약과는 달리 펩소던트에는 불소 같은 적절한 세제가 포함되지 않았다. 회사가 자랑하던 펩소던트의 "깨끗한" 느낌은 연마재 성분 때문에 생겼는데, 펩소던트 치약을 테스트한 컬럼비아 대학의 한 화학자에 따르면 그 성분은 "유리를 자를 수 있을 정도로 단단하고 날카로웠다."[1] 더 나아가 그는 "광고에서 선전하는 '펩소던트'의 효과로 치아에서 뮤신 플라그mucin plaque('치태'를 뜻하는 전문용어)를 제거할 수는 없다"는 사실도 밝혀냈다.[2]

펩소던트가 초기에 거둔 성공으로 많은 경쟁자들이 모여들었다는 점도 문제였다. 1920년대 말 시장에는 100개가 넘는 치약 브랜드가 나와 있었다. 의심할 여지없이 일부 브랜드는 더욱 조악했다. 일례로, 치아를 "진주같이 아름다운 보석"으로 바꾸어놓는다고 주장한 타르타르오프Tartaroff는 사실 염산으로 치아의 에나멜을 태워 없애 이를 하얗게 만들었다.[3] 하지만 펩소던트는 신생 브랜드 콜게이트Colgate 등의 보다 나은 대안 상품들에 시장점유율을 빼앗기고 있기도 했다. "리본 모양의 치약" 콜게이트는 "맛있는 향"과 함께 "안전한" 치약을 약속했다. ("사람은 그 사람이 관리하는 치아에 의해 판단된다.")[4] 1928년 무렵, 홉킨스의 창안품은 그렇게 망하기 직전이었다.

그러나 캐나다 출신으로 시카고에 이주한 템플린에게는 아이디어가 하나 있었다. 1920년대의 많은 사람들처럼 그도 라디오 방송의 보이지 않는 기적에 매료되었다. 사실 그는 펩소던트에 합류하기 전에 라디오 제조 업체를 운영하기도 했다. 펩소던트를 라디오 방송에서 홍보할 방법이 있지 않을까?

하지만 어떻게?

1920년대에 라디오에서 광고를 한다는 것은 경멸까지는 아니더라도 논란을 불러일으키기에 충분한 발상이었다. 〈프린터스잉크〉조차도 "가정은 공공 영역이 아니므로 광고업은 초대받지 않은 이상 가정에 침범할 생각을 말아야 한다"[5]고 의견을 밝힌 바 있었다. 더욱이 라디오는 이상적인 단계에 진입한 상태였고, 그것의 운명은 치약을 파는 게 아니라 인간의 조건을 고양하는 데 있는 것으로 보였다.• 1922년, 미래의 대통령 허버트 후버Herbert Hoover는 이렇게 지적했다. "공공서비스와 뉴스, 오락, 교육, 중요한 상업적 목적을 위한 그토록 위대한 가능성이 광고 목적의 수다에 파묻히도록 놔

• 초기 라디오의 이상에 관해서는 《마스터 스위치》 2장을 참조하기 바란다.

둔다는 것은 상상할 수도 없다."[6] 심지어 1910년대에 광고 후원으로 제작된 영화들이 실패했다는 사실을 근거로 라디오가 효과적인 광고 플랫폼이 될 수 없을 것으로 판단하는 사람들도 있었다. 뉴욕 최대의 극장 소유주인 새뮤얼 "록시" 로서펠Samuel "Roxy" Rothafel은 이렇게 말했다. "라디오를 통해 신발 같은 것을 팔려는 사람은 단 한 명의 청취자도 확보하지 못할 것이다."[7]

당시 라디오 청취자를 노리는 기업들은 콘텐츠를 후원하는 간접적인 방법으로 은밀히 접근했다. 예를 들면, 질레트Gillette는 "턱수염의 역사"를 주제로 한 강연 시리즈의 제작 비용을 부담했다. 하지만 대부분의 기업들은 음악 공연 프로그램을 후원했는데, 라 팔리나La Palina 여송연의 이름을 본뜬 〈라 팔리나 아워La Palina Hour〉, 인기 있는 진저에일 브랜드가 지원하는 밴조 합주단인 클리코 클럽 에스키모Clicquot Club Eskimos의 공연 방송 등이 대표적인 예이다(이 "에스키모" 합주단은 파카를 제대로 갖춰 입고 스튜디오 관객 앞에서 밴조를 연주했다).

그렇다면 펩소던트는 어떤 방법을 썼을까? 펩소던트 오케스트라? 그러나 이미 선수를 친 다른 치약 회사가 있었다. 이파나 음유시인단Ipana Troubadours이 스페인 투우사처럼 차려 입고 스윙 음악을 연주하고 있었던 것이다. 치약 회사의 후원을 받지 않는 합주단으로는 굿리치 지퍼스Goodrich Zippers, 실버타운 코드 오케스트라Silvertown Cord Orchestra(이 프로그램에는 은빛 가면을 쓴 테너가 출연했다), 실베니아 포레스터스Sylvania Foresters, 챔피언 스파커스Champion Sparkers, 폭스 퍼 트랩퍼스Fox Fur Trappers, 잉그램 셰이버스Ingram Shavers, 이스트 포머스 오케스트라Yeast Foamers' Orchestra, 플랜터스 피커스Planters Pickers, 그리고 빼놓으면 안 되는 프리드-아이스만 오케스트라디언스Freed- Eisemann Orchestradians 등이 청취자들을 즐겁게 해주었다. 경기장이 상당히 붐볐다고만 해도 충분할 듯하다.

1928년의 어느 저녁, 시카고의 친구 집을 방문한 템플린은 저녁 7시 정각에 라디오에서 나오는 상당히 이상한 방송을 들었다. 일부 내용은 이랬다.

> "이거 하나만 얘기해 봐. 넌 민주당원이야, 공화당원이야?"
> "글쎄, 난 민주당원이었는데…"
> "음."
> "지금은 공화당원으로 바뀐 것 같아."
> "이번 선거에 나올 사람들이 누구야? 나한테 설명해 봐."
> "허버트 후버 대 앨 스미스."
> "차이가 뭐야?"
> "한 사람은 당나귀고, 다른 사람은 코끼리야(당나귀는 민주당의 상징이고 코끼리는 공화당의 상징이다-옮긴이)."

두 명의 백인 배우 프리먼 고스덴Freeman Gosden과 찰스 코렐Charles Correll은 "검둥이"처럼 말하면서 결코 끝날 것 같지 않은 만담을 지껄여대고 있었다. 이 15분짜리 연속물은 라디오라는 매체의 초기 시절에 존재한 수많은 독립 방송국들 중 하나인 시카고 지역 방송국의 프로그램이었다.• 당시 템플린을 비롯한 어느 누구도 (수많은 사람들을 그토록 오래도록 사로잡게 되는 시트콤 및 오락물의 원조인) 그날의 그 〈아모스 앤 앤디Amos 'n' Andy〉와의 우연한 조우로 인해 주의력을 수확해서 판매하는 사업에 대변혁이 일어날 예정

• 이 쇼는 1925년 1월 시카고의 WGN에서 <샘 앤 헨리Sam 'n' Henry>라는 2인조 코미디 시리즈로 첫선을 보였다. 1928년 3월, 쇼는 <시카고데일리뉴스Chicago Daily News>의 라디오 방송국인 WMAQ로 옮겨 가서 <아모스 앤 앤디>로 재탄생했다. Jeffrey L. Cruikshank and Arthur W. Schultz, *The Man Who Sold America: The Amazing (but True!) Story of Albert D. Lasker and the Creation of the Advertising Century* (Boston: Harvard Business Review Press, 2010).

임을 거의 깨닫지 못했다.

이 프로그램은 남부 출신의 흑인 캐릭터인 아모스와 앤디가 조지아 주에서 시카고로 옮겨 가 현대적인 도시에 살면서 끊임없이 혼란을 겪으며 어리둥절해하는 설정이었다. 코렐이 연기한 앤디는 나이가 더 많고 성급하며 지나치게 자신만만했다. 그는 "자신이 모든 것에 대해 해답을 알고 있다고 절대적으로 확신했다".[8] 반면에 아모스는 진지하고 단순했다. 나중에 홍보용 자료에 나온 바에 따르면, 그는 행복하거나 놀라면 "이럴 수가?"라고 내뱉곤 했다.[9] 아모스 역을 맡은 고스덴은 원래 버지니아 주 리치몬드 출신으로, 남부 동맹군 병사의 아들이었다. 그는 이 프로그램이 스노우볼Snowball이라는 흑인 소년과 함께 흑인 유모 손에서 자랐을 때의 경험에 기초한다고 말했다.

그날 친구의 집에서 〈아모스 앤 앤디〉를 들으며 템플린은 무언가 특이한 것을 알아챘다. 온 가족이 하던 일을 중단하고 라디오 주위에 모여들더니 쇼가 계속되는 내내 집중해서 듣는 것이었다. 그는 라디오가 주의를 사로잡을 뿐 아니라 고객의 집안에서도 그렇게 할 수 있다는 올바른 결론에 도달했다. 라디오는 온 가족이 대화를 중단하고 서로를 무시할 정도로 정신을 집중하며 귀를 기울이게 만들 수 있었다.

우리는 외부 세계에 문을 닫을 수 있는 정신의 인상적인 능력에 대해 이야기한 바 있다. 그러나 〈아모스 앤 앤디〉가 방송 중일 때에는 사람들이 기꺼이 그 문을 활짝 열어젖히는 게 분명했다. 그런 무아지경은 음악 프로그램이 포획하는 것과 달랐다. 템플린은 이것이 이용할 수만 있다면 놀라운 힘이 된다는 것을 알아차렸다.

그의 아이디어는 펩소던트가 후원사로 나서고 〈아모스 앤 앤디〉 쇼를 NBC 라디오 방송국으로 옮기는 것이었다. 당시 펩소던트 회장이었던 케니스 스미스Kenneth Smith와 여타 임원들은 그 아이디어를 마음에 들어했다. 그것이 빛나는 흰 치아를 지닌 전형적인 흑인들을 이용하여 인쇄물에 치약을 광고하던 오랜 전통과 연결된 듯 보였기 때문이다. (실제로 이 무렵에 한 영국 회사는 미소 짓는 흑인을 로고로 삼은 다키Darkie 브랜드를 출시했다.)[10]

하지만 이 아이디어는 펩소던트사 밖에서 즉각적인 저항에 부딪쳤다. 후에 이를 조명한 〈브로드캐스팅Broadcasting〉 기사에 따르면, "다른 광고인들은 (펩소던트가) 라디오에 대해 무모할 정도로 무지하다며 비웃었다". 잡지는 이렇게 썼다. "사람들이 라디오에서 방송되는 대화에는 귀를 기울이지 않을 거라는 게 일반적인 통념이었다. 그런 걸 듣느니 차라리 혼잣말을 할 것이라는 인식이 팽배했다."[11] NBC를 찾아간 템플린에게 NBC 경영진은 대신에 빈센트 로페즈Vincent Lopez 오케스트라와 오르간 연주자 제시 크로포드Jesse Crawford 중에서 택일하라고 말했다. 템플린이 〈아모스 앤 앤디〉를 고집하며 매일 15분씩 일주일에 여섯 차례 방송하자고 하자 방송국은 반응을 보이지 않았다.

이후 〈아모스 앤 앤디〉 쇼를 신생 방송국인 CBS에 팔려는 시도 역시 성공을 거두지 못했다. 이 쇼가 "흑인으로 분한 인물들이 나오는 일일 프로그램"이라는 사실을 들은 CBS 당시 회장 H. C. 콕스H. C. Cox는 이렇게 말했다. "지금 당신은 일주일에 닷새씩 매일 같은 시간대에 특정 프로그램을 방송할 수 있다고 믿는 것을 내게 말하려는 거요?" 템플린은 그렇다고 답했다. "당신은 시카고로 돌아가는 게 좋겠소. 라디오에 대해 아무것도 모르는 게 너무 분명해 보이니까." 콕스의 결론이었다.[12]

펩소던트 사내에서도 〈아모스 앤 앤디〉의 대화 형식이 지나치게 단순하다는 회의론이 나왔다. 그런 주장을 펼치는 사람들은 코러스와 오케스트라를 곁들인 더욱 길고 정교한 흑인 분장 프로그램을 제안했다. 에스키모나 음유시인단과 경쟁할 수 있는 음악 위주 프로그램을 만들자는 것이었다. 하지만 결국 9개월에 걸친 논쟁 끝에 NBC는 100만 달러가 넘는 엄청난 액수를 받고 템플린의 주문을 받아들였다. 후원사가 붙은 최초의 연속물 프로그램을 방송하는 데 합의한 것이었다. 실로 이는 음악이나 교육과 관련되지 않은 최초의 방송 "프로그램"이었을 것이다. 일단 NBC는 자사의 2군 팀에 해당하는 블루Blue 방송에서 13주 동안 저녁 7시에 해당 프로그램을 내보내기로 했다. 펩소던트가 재정적으로 아주 심각한 곤경에 처해 있었다는 점을 고려하면, 사실상 펩소던트사 자체를 건 도박이나 다름없었다. 한 시사 평론가는 이렇게 말했다. "그때까지의 라디오 역사상 그런 주문은 결코 없었다."[13]

〈아모스 앤 앤디〉는 두 가지가 달라진 것 외에는 이전과 같은 프로가 되었다. 우선, 등장인물들을 시카고에서 할렘으로 옮겼고, 그리고 음악 프로그램의 전통에 양보하는 의미로 NBC에서 주제곡을 선보였다. 방송국 음악 감독은 KKK단을 찬미한 D. W. 그리피스D. W. Griffith 감독의 1915년 히트 영화 〈국가의 탄생The Birth of a Nation〉 주제가인 〈퍼펙트 송The Perfect Song〉을 프로의 주제곡으로 선정했다. 인종차별주의를 추가로 덧입힌 셈이었다.

그리고 물론 후원사의 메시지가 적절히 전달되어야 했다. 펩소던트와 로드앤드토머스는 빌 헤이Bill Hay라는 아주 감미로운 목소리의 아나운서를 독점 고용했다. 이 아나운서는 〈아모스 앤 앤디〉 프로그램이 끝날 때마다 다음과 같은 메시지를 전했다.

> "하루에 두 번 펩소던트 치약을 사용하세요. 그리고 1년에 적어도 두 번은 치과 의사를 찾아가세요."[14]

1928년 8월, NBC에서 첫 방송을 탄 연속물은 아모스와 앤디가 할렘으로 이사하는 내용이었다.

> 아모스 우린 지금 뉴욕으로 가고 있는 거야. 우리가 뭘 하게 될지 알 수가 없어.
>
> 앤디 그래도 괜찮아. 알다시피 늘 여기 올 생각을 해왔잖아. 우린 미치도록 여기 오고 싶어 했어.

템플린은 이렇게 자신의 뜻을 이뤄냈다. 하지만 첫 시즌 이후 펩소던트 사람들에게 〈아모스 앤 앤디〉는 실패작처럼 보였다. 기대가 컸지만 청취율은 낮았고 판매도 눈에 띌 만한 개선이 이뤄지지 않았다. 하지만 템플린은 자신이 잃을 게 없다는 것을 깨닫고 판돈을 두 배로 올렸다. 펩소던트에 마지막으로 남아 있던 수백만 달러 중에 100만 달러를 다시 프로그램에 쏟아부었다.

무슨 이유에서인지 두 번째 방송은 마법 같은 효력을 발휘했다. 1929년이 끝날 즈음, 〈아모스 앤 앤디〉는 열광적인 히트 프로그램이자 방송 역사상 최초의 진정한 연속물이 되어 있었다. 사람들은 이 프로를 놓치지 않으려고 방송 시간에 맞춰 자신들의 일정을 조정했다. 이 역시 사상 최초의 현상이었다. 다름 아닌 〈뉴요커The New Yorker〉 같은 문화 결정권자조차 이 프로그램의 특징과 그 유별난 현상에 주목할 정도였다. "〈아모스 앤 앤디〉는 불가항력의 현상이 되었다. 라디오에 이보다 더 즐거운 프로가 방송된 적이 없었고, 이토록 대단한 혼란을 유발한 것도 없었다."[15]

당시에도 믿기 어려웠던 청취자 수는 오늘날의 기준으로 봐도 여전히 인상적이다. 그 시절의 측정 방법은 조잡했지만, 1931년 〈아모스 앤 앤디〉는 몇몇 에피소드의 경우 5,000만 명, 매일 저녁 4,000만 명 정도의 청취자를 끌어모은 것으로 믿어진다. 그 시절 인구가 약 1억 2,200만 명이었음을 고려하면 실로 놀라운 청취율이 아닐 수 없다. 이는 그 어떤 오락 상품에서도 전례가 없는 결과였으며, 오늘날로 치면 단 한 곳의 광고주가 매일 저녁 슈퍼볼 경기 정도의 시청률을 올린 것과 같다.

청취자를 확보하고 나자 후원사의 메시지는 더 길어졌고, 예전 적극적 판매 광고의 카피와도 분간할 수 없게 되었다. 다른 점이 있다면 이제는 읽게 하는 게 아니라 듣게 한다는 것뿐이었다.

> 거듭 말씀드린 바와 같이, 오늘날의 펩소던트 치약에는 새롭고 다른 세정 및 광택 재료가 들어 있습니다. 우리는 펩소던트 치약에 함유된 이 세정 및 광택 재료가 다른 치약에는 들어 있지 않다는 사실을 강조하고 싶습니다. 이 사실은 매우 중요합니다. 이 사실이 우리에게 중요한 이유는 펩소던트 연구실이 11년이라는 세월을 투자한 끝에 그 놀라운 재료를 개발했기 때문입니다. 이 사실이 여러분에게 중요한 이유는 다른 어떤 세정 및 광택 재료도 이 새로운 발견물만큼 치태를 효과적으로 제거해주지 못하기 때문입니다. 더욱이 이 새로운 재료는 치약에 주로 이용되는 여타의 재료보다 두 배나 더 부드럽습니다. 따라서 펩소던트 치약은 사랑스러운 치아를 더욱 안전하고 더욱 강력하게 보호해줍니다. 하루에 두 번씩 펩소던트 치약을 사용하십시오. 1년에 적어도 두 번은 치과 의사를 찾아가십시오.[16]

우리의 세분화된 시대에는 전 국민의 25퍼센트라도 동시에 어떤 프로그램을 듣거나 시청하는 일은 1년에 몇 번 있을까 말까 하다. 그러나 〈아모스 앤 앤디〉 열풍이 최고조에 달했을 때에는 그런 일이 매일 일어났다. 결과적으로, 당시의 보도에 따르면 저녁 7시 시간대가 모든 것의 일정에 영향을 미치기 시작했다. 호텔, 식당, 영화관은 찾아온 손님들을 위해 이 프로그램을 방송하곤 했다. 관객이 나갈까 봐 두려웠던 영화관들은 뉴스 영화와 본 영화를 방영하기 전, 저녁 7시에 〈아모스 앤 앤디〉를 틀어주기 위해 라디오를 설치해놓았다고 광고했다.

우리는 아직 한 가지 분명한 질문을 던지지 않았다. 〈아모스 앤 앤디〉의 정확히 어떤 점 때문에 사람들이 사로잡혔느냐는 문제다. 꼭 빠른 대사와 개그 때문만은 아니었다. 〈뉴요커〉는 강한 흥미를 보였지만, 초기의 또 다른 비평가는 〈뉴욕선〉에서 이 프로그램의 전국 방송 데뷔를 혹평했다. "대사가 그리 훌륭하지 않고, 웃음을 유발하는 착각을 불러일으키기 위한 아무런 위장도 없다. 이 프로는 평범한 두 '검둥이' 간의 숨김없는 대화일 뿐, 잘 짜인 상황이라는 보상적 자산조차 갖추지 못했다. (…) 어쩌다 처음 듣는다 해도 두 번 다시 듣고 싶은 마음이 들지 않는다."[17] 실제로 1920년대에는 지역 라디오들이 방송하는 (노래 부르기 위주의) 흑인 분장 프로그램이 여럿 있었지만, 〈아모스 앤 앤디〉보다 그다지 더 재미있지도 않았고 〈아모스 앤 앤디〉의 청취율에 근접하지도 못했다. 그렇다면 〈아모스 앤 앤디〉가 그렇게 많은 주의력을 사로잡으며 그토록 선풍적인 인기를 끈 비결은 무엇이었을까? 서스펜스 넘치는 정교한 줄거리 때문이었던 것으로 보인다. 〈뉴요커〉의 설명을 다시 살펴보자. "마침내 〈아모스 앤 앤디〉가 서스펜스를 만들어내는 수법을 터득했기 때문이다. 이 프로그램은 대여섯 개의 플롯을 밑그림으로 깔면서 베이커 교수의 감탄을 자아낼 정도로 극적인 긴장감을 유지한다." 특히 이 프로그램의 많은 부분은 진지한 아모스와 그가 시카고에서 만난 루비 테일러Ruby Taylor의 연애 이야기에 초점을 맞췄으며 나중에는 늘 아는 체하는 앤디와 거만한 이혼녀 퀸 부인Madam Queen의 다툼으로 초점을 옮겨 갔다. 오늘날 우리는 〈아모스 앤 앤디〉가 멜로드라마와 비슷했다고 말할 수도 있는데, 앞으로 살펴보겠지만, 사실 〈아모스 앤 앤디〉를 모방해서 나온 것이 멜로드라마였다.

이후의 방송 평론가들은 흑인들의 열등한 사회적 지위를 정당화하는 고정관념을 강화한 것이 확실한 매력 요소였다고 지적한다. (미국흑인지위향상협회NAACP는 실제로 고소를 제기했지만, 당시의 NBC에 아무런 영향을 미치지 못했다.) 역사학자인 에릭 바누Erik Barnouw는 1966년 이렇게 썼다. "되돌아보면 〈아모스 앤 앤디〉와 같은 스토리들은 게토 체제의 일부였음을 쉽게 알 수 있다. 사람들은 다음과 같은 생각을 가짐으로써 그 모든 것을 더욱 흔쾌히 받아들이고 유지할 수 있었던 것이다. '그들은' 귀여운 사람들이야, 본질적으로 행복한 사람들이고. 무식하고 다소 무능하며 사랑스러우면서도 별나게 게으르고, 보다 고귀한 일을 하기에는 어울리지 않고 자신들이 존재하는 곳에서 더 잘 사는 사람들이야."[18]

그러나 몇몇 사람들의 가슴속에서는 남북전쟁 전의 미국에서 《톰 아저씨의 오두막》이 불러일으킨 것과 유사한 동정심이 유발되기도 했다. 한 청취자가 보낸 팬레터에는 다음과 같이 적혀 있었다. "우리는 아모스의 숭고한 목표와 강직한 정직성에 큰 감동을 받았습니다. 그리고 시련과 고난이 우리의 사랑하는 친구들 중 한 명을 괴롭힐 때마다 눈물을 흘릴 뻔했습니다."

〈아모스 앤 앤디〉와 이후에 방송을 탄 비슷한 여러 프로가 거둔 엄청난 성공은 어떤 면에서는 상당히 예상 밖의 일이었지만 상당히 심오한 변화를 의미하기도 했다. 그리고 그 성공은 세 가지 서로 다른 이유로 우리의 이야기에서 전환점을 상징한다.

첫째, NBC는 애초 자신들의 방송을 RCA 라디오의 우수성을 증명하는 방편으로 생각했을지 모르지만, 〈아모스 앤 앤디〉의 성공 이후 엄청나게 많은 청취자들의 주의력을 돈을 지불하고 이용할 수 있는 사람들에게 판매하는 사업에 확실히 그리고 꼼짝없이 발을 들여놓은 셈이 되었다. 그렇게 이 방송국은 궁극적으로 〈뉴욕선〉에서 벤자민 데이가 개척한 모델을 좇아 주의력 사업가가 된 것이다. 몇 가지 아이러니는 감추어질 터였다. 라디오가 이론적으로 얼마나 많은 주의력을 포착하여 판매할 수 있는지 보여주기 위해 후원사에서 방송 시간을 (지나치게 비싼 값에) 사겠다고 NBC에 애걸복걸해야 했다는 사실은 이제 신경 쓰지 말자. 주의력은 그때부터 쭉 방송사가 개발해 최고액을 써내는 입찰자에게 되팔 수 있는 상품이 되었다. 방송국이 하드웨어를 팔기 위해 존재했던 시절을 결코 되돌아보지 않게 되었다는 것은 말할 필요도 없다.[19]

둘째, 〈아모스 앤 앤디〉와 같은 오락물이 기꺼이 광고를 듣고자 하는 엄청난 수의 청취자를 끌어들이는 능력은 오락물 프로듀서들의 사업과 광고인들의 사업이 '합병되는' 결과를 초래했다. 정말 일어날 것 같지 않았던 일인데 말이다. 이 시점 이전에는 광고와 오락이 섞이지 않는다는 게 세상의 일반 상식이었다. 광고를 싣고 크게 성공한 책은 없었다. 영화에 광고를 삽입하는 실험도 실패했다. 이러한 실패 사례는 입장권 판매와 반대되는 방식의, 광고에 의존해 사업을 하던 무성영화관들이 줄줄이 파산한 1910년대에 가장 극적으로 나타났다. 그러나 〈아모스 앤 앤디〉와 이후의 작품들은 그런 어려움을 헤치고 어떤 매체든, 훗날 등장한 속어로 표현하자면, "눈알을 판매할" 수 있는 사업 모델을 탄생시켰다.

라디오 연속물이 적어도 한동안은 펩소던트 치약을 구했다는 의미에서, 그 증거는 실익實益에서 찾을 수 있었다. 1929년에서 1930년 사이에 펩소던트 치약의 판매량은 두 배 넘게 늘었다. 대담해진 템플린은 1931년에 두 배의 돈을 투자해 또 다른 15분짜리 연속물을 후원했다. 이번에는 브롱크스에 사는 유대인 가족을 소재로 한 〈골드버그가의 부흥The Rise of the Goldbergs〉이라는 연속물이었다.• 그렇게 미국의 다수 인종인 백인 개신교들의 주의력을 차지하려는 대대적인 전투가 벌어지기 시작했다. 그리고 이 전투는 그 집단이 흑인과 유대인이라는 아주 재밌는 소재에 흥미를 느낀다는 사실을 우연히 알게 된 자들이 승리한다.

이제 세 번째이자 가장 중요한 이유를 살펴보자. 지금까지 계속되고 있는, 시간과 공간을 정복하기 위한 경쟁이 바로 여기서부터 시작됐다. 〈아모스 앤 앤디〉는 특정 산업이 사실상 하루 중의 일부분을, 이 경우에는 매일 저녁 7시에 전국에 걸쳐 전적으로 "소유"할 수 있음을 증명해주었다. 그리고 그 산업은 한때는 침범할 수도, 상상할 수도 없었던 공간에서 그렇게 할 수 있었다. 이 프로그램 덕분에 판매라는 것이 공적인 영역과 사적인 영역 간의 경계선을 결정적으로 무너뜨렸기 때문이다. 상거래의 대리인들이 오래전에는 "저기 밖에서" 할 수 있었던 것을 이제는 "여기 안에서도" 할 수 있게 되었다. 그리고 적어도 아직까지는 불평하는 사람들도 없었다.

저녁 시간대에 깃발을 꽂은 방송국들은 아직 수확되지 않은 상태의 주의력으로 가득한 다른 시간대를 식민지로 만들기 위해 나아가기 시작했다. 그리고 머지않아 그들은 광고를 보고 구입한 현대의 모든 이기利器 덕분에 할 일이 별로 없어진 가정주부들을 겨냥한 낮 시간대 멜로드라마로 성공

• 놀랍게도 이 프로그램의 엉성한 리메이크 작품이, 적어도 제목이 같은 프로그램이 2013년 텔레비전 방송용으로 제작되었다.

을 거두었다. 멜로드라마의 플롯은 〈아모스 앤 앤디〉라는 기본적인 연속물을 본보기로 삼아 타깃 소비자인 백인 중산층의 가족 관계에 집중되었다. 그리하여 초기의 멜로드라마는 흑인 분장 프로그램보다 훨씬 더 자연스러운 판매 도구가 되었다. 동시대인의 자랑 섞인 말을 빌리자면, "상업적 선언에서 스토리로의 전환은 사실상 고통 없이 이뤄질 수 있었으며, 그 스토리 자체에서 대대적인 판매 역시 이루어질 수 있었다".[20]

낮 시간대 라디오에서 이용된 방식은 프라임 타임의 방법보다 더 노골적이었다. 가장 존경받고 신뢰받는 등장인물들이 프로그램 도중에 일테면 필즈버리Pillsbury의 케이크 믹스 같은 신상품의 장점에 대해 증언할 수 있었다. 구체적으로 예를 들면, 〈오늘날의 아이들Today's Children〉이라는 멜로드라마에 등장하는 신뢰받는 가정주부는 "전통을 존중하면서도 현대적인 사상에 개방적인" 사람으로, 필즈버리의 주방을 방문한다. 그녀는 "그 부엌이 우리 집처럼 질서정연하다는 사실이 아주 인상적이었다"고 감탄한다. 그리고 필즈버리에 대해서 "그들은 항상 새로운 조리법을 만들어 실험하고 있다. (…) 점심으로 이 케이크를 줬는데, 그렇게 맛있는 것을 내 입속에 넣은 적이 없다는 생각이 들었다. (…) 나는 그 조리법을 얻었다"고 말한다.

최초로 라디오 멜로드라마를 만든 어나 필립스Irna Phillips는 이렇게 설명했다. "진정성, 성실성, 진실, 이것들은 진정한 가치이다. 만약 여성 청취자가 스토리 자체에서 이러한 기준을 의식하게 되면, 상품광고에서 이와 동일한 기준을 깨닫게 만드는 데는 노력이 거의 필요하지 않게 된다." 〈포춘〉지 인터뷰에서 필립스는 여성 청취자들을 끌어들이는 자신만의 비법을 공개했다. "(1) 자기 보존 본능에 (2) 섹스에 (3) 가족 본능에, 또는 (4) 관리할 수만 있다면 이 세 가지 모두에 어필해야 한다."

“프라임 타임”의 발명, 즉 매일 저녁 정해진 시간에 라디오(나중에는 텔레비전)를 트는 주의력 습관의 발명은 상업과 문화의 두 범주가 꾸준히 가까워지고 있던 시점에 발생한 중대한 상업적 혁신인 동시에 문화적 혁신이었다. 프라임 타임이 주의력을 획득할 준비가 되어 있는 산업들뿐 아니라 이제 거기서 주의력을 빼앗길 사람들의 삶까지도 바꾸어놓았기 때문이다. 우리는 이미 부분적으로나마, 무엇에 주의를 기울이느냐에 의해 우리가 누구인지가 규정된다는 사실을 언급한 바 있다. 그리고 주의를 기울이는 대상이 우리의 의지보다는 주변 환경에 의해 결정될 때, 더욱더 그렇게 된다는 사실도 살펴봤다. 우리는 생활환경과 그 환경이 우리에게 미치는 영향에 대해 이야기할 때, 종종 지나치게 넓게 범위를 잡는 경향이 있다. 대개 도시나 시골 등을 범위로 잡는다는 얘기다. 가장 즉각적인 환경은 사실 시시각각 우리의 주의를 붙드는 것에 의해 형성된다. 우리가 주의를 기울였건 빼앗겼건 관계없이 말이다. 윌리엄 제임스가 설파한 대로 “내 경험은 내가 집중하기로 동의한 대상이다”.

프라임 타임과 낮 시간대 등 주의력 시간대가 새로 생겨나면서, 사실상 현대적 자아의 또 다른 특징이라 할 수 있는 것도 등장했다. 우리가 주의를 기울이는 것이 무엇이든 그에 영향을 받고 심지어 어느 정도는 그에 의해 형성된다는 점에서, 국민 전체가 매일 같은 시간에 같은 프로그램을 듣는다는 신기한 사실은 새로운 수준의 공유된 의식, 나아가서는 공유된 정체성을 창출하지 않을 수 없었다. 프라임 타임은 집단 주의력을 조성하는 대규모 의식儀式, 즉 사람들을 한데 끌어모으는 힘이었고, 정도는 덜하지만 지금도 그러하다.

제1차 세계대전 중에 조지 크릴은 미국 국민들을 결집시켜 동포애와 헌신, 용기, 불멸의 결단성을 갖춘 하나의 열렬한 대중 본능이 도출되도록 만드는 일을 계획했다.[21] 신과 국가는 늘 그런 일을 해낼 수 있는 특별한 도구를 갖고 있었는데, 신의 경우 최고의 도구는 지옥행을 위협하는 것이었고 국가의 경우에는 외세의 침략을 위협하는 것이었다. 그러나 주의력 사업가들은 그런 위협을 이용할 수도 없었고, 필요로 하지도 않았다. 그들은 채찍이 아니라 당근으로 사람들을 굴복시켰다. 그들은 오락물의 영향력을 토대로 청중을 모아 시장성 있는 하나의 상품으로 만들었다. 그리고 결국 그런 접근 방식 역시 신이나 국가의 그것 못지않게 효과적임이 드러난다.

08

왕자

컬럼비아브로드캐스팅시스템Columbia Broadcasting System, CBS의 회장 윌리엄 S. 페일리William S. Paley는 악이 더 이상 위선의 가면을 쓰지 않는 우리 시대에는 보기 힘든 유형의 인물이었다. 그는 예의가 바른 동시에 탐욕스러울 정도로 쾌락을 추구했으며 겸손하고 조용한 태도를 유지하면서도 가장 좋은 것과 가장 근사한 친구들만 곁에 두려 했다. 한 동료는 이렇게 말했다. "그의 노력은 거의 눈에 띄지 않았다. 그의 행동은 늘 고상함 속에 가려 있었다."[1] 매번 사교계 미녀와 짝을 이루며 여러 차례 결혼 생활을 영위한 이력에서도 알 수 있듯이 그는 늘 여자를 쉽사리 손에 넣었다. 한마디로 페일리는 구시대의 플레이보이였다. 그리고 타이밍과 우연, 모종의 타고난 재능 등에 힘입어 그는 20세기 궁극의 주의력 산업인 방송계에서 주요한, 그리고 어쩌면 최고의 사업가가 된다.

페일리는 우연에 가까운 일로 방송 산업에 발을 들여놓았다. 부잣집 아들로 태어난 그는 스물일곱에 대학을 졸업하고 라 팔리나 여송연을 판매하는 가족 회사에서 안정된 자리를 차지했다. 학교 친구들은 그가 부모님 돈이나 쓰면서 여자들 뒤꽁무니나 쫓아다니는 등 인생의 쾌락이나 향유하며 살아갈 운명인 친구 정도로 생각했다. 그런데 가족 회사의 광고 담당자로 일하던 그에게 어떤 특별한 일이 발생했다. 그 역시 다른 수많은 사람들처럼 라디오에 넋이 빠지게 된 것이다. 마침 그의 가족은 그 새로운 매체를 이용해 광고를 해보기로 결정한 터였다. 페일리는 남자 흡연자들만 모여 있는 곳에 유일하게 여성 게스트로 초대 받은 매력적이고 관능적인 가수가 재치 있는 농담과 노래로 남자들을 즐겁게 해주는 〈라 팔리나 걸La Palina girl〉이라는 프로그램을 구상했다. 페일리는 제작에 참여하면서 〈라 팔리나 걸〉과 사랑에 빠졌고, 그 프로그램은 기적과도 같은 센세이션을 일으키며 인기를 끌었다. 〈아모스 앤 앤디〉가 아니었는데도 그의 프로그램은 하루 여송연 판매량을 40만 개에서 100만 개로 끌어올렸다. 이는 "초기 라디오의 극적인 성과물 중 하나"였다.

방송에 매료된 페일리는 부잣집 아이가 스포츠카를 사달라고 조르는 것처럼 '장난감'을 얻어내기 위해 아버지를 구슬리기 시작했고, 얼마 지나지 않아 새뮤얼 페일리Samuel Paley는 대서양을 건너면서 동료 승객에게 "내가 막 아들에게 CBS를 사줬다오"라고 말하게 되었다. 투자로 본다면 어리석기 짝이 없는 행태로 보일 수밖에 없었다. CBS는 오래전부터 NBC와 그 회장 데이비드 사노프David Sarnoff가 손에 넣을 수 있는 방송사였다. 하지만 (저전력의 비상근 방송국 16개로 이루어진) CBS가 너무 작았고 상대적으로 NBC는 너무 강했기 때문에 사노프는 CBS를 사들이는 것도, 무너뜨리는 것도 가치가 없다고 생각했다. CBS는 제한된 소수의 추종 팬만 찾는 아웃사이더였다. 〈라디오브로드캐스트Radio Broadcast〉에서 한 비평가는 CBS의 첫 프로그램에 대해 다음과 같이 혹평했다. "아마 우리를 빼면 전국에서 10명도 그 방송을 듣지 않았을 것이다. 우리처럼 돈을 받고 그 방송을 듣는 사람이 아니라면 누구도 끝까지 듣지 못했을 것이다." 아직 이십대 후반이었던 페일리는 그렇게 침몰하고 있는 배처럼 보이는 방송사의 가망 없는 선장이 되었다. 동시대인의 설명에 따르면, "격식을 차린 구부정한 자세의" 그는 "그저 세상 물정 모르면서 어디 돈 쓸 데 없나 기웃거리는 부잣집 도련님"에 불과해 보였다.

하지만 페일리가 곧바로 증명해보였듯이, 이는 그를 너무 쉽게 과소평가한 것이었다. 1920년대 말 방송 사업은 다음과 같이 이루어졌다. 방송 프로그램은 방송국이 직접 제작하거나 펩소던트가 〈아모스 앤 앤디〉를 후원한 방식처럼, 프로그램을 "후원하는" 다른 사업체가 제작했다. 전자의 경우는 공익 프로그램 혹은 "자체 프로그램"이라 불렸다. 따라서 가맹 방송국 대부분의 방송 일정은 가맹 방송국이 본사에 라이선스 사용료를 내는 자체 프로그램과 후원사가 있는 프로그램, 지역 방송사(본사)에서 자체 제작해 방송하는 프로그램으로 이루어졌다. NBC와 CBS는 자체 프로그램을 제작하느라 손해를 봤지만, 후원사가 있는 프로그램에서 발생하는 상당한 광고 수익금으로 그 차액을 메우고 있었다. 광고 수익금 중 소량의 일부분은 가맹 방송국들에 돌아갔다.

1928년 페일리는 전국의 많은 독립 라디오 방송국을 상대로 대담한 제안을 했다. CBS 네트워크가 모든 방송국에 '공짜로' 자신들의 자체 프로그램 전부를 제공하겠다는 것이었는데, 단 한 가지 조건은 후원받은 프로그램도 함께 방송하는 데 동의해야 한다는 것이었다. 페일리는 그 대가로 상당한 돈도 주겠다고 했다. 한마디로, 페일리는 프로그램을 몽땅 제공하면서 그것을 받아들인 방송국에 돈까지 주겠다는 것이었다. 독립 라디오 방송국들이 종종 방송 시간을 채우느라 애를 먹는다는 점을 고려하면, 서로에게 '윈윈' 거래가 되는 것이 분명했다.

불과 석 달 후 페일리는 25개의 새로운 가맹 방송국과 계약을 체결해냄으로써 방송계에 충격을 안겼다. 한때 웃음거리였던 CBS는 한 분기 만에 NBC의 레드 네트워크나 블루 네트워크보다 더 커졌다.* 페일리는 자신이 공짜를 가장하여 저렴하게 청취자를 사들인다는 것을 알고 있었다. (1830년대에 미국의 값싼 대중지가 썼던 수법과 유사했다.) 그는 CBS의 모든 방송 프로그램을 그대로 방송하라는 요구로 라디오 방송 내용을 통일하고 전국화하는 유행을 선도했다. 이는 결국엔 불평불만을 야기하는 원인이 되지만, 당시에는 무적의 경쟁 우위였다. 반대로, NBC는 가맹국들에 자체 프로그램 방송을 허가하면서 인색하게 라이선스 사용료를 부과했다. 또한 NBC의 가맹국이 되기 위한 기술적 요건을 아주 까다롭게 정한 것은 말할 것도 없고, 후원받은 프로그램을 방송해서 생기는 수익금에 대한 가맹국의 몫을 프로그램 건별로 산정하며 최대한 적게 주려고 애쓰고 있었다. CBS와 페일리를 선택한다면, 모든 것이 공짜인 데다가 일도 순조롭게 진행되었고 모두가 편했다. 그래서 방송국들은 기꺼이 CBS의 가맹국이 되었다.

라디오의 기술적인 측면은 결코 잘 이해하지 못했지만, 페일리는 처음부터 주의력 사업이라는 아주 특별하고 특이한 사업만큼은 제대로 이해했다. 그 무렵, 콘텐츠 판매라는 비교적 직접적인 사업 부문에는 영화 같은 덩치

* 1920년대부터 NBC는 레드와 블루, 두 개의 네트워크를 운영했다. 레드는 예전에 AT&T의 네트워크였지만, 1926년 AT&T가 방송 사업에서 사실상 손을 떼면서 NBC 소유가 되었다. 이 내용은 《마스터 스위치》 112~113쪽에 설명되어 있다. 1942년 미국의 반독점 당국은 NBC에 블루 네트워크를 양도하라고 명령했다. 그럼으로써 또 하나의 방송사, 즉 아메리칸브로드캐스팅컴퍼니American Broadcasting Company, ABC가 탄생했다.

큰 신생 산업들이 존재했다. 하지만 방송은 여전히 막연하게 공공서비스와 사업의 중간쯤에 위치해 있었다. 공식적으로 라디오 방송국은 공적인 전파의 수탁자였고, 연방법에 의해 "공익을 위해" 방송을 하도록 요구받았다.[2] 따라서 일부 방송국들은 비영리적인 형태를 취하고 있었고, 상업 방송국들은 공익에 도움이 되는 일부 프로그램을 의무적으로 방송해야 했다. 그럼에도 페일리는 라디오가 급속히 하나의 사업이 되어간다는 것, 대규모 청취층을 모으는 일이 중요하다는 것, 그리고 네트워크를 키우고 프로그램을 잘 편성해서 제공하면 방송 사업이 엄청나게 수익성이 좋아지게 될 것을 알고 있었다. 그러나 이 모든 것의 결실을 맺으려면, 먼저 그는 광고주들에게 방송 자체가 가진 가능성을 알릴 필요가 있었다.

1920년대와 1930년대 내내 CBS는 청취자의 마음에 영향을 미치는 방송의 위력을 강조하는 팸플릿을 연달아 제작했다. "들은 대로 한다You Do What You're Told"라는 제목의 팸플릿은 사람들이 인간의 목소리에 복종하는 경향이 있기 때문에 라디오 방송이 기존의 인쇄물보다 더 설득력이 강하다고 주장했다. 이 팸플릿에 따르면, 라디오는 "권위자의 살아 있는 목소리를 전하면서 거기에 사람들을 감동시키고 영향을 주고 참여시키고 명령하는 유연한 힘을 안겨준다."●

CBS는 이렇게 말했다. "여기서 광고주들의 이상이 펼쳐진다. 편히 휴식을 취하며 당신의 메시지를 기다리는 가족 집단 말이다. 광고주들이 꿈도 꿔보지 못한 이상이 실현된 것이다." 곧 살펴보겠지만 사람들의 마음에 접근할 기회를 파는 것과 청취자의 사고방식을 신뢰성 있게 예측하는 것은 확연히 다르다. 그런데 라디오는 침투의 순간에 영향을 줌으로써 바로 그렇

● 전송되고 녹음되고 심지어 합성된 목소리가 넘쳐 나는 세상에 사는 우리는 이런 반사작용을 덜 보이도록 길들여졌다는 점을 기억할 필요가 있다.

게 할 수 있다고 주장했다. CBS가 선택한 시간과 장소에서 "청취자들이 차분히 마음을 열고 라디오 방송을 선뜻 받아들일 것"이라는 주장이었다.

주의력 사업가의 사업 모델은 늘 다소 불운했고, 쉽게 오해를 받았다. 이 모델을 결코 제대로 이해하지 못한 것 같은 사람 가운데 대표적인 인물이 페일리의 주요 경쟁자로서 당시 라디오 방송계의 수장이나 다름없던 데이비드 사노프였다. 사노프는 NBC와 막강한 RCA를 모두 운영하고 있었다. RCA는 미국의 대표적인 라디오 제조 및 판매사(나중에는 텔레비전까지 제조 및 판매하는 기업)였을 뿐 아니라 NBC 방송사의 지주회사이기도 했다.[3] 사노프는 (라디오 판매의 수단으로서) 라디오 방송 시스템을 구축하는 일과 1926년 ("전국적인 네트워크를 통해 최고 수준의 프로그램을 더욱 폭넓게 배급할 도구"로서) 내셔널브로드캐스팅컴퍼니National Broadcasting Company, 즉 NBC를 설립하는 일에 앞장선 사람이었다.•

사노프는 뉴욕 록펠러센터 꼭대기층에 있는 궁궐 같은 자신의 사무실에서 아무런 도전도 받지 않으며 헛되고 잔인할지라도 위압적인 인물로 군림했다. 비록 앞을 내다보는 능력에 대한 평판을 높이기 위해 사후에 기록을 위조하는 버릇이 있었지만, 그는 진정으로 미래를 내다보는 재주가 있었다. 그러나 자칭 예언자치고는 맹점이 있었던 게 분명하다. 아마도 하드웨어를 판매하는 데 자기 제국의 명운이 걸려 있었기 때문인 듯한데, 그는 주의력 사업체로서 NBC가 갖는 진정한 임무를 완벽하게 인식하지 못했거나 인정하지 않은 것으로 보인다. 어쩌면 그는 그저 광고나 광고업자들과 엮이는 게 싫었을지도 모른다. 사노프는 이전 세대의 기업가 같은 느낌을 풍기며 동료들에게 "우리는 파이프야"라고 말하길 좋아했다. 그가 방송에서 거둔

• 사노프의 놀라운 이력은 《마스터 스위치》 5장, 9장, 10장에 기록되어 있다.

성공은 주목할 만하지만, 그의 성공은 경쟁사들을 묻어버리거나 인수하겠다는 궁극적인 목표와 함께, 청취자의 요구를 들어주기보다는 압도적인 힘으로 지배를 추구하고 도움이 되는 법률 제정을 위해 로비를 벌이거나 가맹 방송국들에 엄격한 기술 표준을 부과하는 것을 전제로 삼았다. 역사가인 데이비드 핼버스탬David Halberstam의 설명에 따르면, "그는 연예계 사람이 아니었다. 대신 그는 기술의 시인이었다. 그는 기계 자체를 이해하며 사랑했고, 실로 기계를 만지길 좋아했으며, 연구실 냄새와 연구실 언어를 사랑했다". 여기에 덧붙일 게 있다면, 그는 전쟁 게임과 제국 건설을 좋아했다고 할 수 있겠다.

페일리와 사노프의 차이는 처음에 느껴지는 것보다 더 크고 더 흥미롭다. 서로 세대는 다르지만, 둘 다 러시아계 유대인이었다. 탈무드 학자가 되기 위해 민스크의 한 예시바yeshiva(정통파 유대교도들의 전통적인 교육 기관-옮긴이)에서 교육을 받은 사노프는 무일푼으로 미국으로 건너왔다. 그는 무뚝뚝하고 지배 성향이 강한 자수성가형 인물로 성장했다. NBC에서 오래도록 임원을 지낸 데이비드 애덤스David Adams는 이렇게 말했다. "그가 원하는 것은 틀릴 리가 없었다. 허튼소리는 전혀 없었다." 반대로 페일리는 태어나면서부터 품위와 함께 지위를 얻었다. 하지만 그는 결코 속물이 아니었고, 광고인과 연예인, 신교도 들과 편하게 어울렸다. 사노프의 경우에는 이 세 집단에 대해 다소간의 경멸감을 품고 있었는데 말이다. 사노프의 명령에 비하면, 페일리의 명령은 기분 좋은 제안처럼 들렸다.

페일리는 자신의 경쟁자에 대해 아주 잘 알고 있었다. 되돌아보면, 그와 CBS가 한 모든 일은 어떤 식으로든 데이비드 사노프의 약점을 이용하려는 의도를 갖고 있었다. 예를 들어 "재능 있는 사람들"에 관해서 말하자면, 사노프는 자기 방송국 연예인들에게 무관심하거나 적대적이었다. 그는 자신의 가장 성공적인 프로그램이었던 〈아모스 앤 앤디〉도 들으려 하지 않았다. 우스울 정도로 진지했던 그는 코미디언을 혐오했다. 한번은 "만약 코미디가 NBC 사업의 중심이 된다면, 차라리 관두는 게 나을 것이다"라고 말했다.

한편, 페일리는 할리우드와 CBS의 스타들을 치켜세우고 그들과 섞이는 것을 즐겼다. 타고난 기획자였던 그는 어떤 연예인이 청중을 홀릴 수 있는지, 단순히 한 차례가 아니라 강박적으로 찾을 정도로 형언 불가능한 매력을 지녔는지 알아내는 재주가 있었다. 핼버스탬은 이렇게 썼다. "사업의 귀재들도 있었고 영업의 귀재들도 있었다. 하지만 재능 있는 사람을 알아보는 감, 그건 뭔가 다른 것이었다. 방송과 같은 대중적이고 불안정한 업계에서는 바로 그것이 필수였다." 페일리의 귀는 아주 잠깐만 듣더라도 재능을 알아볼 정도로 대단히 훌륭했다. 그래서 그는 늘 다른 모든 사람들보다 앞서 움직일 수 있었다. "1931년에 그는 유람선을 탔다가 당시 무명이었던 가수의 음반을 우연히 듣고 그 자리에서 대단한 실력의 소유자임을 간파하고는 부하 직원들에게 빙 크로스비Bing Crosby라는 가수와 당장 계약하라는 전보를 보냈다." 공평하게 말하면, 그는 그리 큰 베팅은 하지 않았다. 크로스비에게 〈아모스 앤 앤디〉와 맞대결하라는 별로 부럽지 않은 임무를 맡겼기 때문이다.

사노프와의 모든 차이가 페일리에게 유리하게 작용한 것은 아니었다. 앞서 언급했듯이 페일리는 자신의 경쟁자나 방송 초기의 다른 주요 인물들과는 달리, 기술에 대한 감은 전혀 없었다. 그는 기술의 미래와 관련해서는 일주일 뒤도 내다보지 못했다. 한 예가 FM 라디오의 잠재력을 전혀 이해하지 못한 경우다. 그는 그것이 단순히 AM 라디오를 위협하는 무엇이라고만 생각했다. 그리고 텔레비전과 관련해서도 그의 근시안적 태도는 놀라울 정도임이 드러나게 된다. 초기의 화면을 접한 그는 그것이 가정의 소비자들을 끌어들이기에는 너무 작은 수준에 머물 거라고 추측했다. 1930년대 중반 이미 유럽에서 텔레비전이 대단한 잠재력을 보여주었는데도 페일리는 고개를 저었고, 개인적으로 연방통신위원회FCC에 텔레비전 도입 속도를 늦추거나 막아달라는 로비를 펼치는 데 주력했다(그리고 일정 부분 성공을 거두었다). CBS에서 오래도록 임원을 지낸 프랭크 스탠턴Frank Stanton은 다음과 같이 설명했다. "페일리는 텔레비전이 라디오를 해칠 것이라고 생각했기 때문에 텔레비전을 원하지 않았다. 당시 그는 텔레비전에서 수익이 발생하지 않을 거라고 생각했다."

1930년대 초 페일리의 CBS는 수익이 나는 지점에 도달했다. 그리고 NBC의 지배에 진정으로 도전장을 던져볼 만한 위치에 올라 있었다. 앞서 그는 《프로파간다》의 저자인 에드워드 버네이스를 고문으로 고용해놓았다. 버네이스는 CBS가 프로그램 편성의 우월성을 강조하고 그렇게 취향의 문제로 사노프의 약점을 이용함으로써 NBC와 차별화해야 한다고 주장했다. "티파니 네트워크Tiffany Network" 이론은 그렇게 탄생했다.[4] 그 아이디어가 정말로 버네이스의 것이었는지 여부(항상 가져야 하는 의문이다)는 관계없이, 하나의 전략으로서 그 아이디어는 동시에 여러 가지 목표를 충족시켰다.

1830년대 싸구려 대중지들의 경쟁은 주의력 사업가들 간의 경쟁이 가장 야하고 가장 충격적인 전략의 승리로 돌아가기 마련이라는 인상을 주었을지도 모른다. 이는 단기적으로는 사실이기 쉽지만, 장기적으로는 문제가 훨씬 더 복잡해진다. 주의력 산업에서 가장 성공적인 사람들은 전진하기 위해 바람을 타는 법뿐만 아니라 청중을 유지하기 위해 바람을 안고 밀쳐내는 섬세한 기술까지 알고 있다. 다시 말해서, 순전히 선정적인 것만 지속적으로 접하게 하면 청중이 지치고 모종의 휴식을 찾게 된다는 점을 잘 안다는 얘기다. 일례로, 〈뉴욕타임스〉와 〈월스트리트저널〉은 지루함은 최대한 피하는 동시에 더 선정적인 보도가 아닌 덜 선정적인 보도에 치중함으로써 19세기 말의 경쟁지들을 물리쳤다. 마찬가지로, 티파니 전략은 존경받는 수준에 오름으로써 자생력을 갖는 방송사를 목표로 삼았다.

이 전략의 두 번째 이점은 진보적인 비평가들을 달랜다는 데 있었다. 그들은 나름의 이유를 대며 한때는 공공서비스로 생각되던 라디오가 상업적 이해관계에 납치되었다고 주장했다. 라디오 방송은 초기에 과학의 기적으로 간주되었다. 상업의 침입을 받지 말아야 하는, 성스럽고 축복받은 영역이었다. 그것은 교육과 오락, 대중 계몽을 위한 것이어야 했다. 그리고 BBC의 존 리스John Reith가 표현한 바와 같이, 언제나 "모든 것 중에서 최고"를 전달해야만 했다. 그러나 1920년대 말부터 1930년대에 걸쳐 NBC와 CBS로 대표되는 상업 라디오 방송사들은 라디오를 초기의 계획에서 아주 멀리 끌고 가버렸고, 그 때문에 저항이 커지고 있었다. 페일리는 만약 CBS가 그 성스러운 라디오 방송을 더럽히려고 한다면, 제대로 그렇게 하는 게 낫다는 걸 영리하게 간파했다. 비결은 프로그램 편성을 잘하는 것이었다.•

다양한 형식의 콘텐츠를 적절히 배합해 청취자를 최대로 늘리고 그럼으로써 방송사가 광고주에게 팔 수 있는 것의 가치까지도 극대화하는 프로그램 편성은 과학인 동시에 예술인 것으로 판명되었다. 라디오 방송사들

• 1940년대, 비판적 입장을 고수하던 비평가들이 잠시나마 연방통신위원회를 장악했다. 그들은 라디오의 상업화를 비난하며 공익에 기여하지 않는 방송국의 허가를 취소해야 한다는 내용의 보고서, 이른바 청서Blue Book를 발표했다.

은 원래 자신들이 상업적 후원사들이 제시하고 싶어 하는 것은 무엇이든 전달만 하면 된다는 쪽으로 생각했다. 하지만 페일리는 배합의 달인이라는 보다 적극적인 역할을 떠맡고 편성을 최적화하려는 노력을 기울였다. 젊은 시절 광고를 통해 전환점을 마련한 적이 있던 그는 도전 과제를 제대로 이해했고 타고난 재능을 입증했다. 그는 "신들의 선물, 즉 정말로 순수한 귀"를 갖고 있었다. 그리고 할 왕자Prince Hal 유형의 몇몇 방탕한 아들들처럼, 일단 진정한 책임을 부여받은 뒤엔 모두에게, 심지어는 그 자신에게도 놀라움을 안겨주었다. 핼버스탬의 지적대로, "그는 관능주의자였지만, 다른 대부분의 관능주의자들과는 달리 내면에 진지한 규율을 갖추고 있었기" 때문이다.[5]

오래도록 칭찬할 만하게 페일리는 1930년대 내내 다양한 시도와 노력으로 라디오 방송이 규모의 경제를 이용하여, 돈을 버는 일 외에도 훌륭한 일들을 해낼 수 있음을 보여주었다. 그동안 다수의 학자들이 밝힌 바와 같이, 방송의 전면적인 상업화는 불가피하지도, 유익하지도 않았다. 그 일이 추가적인 대중의 항의에 부딪히는 일 없이 가능했던 것은 진정으로 솜씨 있게 그것을 추진한 페일리의 재주 덕이 컸다. 그가 내놓은 작품들 중에는 재미와 교양을 모두 갖춘 프로그램도 있었는데, 당시에는 영국의 BBC만이 필적할 만한 프로그램을 내놓을 수 있었고, 미국 방송계에서는 1970년대에 미국공영라디오National Public Radio가 설립된 이후에나 그런 프로그램이 나올 수 있었다. 페일리가 초기에 이룬, 잘 알려진 성취를 꼽자면 뉴욕 필하모닉과 후원사 없는 연주회 시리즈에 대한 방송 계약을 맺은 것을 들 수 있다. 그는 또한 실험적인 드라마를 내보내는 〈컬럼비아 워크숍Columbia Workshop〉이라는 프로그램도 승인했는데, 이 프로그램은 W. H. 오든W. H. Auden이나 아치볼드 매클리시Archibald MacLeish 등과 같은 명망 높은 시인들의 전위적인 시극을 다루었다.

1938년에 페일리는 뉴욕의 젊은 영화감독이자 배우인 오손 웰스Orson Welles를 방송에 내보냈다. 비평가와 청취자 모두를 기쁘게 한 웰스의 〈생방송 머큐리 극장Mercury Theatre on the Air〉은 명작을 각색하여 들려주는 형식을 취했다. 셰익스피어의 희곡 〈줄리어스 시저Julius Caesar〉의 경우, 웰스는 파시즘의 부상에 대한 모종의 비평을 담은 내용으로 재구성했다. 웰스가 그 전설적인《우주 전쟁War of the Worlds》장난을 친 것도 바로 이 프로그램에서였다. H. G. 웰스H. G. Wells의 그 소설이 전통적인 공연에는 잘 어울리지 않는다고 판단한 웰스와 그의 프로듀서, 그리고 배우 존 하우스먼John Houseman은 작품 내용을 토대로 외계인들의 지속적인 미국 침공 상황을 보도하는 임시 속보를 연달아 내보내는 형식으로 극화했다. 이 방송은 '실제 상황이 아니다'라는 사전 고지를 놓친 청취자들 사이에 엄청난 공포를 일으킨 것으로 유명해졌다.•

물론 페일리가 편성한 프로그램이 전부 다 고상했던 것은 아니다. 그는 사람들을 계속 깨어 있게 하라는 요구와 평판을 높이라는 요구 사이에서 균형을 이루면서 고급과 저급을 섞어 어울리게 만드는 방법을 직관적으로 알고 있었다. 결국 저급의 요구와 중간급의 요구를 채운 것은 후원사가 있는 콘텐츠였다. 코미디언들이 라디오에서 인기가 좋다는 것을 파악한 페일리는 잭 베니Jack Benny를 발굴해 "당신의 캐나다드라이 익살꾼"으로 뜨게 만들었고,•• 조지 번즈George Burns 및 그레이시 앨런Gracie Allen 부부와도 계

• 공포가 어느 정도였느냐에 대해서는 이견이 있다. Jefferson Pooley and Michael J. Socolow, "The Myth of the War of the Worlds Panic," *Slate*, October 28, 2013 (공포가 과장되었다는 의견); *Radiolab, War of the Worlds*, season 4, episode 3 (공포의 시간대별 기록) 참조.

•• 캐나다드라이Canada Dry는 닥터페퍼스내플 그룹의 탄산음료 브랜드로서 1890년 캐나다에서 개발된 탄산수에 기원한다.

약을 맺었다. CBS는 또한 여성 청취자들을 위해(낮 시간대 라디오) 〈경험의 소리The Voice of Experience〉라는 프로그램을 방송했는데, 크레믈Kreml 건강식품의 후원으로 제작된 정보 프로그램이었다. 멜로드라마가 NBC에서 히트를 치자, CBS도 대여섯 개의 프로그램을 편성했는데, 〈저스트 플레인 빌Just Plain Bill〉과 〈빅 시스터Big Sister〉가 대표작이었다. 전자에는 원더브레드Wonder Bread가, 후자에는 린소Rinso 세탁비누가 후원사로 붙었다.

솥은 달구되 물이 끓어 넘치게 해서는 안 된다는 사실, 즉 대중의 흥미는 돋우되 약오르게 해서는 안 된다는 사실을 잘 알고 있었던 페일리는 선제적으로 CBS의 광고에 제한을 두는 조치를 취했다. 방송 시간에서 광고가 차지하는 비중을 10퍼센트로 줄이고 불쾌감을 주는 광고는 금하는 등의 조치가 바로 그것이었다. 칭찬이 다소 과도해지는 거 같지만, 이는 비평가들의 접근을 저지하는 효과를 냈을 뿐 아니라, 광고가 너무 적으면 사업이 커질 수 없고 광고가 너무 많으면 청취자가 화가 나서 듣기를 거부한다는, 주의력 사업가의 영원한 딜레마를 날카롭게 인식하고 있음을 보여주었다.

버네이스는 또한 페일리에게 뉴스 보도로 평판을 구축하는 것만큼 CBS 브랜드를 빛내주는 것은 없을 거라고 납득시켰다. 이 나이 든 선전 전문가의 본능은 정말이지 예리했다. 뉴스 보도를 강화하면 페일리가 의회를 상대로 CBS가 얼마나 부지런히 사회문제를 다루는지 자랑할 수 있었기 때문이다. 그와 동시에, 뉴스 보도를 통해 특정 정치인을 지지하거나 무시할 수 있는 힘을 과시함으로써 CBS는 무시할 수 없는 정치 세력으로 부상 가능했다. 결국 CBS는 미국 최초의 뉴스 방송사로 입지를 굳히며 신문 잡지 업계와 경쟁하게 된다. 실로 1930년대 이전의 라디오 뉴스는 형식적일 뿐이었다. 버네이스의 조언에 따라 페일리는 〈뉴욕타임스〉의 지역 소식 담당 기자였던 에드 클라우버Ed Klauber를 영입하여 그가 요구하는 대로 아낌없이 지원했다. 클라우버는 높은 기준을 세웠고 라디오 뉴스와 특히 CBS 브랜드가 존중받을 수 있게 만들었다. CBS는 또한 수백 명의 기자를 채용함으로써 상근 기자들을 보유한 최초의 방송사가 되었다. 페일리가 뉴스 방송에 총력을 기울인 것은 선견지명이었을까 아니면 순전한 운이었을까? 1930년대가 흘러가면서, 그리고 히틀러, 프랑코, 무솔리니가 집권하게 되면서, 항상 손해를 안겨주던 뉴스 부문이 갑자기 수백만 명의 청취자를 끌어들이기 시작한다.•

한편, 한참 앞서서 출발한 데다가 두 개의 네트워크를 보유했던 NBC는 1930년대 대부분의 기간 동안 계속 우위를 점한다. 사노프는 자신에게 유리한 점이 하나 더 있다고 생각했다. 그것은 바로 페일리 본인, 혹은 적어도 인생을 즐기며 살려는 페일리의 성향이었다. CEO라면 밤낮 구분 없이 일해야 마땅한 것으로 인식하는 우리 시대에는 다소 이상하게 느껴질지 모르지만, 페일리는 절대로 자기가 하는 일이 자신의 가장 진정한 열정, 즉 멋진 삶을 살려는 열정을 방해하게 놔두지 않았다. 1930년대 초 그는 도로시 하트Dorothy Hart라는 아름다운 사교계 명사를 쫓아다녔다. 당시 그녀는 신문사 사주의 아들인 존 랜돌프 허스트John Randolph Hearst의 아내였다. 도로시를 설득하여 허스트와 이혼하게 만든 후 페일리는 그녀와 결혼했고, 한 작가의 표현대로, "그 도시의 황금 커플"이 되었다.[6] 그들은 뉴욕의 '21클럽' 같은 명소의 단골이었다. 그런 곳에서 그를 비롯한 여러 "사교계 명사, 금융업자, 배우, 뮤지컬 배우, 가수, 작가, 운동선수, 재계의 거물들은 쾌락을 추구하며 하나가 되었다". 하지만 페일리는 이윤을 내는 방송사를 구축하면

• 신문은 이 경쟁을 달갑게 생각하지 않았고, 1920년대 내내 여러 가지 수단을 동원하여 라디오 뉴스 방송을 공격했다. 1933년, 페일리는 주요 신문사 및 통신사들과 방송사 간의 협약을 중개했다. 이른바 빌트모어 협약Biltmore Agreement으로 라디오 뉴스를 특정 시간대로 한정하여 라디오가 조간신문 및 석간신문과 경쟁하는 일이 없게 한다는 내용이었다.

서 그렇게 삶을 즐겼다. 결국 몇 가지 면에서 그의 그런 향락은 단순한 기분 전환만이 아니라 자신이 방송 사업을 통해 투영하려던 안락한 세련미라는 이미지의 일부이기도 했다.

한편, 사노프는 변함없이 완고했다. 그의 아내 리제트는 밤에 시내에 나가는 일이 거의 없었다. 그녀는 대부분의 저녁 시간을 집에서 남편과 보내면서 그의 아이디어를 듣고 의견을 피력하는 '공명판sounding board' 역할을 톡톡히 했다. 사노프가 여가를 보내는 방식은 클래식 음악에 국한되었다. 그는 모든 것에 너무 진지해서 가벼운 오락을 참아낼 수 없었다. 그의 승리욕은 결코 시들 줄을 몰랐다. 페일리가 향락을 즐기면서도 여전히 따라갈 수 있었다면, 그것은 라디오 청취율 측정법이 어림짐작에 가까울 정도로 일정 부분 부정확했기 때문이었다. 페일리에게는 불행하게도 곧 득점을 기록하는 새로운 방법이 등장하게 된다.

1936년 말, 로버트 엘더Robert Elder라는 MIT 교수는 뉴욕의 예일 클럽 무도회장에서 열린 컨퍼런스에서 새로운 발명품 하나를 소개했다. 그는 그것을 "오디미터Audimeter"라 부르면서 과거에 어느 누구도 하지 못했던 일, 즉 인간의 관심을 과학적으로 측정하는 일을 해낼 수 있다고 주장했다. 이 조잡한 시제품은 오픈릴 장치에 두 개의 두루마리 종이를 걸어서 라디오에 부착하는 방식이었다. 라디오가 켜지면 자동 기록 침이 천천히 돌아가는 두루마리 종이 위에 선을 그었다. 그럼으로써 일정 기간에 걸쳐 라디오가 어떤 방송국에, 얼마나 오래도록 켜져 있었는지 나타내는 것이었다.[7]

그 당시 방송의 침투율은 추측의 문제였고, 라디오에서 경쟁사들의 상대적인 위치는 확실한 증거가 거의 없는 문제였다. 아주 조금이라도 과학적이라 할 수 있는 측정법이 없었던 탓에 청취자들은 가끔 저녁 시간 중에 전화로 여론조사의 대상이 되거나 프로그램 담당자에게 엽서를 보내 작은 선물을 받으라는 요청을 방송으로 듣곤 했다. 이 모든 것들은 얼마나 많은 사람들이 광고를 들었는지 추정하기 위한 것이었다. 〈아모스 앤 앤디〉 같은 프로그램의 성공과 그것이 펩소던트 치약 판매에 미친 영향은 물론 상당한 변화를 보여주었다. 그러나 그런 변화가 요행이 아니라 돈을 지불할 가치가 있는 것임을 증명하는 건 다른 문제였다.

그날 컨퍼런스에 참석한 청중 가운데 엘더의 프레젠테이션에 전율을 느낀 인물이 한 명 있었다. 현대의 데이터 전문가들의 시조라 할 수 있는 아서 찰스 닐슨Arthur Charles Nielsen은 당시 "닐슨 약품 지수Nielson Drug Index"와 "닐슨 식품 지수Nielsen Food Index"를 창안한 시장조사 회사를 운영하고 있었다. 정확한 발표를 선호했던 그는 "인적 요소"가 결과에 영향을 미칠 수 있는 어떠한 유형의 데이터 수집도 혐오했다. 따라서 전화 여론조사에 의존하는, 1930년대 내내 우세했던 후퍼 청취율Hooper Ratings 같은 초기의 다양한 라디오 청취율 측정 방법을 낮게 평가했다. 그는 더욱더 견고한 측정 기준을 원했다. "거기에 숫자를 매길 수 있다면, 그때는 뭔가를 아는 것이다." 그의 지론이었다고 한다.

닐슨은 엘더와 그의 파트너 루이스 우드러프Louis Woodruff의 아이디어를 사들였고, 6년의 시간을 투자해 자신의 "블랙박스" 시제품을 완성했다. 일단 가정에 설치만 되면(그 가족은 돈을 받고 그런 수고를 감수했다) 기계는 그 가족이 어디에 주파수를 맞추었는지 정확히 측정할 수 있었다. 닐슨은 자신의 블랙박스("피플미터people meter"라 불리게 된다)를 하나씩 하나씩 발송하기 시작했다. 각각의 블랙박스는 마치 대중이라는 몸체의 신경 말단을 형성하듯 그렇게 서서히 방대한 네트워크를 창출하며 미국인들이 저녁 시간을 어떻게 보내고 있는지 그에게 알려주었다. 현대적 청취율(나아가 시청률)은 이렇게 탄생했고, 한 전문가의 표현에 따르면 이것은 "인간의 신경 체계가 신체에서 맡는 역할과 같은 방식으로 업계의 피드백 메커니즘이 되었다". 만약 미국이 이제부터 주의력 배분에 관한 정보를 수집하는 신경 체계를 갖게 된다면, 닐슨이 그 체계의 두뇌가 될 것이었다.

공식적인 닐슨 라디오 청취율 결과는 1947년이 돼서야 나오기 시작했다. 그러나 주의력 포획에 대한 정량적 측정법은 초기의 형태였을 때조차도 방송사로 하여금 자신들이 팔고 있는 방송 시간에 대해 보다 정확한 값을 매기도록 도왔다. 그리고 이는 불가피하게 방송 사업을 바꾸어놓기 시작했다. 훗날 우리가 인식하듯이, 이것은 물론 은총이자 저주가 되었다. 주가에서 정치 여론조사, 타율 등에 이르기까지 오늘의 우리는 실로 얼마나 숫자가 우리의 의사 결정에 과도한 영향력을 미치도록 놔두고 있는가. 실제로 오디미터를 발명한 엘더 교수는 결국 그것의 영향을 한탄하게 되었다. 훗날 그는 이렇게 말했다. 방송은 "시청률 오용 및 남용으로 크게 고통 받고 있다. 그런 이유로 나는 내가 그 시작에 일조했다는 데 대해 기쁘게 생각할 수 없다".[8]

만약 닐슨 청취율이 좀 더 일찍 나왔다면 방송 매체의 역사는 어떻게 달라졌을까? 예를 들어 윌리엄 페일리가 방송 뉴스에 믿어지지 않을 정도의 베팅을 해 전쟁의 결정적인 시기에 CBS를 방송 뉴스 시장의 선두 주자로 만들고 있을 때 이미 닐슨 청취율이 존재했다면? 생각해보면 흥미롭지 않을

수 없다. 인쇄물 뉴스의 성공적인 역사, 심지어 〈타임〉처럼 나온 지 얼마 안 된 간행물의 성공을 고려해보면, 방송 저널리즘의 생존 능력은 어느 정도 예측 가능한 것이었다. 관계자들이 진즉에 예상했어야 마땅한 사안이었다는 뜻이다. 그러나 처음부터 방송 매체는 늘 뉴스보다는 오락에 훨씬 잘 어울리는 것처럼 보였고,* 그래서 1930년대 말이 돼서야 비로소 페일리를 비롯한 여러 사람들은 급박하게 돌아가는 세계의 사건들을 제대로 전달한다면 얼마나 강력한 관심거리가 될 수 있는지 확실하게 깨달았다. 이제 중요한 차이는 인물, 즉 혼자 힘으로 스타가 된 진행자가 만든다는 사실이 곧 드러난다.

1937년 페일리는 에드워드 R. 머로Edward R. Murrow라는 29세의 CBS 직원을 유럽에 보냈다. 유럽 지국 국장으로 파견된 그가 할 일은 미국에서 중계방송할 용도로 유럽 언론사로부터 적합한 소재를 취합하는 것이었다. 하지만 히틀러가 오스트리아를 침략하는 사건이 발생했고, 머로는 어쩔 수 없이 임시로 기자 업무를 맡아야 했다. 그는 곧 타고난 기자였음을 드러내며 방송 뉴스 분야에서 최초의 진정한 스타로 부상했다. 거의 체질적으로 진지한 성격의 소유자였던 그는 굵고 낮은 목소리 덕분에 사건의 심각성과 더욱 어울려 보였다. 페일리가 나중에 지적한 대로, 그는 "적재적소의 전형"이었다.

머로의 중계방송은 누구도 따라올 수 없는 라디오 매체의 신속성을 여실히 드러냈다. 청취자에게 현장에 있다는, 본능적이고 감정적인 감각을 안겨주었다는 점에서, 그의 중계방송은 마치 그가 순간 이동이라는 방법을 만들어낸 것 같았다. 매번 그는 "지금 여기는… 런던입니다"라는 멘트

* 그 어떤 성공적인 오락 프로그램보다 더 많은 청취자를 끌어모은 프랭클린 루스벨트 대통령의 노변정담이 그 반대를 가리키는 증거라고 주장할 수도 있다. 그러나 거기에 주의를 기울인 사람들은 그것을 뉴스라기보다는 도덕적 고양으로 인식했다. 어쨌든 독특한 경우라 할 수 있다.

로 방송을 시작한 다음, 그저 그날 자신이 목격한 것을 설명했다. "다른 모든 밤과 마찬가지로 오늘 밤도 옥상의 파수꾼들은 런던의 굴뚝갓이 이루는 환상적인 수풀을 내다보고 있습니다. 대공 포대 포병들은 만반의 준비를 갖추고 있습니다. 오늘 밤 저는 쭉 걷고 있습니다. 보름달이 떴습니다. 그래서 재로 뒤덮인 건물들이 하얗게 보입니다. 별들과 텅 빈 창문들은 보이지 않습니다. 남녀노소 모두 지하에서 몇 시간이라도 눈을 붙여보기 위해 애쓰고 있는 아름답고도 황량한 도시입니다."[9]

머로는 세부 사항을 묘사하는 데 소설가적인 감각을 보여주었다. 그는 아이들이 교외로 피난을 간 뒤의 런던을 다음과 같이 묘사했다. "엿새 동안 아이의 목소리를 전혀 듣지 못했습니다. 이상한 느낌이 듭니다. 학교에서 집으로 돌아오며 소리를 치는 아이도 없습니다. 현재 유럽의 대도시들 대부분이 이런 상황입니다. 이 사태의 완벽한 의미를 전달하려면 고대인들의 웅변술이 필요합니다. 더 이상 아이들이 존재하지 않을 뿐입니다."[10]

이 저널리스트의 접근법은 객관적이긴 했지만 중립적이지는 않았다. 그의 생각에 전쟁은 양측을 균형 있게 보여줄 만한 주제가 아니었다. 그의 목표는 영국인들의 경험을 전달하는 것이었고, 그는 자신 역시 그것을 직접 체험하고 있다고 주장했다. 나치의 폭격이 지속되면 대부분의 기자들은 벙커로 몸을 피했지만, 머로는 위험할 게 빤한 상황에서도 지붕 위에 서서 공격을 받고 있는 런던의 소리와 느낌을 포착해내려 했다. 나중에 전쟁의 흐름이 바뀌면서 영국 공군이 베를린에 폭탄을 떨어뜨리기 시작하자, 그는 영국군의 폭격 작전에 합류했다. 1943년 그는 디-도그D-Dog라는 영국의 랭커스터Lancaster 폭격기에 처음으로 몸을 실었다. 그는 독일의 서치라이트에 잡혔을 때의 공포를 다음과 같이 묘사했다.

> 그리고 그때, 아무런 조짐도 없었는데 갑자기 디-도그가 위험한 백색광으로 가득 찼습니다. 저는 조종사 바로 뒤에 서 있었기 때문에 날개 위의 모든 이음매까지 볼 수 있었습니다. 스코틀랜드인 특유의 조용한 목소리가 제 귀를 때렸습니다. "동요하지 마. 서치라이트에 잡혔어." 그가 조종간을 앞으로, 그리고 왼쪽으로 밀어붙이자 그의 호리호리한 몸이 의자 밖으로 절반이나 튀어 올랐습니다. 아래로 기수를 튼 것입니다. 디-도그는 나사선 비행에 돌입했습니다. 우리는 반대쪽으로 굴렀고, 제 눈에는 베를린에서 벌어지고 있는 일이 들어오기 시작했습니다.[11]

그 무렵 베를린은 연합군의 보복 폭격을 당하고 있었다. 하지만 이미 여러 해 동안 베를린은 다른 종류의 폭격 세례에 시달리던 신세였다. 땅이나 하늘에서 봐도 보이지 않는 그런 폭격이었고 심지어 훨씬 더 가차 없는 폭격이었다. 그 공격은 세상 사람들이 지켜본 그 어떤 연설보다도 사람들의 넋을 빼놓는 웅변술로 NBC나 CBS가 꿈꿀 수 있는 수준보다 더 많은 인간의 주의력을 끌어모아 실제로 사로잡은 선동 정치가에 의해 자행되었다. 그렇게 이 선동 정치가는 세계를 정복하겠다는 광적인 시도를 이행하기에 앞서 자신의 국가를 먼저 장악했다.

09

완벽한 주의력 통제 혹은 군중의 광기

1935년 3월 17일, 베토벤의 〈영웅교향곡Eroica Symphony〉 첫 소절이 독일 전역의 대기를 채웠다. 그 음악 소리는 살림집들 안에 있는 수백만 대의 라디오에서 흘러나오고 있었는데, 이 라디오들 중 다수는 일반 대중을 위해 설계된 저가의 폴크스엠팽어Volksempfänger 즉 "국민 수신기"였다. 자원봉사단인 펑크바르테Funkwarte(라디오 감시대)가 설치한 대형 확성기에서도 요란한 소리가 흘러나왔다. 그렇게 베토벤의 〈영웅교향곡〉은 공공 광장과 공장 마당, 식당, 사무실 전체로 퍼져 나갔다. 그 떠들썩한 영웅주의 음악은 3,000개의 지정된 "청취실"에도 흘러 들어갔다. 라디오 감시대는 긴 나무 의자를 배치해놓은 회의소, 법정, 학교로 시민들을 밀어 넣었다. 이 모든 조치는 "개인의 무정부주의적 주지주의를 유기적으로 발달된 공동체의 영성"으로 대체하기 위해서였다.

오케스트라의 연주가 끝나자, 치직거리는 적막이 흐르다가 "다음은 총통 각하의 연설입니다!"라는 소리가 흘러나왔다. 뒤이어 또 다른 목소리, 모든 독일인들에게 스스럼이 없을 정도로 익숙해진 목소리가 들렸다. 이날,

아돌프 히틀러는 징병제 재도입과 함께, 독일 상비군의 재건을 선언했다. 그의 연설은 독일 가구의 약 70퍼센트, 인구로는 5,600만 명에게 도달했다. 어떠한 노변정담도 이 수준을 넘지 못했고, 인류 역사상 그 시점까지 단일 방송으로는 가장 많은 청중을 모은 게 거의 확실했다. 한 나치 포스터의 문구가 말 그대로 사실인 것 같았다. "독일의 모든 사람들이 총통의 연설을 듣는다."[1]

제3제국의 국민계몽선전부 라디오 분과의 더없이 훌륭한 성과는 이러했다. 파울 요제프 괴벨스Paul Joseph Goebbels 선전부 장관은 이 분과의 넓은 세력범위와 역량 덕분에 독일 라디오가 "국가사회주의 최고의 전령"이자 "하나의 여론"을 가진 국가를 탄생시킬 수 있는 힘이 되었다고 선언했다. 그의 방송 담당 책임자는 "라디오 덕분에 우리는 반란의 정신을 파멸시켰다"고 자랑했다. 이러한 주의력 기반을 이용하면, 국민 전체가 듣고 싶어 하든 말든, 그들의 생각에 자유자재로 영향을 미칠 수 있었다. 사상 설계자였던 알베르트 슈페어Albert Speer가 전범재판을 받을 때 이야기한 대로, 제3제국은 "국가 자체를 지배하는 데 모든 기술적 수단을 완벽하게 이용해낸" 최초의 독재 정권이었다. "라디오나 확성기 같은 전문 장비를 이용하여 8,000만 명으로부터 독립적인 생각을 빼앗았다. 그 때문에 그들을 한 사람의 의지에 복종시키는 게 가능했다."[2]

라디오 분과는 선전부의 나머지 기관과 함께, 국민 전체를 제련하여 하나의 집단의식을 창출하는 임무를 띠고 출범했다. 파시스트나 공산주의, 민주주의 등의 다른 정권들도 크릴의 표현대로 이 "열렬한 집단"을 형성하는 노력을 실험한 바 있었다. 그리고 전쟁이 끝난 뒤에는 소련과 중화인민공화국이 상당히 편파적이고 한결같은 국영방송 프로그램을 시행하면서 더욱 많은 사람들에게 영향을 미치려 노력했다. 그러나 일상생활에 미친 영향력과 강제력에서 지금까지 제3제국에 견줄 만한 것은 나오지 않았다.

20세기 초, 대중의 마음에 접근할 기회를 얻고 그 기회를 이용하는 방법에 대한 나치의 이해력은 상당히 앞서 있었다. 고찰할수록 우울해진다고 해서 이것이 매력적인 동시에 유의미한 사실이 아닐 수는 없다. 주의력 확보로 성취할 수 있는 가장 극단적인 결과를 실험한 제3제국으로 인해 우리가 주의를 기울이는 것과 개인의 자유 간의 관계를 직시하게 되었기 때문이다. 나치는 폴크스게마인샤프트Volksgemeinschaft라 부른 "민족 공동체"를 탄생시키는 과정에서 칸트와 실러, 괴테의 나라에서 자유로운 생각을 차단하는 목적을 달성했다.

이 모든 일은 1924년 바이에른 남서부의 작은 감옥에서 시작되었다. 그곳에서 히틀러는 자신의 보좌관에게 제1차 세계대전 당시 영국이 벌인 선전 활동이 대단히 경탄스럽다고 설명했다. 그가 생각하기에 영국은 "전대미문의 기술과 독창성"을 발휘한 것이었다. 그리고 "독일을 야만인의 나라로, 독일 국민을 훈족으로 설명함으로써 병사 개개인이 전쟁의 공포 앞에서 마음의 준비를 갖추게 했고 그들이 낙담하지 않도록 도왔으며 극악무도한 적에 대한 증오와 분노를 키우도록 이끌었다".

한마디로, 그가 생각하기에 독일은 영국에 배울 게 많았다. 그는 독일의 선전 활동이 완벽하게 실패했다고 생각했다. 그는 독일제국이 "객관성에 광적으로 열중한" 나머지 필요한 주의력을 획득하는 데 실패했다고 비난했다. "(독일의 활동이) 필수적인 영향력을 대중에게 미치는 것은 거의 불가능했다. 우리의 어리석은 '정치인들'만이 이 진부한 평화주의의 구정물로도 사람들을 일깨워 자발적으로 죽음을 택하게 만들 수 있다고 기대할 수 있었다."

영국과 미국의 메시지 통제에 대한 히틀러의 발언을 에누리해서 들어야 할 타당한 이유가 있다는 것은 말할 필요도 없다. 그럼에도 불구하고 제1차 세계대전 당시 독일의 선전 활동이 법률을 엄격히 따르고 위세를 부리는 데 치중하며 대단히 난해한 편이었던 것은 사실이다. 1914년에 독일의 선전 담당 관리가 미국에서 분명하게 밝힌, 벨기에 침략에 대한 독일의 변명을 예로 들어보자. 〈새터데이이브닝포스트Saturday Evening Post〉에 실린 그의 설명의 요지는 당면 문제에 관련된 독일과 벨기에 간의 평화조약이 엄밀히 따지면 만료되었다는 것이었다. "우리는 쟁점이 된 문제와 사실상 아무런 관련도 없고 중립 상태를 유지하길 원할 수도 있는 벨기에를 침략해야 한다는 데 대해 진심으로 유감스러웠다." 그는 더 나아가 더 빨리 항복하지 않는다고 벨기에를 비난한다. "벨기에는 현재 당하고 있는 이 모든 참화를 피하는 것이 전적으로 가능했을 터였다." 대체로 독일의 전쟁 선전은 청중의 마음을 끌어들이기도 전에 쟁점의 복잡한 가치를 논하기 시작하는 초보적인 실수를 저질렀다. 그러한 실수는 영리한 사람들이나 전문가들이 흔히 저지르며, 고대의 위대한 웅변가들에게도 잘 알려져 있다. 영국과 미국은 함축된 메시지와 생생한 표상을 이용하여 쉽게 그런 실수를 피해 갔다.

선전에 대한 히틀러의 전반적인 접근 방식은 독일 사상가들을 유명하게 만든 합리주의에 대한 반작용으로 이해할 수 있다. 대신에 그는 일반 대중에게, 그리고 파충류적인 근원에 호소하는 방법을 놀라울 만큼 직관적으로 이해했다. 그는 《나의 투쟁Mein Kampf》에서 다음과 같이 묻는다. "선전은 누구에게 호소해야 하는가? 학리적인 지식층, 아니면 많이 배우지 못한 대중? 선전은 영원히 그리고 오직 대중에게 호소해야 한다!" 강력한 지도자는 "대중의 사상 및 감정 세계를 이해함으로써 정확한 심리학적 형식을 근거로 주의력에 이르는 길, 그리고 더 나아가서는 대중의 심장에 도달하는 길을 찾는다". 선전은 "대중적이어야 하고 가장 둔한 사람들의 인식 능력에 정신적인 수준을 맞춰야 한다. (…) 따라서 선전의 정신적인 수준은 주의를 사로잡고자 하는 사람들이 많을수록 더 낮아져야 한다".

또한 그것은 히틀러가 광고 산업에 몸담았던 시간을 반영하는 것으로도 이해할 수 있다. 빈에 살던 1910년대 초에 그는 발모 촉진제나 비누, "테디 발한 억제 발 파우더" 같은 상품의 광고 포스터를 그리며 프리랜서로 돈을 벌었다. 그는《나의 투쟁》에서 선전이 광고와 비슷해야 하고 우선은 주의를 끌 방법을 모색해야 한다고 주장한다. 그는 다음과 같이 지적한다. "포스터의 기술은 아웃라인이나 색채로 대중의 주의를 붙잡는 디자이너의 능력에 있다. 그것은 그 구경거리가 중요하다는 생각을 안겨줘야 하지만, 그 구경거리를 구현한 기술을 부각하는 무엇이 되어서는 결코 안 된다." 비슷하게 "선전의 과제는 개인을 과학적으로 훈련하는 게 아니라 특정한 사실이나 사건, 필요성 등으로 대중을 이끌어가는 데에 있다. 선전의 목적은 그것들이 중요함을 대중이 알아볼 수 있게 만드는 것이다". "이미 학리적으로 경험이 많은 사람들이나 (…) 교육이나 지식을 얻으려는 사람들은" 대상이 아니다.

히틀러는 또한 사람들이 정보를 처리하는 방식에 대한 몇 가지 기본적인 진실들을 직감적으로 파악했다. 모든 것이 무시당할 수 있기 때문에, 기억에 정보를 각인시키려면 단순한 아이디어에 대한 지속적인 반복이 필수적이라는 사실을 직관했다는 얘기다. "대중의 수용력은 아주 유한할 뿐이고 그들의 이해력은 약한데, 건망증은 대단하다. 이러한 사실들로 인해 모든 효과적인 선전은 극소수의 요점으로 제한하고 최후의 한 사람이 그 의도에 따라 상상할 수 있을 때까지 요점들을 슬로건처럼 이용해야 한다." 뉘앙스 같은 것은 무의미했고, 복잡한 말은 위험했다. "이 기본 원칙을 버리고 다재다능해지려고 애쓰는 순간, 그 효과는 헛되이 사라질 것이다. 대중은 제공받는 내용을 이해할 수도, 그것을 계속 간직할 수도 없기 때문이다." 고된 노력이 필요하다는 것은 아무리 말해도 지나치지 않다. "타성에 젖은 대중은 사물 하나를 알아챌 준비를 갖추기 전에도 늘 일정한 시간을 필요로 할 뿐 아니라 가장 단순한 아이디어도 수차례 반복해야만 기억할 것이기 때문이다."

마지막으로, 히틀러는 선동 정치가에게 가장 중요한 원칙을 알고 있었다. 즉 가르치거나 설득하는 일은 감정을 자극하는 것보다 훨씬 더 어렵다는 사실이다. 그리고 훨씬 더 달갑지 않은 원칙, 즉 청중이 가장 원하는 것은 이미 자신들 안에 도사린 강력한 감정을 완전히 경험할 수 있는 핑곗거리라는 원칙도 잘 알았다. 그들의 더 훌륭한 자아가 억누르도록 이끌고 있는 그런 감정들의 분출구를 열어줘야 한다는 뜻이다.

"대중의 정신은 성의가 없고 힘이 없는 것은 선뜻 받아들이지 않는다. 관념적인 이성의 근거보다는 자신의 본성을 보완해줄 힘에 대한 막연한 감정적 동경에 의해 정신 상태가 결정되기 때문에, 의지박약아를 지배하기보다는 강자에게 굴복하는 쪽을 택하는 여성과 마찬가지로, 대중도 간청하는 사람보다는 명령하는 사람을 좋아하고 그 자체 외에는 어떤 것도 용인하지 않는 하나의 주의主義에 더욱 마음속 깊이 만족감을 느낀다."

광고계에 잠시 몸담은 경험 덕분일지도 모르지만, 히틀러가 주의력을 끌

어모아 이용하는 법을 제대로 이해할 수 있었던 것은 뮌헨에서 인기 있는 대중 연설가로 경력을 쌓으면서였다. 그 경력은 서른이 된 이 전직 하사가 맥주홀 지하에서 처음으로 일정이 미리 잡힌 연설을 한 1919년 10월 16일에 시작됐다. 사회가 대단히 불안했던 당시에는 뮌헨의 여러 맥주홀이 규모와 성향이 아주 다양한 집회와 정치 연설을 위한 인기 있는 장소가 되었다. 저녁마다 출세에 목맨 논객들이 술독에 빠진 사람들을 상대로 자신의 패기를 시험하곤 했다.

히틀러는 독일 노동자당Deutsche Arbeiterpartei, DAP과 운명을 같이하고 있었는데, 이 당은 당원이 55명에 불과할 정도로 소규모인, 다소 서투른 조직이었다. 독일 노동자당은 민족주의적 정당이었으며, 이는 독일인과 그들의 영토 간의 신비롭고 민간 전승적인 연관성에 기초한 일종의 포퓰리즘에 찬성한다는 의미였다. 혈통과 영토라는 이 정당의 이상은 악의적일 정도로 반유대주의적이었다. 그러나 독일 노동자당은 비슷한 민족주의적 메시지를 지닌 수십 개 정당 중 하나에 지나지 않았고 가장 유명한 정당도 아니었다.

히틀러는 그날 밤 연설이 예정된 연사들 중에서도 무명에 가까운 두 번째 연설자였고, 100여 명이 연설을 듣기 위해 모여 있었다(주최 측이 예상한 것보다는 훨씬 많았다). 장황한 첫 주자의 연설은 큰 호응을 얻지 못했다. 드디어 히틀러의 차례가 왔다. 그의 기술은 아직 완벽한 경지에 오르진 않았지만, 그럼에도 이 연설은 탁월한 성과를 가져왔다. 연설 중간중간 흔들리지 않는 확신과 간단없는 분노가 분출되는 가운데, 규모가 어떻든 처음으로 하나의 집단이 그의 감정적으로 격한 강렬한 스타일에 노출되었다. 히틀러는 나중에 이렇게 썼다. "나는 30분 동안 연설을 했다. 나도 모르는 사이에, 내가 전에 마음속으로 느꼈던 무엇이 그때 현실에 의해 증명되었다. 내게 연설하는 능력이 있다는 사실 말이다." 어느 정도 성공적인 데뷔를 마친 그는 다시 연설자로 초청받았는데, 이번엔 더 큰 맥주홀에서 더 많은 사람들의 마음을 사로잡아 독일 노동당 당원을 많이 모집할 수 있었다. 마침내 1920년 2월 그는 호프브로이하우스Hofbräuhaus라는 대형 홀에서 대표 연설자로 연단에 서는 영예를 얻었다. 당시 모인 청중은 2,000명이 넘었다. 공산주의자들의 방해를 극복하면서 연설을 마친 그는 도취된 청중의 환호성과 함성을 들을 수 있었다. 그는 8월에 다시 돌아와 "왜 우리는 반유대주의자인가"라는 제목의 연설을 하게 되는데, 두 시간의 연설 동안 우레와 같은 환호성 때문에 쉰여덟 차례나 중단되었다.

이후 몇 년 동안 히틀러는 비슷한 연설을 수백 차례 수행하면서 자신의 실연법을 완벽하게 다듬었다. 시간이 지나면서 그는 청중의 마음을 사로잡는 변함없는 체계를 만들어냈다. 그는 항상 똑바로 진지하게 서서 똑같은 동작을 취했다. 그는 긴 침묵을 지키다가 개인적으로 상당한 고초를 겪은, 상처 받기 쉬운 사람이라는 인상을 풍기는 부드럽고 편안한 목소리로 연설을 시작했다. 그러면서 어려웠던 성장 과정, 군 복무 시절, 독일의 패배에 대한 실망감을 설명했다. 그러다 중간 부분에 가면, 분노를 키우면서 누군가에게 책임을 돌리고 현재의 모든 잘못된 것들을 비난하기 시작했다. 그는 놀라울 정도로 강렬하게 연설을 마무리 지으면서 유대인에 대한 억제하기 힘든 분노와 강대국으로의 부활에 대한 계획을 봇물 터지듯 터뜨린 뒤, 마지막으로 한 번 더 독일의 통일을 부르짖었다.

히틀러가 처음으로 청중을 상대로 분노에 찬, 활기 넘치는 구호를 유도하며 연설을 마무리 짓기 시작한 것도 뮌헨에 있을 때였다. 그 시절 히틀러의 절친한 친구였던 에른스트 한프슈탱글Ernst Hanfstaengl은 하버드에 갔다가 축구 경기에서 학생들이 부른 응원가에 크게 감명을 받은 적이 있었다. 그렇게 한프슈탱글의 조언에 따라 〈싸워라, 하버드, 싸워라Fight, Harvard,

Fight〉를 토대로 "승리… 만세! 승리… 만세! 하일 히틀러!"가 만들어졌다.

나치 당원이 되지 않더라도 대부분의 사람들은 크게 흥분한 군중 속에 있을 때의 경험을 안다. 그리고 그런 상황에서는 우리의 마음이 정보를 처리하는 방식이 달라질 수 있어서 우리가 무언가를 하게 되거나 무언가 다른 것을 믿기 시작하는 지경에 이를 수도 있음을 직감적으로 느낀다. 주의를 기울이는 것이 정보에 마음을 여는 거라면, 활기 찬 군중 속에서 그렇게 하는 건 문을 활짝 여는 것이 된다. 어떤 정보든 그에 노출됨은 영향을 받는다는 것이지만, 군중 속에 있을 때 그럴 가능성은 일상의 경험 수준을 훨씬 넘어선다. 군중심리학을 최초로 이론화한 귀스타브 르 봉Gustave Le Bon은 군중 속의 개인이 더욱 영향을 잘 받는 사람이 되는 것은 개인이 책임감을 상실하기 때문이라고 주장했다. 프로이트는 무의식 속의 소망이 표면으로 올라와 공유되기 때문에 초자아가 군중의 의지에 의해 대체된다고 말하곤 했다. 어떤 경우든 우리는 눈으로 보면 알 수 있다.[3]

미국에서 있었던 가장 유명한 사례로는 1896년 시카고에서 열린 민주당 전당대회에서 윌리엄 제닝스 브라이언William Jennings Bryan이 한 "황금의 십자가Cross of Gold" 연설에 대한 반응을 들 수 있다. 네브래스카 주 하원의원을 지낸 서른여섯 살의 브라이언은 지지자들 없이 전당대회에 참가했다가 통화 공급을 늘리고 경제적 기회를 확대하기 위해 금본위제뿐 아니라 은본위제도 도입하자는 내용의 연설로 민주당 대통령 후보에 지명되었다. 그러나 브라이언의 연설에 모든 사람들이 환호성을 지르게 된 이유는 단지 그가 말한 내용뿐만이 아니라 그가 연설을 전달한 방식 때문이었다. "민주당은 어느 편에 서서 싸울 것입니까? '나태한 돈을 가진 나태한 자본가' 편입니까, 아니면 '고통 받는 대중'의 편입니까?" 그는 광대와 십자가가 등장하는 무언극과 함께 "노동자의 이마가 이 가시 돋친 면류관에 찔리게 해서는 안 됩니다. 인류를 황금의 십자가에 못 박으면 안 됩니다"라고 말하며 연설을 끝낸 것으로 유명하다.

현장을 지켜본 〈워싱턴포스트〉 기자는 사람들의 반응을 다음과 같이 설명했다.

> 말로는 당시 분위기를 휘감고 있던 기이하고 특이한 자석 같은 매력을 전할 수 없다. 혼란이 시작되고 무아지경이 득세했다. 연설자의 연설에서 수천 명의 사람들은 자신의 가장 깊은 영혼 속에서 표현되지 못한 감정과 희망을 들었다. 많은 사람들이 폭발하는 베수비오 산처럼 뜨거운 용암 같은 열정을 토해내기 시작했다. (…) 사람들의 발 구르는 소리는 메아리치는 알프스 산에서 천둥이 구르는 소리 같았고, 폭풍과도 같은 소리 때문에 천장의 강철 대들보가 그 진동을 느낄 수 있을 만큼 흔들렸다. 연설을 듣던 모든 사람들이 의자 위로 올라섰고, 그 순간의 격렬한 광란에 감염된 듯 자신이 무엇을 하는지, 혹은 무엇을 말하는지 완전히 잊어버린 듯했다. (…) 미치광이에 가까운 것 같은 흥분은 한 여성의 모습에서 느낄 수 있었는데, 그녀는 의자 위에 올라서서 야만인처럼 소리를 지르고 야만인처럼 춤을 췄다.

브라이언의 연설이 얼마나 설득력이 있었는지 사람들은 그를 자신들의 어깨 위로 올려서 떠다니게 한 뒤에 대통령 후보로 지명했다. 하지만 똑같은 연설이 오늘 밤 당신의 거실에 전달된다면, 당신은 연설이 끝날 때까지 깨어 있지 못할 수도 있다. 실제로 브라이언은 일주일 전에 그와 흡사한 연설을 네브래스카 주에서 했지만, 찬사는커녕 주목도 거의 받지 못했다.[4]

지난 10여 년 동안 과학자들은 공동의 주의력joint attention을 연구하기 시작하여 뇌의 주의력이 동일한 것에 주의를 기울이는 집단에 속해 있을 때 다르게 작동한다는 직관적 진실을 확인해왔다. 그들은 예를 들어, 사람들이 여러 사람들과 함께 심적 회전mental rotation(내적 이미지를 평면적 혹은 입체적으로 회전시키는, 인지 심리 측면의 심적 조작의 한 형태-옮긴이) 테스트에 주의를 기울일 때, 각 개인이 홀로 작업할 때보다 더 빠르게 문제를 해결한다는 사실을 발견했다. 이것이 놀라운 이유는 함께 테스트에 참여할 뿐 문제 해결은 독자적으로 수행하는데도 그런 결과가 나오기 때문이다. 따라서 인간이 공동으로 주의를 기울이는 능력을 갖고 태어나지 않는다는 사실은 더욱 흥미롭다. 그 능력은 생후 18개월 이후에 발달하는데, 아기가 부모의 시선을 따라가고 부모가 바라보고 있는 것에 주의를 기울이는 법을 처음으로 배우는 무렵이다.[5]

총통의 연설을 들은 사람들은 거의 모두가 그의 연설이 사람을 매료시킨다는 데 동의했다. 한프슈탱글은 "히틀러가 두 시간 반 만에 대중에게 할 수 있었던 것은 1만 년이 지나도 재연되지 않을 것이다"라고 인정했다. 그는 히틀러의 그런 능력을 생물학적으로 설명했다. "놀라운 목구멍 구조 덕분에 그는 히스테리와 같은 열광을 창출할 수 있었다." 알베르트 슈페어는 처음 히틀러의 연설을 들었을 때의 자신을 "술에 취한 듯 흥분되며 모든 것을 바꿀 수 있겠다고" 느꼈다고 설명했다.

또 다른 동시대인은 이렇게 설명했다. "히틀러는 섬세한 지진계처럼 심장의 진동에 반응한다. (…) 그 덕분에 그는 어떠한 의식적인 선물도 전달할 수 없는 확신을 갖고 민족 전체의 가장 은밀한 욕망과 어찌해도 허용되지 않는 본능, 고통과 개인적 반감을 선언하는 확성기 역할을 할 수 있다."

오늘날에는 르 봉과 프로이트가 정신의 작동 방식을 알려주는 최선두 지도자로 간주되는 법이 거의 없다. 그러나 여기, 도취된 자의 표현에서는 그들의 사상이 빛나는 것처럼 보인다.

알퐁스 헤크Alfons Heck는 소년 시절인 1930년대에 나치 집회에 참가한 경험을 떠올리곤 했다. 그는 특별히 히틀러를 좋아하거나 그에게 관심을 갖고 있지는 않았다. 그런데 총통의 연설이 끝났을 때 이 소년은 변해 있었다. "그 순간부터 나는 아돌프 히틀러의 육체와 정신에 지배를 받았다." 헤크가 참가한 집회는 뉘른베르크에서 해마다 열리던 것 중의 하나로, 히틀러의 연설 효과를 조명과 대형 만자 십자상 깃발, 행진 등의 다양한 요소들로 끌어올림으로써 알베르트 슈페어가 "총체 연극total theatre"이라 부른 결과물을 탄생시켰다. 당시 집회 참가자는 그 경험을 다음과 같이 설명했다.

> 그런 것은 한 번도 본 적이 없었다. 넓은 들판이 빛으로 만들어진 강렬한 고딕 성당과 비슷하게 느껴진다. (…) 1만 4,000명의 사람들은 (…) 그 광경에서 눈을 뗄 수가 없다. 우리는 꿈을 꾸고 있는 걸까 아니면 현실일까? 그런 것을 상상하는 게 가능하기는 한가? (…) 깃발 일곱 줄이 대열 사이의 공간 속으로 쏟아져 들어온다. (…) 눈에 들어오는 것이라고는 표면이 금색과 은색으로 빛나면서 선명한 붉은빛으로 파도처럼 출렁이는 흐름이 불타는 용암처럼 서서히 다가오는 모습뿐이다.

"자유의 집회Rally of Freedom"라 불린 1935년 집회를 기록한 영화감독, 레니 리펜슈탈은 다음과 같이 설명했다. "내가 뉘른베르크에서 목격한 것은 (…) 내가 평생 경험한 가장 놀라운 사건 중의 하나이다. 그것은 예술가로서 내가 경험한 그 어떤 것에도 비교할 수 없을 정도로 매력적이고 웅장했다."[6]

히틀러가 신설된 국민계몽선전부를 이용하여 독일의 정신을 정복하기 위해 여러 기관을 조종하기 시작한 것은 독일 수상으로 임명된 직후인 1933년부터였다. 당시 서른여섯에 불과한 나이로 국민계몽선전부 장관에 오른 인물은 히틀러의 충실한 보좌관, 파울 요제프 괴벨스 박사였다. 괴벨스는 대규모로 주의력을 포획하는 방법과 그것으로 할 수 있는 것을 이해하는 데서는 히틀러를 능가했다고 봐도 무방하다.

제3제국의 주의력 사업의 핵심에는 비교적 단순한 생각이 자리 잡고 있었다. 즉 국민 전체에 영향을 미치기 위해 히틀러의 연설이 갖는, 사람을 도취시키는 효과를 키운다는 것이었다. 어쨌든 히틀러의 연설이야말로 당원이 쉰다섯 명에 불과하던 당을 전 세계를 위협하는 나치 운동으로 바꾸어 놓은 요소였으니 말이다. 그들은 그러한 노력에 영적인 차원을 부여했다. 당시 선전부의 기술적인 문제는 집회의 효과를 보여주는 것이었다. 전체 인구가 8,000만 명인데 기껏해야 수십만 명의 당 지지자들에게만 영향을 미치고 있었기 때문이다. 과거의 독재 정권하에서 대중 주의력의 한계는 물리적인 장소의 크기에 의해 규정되었다. 그래서 개선 행진이나 군중대회 등이 외적인 한계에 해당했다. 하지만 선전부는 라디오와 영화를 통해 그런 물리적인 한계를 없애는 방법을 파악할 수 있었고, 수백만 명의 내밀한 공동의 주의력을 붙잡을 수 있게 되었다.[7]

1933년 8월, 괴벨스는 연설을 통해 자신의 우선 과제를 개략적으로 설명했다. 그는 이렇게 말했다. "라디오는 영적 운동과 국가, 사상과 국민을 이어주는 가장 유력하고 중요한 매개체이다." 그렇기 때문에 라디오는 나치 프로젝트의 중심이 되어야 했다. "국가가 한 번 더 세상의 대단한 사건들 속에서 권력의 중심이 될 수 있도록 국민을 하나로 모으겠다고 결심한 정부는 국가의 모든 측면을 국가의 목표에 종속시키거나 적어도 그것들이 국가의 목표를 지지하게 만들 권리와 의무를 동시에 지닌다. 이는 라디오에도 해당한다. 어떤 것이 대중의 의지에 영향을 미치는 데 있어서 그 중요성이 커질수록, 국가의 미래에 대한 그것의 책임도 커진다."[8]

라디오를 이런 식으로 이용할 수 있다는 생각은 괴벨스가 처음 떠올린 게 아니었다. 1920년대와 1930년대에 걸쳐 다수의 국가들이 라디오에 의존하여 나라의 통일과 영감을 홍보했다. 선전의 다른 분야에서와 마찬가지로, 영국은 거의 틀림없이 선구자였다. 1920년대의 BBC는 그때까지 세계에서 가장 발달한 국영 라디오 방송사였다. 그리고 1924년에는 처음으로 조지 5세의 연설을 방송하기 시작했다. 이는 말을 더듬는 조지 6세가 제3제국에 도전하기 위해 국민의 사기를 진작해야 했던 때보다 훨씬 전의 일이었다. 비슷하게, 레닌 정권도 공산혁명 직후에 러시아 라디오를 인수하여 1930년대에 라디오 모스크바Radio Moscow를 지구상에서 가장 강력한 방송국으로 만들었는데, 그들의 주요 관심사가 해외에서 혁명을 조장하는 것이었기 때문이다. 라디오가 발명된 미국의 경우, 방송사는 여전히 민간 소유였고, 가끔 있었던 노변정담을 제외하고는 광고에 이용되었다.

1933년, 제3제국은 영국, 어쩌면 소련까지 뒤쫓고 있었다. 하지만 다른 분야에서와 마찬가지로 제3제국은 어떻게 보면 소련과 서양 양측의 기술을 빌려와 그들의 모델을 빠른 속도로 따라잡고 앞질렀다. 독일의 선전부는 소련과 마찬가지로, 내용에 관한 유일한 결정권을 갖고 프로그램 편성 작업을 일일이 떠맡았다. 프로그램 편성의 책임자였던 괴벨스는 민족 공동체를 만들어내는 올바른 공식은 끊임없는 연설이 아니라 광고 대신 정치적 내용을 간간이 가미한 가벼운 음악 오락물과 "국민의 시간Stunden der Nation"이라 불린 히틀러나 괴벨스의 연설 같은 "간헐적인 대형 행사"를 적절히 조합하는 것임을 간파했다. 그는 서양의 주의력 사업가들이 깨우친 것처럼 한 숟가락의 설탕이면 약이 쉽게 넘어간다는 사실을 깨달았다. 그리하여 국가사회당의 가장 중요한 주제에 노출되는 것이 거의 모든 독일인의 일상생활의 일부가 되었다.

1933년에 책을 낸 미국의 사회학자 맥스 러너Max Lerner의 눈에는 독일 선전부가 미국으로부터 많은 것을 차용한 사실이 명백해 보였다. "민주주의 국가는 (…) 광고 기법과 고압적인 판매 기술, 대담한 저널리즘, 수백만 명의 머리에 동일한 고정관념을 새기는 라디오와 영화를 점차적으로 발전시켰다. (…) 독재 정권들이 민주주의에 가한 가장 저주스러운 타격은 우리의 가장 뛰어난 설득의 기법들과 민주주의에 잠재된, 잘 속는 대중에 대한 경멸을 받아들여 우리에게 찬사를 보내며 그것들을 완성시켰다는 사실이다." 한마디로, 제3제국은 1910년대 선전의 교훈과 1920년대 광고의 교훈을 제대로 흡수해서 자체의 목적에 이용했다.[9]

선전부는 완전한 포섭이라는 목적을 위해 앞에서 언급한 대로 폴크스엠팽어, 즉 "국민 수신기"라는 것을 도입했다. 그 라디오는 평범한 노동자도 쉽게 구입할 수 있는 것이라 널리 판매되었다. 그래서 1942년까지 독일의 라디오 청취자 수는 450만 가구에서 1,600만 가구로 늘어났다. 라디오 보급률 부문에서 영국과 미국에 맞먹는 수준에 오른 독일 권력층은 〈아모스 앤 앤디〉처럼 가정에 친숙하게 접근할 그런 기회를 얻을 수 있었다.

그러나 NBC와 CBS에는 없는 특징이 하나 있었다. 사실 라디오는 무시하거나 끌 수가 있다. 심지어 외국 방송을 청취하는 쪽을 선택할 수도 있다.

그런 문제에 대한 선전부의 해결책은 충성스러운 당원들로 이루어진 펑크바르테, 즉 라디오 감시대라는 지역별 소규모 조직을 구성해 모든 동네 및 아파트 구역별로 사람들이 라디오를 듣고 있는지 확인하는 임무를 맡기는 것이었다. 방송국 국장이었던 오이겐 하다모프스키Eugen Hadamovsky의 증언에 따르면, 라디오 감시대는 당과 국민을 잇는 "살아 있는 교량"으로서, "라디오와 청취자들 간의 인간적인 접촉"을 만들어냈고, 나중에는 감히 다른 출처에서 정보를 찾으려는 사람들을 보고하기도 했다.

독일 라디오 분과는 이 장을 시작할 때 소개한 것과 같은, 온 국민이 활동을 중단하고 라디오 감시대의 지휘에 따라 청취실로 몰려가는 "국민의 시간"을 위해 최대의 노력을 기울이지 않아도 되었다. 예배를 위해 신도들이 모이는 경우와 비슷한 것은 우연이 아니라 "교회 예배의 총체적 경험"에 대한 의식적인 모방이었다. 나치즘이 "정치적 종교"에 해당했는지 여부는 지금도 논쟁의 대상이 되고 있다. 확실히 나치즘은 정치적 종교 이론을 따라가면서 기존의 교회들, 즉 루터파 교회나 정도는 약하지만 가톨릭 교회의 영적 권위를 대신하려고 애썼다.• 대중의 차원에서 이를 성취하는 최고의 수단 중 하나는 종교가 항상 신자들에게 요구해온 것과 비슷하게 정기적이고 강제적인 공동의 관심을 강요하는 방법이었다.[10]

주의력을 강제적으로 요구한 나치 정권의 극단적 조치로 인해 우리는 사

• 《히틀러 신화The Hitler Myth》에서 이언 커쇼Ian Kershaw는 "교회 투쟁Kirchenkampf", 즉 독일 교회를 나치화하려는 제3제국의 노력을 다루고 있다. 그들은 그리스도의 전통적인 가르침에 따라, 혈통과 영토에 대한 새로운 이데올로기를 거부하는 모든 사람들로부터 그런 생각을 몰아내려 애썼다.

람들의 주의력에 대한 통제와 인간의 자유 간의 관계를 생각해보지 않을 수 없다. 자유의 가장 기본적인 유형, 즉 A와 B 중에, 예컨대 초콜릿과 바닐라 가운데 선택하는 자유를 예로 들어보자.

권위주의자들이 자유를 약화시키는 가장 직접적이고 분명한 방법은 특정한 옵션을 제한하거나 단념시키거나 **초콜릿은 안 돼!**와 같이 철저히 금지하는 것이다. 국가는 예를 들어 술 같은 것을 금지할 수도 있는데, 미국이 과거에 한때 그렇게 했고 다수의 이슬람 국가들은 지금도 그렇게 하고 있다. 마찬가지로, 국가는 특정 정당을 불법화하거나 특정 개인들이 관직을 얻고자 하는 것을 금할 수도 있다. 그러나 그러한 방법들은 불완전할 뿐 아니라 노골적이고 거부 반응을 유발한다. 따라서 사람들이 옵션이 있다는 것을 알기 전에 국가가 개입하는 쪽이 훨씬 효과적이다. 이렇게 하면 국가와의 마찰이 덜 생기지만 더 큰 노력, 즉 완벽한 주의력 통제가 필요하다.

자유는 "옵션 세트"의 크기뿐 아니라 어떤 옵션이 있는지에 대한 자각을 설명해준다고 말할 수 있다. 그 자각에는 두 단계가 존재한다. 하나는 개념적인 단계로, 당신이 초콜릿 아이스크림 같은 것에 대해 모른다면, 그것을 요구할 수 없으며, 그것을 먹고 싶은 마음에 중압감을 느낄 일은 더더욱 없다. 두 번째 단계의 자각은 사물들에 대해 개념적으로 알게 된 이후에 생기며, 그 사물들을 실재하는 선택권으로 숙고하는 게 가능해지는 단계다. 나는 인간이 우주에 간 적이 있다는 사실을 안다. 그래서 내가 직접 거기에 가는 쪽을 선택할 수 있다는 생각을 마음에 품을 수도 있지만 우주여행 업체인 버진갤럭틱Virgin Galactic이 비행 시간표를 짜기 시작했다는 사실을 알게 될 때까지는 그저 개념에 불과하다.[11]

더욱 흔히 볼 수 있는 최근의 예를 들어보자. 1990년대에 PC를 매킨토시로 교체하는 일은 타당해 보이지 않았다. 그때 애플은 그 작업을 어떻게 할 수 있는지, 그리고 그렇게 하면 어떤 이득을 얻을 수 있는지 보여주는 광고 캠페인을 벌였다. 얼마 지나지 않아, 매킨토시를 만족스럽게 사용하는 다수의 사람들이 생겼고, 애플의 시장 점유율은 극적일 정도로 상승했다. 잘될 경우에, 그리고 가치 있는 상품을 위해서라면, 광고는 이런 방식으로 인간의 자유를 증진시킨다. 선택권이 존재함을 보여주고 그런 선택권이 실재하는 듯 보이게 만들어주는 것이다. 그러나 광고는 또한 선택권을 보기 어렵게 할 수도 있고 (앞에서 확인했듯이) 거짓 선택권을 제시할 수도 있다. (예를 들면, "이 상품을 사용하라, 그렇지 않으면 당황스런 결과에 고통 받을 것이다".) 어쨌든 광고인은, 독점자가 아니라면, 대개 선택권을 배경으로 삼고 설득의 영역 안에 남는다. 반대로, 진정한 선전은 그 시장과 선택권이 상상할 수도 없고 존재하지도 않는 것처럼 보이게 만들어 그것들 자체를 없애려고 한다. 그토록 강력한 상업광고는 아주 드문 경우에 해당할 뿐이다.

달리 설명하면, 히틀러는 하나의 선택권뿐 아니라 현실에 대한 종합적인 모습까지 판매하고 있었다. 그런 것들을 팔려면, 메시지가 완벽하고 획일적이며 단 한 줄의 균열이나 결함도 없어야 했다. 히틀러의 표현대로, 국가는 "그 국가의 진실에 지속적으로 봉사해야 한다". 왜냐하면 "자기 자신의 선전에 의해 상대편의 정의를 조금이라도 허용하는 순간, 자신의 정의를 의심하는 명분이 마련되기 때문이다". 다른 선택권과 마찬가지로, 다른 관점은 이 체계에서 설 자리가 없었다. 이 체계 안에서 개인의 목적과 생각은 민족 공동체를 따라가며 전체의 목적과 생각에 포함되었다. 이 자체가 일종의 당근 역할을 할 수 있다는 생각은 자유주의적 이상주의에서는 종종 길을 잃는다. 자유주의적 이상주의는 선택권에 대해 인간이 바치는 헌신을 과대평가하는 경향이 있기 때문이다. 선택권은 개인의 자유의 초석일 수 있지만 인류의 역사가 보여주듯이, 뭔가 더 중요한 것에 몸을 맡기고 자기 자신을 초월하려는 욕구는 절박한 수준을 넘지는 못할지라도 비교적 절박할 수 있다. 가장 위대한 선전주의자와 광고인들은 늘 이 점을 알고 있었다.

나치 선전부는 완벽한 주의력 통제를 통해, 선택의 효력이 아니라 그보다 더 중요한 무언가와 그것에 몰두하는 영광에 귀속되는 새로운 믿음을 선전할 수 있었다. 괴벨스는 1933년에 이렇게 썼다. "혁명을 일으키는 방법은 두 가지가 있다. 먼저 상대가 기관총을 가진 사람들의 우위를 인정할 때까지 기관총으로 상대편을 난사할 수 있다. 이것은 가장 간단한 방법이다. 다음은 정신의 혁명을 통해 하나의 국가를 바꾸어놓을 수 있다. 상대를 몰살하는 게 아니라 내 편으로 끌어들이는 방법이다." 그는 논쟁에서 이긴다는 의미가 아니라 개인의 사상과 그 사상에 상충하는 충동들 전부를 사실상 바꾸어놓는다는 의미로 이렇게 말했다. 괴벨스는 다음과 같이 덧붙였다. "우리는 자유민주주의적 사고를, 국민 전체를 포함하는 공동체 의식으로 바꾸어놓기를 원한다."[12]

제3제국의 선전은 대단히 극단적이었고, 그 조작법은 상당히 노골적이고 파괴적이었으며, 실행자들은 상당히 비열했다. 그 결과로 그들의 선전은 20세기의 나머지 시간 내내 깊은 인상을 남길 수밖에 없었는데, 제1차 세계대전 당시 영국과 미국의 캠페인보다 훨씬 더 큰 영향을 남겼다. 즉각적인 여파로 마치 세 가지의 완전히 다른 교훈이 도출된 것 같았는데, 하나는 (동독을 통제한) 소련에 의해, 두 번째는 서독에 의해, 세 번째는 미국을 포함한 이전 연합국에 의해서였다.

앞서 언급한 바와 같이, 전쟁 전 소련의 언론은 국가에 의해 통제받았고,

몇 가지 면에서는 나치가 그들로부터 배운 게 있었다. 전쟁이 끝난 뒤 소련은 나치에게서 받은 찬사를 되돌려주는 행보를 취했다. 스탈린을 비롯한 소련공산당 정치국 위원들은 소련의 선전이 더 대대적인 규모로 작용해야 한다고 결론 내렸다. 독일이 진정으로 두루두루 영향을 미친다는 것이 어떤 의미인지 보여주었기 때문이었다. 전쟁 중에 국민을 동원하는 데 이용되었던 라디오 방송 선전은 계속되었고 텔레비전으로 보완되었다. 소련은 조직적 기술 수준이나 정신 수양 면에서는 나치의 완벽한 맞수가 될 수 없을 것이었다. 아마도 그런 것이 마르크스 유물론의 한계인 듯하다. 그럼에도 불구하고, 이후 수십 년 동안 그 국가는 상당히 자극적인 단일의 진실을 수립하기 위해 애쓰면서 어떤 정보가 통용될 수 있는지를 결정하게 된다.

나치 국가라는 불명예에 정신을 차린 서독은 정반대의 극단을 택했다. 산산조각 난 독일 재건에 나선 연합국 측 점령국들은 독일이 나치의 지배를 불러온 그런 종류의 주의력 통제를 다시는 경험해서는 안 된다는 단호한 입장이었다. 그래서 그들은 정부나 기업의 선전에는 전혀 적합하지 않은 방송 기반을 다시 세웠다. 라디오와 텔레비전 모두 지방으로 분산되었고, 방송국은 독립적인, 비영리 지역 방송국들로 분해되었다. 방송은 독립성을 유지하기 위해 지방자치단체를 포함하여 모든 가구와 기관이 지불하는 수신료로 재원을 공급받았다. 따라서 재정적으로 상업방송에 의존할 때 발생되는 부당한 영향력(미국의 경우와 같은)이나 그보다 더 강력한 영향력을 가진 국가 보조금(영국의 경우와 같은)을 피할 수 있었다.

미국과 서유럽의 다른 지역에서도 비슷한 교훈이 도출되었지만, 당연히 패하지 않은 국가들에서는 그런 교훈이 완벽하게 새겨질 수 없었다. 그런 국가들의 경우 처음부터 새롭게 시작할 필요를 못 느꼈기 때문이다. 대부분의 서양 열강들은 국가가 주도하는 대규모의 선전 사업에는 확실히 반대하는 입장이 되었는데, 최초의 창시자이고 혁신가였던 영국과 미국까지도 그랬다. 이후에 지속된 노력은 해외 공산주의의 위협을 막거나(자유유럽방송Radio Free Europe 등) 화재를 예방하거나(스모키 베어Smokey Bear 광고 등) 마약 중독의 위험성을 경고하는 등의 명확한 공익 문제에 집중되었다. 한편, 한때는 기업 홍보를 다룬 에드워드 버네이스의 책 제목으로 이용될 만큼 충분히 중립적이거나 긍정적인 의미를 지녔던 "프로파간다(선전)"라는 단어가 확실한 경멸어가 되었다. 그리고 같은 기간, 즉 1950년대 내내, 미국의 수정헌법 제1조가 처음으로 살아 움직이며 표현의 자유에 대한 정부의 권한을 심각하게 억제하는 수단으로 사용되기 시작했다는 점은 분명 우연이 아니다.

그러나 공식적인 선전이 불명예의 범주에 빠졌지만, 선전의 상업적 사촌인 광고는 그런 영향을 전혀 받지 않았다. 어떻게 보면, 매체를 통해 메시지를 전달하던 정부의 전시 활동이 중단되자, 실제로 사업의 이해관계자들에게 더 많은 기회가 열렸다. 그들은 이전의 세계대전이 끝난 직후에 그랬던 것처럼 공백을 메워주었다. 전쟁이 끝난 뒤 상업적 방송사들은 중앙 집중화한 통제의 힘과 광고 수익이라는 영속적인 유혹 모두를 향유하게 된다.[13]

잘못될 게 뭐가 있겠는가?

10

절정으로 치닫는 주의력 사업, 미국 스타일

다시 미국으로 돌아와서, 전쟁이 끝난 뒤 미국의 모든 시선은 라디오 이래로 가장 새롭고 가장 흥미로운 발명품인 텔레비전으로 향했다. 그리고 1950년 새 닐슨 시청률이 새로운 환경을 공식화했다. NBC가 시청률 상위 다섯 개 프로그램을 독점하며 그 새로운 매체를 지배한 것이다.

〈텍사코 스타 극장Texaco Star Theater〉
〈노변 극장Fireside Theatre〉
〈필코 텔레비전 플레이하우스Philco Television Playhouse〉
〈쇼 중의 쇼Your Show of Shows〉
〈콜게이트 코미디 아워Colgate Comedy Hour〉

화요일 저녁 7시, 텔레비전이 있는 1,000만 가구 중 61.6퍼센트가 〈텍사코 스타 극장〉에 채널을 고정시켜놓았다. 이 프로그램은 네 명의 "행복한 텍사코 남자들(스스로 그렇게 불렀다)"이 "오늘 우리는 연예인일지 모르지 / 내

일은 당신의 자동차를 정비하고 있을 거야"라는 귀에 쏙 들어오는 후렴구를 부르며 시작했다. 프로그램 진행자는 여장을 한 전직 연예인, 밀튼 버얼Milton Berle이었다. 그는 자기 자신을 "미스터 텔레비전Mr. Television"이라 불렀고 그만의 유머는 목표를 높게 잡지 않았다.[1] 버얼은 텍사코 남자들에 뒤이어 이상한 옷을 입고 커튼을 밀어젖히며 등장했다. 인기 가수 겸 영화배우 카르멘 미란다Carmen Miranda든 신데렐라든, 자신보다 작은 조수 팻소 마르코Fatso Marco의 에스코트를 받는 웨딩드레스 차림의 신부든, 대개는 여장을 했다. 이후의 구성은 연달아 터지는 버얼의 유명한 재담으로 넘어갔다.

NBC와 버얼은 텔레비전 프로에 특별히 높은 기준을 세우지 않았다. 그러나 일찍이 1923년에 이 매체의 중요성을 예언한 NBC의 대군주 데이비드 사노프에게 시청률 싹쓸이는 대단한 승리가 아닐 수 없었다. 훗날 "선발주자의 이점first mover advantage"이라 불리게 되는 것의 확고한 신봉자였던 그는 1930년대 내내 텔레비전을 지배하는 것이 NBC와 (텔레비전 수상기를 만드는) RCA 모두에게 지극히 중요해질 것이라고 판단했다. 세계대전은 끝났지만, 텔레비전 전쟁은 막 시작된 셈이었다. 그래서 사노프는 (내부 문서를 통해) 자신을 데이비드 사노프 "장군"이자 "텔레비전의 아버지the Father of Television"•라 부를 것을 종용했다. 한편, 윌리엄 페일리는 라디오가 여전히 주된 역할을 할 것이라는 희망 섞인 생각으로 전후 시대를 시작했다. CBS의 신통치 않은 시청률은 이런 무성의를 반영하는 것이 분명했다. 그러나 그의 생각이 잘못된 것으로 드러나더라도, 그는 중거리 주자의 마음가짐을 유지하는 사람이었다. 빨리 스타트하는 것보다는 1등으로 골인하는 것에

• 개인적으로 텔레비전의 실제 발명가들을 파산시키고 파멸시켰다는 사실이 "텔레비전의 아버지"라는 별명의 유일한 근거였다는 점에서 이 표현은 특히나 아이러니하지 않을 수 없었다. 《마스터 스위치》 10장 참조.

신경 쓰는 사람이었다는 뜻이다. 뒤따라가면서 형세가 저절로 드러나기를 기다리는 편이 늘 리스크가 적었다. 그렇게 페일리는 사노프가 기본적으로 방송을 잘못 이해하고 있다고 여전히 믿으면서도 자신과 자신의 통찰력 있는 프로그램 편성 팀이 기회가 오면 NBC의 우위를 무너뜨릴 수 있다고 확신했다. 1950년대 내내 이들 사이에서 이어질 경쟁은 "두 번째 스크린"인 "텔레비전"이 어떤 모양새를 갖출지 규정하게 된다.

스크린이 모든 가족의 집으로 옮겨 간 것은 주의력 산업의 역사와 그것이 사람들에게 미친 영향력 면에서 무엇에도 견줄 수 없는 의미를 지닌 사건이었다. 포스터는 늘 일종의 견본이었다. 그러나 영화관에 설치된 최초의 진짜 스크린은 외견상 주의를 사로잡는 마법과도 같은 힘을 갖고 있었다. 심리학자인 휴고 뮌스터버그Hugo Münsterberg는 1916년 이렇게 썼다. 영화 팬들은 "자신의 개인적인 에너지를 휘젓는 보다 날카로운 특색을 갖추고 세상을 살아가는 것 같은 느낌"을 받는다. "사랑과 증오, 고마움과 부러움, 희망과 두려움, 연민과 질투, 후회와 사악함, 그리고 모든 유사한 조잡한 감정들은 (…) 삶에 대한 사적 느낌을 강화 및 흥분시키고 인간의 마음 깊숙한 곳을 휘젓도록 크게 부추긴다."[2]

신경과학자라면 영화가 늘 인간의 '거울 뉴런'을 활성화시키는 능력을 입증해왔다고 말할지도 모른다. 거울 뉴런은 우리가 직접 어떤 행동을 하건 누군가가 그렇게 행동하는 것을 보건 관계없이, 똑같이 활성화된다고 알려진 뇌세포이다.[3] 어떤 이미지가 뇌가 본 것과 똑같다고 생각될 정도로 사실에 가까울 때도 이런 현상은 발생한다. 어쩌면 이것이 현대의 기준으로 봐도 텔레비전이 그토록 빠른 속도로 확산된 이유를 부분적으로 설명해줄 것이다.

초기 모델은 지나치게 비쌌다. 나무로 된 캐비닛에 브라운관을 앉힌 모델이 현재 물가로 5,000달러에서 2만 달러에 달했다. 따라서 대부분의 사람들은 술집에서 처음 텔레비전을 봤다. 그러나 1950년에 불과 9퍼센트였던 텔레비전 보유 가정이 1956년에는 72퍼센트가 되었다. 그렇게 사적인 공간에 자리를 잡으면서 텔레비전은 곧바로 시간을 집어삼키기 시작했고, 급기야 1950년대가 끝날 무렵에는 하루 중 다섯 시간 정도가 텔레비전 시청에 소비되면서 흥분과 현혹, 두려움의 혼재를 유발했다.

텔레비전 자체가 신기한 데다가 제공되는 프로그램도 제한적이었던 탓에 초기의 시청자들은 변덕스럽게 채널을 옮겨 다니지 않았다. 당대의 기록들은 깊이 빠져드는 영화 감상의 경험과 훨씬 더 가까운 무엇을 암시한다. 실제로 사람들은 대개 시청을 위해 불을 껐고 보는 중에는 대화도 거의 혹은 전혀 나누지 않았다. 채널을 바꿀 때만 한 사람이 움직일 뿐이었다. 1950년에 한 여성은 이렇게 말했다. "우리는 경이로움에 휩싸인 채 음식을 흘리며 침묵하고 저녁을 먹었다. 우리는 몇 시간 내내 어둠 속에서 한 마디 대화도 없이 앉아 있는 것을 아무렇지도 않게 생각했다. 유일하게 나오는 말은 '누구 좀 가서 저놈의 전화 좀 받아'였다."[4]

지금까지 우리는 모든 주의력을 어느 정도 똑같은 것으로 취급해왔다. 그것이 복잡한 주제를 다루는 합리적인 방법이기 때문이다. 그리고 주의력을 사로잡는 모든 게 우리의 마음에 똑같은 방식으로 들어오는 한, 모두 다 같은 것으로 취급해도 무방하기 때문이다. 그러나 당연히 주의력의 '질質'에는 차이가 있다. 머리 위로 비행기 한 대가 날아가는 것을 지켜보는 상황은 영화에 빠져드는 경우만큼 사람을 사로잡지 않는다. 교수가 횡설수설하는 소리에는 건성으로 귀 기울일 수 있지만, 연인의 청혼 소리에는 귀가 번쩍 뜨이기 마련이다. 가장 기본적인 경계선은 '일시적인' 주의와 '지속적인' 주의 사이에 그려지는데, 전자는 빠르게 피상적으로 종종 부지불식간에 유발되는 한편, 후자는 오래도록 유지되며 깊이 있고 자발적이다. 논의의 목적에 중요한 것은 사람들에게 물건을 파는 행위가 주로 전자, 즉 일시적인 주의에 의존한다는 사실이다. 주의력 사업가는 일시적인 주의를 이용하여 번창하지만, 우리의 행복은 두 가지 주의의 균형을 유지하는 데에 달려 있다.

영화 스크린의 흡인력이 가정으로 옮겨졌을 때, 이미 그것이 엄청난 힘이 되거나 아무런 의미도 없는 힘이 될 수 있음을 간파한 사람들이 있었다. 소설가 칼더 윌링햄Calder Willingham은 이렇게 지적했다. "그것은 또한 인생 그 자체를 쳐다보는 거대한 눈과 거의 비슷하다. 그래서 창조하는 예술가와 지지하는 시청자가 있다면, 예술계에서는 절대로 성취해본 적이 없는 대단한 영향력과 규모를 갖춘 명작을 전달하는 매개물이 쉽사리 될 수 있다. 그런데 바로 이러한 이유로 그것은 역사상 최악의 문화 아편제가 되어 모든 재능 있는 사람들을 사들여 타락시키고 국민의 감성을 완전히 타락시킬 수도 있다. 모든 것이 텔레비전을 어떻게 이용하는가에 달려 있다."[5]

텔레비전이 모은 주의력은 실로 어떻게 이용되었는가? 이후의 10년은 이 질문에 대한 답을 제공하기 시작한다.

NBC는 시청률에서 우세했지만, 라디오에서 NBC의 발목을 잡았던 바로 그 프로그램 편성상의 약점 때문에 힘겨워하고 있는 게 분명했다. 사노프가 콘텐츠에 무관심한 것이 주된 이유였다. 페일리와 그의 프로그램 편성 팀은 전에도 통했던 전략, 즉 CBS를 더욱 수준 높은 대안으로 홍보하는 전략으로 공격을 개시했다. 최고 중의 최고를 공급한다는 이른바 티파니 네트워크를 전면에 내세운 것이다.

NBC의 나태한 접근법은 〈카멜 뉴스 캐러번Camel News Caravan〉의 예에서 전형적으로 나타났다. 15분짜리 〈캐러번〉 뉴스 쇼의 진행자는 전직 배우인 존 캐머런 스웨이즈John Cameron Swayze였다. 대개 진행자가 헤드라인을 소리 내어 읽는 가운데 극장용으로 제작된 뉴스 영화를 틀다가 마지막에 진행자가 자신의 트레이드마크 같은 "여러분, 이야기는 이랬습니다"라는 멘트로 끝내는 형식이었다. 이는 포키 피그Porky Pig(워너브라더스의 만화영화에 나오는 낙천주의 돼지-옮긴이)가 사용한 멘트와 거의 똑같았다.[6] 이 프로그램은 깊이가 없었을 뿐 아니라 카멜 담배 브랜드의 소유주인 R. J. 레이놀즈컴퍼니R. J. Reynolds Company의 성가신 검열과 지시도 받아야 했다. 이 후원사는 낙관적인 뉴스를 선호했고, 축구(남성 시청자를 위해)와 패션(여성 시청자를 위해) 뉴스를 주로 다루라고 지시했다. 또한 그들은 놀랍도록 상세하게 언어 규범을 적시하여 전달했는데, 실제로 살아 있는 낙타나 "금연" 표지판은 말할 것도 없고 경쟁 관계에 있는 브랜드나 파이프, 시거 등을 보여주거나 언급하는 것을 금했다. 1952년 〈리더스다이제스트Reader's Digest〉가 최초로 담배와 암을 연관 짓는 기사를 보도했을 때, 웬일인지 이후에 이어진 언론의 대소동은 〈카멜 뉴스 캐러번〉에 전혀 영향을 미치지 못했다. 한 작가는 다음과 같이 설명했다. "카멜은 원하는 대로 얻었다. (…) 그들이 돈을 그 정도로 많이 지불했다는 뜻이다."[7]

누가 해도 그보다는 잘했을 터라, CBS는 곧바로 〈CBS 텔레비전 뉴스CBS Television News〉(나중에 CBS 이브닝뉴스로 타이틀이 바뀐다)로 뉴스 보도 부문의 선두로 나섰다. 또한 1951년, CBS 라디오의 스타 에드워드 머로가 텔레비전에 합세했다. 목소리로만 그를 알았던 시청자들에게는 놀랍도록 반가운 소식이 아닐 수 없었다. 그의 첫 프로그램, 〈시 잇 나우See It Now〉는 또 다른 전설적인 인물 프레드 프렌들리Fred Friendly가 제작을 맡았고, 전에 없던 새로운 무언가를 제공했다. 카리스마 넘치는 머로가 나른하게 담배를 피우며 한 주간의 뉴스에 대한 분석을 동영상과 함께 비판적인 시각으로 전달하는 형식이었다. 〈뉴욕타임스〉는 이 새로운 경쟁자를 너그럽게 칭찬했다. 아직 그 경쟁의 심각성을 온전히 인식하지 못해서 그랬는지도 모른다. "저널리즘의 도구로서 텔레비전이 가진 힘을 놀랍도록, 압도적으로 증명해주었다. (…) 감정적인 영향력과 감수성, 극적인 요소를 담은 이 해설자의 30분짜리 주간 뉴스 리뷰 프로그램은 모든 면에서 감명 깊은 업적이었다."[8]

〈시 잇 나우〉는 1954년에 방영한 시리즈로 저널리즘 역사에서 유명해졌는데, 그럴 자격이 충분했다. 당시 방송에서 머로는 조셉 매카시Joseph McCarthy 미국 상원의원이 야기한 '빨갱이' 공포, 즉 미국 정부를 비롯한 여러 기관에 공산주의자들이 포진해 있다며 끊임없이 조사를 벌이던 그 광적인 행태에 이의를 제기하기로 결심했다. 이는 널리 그리고 제대로 대단한 용기로 받아들여졌다. 매카시가 복수심이 강한 자라 실제로 CBS를 무너뜨리려고 애쓸 것이 뻔했기 때문이다. 그러나 머로는 그를 마녀 사냥꾼이자 약자를 괴롭히는 인물로 부각시키는 데 성공했다. 이는 부분적으로 텔레비전이라는 매체가 가진 힘 덕분이었다. 머로를 차분하고 신뢰할 만한 인물로 보이게 만든 바로 그 화면이 매카시는 기이하고 소심한 타성에 젖은 괴물처럼 보이게 만들었다.[9]

이 이야기에는 시간이 지나면서 점점 더 명확해진 다른 차원의 문제가 있다. 매카시는 기본적으로 20세기의 전형적인 정부 선전원이었다. 크릴이나 무솔리니, 또는 괴벨스처럼 매카시도 힘을 결집시키기 위해 어렴풋이 보이기 시작하던 외세의 위협을 이용하여 경계 집단(주로 공산주의자, 하지만 동성애자도 해당했다)에 대한 증오감을 부채질했다. 머로와 CBS는 그의 정체를 폭로함으로써 자신들의 용기뿐 아니라 공식적인 선전을 좌절시킬 수 있는 민간 부문의 힘, 특히 주의력 산업의 능력을 증명해냈다. 이전에는 결코 일어난 적 없는 일이었다. 그리고 같은 시기에 대법원은 표현의 자유를 통제하려는 정부를 견제하는 수단으로서 수정헌법 제1조를 서서히, 그리고 점진적으로 재발견해냈다.*

한편, NBC는 후원사가 없는 자체 뉴스 프로그램에 투자하는 방법으로 경쟁사들에 대응했다. 이번 프로그램은 〈헌틀리-브링클리 리포트The Huntley-Brinkley Report〉라 불렸다. 하지만 페일리는 공익 방송 서비스를 제공하는 데는 전혀 관심이 없었다. 여전히 그는 NBC가 차지하고 있는 시청자를 빼앗아 오기만을 바랐다. 그리고 1952년에 그는 노다지를 찾아냈다.

루실 볼Lucille Ball은 그다지 크게 성공하지는 못한 마흔 살의 라디오 및 B급 영화의 배우이자 페일리의 친구였다. 그녀의 라디오 프로그램 〈내 맘에 쏙 드는 남편My Favorite Husband〉이 필립모리스Phillip Morris가 후원사로 붙고 텔레비전으로 옮겨지면서 〈왈가닥 루시I Love Lucy〉가 되었다. 월요일 저녁 9시에 방영된 이 프로그램은 전파를 타자마자 히트를 쳤다. 방송을 탄 지 1년 만에 밀튼 버얼을 따라잡고 닐슨 시청률 1위 자리를 차지했다. 1953년, 〈왈가닥 루시〉는 평균 71.3퍼센트라는 놀라운 비율의 시청자를 끌어모았고, 전체 시즌의 평균 시청률은 지금도 깨지지 않은 기록으로 남아 있다.

* 대법원의 진전 과정은 당연히 평탄하지 않았다. 대법원은 1940년대에 테일러 대 미시시피 주 사건(1943) 등에서 제1조 보호를 강화했다. 그러나 제1조는 대법원이 1951년 데니스 대 미합중국 사건에서 공산당 지도자들이 정부 전복을 의도했다는 전제에 근거하여 그들의 체포와 유죄 선고를 확인해줄 정도로 여전히 미약했다. 1950년대 중반에 이르러서야 그러한 입장은 유연해졌고, 공산주의자들에 대한 유죄 판결은 예이츠 대 미합중국 사건(1957)에서처럼 뒤집히고 있었다. 데니스 사건은 1969년에 기각되었다.

때로 5,000만 명이 넘을 정도로 많은 시청자가 그 프로그램에 매력을 느낀 이유는 다들 동의하듯 루실 볼 본인 때문이었다. 이 프로그램은 연속적인 실수가 중심 내용이었다. 연예계에서 어떻게든 성공하길 바라는 루시는 일단 발을 들여놓으려고 그 어떤 우스꽝스러운 일도 마다하지 않지만 이런저런 이유로 그녀의 계획은 늘 실패한다. 극 중의 계획은 실패했지만, 볼의 연기는 굉장한 구경거리로 멋지게 성공했다. 텔레비전이라는 매체는 그렇게 개성 있는 인물의 무대가 되어주었다.

정신없는 밀튼 버얼에 대한 응수로 더욱더 믿기 힘들었던 경우는 CBS 프로그램 편성 팀이 뉴욕 〈데일리뉴스Daily News〉의 가십 칼럼니스트인 무표정하고 어설픈 에드 설리번Ed Sullivan을 찾아냈을 때였다. 그의 프로그램(처음 제목은 '토스트 오브 더 타운The Toast of the Town'이었다)은 출발부터 불안했다. 실수라곤 할 줄을 모르던 페일리조차도 첫 방송을 보자마자 설리번은 임시로 쓰고 적임자를 찾아낼 것을 종용했다. ("재주꾼이 아닌 사람"을 확실히 알아봤던 그는 "에드는 아무것도 하지 않는다. 하지만 텔레비전에서 아무것도 안 하는 것을 그보다 더 잘하는 사람은 없다"라는 명언을 남겼다.) 그러나 설리번의 장기는 카메라로 촬영될 때의 모습이 아니었다. 그보다는 페일리의 경우와 마찬가지로 그의 인맥과 다른 사람들의 재능을 알아보는 눈이었다. 그렇게 그의 프로그램은 점점 인기를 얻더니 결국엔 일요일 저녁 프로그램 중에서 압도적인 시청률 1위에 등극했다.

그렇게 CBS와 페일리는 방송계를 잠식해 들어갔고, 마침내 1955년 이 후발 세력은 NBC의 우위를 무너뜨렸다. 그 과정에서 페일리의 사생활이 다소 희생된 것도 아니었다. 1947년, 그는 〈보그Vogue〉지 작가이자 패션 아이콘인 "베이브" 쿠싱 모티머"Babe" Cushing Mortimer와 재혼했다. 디자이너 빌리 볼드윈Billy Baldwin은 그녀에 대해 이렇게 말했다. "너무 아름다워서 볼 때마다 처음 보는 것처럼 새롭다." (오늘날에도 베이브 페일리는 "여자는 아무리 날씬해도, 아무리 부유해도 지나치지 않다"는 유명한 말로 기억된다.) 두 사람은 세인트 레지스 호텔에 보금자리를 마련하고 주말에는 롱아일랜드에서 친구들과 시간을 보냈다. 부부의 친구들은 작가, 여배우, 그리고 여타의 인생을 즐기는 사람들로 늘어났는데, 주로 창조 계층의 유명인들이었다.

페일리와 CBS는 땀 흘려 노력하지도 않고 5년 만에 NBC를 추월하는 일을 또다시 해낸 셈이었다. 하지만 이번만큼은 사노프도 우아한 패배에 만족한 채 머물지 않았다. 1953년, 그는 스타급 프로그램 편성자를 임명한 뒤 총력전을 펼칠 수 있도록 그에게 전권을 부여했다. 데이비드 핼버스탬은 훗날 이렇게 썼다. "그토록 어리석은 무기로, 그토록 치열한 경쟁이 벌어진 적은 결코 없었다."[10]

우리는 1950년대 중반이라는 이 시기에 "주의력 수확의 절정"에 달했다고 말할 수 있다. 이 표현으로 나는 뭔가 상당히 구체적인 것을 말하고 있다. 역사상 비정상의 시기, 즉 전례가 없었고 결국엔 흩어지게 되는 이 시기는 정기적인 주의력이 과거와 미래를 통틀어 같은 시각, 같은 메시지에 가장 많이 쏟아진 때였다. 이 현상은 하나의 행사와도 같은 프라임 타임의 등장과 텔레비전의 신기함, 산업 집중이 합쳐지면서 발생한 결과였다. 이 세 가지가 모두 합쳐지면서 자유 진영에서는 과거 파시스트 정권과 공산주의 정권에서만 가능했던 대규모 청중이 일상적으로 형성되었다. 이러한 주의력의 절정은 CBS, NBC 그리고 종내에는 ABC까지 차례를 바꿔가며 한 번에 6,000만 또는 7,000만 명이라는 대단한 규모의 시청자층을 확보함에 따라 1970년대까지 계속된다. 그럼에도 절정의 주의력 가운데서 최고조에 이른 때는 정확한 날짜로 지정할 수 있다. 바로 엘비스 프레슬리Elvis Presley가 CBS의 〈에드 설리번 쇼Ed Sullivan Show〉에 처음 출연한 1956년 9월 9일 일요일이었다. 이날의 시청률은 82.6퍼센트(현재의 절반 정도였던 당시 미국 인구에서)였고, 아직까지 타이기록이나 신기록이 생성된 바 없다.

상당히 많은 미국인들, 때로는 과반수에 이르는 미국인들이 똑같은 프로그램을 시청하고, 정확히 같지는 않더라도 약간 변형된 동일한 주제, 혹은 동일한 정보에 매일 노출됨에 따라, 일종의 수렴 현상이 불가피하게 발생했다. 모든 사람들이 말없이 앉아 "똑같은 자극과 영향을 받고, 똑같은 관심사에 집중하고, 똑같은 감정을 경험하고, 대개는 거의 같은 종류의 반응이나 생각을 갖게 되어, 똑같은 신화에 참여하곤 했다. 그리고 이 모든 일이 동시에 발생하곤 했다".[11] 선택할 채널이 세 개가 있다는 사실은 거의 중요하지 않았다. 광고사 임원이었다가 사회운동가로 변신한 제리 맨더Jerry Mander는 이렇게 지적했다.

> 그것은 마치 국민 모두가 무대가 세 개로 나뉜 대규모 원형 서커스장에 모여 있는 것 같았다. 자전거 묘기를 보는 사람들은 자신들의 경험이 고릴라나 불 쇼를 보는 사람들의 경험과 다르다고 믿었다. 하지만 모두가 서커스장에 있는 것은 매한가지였다.
>
> 여기서 없는 것은 군중의 감정 고양, 즉 다수가 한자리에 모여 공통의 경험에 깊이 빠질 때 느껴지는 흥분이었다. 우리 모두가 각자의 거실에서 보고 있었기 때문에, 함께 경험하는 것에 대해 어떠한 반응도 주고받지 못하는 격리 방음실에 앉아 있는 것 같았기 때문이다. 모두가 같은 시간에 같은 묘기에 빠졌지만, 우리는 따로 그렇게 하고 있었다. 얼

마나 기이한 상황인가![12]

1950년대는 순응의 10년으로 기억될 것이다. 그 이유는 여러 가지가 있고 복잡하겠지만, 가장 핵심적인 이유, 즉 텔레비전 덕분에 역사적으로 이례적일 정도로 주의력이 포획되었다는 사실과 함께 그렇게 주의력을 획득하기 위해 만든 재료가 다 똑같았다는 사실은 빼놓을 수 없다. 물론, 강요에 의해 시청한 것은 아니었다. 앞에서 말했듯이, 채널이 세 개 있었고, 파시스트적인 "텔레비전 감시대"도 없었다. 그렇지만 시청률 1위 프로의 우월성을 고려하건대, 대부분의 미국인들은 실로 동일한 프로그램과 동일한 광고를 시청하고 있었다.

이 역시 모종의 선전 활동이었을까? 분명 그것은 그런 식으로 경험되지 않았고, 그 차이는 무척 중요하다. 어쨌든 텔레비전 시청은 사람들이 자진해서 하는 것이었으니까 말이다(모두가 똑같은 선택을 했더라도). 그리고 그 매체는 국가가 아니라 민간 기업들이 운영했다. 그들의 목표는 정치적이 아니라 상업적인 것이었다. 물론 〈왈가닥 루시〉 같은 프로그램이 잘 드러나지는 않지만 근원적인 사회적 어젠다를, 적어도 사회적 이데올로기를 갖고 있다고 주장하는 사람들도 있었다. 그러나 우리가 기억해야 할 것은 '루시'나 다른 인기 프로는 미끼에 불과했다는 것이다. 설득 작업은 다른 형태로 등장했다. "텔레비전 광고"로 알려지는, 세상에 처음 나온 형태였다.

"고객은 멍청이가 아니다. 그녀는 당신의 아내다." 1955년에 데이비드 오길비는 미국 광고사 경영자들이 새로이 갖게 된 쾌활한 사고방식을 당시의

일상어로 이렇게 표현했다.[13] 1930년대 내내 망하기 직전까지 간 광고는 제1차 세계대전 이후 그랬던 것처럼 새로운 매체와 전후에 회복된 소비자 지출의 최고 수혜자가 되어 있었다. 1920년대처럼 특정 기업들이 개별적으로 부자가 된 것은 아니었지만, 1950년대는 광고 산업의 황금시대를 맞이하고 있었다. 광고비 지출이 1950년 13억 달러에서 1960년에 60억 달러로 네 배가 증가했다. 현재의 가치로 환산하면 대략 115억 달러에서 540억 달러 수준으로 증가한 셈이다. 이제 제자리로 돌아온 광고는 텔레비전에 의해 수확된 미국의 풍족한 주의력을 먹고 살기 시작했다. 사실 다른 모든 사업도 똑같이 그랬기 때문에 그것은 공평하게만 보였을 게 분명하다.

뉴욕에서 이 새로운 산업의 화신으로 등장한 이는 로서 리브스Rosser Reeves였다. 버지니아 출신으로 술을 많이 마시고 적극적 판매를 신봉했던 리브스 역시 목사의 아들로, 텔레비전 광고의 선구자로 이름을 떨쳤다. 최초의 광고는 원시적이었다. 당시에는 만화가 흔했고, 인쇄 광고 부문에서 최고의 기법을 들여오는 것만으로도 충분했다. 리브스는 어떤 특징적인 요소가 소비자를 위해 뭔가 특별한 것을 해준다는 주장으로 상품을 판매하면서 스스로 방송계의 클로드 홉킨스임을 증명해보였다. 한때 "리즌 와이" 광고라 불리던 방식은 리브스에 의해 "고유 판매 제안unique selling proposition"• 으로 재탄생했다. 놀라울 것도 없이, 이 방식은 의약품 광고에서 가장 효과가 좋았다. 리브스의 아나신Anacin 진통제 텔레비전 광고는 어떤 사람의 머리 안에서 망치로 두들기는 모습을 보여주면서 그 고유한 방식에 기초하여

• 이 개념은 세 가지 조건을 따랐다. 첫째, 광고는 그 상품이 어떤 특정한 혜택을 제공한다고 제시해야 한다. 둘째, 그 제안은 경쟁사들이 제공할 수 없고, 제공하지도 않는 유일한 것이어야 한다. 셋째, 그 제안은 당신의 상품을 사용하거나 당신의 상품으로 바꿀 수 있도록 대중에게 영향을 미쳐야 한다. 더 많은 내용을 알고 싶다면, Rosser Reeves, *Reality in Advertising* (New York: Alfred A. Knopf, 1961) 참조.

"빠르고, 빠르고, 빠른 진통 효과"를 약속했다. 엠앤엠즈M&M's의 "당신의 손이 아니라 당신의 입에서 녹습니다"라는 카피에서 알 수 있듯이, 리브스는 심지어 초콜릿조차도 어떤 문제에 대한 해결책으로 판매하는 방법을 찾아냈다.[14]

브랜드 중심의 보다 부드러운 광고 방식은 레오 버넷Leo Burnett에 의해 전형적인 모습을 찾으며 되돌아왔다. 시카고 출신의 광고인 레오 버넷은 캐딜락에 입사해 시어도어 맥매너스 밑에서 일하면서 따뜻한 연상을 주는 기법을 배웠다. 버넷의 개인적인 장기는 브랜드 마스코트를 개발하는 것이었는데, 그 부분에서는 견줄 사람이 없을 정도였다. 그는 전에는 무서운 식인 거인으로 인식되던 졸리 그린 자이언트Jolly Green Giant를 인정 많은 친구, 즉 풍요와 보호의 신으로 바꾸어놓았다. 그는 이런 마스코트에 대해 "우리 중 어느 누구도 우호적인 친숙함의 빙하 같은 힘을 과소평가할 수 없다"고 설명했다. 필즈버리 도우보이Pillsbury Doughboy 역시 그의 작품이었다.[15] 켈로그의 시리얼 광고에서는 토니 더 타이거Tony the Tiger가 식사하는 사람을 대신하는 일종의 화신으로 등장하여 "이건 저어어어엉말 대단해!They're GRRREAT!"라고 포효했다. 그러나 버넷의 가장 유명한 변신 작업은 인간을 상대로 행해졌다. 애초에 말보로Marlboro 담배는 1920년대 말 여성들을 겨냥해서 고안되었다. 그래서 슬로건도 "오월처럼 부드러운Mild as May"이었다. 필립모리스가 이제 남성 흡연자를 겨냥하기로 결정하자, 버넷은 담배를 피우는 카우보이들이 남성성을 효과적으로 전달해줄 것이라 생각했다.• 나중에 〈이코노미스트〉는 말보로맨Marlboro Man을 이렇게 설명했다. "신비로운 방

• 초기의 말보로 캠페인에는 카우보이를 넘어 뱃사람, 건설 노동자 등도 등장됐다. 그들 모두 어떤 이유에서인지 손등에 문신이 있었는데, 손등은 성흔(일부 성인의 몸에 나타난 것으로 여겨지는, 예수의 몸에 새겨진 못 자국 같은 상처를 말함-옮긴이)이 나타나는 곳으로, 이는 문화 이론가들이 중시하는 사실이다.

랑자, 어디로 가는지 알고 여행하는 현대의 오디세우스, 다시 말하면 인간이 지난 1만 년 동안 해온 대로 원시적인 대초원을 돌아다니는, 칼 융이 말한 무의식적 자기실현의 본보기에 해당했다. 그는 자진해서 홀로 드넓은 산과 평원을 돌아다니며 소를 달리게 하고 야생의 백마들을 가까이서 마주쳤다. 그의 얇고 단호한 입술 사이에 걸려 있는 그 남자다운 담배를 제외하곤 그는 혼자였다. 태연하고 무심한 표정의 그는 모닥불에 박혀 있는 불타는 나뭇가지로 다음 담배에 불을 붙일 것이었다."[16]

1955년에 시작된 말보로맨 캠페인은 버넷 최고의 성공작이자 수요공학 역사에서도 가장 놀라운 캠페인에 속한다. 카우보이가 등장하자마자 총 담배 판매량의 1퍼센트에 불과했던 말보로는 1년 만에 미국에서 네 번째로 잘 팔리는 브랜드가 되었다. 그 기간 동안 말보로의 판매량이 놀랍게도 3,000퍼센트 증가한 것이었다. 버넷은 자기 자신을 말보로맨의 모델로 삼지는 않았다. 실제로 그는 "흐트러진 차림새에 베개 같은 몸매, 머리가 벗겨지기 시작한 데다 아래턱은 툭 튀어나와 있었다. 거기다 감자같이 생긴 코 위에는 굵은 뿔테안경을 걸쳐놓았다".[17] 또한 그는 "카우보이가 숭배받는 남성성의 거의 보편적인 상징"이라는 의견을 밝혔으면서도 자신이 심리학 이론에 반대하는 입장이라고 주장했다. 아마도 그는 문명화되고 있는 1950년대의 남성들에게서 그 점에 대해 안심해야 할 필요성을 느꼈던 것 같다. 아무튼 광고는 그것이 "리즌 와이"뿐 아니라 모든 신화까지도 투영할 수 있음을 증명하고 있었다. 광고는 정신의 실체와 자연스럽게 어울렸다.

만약 버넷이 본보기를 거래하고 있었다면, 그는 혼자가 아니었다. 융식 사고와 프로이트식 사고의 영향력은 사회와 광고 산업 모두에서 최고조에 달해 있었다. 한때 광고 산업에서 그들의 사고는 회의적인 것으로 인식되었다. 무의식의 욕구에 호소한다는 아이디어가 전에는 은은히 감돌기만 했다면, 이제는 전문 심리학자들이 운영하는 여러 업체들이 인간의 가장 깊은 욕구를 밝히려는 "동기조사motivation research"를 제공하고 있었다. 그들의 분석이 얼마나 효과적이었는지는 평가하기 어려운 동시에, 과장으로 흐르기 쉽다. 그럼에도 불구하고 1954년경 그러한 분석 서비스를 유료로 제공하는 대형 업체는 적어도 여덟 곳이 있었다. 좋았던 옛 시절처럼, 그 분석은 학문을 가장했다. 급기야 어떤 기자는 1959년 "광고인과 행동과학자의 차이가 학위의 문제에 불과해졌다"고 보도했다.[18]

새로운 상업적 심리학자들 가운데서 가장 거침없이 말했고 많은 돈을 받았으며 논란을 일으킨 학자는 때로 "미스터 매스 모티베이션Mr. Mass Motivations"으로 통했던 어니스트 디히터Ernest Dichter였다. 오스트리아 출신의 프로이트파 학자인 디히터는 마케팅 문제로 고심하는 기업들의 고문으로 활동하며 이름을 떨치고 재산도 모았다. 디히터는 담배 파이프와 뿔테안경, 독일어 억양으로 전형적인 프로이트파의 이미지를 보였다. 아니 어쩌면 스스로 만든 이미지였는지도 모른다. 그에게는 담배 파이프가 아니라 상징이 중요했다. 그리고 그의 직무는 평범한 광경 속에서 상징들을 찾아내고 직설적인 선언을 통해 암호화된 현실을 명백한 진리로 폭로하는 것이었다.

디히터는 특히 음식에서 모종의 연상을 찾곤 했다. 일례로, 그는 "웨딩케이크가 (…) 여성의 성기를 상징하는 것"이라고 주장했다. 그리고 "신부와 신랑이 함께 케이크 첫 조각을 자르는 행위는 처녀성을 빼앗는 행위를 상징하는 게 분명하다"고 했다. 그는 식품 제조 업체의 의뢰를 받으면 해당 상품을 "남성"이나 "여성"으로 특징지은 뒤 거기서부터 조사를 전개해나갔다. 아스파라거스처럼 가늘고 긴 음식은 예상대로 남성으로 간주되었다. 그는 여성들이 프랑크푸르트 소시지를 먹을 때 "그 고기에 넋을 잃고 확실히 마음이 끌리기 때문에" 불편해한다는 이론을 세웠다. 당연히 그는 오스카 마이어Oscar Meyer의 CM송을 옹호했다.

> 오, 내가 오스카 마이어 소시지라면.
> 그건 내가 정말로 바라는 거야.
> 왜냐면 내가 오스카 마이어 소시지라면
> 모두가 나와 사랑에 빠질 테니까.[19]

하지만 디히터는 음식 대부분에 대해서는 음식을 준비하는 작업과 마찬가지로(굽는 경우를 제외하고) 여성이라고 생각했다. 또한 그가 확실하게 마음을 정하지 못한 상품들도 있었다. 그는 다음과 같은 의견을 밝혔다. "일부 음식들은 양성이다. 예를 들면, 통닭구이와 오렌지가 그렇다."[20]

디히터는 광고의 목적에 관해서도 똑같이 직설적이었다. 광고의 목적은 결코 단순히 정보를 제공하는 데 있는 게 아니라 "인간의 동기와 욕망을 조종하고 대중이 예전에는 익숙하지 않았고 어쩌면 구매를 바라지도 않았던 상품에 대한 욕구를 조장하는 데" 있었다.[21]

그의 조사는 소비자들, 주로 주부들을 대상으로 한, 심리 치료와 유사한 활동을 통해 이루어졌는데, 때로는 여러 명을 함께 조사했다. 그가 최초로 명명한 이른바 "포커스 그룹focus group"은 그렇게 탄생했다. 그의 분석은 소비자가 특정 물건을 구입한 이유를 설명하면서 성性과 관련됐든 아니든 깊은 연관성을 밝히는 데 실패한 적이 거의 없었다.[22]

아마도 디히터의 가장 유명한 성과는 자신의 첫 작업 중 하나로 크라이슬러에서 맡은 일이었을 것이다. 이 자동차 제조 업체는 플리머스Plymouth라는 신모델의 판매 문제로 걱정하고 있었다. 크라이슬러는 자신들의 기업 치료사에게 두 가지 질문을 던졌다. (1) 왜 대부분의 자동차 구매자들은 직전에 타던 자동차의 메이커를 선호하는가? (2) 여성은 자동차 구입에 어떤 영향을 미치는가?

이에 대해 디히터는 구체적으로 대답하지는 않았다. 대신 그는 "남자가 어떻게 운전하는지 내게 말해달라. 그러면 그가 어떤 남자인지 말해주겠다"고 답했다. 플리머스는 컨버터블과 세단 두 가지 모델로 출시되었다. 그는 자동차 구매자들을 인터뷰한 뒤, 남자들이 "컨버터블을 모험과 흥분, 로맨스를 제공하는 정부情婦의 상징으로 생각하면서도 아내와 같은 편안함과 친숙함을 상기시키는 세단을 구매할 가능성이 더 높다"는 가설을 세웠다. 그러므로 컨버터블을 더 많이 광고하고 눈에 더 잘 띄는 곳에 진열하라고 권고했다. 남자들이 그래도 결혼은 세단과 할지 모르지만, 이러한 조치가 남성의 상상력에 불을 붙여서 남성 자동차 구매자들을 끌어들이게 될 것이라는 논리였다.[23]

닐슨 시청률과 TV 광고 효과에서 측정된 대로 프라임 타임의 텔레비전이 주의력 포획에 궁극적으로 성공하면서, 이후 주의력을 겨냥한 시장의 모든 경쟁이 텔레비전에 기반하여 구체적인 모양새를 갖춰갔다. 주의력을 원하는 미래의 모든 플레이어들은 주의력 경제라는 새로운 기술에 몸담고 있는 사람들에게 그리고 필연적으로 대부분의 국민들에게 지대한 영향을 미치면서, 스스로를 텔레비전의 대안으로 만들어야 했다. 지금도 여러 가지 면에서 그렇지만, 당시 텔레비전은 무소불위의 존재가 되었다. 대중의 마음에 가장 확실하게, 가장 매력적으로 접근할 수 있었기 때문에 가장 지대한 영향력을 행사할 수 있었고, 그에 따라 광고 수익 중에서도 노른자위를 장악할 수 있었다.

사노프는 마침내 프로그램 편성이라는 진정한 도전 과제에 이제야 눈을 떴다는 듯, 당시 NBC 사장이던 실베스터 "팻" 위버Sylvester "Pat" Weaver에게 그 일을 맡겼다. 광고사 임원을 지낸 위버가 등장하자 페일리는 처음으로 본인만큼 재능이 뛰어난, 어떤 부분에서는 더 재능이 심오한 상대를 마주하게 되었다. 위버는 사노프와 달리, 주의를 끌어모으고 그것을 판매하는 사업을 제대로 이해했다. 그는 1930년대에 다수의 대표적인 라디오 프로그램을 만든 광고 회사 영앤드루비컴Young & Rubicam의 라디오 파트에서 경험을 쌓았고 나중에는 아메리칸타바코컴퍼니로 옮겨 가 조지 워싱턴 힐의 러키 스트라이크 판매를 도왔다. 페일리와 마찬가지로 위버도 분야를 가리지 않고 다양한 문화를 흡수했고, 지위를 막론하고 사람들과 편하게 지냈으며, 성공할 것과 실패할 것에 대해 기이할 정도로 잘 맞췄다. 위버는 여전히 사노프 장군의 최종 명령에 따라야 할 입장이었지만 그 전쟁을 공정한 싸움으로 바꾸어놓았다.

앞에서 살펴봤지만, 자유 시장에서 주의력 확보를 놓고 벌어진 싸움에서 이기는 방법은 두 가지가 있다. 첫째는 경쟁자보다 더욱 강력한 무언가를 내놓는 것이고, 두 번째는 대중의 깨어 있는 시간 가운데 아직까지 따로 남겨진 혹은 경작되지 않은 부분으로 살짝 들어가는 것이다. 위버는 텔레비전을 이른 아침과 늦은 밤에 선보임으로써 두 번째 방향을 택했다. 한때 식사 시간은 신성불가침의 영역으로 간주되었지만, 그는 달걀과 토스트를 먹으며 시청할 수 있을 정도로 가벼운 내용의 뉴스와 오락물을 들고 아침 식사 시간을 침범했다. 〈투데이Today〉는 1952년에 첫 방송을 시작했고, 생방송 출연자들 중에는 주로 기저귀를 차고 나오는 J. 프레드 머그스J. Fred Muggs라는 이름의 침팬지도 있었다. 〈뉴욕타임스〉는 이 새로운 프로그램을 "전자 제품에 사람들을 얽매놓기 위해 NBC가 생각해낸 최신 계획"이라고 설명했지만, 그것으로 〈투데이〉의 대성공을 막을 수는 없었다. 그런 다음, 위버는 하루의 반대편 끝을 〈투나잇Tonight〉으로 공격했다. 이 프로그램은 이전에는 전혀 (차지하기 위해) 다툴 필요가 없었던 밤 11시 30분에 방송되었고, 코미디언인 스티브 앨런Steve Allen이 유명 인사들과 인터뷰하는 형식을 취했다.[24]

이 단순한 아이디어가 보여준 천재성은 두 형식 모두 다양한 형태로 현재까지 살아남아 있다는 사실에 의해 증명된다. 하지만 당시 그것은 무신경하다는 NBC의 불운한 평판에 어울리는 것으로 받아들여졌다. 위버는 이른바 "전두엽 작전Operation Frontal Lobes"이라는 것으로 이러한 영향을 막으려 했는데, 이는 더욱 지적인 콘텐츠에 대한 그의 개인적인 비전을 보여주었다. '위즈덤Widsom'이라는 제목의 프로그램이 이에 대한 두드러지는 예로, 로버트 프로스트Robert Frost나 마르셀 뒤샹Marcel Duchamp, 프랭크 로이드 라이트Frank Lloyd Wright, 마거릿 미드Margaret Mead 같은 과학, 예술, 정치 분야의 권위자들을 초빙해 인터뷰하는 내용이었다. 그러나 그 역시 쇼윈도 장식에 불과했다. 위버의 임무를 더 훌륭하게 보여주는 예는 시청률 확보를 위한 또 다른 공연, 즉 NBC의 "호화 쇼"들이었다.

첫 번째 호화 쇼는 1955년에 방송한 브로드웨이 뮤지컬 〈피터팬Peter Pan〉이었다. 이 방송은 6,500만 명의 시청자를 끌어들이면서 CBS의 그 어떤 프로그램 못지않은 성과를 올렸다. "호화 쇼" 개념은 주의력 습성이 지닌 타성을 간파했음을 증명해주었다. 위버는 이러한 특집 방송이 "로봇 같은 습관적인 시청을 깨뜨림으로써 흥분과 논란 그리고 주부들의 수다"를 유발할 것으로 판단했다. 그렇게 그는 CBS가 같은 시간대에 무엇을 방송하든 그것을 말려 죽이는 동시에, 시청자들로 하여금 자신들의 스케줄을 다시 생각하게 만들었다. 일회성 행사인 "호화 쇼"의 성공으로 NBC가 스포츠, 특히 1년에 한 번씩 열리는 중요한 미식축구 경기들에 대해 다르게 생각하게 되는 의도치 않은 이점 또한 발생했다. 그리하여 NBC는 1958년 내셔널 풋볼 리그 챔피언 결정전 방송을 홍보하는 데 큰돈을 투자하기로 결정했다. 운 좋게도 프로 미식축구 경기는 텔레비전에 잘 어울리는 것으로 드러났고, 볼티모어콜츠Baltimore Colts와 뉴욕자이언츠New York Giants 간의 챔피언 결정전은 연장전까지 가는 접전 속에 서든데스sudden-death로 승부가 나면서 "역대 최고의 경기"로 기록되었다. 그 한 경기가 4,500만 명의 시청자를 모으면서 NBC는 또 다른 위대한 주의력 행사로 자리 잡게 되는 슈퍼볼Super Bowl 방송의 선례이자 본보기를 확립했다.[25]

그러나 위버가 재직 중에 도입한 "매거진magazine" 형식만큼 장기적인 영향을 미친 혁신은 아마 없을 것이다.• 그 전까지 텔레비전 프로그램은 단일 후원사가 붙는 게 원칙이었다. 위버는 상업광고를 프로그램 중간중간에 끼워 넣는 개념을 제시하며 프로가 중단된 그 1분의 광고 시간 동안 광고주가 시청자들을 향해 보다 확실한 메시지를 전달할 수 있다는 장점을 내세웠다. 이 개념은 과연 누구에게 더 이로웠을까? 방송사는 이제 콘텐츠에 더 많은 통제력을 행사할 수 있었을 뿐 아니라 하나의 프로그램을 여러 광고주에게 팔 수 있었다. 한편, 광고주들은 비용을 분산하고 메시지를 가정에 주입하는 더욱 직접적인 기회를 누릴 수 있었다. CBS와 ABC는 재빨리 NBC를 따라 움직였다. 이제 방송사와 광고사에 광고 방송 시간은 노다지가 되었다. 여기서 가장 큰 손해를 본 사람들은 대중과 텔레비전 프로그램 작가들이었다. 대중의 경우, 텔레비전을 시청하는 즐거움이 광고 방송 때문

• 엄밀히 말하면, 일찍이 1933년에 매거진 형식을 제안한 사람들이 있었다. 그러나 그것을 텔레비전 방송에 도입해 <투데이>나 <투나잇> 쇼 같은 신규 프로그램에 처음 선보인 인물은 위버이다.

에 주기적으로 방해를 받았기 때문이며, 작가들은 이제 광고 방송이 끝날 때까지 "채널을 돌리지 않도록" 시청자를 애태우는 내용을 만들어내야 했기 때문이다.

사실 매거진 형식은 방송사들이 서로 협력하에 가격을 올리는 효과를 누릴 수 있을 정도로, 다시 말하면 시청자들에게 똑같은 양의, 혹은 다소 줄어든 오락을 제공하면서 더 많은 광고를 보게 만들 수 있을 정도로 텔레비전에 경쟁 상대가 없었기 때문에 성공을 거둘 수 있었다. 이는 CBS와 NBC가 1950년대까지 시청자 및 청취자들을 상대로 확보한 시장 지배력을 보여주는 증거이다. 더 적은 양의 광고가 나오는 유의미한 대안이 없었기 때문에 시청자들은 그러한 침해를 참아낼 수밖에 없었다.

다시 CBS 얘기로 돌아가보자. 이제 NBC의 진격에 직면한 페일리는 오래도록 미뤄온 선택 앞에 내몰렸다. CBS를 텔레비전이 이룰 수 있는 최고의 이상에 부응하는 방송사로 만들 것인지 아니면 최고의 시청률과 최대의 수익을 위한 싸움에서 이기는 데 전념할 것인지, 선택해야 했다는 얘기다. 일부 사람들은 그의 기질이 이 문제에 대한 답을 결정했다고 말한다. 그는 고상한 사람이 되고 싶어 했지만, "2등이 되는 것은 질색하는" 성격이었다. 그는 무슨 수를 쓰더라도 최대의 청중을 끌어모으는 길로 들어섰다.[26]

1955년 여름, 위버의 도전이 한창일 때, 페일리는 그의 비장의 카드가 될 〈6만 4,000달러짜리 문제The $64,000 Question〉라는 제목의 퀴즈 프로그램을 내놓았다. 콘셉트는 독창적인 게 아니었다. 이 프로그램을 만든 루이스 G. 코원Louis G. Cowan은 라디오에서 퀴즈 형식을 개척한 인물이었다. 이 프로를 무시할 수 없었던 이유는 상금이 전례가 없을 정도로 높다는 사실에 있었다. 〈아모스 앤 앤디〉처럼 이 프로그램도 레블론Revlon이라는 절박한 광고주 덕분에 생길 수 있었다. 당시 레블론은 경쟁사들과 차별화할 무언가를 찾고 있었기에 뭐라도 기꺼이 시도하려 했다. 그래서 지금 가치로 환산하면 50만 달러가 넘는 어마어마한 현금 지불에 동의한 것이었다. 나머지 작업은 변화무쌍한 운 앞에 놓인 인간의 본성이라는 영원한 구경거리에 의해 이루어질 터였다.

이 퀴즈 시합의 체계에 따르면, 참가자는 자신이 원하는 분야를 선택한 후 64달러짜리 문제부터 풀기 시작한다. 참가자가 정답을 맞힐 때마다 액수가 두 배로 올라가는 방식이다(64달러, 128달러, 256달러, 마지막으로 6만 4,000달러까지). 틀린 답을 말하면 그때까지 획득한 돈은 모두 빼앗기게 된다. 단, 참가자는 언제든 퀴즈를 중단하고 자신이 딴 상금을 챙겨 집으로 돌아갈 수 있다. 심지어 페일리는 1만 6,000달러를 따고 3만 2,000달러에 도전하는 단계에 휴지 기간을 도입해 참가자에게 집으로 돌아가 더 많은 상금을 딸 기회를 위해 지금껏 딴 돈을 모두 잃을 수도 있는 위험을 감수할 것인지 고민하게 만들었다.

이 프로그램은 첫 방송이 나간 지 수 주 만에 〈왈가닥 루시〉를 1위 자리에서 밀어냈다. 그토록 급작스럽게, 깜짝 놀랄 정도로 대중의 마음을 사로잡았다는 사실은 보다 면밀하게 살펴봐야 할 타당한 근거를 제공한다. 시작 장면은 평범해 보이는 청중을 쭉 보여준 다음, 한 명의 얼굴에 초점을 맞추고 확대한다. 드럼 치는 소리가 들리는 가운데, 아나운서가 이렇게 말한다. "브롱크스에서 오신 빗자루 판매원, 윌튼 제이 싱어입니다. 8,000달러짜리 질문을 맞혔죠. 그가 돌아와 8,000달러를 가질지, 아니면 1만 6,000달러짜리 문제에 도전할지 말해줄 것입니다. 그는 6만 4,000달러 질문을 향해 나아가고 있습니다!"

프로듀서들은 참가자로 호감이 가는 주인공을 신중하게 선택했다. 예를 들어, 브롱크스에서 온 구두 수선공 지노는 오페라에 대해 모르는 게 없는 사람이었고, 열두 살의 흑인 소녀 글로리아는 놀라울 정도로 철자를 잘 알았다(이 소녀는 3만 2,000달러를 갖고 집으로 돌아가게 된다). 혹은 매력적인 금발의 심리학자 조이스 브라더스 박사는 권투에 대한 모든 것을 알고 있었다. 이들은 모두 호감이 가는 사람들이었다. 그들은 자신의 심사숙고 과정을 조심스럽게 설명했고, 스스로의 능력으로 금세 스타가 되었다. 전례가 없을 정도의 속도로 명성을 부여하는, 텔레비전의 놀라운 힘 덕분이었다.

긴장감과 패배의 아픔, 그리고 무엇보다도 자신도 같은 경험을 하듯 느끼는 욕심, 이 모든 것이 시청자들에게 흥분을 안기는 칵테일이었다.* 또한 이 프로그램은 정말로 평범한 사람들에게도 숨겨진 재능이 있다는 흥미진진하고 다소 평등주의적인 인식을 일깨우기도 했다. 루이스 코원이 말한 대로, "모두가 어떤 것에는 똑똑한" 것이다. 따라서 운이 따른다면, 누구든 하룻밤 만에 믿을 수 없을 만큼 부자가 되고 유명해질 수 있었다. 프라임 타임의 화려한 쇼에 보조를 맞춘 아메리칸드림인 셈이었다. 게다가 실패의 쓴맛을 달래주는 장치도 마련되어 있었다. 4,000달러에 도달한 탈락자, 즉 8,000달러에 도전하다 실패한 참가자는 감투상으로 캐딜락 컨버터블 한 대를 받아 집으로 돌아갔다.[27]

하지만 큰돈을 건 페일리의 퀴즈 시합은 소모적이고 자포자기 성향을 띠게 된, 훨씬 더 무자비한 시청률 경쟁을 야기했다. NBC는 곧바로 몇 차례에 걸쳐 그 콘셉트를 모방했는데, 그중에서 가장 눈에 띄는 프로그램은 〈트웬티원Twenty One〉이었다. 이 프로그램은 참가자 두 명을 서로 경쟁시키는 형식을 취했다. 다시 출범한 특허 의약품 제리톨Geritol("무기력 해소를 위한 미국

* 이 형식은 1990년대 말에 영국과 미국의 텔레비전에서 <백만장자가 되고 싶은가?Who Wants to Be a Millionaire?>라는 프로그램으로 부활할 정도로 대중을 사로잡는 매력이 있었다.

제1의 강장제")이 후원한 〈트웬티원〉은 훨씬 더 많은 상금을 내걸었다. 그러나 CBS를 넘어서는 시청률 상승은 컬럼비아 대학 출신으로 귀족처럼 잘생긴 저음의 영어 교사 찰스 밴 도렌Charles Van Doren이 출연하여 기존 챔피언인 브롱크스의 허브 스템펠Herb Stempel에 도전하는 구도가 형성되고 나서야 가능했다. 챔피언 스템펠은 큰 코에 두꺼운 안경을 쓴 데다가 태도가 다소 거칠었다. 나중에 〈트웬티원〉 프로듀서는 이렇게 말했다. "우리는 시청자가 출연자에게 감정적으로 반응하길 원한다. 호의적인지 부정적인지는 사실 그렇게 중요하지 않다. (…) 시청자들은 스템펠을 지켜보면서 상대가 이기기를 기도했다."

〈6만 4,000달러짜리 문제〉처럼 〈트웬티원〉도 프로그램의 정직함을 극적으로 보여주었다. 질문의 비밀 유지를 보장하기 위해 질문지를 지역의 은행 금고에 보관하는가 하면, 참가자를 밀폐된 유리 부스에 넣어 진행자의 목소리 외에는 누구의 목소리도 듣지 못하게 했다. 최후의 대결에서 밴 도렌이 질문에 답하기 전에 오래도록 고심하자 청중은 점점 더 흥분했다. 결국 그는 스템펠을 물리치고 상금 12만 9,000달러 덕분에 부자가 되어 집으로 돌아갔다. 그리고 〈타임〉 표지에 "퀴즈 챔피언 밴 도렌"으로 등장할 정도로 유명 인사가 되었다.[28]

NBC가 게임 프로그램 부문 1위 자리를 놓고 도전에 성공하자, 주의력 획득을 위한 궁극의 전투가 벌어질 조짐이 일기 시작했다. 레블론과 CBS는 청중을 다시 끌어오기 위해 〈6만 4,000달러짜리 문제〉의 우승 상금을 네 배로 올렸고, 그 결과로 열 살짜리 소년이 수학, 과학, 전자기술에 관한 일련의 문제를 맞힌 대가로 22만 4,000달러(지금으로 치면 180만 달러가 넘는 금액)를 받아 유유히 돌아갔다. 〈트웬티원〉은 엘프리다 폰 나르드로프Elfrida von Nardroff라는 또 다른 컬럼비아 대학 출신의 대학원생을 출연시켜 역습에 나섰다. 그녀는 매력적인 짧은 머리를 하고 있었고 답을 찾아 생각에 빠질 때마다 매혹적으로 천장을 올려다보았다. 16주에 걸쳐 그녀는 22만 5,000 달러를 획득했다. 레블론은 또다시 상금 경쟁을 벌일 능력은 됐지만, 그런 경쟁이 계속됐다면 모든 사람이 파산했을 것이다. 게다가 〈트웬티원〉과 〈6만 4,000달러짜리 문제〉는 1958년까지 15개 이상의 퀴즈 프로그램을 탄생시키며 폭발적인 증가세를 보인 장르에서 가장 규모가 큰 프로그램일 뿐이었다. 〈도토Dotto〉(점을 연결하는), 〈비트 더 클락Beat the Clock〉(커플이 시간을 정해놓고 묘기를 벌이는), 〈도-레-미〉(노래를 알아맞히는), 〈틱-택-도Tick-Tac-Dough〉(상식 문제) 등 유사한 여러 프로그램이 동일한 시청자의 시선을 사로잡기 위해 경쟁했다.[29]

퀴즈 프로그램 전쟁은 1950년대 말에 주의력 산업이 어떻게 되었는지를 보여주는 전형적인 예이다. 1830년대의 싸구려 대중지의 출현 이래로 보지 못했던 격렬함과 불안감을 드러내고 있었기에 하는 말이다. 그런 전쟁 때문에 상대적으로 부드러웠던 과거의 라디오 시절을 그리워하는 사람들도 많았을 게 분명하다. 청취율도 대충 조사하고 광고도 제한적으로 내보내며 방송사와 광고사가 훨씬 적은 수익을 올리던 때 말이다. 그 시절의 프로그램은 방송사의 편성에 전반적으로 기여하며 가맹 방송국들을 행복하게 만들어준다는 점을 확실하게 입증할 필요가 없었다. 모든 아이들이 평범한 학교처럼 압력이 적은 환경이었다.

그런 시절보다 경쟁이 훨씬 더 치열해진 것은 부분적으로는 매출을 끌어올리는 광고의 능력에 대한 의심이 사라지면서 청중의 주의력이 더욱 귀중해졌기 때문이다. 주의가 판매로 전환된다는 과학적 증거는 부족했을지 모르지만, 성공적인 캠페인의 실례가 너무 많은 까닭에 무시할 수가 없었다. 리브스의 아나신("빠르고, 빠르고, 빠른 진통 효과") 광고는 18개월에 걸친 200퍼센트의 판매 증가와 상관관계를 가졌다. 크레스트Crest라는 새로운 브랜드는 "불소"라는 특별한 성분과 "봐요, 엄마! 충치가 없어요!"라는 아이의 행복한 비명으로 치약 전장을 초토화시키며 불과 4년 만에 시장 주도 브랜드로 등극했다. 앞에서 살펴본 말보로맨의 텔레비전 및 인쇄 광고는 모호한 여성 담배를 1년도 채 안 되는 시간에 시장 주도 브랜드 중의 하나로 자리 잡게 만들었고, 레블론은 〈6만 4,000달러짜리 문제〉 덕분에 죽다 살아난 것으로 널리 인식되었다. 물론 크레스트가 단지 좋은 치약을 만들고 있었다거나 말보로가 우연히 인기가 좋아진 것일 수도 있다. 확실히, 성공한 모든 광고 캠페인에 견주어 아무런 영향도 미치지 못한 것처럼 보이는 다른 캠페인도 다수 있었다. 그럼에도, 미친 경쟁을 유발하기에 충분할 정도로 주목할 만한 성공 사례가 많았다.

텔레비전의 주의력 수확이 갖는 금전적 가치가 그토록 분명해지자, 방송이 한때 유지했던 보다 숭고한 목적은 물론, 그것을 향한 겉치레조차 빠른 속도로 사라져갔다. 한 경제학자가 지적했듯이, 이제는 "프로그램이 마케팅 '속보'로 인해 중단되는 게 당연시될" 정도였다. 이러한 추세는 정량화 방법이 늘어나면서 더욱 극심해졌다. 방송사들은 청중의 주의력을 자신들의 "재고"로 간주하기 시작했고, 이 "재고"는 "총광고시청률gross rating points, GRP" 같은 측정법을 이용하여 판매되었다. GRP는 사람들이 적어도 한 번은 광고를 볼 가능성(누적 시청자)과 광고가 방송되는 빈도를 측정하는 방식이었다. 인기 있는 프라임 타임대에는 최고액으로 응찰하는 미국 최대의 기업들만 광고 시간을 잡을 수 있었고, 나머지 모두는 말 그대로 돈에 밀려 배척당했다.

더욱이 라디오나 인쇄물에 비해, 텔레비전에서는 각 광고 시간의 "승자"와 "패자"가 얻는 이익의 차가 더 컸다. 가장 싼 텔레비전 프로그램조차도 라디오 프로그램을 제작할 때보다 훨씬 더 많은 비용이 들었다. 이는 제작비라도 대려면 최소한 어느 정도의 시청률은 나와야 한다는 의미였다. 게다가 시청률의 승자는 자신의 광고 시간에 할증금을 부과할 수 있었다. 이런 모든 것들로 인해 이겨야 한다는 압박감은 훨씬 더 강해졌다. 또한 이는 콘텐츠가 라디오나 잡지의 경우와는 달리, 느릿느릿 전개될 수 없다는 의미이기도 했는데, 시청자를 끌어모으지 못하면 프로그램 폐지에 직면해야 했기 때문이다.

방송 일정의 많은 부분이 이토록 귀중해진 탓에 이제 더 이상 운에 맡길 수 없었다. 일부 지역 방송을 토대로 높은 이상을 실험해보는 시도는 광고주 후원 시스템이 일반적이던 예전에나, 즉 어떤 것도 정확하게 측정할 수 없고 모든 것이 감感의 문제이던 시절에나 가능한 얘기였다. 1950년대 말 소위 프라임 타임이라는 시간대의 모든 순간에는 충족시켜야 하거나 수단 방법을 가리지 않고 얻어야 하는 잠재적 수익과 고정비용이 따라붙었다. 앞서 언급했듯이 페일리는 이기는 걸 좋아했고, CBS는 그 일을 가장 잘해냈다. 1953년 이 텔레비전 방송사는 처음으로 이윤을 냈고, 1955년 시청률 1위에 오른 후 1976년까지 그 자리를 지켰다.[30] 이 경쟁의 특성을 고려하건대, 그토록 오래 1위 자리를 지켰다는 사실은 특별히 언급할 만하다.

우리는 이 시기의 페일리에 대해 무엇을 배울 수 있는가? 사실 모호한 면이 다소 있다. 가장 확실한 이론은 결국 그의 경쟁 본능이 상황을 지배했다는 것이다. 텔레비전의 경기 방식은 청중을 모으는 것이었고, 그는 이기기 위해 그렇게 했다. 따라서 페일리는 대중이 원하는 것을 정확히 파악해 제공했던 〈뉴욕선〉의 벤자민 데이와 마찬가지로, 가장 희석되지 않은 의미의 주의력 사업가였다. 다른 사람들과는 달리, 페일리는 시청률을 향상시킬 수 있는 경우가 아니라면 사람들을 조종하거나 계몽하려는 의도를 전혀 갖지 않았다. 그의 유일한 목표는 최고 입찰자에게 팔기 위해 가급적 순수한 형태로 자신의 상품을 최대한 많이 수확하는 것이었다. 데이비드 핼버스탬이 주장했듯이, 그는 "정서 같은 것은 전혀 없는 사람이었다. 그는 훌륭하면서 잘 팔릴 것, 나쁜데도 잘 팔릴 것, 그리고 훌륭한데 팔리지 않을 것을 구분할 줄 알았다. 결코 그것들을 혼동하지 않았다".[31]

위의 생각과 완전히 모순되는 것은 아니지만, 페일리를 보다 높은 열망을 품었던 사람으로 생각하는 시각도 있다. 그가 텔레비전이 매력 있고 가치 있는 무엇이 되기를 원했지만, 결국 자신이 만들어내는 데 일조한 시스템에 포로가 되고 말았다는 시각이다. 때로 부정하기 어려울 정도로 고상한 이상도 보여주었지만 NBC와의 경쟁에 발목이 잡혀버렸고, 마치 자신이 만들어놓은 것이 스스로의 의지를 발휘하는 바람에 그에 대한 통제력을 상실한 것과 같은 모양새가 되고 말았다. 어떤 관찰자는 이렇게 썼다. "윌리엄 페일리는 그 시스템을 고안해냈다. 하지만 이제 그 시스템이 그를 집어삼키고 있었다." 주의력 사업가는 자신의 청중을 확보해야 한다는 지속적인 압력에 직면한다. 그리고 늘 최대에 못 미치는 시청자를 끌어들인 사업가는 누구든 첫 번째 희생자가 된다. (이 때문에 많은 사람들이 상업광고가 없는 모델이 등장한 2000년대에 들어서서야 텔레비전 최초의 진정한 황금시대가 도래했다고 생각한다.) 그 기간 내내 CBS에 몸담았던 프레드 프렌들리는 다음과 같은 너그러운 견해를 취했다. "페일리와 여타의 CBS 임원들은 자신의 취향과 심지어 품위까지 공격하는 프로그램이 확산되는 동안 그냥 지켜만 보고 있었다. 그들은 품격으로부터 거침없이 멀어지는 사태를 막을 능력이 없는 것 같았다."[32]

능력이 없었거나 속수무책이었거나, 둘 중 하나였다. 수많은 미디어 학자들은 1950년대가 흘러가면서 이 접근 방식이 프로그램 편성의 통제권을 아서 닐슨에게 갈수록 많이 양도하는 결과를 초래했다고 지적한다. 알았든 몰랐든, 프로그램 편성의 귀재였던 페일리와 위버가 궁극적으로 이뤄낸 것은 이전의 상업적인 그 어떤 것보다 더 많은 주의력을 포획하는 시스템이었다. 그 시스템이 확립되자, 고상함의 논리가 아니라 자본주의의 논리가 가능한 한 최대의 돈을 버는, 오직 한 가지 목적을 위해서만 그것을 사용하라고 지시했다. 이 과정을 위한 기본 물질이 수천만 미국인들의 깨어 있는 시간이라는 사실은 CBS나 NBC에는 그다지 문제가 되지 않았다. 자유로운 사회에 사는 사람은 담배를 피우든, 설탕 음료를 마시든, 게임 프로를 시청하든, 자신에게 이롭지 않은 일을 할 자유가 있다. 방송사들은 공익 모델이 무너진 덕분에 자신들에게 어울리는 것을 자유로이 방송할 수 있었다. 그러나 늘 결과는 따르기 마련이며, 방송사 경영자들은 선견지명의 호사는 누리지 못했다. 데이비드 핼버스탬은 이렇게 적시했다. "19세기에서 20세기로 바뀔 때, 미국의 가정집에는 가끔 판매원만이 방문한 반면, 20세기 중반쯤에는 국가에서 가장 많은 보상을 받는 강매꾼들이 만든 가장 미묘한 전자 충격의 부단한 흐름이 가정이라는 새로운 시장에 침투하면서 아메리칸 드림뿐 아니라 물질적인 상품도 줄줄이 판매했다. 그런 상품을 구매하면 그 꿈을 더욱 빨리 이룰 수 있다고 암시하면서 말이다." 그리하여, 사상 최초로, 대부분의 미국인들에게 집에서 잠들지 않고 깨어 있는 시간이 무언가의 판매 대상이 된다는 것을 의미했다.

1955년 6월 5일, 화요일 밤 10시 프레드 프렌들리와 에드워드 R. 머로는 자리를 잡고 앉아 그들의 〈시 잇 나우〉 직전에 방송되는 CBS의 새 프로 〈6만

4,000달러짜리 문제〉를 보고 있었다. 한참 프로그램을 보다가 머로는 이렇게 말했다. "프리조, 자네는 우리 프로가 얼마나 더 갈 거라고 생각하나?"[33]

그리 오래가지 못했다. 그해 후반기에 〈시 잇 나우〉의 광고주인 알코아Alcoa는 CBS에 뭔가 다른 프로를, "허구의 내용을 담은 프로나 '에드 설리번 프로' 비슷한 것"을 원한다고 전하며 〈시 잇 나우〉에서 손을 뗐다. 페일리는 〈시 잇 나우〉를 매주 방송하던 시간대에서 빼고 가끔 특집 방송으로 내보내자는 아이디어를 머로에게 제시했다. 그런 다음, 페일리는 그렇게 비게 된 시간대를 리게트앤드마이어즈타바코컴퍼니Liggett & Myers Tobacco Company에 팔았다. 이 담배 회사는 〈아내를 신뢰하나요?Do You Trust Your Wife?〉라는 퀴즈 프로그램을 방송하고 싶어 했다. 1958년, 〈시 잇 나우〉는 영원히 폐지되었다. 현재의 기준으로 봐도 대단한 시청률을 기록한 바 있었음에도 그 프로는 이제 게임 프로그램이나 새로이 유행하고 있던 〈건스모크Gunsmoke〉 같은 서부극에 상대가 되질 않았다. 〈뉴욕타임스〉의 잭 굴드Jack Gould는 "어젯밤 텔레비전의 한 시대가 돌연 끝나버렸다"라고 지적하면서 "텔레비전 경제가 더 팍팍해진 탓"이라고 설명했다.[34] 〈뉴욕헤럴드트리뷴New York Herald Tribune〉의 칼럼니스트는 다음과 같이 썼다. "〈시 잇 나우〉를 방송할 여유가 없다는 CBS가 〈비트 더 클락〉은 방송할 수 있다는 사실이 충격적이다."[35]

1958년 말 머로는 앞선 10년 동안 텔레비전에 닥친 일에 대해 한탄 섞인 소회를 전하게 된다. 텔레비전이 광고를 깊숙이 받아들임에 따라 일종의 자발적인(그리고 가끔은 광고주가 부과하는) 검열이 이루어졌다. 지나치게 비관적이거나 우울하거나 도발적인 내용은 텔레비전 후원사의 긍정적이고 낙관적인 상업적 메시지와 배치될까 봐 체계적으로 차단되었다.[36] 그래서 라디오는 한창 때에 미국인들에게 유럽의 참상을 마주하게 만들었던 반면, 텔레비전은 완충기 역할을 하고 있었다. "대체로 텔레비전은 사람들이 사는 세상의 현실로부터 그들을 격리시킨다. 만약 이런 상태가 계속된다면, 광고 슬로건이 다음과 같이 바뀔지도 모르겠다. **지금 보고, 대가는 나중에 치러**. 생존하려면 직면해야 하는 힘들고 빠듯한 현실로부터 사람들을 분리시키는 이 가장 강력한 통신수단을 사용하는 대가는 반드시 치르게 될 테니까 말이다." 머로는 냉전에 빗대며 이렇게 덧붙였다. "무지와 불관용, 무관심을 상대로 결정적인 대전투가 벌어질 것이다. 텔레비전이라는 이 무기는 유용할 수 있다."[37]

CBS에서 할 일이 없어진 에드 머로는 1960년대 초 평생의 직장을 버리고 존 F. 케네디John F. Kennedy 행정부에서 일하는 쪽을 택했다. 하지만 그는 곧 폐암에 걸리고 말았다. 폐암은 그의 몸을 쇠약하게 만들었고 결국엔 뇌까지 퍼졌다. 윌리엄 페일리는 머로가 세상을 떠날 무렵 여러 번 그를 찾아갔다. 그러나 적어도 머로의 친구들이 전하는 바에 따르면, 끝까지 화해는 이루어지지 않았다. 그는 페일리가 텔레비전으로 한 일을 결코 용인할 수 없었던 것이다.

11

주의력 반란의 서곡

1920년대부터 1960년대까지, 제니스라디오컴퍼니Zenith Radio Company는 세계 최고의 기술 업체들 중 하나였고, 초창기의 애플처럼 개성이 강했다. 제니스의 혁신은 가끔은 미래를 내다볼 정도로 훌륭했다. 1920년대에 제니스는 최초의 휴대용 라디오와 더불어, 자동차에서 발생하는 전력을 이용하는 최초의 자동차 라디오 중 하나를 만들어냈다. 하지만 그들의 계획이 기이한 수준에 가까운 적도 없지는 않았는데, 일례로 1930년대 중반 제니스는 전파를 통해 청취자들에게 생각을 전달할 수 있는지 여부를 진지하게 실험했다.[1] 그들은 이 텔레파시 실험에 대해 이렇게 말했다. "청취자들로 하여금 살아 있는 사람이 전혀 가보지 않은 곳으로 가게 만들 수 있는지 알아보려는 것이다."

제니스를 이끈 E. F. 맥도널드 사령관Commander E. F. McDonald은 이따금 기술 업체를 맡아 경영하는 것으로 경력을 마무리하는, 그런 종류의 괴짜였다. 그는 제니스를 지휘하면서 계속해서 탐험에 나섰는데, 모험을 좋아하는 자신의 취향을 만족시키는 동시에 떠들썩한 선전 활동으로 제니스에 대한 관심을 불러일으키기 위해서였다. 〈타임〉은 이렇게 소개했다.

> 1920년대에 그는 개 썰매를 타고 북극 탐험에 나섰다(에스키모인들은 그를 "안게코크Angekok, 즉 기적을 행하는 사람이라 부른다). 그리고 해적들이 숨긴 금을 찾기 위해 태평양의 어떤 섬을 찾아가기도 했고, 슈피리어호Lake Superior 주변에서 오래된 뼈를 놓고 탐정 놀이를 벌이기도 했다. 뿐만 아니라 글라이더도 탔고 통통 튀는 선외 모터 보트를 타고 허드슨강을 질주하기도 했으며 멕시코에서 금도 채굴했다. 시간이 날 때면 그는 약 55미터 길이의 요트 미즈파Mizphah에서 시카고의 호사가들을 바쁘게 만드는 파티를 열곤 했다.[2]

결국 그는 타고난 개인주의자였고 미국인들의 체제 순응이 절정에 도달하는 와중에도 그런 성향을 유지했다.

1950년대 말 이 사령관은 텔레비전 소비자들 사이에서 끓어오르기 시작한 불만의 기운을 감지했다. 그들은 NBC가 1950년대 중반에 처음 도입한 이후 당시 거의 모든 프로그램에 적용되던 중간 광고를 그냥 앉아서 봐야 하는 상황에 짜증을 내고 있었다. 맥도널드는 텔레비전이 내보내는 것을 사람들이 통제할 수 있는, 특히 "성가신 광고를 무시할 수 있는" 방법을 고안해내라고 제니스 기술자들에게 지시했다. 그는 요즘 말로, '광고 차단기'를 원했던 것이다.[3]

1년 만에 맥도널드의 기술자들은 여러 가지 해결책을 제시했다. 제니스는 가장 유망한 아이디어를 발전시키기 시작했고, 얼마 지나지 않아 주로 지면을 통해 플래시매틱Flash-Matic이라는 신제품을 광고했다. "한번 생각해

보라! 편안한 의자에서 일어나지 않고도 새로 나온 제니스 플래시매틱 세트로 TV를 켜고 끄고 채널도 돌릴 수 있다. 심지어 화면에 영상은 그대로 둔 채로 성가신 광고를 차단할 수도 있다." 플래시매틱은 화면의 각 모서리에 있는 네 개의 광전지에 가시광선을 쏘는 방식이었다. 권총처럼 생겼는데, 아마도 서부극의 인기에 영향을 받은 것 같았다. 플래시매틱을 발명한 유진 폴리Eugene Polley에 따르면, 시청자가 광고를 "쏴버릴 수 있게" 해주려는 의도였다. 캐틀린 벤슨 앨롯Caetlin Benson-Allott의 지적에 따르면, "이 총잡이는 대중매체의 선전 활동을 그저 입 벌리고 앉아 받아들이는 사람이 아니라 적극적이고 안목 있는 시청자가 될 것이었다".[4]

이제는 리모컨이라 불리는 제니스의 이 발명품은 처음엔 역사의 가장 중요한 발명품 중 하나가 될 것으로 보이지 않았다. 실제로 그것은 맥도널드 사령관이 의도한 것처럼 광고를 막아주지는 못하고 고작 텔레비전의 음향을 줄이는 방법만을 제공했기 때문이다. 하지만 위대한 기술의 떡갈나무는 언제나 작은 도토리에서 출발하는 법이다. 폴리는 2002년 다음과 같이 썼다. "수세식 변기가 그때까지 고안된 가장 문명화된 발명품이었다면, 리모컨은 그다음으로 중요하다."[5]

리모컨의 진정한 중요성은 산업화된 주의력 수확에 대항하는 대중의 새로운 저항에 무기를 제공했다는 데 있었다. 맥도널드가 느끼기에 그것은 정신에 그토록 쉽게 접근할 수 있게 된 광고로부터 스스로를 방어하는 방법에 대한 요구가 증가한 것이었다. 이는 그동안 부지불식중에 물리치기 아주 어려운 유혹에 넘어가 주의력을 빼앗긴 사람들이 그에 대한 통제력을 되찾으려는 열망이었다. 닐슨이 매주 증명해주었듯이 미국은 여전히 텔레비전을 충실히 시청했지만, 이미 초기의 그 숨죽인 숭배는 애증이 엇갈리는 관계로 넘어가고 있었다. 문화 비평가들은 텔레비전이 지키지 못한 약속에 대해 정기적으로 의견을 피력했다. 그리고 오손 웰스는 1956년 다음과 같은 말로 많은 비평가들의 의견을 대변했다. "나는 텔레비전을 몹시 싫어한다. 나는 땅콩만큼 텔레비전을 싫어한다. 그런데 땅콩 먹는 것을 중단할 수가 없다."[6]

시청자들은 과연 암묵적으로 무엇에 동의했던 것일까? 법적으로나 철학적으로 동의는 언제나 간단한 문제가 아니다. 그리고 의지력은 언제나 복잡한 것으로 추정된다. 자크 엘륄은 개인에 대해 이렇게 지적했다. "만약 선전의 대상이 된 사람이라면, 그것은 그가 그렇게 되길 원하기 때문이다. 그가 신문을 사거나 영화를 보러 가거나 라디오 또는 텔레비전 수상기를 구매할 준비가 되어 있기 때문이다. 물론 그는 선전의 대상이 되기 위해 이러한 것들을 사지는 않는다. 그의 동기는 보다 복잡하다. 하지만 이런 일을 하는 과정에서 그는 자신이 선전을 받아들일 준비를 하고 있음을 틀림없이 알고 있다."[7]

마찬가지로, 단지 어떤 샴푸나 담배가 새로 나왔는지 알기 위해 텔레비전을 사는 사람은 없었으며, 그것들을 사라고 설득당하기 위해 텔레비전을 사는 사람은 더더욱 없었다. 그러나 주의력 사업가가 대중과 맺은 계약 조건은 한때는 시청자의 입장에서도 아주 만만하고 매력적으로 보였다. 시청자는 숙고의 순간을 잠시 내주고 "공짜" 오락물을 받는 것이었다. 그런데 그 계약 조건이 갑자기 변경된 것처럼 보인 데다가 시청자에게 유리하지 않게 바뀐 듯했다. 광고가 빠르게 늘어나고 있었고, 프로그램의 내러티브 논리조차 광고에 어울리도록 갈수록 왜곡되는 것처럼 보였다. 그래서 그 거래에 속았다는 느낌이 고개를 들기 시작한 것이다.

확실히 최초의 리모컨은 자결권에 대한 미약한 주장이었다. 그것을 사용한다는 것이 세 개의 방송을 왔다 갔다 하는 것에 불과했기 때문이다. 불행히도, 그 가시광선 기술은 그다지 잘 작동되지도 않았다. 하지만 기술과 마찬가지로 위대한 움직임도 출발은 미약할 수 있다.

1957년 여름 《숨은 설득자The Hidden Persuaders》라는 책이 출간되어 단숨에 베스트셀러 1위 자리에 올랐다. 책의 저자 밴스 패커드Vance Packard는 낡은 전통에서 보면 추문 폭로자였다. 광고의 계략을 폭로해야 할 때가 왔다고 느낀 그는 책의 서론에 자신의 목표를 다음과 같이 밝혔다.

> 미국인들의 생활에 생겨난 이상하면서도 꽤나 색다른 영역을 탐구하고자 한다. (…) 정신과학과 사회과학에서 얻은 인식을 이용하여 사람들의 생각하지 않는 습성과 구매 결정, 사고 과정을 어딘가로 돌리려는 노력이 대대적으로 수행되고 있으며, 종종 인상적인 성공을 거둔다. 대체로 이러한 노력은 사람들의 인식 수준 아래서 이루어진다. 사람들을 움직이는 호소를 종종 어떤 의미에서는 "숨기기" 위해서다. 결과적으로 많은 사람들이 일상생활의 특정 패턴 속에서 자신이 깨닫는 것보다 훨씬 더 많은 영향을 받고 조종당하고 있다.[8]

패커드의 고발은 20세기 초 특허 의약품 광고의 과장과 새빨간 거짓말을 폭로한 경우처럼 강렬한 반감을 촉발하는 효과까지는 발휘하지 못했다. 인간의 무의식적인 욕망을 노리고 '숨겨진 메시지', 즉 잠재의식적인 메시지를 이용하여 소비자를 노예로 만들려 했다는 그의 주장을 받아들이려면, 무의식에 대한 인식은 말할 것도 없고 어느 정도의 지적 교양이 필요했다.

그러나 〈뉴요커〉는 《숨은 설득자》가 "제조 업체와 기금 모금 단체, 정치인들이 어떻게 사람들의 마음을 잔뜩 긴장한 밀가루 반죽처럼 만들어 그들이 명령하는 대로 물건을 사고, 돈을 내고, 투표하게 하는지 알려주는 소름끼치는 보고서"라며 갈채를 보냈다.[9]

패커드의 책에서 가장 설득력 있는 내용은 광고가 프로이트파 학자인 어니스트 디히터 같은 수상쩍은 사람들에게 의존한다는 사실을 밝힌 부분이었다. 패커드는 디히터를 아주 악의적인 관점에서 바라보았고, 그렇게 하기는 그리 어렵지 않았다.• 디히터는 허드슨강이 내려다보이는 저택에서 "동기조사연구소Institute for Motivational Research"를 운영하는 것으로 알려졌는데, 구불구불한 비포장도로로만 그곳에 도달할 수 있었다. 그 저택 안에서 인근 마을의 아이들을 상대로 이상한 실험이 진행되었다. 연구원들은 텔레비전을 시청하거나 장난감을 갖고 노는 아이들을 한쪽에서만 볼 수 있는 유리를 통해 관찰했다. 패커드에 따르면, 실제로 연구원들이 마을 전체를 뒤져 피험자를 찾아낸 뒤, 그들을 광범위하게 분석하고 원형으로 이용했다고 한다.

아마도 패커드의 책이 그토록 성공할 수 있었던 것은 광고가 성가실 뿐 아니라 대부분의 독자들이 눈치채지도 못할 정도로 극도로 효과적임을 증명했기 때문일 것이다. 그 책은 디히터의 심리학적 기법 등이 정당한지 여부를 증명하지는 못했지만, 본인들의 노력이 눈에 띄는 것 이상의 의미를

• 세월이 흘러감에 따라 디히터는 베티 프리단Betty Friedan 같은 페미니스트에게도 비판받을 거리를 제공하게 된다. 그녀가 쓴 《여성의 신비The Feminine Mystique》에도 동기조사에 대한 공격이 나오는데, 프리단은 왜 여자들이 20세기 초에 독립을 얻은 이후에 가정주부로 되돌아갔는지 그 이유를 밝히고자 했다. 그녀는 이렇게 결론 내렸다. "여성이 기업들의 주요 고객임을 깨달은 사람들이 주부의 역할을 영속화하고 여성의 신비를 키우는 것이 사리에 맞고 돈이 된다고 판단했기 때문이다. 어쨌든 어딘가에 있는 누군가가 여성이 충분히 이용되지 않는 형언할 수 없는 갈망에, 주부라는 지위를 없애려는 에너지에 갇혀 있을 때 더 많은 것을 사게 될 것이라는 사실을 알아낸 게 틀림없었다." (New York: W. W. Norton, 1963; repr. 1997), 299.

지닌다는 광고인들의 생각을 드러냄으로써, 모종의 음모에 대한 대중의 인식을 일깨웠다. 광고 산업이 마인드 조종 게임에 은밀히 관여해왔다는 사실은 아마 가장 솔직한 광고도 우리의 행동에 영향을 미칠 수 있고 또 실제로 영향을 미친다는(사실 우리가 주의를 기울이는 모든 것이 그렇지만) 더욱 단순한 사실보다 받아들이기가 쉬웠을 것이다. 텔레비전 시청자들은 광고가 뭐라고 말하든 자신의 선택은 여전히 자신의 것이라고 믿도록 스스로를 길들여왔다. 이제 다르게 생각할 명분이 생겼다는 사실은 인식의 충격을 유발했을 게 분명했다. 엘륄이 선전 활동에 대해 설파한 바와 같이, 광고에 가장 영향을 받기 쉬운 사람은 종종 자신이 그 의도를 간파하는 능력이 있다고 자신하며 광고의 영향을 전혀 받지 않는다고 생각하는 사람이다.[10]

결국 패커드의 견해에 따르면, 제대로 된 유일한 방어책은 광고를 회피함으로써 정신의 프라이버시를 키우는 것이었다. 패커드는 이렇게 썼다. "나는 우리가 보호하기 위해 애써야 하는 것은 합리적이든 비합리적이든, 정신의 프라이버시라고 믿는다."[11]

《숨은 설득자》가 출간 후 46주가 지난 시점까지도 베스트셀러 자리에서 내려설 줄 모르던 1958년, CBS가 크게 히트시킨 두 작품은 〈건스모크〉와 새로운 퀴즈 쇼 〈도토〉였다. 〈도토〉는 "점을 연결시키는" 아이들 게임에 기초한 재미있는 소형 프로였다. 참가자들이 정답을 맞히면, 점이 연결되면서 얼굴 윤곽을 드러내고, 참가자들은 그 사람이 누군지 짐작해내야 했다.[12]

어느 날 대기실에서 자신의 순서를 기다리던 의심 많은 참가자 에디 힐게마이어가 또 다른 참가자인 마리 윈의 공책을 우연히 보게 된 순간까지는(공동으로 사용하는 분장실에서 그가 그녀의 가방을 뒤졌을 가능성이 높다) 모든 게 순조롭게 진행되고 있었다. 공책을 훑어본 그는 거기 적힌 내용이 생방송으로 진행되는 무대에서 윈이 지금 받고 있는 질문들의 답이라는 것을 깨달았다.

힐게마이어는 공책을 들고 프로그램의 프로듀서를 마주했다. 프로듀서는 곧바로 그에게 입을 다무는 조건으로 500달러를 주겠다고 제안했다. 그는 거절했고, 프로듀서는 다시 1,500달러를 제안했다. 그는 그 제안을 받아들였다가 다시 5,000달러를 받아야겠다고 마음을 바꿨다. 자신의 새로운 제안이 거절당하자, 그는 결국 비밀을 털어놓았다. 그는 〈뉴욕데일리뉴스〉에 〈도토〉는 '짬짜미' 프로라고, 승자를 미리 정해놓고 정답을 알려줬다고 폭로했다. 출연자 선정과 경쟁하는 과정 모두, 연속극처럼 극본이 짜인 프로였다. 녹화된 과거 방송분을 보면 매우 확실하게 느껴질 정도다. 문제의 〈도토〉 방송분에서 매력 넘치는 당시 챔피언 마리 윈은 뚱하고 뚱뚱한 상대 출연자를 프로레슬링 경기에서나 볼 법한 과장된 언행으로 물리친다. 그 프로가 확실히 서스펜스가 넘치고 승자들은 언제나 아주 매력적이었던 데에는 그만한 이유가 있었던 셈이다. 실제로 타는 상금까지도 예산에 맞춰서 사전에 정해졌다고 한다. 드디어 진실이 드러났고, 〈도토〉는 그해 여름에 폐지되었다.

예상과 달리 그런 짬짜미 스캔들은 〈도토〉에서 멈추지 않았다. 점점 더 많은 참가자들이 양심선언을 하기 시작하면서 얼룩처럼 번져나갔다. 사실 힐게마이어의 폭로가 있기 전에도 〈트웬티원〉에서 한 번 챔피언에 올랐던 허브 스템펠이 찰스 밴 도렌을 상대로 한 마지막 극적인 시합에서 고의로 져줄 것을 제안받았다는 얘기를 꺼낸 바 있었다. 그는 패배를 인정하지 못하는 사람으로 묵살당해왔지만, 힐게마이어까지 전면에 나서자 관계 당국은 사건의 전모를 캐러 나서지 않을 수 없었다. 그리고 결국 가장 규모가 큰 퀴즈 프로인 〈6만 4,000달러짜리 문제〉와 〈트웬티원〉으로 스캔들이 확산되었다. 1959년, 조사에 착수한 의회는 찰스 밴 도렌을 증언대로 소환했다. 〈트웬티원〉의 가장 유명한 스타는 충격적인 사실을 털어놓았다. "나는 사기에 깊이 연루되어 있었다. 나 역시 크게 속았다는 점에서 그 사기의 주된 피해자라 할 수 있다. 왜냐하면 내가 그 사기의 주요한 상징이었지 않은가. 어쩌면 그런 점에서 정의 같은 게 있는 듯하다."[13]

은행 금고에 질문을 보관해두고 부스에 참가자를 따로 세워놓고 질문을 분류하는 기계를 설치하는 등의 모든 안전 장치는 정교한 속임수에 지나지 않았다. 청중의 주의를 빼앗기 위해 마술사가 사용하는 손재주 같은 것이었다. 그 "보잘것없는" 사람들은 대단한 사람들이 그런 식을 원했기 때문에 크게 이기고 있었다. 크릴 위원회에서 일한 적이 있어서 대중을 속이는 일에 대해 잘 알던 월터 리프먼은 1959년 다음과 같이 상황을 설명했다.

> 텔레비전은 그 산업의 기반에 의심을 불러일으킬 정도로 거대한 사기를 치다가 걸렸다. (…) 사실 돈벌이가 되는 광고를 후원사들에게 팔기 위해 대중을 속이는 엄청난 음모가 존재해왔다. 그런 음모에는 이런저런 개인이 아니라 산업 전체가 연루되어 있다. (…) 본질적으로, 텔레비전의 운영 방식을 규정한 국가의 근본 정책에 문제가 있다. (…) 텔레비전 산업에는 수익을 위해 청중의 주의력을 팔려는 경쟁사들 간의 경쟁 외에는 어떤 경쟁도 따르지 않는다. 결과적으로 "무료"를 표방하는 텔레비전이 사실상 장사치들의 부하이자 하인, 창녀가 되었다.[14]

리프먼은 오늘날 널리 받아들여지는 신념, 즉 텔레비전 방송사들이 사람들의 주의력에 대한 영향력을 남용했다는 의견을 표명했다. 데이비드 사노프에 의해 오래전에 해고된, 전직 NBC 사장 팻 위버조차도 텔레비전 방송사와 관련해, 경영진은 "대중이 마땅히 받아야 할 것을 제공하려 하지 않는다"는 비슷한 이야기를 했다.[15] 저명한 방송 비평가 에릭 바누는 정부 청문회에서 다음과 같이 증언했다. "진짜 중요한 문제는 우리가 우리의 문화와 예술적 삶을 광고의 부산물이 되도록 놔둘 수 있느냐이다. 그럴 수 없다는 게 나의 답이다."[16]

많은 사람들이 상업과 순응주의, 광고의 위력에 대한 저항의 시대는 1950년대가 아니라 1960년대였다고 생각한다. 그러나 반문화counterculture의 10년이 밝아오기 전부터 미국 주요 기관들의 신뢰성에 대해 의심의 씨앗이 뿌려지고 물이 공급되었을 뿐 아니라 결실까지 맺어진 게 분명하다. 10년도 안 되는 사이에 재미있고 신기한 물건에서 모든 가정에 자연스럽게 존재하는 이기로 변모해 전례 없이 풍족한 상업적 수확을 거둬들이는 수확기가 된 두 번째 스크린에 대한 환멸은 훨씬 더 큰 각성의 전조인 셈이었다. 하지만 그것은 단순히 전조만은 아니었다. 경솔하게도 주의력 사업가들은 소비자들과의 유쾌한 계약이 사실상 신용 사기였음을 드러내고 말았다. 그 사실이 마침내 분명해지자, 업계는 이후 20세기 내내 그 파문에 시달리게 된다.

12

위대한 거부

1966년 봄, 전직 하버드 전임강사였던 46세의 티모시 리어리Timothy Leary는 재킷 차림에 넥타이를 매고 딴 생각에 빠진 표정으로 뉴욕 5번가에 위치한 플라자 호텔의 붉은 카펫이 깔린 계단을 오른 뒤 점심 약속이 잡혀 있는 오크 룸으로 들어섰다. 그를 기다리고 있는 사람은 리어리도 소문으로만 알고 있던 마셜 맥루한Marshall McLuhan이란 학자였다. 리어리보다 열 살 정도 많은, 머리가 약간 희끗해진 그는 1970년대에 그의 특징이 된 콧수염은 아직 기르지 않은 상태였다.

서양 세계에서 막 유행하기 시작한 표현을 빌리자면, 화려한 참나무 틀로 장식된 레스토랑에 앉아 있던 두 사람 모두, 각자의 추종자들에게는 "구루guru"였다. 맥루한은 대담하면서도 수수께끼 같은, 흥미진진한 주장으로 가득 찬《미디어의 이해Understanding Media: The Extensions of Man》를 발표하며 유명해진 토론토 대학 언론학과 교수였다. (그의 주장 가운데 하나만 예를 들어 보자. "어떤 미디어든 그것의 '콘텐츠'는 항상 또 다른 미디어이다.") 그는 "바보상자의 구루Guru of the Boob Tube"나 "전자 시대의 예언자Oracle of the Electronic Age"

등과 같은 다양한 별명으로 불렸다.

당시 리어리는 구루의 조건에 더욱 전통적으로 어울리는 사람이었다. 하버드 전임강사 자리에서 해고된 그는 뉴욕 북부의 요새 같은 저택에 살면서 부분적으로는 과학 실험이고 부분적으로는 새로운 종교이기도 한 원대한 통합의 개발 및 확장 과정을 감독하고 있었다. 하버드 시절의 친구인 리처드 앨퍼트Richard Alpert 교수와 리어리는 자신들의 프로젝트를 "내면의 자유를 위한 국제 연맹International Federation for Internal Freedom"이라 칭했다(리처드 앨퍼트 역시 교수직에서 해고당했고, 나중에 람 다스Ram Dass라는 이름으로 개명한다). 헌신적인 추종자 세력을 대규모로 규합하는 데 성공한 이 두 사람의 포부는 실로 원대했다. 그들을 추종한 영국인 의사 마이클 홀링스헤드Michael Hollingshead는 다음과 같이 설명했다. "우리는 우리의 목표가 모든 인간의 목표이며 우리가 추진하는 것이 모든 인간의 개인적인 포부에 대한 프로젝트라는 데 만족감을 느꼈다. 우리는 신성한 조화가 이루어진 그 통합된 상태, 즉 경이감만이 남고 모든 두려움은 사라진 생활 상태를 추구했다."[1]

특히 리어리와 그의 추종자들은 가히 '주의력 혁명'이라 할 수 있는 것에 전적으로 헌신했다. 그들은 대중이 주류 미디어와 여타 기관들의 메시지를 차단하기를 바랐다. 그들이 보기에 그것들은 대중 조작의 도구에 불과했다. 대신, 그들의 연맹은 약간의 외부적인 도움을 받는 내면의 항해를 설파했다. 여기서 외부적인 도움이란 환각제를 뜻하는 것이었다. 리어리는 대중의 정신과 대중의 우선 사항을 바꾸려면, 당시엔 합법적이었던 LSD 같은 환각제를 복용하는 것이 대단히 효과적이라고 믿었다.

맥루한과 점심 약속을 잡은 그 무렵, 리어리는 점점 더 유명해지고 있었고, 자신의 생각이 더 많은 사람들에게 알려지기를 원했다. 특히 그는 당시의 상황에 크게 환멸을 느끼고 뭔가 다른 것을 찾고 있는 것으로 파악된 젊은이들에게 심대한 영향을 미치고 싶어 했다. 그는 이렇게 설명했다. "인류 역사상 처음으로 영향력 있는 다수의 대중이 제도적 권위를 경멸하기 시작함으로써 낡은 산업사회와 새로운 정보사회 간에 다툼이 발생하게 되었다." 그는 맥루한이 그 불만 세력에 영향을 미치는 방법을 가르쳐줄 수 있을 거라고 믿었다.[2]

맥루한은 리어리의 계획에 상당히 호의적이었다. 맥루한은 미디어가 "인간의 확장"이 되었다고, 다시 말하면 피부처럼 우리의 일부분이 되었다고 생각했다. 따라서 스스로 미디어 소비를 통제한다는 것은 일종의 자기 결정이며 자기 자신의 운명을 장악하는 것이었다. 그래서 맥루한은 리어리의 말을 끝까지 들은 뒤 그에게 모종의 반직관적인 조언을 건넸다. "당신은 당신 자신을 철학자, 개혁자로 불러야 하오. 그런데 그런 당신 일에 가장 중요한 것은 광고라오." 리어리가 기존 미디어의 유해한 영향으로부터 많은 사람들을 떼어놓으려면, 먼저 미디어의 가장 해로운 수단을 이용하여 그 사람들에게 접근해야만 한다는 얘기였다. 무엇보다도 그에게는 사람의 마음을 끄는 표어 같은 것이 필요했다. 맥루한은 그에게 어떻게 해야 하는지 보여주기 위해 바로 그 자리에서 예전 펩시 광고를 기초로 CM송 같은 것을 만들었다. "리세르그산이 딱이야. / 400만 개의 뉴런, 그 정도면 많은 거지."

리어리는 훗날 그 만남을 이렇게 기억했다. "성공한 철학자란 우주에 관한 자신의 새로운 모델을 많은 사람들에게 알림으로써 생각을 행동으로, 정신을 물질로 바꿀 수 있는 광고인이기도 하다는 생각을 더욱 굳히게 되었다." 맥루한의 조언을 진지하게 받아들인 그는 미국에서 가장 혁명적인 것으로 평가받는 슬로건들의 목록을 작성했다. "나에게 자유가 아니면 죽음을 달라"가 가장 먼저 생각났고, 이어서 "국가는 반은 노예로, 반은 자유인으로 구성될 수 없다", "우리가 두려워해야 할 유일한 것은 두려움 그 자체다"가 떠올랐으며 마지막으로는 "러키스트라이크는 좋은 담배를 의미한다"가 생각났다(마지막 슬로건은 "단것 대신 러키를 집어라"의 뒤를 이어 1940년대와 1950년대에 사용되었다). 그러나 그에겐 자신만의 슬로건이 필요했다. 그리고 그날 늦게 샤워를 하다가 불현듯 정답이 생각났다. 이제 그에게 필요한 것은 그것을 더 많은 청중에게 전달할 적당한 기회뿐이었다.

1966년 말 마이클 보웬Michael Bowen이라는 "환각 예술가"가 샌프란시스코에서 주최한 한 행사에 리어리를 초청했다. 이 행사는 소외된 학생과 시인, 록 뮤지션, 재즈광, 폭주족 등, 그 무렵에 생겨나던 다양한 반문화 및 "대안alternative" 집단을 통합하려는 의도로 개최되었다. 그의 광고 포스터는 이 행사를 "히피족들의 모임"으로 선전했다. 그렇게 리어리는 1967년 1월 14일 골든게이트 공원Golden Gate Park에서 처음으로, 신중하게 구상한 자신의 메시지를 많은 청중에게 전달했다. 그의 연설은 다음과 같은 전염성 강한 구호를 반복해서 전하는 데 집중되었다.

"흥분하라, 깨달아라, 이탈하라Turn on, Tune in, Drop out(여기서 흥분은 환각 상태를, 깨달음은 내면의 신성을 찾는 것을, 이탈은 기존 체제에서 벗어나는 것을 의미한다. 따라서 이 슬로건은 "환각 상태에 들어가 신성에 파장을 맞추고 속세를 벗어나라"와 같이 옮길 수도 있다-옮긴이)."

맥루한의 조언은 효과가 있었다. 리어리의 구호는 그 어떤 광고 슬로건보다 인기를 얻었고, 반문화의 모토로 효과적으로 자리 잡았다.

대부분의 사람들은 리어리의 표어를 자신의 주의가 쏠리는 대상에 주의를 기울이라는 명령으로 이해했다. 본인이 마음을 여는 대상에 신경을 쓰라는 의미로 말이다. 이것은 주의력 반란을 촉구하는 미국 최초의 목소리는 아니었다(앞에서 살펴봤듯이 패커드와 리프먼이 각기 그런 요청을 했다고 볼 수 있다). 하지만 리어리의 요청은 텔레비전과 정부뿐 아니라 대학과 부모, 직장 등을 포함해서 훨씬 더 광범위한 권위 체제의 메시지를 무시하라고 제안하는 것이었다. 그는 철저한 주의력 혁명을 요구한 셈이다.

20년 정도가 지난 뒤, 리어리는 "불행히도" 자신의 생각이 종종 "술이나 마약에 취해 모든 건설적인 활동을 포기하라"는 뜻으로 잘못 받아들여졌다고 지적하게 된다.[3] 실제로 1960년대에 사람들은 이탈한 뒤에 어디로 가야 하느냐고 진지하게 묻곤 했다. 그러나 그 메시지를 들은 충분히 많은 사람들은 그것이 무언가 더 심오한 것을 가리킴을 이해했고, 리어리의 지시를 다른 사회 비평가들의 시각과 연결 지을 수 있었다. 가장 영향력이 컸던 사회 비평가로는 반문화의 또 다른 구루였던 헤르베르트 마르쿠제Herbert Marcuse를 들 수 있다. 그는 1930년대에 독일 제3제국에서 탈출한 철학자들로 구성된 "프랑크푸르트학파Frankfurt School"의 일원이었다. 마르쿠제는 자신이 "위대한 거부"를 목격하고 있다고 믿었다. ("위대한 거부"라는 표현은 그가 1950년대에 "불필요한 억압에 대한 저항 및 궁극적인 형태의 자유를 위한 분투, 즉 '불안감 없이 살기' 위한 투쟁을 설명하기 위해 처음으로 고안한 용어였다.")[4]

부분적으로 마르쿠제에게서 영감을 받았을 수도 있는 리어리와 마찬가지로, 마르쿠제는 체제 내부에서 해방을 성취할 수 있는 게 아니라 체제의 근본적인 재건이 필요하다고 믿는 편이었다. 1964년 그는 "지적 자유란 현재 매스컴과 세뇌에 의해 갖게 된 개인의 생각을 원래의 상태로 회복하는 동시에, '여론'을 만든 사람들과 '여론' 자체를 없애는 바를 의미하게 될 것이다"라고 추정했다. 따라서 그가 펼친 청년운동은 신화를 제외하고는 그 어디서도 완수되지 못한, 인간 조건의 근본적인 해방에 대한 약속을 표방했다. 그것은 칼 마르크스와 그의 추종자들이 희망한 목표보다도 훨씬 더 야심 찼다. 칼 마르크스 등은 단순히 불공평한 경제체제로부터의 해방을 추구했을 뿐이었다. 마르쿠제는 사회적이든, 경제적이든, 기술적이든, 모든 형태의 억압을 종식시킬 계획이었다. 한마디로 에덴동산으로의 복귀 같은 것이었다. 그는 이 위대한 거부를 통해 사람들이 "가장 탁월하게 표현된 전통문화에서도, 가장 극적으로 발현된 기술 발전에서도 사회적 억압의 흔적을 알아차리기를" 감히 기대했다. 그 결과는 "인류를 위한 연대, 모든 국경선과 세력권을 초월하여 빈곤과 불행을 제거하는 연대, 평화 달성을 위한 연대"가 될 것이었다.[5]

그런데 사방에 존재하던 미디어가 없어지면, 파라다이스로 가는 도중에 우리는 어디에 주의를 기울여야 하는가? 사람들은 자신의 인생을 무엇을 하며 보내야 하는가? 리어리는 아주 오래되고 더욱 신비로운 예언적 전통에서 해답을 찾아 주의력의 적절한 초점으로 영혼의 실체를 적시했다. 그는 이렇게 말했다. "현명한 사람은 자신의 삶을 종교적 탐구에 전적으로 바친다. 거기에서 유일한 황홀경과 유일한 의미를 찾을 수 있기 때문이다." 한 연설에서 그가 아래와 같이 설명한 것처럼, 이것이야말로 그의 위대한 충고의 궁극적인 의미였다. "신의 메시지는 결코 바뀌지 않는다. 그것은 다음과 같은 간단한 어구로 표현될 수 있다. 흥분하라, 깨달아라, 이탈하라."[6]

리어리는 자신의 조언을 받아들이려고 애쓰는 사람들이 엄청난 저항에 직면하게 될 거라고 예언했다. "텔레비전 방송국 국장들은 당신이 종교적인 삶을 사는 것을 싫어한다. 그들은 자신들의 게임에 당신을 계속 붙잡아 두려고 모든 압력(투옥을 포함하여)을 행사할 것이다. 당신 자신의 마음 역시 사기에 가까운 텔레비전 방송 게임에 빠져 여러 해 동안 교육받은 탓에 타락했을 뿐 아니라 신경마저 손상되었기에 스스로를 그 자리에 갇힌 상태로 놔두려 할 것이다."[7] 미국의 상업과 특히 주의력 산업이 리어리의 주장을 치명적인 위협으로 간주하리라는 것을 알아챘다는 점에서 그는 옳았다. 그러나 그는 자신이 자신의 대의를 알리는 데 광고라는 도구를 전용했듯이 광고인들도 자신의 목적에 그의 대의를 쉽게 전용할 수 있다는 것은 예상하지 못한 듯싶다.

리어리에 앞서 펩시가 있었다. 1963년, 펩시콜라의 새로운 광고 책임자로 채용된 앨런 포타시Alan Pottasch는 자신의 사무실에서 연필을 손에 쥐고 코카콜라에 도전하기 위한 아이디어를 필사적으로 짜내고 있었다. 당시 코카콜라는 이미 청량음료 부문을 석권한 대표적인 제품으로서 "경쟁을 초월하는 브랜드"로 알려져 있었다.

수십 년에 걸친 경험은 코카콜라와 경쟁하려는 시도가 부질없는 짓임을 증명해주었다. 코카콜라는 1950년대의 다른 거대 기업들처럼 강렬한 브랜드 충성도를 구축하기 위해 수백만 달러를 광고비로 지출했다. 그 과정에서 코카콜라는 대부분의 기업들과는 달리, 단순한 설득 차원을 넘어 사람들에게 코카콜라가 더 나은 선택일 뿐 아니라 유일한 선택이라고 확신시키는 데 성공했다. 역사가인 토머스 프랭크Thomas Frank는 이렇게 설명한다. "코카콜라는 한때 지방별로 분산되어 있던 청량음료 시장을 경쟁 상대가 없을 정도로 지배하는 기업이 되었다. 코카콜라는 부자와 빈자, 젊은이와 노인, 여성과 남성, 그리고 지역을 막론하고 모든 신분의 사람들이 마실 수 있는 유일한 제품을 제공했다." 코카콜라는 경이로울 정도로 낮은 "브랜드 탄력성"을 만들어내는 데 성공했다. "브랜드 탄력성"이란 경제학자들이 사용하는 용어로, 소비자가 대용품을 받아들일 의향을 어느 정도 갖고 있는지를 가리키는 표현이다. 이는 펩시가 코카콜라와 비슷하고 더 저렴한데도 여전히 시장점유율을 확보할 수 없었다는 사실로 입증되었다.[8]

코카콜라는 스스로를 건강에 좋고 미국적인 모든 것과 동일시하고 미국인들의 깊은 자존감과 소속 욕구에 의지하며 다른 음료를 마시는 행동은 막연하지만 반역 행위가 될 수 있다는 느낌을 안김으로써 성공을 거두었다. 크리스마스에는 심지어 산타클로스와 코카콜라를 연결 짓기까지 했다. 실제로 코카콜라는 대중의 의식 속에 붉고 흰 '코카콜라' 옷을 입고 넓은 벨트를 맨 둥근 수염의 남자로 산타클로스의 현대적인 이미지를 고착화하는 데 기여했다.

반면, 펩시는 영원한 패배자였다. 1893년에 브래드의 음료Brad's Drink라는 이름으로 처음 시판된 펩시는 애초에 신통찮은 특허 의약품, 즉 "건강에 좋은" 콜라로 판매되었다. 그 명칭은 다이스펩시아dyspepsia, 즉 소화불량을 치료해준다는 주장을 부각시키기 위한 일종의 익살이었다. 항상 뒤처진 브랜드였던 펩시는 일찍이 소외 계층에 영합하는 방식 같은 혁신적인 홍보 기법을 기꺼이 시도하고자 했다. 코카콜라는 미국을 대표하는 음료수로 스스로를 광고했지만, 그들은 그것으로 미국 백인들의 음료수를 의미했다. 그래서 1940년대에 펩시는 "검둥이 시장negro-markets" 부서라는 흑인 전용 마케팅 부서를 만들어 잠시나마 틈새 마케팅을 실험했다.[9] 그러다 1950년대에 들어서는 건강에 좋다거나 맛있다는 주장은 접고 더 저렴한 콜라임을 내세우는 전략에 전적으로 의존함으로써 오늘날 복제 상품이 보유하고 있는 틈새 시장을 차지했다. 맥루한이 리어리의 환각제 모험을 돕기 위해 차용한, 펩시의 가장 성공한 CM송은 다음과 같았다. "펩시콜라가 딱이야. / 355밀리리터, 그 정도면 많은 거지." 이 광고에 담긴 진실은 이러했다. 펩시는 355밀리리터 한 병이 5센트에 팔렸는데, 코카콜라는 190밀리리터가 5센트였다. 포타시가 펩시에 합류한 1957년에 펩시의 판매량은 그 모든 노력에도 코카콜라의 6분의 1정도밖에 되지 않았다. 이는 선택의 개념을 허무는 브랜드의 힘을 전형적으로 보여주는 예로, 사실 자유를 희생시켰다고 느낀 사람은 아무도 없었다. 그들은 그냥 코카콜라를 선택하고 있었고, 그것으로 끝이었다.

포타시는 장기적으로 볼 때 펩시를 더 저렴한 대안으로 선전하는 것은 결코 승리 전략이 될 수 없다고 경영진을 설득하기 시작했다. 하지만 펩시가 그 외에 무엇이 될 수 있단 말인가? 리어리, 마르쿠제 등과 마찬가지로, 포타시는 젊은 층에서 뭔가 중요한 일이 생기고 있음을 알아챘다. 그들은 부모와는 다른 유형의 음악을 듣고, 다른 옷차림을 선호했다. 그리고 아직은 1960년대 초였지만, 그들은 1950년대에 구축된 소비자 문화에 저항하는 반란의 징후도 내비치고 있었다. 리어리나 마르쿠제가 기존의 사회질서에 도전하기 위해 소용돌이치는 사회적 움직임에 편승하고자 했다면, 포타시는 그것을 이용하여 펩시콜라를 팔 수 있다고 생각했다.

그는 훗날 이렇게 회상했다. "우리는 제품에 대한 이야기를 중단하고 사용자에 대한 이야기를 시작하기로 결정했다."[10] 그렇게 그는 제품 고유의 특성에 대한 언급 없이 마케팅을 펼치고 제품을 구입하거나 구입해야 하는 사람들의 이미지에 초점을 맞추기로 계획했다. 그들은 중요한 사람들이었다. 젊고 반항적인 사람들, (이후에 등장한 슬로건을 빌리자면) "다른 것을 생각하는" 사람들이었다. 그리하여 포타시의 새로운 처방에서 그들은 "펩시 세대Pepsi Generation"로 알려지게 된다.

새로운 광고는 활력을 생생히 묘사했다. 평상복 차림의 젊고 아름다운 사람들이 어울리며 즐거운 시간을 보내는 모습이 그려졌다. "힘을 내요! 여러분은 펩시 세대입니다!"라는 카피도 있었고, "정말로 활동적인 세대를 위하여"라는 카피도 있었다. 1964년에 인쇄된 펩시 광고는 불과 1년 전에 나온 지루한 광고와는 완전히 딴판이다. 또한 펩시는 흑인들 사이에서 얻은 인기에 편승해 흑인 모델을 등장시키는 유사한 광고를 연속적으로 내보냄으로써 이 브랜드의 진정한 반문화적 이미지까지 구축했다.

나중에 포타시는 이렇게 회상했다. "우리의 제품으로 한 세대의 이름을 짓고 그들을 차지하려는 시도는 성공 여부조차 확신하지 못한 상태에서 감행한 일종의 모험이었다."[11] 그러나 그의 직감은 정확했던 것으로 드러난다. "당신이 마신 음료가 당신이 누군지에 대해 이야기해주었다. 우리는 우리 소비자의 이미지를 활동적이고 활력이 넘치고 마음속에 젊음을 품고 있는 사람들로 그려냈다."[12]

물론 펩시는 음악, 섹스, 태도, 옷차림 등 다양한 문제에서 해방에 대한 욕구를 일으키지는 않았다. 정확히 말하면, 펩시는 영리하게도 당시 유행하기 시작한 개인주의에 편승한 것이다. 물론 모든 개인주의는 일종의 나르시시즘을 품는데, 펩시 역시 암묵적으로 그 점을 이해했다. 왜냐하면 펩시 세대가 궁극적으로 소비하던 것은 콜라가 아니라 자기 자신의 이미지였기 때문이다.

펩시의 접근 방식은 실로 독창적이었는가? 좋은 질문이다. 광고인들은 지속적으로 무언가를 창조했다고 주장하지만, 자세히 살펴보면 대개는 오래전부터 존재하던 것들이다. 그러나 이 캠페인이 전통적인 적극적 판매 방식과는 아무런 관계가 없었다는 것은 확실하다. 펩시의 캠페인은 상품과는, 가장 중요하게는 소비자를 위해 상품이 해줄 수 있는 것과는 아무런 관계가 없었다. 어떻게 보면, 펩시 광고를 비롯하여 펩시를 모방한 광고들은 어떤 이상을 보여주고 그것을 상품과 연결 지었다는 점에서 은근한 판매 방식의 더욱 은근한 버전이었을 뿐이다. 따라서 1920년대에 애로우Arrow 셔츠를 입은 근사한 남자를 보여준 "애로우맨Arrow Man"과 대초원 지대의 고독한 흡연자를 보여준 말보로맨을 이 부류에 넣을 수도 있다. 그러나 말보로를 피우는 사람들 중에 카우보이가 되기를 원하거나 그렇게 되리라고 예상한 사람은 없었다. 펩시의 차이는 그 상품을 소비하면 어떤 식으로든 자신이 되고자 하는 사람이 될 수 있음을 암시했다는 것이다.

어쨌든 1960년대가 끝나갈 무렵, 펩시 세대 캠페인은 코카콜라와의 간격을 꾸준히 메우기 시작했고, 시장점유율에서 코카콜라를 앞서지는 못했지만 근접하게는 되었다. 펩시는 한번 잡은 그 상승세를 계속 타면서 반문화를 훨씬 더 전면적으로, 심지어 반문화의 환각적인 측면까지도 받아들이려 했다. 스팽글이 달린 옷을 입은 젊은 여성이 뉴욕에서 밤새도록 춤을 추는 가운데 갑작스럽게 조명과 소음이 점멸하는, 환각 체험을 연상시키는 기이한 텔레비전 광고를 내보낸 것이다. 물론 광고에는 중간중간 펩시 로고가 등장했다. 그러나 펩시가 더욱 큰 성공을 거둔 것은 자연스럽고 소박한 즐거움과 평화로운 삶으로의 회귀 같은 보다 매력적인 반문화적 가치를 이용한 "리브-기브Live-Give" 캠페인을 통해서였다. 이것은 반소비주의 정신으로 사람들의 소비를 구슬린 경우에 해당했다. 펩시는 리어리를 비롯한 여러 사람들이 갈망했던 대로 주류 미국에 반문화를 선전하고 있었다.

아기를 말 위에 앉히고 뒤를 따르던 긴 머리 남자가 맨손으로 시냇가에서 (펩시가 아니라) 물을 마시는 장면으로 시작한 1969년의 대표적인 광고를 생각해보자. "완전히 새로운 생활 방식이 있어요. 펩시는 그러한 욕구를 충족시키도록 도움을 주지요"라는 노랫소리가 흘러나온다. 그다음, 빠른 속도로 여러 장면이 연이어 등장한다. 자연에서 떠들썩하게 노는 아이들, 해변을 걷는 젊은 커플, 우유를 짜는 아이 등 평범한 사람들의 일상이지만 만족스런 표정들이다. 다시 내레이터의 목소리가 흘러나온다.

"알아차리셨나요? 이것이 여러분이 살고 있는 세상입니다. 소박한 즐거움으로 가득 찬 세상. 아름다운 경치와 사랑하는 사람. 펩시콜라는 모든 행복한 순간과 희망에 찬 순간을 함께하는 콜라입니다."

이제 합창 소리가 새로운 슬로건을 전파한다. "우리는 살아갈live 목표가 많아요. (…) 그리고 펩시는 줄give 게 많아요. (…)"

이 광고는 히피 시대의 이미지와 가치를 놀라울 정도로 훌륭하게 뒤섞어놓았다. 지위의 상징, 직장, 재산 같은 것은 없다. 대신 주로 전원에서 느껴지는 자연의, 편안한 즐거움이 가득하다. 사람들은 매력적이지만 도달할 수 없을 정도로 매력적인 것은 아니고, 다양한 인종과 연령이 조화롭게 섞여 있다.

펩시가 그려낸(혹은 차용한) 것은 본질적으로 마르쿠제가 상상한 세속의 낙원이었다. 억압받지 않는 즐거움, 활동, 사랑, 불안이나 압박 없는 삶. 기술은 없고 오직 프리스비와 꽃만 있고, 가족 간의 사랑과 남녀 간의 사랑 모두 방해받는 일 없이, 암묵적인 계급 없이 경험할 수 있다. 한마디로, 펩시는 해방을 광고했다.

펩시 광고는 음악으로 유명했는데, 비틀스의 음악과 〈세서미 스트리트Sesame Street〉가 섞여 있는 것처럼 들렸다. 펩시는 그 음악을 다음과 같이 설명한다.

> 흥분을 안겨주는 새로운 그룹이 음악을 위해 대단히 새로운 일을 해낸다. 그것은 젊음의 가방이고 펩시콜라는 그 안에 담겨 있다. 완전히 새로운 생활 방식이 있고, 펩시는 배경음악을 공급해준다. (…) 그것은 세대 차이를 없애고 구루처럼 소통하는 라디오 패키지이다.[13]

만약 1960년대와 1970년대의 반문화가 인간의 주의력이 상업화되는 것을 역전시킬 수 있었다면 과연 어떤 비전을 성취했을까? 생각해볼 가치가 있는 흥미로운 사안이다. 반문화 지도자들은 상업 텔레비전과 광고가 대중의 무관심에 직면하여 부적절한 것으로 전락하는 시대를 간절히 원했다. 일단 사람들이 "기성"의 정보원을 거부하게 되면 광고를 일종의 선전으로 인식하고 신중하게 피할 터였다. 광고는 그 필수 요건인 주의력을 얻지 못하게 되면, 1930년대에 거의 그럴 뻔했던 것처럼 망하고 말 터였다. 대중의 마음은 광고 대신 자연, 영성의 경로, 친구, 가족, 연인 같은 상업적 발명품이 아닌 실체에 주의를 기울일 터였다. 만약 필요하다면, 미디어는 라이브 콘서트 같은 것이나 공익을 위한 프로그램이 될 터였다. 어떤 냉소가는 대안적 미래에 대한 1960년대의 비전은 그저 섹스와 마약, 로큰롤에 불과했다고, 어쩌면 덤으로 공영 라디오 정도가 포함되었을지도 모른다고 말할지도 모르겠다.

1960년대의 반란이 1950년대의 주의력 사업가들로부터 한 세대의 일부나마 구했다는 데에는 의문의 여지가 거의 없다. 그러나 산업은 효과적인 대응책을 강구했고 결국엔 대중의 마음을 어떤 구루보다도 더 정확히 읽어낸 듯했다. 그들이 해방 정신의 본질을 이미 간파하고 있었기 때문인데, 대부분의 사람들에게 그 본질은 (불교적 의미에서처럼) 욕망의 종언이나 (수도자적인 의미에서) 고독한 침잠에 대한 소망, 혹은 리어리가 희망한, 내면의 성찰에 동기를 부여하는 정신적 갈망 같은 것이 아니었다. 정확히 말하면, 수십 년에 걸쳐 비교적 순응해왔고 다시 10년 동안 최고로 순응한 뒤에 겉으로 분출된 것은 개인의 강력한 욕망과 그 욕망을 표현하려는 의지였다.

무엇보다도 대부분의 사람들은 그저 개인이라는 느낌을 더욱 많이 갖고 싶어 했다. 그리고 이는 다른 욕망과 마찬가지로 산업이 충족시켜줄 수 있는 것이었다.

광고인들 중에 가장 자신만만한 사람들은 1960년대가 한 가지 단순한 이유 때문에 소비주의를 소멸시키지 못할 것임을 알고 있었다. 욕망의 가장 자연스러운 종착점은 소비였고, 반세기에 걸쳐 기술을 연마한 광고인들은 온갖 종류의 욕망을 상품에 대한 수요로 바꾸는 법을 잘 알았기 때문이다. 젊은이들의 욕망도 예외는 아니었다. 실제로 존 애덤스John Adams라는 광고 책임자는 1971년에 다음과 같이 지적했다. "그들(히피족)은 소유욕이 최고조에 달한 시대를 살고 있다. 그들은 상대적으로 유복하기 때문에 그 연령대에서는 전례가 없을 정도로 많은 상품과 서비스를 소비할 수 있다."[14]

끊임없이 비관론에 빠지는 이상주의자에 가까웠던 마르쿠제는 1964년 해방에 대한 약속이 더욱 극심한 억압에 이용될 것이라고 예측했다. 그의 주장을 들어보자. "자유는 강력한 지배의 도구가 될 수 있다.[15] 주인들의 자유선거가 주인과 노예 관계를 없애지 못하듯이, 상품과 서비스가 노역과 두려움의 삶에 대한 사회적 통제력을 계속 유지한다면 다양한 상품과 서비스 가운데서 자유로이 선택할 수 있다고 해서 그것이 자유를 의미하지는 않기 때문이다."[16] 이 부분에서 한 지식인은 구루로서의 지위를 상실한다. 자신의 추종자들을 개념의 다리를 향해 너무 멀리 데려가고 있기에 하는 말이다. 만약 그 사람들이 해방을 원했다면, 그리고 펩시가 그것을 팔고 있었다면, 대부분의 사람들은 '그냥 펩시에서 그것을 사면 되지, 뭐'라고 생각하는 것 같았다.

당연한 얘기인데, 설령 영적인 특징을 갖춘 뱀 기름이라고 해도 어쨌든 광고인이 새로운 뱀 기름을 파는 데 성공하려면 여전히 대중의 마음에 접근할 방도가 필요할 것이다. 광고인들이 그런 방도를 갖게 되었다는 것은 1960년대와 1970년대의 대망의 주의력 혁명이 결국 실패한 주된 이유를 가리킨다. 주의력 혁명은 메시지와는 아무런 관계가 없었다. 사실 메시지는 강력하게 전달되었고 기꺼이 수용되었다. 오히려 그 혁명이 실패한 이유는 종종 주목받지 못하는 사실, 즉 1960년대와 1970년대 내내 대부분의 사람들이 텔레비전 시청을 전혀 그만두지 않았다는 사실에 기인했다.

광고인이었다가 사회운동가가 된 제리 맨더는 이렇게 썼다. "오래도록 집 거실에서 파란빛을 뚫어져라 쳐다보며 앉아 있었던 탓에 대중의 마음은 이미 텔레비전의 이미지로 채워져 있었다. 하나의 운동은 다음번 운동과 같은 것이 되었고, 미디어의 조치는 뒤따르는 허구의 프로그램과 합쳐졌다. 어떤 혁명적 표어든 다음 광고에 의해 지워지면서 새로운 단계의 후퇴와 무관심, 정지 상태를 야기했다. 결국 1960년대는 전구가 나가기 직전의 섬광이었던 것으로 드러났다."

1960년대에 반문화적 성향을 띤 비틀스와 롤링 스톤스Rolling Stones, 도어스Doors 모두 〈에드 설리번 쇼〉에 출연하며 최대의 청중에게 영향을 미친 사실을 생각해보자. 결국 프라임 타임의 습관은 그 습관에 맞서 진용을 정비한 세력들보다 더 강력한 것으로 드러났다. 주의력 산업은 대중의 마음에 접근할 기회를 거의 온전하게 지켰기 때문에 단순히 살아남는 게 아니라 번성할 기회를 얻을 수 있었다.[17]

텔레비전 방송을 구제불능의 존재로 생각하는 사람들은 늘 있었다. 하지만 이 미디어가 본질적으로 중립적이라고 믿는 더욱 온건한 부류도 있었

다. 텔레비전이 그저 주의력 수확기가 되었다고 해도, 더 고상한 목표에 부합되도록 언제든 그것을 다시 구상하고 재편할 수 있다는 생각이었다. 본질적으로 그들은 머로 같은 사람들이 일찍이 텔레비전이 가졌다고 생각한 잠재력을 믿고 있었다. 머로가 이렇게 말하지 않았던가. "이 기계는 사람들을 가르칠 수 있고, 계몽할 수도 있다. 심지어 영감을 불어넣을 수도 있다. 그러나 사람들이 텔레비전을 그러한 목적에 사용하기로 결심하는 경우에만 그렇게 할 수 있다."

1960년대 초 몇몇 대도시에서 비영리 텔레비전 방송국들이 방송을 하고 있었다. 뉴욕의 WNET, 샌프란시스코의 KQED, 보스턴의 WGBH 등이 대표적인 예이다. 1962년에 머로 본인이 "위대한 도전"의 시작을 선포하며 WNET를 시작했다. 그리고 그 비상업적 대체 방송국들이 처음으로 성공을 거둔 것은 바로 어린 청중을 대상으로 한 프로그램이었는데, 〈미스터 로저스의 동네Mister Rogers' Neighborhood〉와 〈세서미 스트리트〉가 대표적인 예이다.

프레드 로저스Fred Rogers는 CNN과의 인터뷰에서 이렇게 말한 바 있다. "나는 텔레비전을 정말로 싫어했기 때문에 그 일을 시작했다." 카디건을 좋아하는 부드러운 목소리의 목사 지망생 로저스는 아이들의 텔레비전은 아이들에게 유익해야 한다는, 당시로서는 급진적인 생각을 갖고 있었다. 그는 1950년대 초에 NBC에서 일하다가 피츠버그로 옮긴 뒤, 지역 공영 프로그램인 〈칠드런스 코너The Children's Corner〉에 참여했다. 이 프로그램은 잠시 방송되다가 폐지됐다.

물론 아이들은 어른들보다 자신의 주의력을 잘 통제하지 못한다. 하지만 아이들이 진짜로 주의를 기울이면, 제시된 메시지에 더욱더 완전히 마음을 연다. 1950년대 초 광고인들은 텔레비전으로 아이들에게 영향을 미칠 때 발생하는 상업적 가능성을 이해하게 되었다. 예를 들어, 광대와 춤추는 인형이 나오는 〈하우디 두디 쇼The Howdy Doody Show〉는 켈로그가 광고주였는데, 항상 프로그램 중에 하우디 두디가 시리얼 상자 주위에서 춤을 추곤 했다. 그러나 그때는 초창기였고, 1950년대 말이 되자 프로그램 편성자들은 어떻게 보면 그 자체로 광고나 다름없는 프로를 제작하는 법을 알게 되었다. 예를 들어, 〈미키 마우스 클럽The Mickey Mouse Club〉은 미키 마우스나 도널드 덕 같은 등장인물들에게 지속적인 애착을 키우도록 조장했다. 결과적으로 그것은 장난감 판매와 디즈니 영화 입장권 판매, 디즈니랜드 방문 등을 증가시키는 데 도움을 주었다. 또한 1950년대 말, 장난감 제조 업체들은 구체적으로 텔레비전에 광고할 생각으로 장난감을 만들기 시작했다. 예를 들어, 여자아이들을 겨냥한 최초의 마텔Mattel 장난감인 바비 인형Barbie doll은 〈미키 마우스 클럽〉이 방송되는 중간에 광고가 나가며 바비의 생애에 화려한 에피소드들을 안겨주었다.

프레드 로저스는 어린이 방송의 목적에 대해 근본적으로 다른 생각을 갖고 있었다. 하지만 그는 1950년대의 상업 텔레비전에서는 자신의 생각을 펼칠 만한 지속적인 프로그램을 찾지 못했다. 대신 그는 캐나다에서 기회를 잡았다. 캐나다 국영방송Canadian Broadcasting Company이 자국의 아이들에게 〈미스터로저스Misterogers〉를 보여주기 위해 그를 초대했던 것이다. 로저스는 새로운 프로그램을 통해 아이들을 상상의 세계로 안내했다. 그곳엔 주로 인형들이 살았고, 인형들은 아이들을 친구로 대하며 아이들과 대화를 나누었다. 1964년에 미국으로 돌아온 로저스는 피츠버그에서 〈미스터로저스의 동네〉로 다시 그 프로그램을 출범시켰다. 이 프로에서 그는 새롭게 정한 루틴을 선보였는데, 늘 문으로 들어오면서 신발을 갈아 신는 동작이었다. 이는 다른 세상으로 나아가는 과정을 상징했다. 청중에 대한 그의 접근 방식은 상당히 혁신적이었다. 그는 재미없을 정도로 평범한 과제를 다루었지만, 이발이나 괴물에 대한 두려움, 형제자매 간의 말다툼 등 어린 시청자들이 직면할 가능성이 높은 과제들이었다.

공영 텔레비전의 두 번째 대성공작인 〈세서미 스트리트〉는 "텔레비전의 중독적인 특성을 정복해 그로써 뭔가 좋은 일을 하려는" 의식적인 시도였다. 이 프로그램을 만든 사람들은 뉴스 속보(커밋 개구리Kermit the Frog가 내레이터를 맡은)와 후원사("오늘은 글자 E가 후원합니다"), 어니Ernie와 버트Bert 같은 인기 캐릭터가 등장하는 "광고 방송 시간" 등 상업 텔레비전의 주의력 확보 요령을 모방하여 아이들에게 호소했다. 작가인 말콤 글래드웰Malcolm Gladwell은 다음과 같이 요약했다. "〈세서미 스트리트〉는 새로운 지평을 여는 한 가지 깨달음을 중심으로 세워졌다. 그 깨달음은 바로 아이들의 주의를 붙잡을 수 있다면 그 아이들을 교육할 수 있다는 것이다."[18]

공영방송은 그다지 급진적이지는 않았지만, 미국의 방송사들이 실제로 젊은 시청자들을 상실하는 지경에 이르기 시작하면서 힘이 커져갔다. NBC, ABC, CBS의 대표적인 프로그램 대부분은 여전히 1950년대의 취향에 맞춰져 있었다. 특히 CBS 프로그램을 예로 들어보면, 1960년대의 인기작이 〈비버리힐빌리스The Beverly Hillbillies〉(비버리힐스에 사는 순박한 가족을 그린 내용), 〈그린 에이커스Green Acres〉(도시의 명사들이 "농장 생활"을 체험하는 내용), 〈히 호Hee Haw〉(컨트리 뮤직 버라이어티쇼) 등의 "전원적인" 것이었다. 확실히 거슬리지 않는 편안한 오락물로서 여전히 매일 밤 수천만 명을 프라임 타임에 끌어들일 수 있었지만, 반문화적 시청자들과는 전혀 어울리지 않았다. 시청률이 떨어지기 시작하자, 방송계 전체가 축 처지기 시작했다. 1960년대 말 상업 텔레비전은 순전히 관성 덕분에 생존을 이어가고 있었다(그 점에서 우리는 주의력 습관의 영속적인 힘을 결코 과소평가할 수 없다). 그리고 그러한 반발이 주로 상대적으로 어린 인구 집단에서 발생해서 전체 인구에 그다지 큰 영향을 미치지는 않는다는 사실 덕분에 그나마 그 시기를 견뎌내고 있었다.

어린이 방송의 성공으로 한껏 고무된 공영방송국들은 1960년대 말 프레드 프렌들리가 제작한 매거진 형식의 〈공영방송 실험실Public Broadcasting Laboratory〉 등과 같은 프로그램으로 반문화적인 시청자들에게 직접적으로 영향을 미치기 시작했다. 이 프로그램은 "하얗게 분칠한" 흑인들이 나오는 드라마로 첫 선을 보였고, 미국의 공습을 받은 베트남을 상당히 동정적인 시각에서 묘사한 〈인사이드 노스 베트남Inside North Vietnam〉이라는 작품도 내보냈다. 또 다른 야심작으로는 〈그레이트 아메리칸드림 머신The Great American Dream Machine〉을 들 수 있는데, 만약 그런 것이 실제로 존재한다고 치면, 반체제 및 반소비주의를 지향하는 버라이어티 프로그램이라 할 수 있을 정도였다. 그 프로그램의 프로듀서들은 이렇게 말했다. "우리는 대중을 경멸하는 광고인과 사기꾼 들이 우리에게 팔고 있는 그 거짓된 가치를 제거해버리면 이 나라가 얼마나 위대해질 수 있는지 보여주려고 한다."[19]

한편, 같은 시기에 대학 라디오의 성공을 공고히 하고 확대하기 위해 미국공영라디오가 설립되었다. 첫 프로그램 국장은 대학 라디오 부문의 베테랑 빌 시머링Bill Siemering이 맡았다. 그는 이렇게 말한 바 있다. "나는 중서부 지방에서 흔히 볼 수 있는 평범하게 생긴 사람이었다. 아무도 내가 누군지 기억하지 못했다. 그래서 턱수염을 길렀다." 미국공영라디오의 주력 프로그램으로 데뷔한 〈올 싱즈 콘시더드All Things Considered〉는 1시간 28분 동안 방송되었는데, 먼저 베트남 반전 시위를 생중계하는 것으로 시작한 뒤, "덥수룩함이 생활 방식으로 바뀌며 여간해서 머리를 자르지 않는 이 시대에" 존재하는 작은 마을의 이발소를 다루는 가벼운 소재로 넘어갔다. 시간이 지나면서 미국공영라디오는 공영 텔레비전보다 더 많은 청중을 확보하면서

그 오래된 플랫폼이 아직도 생명력을 갖고 있음을 증명했다.[20]

1963년에 CBS가 낮 시간대 프로그램 편성국장으로 스물다섯 살의 프레드 실버맨Fred Silverman을 임명하지 않았다면, 텔레비전 전체와 특히 CBS의 상황은 크게 달라졌을지도 모른다. 후대에 실버맨은 "대단한 배짱을 지닌 사람"으로 격찬받았다. 실버맨은 히피족은 아니었지만, 자기 세대와 반문화적인 비평가들의 마음을 움직일 수 있는 것이 무엇인가에 대해 훌륭한 판단력을 갖고 있었다. 어쩌면 그가 펩시의 판매 수법을 독학할 정도로 젊었기 때문이었을 수도 있다.

처음에 실버맨은 어린이 프로그램 편성에서 성공을 거두었다. 그리고 그의 첫 번째 쿠데타는 1965년에 방송된 〈찰리 브라운 크리스마스A Charlie Brown Christmas〉의 뜻밖의 성공이었다. 독립적으로 의뢰받아 제작된 이 특별 프로그램은 1950년대에 자주 보던 가벼운 휴가 프로그램과 전혀 달랐다. 크리스마스가 상업화된 세태에 대해 날카롭게 비판하는 내용이었기 때문이었다. 찰리 브라운은 당시 유행하던 화려한 알루미늄 크리스마스트리를 거부하고 첫 장신구를 붙였을 때 죽은 것처럼 보이는 한심한 소나무 묘목을 산다. 그 영원한 패배자이자 "멍청이"는 그것도 모자라 그 묘목을 시들어버리게 한다. 하지만 그러자 다른 아이들이 그 안타까운 작은 나무가 크리스마스의 진정한 정신을 담고 있다는 사실을 깨닫고, 그 나무를 훌륭하게 장식한다. 그리고 그들의 노래로 나무를 살려낸다. 〈찰리 브라운 크리스마스〉는 반상업주의가 대단한 상업적 성공을 거둘 수 있다는 반직관적인 진실을 다시 한 번 증명해냈다. 그렇게 〈찰리 브라운 크리스마스〉는 CBS에 높은 시청률을 안겨주었고, 프로그램의 광고주인 코카콜라도 훌륭하게 노출시켜주었다.[21] 〈스쿠비두Scooby-Doo〉까지 출범시킨 실버맨은 텔레비전 프로가 "즐거움을 주는 동시에 유익할 수 있음"을 보여주는 증거이자 영향력 있는 프로그램의 예로 〈세서미 스트리트〉를 들었다. 1960년대 말에 CBS는 이미 프라임 타임에 방송하던 마지막 게임 프로그램을 폐지하고 〈60분 60 Minutes〉을 방송하기 시작한 상태였다. 이는 〈시 잇 나우〉를 부활시키려는 명백한 시도였다. 그 프로그램은 이제 조사 보도를 강화하더라도 실제로 최고의 시청률을 올릴 수 있음을 증명할 터였다.

1960년대 말 무렵, CBS의 일부 인사들은 아이들을 겨냥한 점진적인 조정으로는 텔레비전이 직면한 문제를 해결하지 못할 거라고 생각하기 시작했다. 텔레비전 방송 사업이 다시 성장할 수 있으려면, 〈로렌스 웰크 쇼 The Lawrence Welk Show〉(아코디언 연주자인 로렌스 웰크가 직접 진행한 경음악 프로그램-옮긴이)의 팬 기반을 넘어서는 수준의 무언가를 이뤄야 했다. 그래서 1970년 서른둘밖에 안 된 프레드 실버맨이 마흔다섯의 신임 사장 로버트 우드 Robert Wood의 지원하에 모든 프로그램의 편성을 주관하는 책임자로 임명되었다. 새로워진 CBS는 주의력 사업가의 수많은 원칙에 도전하기 시작했다. 아마도 가장 중요한 변화는 CBS가 단순히 최대의 청중만이 아니라 "딱 맞는" 청중 또한 추구하기 시작했다는 점일 것이다. CBS는 이미 최대의 방송국이었지만, 그 두 사람은 맥루한이 "공룡 효과 dinosaur effect"라 부른, 공룡이 멸종 직전에 가장 덩치가 컸을지도 모른다는 전제를 진지하게 받아들였다. 곧바로 두 사람은 CBS를 젊고, 자유롭고, 사회의식을 가진 방송사로 재규정함으로써 철저한 정화 작업에 착수했다. 누구보다도 회장인 윌리엄 페일리가 찬성했다. 당시 그는 칠십대에 접어들었지만, 여전히 프로그램 편성 결정에 적극적으로 관여하고 있었다. 그는 "마침내 우리는 절대적으로 옳은 것에 대한 비전을 갖게 되었다"고 말했다.

그때까지도 여전히 주의력 포획 부문의 헤비급 챔피언이었던 상업 텔레비전은 불과 2년 만에 불완전하나마 자체적으로 혁명을 체험했다. CBS는 도시와 시골의 차이를 부각하는 프로그램과 "물 밖에 나온 물고기" 같은 인물들이 등장하는 프로그램을 거의 모두 폐지했다. 〈라이프Life〉지는 1971년 다음과 같이 지적했다. "시골뜨기들이나 그들과 비슷한 사람들이 나오는 모든 프로가 씨가 말랐다." 또한 한때 지배적 권위를 자랑하던 〈에드 설리번 쇼〉도 폐지의 대열에 올랐다. 대신에 이제 〈메리 타일러 무어 쇼The Mary Tyler Moore Show〉(도시의 미혼 커리어 우먼을 다룬 프로), 〈올 인 더 패밀리All in the Family〉(뉴욕 퀸스에 사는 고집쟁이 노동자의 경험을 중심으로 한 내용), 〈야전병원M*A*S*H〉(한국전쟁 당시의 야전병원을 다룬 반전 코미디, 피와 죽음이 정기적으로 묘사된다) 등과 같은 완전히 새로운 유형의 프로그램이 등장했다. 당시는 "시의성"의 시대였고, CBS는 이 새로운 프로그램들이 "현세대now generation"에 호소하는 내용이라고 홍보하는 보도 자료를 배포했다.

실버맨의 선택은 빈틈이 없었고 프로그램 편성자로서 그의 감수성은 페일리만큼이나 섬세했다. 〈메리 타일러 무어 쇼〉, 〈올 인 더 패밀리〉, 〈야전병원〉 모두 크게 인기를 끌었고, 결국 텔레비전 역사의 아이콘이 되었다. 1974년 무렵 CBS는 시청률 10위까지의 프로그램 가운데 아홉 개를 다시 차지했고, 텔레비전 최초의 시청자이자 가장 충실한 시청자들이 나이가 들고 세상을 떠나기 시작하면서 서서히 텔레비전의 에너지가 줄어드는 상황에서 텔레비전이 "시의적절성"을 갖추며 회생의 길을 찾도록 도왔다. 동시에 실버맨의 성공은 머로의 비전에 맞게 텔레비전을 개혁하는 도중에 부딪친 도전과 한계 또한 보여주었다. 궁극적으로 이 사업 모델이 인간의 주의력을 전매하는 것에서 벗어나지 못했고 그러한 현실이 모든 프로그램의 본질 자체에 암호로 각인되었기 때문이다. 텔레비전은 페일리가 최초로 알아낸 것처럼 때로 위풍당당하게 주의력을 판매할 수 있었다. 이제 그렇게는 아니더라도 어쨌든 여전히 해야 할 일이었다. 제리 맨더는 다음과 같이 지적한다. "그 개혁자들은 텔레비전이 그 어떤 것보다 자신들의 메시지를 잘 전달할 수 있다고 믿었다. (…) 다른 사람들의 마음을 바꿔놓으려고 작정한 그들은 텔레비전이 그것을 사용하는 사람들을 바꾸어놓을 수도 있다는 사실은 고려하지 않았다."[22]

〈야전병원〉처럼 많은 사랑을 받고 유쾌하게 파괴적인 프로그램조차 마르쿠제가 실제로는 현 상황을 영속화하는 그런 종류의 저항으로 설명한 것을 확실하게 보여준 프로로 이해할 수 있다.* 앨런 알다Alan Alda는 〈야전병원〉에서 불손하지만 아주 인도적인 외과의사로서 군대와 보수적인 사람들에 신물이 난 호크아이 피어스Hawkeye Pierce라는 주인공 역을 맡았다. 그 캐릭터는 반문화의 열렬한 지지자라면 누구라도 사랑할 수 있는 1950년대의 인물이었다. 제리 마델Jerry Madel이 지적했듯이, 〈야전병원〉은 작가들로 하여금 "자신들이 독창적으로 대화 속에 끼워넣은 혁명적인 메시지로 '그 사람들'에게 여전히 영향을 미치고 있다"고 느끼게 만든 대표적인 프로그램이었다. 그와 동시에 〈야전병원〉은 반문화적인 성향을 띨 수 있는 사람들을 포함하여 수천만 명의 미국인들로 하여금 프라임 타임대의 상업 텔레비전을 충실히 시청하게 만들었다. 리어리를 비롯한 여러 사람들이 제기한 것처럼 그 경쟁이 진정으로 사람들의 마음을 빼앗기 위한 것이었다면, 미국인들이 주의력 사업가들과 다시 계약을 갱신했을 때, 그들은 경쟁에서 진 것이었다. 방송사들은 계약 조건을 조정했다. 이제 그들은 주의력을 받는 대신, '시의적절한' 공짜 오락물을 주기로 했다. 그러나 결국 광고인들에게는 모든

* 마르쿠제는 이 역학 관계에 대해 특히 불가사의한 견해를 남겼다. 그는 이 역학 관계에 의해 일종의 추정상의 해방이 기존의 권력 구조를 영속화하고 "그 체제"를 지탱해준다고 하면서 이를 "억압적 탈승화repressive desublimation"라 불렀다.

사람들이 쉽게 접근할 수 있는 존재로 남을 터였다.[23]

광고인들에 대해 말하자면, 펩시는 자신들이 방송사들보다 훨씬 더 재빠르게 새로운 정서에 적응할 수 있음을 보여주었다. 젊은 직원들로 꾸려진 새로운 "혁명적" 광고대행사들이 속속 등장하여 새로운 젊은 사고를 흉내 낸 혁신적인 일 처리 방식으로 성공을 거두었다. "크리에이티브"라는 새로운 직무 명칭을 들고 나온 이 광고대행사들은 1910년대부터 1920년대에 걸쳐 설립된 뒤 1950년대까지도 광고 업계를 지배하던 광고 업체들의 접근 방식과 수주 단가에 심각한 도전을 개시했다.

가장 훌륭하고 가장 명확한 본보기는 뉴욕의 웰스, 리치, 그린Wells, Rich, Greene이었다. 1966년 서른여덟 살의 사장 메리 웰스Mary Wells가 설립한 회사였다. 이 광고대행사에 관한 한, 모든 것이 시의적절했는데, "우리는 현재의 소리와 두려움, 냄새, 태도를 너무나도 잘 알고 있다. 우리는 오늘날의 광고대행사이다"라는 웰스의 창립 선언 또한 그랬다. 심지어 사무실까지도 반역을 알렸다. 한 사무실 방문객은 다음과 같이 말했다. "입구의 홀에는 사이키델릭풍의 '러브LOVE' 포스터가 걸려 있다. 손님용 의자는 등나무 의자나 대나무 의자이고, 작은 푸른색 베개도 있다. (…) 접수원은 아이티 출신으로, 억양은 딱 알맞다 싶고 허벅지는 초콜릿 빛이다. 흰색의 현관 입구 벽 너머에 있는 아가씨들은 당연히 미니스커트에 흥미가 있지만, 두어 명은 바지를 입고 있다."

회사의 슬로건으로 메리 웰스는 요가 연습실에나 어울릴 법한 "사랑의 힘"이라는 어구를 선택했다. 친절하게 소비자에게 다가가고 그들이 상품을 '사랑하게' 만들겠다는 의도라고 했다. 이는 사람들을 겁주어서 물건을 사게 만들려 한 클로드 홉킨스의 생각과는 180도 다른 아이디어였다. 결국 이러한 접근 방식은 유명 그래픽디자이너 밀턴 글레이저Milton Glaser의 디자인

이 곁들여진 웰스의 유명한 "I♥NY" 캠페인으로 이어졌다.[24]

새로운 유형의 광고인들은 자신들이 과거의 광고인들과는 같지 않음을 명확히 했다. 웰스 리치가 작성한 한 화장품 광고는 다음과 같다. "우리는 당신에게 필요도 없는 많은 화장품을 팔 생각이 없다." 그러면서 광고 문구를 읽는 사람들에게 자신들이 구매자와 같은 편이고 그들의 욕구를 함께 공유한다고 안심시켰다.

> 우리도 젊다.
> 그리고 우리는 당신 편이다.
> 우리는 그것이 힘든 경쟁임을 안다.
> 그래서 우리는 당신이 이기기를 바란다.

이 광고대행사는 자신들이 맡은 거의 모든 작업에 똑같은 반항적인 주제를 불어넣었다. 웰스 본인은 직원들에게 이런 식으로 아이디어를 떠올리라고 가르쳤다. "당신이 할 수 없는 일을 생각한 다음, 그 일을 해라." 실제로 틀에 박히지 않은 방식으로 일을 처리하는 것이 반사적으로 이루어질 정도가 되었다. 일례로, 필립모리스가 그 회사에 긴 길이(100밀리미터)가 주요한 특징인 영국의 오래된 브랜드 벤슨앤드헤지스Benson & Hedges 광고를 맡겼을 때, 웰스는 문에 걸린다든지, 자동차 덮개에 걸린다든지 하는 긴 담배의 불편한 점을 집중적으로 밝힌 이상한 광고를 줄줄이 선보이더니 "벤슨앤드헤지스 100은 정말 맛이 좋은 게 분명하다. 사람들이 그 담배를 피우기 위해 어떤 불편을 감수하는지 보라"라는 촌철살인 같은 마지막 한마디를 덧붙였다.

이 접근 방식의 성패는 새로운 세대의 크리에이티브들을 채용하는 데에 달려 있었다. 1960년대 말의 광고대행사들은 긴 머리와 미니스커트의 행렬이었다. 1950년대에 레오 버넷에서 말보로맨 작업을 맡았던 드레이퍼 대니얼스Draper Daniels는 이렇게 비꼬았다. "분명 분홍색 셔츠가 흰 셔츠보다 더 창의적이겠지. 그리고 페이즐리 셔츠가 분홍색 셔츠보다 더 창의적이고. 블루데님 셔츠를 걸치거나 셔츠를 아예 안 입는 게 최고로 창의적이야. 구슬이나 로켓locket(사진 등을 넣어 목걸이에 매다는 작은 곽-옮긴이)은 천재에 가깝다는 확실한 표시일 테고."[25]

신입 사원들은 대학교나 대학원에서 습득한 혁명적인 이데올로기를 폰즈 콜드크림 같은 대의에 반영하라는 요청을 받았다. 새로운 카피는 다음과 같았다. "매장을 휘젓고 들어가 폰즈 크림을 사는 여성 참정권 운동가들은 미용 업계의 허튼소리를 일축하고 곧바로 기초 화장품부터 시작하는 법을 아는, 자유롭고 개성 넘치고 명민한 완전히 새로운 유형의 여성들이다." 얼마 후 이 방식은 1950년대의 광고인들과 광고사들마저 참여할 정도로 그 효과가 확실해졌다. 분명 누구든 히피가 될 수 있었다. 아니 적어도 매출을 올리려면 개성과 자유에 대한 그 열망을 갖고 일할 수 있었다.[26]

아마도 버지니아슬림Virginia Slim 캠페인만큼 광고계 보수파의 기민성을 대표하는 예는 없을 것이다. 1967년 필립모리스가 여성용 벤슨앤드헤지스로 선보인 슬림은 길이가 벤슨앤드헤지스만큼 길었지만, 훨씬 더 얇았다. 레오 버넷의 크리에이티브 부서는 흡연을 여성 해방과 결부 지은 1920년대의 오래된 톱을 꺼내 들고 제2의 페미니즘 물결에 맞춰 새로운 버전을 제작했다. 이제는 꽃무늬 미니 원피스를 입은 여성들이 "자유의 횃불"을 들고 다녔다. 슬림의 CM송은 아이러니하게도 현대 광고에서 가장 재미없는 시절로 돌아가는 것을 진전을 위한 꾸준한 행진의 최종적인 발걸음으로 묘사했다.

아가씨, 참 먼 길을 오셨군요.

오늘 당신이 온 곳까지 이르기 위해

당신만의 담배가 필요했지요.

아가씨, 참 멀고도 먼 길을 오셨군요.

1960년대 말과 1970년대의 모든 시대정신이 자신들에게 반대하는 게 분명해 보였는데도 주의력 산업이 다시 한 번 죽음을 모면한 비결은 무엇이었을까? 결국 그 성공은 자본주의의 구원 논리 때문이라고 말할 수 있다. 자본주의가 그토록 강한 이유는 그것이 지닌 회복력과 적응력에 있다. 결코 게임에 지는 경우는 없으며, 오직 바퀴가 다시 돌기를 기다릴 뿐이다. 생산양식으로서의 자본주의는 완벽한 카멜레온이다. 이윤 외에는 그것을 불능화하는 어떠한 양심의 가책도 없기 때문에 자본주의는 어떠한 욕망에도 영합할 수 있다. 심지어 자본주의에 적대적인 욕망에도 맞춰줄 수 있다. 토머스 프랭크는《멋짐의 정복The Conquest of Cool》에서 "1960년대의 (…) 히피는 미국 자본주의가 대중에게 이해받고 스스로를 설명하는 방식의 중심이 되었다. 그래서 불성실과 허위, 소비사회의 일상적 억압에 대한 혐오마저도 점점 빨라지는 소비의 원동력을 끌어올리는 데 이용될 수 있었다"는 이론을 세웠다.[27]

그러나 상업적인 주의력 산업이 공영방송이든 구도자든 마르쿠제처럼 해방을 지지하는 사람들이든 아니면 단순히 더 소박한 삶을 갈망하는 사람들이든, 주의력 산업을 반대하는 모든 비상업적 세력들로부터 1960년대를 "쟁취했다"고 넓은 의미로 주장하는 것은 부당하다. 왜냐하면 그런 사상들은 지속적으로 흔적을 남기기 마련이기 때문이다. 개인주의는 미국의 주요한 정신, 심지어는 자본주의 자체의 정신이 되었다. 그러나 더 좁은 의미에서 보면, 상업은 승리를 거둔 게 맞다. 반문화가 요구한 영성의 부활과 사회의식에 자극을 받아 사회의 잘못된 모든 것으로 들어가는 거대한 입구 역할을 하는 텔레비전과 영원히 결별한 사람은 거의 없었다. 반대로, 1970년대 초 하루 평균 TV 시청 시간은 가구당 여섯 시간으로 늘어났다. 의도는 좋았지만 문제는 텔레비전 자체인 것을 깨닫지 못하고 내용을 개혁하려고 애쓰면서 엉뚱한 싸움을 벌인 것뿐이라고 지적한 제리 맨더는 옳았던 것 같다. 과연 어떤 종류의 힘이 그 존재에 대한 각성의 순간을 취하여 기회가 풍부한 순간으로 바꿀 수 있겠는가?[28] 과연 누가 그 간교한 속임수로 세상을 흥분시킬 수 있겠는가?

많은 사람들의 바람이 인구에 회자되다가 다시 버림받았다. 티모시 리어리의 기대도 그중 하나였다. 환각제의 힘으로 종교적 각성을 이루려던 그의 꿈은 1970년대 초에 LSD가 불법화된 후 그가 마약 복용 혐의로 투옥되면서 무너지고 말았다. 결국 그 시점에서 (수정된 형태이긴 하지만) 그의 사상에 대한 공개적인 옹호는 맥이 끊기고 말았다. 펩시와 폰즈를 거쳐, "맛에 흥분하라, 거품에 파장을 맞춰라, 콜라 습관에서 이탈하라"라는 슬로건을 내건 자몽 음료 스쿼트Squirt로 이어지던 그의 사상이 말이다.

의심할 여지없는 미국적인 것과는 스스로를 동일시할 준비가 언제나 되어 있었고 1950년대의 순응과 동일시된 브랜드였던 코카콜라조차도 결국엔 모든 기업들과 똑같은 위치에 도달한다. 1971년 그들은 기성 광고계의 또 다른 기둥인 뉴욕의 매캔에릭슨("잘 표현된 진실"을 슬로건로 내세웠다)에 광고 대행을 맡겨 코카콜라식의 해방과 사랑을 표현하게 했다. 맥켄은 그 시대의 가장 달콤하고 가장 큰 열망을 코카콜라 구매와 동일시함으로써 코카콜라의 불후의 캠페인을 창출했다. 그 결과로, 소비와 교류의 동료애를 칭송하는 노래, 1970년대 최고의 CM송이 탄생했다.

세상 사람들에게 집을 사주고 싶어요
그리고 사랑으로 가득 채우고 싶어요
사과나무를 키우고 꿀벌도 기르고
하얀 비둘기도 키우고 싶어요

세상 사람들에게 노래를 가르치고 싶어요
완벽한 화음을 이루는 노래를요
세상 사람들에게 코카콜라를 사주고 싶어요
그리고 친구가 되고 싶어요
그게 진정한 사랑이니까요[29]

13

주의력 혁명의 피날레

1950년대와 1960년대를 거치며 성인이 된 조너선 로빈Jonathan Robbin은 사회운동과 컴퓨터의 힘, 이 두 가지에 매료되었다. 그는 특이한 부류의 이상주의자에 속했다. 이 부류에 포함되는 인물로는 프레드릭 테일러Frederick Taylor와 조지 닐슨George Nielsen, 제프 베조스Jeff Bezos 등을 꼽을 수 있는데, 이들 모두 더 나은 데이터와 관리로 세상의 문제를 해결할 수 있다고 굳게 믿는 사람들이었다. 소설가 월러스 스테그너Wallace Stegner는 소설의 등장인물로 급진주의자에서 사회학자로 변신한 로드먼을 구상하면서 조너선 로빈을 모델로 삼았는지도 모른다. 그는 "확실히 변화에 관심이 있었지만, 하나의 과정으로서의 변화에만 관심이 있었다. 그리고 그는 가치에 관심이 있었지만, 자료로서의 가치에만 관심이 있었다".[1] 로빈 본인은 이렇게 설명했다. "나는 측정과 해석의 문제에 관심이 있다. (…) 일이 어떻게 작동하는지 이해하고 그 정보와 지식을 인류에 유익하게 이용하는 데 관심이 있다."[2] 실제로 그는 세상을 구하려 노력하는 일로 시작해 결국 경제적인 성공을 추구하는 그리 드물지 않은 학자 대열에 합류하게 된다.

한 비평가의 표현처럼 "보들레르의 시와 크럼R. Crumb(미국의 만화가이자 음악가-옮긴이)의 글을 똑같이 편하게 인용하는" 로빈은 1950년대에 뉴욕대학교 교수가 되었다.[3] 그리고 1960년대 10년을 날씨를 예측하는 것과 같은 방식으로 도시 폭동이 일어날 가능성이 있는 지역 등을 예측하는 1세대 컴퓨터 모델을 구축하는 데 바쳤다.[4] 로빈의 모델은 사회학 분야 시카고학파의 의견을 기초로 했는데, 이 학파는 미국의 지역사회를 생태계처럼 이해하는 것을 목표로 삼았다. 그 사회학자들은 하나의 지역을 그 안에 거주하는 개인들의 삶과는 별개의 삶을 사는 초개체超個體로 볼 수 있다고 생각했다. 따라서 각각의 지역은 우림雨林처럼 시간이 지나면서 성숙해져 성장하거나 축소되어 사라진다는 논리였다.[5]

공동체를 더 잘 이해하겠다는 목표는 1960년대와 1970년대의 반문화적 사고의 주요한 변종이라 할 수 있는 "인정의 정치학politics of recognition"에 딱 들어맞았다. 다른 많은 것들과 마찬가지로, 그것은 1950년대의 천편일률적 사고방식과 대척점을 이루며 발달했다. 대략의 논지는 미국 대중의 다양성을, 특히 주요한 담론에서 오래도록 제외되어온 집단들을 이해하고 인정해야 한다는 것이었다. 이와 관련된 해방운동과 함께, 1970년대에 들어 여성 같은 소외된 집단이나 아프리카계, 라틴계, 동성애자, 아메리카 원주민 같은 하위문화에 대한 대중의 관심이 급증했다. 이 모든 것이 개인주의의 정신에 부합했다.[6]

로빈의 모델은 실증적이고 정성적定性的인 성향을 지닌 시카고학파의 방법론에 계산의 정확성을 안겨주었다. 도외시된 집단(가장 대표적으로 흑인)들을 인정하고 그들에게 권한을 부여하자는 진보주의 운동이 절정에 이르렀을 때, 로빈은 스스로 "군집 분석cluster analysis"이라 이름 붙인 분석법에 공을 들이고 있었다. 이에 따르면, "서로 가까이 사는 주민들은 비슷한 인구통계학적, 사회경제적, 생활 방식상의 특징들을 갖고 있을 가능성이 높다는 원칙"을 토대로 특정 지역에 어떤 부류의 사람들이 사는지 더욱 정확히 파악할 수 있었다.[7] 국가의 실제 모습을 보다 잘 파악하려는, 로빈 나름의 공공의 이익을 위한 목표이자 학자로서의 목표였다.

그러나 1970년대 초 권태로움에 굴복했는지 아니면 학문에 환멸을 느꼈는지, 로빈은 자신의 연구 성과를 상업화하는 길을 찾아보기로 결정했다. 곧 그는 클라리타스Claritas("명료함"을 뜻하는 라틴어다)를 설립했다. 1인 스타트업이었던 클라리타스는 로빈을 비롯한 전문가들이 "지리인구통계학geodemography"이라 부른 새로운 사회과학을 비즈니스에 이용하는 최초의 기업인 셈이었다. 해당 비즈니스의 기본적인 개념은 도시 범죄를 예측하기 위해 개발된 접근 방식들이 광고인들의 상품 마케팅에도 도움이 될 수 있다는 것이었다.

로빈은 상업 부문에도 인정의 정치학 같은 것이 당연히 있다는 점에 주목했다. 인정의 비즈니스라 할 수 있는 게 있다는 데 말이다. 수십 년 동안, 사실은 20세기 대부분의 시간 동안, 광고인들은 광고 자체에 의해 상상되거나 고안된 거대한 대중에 호소하려 했다. 별개의 정체성과 욕망을 인정한 유일한 경우는 여성 구매자(제이월터톰슨의 여성 전담 부서가 노렸던 것처럼)나 어린 소비자(모두가 노렸던 것처럼)를 이해하려고 애썼던 형태 아니면 흑인을 겨냥한 펩시 광고 같은 특이한 작업 정도였다. "흑인"이나 "어린이", "남부 사람들" 등보다 더 세세하게 분류한 경우는 없었다는 얘기다. 이 집단의 일원들은 공통점을 몇 가지 갖고 있었지만, 아직까지 많은 부분이 덜 파악된 상황이었다.

공개된 인구조사 데이터와 우체국이 만든 비교적 새로운 지역식별코드Zone Improvement Plan code(ZIP 코드) 즉 우편번호를 토대로 연구에 돌입한 로빈은 결국 1978년 대단한 명작을 만들어냈다. 그는 그것을 "우편번호 시장의 잠재적 순위 평가Potential Ratings in ZIP Markets" 시스템, 즉 프리즘PRIZM이라 불렀다. 프리즘은 미국 전체 인구를 40개의 하위 국가, 즉 "군집"으로 분류했는데, 각각의 군집은 정확한 지리적 주거지를 공유했다. 프리즘을 이용할 수 있게 된 로빈에게는 이제 새로운 현실이 저절로 드러났다. 그것은 바로 미합중국은 존재하지 않으며 다만 40개의 독특한 국가들이 모두 같은 대륙을 고향이라 부르고 있다는 사실이었다.

국가의 국경선 안에 서로 다른 사회적 부분 집합이 존재한다는 개념은 오늘날에는 너무나도 빤한 사실로 보일 수 있다. 그러나 당시만 해도 그 사실은 미국인들이 단일한 세트의 소비자 상품으로 쉽게 수요를 충족시킬 수 있는 단일한 국민이라는, 마케팅과 광고의 본질적인 전제가 거짓임을 증명했다. 예전에 보다 구체적인 타깃 겨냥을 위한 제한적인 노력에 도움이 되었던 단일 변수 모母집단마저도 쓸모가 없어졌다. 비즈니스 전문 작가 마이클 웨이스Michael Weiss는 프리즘을 설명하며 다음과 같이 말했다. "성, 인종, 출신 국가, 나이, 가족 구성, 재산 같은 것은 잊어라. 다른 무엇보다도 미국인들을 규정하고 구분 짓는 특징은 군집이다."[8]

그 40개의 국가를 규정하는 것은 무엇이었을까? 로빈은 인구조사 데이터를 기초로, 미국 전역의 변이개체 중 87퍼센트를 차지한다고 판단되는 34개 요인을 확인해냈다. 여기에는 인종, 수입 같은 것이 포함되었지만, 홀로 작동하는 것은 없었다. 그러한 표지들은 한데로 합쳐져 비슷한 장소에서 동일한 패턴을 따르는 경향을 보였다. 로빈은 컴퓨터 프로그램을 짜서 수만 개의 새로운 우편번호를 작성한 뒤, 그 결과를 비슷한 사람들이 사는 지역들로 이루어진 군집으로 분류했다. 그리고 그 각각의 군집에 나름의 특징을 연상시키는 이름을 부여했다. 일테면 "보헤미안 믹스Bohemian Mix", "엽총과 픽업트럭shotguns & Pickups", "젊은 교외풍 생활양식Young Suburbia" 등이 그것이었다.

1980년대에 준비된 초기의 군집 지침서에 따르면, "젊은 유력자Young Influential" 지역에 거주하는 사람들은 "젊고, 출세 코스에 들어선 독신이나 맞벌이 부부"였다. 대체로 그들은 "대도시의 안쪽 교외에서 발견된다". 그리고 그들이 중요하게 생각하는 것에 관해 말하면, "아이가 없기 때문에 좋은 학군에 대해서는 관심이 없다. 대신 그들은 스시 바, 고급 쿠키 가게, 여행사, 심리 치료 센터가 구비된 쇼핑몰을 원한다".[9] 그들의 독서율은 미국 평균의 두 배였고, 공화당을 찍는 경향이 있었다. 이와 대조적으로, 클라리타스는 뉴욕의 그리니치빌리지 같은 "보헤미안 믹스" 지역에 사는 사람들은 "미혼 독신이나 이혼한 독신들, 변혁을 원하는 젊은이들, 나이 든 전문직 종사자들, 산디니스타Sandinista(니카라과의 민족해방전선-옮긴이)를 위한 자선 무도회를 개최하는 흑인과 백인들이 적절히 뒤섞여" 있음을 알아냈다. 그들은 여가 시간을 주로 "스쿼시, 라켓볼, 조깅" 등을 하며 보냈다.[10]

40개 군집에 대한 애초의 정의는 로빈의 주관적 판단을 상당히 포함하고 있는 게 분명했다. 하지만 처음부터 그는 그 군집들이 점차 진화해서 더욱 정확해질 것으로 기대했다. 그가 보는 미국에서는 주州 경계선 같은 전통적인 경계가 큰 의미를 갖지 못했다. 미국 전역을 자동차로 돌아다니는 것은 캔자스 주나 아이오와 주 같은 지역을 방문하는 것이 아니라 "엽총과 픽업트럭", "고급 주택가Gold Coasts" 같은 군집의 일부를 방문하는 것이었다. "소작인Sharecroppers"이나 "공업지구Industrial" 같은 일부 군집은 특정 지방에서만 발견되는 반면, 그가 파악한 바로는 동일한 군집이 전국에 걸쳐 분포했으며, 지역별 차이는 표면적일 뿐이었다.

프리즘은 1982년 다이어트코크Diet Coke가 출시되었을 때 처음으로 대대적인 시험대에 올랐다. 이 신제품을 출시했을 때("바로 그 맛을 위해!"가 슬로건), 코카콜라의 목표는 자사가 이미 출시한 다이어트 음료인 탭TaB의 시장을 잠식하지 않으면서 점점 커져가던 다이어트 음료 시장에 새로운 고객을 붙잡아 들이는 것이었다. 1963년에 출시된 탭은 미국의 대표적인 다이어트 음료로서 견실한 이익 중심점 역할을 하고 있었다. 그러나 코카콜라는 로빈의 군집 분석을 이용해 사실은 "돈과 두뇌Money & Brains", "모피와 스테이션왜건Furs & Station Wagons", "젊은 유력자", "수영장과 테라스Pools & Patios", "흑인 사업가Black Enterprise", "젊은 교외풍 생활양식" 등 여섯 가지 유형의 사람들만이 다이어트 음료를 마신다는 사실을 알아낼 수 있었다. 그래서 코카콜라는 홍보 내용을 사실상 뒤집는 방법으로 모든 사람을 겨냥한 마케팅 계획을 수립했다. 코카콜라 광고 담당자 스티브 노치아Steve Norcia는 이렇게 말했다. "우리는 다이어트용인데 맛까지 좋은 음료수가 아니라, 맛이 좋은데 우연히 1칼로리밖에 안 되는 청량음료로 다이어트코크의 포지션을 잡았다. 우리는 이러한 포지셔닝이 단순한 다이어트 식이요법의 일부로서가 아니라 첫 번째 다이어트 청량음료로서의 매력을 확대해줌으로써 순수한 즐거움과 훌륭한 맛을 강조해줄 것으로 생각했다."[11]

그리하여 코카콜라는 다이어트코크를 탭 군집에서 광고하지 않았고, 더 나아가 부수적 피해를 최소화하기 위해 탭을 마시는 소비자들에게 선호하는 콜라를 계속 마실 수 있도록 쿠폰을 보내기 시작했다. 이러한 조치는 서로 다른 사람들에게 서로 다른 사실을 이야기해서 그들 모두의 관심을 얻을 수 있다는 프리즘의 궁극적인 주장에 전적으로 보조를 맞춘 것이었다. 그리고 이것은 그 시스템이 훗날 정치에서 갖는 중요성을 설명하는 데 많은 도움이 된다.

몇 차례 실험적인 예외가 있긴 했지만, 지금까지 인간의 주의력을 확보하려는 경쟁은 모든 사람이 대체로 다 같다는 전제하에 행해졌다. 그러나 프리즘은 국가가 사실은 각기 다른 감성과 취향들, 심지어는 약점과 가장 깊은 욕망들로 이루어진 인식 가능한 모자이크임을 보여주었다. 이는 그야말로 버네이스와 디히터가 제공한 샤머니즘적인 통찰력의 정량적인 버전이었다. 광고 산업 입장에서 보면, 프리즘은 타깃 캠페인과 광고비 추가 청구라는 새롭고 드넓은 지평을 제시했다. 그리고 광고인들에게는 과거의 마구잡이 방식보다 더욱 강력한 메시지 전달 유형을 약속했다. 이제 기업들은 자신들이 바라는 소비자에게 맞춤형 광고를 보여줄 수 있을 뿐 아니라 소비자의 구체적인 관심사에 더욱 어필하도록 상품 자체를 미세 조정할 수도 있었다. 이는 또한 길들여진 무관심이라는, 주의력 산업의 영구적인 문제를 피해가는 방법이기도 했다. 특별히 자신에게 말을 거는 것 같은 메시지를 무시하기란 훨씬 더 힘들기 마련이다.

그렇게 인정의 해방 정치학은 클라리타스의 출범 덕분에 상업 분야에서 상관관계가 있는 존재를 얻게 되었다. 배경이 제각각인 사람들에게 더 많이 공감하고 그들을 더 많이 이해하고 싶다는 바람에서 탄생한 그 새로운 시스템은 사람들 각각에 대해 가능한 한 많은 것을 알아내는 작업을 산업화했다. 이는 개인의 품격을 고려해서가 아니라, 무엇이 사람들의 주의력을 포획해서 그들로 하여금 본인이 원하는지 알지도 못하는 것을 원하게 만드는지 정확히 알아내기 위해서였다.

미디어는 마케팅이 이끄는 곳으로 따라갔다. 그리고 마침내 방송사들이 텔레비전 주위에 세운 장벽 위로 케이블이 기어오르자, 텔레비전이 제공하는 것들은 미국의 새로운 지도만큼이나 다양해지기 시작했다. 텔레비전을 더욱 중요하고 흥미롭게 만들려던 프레드 실버맨 같은 사람들의 노력은 텔레비전을 모든 지역은 아니더라도 모든 사람들에게 전부가 되게 만들려는 상업적 의지에 무너지고 말았다.

〈뉴욕타임스〉는 1981년 다음과 같은 기사를 실었다. "미국의 젊은이들은 곧 섬김을 받게 될 것 같다. 이번 주에 워너아멕스Warner-Amex가 스물네 시간 음악 전문 방송 채널인 MTV를 개국하면서 인기 가요를 텔레비전에 소개할 것이기 때문이다." 전문가들의 예측에 따르면, 이 새로운 서비스는 "십 대의 구매력을 이용할 방법을 찾고 있는 기업들에게 인기를 끌" 터였다. 그리고 만약 "그 뮤직비디오 채널"이 500만 명의 가입자를 확보하는 데 성공한다면, "뮤직비디오 디스크에 대한 수요가 추가로 발생할 것이며, 음반 회사들이 고비용의 전국 콘서트 투어에 가수나 그룹들을 내보낼 필요가 줄어들게 될" 것이었다.[12]

당신에겐 안 맞는다고?

그럼 한 채널에서 일주일에 61시간씩 스포츠 프로그램이 나오는 건 어떤가? "어떤 사람이 이렇게 말했다. '그건 자동차가 발명된 이래로 미국의 사회구조를 위협하는 가장 무시무시한 것이다.' 그에게 돌아온 답은 '아니다. 그건 채널을 돌릴 때마다 한 잔씩 들이켜야 하는 스포츠광을 위한 ESPNEntertainment and Sports Programming Network이다'였다."[13] 1980년대 말까지 10여 개의 케이블 방송이 개국했는데, 각 방송사는 CBS나 NBC처럼 중간층이 아니라 특정한 인구통계학적 집단을 겨냥했다.

1980년에는 예술 애호가들을 겨냥한 브라보Bravo가 등장했다. 이 케이블 방송사의 후원자들은 타깃층을 주로 여성으로 생각했다(나중에는 동성애 남성들도 포함되면서 이 두 집단에 대한 호소가 "듀얼캐스팅"이라 불리게 된다).[14] 그리고 2년 후 흑인을 타깃으로 삼은 블랙엔터테인먼트텔레비전Black Entertainment Television, BET과 플레이보이뿐 아니라 모든 이성애 남성들도 겨냥한 플레이보이 채널Playboy Channel이 개국했다. 〈타임〉은 이렇게 보도했다. "플레이보이엔터프라이즈사Playboy Enterprises Inc.는 성 교양인지 소프트코어 포르노인지는 보는 사람에 따라 다르겠지만, 자신들이 30년 동안 쌓은 노하우를 비디오로 옮기려 하고 있다." 이 케이블 방송사는 〈닥터 예스: 히아니스 어페어Dr. Yes: The Hyannis Affair〉 같은 프로그램으로 여성 시청자도 끌어들이려 했다. 이 프로그램은 "남는 게 시간이고 오로지 섹스만 생각하는 게으른 부자들을 뒤쫓는 〈다이너스티Dynasty〉(ABC에서 방송된, 부유한 주인공과 주위의 아름다운 여성들의 애정 행각을 다룬 멜로드라마-옮긴이)의 토플리스판"으로 설명되었다.[15]

새로 등장한 케이블 방송사들은 특정한 현상에 맞춰 모양새를 잡아갔는데, 그 현상에는 곧 "시청자 분화Audience fragmentation"라는 업계 전문용어가 붙었다. 이것은 프리즘을 통해 군집에 호소한다는 아이디어와 일맥상통하는 종류였다. 물론 "fragment"가 동사로 더 많이 사용되고 있었는지, 명사로 더 많이 사용되고 있었는지는 분명하지 않았다. 다시 말하면, 그 방송사들이 분화된 시청자들에게(즉 시청자 분화에) 반응하고 있었던 건지, 아니면 사실은 방송사들이 시청자들을 분화시키고 있었는지 확실치 않았다는 얘기다. 되돌아보면, 케이블 방송사들은 둘 모두를 다 하고 있었다.

분화된 시청자를 타깃으로 삼은 것이 윌리엄 페일리나 팻 위버가 넓은 중간층을 겨냥했고 〈왈가닥 루시〉가 주의력을 사로잡은 최고의 프로그램이었으며 매주 같은 프로그램으로 6,000만 명이 넘는 시청자를 사로잡을 수 있었던 1950년대의 프로그램 편성 방식에 대한 반발이었던 것만큼은 의

심할 여지가 없다. 그런 일들은 제2차 세계대전을 승리로 이끈 엄청난 집단적 노력의 여파로 국민 감성이 비교적 동질화된 상태로 유지되던 시절에 일어났다. 그러나 앞에서 살펴봤듯이, 방송사들은 역사상 가장 강력한 주의력 확보 기술에 대한 독점권을 이용해 비교적 비슷한 그 사람들을, 일정과 주의력 습관, 정보 수용 면에서 통일된 단일의 소비자 집단으로 만들어냈다. 당시 그들의 사업이나 미국의 기업들 전반에 그것보다 더 좋은 일은 있을 수 없었다.

그러나 1980년대에 벌어진 일은 새로이 생긴 거대한 세대 집단의 입맛에 맞는 프로그램으로 반문화적 정신을 바꾸어놓은 1970년대 프로그램과의 결별이기도 했다. 1970년대의 프로그램들은 반체제적 분위기였지만 그럼에도 불구하고 방송사의 현상現狀은 유지시켜주었다. 그런 방송 모델과 진정으로 근본적인 분리를 하려면, 대개 기술적 발전에 이어 등장하는 새로운 패러다임 같은 것이 필요했다. 1980년대의 경우에는 무엇보다도 동축 케이블의 개발로 신호 전달 기술이 향상되었다.

기술은 늘 이데올로기를 구현하는데, 1980년대의 경우 그것은 차이와 인정, 개성의 이데올로기였다. 그러나 상업은 기회가 있는 어디에서든 그것을 잡는 일에서 둘째가라면 서러워한다. 케이블의 논리는 결국 시대정신에서 흘러나온 것이 아니었다. 그보다는 오히려 한때는 지상파 방송사들이 홀로 누린, 하늘이 준 양식을 맘껏 즐길 수 있도록 케이블이 다수의 졸부들에게 만들어준 기회에서 생겨났다. 그리고 그 모든 신참들이 예전의 폭넓은 중간층에 속하던 시청자들을 차지하기 위해 다투기 시작하자, 중간층은 (한 번에는 아니었지만) 그 시점 이후 점차 해체되기 시작했다.

한 졸부는 자기 방식대로 방송에 도전할 수 있을 정도로 자본력이 든든

했다. 1986년, 폭스브로드캐스팅컴퍼니Fox Broadcasting Company가 갑자기 미국 전역의 텔레비전에 등장했다. 입 밖으로 내지는 않았지만 그들의 임무는 기존의 프로그램들이 섬기지 않던 시청자들을 만족시키는 것이었다. 적어도 오락 측면에서는 그랬다. 폭스의 소유주는 호주 신문계의 거물 루퍼트 머독Rupert Murdoch이었고, 회장이자 CEO 배리 딜러Barry Diller는 자칭 프로그램 편성계의 혁명가였다. 그들은 "반反〈코스비 쇼Cosby Show〉(빌 코스비Bill Cosby가 성공한 의사이자 가끔 정신을 못 차리는 아버지 역으로 주연한 NBC의 대단한 인기 시트콤에 대응하기 위해)"로 구상한 프로그램을 내놓았다. 〈못 말리는 번디 가족Married… with Children〉은 숙녀화를 파는 불행한 세일즈맨 앨 번디Al Bundy와 게으르고 음란하고 방종한 아내 페기Peggy, 난잡한 생활을 일삼고 놀라울 정도로 바보 같은 딸 켈리Kelly, 그리고 냉소적이고 소외된 아들 버드Bud가 펼치는 일대기였다. 2년 뒤, 폭스는 프라임 타임에 〈심슨네 가족들The Simpsons〉이라는 성인용 만화를 방송하며 다시 한 번 틀에서 벗어난 발상으로 두드러졌다. 만화가 맷 그레이닝Matt Groening이 자신의 가족을 모델로 삼은, 대체로 싹수가 노란 인물들이 등장하는 〈심슨네 가족들〉은 미국 중산층의 생활을 신랄하게 풍자하는 내용이었다.

1996년, 폭스가 시작한 〈폭스뉴스Fox News〉는 대대로 군림하던 지상파 방송사들을 상대로 취한 가장 중대한 공격이라 할 수 있다. 지상파 뉴스는 물론, 폭스의 주요한 케이블 경쟁사인 CNN보다 더 "공정하고 균형 잡힌" 뉴스 프로가 되겠다고 약속한 폭스는 실제로 다른 뉴스 매체들이 진보주의 쪽으로 편향되었다고, 심지어는 보수주의자들의 견해를 경멸하는 정도라고 생각하는 보수 시청자들의 구미에 맞는 방송을 내보냈다.[16]

지상파든 케이블이든 관계없이 머독과 딜러는 주류를 무시해왔거나 주류에 무시당해온 시청자들, 다시 말하면 어떤 식으로든 부주의하게 방치되었다고 생각되는 시청자들을 쫓아다녔다. 모든 프로그램이 성공한 것은 아니라는 점은 말할 필요도 없다. 같은 아파트에 사는 뚱뚱한 세 자매 이야기를 다룬 시트콤 〈베이브스Babes〉는 오래가지 못했고, 부모님 집에 들어가서 살게 된 서른 살의 신문 배달원 이야기인 〈겟 어 라이프Get a Life〉도 오래 버티지 못했다. 그러나 〈폭스뉴스〉 채널과 함께, 〈심슨네 가족들〉 같은 히트작들은 꾸준히 시장점유율을 올리면서 불발된 프로들을 만회하고도 남았다.

감성과 이익을 충족시켜주는 다채로운 선택이 필요할 정도로 다양해진 사회의 이해관계에 맞춰 상업적 이해관계를 조정하는 것은 서로에게 윈윈이라고 홍보되었다. 그들의 공익성 논리에는 시청자가 자신의 생각과 그 생각에 영향을 주는 것에 대해 더 많은 주권을 가져야 한다는, 알랑거리는 아이디어가 깔려 있었다. 다시 말해, 시청자들이 케이블 방송과 지상파 방송, 새로운 폭스 프로그램 등이 시끄럽게 모여 있는 자유 시장의 다양한 실질적 선택지를 놓고 자신의 주의가 어떻게 쓰일지 정확히 결정할 권리를 가져야 한다는, 일견 그럴듯한 논리였다. 그러한 선택권의 행사는 이제는 어디에나 존재하고 믿을 만한 리모컨 때문에 가능해졌는데, 마치 새로운 주권자가 옛날 왕들이 손에 지녔던 홀笏을 이용해 자신의 운명을 결정하게 된 것 같았다.

그러나 의도치 않은 결과에 관한 이야기가 늘 그렇듯이, "더 많은 선택권"이 어떤 결과를 가져올지 완벽하게 인식한 사람은 아무도 없었다. 1960년대와 1970년대의 이상주의자들은 스스로 무엇을 원하는지 알고 자신의 취향에 정확히 어울리는 프로그램을 현명하게 선택하는 사려 깊은 대중을 상상했다. 남의 지시에 따라 자신의 취향을 정하던 예전의 평범한 시청자들은 이제 민주주의에 입각해 다양해진 프로그램들에 의해 고상해질 터였다. 케이블의 미래를 예견한 대표적인 인물인 랠프 리 스미스Ralph Lee

Smith(《와이어드 네이션The Wired Nation》의 저자)와 프레드 프렌들리는 사람들의 주의력이 진실로 자기 것이 되는, 진정한 미디어 민주주의가 구현되는 신시대가 올 것으로 예측했다.

그러나 현실은 달랐다. 분화된 시청자라는 그 인상적인 상황은 애초 그 개념을 환영한 선의의 자유주의자와 진보주의자 다수에게 악몽과 같은 것으로 드러났다. 그들은 〈세서미 스트리트〉나 반문화적 성향의 〈퍼블릭 브로드캐스팅 래버러토리〉 등과 같은 프로그램의 천국을 상상했지만, 현실은 〈폭스뉴스〉와 MTV, 〈못 말리는 번디 가족〉, 그리고 쉴 새 없이 스포츠를 틀어대는 방송 등으로 뒤덮였다. 방송사들이 반강제적인 프라임 타임 행사와 하나가 되게 만들어놓은 그 거대한 중간층은 절대로 철저히 진보적일 수 없었던 반면, 온건한 주류 가치 쪽으로는 적어도 더 쉽게 이끌려갔다. 어떻게 보면, 실제로 발생한 사태는 방송이 서투르게 다뤄지는 경우에 대해 우려했던 프렌들리의 과거 예언이 실현된 것이나 다름없었다. 1970년에 그는 그 시스템이 "50개의 목소리가 최대의 시청자를 끌어들이기 위해 불협화음을 내는 새로운 바벨탑에 자리를 내줄 수도 있다"고 경고한 바 있었다.[17]

되돌아보건대, 주의를 훨씬 덜 기울이는 산발적인 시청 습관을 말하는 채널 서핑은 더더욱 예상치 못한 일이었다. 시청자들이 불을 끄고 경외심에 숨죽인 채 차례로 프로그램을 시청하던 1950년대 이후로 한 세대가 지나갔다. 1980년대 중반 새로운 텔레비전 시청 방식을 알아챈 최초의 언론사 중 하나인 〈채널Channels〉지는 그 새로운 방식을 "시식형 시청grazing"이라고 표현했다. 〈채널〉은 다음과 같이 보도했다. "사람들은 특정 프로그램이나 특정 유형의 프로그램을 시청하기보다는 텔레비전이 제공하는 다양한 프로그램들을 정해진 패턴 없이 시식하듯 시청하길 좋아한다. 뷔페처럼 차려진 수많은 프로그램 덕분에 생긴 습성이다."[18]

채널 서핑이든 시식형 시청이든, 생각해보면 시간과 주의력을 소비하는 기이한 방식이 아닐 수 없다. 누군가가 "난 5분에서 10분 단위로 다양한 프로그램을 보면서 절대로 어떤 프로그램이든 끝까지 보지 않고 세 시간 동안 텔레비전을 볼 거야"라고 혼잣말을 하는 것은 상상하기도 힘들다. 그러한 시청 방식은 케이블 방송의 더욱 낙관적인 지지자들이 꿈꿨던 자주적인 선택은 말할 것도 없고, 제니스가 최초로 리모컨을 출시하며 염두에 두었던 통제력과도 거리가 멀어 보인다. 아무리 분화되었다 해도 주의력은 여전히 누군가에 의해 수확되고 있는 게 분명했지만, 그러한 사로잡힘이 유쾌한 경험은 아니었다.

채널이 많고 리모컨이 가까이 있다는 사실, 그리고 뒤따라 VCR과 고속 감기 기능이 생겼다는 사실은 자리에서 일어나 부엌으로 가버리던 과거의 방식보다 훨씬 더 수월한 방법으로, 최초로 텔레비전 광고를 훌륭하게 그리고 진짜로 피할 수 있게 되었음을 의미했다. 〈뉴욕〉지는 이렇게 선언했다. "1985년은 리모컨으로 채널을 재빨리 돌리고 고속 감기 기능으로 광고를 건너뛰는 시대를 알렸다."[19] 광고인들에게 이러한 상황은 약간의 위기감을 유발했는데, 오래전부터 그들의 사업과 순위 평가가 광고는 피해갈 수 없다는 기본적인 수칙에 전적으로 의존했기 때문이었다. 제이월터톰슨 광고대행사의 레나 바토스Rena Bartos는 1981년 이렇게 경고했다. "광고 업계에는 어느 정도의 짜증 유발이 광고의 효과에 도움이 된다는 통념이 있다. 그러나 광고의 위신 약화는 광고된 상품의 브랜드네임에 대한 소비자의 신뢰까지 약화시킬 수 있다."[20] 따라서 1980년대 내내 주요 광고사들은 (15초짜리 광고가 도입된 이후) 최초도 아니고 마지막도 아니지만, 광고가 보다 큰 즐거움을 주며 사람들을 끌어들여야 한다고 주장하기 시작했다. 다시 말하면,

사람들이 "보고 싶어 하는" 광고를 만들어야 한다는 얘기였다.

물론 사람들은 늘 상품에 대한 정확한 정보를 얻기를 바랐지만, 그것은 광고가 아니다. 광고의 목표는 설득하는 동시에 즐거움을 주는 것이었다. 어떻게 해서든 채널을 마구 돌리는 시청자의 손가락을 정지 상태로 만드는 것이어야 했다. 다시 말하면, 〈뉴욕〉지가 설명했듯이, 1980년대는 "리모컨으로 채널을 휙휙 돌리지 않게 만드는" 광고를 요구했다. 매디슨 가가 생각한 그런 광고는 "애니메이션, 1960년대 뮤지컬을 흉내 낸 형식, 부드러운 방식의 애국심 고취, 그리고 MTV 스타일의 록 비디오"였다.[21]

"새로운 세대의 선택the choice of a new generation"이라고 슬로건을 바꾼 펩시는 〈빌리 진Billie Jean〉을 어색하게 개사한 노래에 맞추어 아이들과 춤을 추는 대가로 마이클 잭슨에게 전례 없는 500만 달러를 지불했다(가사: 우리는 펩시 세대이지요 / 맘껏 마시고 오늘의 스릴을 맛보아요 / 그러면서 펩시 방식을 느껴봐요).•

인쇄 광고는 의외로 텔레비전이나 라디오 광고보다 인기가 떨어지지 않았다. 사람들에게 자신의 시선에 대한 통제권을 더 많이 부여하기 때문이다. 또한 인쇄 광고는 아름다울 수 있다. 1980년대에 무시하기가 더욱 힘들어진 몇몇 인쇄 광고가 등장했는데, 예를 들면 열다섯 살의 브룩 실즈Brooke Shields가 등장한 캘빈 클라인Calvin Klein 광고, 남자 두 명과 여자 한 명이 스리섬 관계 후 (캘빈 클라인) 속옷 차림으로 잠든 모습을 담은 또 다른 캘빈 클라인 광고를 들 수 있다. 그리고 텔레비전 시청자들(부모들은 빼고)은 캘빈 클라인 청바지를 입고 도발적인 자세로 "나와 캘빈 청바지 사이에 뭐가

• 마이클 잭슨의 에이전트는 먼저 코카콜라에 접근했지만, 이 시장 지배 기업은 관심을 보이지 않았다. "그들(코카콜라)은 마이클로 할 수 있는 일이 특정한 집단을 표적으로 삼는 인종적인 캠페인이라고 생각했다"고 에이전트는 회상한다. Monica Herrera, "Michael Jackson, Pepsi Made Marketing History," *Adweek*, July 6, 2009.

있는지 알고 싶죠? 아무것도 없어요"라고 읊조리는 실즈 때문에 채널을 급하게 돌리고 싶지 않았을 것이다. 이러한 광고들은 망치로 두개골을 두드리는 모습을 담았던 과거의 극도로 자극적인 아나신 광고와 차원이 달랐다. 하지만 그런 광고가 실제로 채널 서핑을 막았는지 여부는 확실하게 알기 힘들다. 광고 산업에는 다행스럽게도 사람들이 광고를 보고 있는지 아닌지 정확히 측정하는 것은 여전히 불가능했다. 덕분에 진정하고 완벽한 잣대에 구애받지 않으며 사업을 꾸려나갈 수 있었던 것이다.

또한 이 시대에는 슈퍼볼이 광고계의 가장 뛰어난 인재들이 경합하는 공개 행사가 되면서 사람들이 정말로 보고 싶어 하는 광고가 존재한다는 사실을 증명해주었다. 1979년 슈퍼볼 경기 중에 방송되어 많은 찬사를 이끌어낸 코카콜라 광고는 엄청난 몸집의 흑인 미식축구 선수 민 조 그린Mean Joe Greene에게 백인 소년이 코카콜라를 건네는 모습을 보여주었다.[22] 그리고 1984년 애플 컴퓨터는 슈퍼볼 경기 중에 "빅브라더Big Brother" 광고를 내보내서 극찬을 받았다. 영화 〈블레이드 러너Blade Runner〉의 감독 리들리 스콧Ridley Scott이 연출한 이 광고는 젊은 여성이 전체주의적인 지배자로부터 사회를 구하기 위해 달려와 거대한 스크린을 깨버리는 모습을 보여주었다. 그 광고는 "1월 24일, 애플 컴퓨터는 매킨토시를 출시합니다. 그리고 여러분은 왜 1984년이 소설《1984》와 같지 않은지 알게 될 겁니다"라고 선언했다. 적어도 애플의 주장에 따르면, 해당 광고의 홍보 효과로 새로운 매킨토시가 350만 달러어치 판매되었다고 한다.[23]

되돌아보면, "리모컨"이라는 말은 궁극적으로 잘못된 호칭이었다. 그것이 결국 스스로를 통제하고 이성적으로 행동하는 데 필요한 인체의 실행 기능과 갈등을 빚는 보다 충동적인 뇌 회로에 더 많은 힘을 부여해주었기 때문이다. 리모컨은 주의의 초점을 바꾸는 일을 아무런 노력도 기울이지 않고, 사실상 비자발적으로 할 수 있도록 만들었다. 뇌는 폭포처럼 쏟아지는 무의식의 신호에 반응하여 손가락에 단순한 명령 하나를 보내기만 하면 되었다. 실제로 지속적인 채널 서핑 과정에서는 주의력 통제라는 자발적인 측면이 완전히 사라질 수도 있다. 그 순간 채널을 이리저리 돌리는 시청자의 정신 상태는 신생아나 파충류와 별반 다르지 않다. 그렇게 투항한 정신은 그저 여기저기 뛰어다니면서 마음을 사로잡는 것이면 무엇이든 그것을 쫓기 마련이다.

이 모든 현상은 대단히 반직관적인 사실로 이어진다. 즉 우리의 주의력을 통제하는 능력을 키우도록 고안된 기술들이 때로는 아주 정반대의 결과를 가져온다는 사실이다. 그런 유의 기술은 우리에게 일련의 본능적인 선택과 아주 작은 보상을 안겨주는데, 그 보상들을 합쳐놓고 보면 아무런 보상이 아닐 수도 있다. 어쨌든 광고 업계의 불평에도 불구하고 주의가 산만해진 방랑 상태는 주의력 사업가에게 꼭 그렇게 나쁜 것만은 아니었다. 무시당하는 것보다는 훨씬 나았으니 말이다.

위대한 거부가 도달한 곳은 결국 이러한 결과였다. 함성이 아니라 신음소리에 이른 것이다. 수많은 선택권과 마찰 없는 선택 체계가 새롭게 눈앞에 펼쳐지자, 우리의 타고난 약한 정신은 한때 그토록 격식 있게 수확되던 주의력을 낭비하지 않고는 배길 수가 없었다. 그리고 그러한 선택의 범위는 계속해서 급속히 늘어날 터였다. 선택의 범위가 늘어나고 주의력 사업가의 작업이 점점 더 어려워짐에 따라, 주의력 수확을 위한 전략은 점점 더 다양해지고 필사적이 될 뿐이었다.

PART

3

The Attention Merchants

제3의 스크린

1970년대에서 1990년대까지, 텔레비전과 그에 연계된 행사들은 다양한 도전과 조정에도 불구하고 여전히 서양 세계의 명백히 지배적인 주의력 수확자로 군림했다. 몇몇 미래학자들을 제외하고는, 새로운 주의력 청구자가 조용히 힘을 모으면서 어렴풋이 부상하고 있다는 사실을 아는 사람은 거의 없었다. 그리고 이 세력이 그때까지 발명된 가장 강력한 주의력 수확기에 도전할 것이라 상상하는 사람은 더더욱 없었다. 정말이지 제3의 스크린은 한동안 경기에 참여하지도 못했다. 라디오가 초창기에 그랬던 것처럼 상업적으로 활용될 방법을 찾지 못한 채, 애호가들이 관심을 갖는 새로운 경험 정도로 한동안 빈둥거렸던 것이다. 그러나 사람들의 주의력을 사로잡는 자기만의 방식을 일단 개발하고 나자, 컴퓨터는 영원히 사람들을 사로잡게 된다. 진정으로 파괴적인 기술에 기대할 수 있는 것처럼, 그 방법들은 누구도 예상하지 못한 것이 되고 방송이나 여타 미디어와는 전혀 다른 사업을 보여준다. 컴퓨터가 지닌 용도의 모호성은 방송이 스스로 용도를 증명할 때까지 걸린 시간보다 더 오래도록 남으며 불리하게 작용했다. 그러나 그것은 아마도 컴퓨터가 뭐든 할 수 있는 잠재력을 지녔기 때문이었을 것이다. 바로 그 유연성 덕분에 컴퓨터는 다른 기술들은 하지 못한 방식으로 텔레비전으로부터 청중을 빼어갈 수 있었다.

14

이메일과 확인의 위력

1971년, 매사추세츠 주 케임브리지 교외에서 일하는 서른 살의 컴퓨터 과학자 레이 톰린슨Ray Tomlinson은 흥미로운 과제를 하나 맡았다. 당시 프레시폰드 인근의 정부 하청 업체 볼트베라넥앤드뉴먼Bolt, Beranek and Newman, BBN에 다니던 그에게 새롭게 가동을 시작한 인터넷을 사람들에게 유용하게 만들 수 있는 모종의 방안을 찾아보라는 지시가 떨어진 것이다.

1969년에 (아르파네트ARPANET라 불린) 인터넷의 최초 버전은 톰린슨이 일하는 BBN이나 IBM 같은 민간 업체들뿐 아니라 UCLA, 스탠퍼드 같은 대학들이 포함된 미국의 대표적인 연구소 15곳을 네트워크로 연결해놓은 상태였다. 이 노드 모두를 하나의 "공통된" 네트워크로 연결했다는 것은 그 자체로 널리 칭송받는 기술적 업적이었다. 그러나 하나뿐인 컴퓨터 네트워크는 기차 없는 철도와 같아서 본질적으로 쓸모가 없었다. 일단 철로는 깔아놨다. 그런데 누가 온단 말인가?

사실 인터넷의 유용성이 떨어진다는 점은 인터넷의 역사에서 가장 위태로운 시기였던 1970년대 내내 인터넷의 미래를 위협하는 심각한 요소였다. 다행히도 그것은 정부 프로젝트였기에 돈을 벌어야 할 필요는 사실상 없었다(만약 돈을 벌라고 요구받았다면, 인터넷은 존재하지 못했을 것이다). 하지만 언젠가는 누군가에게 모종의 용도가 있음을 증명해야 했고, 그렇게 하지 못하면 자금줄이 끊길 예정이었다.

초창기 프로그래머들의 스타일이 그랬듯 전형적인 땜장이였던 톰린슨은 사무실에 있는 컴퓨터 두 대의 도움을 받아 이런저런 아이디어를 시험해보았다. 두 컴퓨터는 서로 바로 옆에 있었지만 초기의 인터넷에 의해 연결된 상태였다. 그의 주된 아이디어는 컴퓨터로 서로 파일을 보낼 수 있는 방법을 강구해보자는 것이었다(파일 전송 프로토콜File Transfer Protocol의 전신이 되는 것을 구축하는 셈이었다). 그 아이디어를 놓고 궁리하던 톰린슨은 단순히 기계만이 아니라 기계를 사용하는 사람들에 대해서도 생각하기 시작했다. 곰곰이 생각하던 차에 전화로 사람들과 연락하기가 무척 힘들다는 생각이 들었다. 그리고 그 순간 영리한 아이디어가 떠올랐다. 파일 전송 프로그램을 수정하여 메시지를 전송해보면 어떨까? 사실 원대한 비전이 있었던 건 아니었다. 이후에 어떻게 이메일을 생각하게 됐느냐는 질문을 받았을 때, 그는 "그냥 괜찮은 아이디어 같아서"라고 대답했다.[1]

당시에 사용되던 대형 컴퓨터에는 이미 원시적인 메시지 전송 시스템이 있었다. 이는 같은 컴퓨터를 사용하는 사람들이 서로 쪽지를 남길 수 있도록 해주기 위해 고안된 것이었다. 톰린슨은 단지 같은 네트워크에 있는 모든 사람들이 텍스트 파일이나 메시지를 다른 사람들의 "메일박스" 파일에 첨부할 수 있도록 파일 전송 프로그램을 수정했을 뿐이었다. 톰린슨 본인의 설명에 따르면, 이메일의 발명은 전혀 기념비적인 것이 아니었다. 나중에 그는 모든 사람들의 커뮤니케이션 방식을 바꾸어놓게 되는 그 과업을 설명하면서 "그 프로토콜에 뭔가를 약간 덧붙인 것에 불과했다"고 말했다.

최초의 이메일 메시지는 톰린슨이 본인에게 보낸 것이었다. 사무엘 모스 Samuel Morse가 "신은 무엇을 만드셨는가?"라고 보내서 유명해진 최초의 전보와는 달리, 최초의 이메일에는 대단할 게 전혀 없었다. 톰린슨은 "아마도 최초의 메시지는 QWERTYUIOP나 그 비슷한 것이었을 가능성이 가장 높다"고 기억한다. 이후에 이루어진 인터뷰에서 그는 그 정도로 특이하지도 않았다고 확실하게 밝혔다. 그는 2009년에 NPR에서 다음과 같이 말했다. "최초의 이메일은 정말로 기억에 남을 만한 내용이 아니었다. 그래서 잊어버렸다."[2]

톰린슨의 사소하면서도 결정적으로 영리한 일격은 다른 컴퓨터들로부터 도착하는 이메일을 구분하는 표시로 @를 사용한 것이었다. 이메일의 형식을 "Tomlinson@remotemachine"으로 잡은 것이다(.com 같은 것은 나중에 고안되었다). 그 선택은 우연히 이루어졌다. 나중에 톰린슨이 스미소니언 Smithonian 측에 밝힌 바에 따르면, 무엇을 쓰면 좋을까 찾고 있던 차에 자신이 사용하던 모델 33 텔리타이프 단말기 자판의 "P" 위에 있는 @가 눈에 띄었다는 것이다.[3] "나는 많이 사용되지 않는 상징 위주로 찾고 있었다. (…) 이퀄(=) 부호를 사용할까 생각도 했지만, 그리 타당하지 않을 것 같았다." @ 키가 컴퓨터 자판에 있었다는 것 자체도 사실은 우연한 일이었다. @ 키의 기원은 명확하지가 않은데(어떤 이론에 따르면, @ 키는 "e" 안에 위치한 "a"을 뜻하며 "each at"의 줄임말이라고 한다), 가끔 이 기호는 상거래에서 단위당 판매가를 표시하는 데 사용되었다.

자신의 발명품에 대한 톰린슨 본인의 평가는 겸손했다. 유용하지만 변변찮은 해크hack(과정 자체에서 느껴지는 즐거움이나 보람 외에 그 어떤 건설적인 목표도 갖지 않는 프로젝트 또는 그 결과물-옮긴이)였으며 BBN의 과제를 충족시키기에도 충분치 않았다는 것이다. 그러나 이메일은 1년도 안 돼 입소문을 타며 급속히 퍼졌고, 단지 기계들뿐만이 아니라 사람들까지 연결시켜준다는 의미에서 인터넷에 가장 강력한 존재 이유를 부여했다. 이메일은 인터넷이라는 네트워크에 사회적 목적 겸 인간적 목적을 안겨주었다. 그런 점에서 영혼을 주었다고도 할 수 있었다. 1973년에 이루어진 네트워크 사용에 관한 조사에 따르면, 용량의 75퍼센트가 예컨대 중요한 연구 자료의 전송이 아니라 이메일 트래픽에 소비되고 있었다.[4] 나중에 탄생한 또 다른 표현을 빌리자면, 이메일은 인터넷의 첫 번째 킬러앱killer app, 다시 말하면 전체 네트워크의 비용을 정당화할 수 있는 최초의 프로그램이었다.

이메일은 인터넷을 조기 사망에서 구해주었을 뿐 아니라 인터넷의 궁극적인 중요성까지도 예언해냈다. 인터넷의 기술적 업적은 서로 다른 네트워크를 하나의 보편적인 네트워크로 연결하는 것으로 늘 인정받을 터였다. 그러나 그것이 개인에게 미친 영구적인 중요성은 사업상의 목적이든 사교상의 이유든 누구와도 연결할 수 있는 능력을 안겨주었다는 사실이다. 그러한 연결들의 내용이 인터넷이 보여줄 수 있는 다양성만큼이나 놀라운 것으로 드러나면서 인터넷은 인간의 주의력을 집어삼키기 시작한다. 그것의 궁극적인 현관인 퍼스널컴퓨터와 함께, 인터넷은 텔레비전의 발명 이후 인간의 주의력을 가장 많이 수집하는 존재로 꾸준히 성장해나간다. 그러나 그런 결과는 마치 다른 은하 이야기인 듯, 수십 년 이후에나 일어났다.

1970년대 초 물리학자인 스테판 루카시크Stephen Lukasik는 당시 중요한 컴퓨터 연구에 세계에서도 손꼽힐 정도로 많은 자금을 지원하고 있던 미 국

방부 방위고등연구계획국Defense Advanced Research Projects Agency, DARPA 국장이었다. 그러나 그 역시 한 가지 특이한 점에서 우리가 이제껏 만난 그 어떤 인물보다도 21세기적인 사람이었다. 그 이유는 루카시크가 업무차 가는 곳마다 자신의 "장비", 즉 텍사스인스트루먼트Texas Instruments에서 만든 "휴대용 단말기"를 갖고 다녔기 때문이다. 루카시크의 단말기는 14킬로그램 가까이 나가는 육중한 장비였는데, 전화에 연결할 수 있는 거대한 타자기 같은 것이었다. 그는 그 단말기를 끌고 다닌 덕분에 요즘 사람들은 다들 당연하게 생각하는 일을 할 수 있었다. 어디를 가든 이메일을 확인할 수 있었던 것이다(연결할 전화기만 찾을 수 있으면 말이다). 그런 면에서 루카시크는 역사상 최초의 이메일 중독자였을지도 모른다.

달리 표현하면, 루카시크는 "이메일 확인"이라는, 그토록 많은 사람들의 주의력을 집어삼키고 있는 그 사소한 버릇을 들인 최초의 인물이었음이 틀림없다. 그 충동은 다른 무엇을 하고 있든 "이메일을 확인해야 하는데…"라는 거슬리는 생각에 의해 생긴다. 결국 이메일 확인 습관은 온 세상에 널리 퍼지는 주의력 습관이 되어 AOL, 페이스북, 트위터 등, 다양한 기술과 사업모델을 중심으로 세워진 미래의 다양한 주의력 사업체들에 강력한 힘을 안겨주게 된다. 지금까지 그 어떤 것도 그렇게 정기적으로 그토록 많은 사람들을 압도하지는 못했다. 모종의 강박으로 작용하는 정기적 충동과 계속 긁어줘야 하는 정신적 가려움을 유발했기 때문이다.

그러한 이메일 확인 의식이 어떻게 그토록 다양한 주의력 사업체들을 생존할 수 있게 해주었는지는 컴퓨터가 루카시크의 14킬로그램짜리 단말기에서 데스크톱으로, 다시 랩톱를 거쳐 스마트폰으로 바뀌는 과정을 따라가보면 점점 더 명확해질 것이다. 지금은, 여러 주의력 행사 중에서 중요성으로 따지면 오직 프라임 타임에만 필적할 수 있는 무언가가 탄생했다는 사실을 말하는 정도면 충분할 듯싶다.

이메일 사용자(또는 마찬가지로 채팅방 방문자나 이후의 소셜 미디어 애용자)의 확인 경험에서 도대체 어떤 점이 사람들로 하여금 더 많은 것을 얻기 위해 계속 돌아오게 만들었던 것일까? 드러난 바에 따르면, 이러한 활동은 모두 "조작적 조건 형성operant conditioning"이라 불리는 학습 형태를 유발할 수 있다.

우리는 이미 심리학자였다가 광고사 임원이 된 존 왓슨을 만난 바 있다. 그는 인간이 본질적으로 다른 동물들과 다를 게 없어서 외부의 자극에 예상 가능하게 반응한다는 아이디어를 제창했다. 왓슨보다 더 유명한 과학자인 B. F. 스키너B. F. Skinner는 1930년대 내내 그 아이디어를 더욱 발전시켰다. 그는 사람들에게 자유의지가 있다고 생각하는 것은 착각이며, 인간의 행동방식은 과거의 자극들, 특히 어떤 행동이 유발하는 보상이나 처벌에 대한 반응들로 이뤄진 일종의 구조물이라고 주장했다. 이런 식으로 이해하면, 동물의 모든 행동방식은 그가 "조작적 조건 형성"이라 부른 학습 과정을 통해 발달하고, 그러한 과정에서 일부 행동은 긍정적인 결과(보상)에 의해 강화되기도 하고 부정적인 결과(처벌)에 의해 중단되기도 한다. 그는 자신의 생각을 증명하기 위해 이른바 스키너 상자Skinner Box라는 "조작적 조건 형성실"을 만든 뒤, 그 안에서 동물들을 다양한 결과에 노출시키면서 그들의 조건화 과정을 관찰했다. 예를 들어, 스키너는 비둘기가 어떤 버튼을 쫄 때마다 모이를 주는 과정을 통해 비둘기가 모이를 받기 위해 그 버튼을 쪼도록 길들였다. 또한 그는 비둘기가 원을 그리며 돌거나(계속 좌회전하도록

훈련시켜) 심지어 탁구 시합을 하도록 길들일 수 있음을 증명해보였다.•

스키너에 따르면, 삶의 대부분의 측면에서 사람도 간식을 얻기 위해 버튼을 쪼는 비둘기와 비슷하다. 그리고 인지과학자 톰 스태퍼드Tom Stafford에 따르면, 이 사실은 이메일을 비롯한 여러 온라인 기술 뒤에 자리 잡고 있는 확인 충동을 설명해준다. 이메일은 비둘기의 모이와 달리, 항상 보상이 있는 것은 아니다. 사실 종종 짜증스럽기도 하다(사람도 훨씬 적고 스팸도 많지 않았던 1970년대에는 확실히 더 많은 보상이 따랐다). 아주 옛날에는 며칠 동안 새로 도착한 이메일이 아예 없을 수도 있었다(이제는 그런 문제를 겪는 사람은 거의 없다). 우리가 받는 이메일의 대부분은 흥미롭지 않거나 정말이지 처리하기 어렵다. 그러나 가끔 우리는 아주 기쁜 메시지를 받는다. 그런 "보람 있는" 이메일이 예측할 수 없게 온다고 해서 매력이 줄어들거나 이메일을 기다리지 않게 되지는 않는다. 상황은 그 반대다. 스태퍼드가 지적하듯이, 어떤 행동을 계속하게 만드는 가장 효과적인 방법은 예측 가능한 보상을 지속적으로 주는 것이 아니라 빈도나 규모를 바꿔가며 보상하는 "가변적 강화variable reinforcement" 방식을 쓰는 것이다.

심리학자들은 처음엔 스키너가 시도했고 1970년대와 1980년대에 반복된 실험을 통해 (다시 상자에 비둘기를 넣는 방법으로) 지속적으로 보상받는 행동 방식이 실제로 일관성 없이 보상받는 행동 방식보다 "소멸될" 가능성이 더 높다는 다소 놀라운 사실을 증명해냈다. 처음에는 비둘기들이 행동과 결과 간의 관련성을 더디게 학습했을지 모르지만, 일관성 없이 쪼았을 때 보상을 받은 비둘기들이 쪼는 행동을 계속 유지했다. 심리학자인 데이비드

• 제2차 세계대전 중에 스키너는 비둘기를 길들여 미사일을 목표물까지 유도하는 계획을 고안하기도 했다. 비둘기를 미사일 탄두 내부에 태워 발사한 후 스크린에 비치는 목표물을 쪼게 만들어 그 충격으로 방향타가 조종되게 하는 방식이었다. 이 계획은 "프로젝트 피존Project Pigeon"이라 불렸다.

마이어스David Myeres가 지적하듯이, "희망의 샘은 영원히 솟는 법이다".[5]

도박이나 쇼핑, 낚시처럼 사람들의 넋을 빼는 활동에 대해 잠시 생각해 보자. 사실 그 활동들은 모두 변수가 있고, 보상 일정도 알 수 없는 게 일반적이다. 레버를 당길 때마다 혹은 세 번에 한 번씩 보상해주는 슬롯머신은 아무런 스릴도 안겨주지 못한다. 그리고 재미로 젖소를 사냥하는 사람도 없다. 그런 확실성을 제거하고 나야, 진짜 재미가 시작된다. 스태퍼드의 주장에 따르면, 이와 마찬가지로 "이메일을 확인하는 것도 가변적인 간격에 의해 강화되는 행동 방식이다. (…) 모든 사람이 친구의 이메일이나 좋은 소식, 심지어는 재미있는 웹 링크를 받기를 좋아한다."[6] 그런 경험을 두세 번만 해도 사람들은 꼬박꼬박 그것을 낚으러 가게 된다. 따라서 "메일을 확인해도 별 소득이 없을 때가 대부분이라 해도 꾸준한 확인 행동은 그렇게 강화된다. 보상이 언제 올지 절대로 모르기 때문에 계속 확인하는 것이다".

이 점을 이해하면, 이메일의 점진적 채택은 스키너식의 집단 조건화라는 역사상 가장 위대한 위업 중의 하나가 된 게 틀림없을 것이다. 우리는 최초로 네트워크로 연결된 1970년대와 1980년대의 사무실들을 수많은 스키너 상자로 생각할 수도 있다. 물론 우리는 그 상자 안에 들어 있는 굶주린 비둘기다. 1990년대를 거치며 우리 모두는 다들 보상을 기대하며 버튼을 쪼는 법, 즉 이메일을 확인하는 법을 알게 되었다. 그리고 그렇게 형성된 습관 때문에 사람들은 강력한 확인의 위력에 의존하여 정기적으로 인간의 주의를 수집하는 다양한 인터넷 애플리케이션을 포함한 온갖 종류의 상업적 가능성에 노출되었다. 물론 1970년대에는 이메일의 상업적 가치를 짐작한 사람은 없었다. 흠, 거의 없었다.

1978년, 디지털이큅먼트코퍼레이션Digital Equipment Corporation, DEC의 마케팅 책임자 게리 투어크Gary Thuerk는 새로이 출시되는 VAX T 컴퓨터 라인 신제품을 어떻게 홍보할지 고심하고 있었다. DEC는 매사추세츠에 본부가 있었지만, 투어크는 서부 연안 지역 컴퓨터광들의 관심도 받고 싶었다. 그는 로스앤젤레스와 실리콘밸리에서 시연회를 열기로 결심했다. 그렇다면 그는 어떻게 사람들을 오게 만들었을까?

투어크는 이렇게 당시를 회상했다. "나는 초대장을 보내고 모두에게 전화를 걸 생각이었다. 하지만 전화로 연락하는 것은 너무 힘이 들었고 초대장을 인쇄해서 보내는 것은 너무 더뎠다."[7] 그래서 그는 자신이 "모험을 걸고 있음"을 알면서도 세계 최초로 수신자가 원하지 않는 메일을 다량으로 보내기로 마음먹었다. 서부 연안 지역 인터넷 사용자 명부를 이용하여 그와 그의 프로젝트 담당자는 엄청나게 큰 이메일 헤더에 393개의 각기 다른 이메일 주소를 힘겹게 입력했다. 주소를 모두 입력하고 보니 몇 페이지에 달했다. 온통 대문자로 작성된 그의 이메일 내용은 다음과 같았다.

> 디지털(DEC)은 DECSYSTEM-20 패밀리인 2020, 2020T, 2060, 2060T 등의 신상품 시연회를 개최할 예정입니다.
> 우리는 두 차례의 상품 시연회에서 직접 2020 라인을 보고 DECSYSTEM-20 패밀리에 대한 설명을 들을 수 있도록 사용자 여러분을 초대합니다. 이번 달 캘리포니아에서 개최하는 시연회의 일시와 장소는 다음과 같습니다.
> 1978년 5월 9일 화요일 오후 2시, 캘리포니아 주 LA 하얏트 하우스(LA

공항에서 가까운 곳에 위치)

1978년 5월 11일 목요일 오후 2시, 캘리포니아 주 산마테오 던피스로열 코치 (…)[8]

투어크에겐 안 된 일이지만, 그의 이메일에 대한 반응은 즉각적인 동시에 부정적이었다. 국방부는 이러한 이메일 폭탄이 "연방 정부 정책을 **명백히 위반한 행위**"라는 내용으로 이메일을 보내왔다. 투어크는 성미 급한 국방부 직원으로부터 전화까지 받았다. 그는 투어크에게 인터넷은 정부의 공식적인 업무만을 위해 사용할 수 있다고 알렸다. 투어크는 그 일에 대해 이렇게 말했다. "누군가 내게 전화를 걸어 호되게 꾸짖었다. 나더러 다시는 그런 짓을 하지 않겠다고 약속하라고 했다."

그 사건은 또한 초기의 인터넷 설계자들 사이에서 광고를 허용해야 하는지에 관한 철학적 토론을 유발했다. 대다수가 명확히 "안 된다"는 의견을 밝혔다. 그러나 DEC의 메시지를 몹시 싫어했고 광고가 설 자리가 없다고 생각한 초기의 과학자 중 한 명인 마크 크리스핀Mark Crispin은 다음과 같이 지적했다. "이 문제를 생각만 해도 몸서리가 쳐진다. 하지만 (보통) 사람들에게 광고성 메일이 보내지는 광경을 상상에서 지울 수가 없다. (…) 그리고 그것을 예방하거나 막을 수는 결코 없을 것이다. 궁극적인 해결책은 메일 읽기 서브시스템을 통해 원치 않는 메시지를 삭제하도록 조치하는 것이라 생각한다."[9]

투어크에 대해 말하면, 평생 그는 자신이 잠시나마 안 좋은 쪽으로 유명해졌다는 사실에 자부심을 느끼는 듯했다. 그는 2007년 〈컴퓨터월드Computerworld〉에 스스로를 "e마케팅의 아버지"로 부르는 것을 좋아한다고 말하면서 영감을 얻기 위한 연사로 초빙하면 어디든 달려가겠다고 했다.[10]

한번은 스팸이 전염병처럼 번진 데 대해 자기 탓을 하면 안 된다고 주장하기도 했다. "비행에 문제가 생길 때마다 라이트 형제를 탓하지는 않는다."

정말이지 투어크는 역사상 최초의 스팸 전송자였고, 그런 면에서 악플러의 원조이기도 했다. 스팸과 악플은 대중이 동력을 제공하는, 새로운 상향식 주의력 산업에서 부단히 고개를 내미는 등장인물이다. 스팸 전송자와 악플러는 차이가 있지만, 자신의 목적을 위해 주의력을 수확하는 사회적 관습을 무시한다는 공통점을 가진다. 1978년까지 이메일은 엄격히 비상업적 활동에 이용되었다. 사교 기능과 비즈니스 기능에만 이용된 것이다. 투어크가 자신의 평판을 희생시키며 그 불문율을 깨자 DEC뿐 아니라 투어크 본인에게도 많은 관심이 쏟아졌다. 그러나 악플러의 다른 특징은 그런 데 개의치 않는다는 것이다.

투어크가 잘한 점을 인정하자면, 그는 벤자민 데이를 비롯한 선구적인 주의력 사업가들과 마찬가지로 동일한 것에 모든 시선이 집중될 때의 가치를 알아봤다. 당시에는 그 사실을 언급한 사람이 아무도 없었지만, 사람들의 마인드는 텔레비전보다 훨씬 더 주의 깊게 이 새로운 스크린에 집중하는 경향을 보였다. 따라서 자연스럽게 그들의 마인드는 무언가를 구입할 준비가 가장 잘된 상태라 할 수 있었다. 그러나 컴퓨터의 상업적 잠재력이 분명해지기까지는 한 세대가 더 지나야 했다.

아마도 그냥 짜증이 나서인 듯한데, 투어크는 자신이 스팸 메일을 발송한 지 30년이 되던 해에 본인만이 아는 이유로 시 한 편을 지었다.

> 나는 초록 달걀(미수정란)과 스팸은 먹지 않는다.
>
> 난 이메일 스팸의 아버지니까.
>
> 나는 스팸을 안주로 초록 맥주(미숙성 맥주)를 마시지 않는다.

난 사이버 스팸의 아버지니까.

난 최초로 스팸 메일을 보냈다,

그래서 기네스북에 올랐다.

오늘은 초록 달걀과 스팸의 날이다.

최초의 이메일 스팸을 기념하는 날이니까.[11]

이 시는 자세히 읽어볼 가치는 있겠지만, 속담에서 말하듯이 "악플은 키우지 말라".

15

침략자들

1960년대 말의 어느 날, 랄프 베어Ralph Baer는 텔레비전 수상기 앞에 앉아 있던 수많은 미국인 중 한 명이었다. 그러나 샌더스어소시에이츠Sanders Associates라는 방위산업체에 다니던 이 기술자는 채널을 휙휙 돌리지는 않았다. 반대로 그는 "내가 이걸로 뭘 할 수 있을까?"라며 묻고 있었다.

> 미국에만 4,000만 명이 있고 다른 곳에도 4,000만 명이 있다. 내가 여기서 볼 수 있는 것이라고는 멍청한 5, 7, 9번 채널뿐이다. 그것도 안테나 성능이 좋을 때 얘기다. 그리고 운이 좋다면 공영 텔레비전 채널인 2번도 볼 수 있다. 눈에 들어오는 내용이 마음에 들지 않을 때 내가 할 수 있는 일은 저 망할 것을 꺼버리는 것뿐이다. 그래도 어쨌든 꽤 복잡한 화면이다. (…) 내가 저 텔레비전들 중 1퍼센트에 해당하는 수상기에 꽂을 만한 무언가를 알아내기만 한다면, 40만 대니까. (…) 그래서 나는 그에 대해 생각했고, "어쩌면 우린 게임을 할 수 있을지도 몰라"라고 말했다.

1972년, 베어의 아이디어는 원시적인 가정용 비디오 콘솔인 마그나복스 오디세이Magnavox Odyssey라는 상품이 되어 있었다. 이 콘솔은 소리가 나오지 않았고 C 전지로 작동되었다. 콘솔에 연결된 텔레비전 화면에 비닐 게임 판을 붙이면 그래픽이 생겼다. 테니스나 하키를 모델로 양식화한 게임을 띄우고 광점을 조종하는 식으로 플레이하는 방식이었다. 베어는 총 35만 대 정도의 콘솔을 판매했다.[1]

전자 컴퓨터는 20세기 중반에 발명된 이래로 쭉 흥미의 대상이 되었다. 하지만 1970년대에도 전자 컴퓨터는 기관이나 기업의 진지한 업무에 필요한 기계로 남아 있었다. 라디오나 텔레비전에 견줄 정도로 대중의 주의를 수확하는 데 사용될 수 있는 물건이기는커녕 일반 소비자가 사용하는 물품도 아니었다. 그러나 그것이 개인의 오락거리가 될 수 있는 잠재력이 입증되자, 그것의 운명은 물론, 우리의 이야기까지도 돌이킬 수 없을 정도로 달라졌다.

당시에 등장한 획기적인 게임은 요즘 시대에는 거의 찾아볼 수 없는 형태를 띠었다. 1970년대 전반에 걸쳐 캘리포니아의 아타리Atari라는 회사는 컴퓨터가 안에 든 콘솔을 만들었다. 아타리의 창립자인 노먼 부시넬Norman Bushnell은 오디세이를 본 적이 있었고, 베어와 마찬가지로 컴퓨터가 사실은 대단히 재미있을 수 있다는 사실을 알 정도로 컴퓨터광이었다. 그는 메인프레임 컴퓨터에 접근 가능한 다른 컴퓨터 과학자들과 이미 "우주전쟁SpaceWar"이라는 게임을 하고 있었다. 그래서 부시넬은 공중전화 부스(또 다른 한물간 은신처)와 다소 비슷하게 생긴, 사람 키 높이의 콘솔을 만들었다. 사람들은 그 안에 들어가 25센트짜리 동전 하나를 넣고 핀볼 등과 같은 게임을 즐길 수 있었다. 얼마 지나지 않아 이번에도 테니스와 비슷한 "퐁Pong"을 필두로 다양한 게임을 갖춘 콘솔이 여러 공공장소에 등장하기 시작했다. 오락실의 핀볼 기계 옆에 놓이기도 한 것은 물론이다. 그러나 컴퓨터게임이 진정한 대세가 된 것은 일본의 개발 업체들이 게임 산업에 뛰어들고 나서였다.

1977년, 주크박스와 오락실 게임기를 만드는 도쿄의 다이토Taito라는 업체의 도모히로 니시카도는 사장으로부터 미국의 비디오게임인 "브레이크아웃Breakout"의 일본판을 만들어보라는 지시를 받았다.• 일찍이 니시카도는 아타리 "퐁" 게임의 일본판 "엘레퐁Elepong"을 만든 적이 있었다. 그 게임이 어느 정도 성공을 거두었기 때문에 자연스럽게 그가 선택된 것이었다. 일을 맡게 된 니시카도는 무슨 이유인지는 모르지만, 전적으로 혼자 처리하기로 했다. 오랜 시간을 들인 끝에 그는 원래의 게임을 크게 바꾸어놓았다. (단순히 화면 상단의 벽돌을 깨는 방식과 달리) 이제는 상대가 화면을 가로질러 움직이거나 화면 아래로 움직이면서 플레이어의 패들에 폭탄을 떨어뜨렸다. 그리고 조잡한 형태지만 포병단으로 바뀐 플레이어는 레이저 빔을 발사하며 대응할 수 있었다.[2]

초기의 시제품에서는 상대해야 할 적이 탱크와 병사였지만, 니시카도의 상사들은 그 아이디어를 받아들이지 않았다. 그는 "전쟁 이미지를 만들어서는 안 된다"는 말을 들었는데, 필경 일본 국민들이 과거 제국 시절의 침략 만행을 떠올리게 만드는 어떤 것에든 예민하게 반응할 것 같다는 판단에 기인했다. 우연히 니시카도는 거의 같은 시기에 미국의 히트 영화 〈스타워즈Star Wars〉에 대한 기사도 읽었다. 그래서 그는 자신의 게임 이름을 "스페이스 몬스터Space Monsters"로 정하기로 했다. 1978년 다이토는 그 게임을 일

• "브레이크아웃"은 스티즈 잡스가 아타리 재직 시절 "퐁"의 1인용 버전을 만들어보라는 노먼 부시넬의 제의를 받고 스티브 워즈니악Steve Wozniack을 끌어들여 함께 만든, 일명 "벽돌 깨기 게임"이었다. 《마스터 스위치》 20장에 설명되어 있다.

본에서는 "수페수 인베다"로, 미국에서는 "스페이스 인베이더Space Invaders"로 출시했다.

"스페이스 인베이더"는 양쪽 시장에서 전례가 없을 정도로 단숨에, 예상 밖의 성공을 거두었다. 〈영스타운빈디케이터Youngstown Vindicator〉는 "외계의 침략자들이 미국을 장악하고 있다"고 보도했다. 그 게임을 직접 해보라는 임무를 받은 〈워싱턴포스트〉 기자는 자신의 경험을 다음과 같이 설명했다. "25센트 동전을 떨어뜨리자, 짧은 팔을 흔들며 화면 아래 지구로 레이저 폭탄을 떨어뜨리는 직사각형 쉰다섯 개가 보였다. 나는 세 개의 레이저 기지로 반격을 가했지만, 30초 만에 파괴되고 말았다. (…) 게임이 끝났는데도 나는 계속 발사 버튼을 두드리고 있었다. 중독의 시작이었다."

비디오게임이 첫 선을 보인 이후로 게임에 대한 기사에는 늘 중독과 몰두라는 주제가 따라붙었다. "스페이스 인베이더" 배급 업체는 1980년 〈워싱턴 포스트〉와의 인터뷰에서 "그것은 마약 같다"고 말했다. "그들은 '내게 하루 4달러가 들어가는 습관이 생겼어요'라고 말할 것이다." 모든 사람들이 "스페이스 인베이더"에 대해 맨 먼저 알아챈 것은 다들 그 게임에 너무나도 사로잡힌다는 사실이었다. 승리의 가망이 없어 보이는 어려운 게임이었지만, 설명하기 힘든 무언가가 사람들을 계속 돌아와 게임을 정복하기 위해 애쓰도록 만들었다.[3]

소설가 마틴 에이미스Martin Amis는 1982년 비디오게임에 대한 생각을 밝힌 글에서 "우리가 다루고 있는 것은 전 세계적인 중독 현상이다"라고 지적했다. "다시 말해, 이것은 결국 좋지 않은 문제로 판명될 것이다. 내 증상을 제시하자면, 금단현상에 이은 완전한 각성 상태와 다시 그에 뒤이은 신경 쇠약 및 만취감이다." 심리학자를 비롯한 전문가들은 게임의 매력이 특히 아이들에게 미치는 영향에 당혹감을 느끼고 혼란스러워했다. 로버트 밀먼

Robert Millman이라는 박사는 1981년에 〈뉴욕타임스〉에 이렇게 말했다. "게임을 하는 아이들은 대부분 섹스와 마약에 노출되기엔 너무 어리다." 심지어 그는 비디오게임을 본드 흡입에 비유했다. "게임은 유혹적인 세계를 보여준다. (…) (나이가 어린 친구들은) 다른 어떤 것도 생각할 수 없을 정도로 심장이 쫄깃해지는 흥분을 주는 활동에 완전히 몰입하고 싶어 한다. 바로 그렇기 때문에 그들은 도박에서 본드 흡입까지 무엇이든 해보려 한다." "스페이스 인베이더"의 성공이 최근의 국가적 경험과 관계가 있다고 생각하는 사람들도 있었는데, 잡지 편집자인 테드 넬슨Ted Nelson은 "그 게임은 정말이지 베트남과 다름없다. 그것은 전사자 수를 세는 전쟁이다. 사람들은 그렇게 하면서도 절대 이유를 묻지 않는다"고 지적했다.

"스페이스 인베이더"의 성공으로 컴퓨터는 오락 산업의 부정할 수 없는 부분으로 등장했다. 실제로 1982년에 그 게임은 미국에서 가장 높은 수익을 올린 오락 상품이 되었다. 한 번 하는 데 25센트 들어가는 게임이 20억 달러가 넘는 수익을 올림으로써 애초에 그 게임에 영감을 준 영화 〈스타워즈〉보다도 더 좋은 실적을 올렸다. 그러나 그러한 결과는 어쩌면 놀랄 일이 아니었을지 모른다. 1980년까지 비디오게임은 미국에서만 매년 112억 개의 25센트 동전을 소비했고, 이는 28억 달러의 매출을 의미했다. 1980년대 초, 매출 추정치는 한동안 영화 산업의 수입을 능가하는 연간 50억 달러에 달했다.

비디오게임은 상투적인 동시에 신선한 방식으로 인간의 주의력까지 소모했다. 테니스나 핀볼, 블랙잭 같은 실제 게임과 마찬가지로, 빠르게 흘러가는 자극은 지속적으로 시각 피질을 사로잡고, 그 시각 피질은 자동적으로 움직임에 반응한다. 어떠한 의도적인 집중도 필요하지 않다는 점은 주의력 결핍 장애를 가진 아이들과 어른들이 누구보다도 비디오게임의 움직임에 마음을 빼앗기는 이유를 설명해준다. 현실의 게임들과는 달리, 비디오 게임은 물리학 법칙에 구속받지 않기 때문에, 사람들을 계속 돌아오게 만들기 위해, 수반되는 난제나 지속 기간, 관련 요소들을 점진적으로 조정해 나갈 수 있다.[4]

그러나 〈아모스 앤 앤디〉를 듣는 것과 시트콤을 보는 것, 이메일을 읽는 것 등 우리가 지금까지 다룬, 사람들의 주의를 기울이게 만드는 것들과 새로운 게임에는 커다란 차이가 있었다. 우선, 사업 모델이 달랐다. 새로운 게임의 사업 모델은 연극을 보거나 책을 읽는 것처럼 어떤 경험에 지불하는 현금이었다. 주의력 사업가의 모델은 훨씬 더 이후에야 고려될 터였다. 두 번째로, 앞에서도 지적했듯이 "스페이스 인베이더" 같은 게임은 철저한 좌절감이 느껴질 정도로 간단치가 않았다. 대부분의 사람들이 1분 넘게 게임을 하지 못했다. 적어도 이 단계에서의 게임은 완전히 다른 무언가를 노리고 있었다. 초기에 "스페이스 인베이더"를 즐긴 사람들은 요즘의 내러티브 기반의 휘황찬란한 그래픽과 소리에 사로잡힌 게 아니라 단 한순간이라도 자신을 쫓는 유령이나 우주 괴물과 능력적으로 대등해지고 싶다는 바람에 기계를 상대로 기술을 겨뤄보겠다는 욕구에 사로잡혔다. 이렇기 때문에 그 비디오게임들은 또 다른 형태의 조작적 조건 형성을 유발했다고 할 수 있다.

게임 속 상대와 성공적으로 균형을 달성할 수 있는 게임은 몇 개에 불과했다. 너무 어려운 게임도 있었고, 너무 쉬운 게임도 있었다. 그리고 그것이 어쨌든 반드시 유일한 변수는 아니었다. 그러나 최고의 게임은 흥분을 유지시킬 수 있었고, 더 나아가서는 인지과학자인 미하이 칙센트미하이Mihalyi Csikszentmihalyi가 설명한 "최적의 경험"이자 만족의 상태인 "몰입 상태flow state"를 유발할 수 있었다. 그의 설명에 따르면, 사람들은 "몰입 상태일 때 기운이 나고, 수월하게 제어할 수 있고, 자의식에서 벗어나고, 최고의 능력을 발휘할 수 있다". 비디오게임은 그런 초월적 세계를 경험하고픈 전 세계 사람들로 하여금 애써 번 돈을 들고 계속 되돌아오게 만들기에 충분하고도 남았다.

"스페이스 인베이더"가 인기를 끌자, 일본과 캘리포니아의 기업들이 그러한 성공을 재연하기 위해 앞다퉈 뛰어들어 "애스터로이드Asteroids", "갤러그Galaga", "캐터필러Caterpillar", "동키 콩Donkey Kong" 등의 게임을 선보였다. 이후 장르 애호가들은 "스페이스 인베이더"가 출시된 1978년부터 대략 1985년 사이의 시기를 황금시대로 설명했다. 마틴 에이미스는 1980년대 초 영국의 오락실을 다음과 같이 묘사했다. "본드에 취해 맛이 간 듯한 사람들, 사라지지 않을 사악함 가득한 어린애 같은 얼굴에 욕설을 달고 사는 스킨헤드족, 코에 기저귀 핀을 꽂고 보라색 머리칼을 수직으로 세운 모히칸족 스타일의 불량배들이 진을 치고 있었다." 한편, 그런 오락실들은 "동성애자 같은 느낌을 풍기며 십대 시절의 꿈을 그린 영화 같은 삶을 사는, 성미 까다로운 건달들에 의해 운영되었다".[5]

새로이 형성된 비디오게임 산업이 시작부터 성공을 거두자, 여느 사업에서와 마찬가지로 확장에 대한 생각이 활발해졌다. 일단은 십대 남자아이들을 넘어서는 게 시작이었다.

또 다른 일본 기업인 남코Namco는 소녀와 여성을 끌어들이는 것을 목표로 삼았다. 남코의 게임 디자이너 도루 이와타니는 "당시엔 전자오락실이 남자아이들의 놀이터였다. 더럽고 냄새가 났다. 그래서 우리는 여자도 끌어들이고자 했다. 그러면 오락실이 더 깨끗해지고 밝아질 테니까"라고 말했다. 당시 스물다섯이던 이와타니는 "지비Gee Bee"를 비롯하여 그 후속 게임으로 "봄 비Bomb Bee"와 "큐티 큐Cutie Q"를 연달아 만들었다. 당시 그는 뭔가 적당한 것을 만들어보라는 임무를 부여받았는데, 그는 그에 대해 이렇게 설명한다. "내 목표는 사랑스러운 매력이 넘치고, 플레이가 쉽고, 가볍게 즐길 요소가 많고, 여성과 커플들이 할 수 있는 게임을 내놓는 것이었다." 그는 자신의 여자 친구가 디저트를 좋아한다는 사실을 깨닫고는 먹는 것을 중심으로 한 콘셉트를 생각해냈다. 그때 "움직임이 위, 아래, 왼쪽, 오른쪽, 이 네 가지 기본 방향으로 제한된 미로를 만들면 어떨까 하는 생각이 들었다". 게임 진행을 위해 그는 유명 만화영화 속 주인공인 톰과 제리에서 영감을 받은 "추격전"을 넣기로 결심했다. 그런 다음, 게임의 주인공을 대식가로 설정했는데, 사실 그 대식가는 "파쿠맨Pakku Man"이라 불리는 움직이는 입에 불과했다. "파쿠맨"은 의성어인 "파쿠파쿠paku-paku"에서 따온 것으로, 게임에 등장하는 그 입이 뭔가를 먹으면서 내는 소리가 일본어로 "파쿠파쿠"였다. 외관 얘기를 하자면, 그 대식가는 입을 의미하는 일본어, "구치口"의 정형화된 형태에서 영감을 받은 것으로, 한 조각이 빠진 피자처럼 일부분이 없어진 형태를 띠었다.

미국에서 "파쿠맨"은 "퍽맨Puck Man"이 되었고, 나중에 파괴에 대한 유혹을 없애기 위해 "팩맨"으로 바뀌었다. 그리고 마지막으로, 이와타니는 정말이지 뜬금없이, 팩맨의 상대로 독특한 개성을 지닌 유령들을 만들어냈는데, 원본 게임에서 그 유령들은 "장난꾸러기Urchin", "개구쟁이Romp", "스타일리스트Stylist", "울보Crybaby"였다. 각각의 유령은 각기 다른 방식으로 팩맨을 추적했다. 영어로 그 넷의 이름은 블링키Blinky, 핑키Pinky, 잉키Inky, 클라이드Clyde였다.

얼마 지나지 않아 "팩맨"은 인구통계학적 타깃 집단을 넘어서는 매력으로 "스페이스 인베이더"보다 훨씬 더 지속적이고 높은 수익을 올리는 히트작이 되었다. 초기의 일부 비디오게임 비평가들은 "팩맨"을 무시했다. 〈옴니Omni〉지는 "최근의 대유행"을 비난하면서 "단조롭고 어처구니없는 게임"이라고 평했다". 에이미스는 "특별한 별명을 가진 귀여운 작은 팩맨들, 그 특징적인 작고 귀여운 목소리, 바보같이 점을 먹어 치우는 레몬. 그 기계는 유치하고 별난 기행奇行 같은 느낌이 난다"고 지적했다. 그럼에도 불구하고 이 오락실 기계는 전 세계에 40만 대가 판매되면서 25센트 동전과 100엔짜리 동전 등 각국의 동전을 수십억 개나 삼켜버렸다. 한 추정치에 의하면, "팩맨"이 전부 가동되면서 1990년대까지 25억 달러가 넘는 돈을 벌어들였다. 기특하게도 에이미스는 게임 방법에 대해 확실한 조언을 건넸다. "팩맨을 할 때는 의기양양해하지도, 남자다움을 과시하지도 말아야 한다. 그렇게만 하면 그 점으로 된 화면에서 성공할 것이다."[6]

이제 전자오락실을 정복하고 다양하게 만들었으니 게임이 갈 곳은 정말로 딱 한 곳밖에 남지 않았다. 〈백 투 더 퓨처〉처럼 마그나복스 오디세이가 출발했던 그곳으로 가는 것이었다. 그렇게 컴퓨터는 사람들의 집으로 들어가서 랄프 베어가 씨를 뿌려놓은 그 경쟁을 다시 시작했다. 방송 플랫폼으로서의 두 번째 스크린과 게임 주변 장치로서의 두 번째 스크린 간의 경쟁 말이다. 창립자인 부시넬이 계속 경영하던 아타리는 "스페이스 인베이더" 같은 최고 인기 오락실 게임을 텔레비전으로 할 수 있게 해준다면 가정용 비디오게임기가 성공할 거라고 생각했다. 그 시도는 워너커뮤니케이션Warner Communications(타임워너의 전신)이 아타리를 인수하여 콘솔 장치 판매를 강화하기 시작하면서 힘을 얻었다. 그러나 진정한 성공은 1979년에 아타리가 "스페이스 인베이더" 게임의 라이선스를 획득한 이후에야 이루어질 수 있었다. 아타리는 그해에 100만 대의 게임기를 팔았고, 1980년에는 200만 대를 판매했다. 그리고 1982년까지 1,000만 대를 판매하게 되면서 그 시점에서 미국 역사상 가장 빠른 속도로 성장하는 기업이 되었다.

가정집에 등장한 그 작은 아타리 2600 콘솔이 갖는 의미는 시간이 흐른 뒤에야 분명해질 것이었다. 이제 많은 사람들의 집에 최초로 컴퓨터가 진출했고, 텔레비전 이후 처음으로 새로운 스크린이 등장하여 그 장벽을 깨뜨리려 했다. 아타리 콘솔 덕분에 더 많은 콘솔뿐 아니라 애플 2Apple II나 코모도어 64Commodore 64 같은 가정용 컴퓨터가 일반 가정으로 진출하는 일이 더욱 용이해졌다. 작업이나 프로그래밍에 사용하려고 값비싼 기계를 사들이는 것과 한 숟가락의 설탕까지 더해진, 즉 아타리에 있던 것보다 훨씬 더 좋은 게임까지 들어 있는 기계를 갖는 것은 전혀 다른 문제였으니 말이다. 이렇게 비디오게임은 집에 들여놓은 컴퓨터의 킬러앱, 즉 투자를 정당화하는 애플리케이션이 된 게 틀림없었다. 컴퓨터는 가끔 다른 목적에 사용되는 게임 기계로서 거점을 마련했다. 그리고 거기서 그 컴퓨터들은 한동안 잠자는 거인으로 행세했다.[7]

16

AOL이 사람들을 끌어들이다

33세에 불과한 스티브 케이스Steve Case가 AOL의 CEO로 승진한 1991년 당시, 한 곳만 빼고 모두 역사 속으로 사라졌지만, 미국인들을 "온라인 컴퓨터 네트워크"로 알려진 추상적인 공간 안에서 더 많은 여가 시간을 보내도록 만들려는 동일한 목표를 세운 기업은 모두 네 곳이었다. 컴퓨서브CompuServe, 프로디지Prodigy, AOL, 그리고 지니GEnie였는데, 진술하는 것만으로도 그들의 임무가 왜 그리 쉽지 않았는지를 밝힐 수 있다.

흥미롭고 신기하다는 냄새를 어느 정도 풍겼음에도 퍼스널컴퓨터도, 온라인 네트워크도 특별히 재미있는 것으로 간주되지는 않았다. 예외가 있다면 컴퓨터를 사용하여 비디오게임을 하는 사람들이었다. 그 기계를 헌신적으로 추종하는 이들이 있었고, 윌리엄 깁슨William Gibson의 《뉴로맨서Neuromancer》나 닐 스티븐슨Neal Stephenson의 《스노우 크래시Snow Crash》 같은 소설에서 묘사된 "사이버스페이스"라는 신비로운 가상 세계로 들어가는 통로로서 그 기계에 신비로운 분위기가 감돌기도 했다. 하지만 컴퓨터를 갖고 있는 사람들은 대개 그것을 서재나 지하에 뒀다. 커다란 상자 모양의 본체와 요즘 나오는 랩톱보다 더 작은 스크린으로 구성된 그 기계 자체가 다루기 거추장스러웠을 뿐 아니라 생김새도 추했기 때문이다. 윈도우Windows 같은 그래픽 인터페이스가 널리 사용되기 이전 시대에 컴퓨터 사용자가 마주한 것은 오렌지색이나 초록색의 반짝이는 텍스트가 전부였다. 1977년에 전용 스크린이 달린 완전 조립된 최초의 가정용 컴퓨터인 애플 2와 코모도어 PET가 출시된 이후로 컴퓨터는 계속 그 상태를 유지하고 있었다.• 마우스에 대해 이야기하자면, 그것은 여전히 작은 구멍에 살고 있다고 알려진 동물이었다.

한편, 텔레비전은 오늘날과 마찬가지로, 매력적인 커다란 화면과 수십 개의 채널을 갖춘 채 여전히 거실에서 두드러진 존재감을 자랑했다. 텔레비전을 사용하는 데는 전문적인 지식이 거의 필요 없었고, 모뎀을 작동하는 데 필요한 신비로운 지식 같은 것은 더더욱 필요 없었다. 그래서 1991년에 컴퓨터를 텔레비전의 경쟁자로 언급했다면, 웃음거리가 되었을 것이다.

따라서 그 온라인 네트워킹 업체들이 사람들을 컴퓨터 화면 앞에 앉히고 네트워크(인터넷의 상업적 전신)에 "접속하게" 만들려고 한다면, 미국인들을 텔레비전(가족이나 잡지같이 사람들을 끌어들이는 힘이 다소 떨어지는 것들도 포함해서)에서 멀어지게 만들 "무언가"를 해야만 했다. 1990년대 내내 이 네 업체들은 각각 뭔가 다른 것을 시도했다. 그리고 마침내 성공을 거둔 전략에 대한 이야기는 네트워킹과 인터넷, 그리고 제3의 스크린이 어떻게 미국인과 세계인의 주의력을 그토록 놀라울 정도로 많이 획득해낼 수 있었는지 알려준다. 또한 그것은 새로운 부류의 주의력 사업가들이 어떻게

• 애플 2와 코모도어 PET 이전의 퍼스널컴퓨터는 지금은 알아볼 수도 없는 형태의 애호가 조립 세트로 출시되었다. 애플의 스티브 워즈니악 같은 사람들이 조립하고 프로그램을 만들었다. 더 많은 내용을 알고 싶다면, 《마스터 스위치》 401~403쪽 참조.

나타났는지에 관한 이야기이기도 하다.

일단 이야기를 더 진행하기 전에, 예외가 한 곳 있지만, 자칭 이 "컴퓨터 정보 서비스" 업체들의 사업 모델이 주의력 사업가의 그것이 아니라 전적으로 가입자 기반의 모델이었다는 사실에 관심을 기울일 필요가 있다. 당시의 인터넷은 정부에 의해 연구 위주의 네트워크로 운영되었기 때문에 인터넷에 접속하는 쉬운 방법이 없었다. 이 네 서비스 업체들은 고객에게 뉴스와 토론 포럼, 온라인 게임 같은 흥밋거리와 함께, 인터넷과 비슷한 원시적인 소규모 공간인 사설 네트워크에 접근할 권리를 제공했다. 온라인에 접속하려면, 다시 말해서 네트워크에 연결하려면 모뎀을 구입해 집 전화에 연결해야 했고, 그 모뎀에 다소 복잡 미묘한 일련의 명령어를 입력해야만 했다.• 업체들은 매달 일정 금액을 부과했고, 그에 더하여 온라인에서 사용한 시간과 다양한 부가 서비스에 대해 요금을 추가했다. 예를 들어 AOL은 한 달에 다섯 시간까지는 9달러 95센트를 부과하고 한 시간이 초과될 때마다 3달러 50센트를 추가로 부과했다. AOL이 고객의 90퍼센트가량이 한 달에 다섯 시간으로 만족할 것으로 예상했다는 사실은 당시의 사용 수준과 매력이 어느 정도였는지를 보여준다.

1991년의 시장 지배 기업은 네 업체 중에서 가장 오래된, 견실하고 진지한 컴퓨서브였다. H&R 블록H&R Block이 주인인 컴퓨서브는 가입자가 대략 60만 명에 달했는데 주로 남성이었고, 컴퓨터 애호가와 사업가 들로 구성되어 있었다. 컴퓨서브는 순전한 데이터가 고객에게 중요하다고 확신했기에 스타일보다는 내용에 치중했다. 컴퓨서브의 고객들은 텍스트로만 되어 있는 간단명료한 인터페이스의 진가를 인정하는 듯 보였다. 컴퓨서브는 애초

• 예를 들면 "+++, ATDT (416) 225-9492".

에 상업용 메인프레임 컴퓨터의 유휴 시간을 이용했기 때문에 사용자에게 숫자로 된 ID(예: "70014,2316")를 주고 유용성을 납득시켰다. 컴퓨서브의 광고는 이렇게 약속했다. "컴퓨서브에 가입하면, 당신의 컴퓨터는 시간을 절약하고 돈벌이가 되며 삶의 질을 높여주는 도구가 된다."[1]

측정 기준에 따라 컴퓨서브를 앞설 때도 있었지만, 어쨌든 컴퓨서브 바로 다음은 네 업체 중에서 가장 야심 있고 대담한 업체였다. 시어스Sears, CBS, IBM이라는 다소 기이한 연합체에 의해 설립된 프로디지는 빠른 속도로 성장하고 있었다. 프로디지는 스스로 통찰력 있는 대안임을 자처했으며, 경영인들이 "미래가 여기 있다" 같은 말을 내뱉는 곳이었다. 주류 소비자들을 타깃으로 삼은 프로디지는 사용자 대부분에게 온라인은 쇼핑과 오락의 세계가 될 것이며, 따라서 그 둘을 가장 많이, 그리고 최고로 제공하는 업체가 승리를 거둘 거라고 확신했다. 또한 프로디지는 사업 모델을 온라인 광고로 잡고 주의력 사업가로 변신하는 것이 중요하다는 점도 예견했다. 그 접근 방식 덕분에 프로디지는 지니, 즉 "정보교환을 위한 제너럴일렉트릭 네트워크General Electric Network for Information Exchange"를 확실하게 앞설 수 있었다. 컴퓨서브와 동일한 원칙을 토대로 GE가 운영하던 지니 역시 텍스트만 제공하는 서비스였으며, 사용자는 대략 35만 명이었다.

워싱턴 D. C.에 본사가 있던 아메리카온라인(예전에는 퀀텀링크Quantum Link로 불렸다)은 4위 자리에 처져 있었다. 가입자가 3만 명에 불과하고 소유주도 부자가 아니었던 AOL은 몇 차례 파산 위기에 몰릴 정도로 사업이 평탄치 않았다. 창립자인 윌리엄 폰 마이스터William von Meister는 "낄낄대는 아마데우스, 혹은 서커스 단장"으로 묘사되곤 했다.[2] 그는 오래전에 회사를 떠났지만, 그의 익살스런 정신은 남아 있었다. AOL은 하나의 전략이라 할 정도로 컴퓨터 문외한들의 구미를 맞추고 있었는데, 사실 그런 쇼핑 및 오락

위주의 사용자들은 프로디지에 더 많았다.

업체 자체가 갖고 있던 원대한 비전과 그 업체가 궁극적으로 제공한 결과물 간의 격차에 초점을 맞춰 고려해보면, 네 업체 중 프로디지가 여러 면에서 가장 흥미로운 곳이었다. 대기업의 후원은 지나친 자신감을 야기했다. 에드워드 브레넌Edward Brennan 시어스 회장은 1989년 이렇게 천명했다. "문제는 성공하느냐 혹은 실패하느냐가 아니다. 우리는 실패하지 않을 것이다. 사실 얼마나 성공할지의 문제일 뿐이다."[3]

프로디지는 초기에 네트워크 개발과 광고에 엄청난 액수의 돈을 썼다(대략 6억 5,000만 달러). 그리고 적어도 1990년대 초의 기준에서 보면 진정한 가상 궁전을 세웠다. 텍스트 전용 방식이 너무 지루하거나 위협적이라고 생각한 프로디지는 원시적인 그래픽 사용자 인터페이스를 창출해서 가능한 한 사용하기 쉽게 만들었다. 이후에 다시 막대한 투자를 통해 CNN과의 제휴로 브랜드 연계 콘텐츠를 제공하고, 유명 칼럼니스트들에게 고가의 칼럼을 의뢰하고, 영화배우 및 운동선수들과 유료 인터뷰를 진행하고, 프로디지의 본부가 있는 뉴욕 화이트플레인스에 상근 기자들로 스물네 시간 가동하는 풀타임 뉴스룸까지 설치했다. 새로운 사용자를 끌어들이기 위해서는 광고에 의존했는데, 특별히 제이월터톰슨에게 광고를 맡겨 "이것만큼은 꼭 가져야 합니다!"라는 슬로건을 신문, 잡지, 심지어 지상파 방송을 통해 내보냈다.

프로디지는 적어도 10년 뒤에야 비로소 제대로 된 결실을 맺게 될 아이디어를 적극 밀어붙였다. 1989년에 처음 영업을 시작할 때부터 자신들이 컴퓨터 화면에 집중된 주의력을 수확해 되파는 업체라고 생각했다. 〈와이어드Wired〉지는 1993년 다음과 같이 썼다. "IBM과 시어스 경영자들은 텔레비전의 틈새 채널들처럼 마케터를 위해 청중을 모으는 새로운 광고매체를 상상했다." 프로디지는 많은 사람들을 끌어들일 정도로 콘텐츠가 충분히 훌륭하고 서비스가 충분히 저렴하다면, 결국엔 돈을 받고 되팔 수 있는 충분한 시선을 끌어들일 것이라고 믿었다. "IBM과 시어스의 예언자들은 모든 화면에서 광고를 판매하면서 기존의 온라인 서비스들이 부과하는 시간당 요금을 합친 것보다 훨씬 더 큰 수익 흐름을 활용할 수 있을 거라고 생각했다."[4] 프로디지는 값싼 대중지처럼 적은 요금, 즉 한 달에 9달러 95센트라는 저가로 많은 청중을 끌어들이려 했다. 광고로 기대했던 성과를 올리지 못하면, 금전적 손해를 볼 수밖에 없었다. 불행히도 〈뉴욕선〉과는 달리, 매출이 비용을 따라가지 못하면서 1990년대 초까지 프로디지는 수억 달러의 손실을 입고 말았다.

광고가 잘 풀리지 않을 경우에 대비하여 프로디지는 또 다른 괜찮은 수익 흐름을 구상했는데, 이는 시어스가 주인이라는 사실을 반영하는 것이었다. 프로디지는 자신들이 초창기 아마존Amazon과 유사한, 세계의 대표적인 컴퓨터 기반 쇼핑 네트워크가 될 수 있다고 생각했다. 당시 CEO였던 로스 글레이처Ross Glazer는 이렇게 말했다. "우리는 컴퓨터에서 상품이 판매될 거라는 믿음을 갖고 있었다. 따라서 시장 지배권을 확보해두지 않을 이유가 없었다."[5] 불행히도 그들의 전체적인 소매 전략은 잘못된 전제, 즉 온라인 소매업체들이 당연히 실물 세계의 매장보다 더 비싸게 가격을 매길 수 있다는 전제에 기초했다. 1992년의 컴퓨터 그래픽 상태를 감안하면, 누구든 사람들이 어째서 더 많은 돈을 내는지에 대해 대략적으로만 생각할 수밖에 없었을 것이다.

상대적으로 참신한 CEO 스티브 케이스가 이끌던 AOL은 프로디지처럼 할 수 있는 입장이 아니었다. 규모도 가장 작고 자금도 가장 빈약한 네트워크였던 AOL은 콘텐츠나 광고인들과의 관계 구축에 쓸 돈이 없었다. 그래서 거의 자동적으로 사용자들이 스스로 즐기도록 놔두는 접근 방식을 택할 수밖에 없었다. AOL은 이를 "전자 공동체"에 대한 투자라고 낙관적으로 설명했다. 나중에 케이스는 저널리스트인 카라 스위셔Kara Swisher에게 이렇게 말했다. "우리는 채팅과 이메일이 결합된 커뮤니케이션이 결정적으로 중요한 구성 요소임을 깨달았다. 그래서 우리는 도구를 만들고, 사람들에게 권한을 부여하고, 사람들이 적절하다고 생각하는 방식으로 그것을 사용하도록 놔두는 데 치중했다. 말하자면 수천 개의 꽃이 피도록 놔둔 셈이었다."[6]

AOL의 사용자들은 AOL의 소프트웨어 덕분에 서로 접촉하고 그 과정에서 효과적으로 서로를 즐겁게 해주기가 용이해졌다. AOL의 설계자들은 AOL을 행복하고 우호적인 곳으로, 그래서 외로움을 치유할 수 있는 그런 곳으로 만드는 데 전념했다. AOL의 직원이었던 랜디 딘Randy Dean은 나중에 이렇게 설명했다. "우리는 (우리 사용자들이) 홀로 컴퓨터에 입력을 하면서 자신들이 훨씬 더 큰 무언가의 일부분이고 기술 지대가 추운 곳일 필요는 없으며 거기서 위안을 찾을 수도 있다는 이 작은 깨달음을 얻기를 바랐다."[7] 처음에 텔레비전이 가족을 한데 모으는 것으로 등장했던 것처럼, AOL도 점점 더 고립화가 심해지는 현대사회를 살아가는 사람들에게 서로 손을 뻗을 수 있게 해주었다.

그런 위안을 안겨주는 것들 중에 AOL의 악명 높은 채팅방이 있었다. 사실 채팅방은 1980년대에 컴퓨서브가 처음으로 만들었다(1970년대의 일명 "CB 시뮬레이터CB simulator"라는 것으로 말이다). 하지만 AOL은 프로디지와 달리 "개인 방"을 만들게 해주었다. 누구든 "개인 방"을 열 수 있었고 완전히 모르는 사람들을 최대 23명까지 초대 가능했다. 1997년 무렵 AOL은 1만

9,000개의 채팅방이 생겼다고 주장했다. 성공의 열쇠로 꼽는 요인으로 AOL에는 여성 사용자가 있었다. 그 수가 많지는 않았지만 컴퓨서브의 일반적인 채팅방과 완전히 다른 분위기를 조성하기에는 충분했다. 컴퓨서브의 채팅방은 일테면 중세 영어로 대화하는 잘난 체하는 사내들의 집합소 같았다. 컴퓨서브 채팅방의 구성이 AOL과 거의 같았을지는 모르지만, 타협을 모르는 하드코어 컴퓨터 사용자들과 이런저런 괴짜나 샌님들이 독특하게 그리고 고집스럽게 그곳에 상주했고, 그래서 그들은 어떻게 파티의 흥을 이어 나가야 하는지를 전혀 몰랐다. 어쨌든 일반인들이 참여하고 싶어 할 파티는 아니었겠지만 말이다. (무슨 소린지 어리둥절해하는 젊은 독자들을 위해 한마디 덧붙이자면, 1990년대에는 잘 노는 컴퓨터 괴짜nerd-cool들이 아직 등장하지 않았다.)

AOL은 활짝 열린 채팅방을 통해 당시 사람들이 "사이버공간"이라고 칭하던 그곳의 흥분과, 현실 세계 밖에서 새로운 인간관계가 형성될 수 있다는 그곳의 감질나게 하는 가능성을 잘 이용한 셈이었다. 채팅방은 모든 주제를 토론하는 데 이용될 수 있었고, 누구도 실제 이름을 사용할 필요가 없었기 때문에 마르쿠제가 꿈꾸던 그 해방감을 맛보게 해주었다. AOL의 직원인 조 쇼버Joe Schober는 채팅방을 "변경의 도시frontier town"라 부르면서 훗날 다음과 같이 회상했다. "모든 게 어색한 고등학교 신입생일 때, 채팅방은 현실의 그 어색한 인간관계를 피할 수 있는 도피처였다. 나는 채팅방에서 다른 십대 아이들과 오퍼레이션 아이비Operation Ivy 같은 펑크 밴드 얘기를 나누고, '던전앤드래곤Dungeons & Dragon'에 맞먹는 놀이를 즐기고, 내가 정말로 원했던 진짜 여자아이들과 대화를 나누곤 했다."[8] AOL 채팅방은 흥분과 일탈의 장소라는 평판을 키워갔다. "이곳이 무법 상태에 가까운 새로운 공간이라는 느낌, 예상치 못한 일이 벌어질 수도 있다는 느낌"이 팽배했다.[9]

물론 가상의 섹스 행위 같은 것도 있었다. 프로이트파가 영감을 준 게 분명한 듯한데, 어떤 기술적 발전이든 그 원동력은 섹스거나 전쟁이라는 유명한 대중 이론이 있다. 아무리 과장되었다고 해도 이 이론은 고장 난 시계처럼 가끔은 맞을 때가 있다. AOL의 경우, 사용자들은 정확히 섹스 때문은 아니더라도 성적으로 자극이 될 수 있다는 이유 때문에 모여들었다. 솔깃한 제의로 남학생 사교 파티에 대학생들을 끌어들이는 경우처럼, 그다음에 무슨 일이 생길지는 아무도 몰랐다. 어쨌든 익명의 성적 흥분과 불장난을 추구하는 사람들에게 영합하는 채팅방은 단연 그 수가 가장 많았고 인기도 높았다. 어느 정도였느냐 하면, 1990년대 중반 무렵 AOL은 사이버 섹스, 즉 전적으로 입력된 메시지를 통해 익명으로 이루어지는 가상의 성적 만남과 동의어가 되어버렸다. 심리학자인 롭 웨이스Rob Weiss는 "한 번도 만난 적 없는 전국의 모르는 사람들에게 자신의 변태적인 환상이나 아이디어를 펼쳐 보이며 그들을 흥분시키고 반응하게 하고 몰두하게 만들 수 있다는 생각이 사람들에게 놀라울 정도의 흥분을 일으켰다"고 평했다.[10] 그야말로 섹스의 미래를 미리 알리는 셈이었다.

AOL의 초기 사용자들은 이제 성인이 되었고 대부분 나름대로 당시에 체험한 야한 경험을 보유한다. 2014년 여성 작가 EJ 딕슨EJ Dickson은 열 살 때 맺은 가상의 관계에 대해 이렇게 설명했다.

> 그의 AIM(AOL의 인스턴트 메신저) 필명은 프랭크재피FrankZappy였고, 내 기억으로는 그가 퀸스에 사는 기혼남이라고 주장했던 것 같다. 나의 필명은 다나였다. 내가 좋아하던 퍼플 문 CD롬에 나오는 등장인물의 이름을 차용했다. 다나는 열아홉 살이었고, 장차 수의사가 되려 했다. 다들 다나에게 브리트니 스피어스Britney Spears를 닮았다고 했다. 우

> 리는 "친구" 카테고리의 채팅방에서 만났다. 둘 다 야구에 관심이 많은 데다가 내가 그의 스크린 이름에 영감을 주면서 친해졌다. 내가 프랭크 자파의 노래 〈돈 잇 더 옐로 스노Don't Eat the Yellow Snow〉의 노랫말을 언급했더니 그가 감명을 받았던 것이다.[11]

종국에 무슨 일이 일어났을지는 말 안 해도 알 것이다. "물론 나는 내가 뭔 말을 하고 있는지 전혀 몰랐다. 내가 한 말은 대부분이 드라마 〈종합병원General Hospital〉에서 본 것과 재키 콜린스Jackie Collins 소설에서 읽은 내용에 기초했다. 솔직히 말하면, 그 남자도 자기가 무슨 말을 하는지 몰랐다고 생각한다. 그 남자는 특별히 창의적이지 않았고, 심지어 유식하지도 않았다." 그러나 그녀는 "젊은 여성들이 일찍 사이버 섹스를 경험한 덕분에 학교나 다른 곳에서 그런 행동을 하면 따르기 마련인, 죄책감을 느끼거나 평가 또는 비난의 대상이 될까 봐 두려워할 필요 없이 자신의 성 정체성과 욕구를 알아낼 수 있었다"는 말로 사이버 채팅방을 변호했다.

채팅방은 월드와이드웹www이 오픈된 이후에도 남아 있었다. 놀랄 것도 없이 AOL 사용자 중에 성범죄 혐의로 기소된 사람들이 많았다는 사실 때문에 그곳은 풍기 문란하다는 평판을 얻었다. 1995년 〈필라델피아인콰이어러Philadelphia Inquirer〉는 1면 머리기사에서 AOL을 "정보 고속도로 바로 옆의 지저분한 뒷골목"이라 칭했다. 특히 의회 위원회에서 채팅 내용 일부가 공개되면서 위원들을 아연실색케 했을 때, 그로 인해 AOL의 성장 속도가 늦춰지기는커녕 오히려 향상되었다는 사실도 그리 놀랍지 않을 것이다. 위스콘신 주 출신의 민주당 상원의원 허브 콜Herb Kohl은 상원 분과위원회에서 "대부분의 미국인들은 저 인터넷에 뭐가 있는지 전혀 모른다. 만약 알게 된다면, 큰 충격을 받을 것이다"라고 말했다.[12]

1992년 10월, 〈월스트리트저널〉의 월터 모스버그Walter Mossberg는 프로디지와 AOL(그는 두 업체를 "온라인 데이터베이스 서비스 업체"라고 불렀다)을 검토한 내용을 기사화했다. 그는 프로디지가 "일반적인 정보 전달 업체라기보다는 방송사에 가까운 조직을 갖추었다"고 결론 내렸다. 그는 프로디지의 뉴스 서비스를 칭찬하긴 했지만, 결국엔 프로디지에 "심각한 문제가 있다"고 판단했다. 그는 다음과 같이 지적했다. "프로디지는 여러 정보 화면의 아래쪽에 정신을 산란하게 하는 유료 광고를 크게 게재함으로써 콘텐츠로 무언가를 전달하는 것 이상으로 약속을 내건다." 대조적으로 AOL에 대해서는 비교적 부드럽게 피력했다. "AOL의 이메일 시스템은 섬세하고 사용하기가 쉽다. 나는 아메리카온라인이 미래의 정교한 물결이라고 생각한다." 모스버그가 내린 결론이었다.[13]

AOL의 역사 내내 가장 중요한 특징은 이메일이었다. 채팅방을 방문하는 가입자보다 이메일을 사용하는 가입자가 훨씬 더 많았다. 우리는 이메일이 그것을 처음 사용한 과학자들 사이에서조차도 어떻게 스키너식 확인 습관을 유발할 수 있었는지 이미 확인했다. 이메일의 즉각적인 습관 형성 속성을 알아차린 스티브 케이스와 그의 팀은 가입자들의 중독을 조장하는 데 전념했다. 우선, 사용자들은 무제한으로 이메일을 보낼 수 있었다. 반대로, 이메일 서비스를 갖추는 데 시간이 걸렸던 프로디지는 어리석게도 한 달에 30건 이상을 보내는 사용자에게 요금을 부과하기로 결정했다. AOL에서는 이메일을 일찍부터, 자주 보낼 수 있었다. 실제로 전체 사용자 인터페이스도 그 애플리케이션에 집중되었다. 사용자는 로그인을 하자마자 "메일이 왔어요You've got mail"라고 말하는 상냥한 남자의 목소리를 들었다. 그 목소리와 함께, 편지로 꽉 찬 기발한 우편함 그림이 등장했는데, 인간관계의 잠재적 보상을 가득 담은 가상의 보고寶庫였다.

물론 1990년대까지, 컴퓨터과학계와 정부 밖의 사람들에게 이메일을 제공하는 업체가 AOL만 있었던 것은 아니다. 대학들은 1990년대 초반에 관심이 있는 사람이면 누구에게든 이메일 주소를 배포하기 시작했고, 1990년대 중반 무렵에는 모든 학생들에게 배포하기 시작했다. 1990년대 말 기업들은 직원들을 위해 이메일 주소를 만들기 시작했다. 그 경쟁은 계속되었고, 네트워크 효과를 보여주는 고전적인 본보기로서, 이메일을 가진 사람들이 많아질수록 그 가치는 더욱 높아졌다.

이메일 받는 것을 대단한 일로 생각하던 순간을 상상하기는 어려울 수도 있다. 하지만 당시에 그 일은 대단히 흥미진진한 일이라서, 노라 에프론Nora Ephron은 서로 모르는 두 사람이 AOL 이메일을 통해 만나는 이야기로(톰 행크스와 멕 라이언이 주연을 맡은) 워너브라더스의 로맨틱 코미디를 만들기까지 했다.* 〈워싱턴포스트〉는 본인도 AOL 가입자였던 에프론이 "그 서비스를 매력 넘치는 사람들의 세련되고 멋지고 매력적인 도구"로 묘사했다고 보도했다.[14] 그런 아우라를 활용하기 위해 에프론 영화의 제목도 원래 "메일이 왔습니다You Have Mail"에서 AOL의 멘트 그대로 "메일이 왔어요You've Got Mail"로 변경되었다.

1993년 AOL은 요즘 말로 스네일 메일snail mail(전통적인 우편 서비스의 느린 속도를 달팽이에 빗댄 표현-옮긴이)을 이용하여 이메일을 홍보하는 상당히 놀라운 아이디어를 냈다. 서비스 업체들 모두 사람들에게 이메일을 써보게 만드는 일이 진정한 난제였다. 프로디지는 소매 방식("초보자용 도구 한 벌"

* 이 영화는 AOL과 타임워너 임원들이 서로 처음으로 만날 기회를 제공하기도 했다. 스티브 케이스와 제리 레빈Jerry Levin은 해당 영화의 백악관 시사회에서 만났다. 《마스터 스위치》 19장 참조.

이 50달러였고 시어스에서 판매되었다)과 전국적인 광고에 의존한 반면, 그해 여름 AOL은 수십만 장의 플로피디스크를 대량으로 발송하면서 홍보 기간 동안 무료로 가입할 수 있게 해주었다.• 이 프로그램은 평균 10퍼센트의 응답률을 기록하면서(일반적으로 1퍼센트 미만이다) 대단한 성공을 거두었다. 그렇게 대담해진 AOL은 사람들이 계속 가입 신청을 하자, 플로피디스크에서 CD로 옮겨 가며 발송량을 두 배로 늘리고 또다시 두 배로 늘렸다. AOL의 당시 CMO(최고 마케팅 책임자) 잰 브랜트Jan Brandt에 따르면, 1990년대 중반부터 후반까지 "전 세계에서 생산되는 CD의 50퍼센트에 AOL 로고가 새겨져 있었다. 우리는 6초에 한 명 꼴로 새로운 가입자를 로그인 시켜주고 있었다."[15]

실제로 1990년대 중반까지 모든 네트워크(지니를 제외한)의 사용량은 급증했다. 프로디지가 예측한 그대로의 결과였지만, 그들이 생각했던 이유 때문은 아니었다. 우선 이러한 "민간" 네트워크는 인터넷에 접속하는 방법으로서, 그 자체로 감동이자 매력인 동시에 AOL과 사람들에게는 뜻밖의 행운으로 작용했다. 그러나 이 네트워크들은 본인들은 완벽하게 이해하지 못한 결과, 즉 이후의 전문용어로 "소셜"이라 불리게 될 효과에 물꼬를 트기도 했다. 되돌아보면, 사람들을 이용하여 다른 사람들의 주의를 얻는 전략은 거의 우연히 등장하긴 했어도 탁월한 것이 아닐 수 없었다.

사교의 새로운 열풍이 모든 네트워크에 영향을 주자, 단호한 사업 모델과 엄격한 기업 문화를 갖춘 프로디지는 흥분하기보다는 불안해하는 반응을 보였다. 프로디지는 자사의 이메일 시스템이 과도하게 사용되자 당황하

• "플로피" 디스크는 1980년대와 1990년대 초에 사용되던 자기저장매체magnetic storage medium였다. 원래는 냅킨 크기였고, 토스터기와 비슷한 "디스크 드라이브"에 삽입되었다. 오늘날에도 사용되는 금속 "하드" 드라이브와는 달리 신축성 있는 플라스틱으로 만들어졌다는 사실에서 그 이름이 유래했다.

기 시작했는데, 특히 내부 조사에 의해 회원의 5퍼센트가 350만 개의 이메일 메시지를 보내고 있다는 사실이 드러나자 더욱더 그랬다. 그래서 그 대군주들은 한 달에 30건 이상 메일을 보내는 "이메일 돼지"들에게 추가 요금을 부과하기로 결정했다.

그것은 이후 이어진 일련의 오판의 전주곡인 셈이었다. 나중에 프로디지는 자사의 채팅방이 인기를 끌자, 감시의 눈을 피한 자유분방한 포럼이 광고주들을 실망시킬 수도 있고 프로디지의 "가족 친화적인" 이미지를 해칠 수도 있다고 우려하게 되었다. 결국 그들은 프로디지의 소유주나 광고주들을 부정적으로 말하는 채팅은 물론, 비속어나 모욕적인 발언을 금지하기로 결정했다. 얼마 후 프로디지는 회원들 간의 상호 공격(악플러 대 악플러의 긴 힘겨루기)도 금지했고, 마침내는 다른 회원의 이름을 언급하는 게시물도 금지했다. 그 당시에는 규정 위반 여부를 파악하기 위해 모든 메시지를 검토하고 있었다. 그렇게 프로디지는 자유롭고 개방된 웹과 거리가 먼, 1950년대의 〈카멜 뉴스 캐러번〉이나 오늘날 중국의 인터넷과 흡사한 환경을 조성하고 말았다.

프로디지가 광고에 기초한 모델을 고집스럽게 고수하며 검열까지 단행함에 따라, AOL은 프로디지와 컴퓨서브를 모두 추월할 추진력을 얻기 시작했다. 그리하여 1995년 무렵 AOL은 400만 명이 넘는 가입자를 자랑하게 되었다. 더디지만 꾸준했던 컴퓨서브는 그런 호황에 편승하여 400만 명의 가입자를 보유하는 수준까지 도달할 수 있었던 반면, 프로디지는 200만 명에서 정점을 찍고 줄어들기 시작했다. AOL이 사실상 백기를 든 컴퓨서브를 인수하여 지배력을 강화한 1997년 무렵, AOL의 사용자는 1,200만 명으로 늘어나 있었다.

AOL은 1990년대 내내 새로운 컴퓨터네트워크의 가장 확실한 매력은 사교, 즉 다른 사람들과의 소통 가능성임을 확실하게 증명해 보였다. 이 요점은 겉으로 보이는 것보다 더 의미가 크다. 전통적인 콘텐츠가 주의를 확보하는 유일한 토대가 아니라는 사실, 우리가 만나기를 기대할 수도 있는 매력적인 타인은 말할 것도 없고 우리의 친구들과 지인들(최소한 그들을 대표하는 사람들) 역시, 똑같은 잠재력을 갖고 있다는 사실의 발견은 혁명적일 정도였다. 물론 되돌아보면 그건 너무 자명해 보인다. 우리가 아무리 텔레비전에 많은 주의를 쏟는다 해도, 대부분의 사람들은 친구나 가족, 직장 동료들에게 더 많이는 아니더라도 적어도 같은 정도로 주의를 쏟는다. 특히 그들과 소통할 때 사용하는 다양한 수단(문자, 전화 등)을 고려하면 더더욱 그렇다.

결과적으로 그것은 1910년대부터 텔레비전이 집 안에 진출한 이후인 1960년대까지도 인간의 주의력에 대한 정복이 얼마나 불완전했는지를 암시하기도 한다. 텔레비전에 의해 개인의 영역이 침해되긴 했어도 대인관계의 영역은 침범되지 않은 상태로 남아 있었기 때문이다. 되돌아보면, 가정용 컴퓨터 이전에는 사람들이 이 주의력을 상업화할 방법을 생각해낼 수도 없었지만, 어쨌든 그곳은 주의력 사업가들의 손이 닿지 않은 영역이었다. 예를 들어, 전화에 사업 모델이 필요한 게 아니었기 때문에, 통화를 하기 전에는 어느 누구도 전화로 메시지를 광고할 수 있다는 가능성은 고려해본 적이 없었던 게 분명했다. 그래서 AOL이 마침내 주의를 되파는 일에 의지하게 되었을 때, AOL은 신성하다고 간주되던 최후의 공간 중 하나인 인간의 개인 관계에 주의력 사업가의 상업적 모델을 적용한 셈이다.

1990년대 후반 AOL은 여전히 경쟁사들을 앞지르고 있던 가운데 투자자들과 월스트리트 애널리스트들이 지적한 사업 모델상의 심각한 문제에 직면했다. 1996년 초 AOL은 매달 스무 시간 사용하는 가입자에게 19달러 95센트의 요금을 받고 스무 시간이 넘을 때부터는 시간당 2달러 95센트를 추가로 부과하고 있었다. 그러나 매달 19달러 95센트나 그보다 적은 요금에 "마음껏 즐길 수 있는" 프로그램을 제공하는 마이크로소프트Microsoft 및 "서비스가 빈약한" 인터넷 서비스 업체들의 가격 공세가 만만치 않게 개시되었다. 1996년이 끝날 무렵, AOL은 월 19달러 95센트에 시간제한 없이 서비스를 제공하는 상품으로 전환했다. 그 덕분에 신규 사용자 수백만 명이 늘어났지만, 고장과 접속 대기(통화 중 상태)가 증가했을 뿐 아니라 AOL이 제공할 수 없는 서비스를 제시했다는 혐의로 뉴욕 주 검찰에 의해 조사까지 받게 되었다. 매출 성장률은 주춤했고, AOL은 다소 절박하게 대안을 찾기 시작했다.

그해가 지나기 전 AOL 이사회는 "구舊미디어" 출신 임원을 최초로 채용했다. MTV 방송의 공동 설립자로서 타임워너에서도 일한 바 있었던 밥 피트먼Bob Pittman이 바로 그 주인공이었다. 컴퓨터나 네트워크 분야를 특별히 경험한 적이 없었지만, 그럼에도 그는 신임 사장으로 영입되었다. 또 한 명의 목사(감리교) 아들이었던 피트먼은 MTV에 있을 때 자기 자신을 "극도로 열정적이고 천성적으로 따지길 좋아하며 게다가 놀라울 정도로 융통성이 없는" 사람이라고 설명한 바 있었다.[16] 1990년대에 그는 "브랜드 마스터", "마케팅의 귀재", "시너지의 구루"로 이름을 날리고 있었다.

이사회 입장에서 가장 중요했던 점은, 피트먼이 뉴욕 미디어 업계의 사업 마인드를 보유한 인물이라는 사실이었다. 당시 매출을 늘릴 대안을 찾던 AOL은 도서를 판매하거나 자체 브랜드로 전화 서비스를 제공하면 어떨까 생각하고 있었다.* 그러나 피트먼은 처음 보자마자 AOL이 화면을 응시하는 수백만 명의 고객을 확보하고 있음을 알아챘고, 곧바로 AOL의 경제적 미래가 주의력 사업에 있다는 결론을 내렸다. AOL이 1990년대 초에 "광고가 없다는" 점으로(프로디지와는 반대로) 두드러졌다는 사실은 아무런 상관이 없었다. 여러 해에 걸쳐 AOL 브랜드를 구축했고 수백만 명의 고객을 끌어들인 지금, 이제는 "그 자산을 활용할" 때가, 피트먼이 쓰는 다른 용어를 사용하면, "수확할" 때가 되었다는 얘기였다.

AOL은 광고를 팔기 위해 뉴욕의 경험 많은 광고쟁이 마이어 벌로Myer Berlow를 영입했다. 벌로도 피트먼처럼 컴퓨터와 관련된 것에는 전혀 경험이 없는 인물이었다. 그러나 검정색 아르마니 양복과 은색 타이를 매고 고든 게코Gordon Gekko처럼 머리를 말끔하게 넘긴 모습으로 AOL 사무실에 도착한 벌로는 더욱 선정적으로 표명된 매디슨 가의 문화를 함께 가져왔다. 이미 벌 만큼 번 그는 근무 외 시간에 라스베이거스로 날아가 블랙잭 테이블에 앉아 휴식을 취할 수도 있는 인물이었다. 따라서 그가 카키색 옷차림의 컴퓨터광들과 함께 AOL을 다녔다는 사실은 텔레비전 작가들이 좋아하는 물 밖에 나온 물고기 이야기가 될 요소를 갖추고 있었다. 얼마 지나지 않아 그는 AOL의 프로그래머들과 충돌하기 시작했다. 그들 역시, 전통적인 컴퓨터광들답게 광고에 반감을 느꼈기 때문이다(광고를 모종의 세뇌 활동으로 인식하기 때문인 것 같았다). 그들이 광고를 게재하는 데 필요한 코드 변경을 거부하자, 벌로는 "당신들이 맡은 일을 하게 만들려면 누구를 건드려야 하지?"라고 물었다. CEO인 스티브 케이스 역시 프로그래머가 아닌데도 새로운 광고를 싫어할 정도로 컴퓨터광이었다. 스프린트Sprint 배너 광고 계약을 검토하던 그는 떨떠름한 태도를 보였다. 그는 "사용자들의 시선이 가는 곳에 광고가 있다는 점이 정말로 신경 쓰인다"고 말했다. 그러자 벌로는 감탄이 절

● AT&T가 해체되고 1996년에 전기통신법이 제정되면서 장거리전화 서비스의 전매가 매력적으로 보였다. 《마스터 스위치》 21장 참조.

로 나올 정도로 솔직하게 자신의 보스에게 물었다. "당신 제정신이오?"[17]

하지만 피트먼과 벌로는 그런 식의 저항을 뚫고 1990년대 후반에 걸쳐 AOL의 사업 모델을 바꾸어놓을 수 있었다. 별도의 도움닫기 없이 시작한 그들은 AOL의 연간 광고 매출을 2000년까지 20억 달러 정도로(AOL 총 매출의 3분의 1 수준으로) 끌어올렸다. 그러한 매출 성장률이 믿기 어려울 정도였다면, 그것은 그렇게 보이도록 신중하게 계획된 것이었다. 다시 말하면, AOL의 진정한 가치가 광고 유치 잠재력에 있다는 이론을 입증하는 것을 주요 목표로 삼은 "프로젝트 컨피던스Project Confidence"라는 내부 계획의 결과였다. 앞에서 주의력 사업가의 길에 위험성이 따른다고 적시한 바 있는데, 그 길이 질적으로나 윤리적으로 타협을 요구할 수도 있기 때문이다. AOL은 5년이라는 그토록 짧은 기간에 걸쳐 거의 필적할 수 없는 방식으로 그 사실을 증명했다.

추후 이루어진 보다 면밀한 조사(일부 조사는 연방법 집행에 의해 수행되었다)에서 밝혀진 바에 따르면, AOL이 새롭게 벌어들인 광고 수익의 대부분은 정통에서 벗어난 지속 불가능한 방법에 기초해 들어오고 있었다. 처음부터 그런 식으로 시작된 것은 아니었다. 초기에 벌로와 피트먼은 전통적인 판매 방식을 시도했다. 그들은 AOL이 최대의 "인터랙티브" 업체였기에 코카콜라나 프록터앤드갬블Procter & Gamble, 제너럴모터스 같은 광고계의 고래들을 낚아 올릴 수 있을 거라고 생각했다. 그러나 응하는 기업이 전혀 없었다. 주요 브랜드의 광고 바이어들은 보수적인 태도로 자주 들어 익숙한 측정 기준을 갖춘 기존 채널들을 선호하는 경향이 있다. 그리고 공정하게 말하면, 당시엔 인터넷 광고의 유효성에 대한 실증적인 증거도 전혀 없었다. 마이클 울프Michael Wolff가 1990년대에 지적한 대로, "인터넷 때문에 미국의 슈퍼마켓 선반에서 사라진 상품은 하나도 없었다. (…) 어떠한 상업적 열풍도 조성되지 않았고, 어떠한 구매 습관도 달라지지 않았다". AOL은 유명했지만, 광고주들이 갈구할 만한 데이터는 별로 갖고 있지 않았다. AOL은 그런 부족한 데이터를 기초로 텔레비전 방송사나 신문 같은 이미 자리 잡은 주의력 사업가들을 상대로 거래를 성사시키고 있었다. 수백만 명의 마음에 접근할 수 있는데도 대부분의 대형 브랜드가 보기에 AOL 광고는 회오리바람 속으로 돈을 내던지는 것처럼 보였다.

좀 더 "상승효과가 있는" 일을 해보자고 결심한 피트먼은 방향을 바꾸었다. 벌로와 데이비드 콜번David Colburn이 이끄는 AOL 광고 사업 팀은 매출 목표에 도달하기 위해 정통성이 떨어지는 접근 방식에 의존하기 시작했는데, 단순히 의심스러운 방식에서 확실히 비윤리적인 방식, 궁극적으로 죄가 되는 방식까지 다양했다.

AOL은 자사 사용자들을 꼼짝없이 자리를 뜰 수 없는 청중으로 취급했고, 이후에 "담장이 쳐진 정원, 즉 폐쇄형 서비스walled garden"로 불리게 된 전략에 따라 표면상 가입자들이 돈을 지불하는 제한된 "콘텐츠"와 "서비스"를, AOL에 돈을 지불하는 기업들의 협찬 콘텐츠와 서비스로 대체했다. 그 결과, 1990년대에 CBS는 AOL에 돈을 내고 스포츠 기사를 제공하는 주요 방송사가 되었고, ABC도 돈을 내고 일반 뉴스를 제공하는 업체가 되었다. 곧이어 1-800-FLOWERS가 꽃 배달 서비스 업체로 지정되었고 계속 이런 기업들이 등장했다.• 그러한 협찬 콘텐츠가 광고의 일종이었는지 여부는 흥미로운 질문이다. 돈 받고 내보내는 뉴스가 편집과 광고를 구분 짓던 그 오래된 경계선을 흐릿하게 만든 것은 확실했지만, 아무도 신경 쓰지 않는 듯

• 이러한 협찬 콘텐츠와 관련해 AOL은 인터넷에서 우세했던 개념인 망 중립성Net Neutrality과 대치되는 시스템을 구축하고 있었다. 장기적으로 보면 그것이 AOL의 또 다른 몰락 이유가 되는데, 궁극적으로 폐쇄형 서비스는 인터넷에서 제공되는 완전한 다양성보다 취약한 방식이었기 때문이다.

보였다. 오히려 피트먼은 그것을 AOL의 정원에 있는 부동산을 임대하는 것에 비유했다. "위치, 위치, 위치" 그가 강조하길 좋아했던 세 단어다.[18]

폐쇄형 서비스는 광고 매출을 예약해놓는 AOL의 첫 번째 좋은 수단으로 드러났다. 그 권리를 판매하던 중에 마이어 벌로가 탁월한 깨달음을 얻으면서 광고 매출 실적은 더 좋아졌다. 아마도 그의 갬블러 본능이 실마리를 잡은 것 같았다. 그는 뮤직 블러바드Music Boulevard라는 회사와 협상할 때, 마지막 순간에 견적서를 찢어버리고 AOL의 요구액을 800만 달러에서 1,600만 달러로 두 배나 올렸다. 놀랍게도 뮤직 블러바드는 여전히 계약을 체결할 준비가 되어 있었다. 그래서 벌로는 다시 1,800만 달러로 요구액을 올리면서 수익에 대한 수수료까지 요구했다. 그래도 문제가 없었다.

벌로는 노다지를 찾아냈다. 그때는 기업공개에 미쳐 있던 1990년대 말이었고, 닷컴 기업들은 AOL과 계약을 맺기 위해서는 뭐든 다 할 기세였다. 잠재 투자자들에게 온라인 공간에 "성공적으로 진입했다"는 사실을 증명함으로써 그 시대의 특징이었던 터무니없는 가치 평가에 대한 지지를 얻기 위해서였다. 따라서 AOL과 계약 조건을 협상하던 임원들은 해당 계약에 각자 수백만 달러에 달하는 개인적 이해관계가 걸려 있었다고 할 수 있었다. 도박 용어로 말하면, AOL은 "너트 핸드nut hand", 즉 질 수 없는 패를 쥐고 있었다. 그렇게 훗날 윌리엄 포브스William Forbes의 표현처럼, "광고 계약을 원하는 인터넷 벤처 업체들에 대한 체계적인 약탈"이 시작되었다.[19]

또 다른 AOL 직원이 지적했듯이, "AOL과 계약을 맺지 못한다는 것은 그들에겐 생사의 문제였다. 정말 터무니없는 상황이 아닐 수 없었다".[20] 결과적으로 AOL은 때로는 (가령 온라인 식료품 서비스 업체로 지정되고자 하는) 동일 업종의 닷컴 기업 두 곳을 상대로 경매에 붙여 뽑을 수 있는 최대한을 뽑아내기도 했다. 그렇게 AOL은 홈그로서닷컴HomeGrocer.com이라는 스타트업으로부터 6,000만 달러라는 놀라운 금액을 얻어냈다. 이 모든 일이 "다 죽여버려"라는 상쾌할 정도로 단도직입적인 내부 슬로건에서 비롯되었다. 팀의 목표는 어떤 계약에서든 협력사의 벤처 펀드에서 적어도 절반은 뽑아내는 것이 되었다.

이 접근 방식의 문제는 그것이 당시 그 순간의 예외적인 상황, 사실은 비상식적인 상황에 의존하고 있었다는 점이다. 또한 그 방식으로 인해 때로 제휴 기업들이 재정난에 빠지는 바람에 빠른 속도로 무너지기 시작하는 일도 발생했다(그 업체들의 빈약한 비즈니스 모델도 기여 요인인 게 확실하지만 말이다). 예를 들면, 뮤직 블러바드는 1999년에 사라져버렸다. 홈그로서도 2001년에 망했다. 담장이 둘러진 그 정원은 AOL이 요구한 높은 임대료 때문에 어린 묘목 같은 거주자들에게 상당히 유해한 곳으로 판명되었다.

페이스북이나 구글이 비슷한 임무를 맡기 여러 해 전에, AOL의 사업 팀은 자신들이 수집한 "빅 데이터", 즉 수백만 명에 이르는 사용자들의 주소, 전화번호, 신용카드 번호 등으로 돈을 버는 방법도 내놓기 시작했다. 담장이 둘러진 그 정원은 이미 태생적으로 기업들에게 사용자와 그들의 일부 정보에 접근 가능한 기회를 부여하고 있었다. 이제 AOL은 예컨대 이메일에 광고를 끼워넣는 것을 허용하기 시작했다(사실상 AOL이 자사의 사용자들에게 스팸 메일을 전송하는 주체가 된 셈이었다). 그러나 아직도 AOL에겐 더욱 대담한 계획이 남아 있었다. AOL은 자사 사용자들의 우편 주소를 디렉트 메일 업체들에 팔아넘겼다. 그리고 텔레마케터 업체들에는 전화번호를 팔 계획이었는데, 뻔뻔하게도 이러한 술책을 회원들에게 이익이 되는 서비스라고 설명했다. 하지만 유감스럽게도(?) 그 계획이 우연히 누설되는 바람에 사용자의 반발을 사면서 텔레마케팅 부분은 중도 포기되었다.

마지막으로, 이런 방법들이 피트먼이 정한 공격적인 목표치를 충족시킬 정도의 매출을 올리지 못하자, 그 사업 팀은 "특별 거래"에 의존하게 되었다. 예를 들면, 다른 이유로 AOL에 빚을 진 돈을 어떻게든 "광고 매출"로 기록하는 방법 등을 동원하는 것이었다. 때로는 이미 매출로 잡힌 예약 광고 계약을 재차 기록하기도 했다. 또 비상시에는 닷컴 스타트업의 "물물교환" 거래를 받아주기도 했는데, 대부분이 무가치한 웹 서비스에 불과했던 그 물물교환을 매출에 포함시켰다. 마지막 수단으로는 기업들에 돈을 주고 광고를 내주는 방법까지 찾아냈다. 분식회계 방법이 수없이 다양한 환경에서, AOL은 그 대부분을 실행할 길을 찾은 듯했다. 이 모든 일은 결국 증권거래위원회Securities and Exchange Commission가 AOL을 "온라인 광고 매출 기록을 인위적으로 그리고 실질적으로 부풀리기 위한" 계획을 고의로 실행했다는 혐의로 고발함으로써 백일하에 드러났다.[21] 그러나 초창기의 임원들 대부분은 이미 자기 돈을 챙겨 달아난 뒤의 일이었다.

한마디로 "프로젝트 컨피던스"는 AOL을 진지한 광고주들이 영향을 미치고 싶어 하는 수백만의 시선을 소유한 막강한 기업처럼 보이게 만들려고 진행한 일종의 신용 사기였다. AOL은 월스트리트 사람들(그들이 특별히 어려운 질문을 던진 게 아니었는데도)에게 충분할 정도로 깊은 인상을 심어주었다. 결과적으로 2000년 AOL의 주식 평가액은 1,600억 달러를 넘어섰다(비교를 위해 제시하자면, 제너럴모터스의 당시 주식 평가액이 560억 달러였다). AOL이 광고에 의존하는 모델로 선회한 조치는 탁월한 전략으로 널리 칭송받았다. 그리고 다시 한 번 피트먼은 "정력적인 마케팅 귀재"와 "시너지 마스터"로 인정받았다.

전성기에 AOL의 가입자가 정말로 3,000만 명 정도였다고 해도(어쩌면 AOL은 이에 대해서도 거짓말을 했을지 모른다), AOL은 자사 가입자들의 주의력이나 관심사를 특별히 훌륭하게 통제하지는 못했다.* 담장이 둘러진 정원, 즉 폐쇄형 서비스 덕분에 AOL이 진짜로 돈을 벌긴 했지만, 그로 인해 AOL이 인터넷에 비해 매력이 떨어진다는 점이 더 빨리 부각된 것도 사실이다. 인터넷의 개방형 설계는 AOL과 정반대였고, 그 무렵 인터넷은 더욱더 다양하게 볼거리와 할 거리를 늘려가고 있었다. 2000년 무렵 이미 많은 사람들이 웹에 접속할 때만 AOL을 이용한 다음, 담장이 둘러진 그 정원에서 벗어남으로써 AOL의 황폐한 광고까지도 피하는 방법에 익숙해지고 있었다. 이것은 2000년대 초 내내 이루어진 AOL의 비참한 내파에 기여한 수많은 숨겨진 약점들 중 일부에 불과했다. 스티븐 레비Steven Levy의 잊기 어려운 묘사에 따르면, AOL은 다른 곳에서 완전하게 기록되는 대폭락에 앞서 이미 "사형대를 향해 걸어가고" 있었다.[22] 이 대목에서는 다음과 같이 말하는 것으로 충분할 듯싶다. AOL은 애초의 구상대로, 콘텐츠를 풍부하게 확보하고 타임워너와 1,640억 달러 가치의 합병을 성사시켰음에도 불구하고 대중적인 개방형 인터넷의 부상과 그 매력 요소들의 기하급수적인 증가로 인해 무의미해지고, 결국엔 몰락하고 말았다.

프로디지도 나을 게 전혀 없었다. 계속 사용자가 줄고 수익 또한 떨어지자, 1990년대 말 원소유주들은 프로디지를 포기하고 프로디지의 당시 경영진에게 2억 달러를 받고 회사를 매각했다(멕시코의 대표적인 전기통신 업체인 텔멕스Telmex가 그 매입 자금의 일부를 제공하며 지분에 참여했다). 이후 회사는 다시 AT&T에 매각되었는데, 거기서 잠시 야후Yahoo!와 공동 브랜드를 만들려고 시도했지만, 결국 그 회사에 대한 이야기를 어디서도 다시는 들을 수

● 《마스터 스위치》 387~388쪽에 다음과 같이 상세히 설명했다. "그러나 2000년 무렵 AOL은 그 자체로 목적지가 아니라 (…) 인터넷에 접근하는 가장 인기 있는 통로일 뿐이었다. AOL은 3,000만 명의 가입자를 자랑할 수는 있었지만, 그들에게 의미 있는 통제력을 행사할 수는 없었다. 일단 온라인에 접속한 사용자는 자신이 원하는 대로 어디든 갈 수 있었다. 인터넷은 어떤 당사자든 양쪽을 연결해주도록 설정되어 있기 때문이었다."

없게 되었다. 하지만 원래의 경영진은 뭔가 대단한 것을 이루어낸 것으로 평가할 수도 있는데, 프로디지가 선구적으로 시도한 모든 아이디어가 결국 다른 곳에서 결실을 맺었기 때문이다. 그들이 개척한, 광고에 의존하는 모델은 AOL뿐 아니라 가장 성공한 인터넷 업체 대부분이 모방한 전략이었다. 그리고 넷플릭스Netflix의 시대가 된 2010년대 중반에는 전문가들에게 돈을 지불하고 온라인 콘텐츠를 제작하는 방식이 전혀 어리석어 보이지 않을 터였다. 마지막으로, 온라인 쇼핑 또한 괜찮은 매출원임이 드러났다. 프로디지의 대가들은 틀린 생각을 한 게 아니었지만, 어쨌든 성공하지는 못했다.

큰 그림으로 보면, 2000년에 접어들며 변화가 생겼다. 그 선물은 이제는 사람들이 알아볼 수 있는 것이었다. 수백만 명의 사람들, 얼마 지나지 않아 수억 명, 다시 수십억 명이 될 그들은 이제 로그인을 하고 이메일을 확인하고 여타의 업무를 처리하거나 모르는 사람들과 채팅을 하며 여가를 보내고 있었다. 전체적으로, 온라인 확인은 매일, 아니 매시간 실행하는 주의력 행사, 우리의 이야기에서 프라임 타임에만 뒤지는 두 번째로 중요한 행사가 되었다. 아직 여러 면에서 원시적이었고 텔레비전의 흡인력과 비슷한 것은 전혀 제공하지 못하고 있었지만, 제3의 스크린인 컴퓨터는 이미 도착해 있었다. 결국 AOL은 왕 중의 왕이 된 기업은 결코 아니었다. 하지만 AOL은 실패를 통해 영원히 지속될 기념비적인 유산을 남겼다. 이름에 걸맞게 아메리카를 온라인으로 만든 것이다. 이제 미국인들은 텔레비전 이후의 가장 큰 주의력 수확을 맞이할 준비를 하며 온라인으로 교류하고 있었다.

The Attention Merchants

PART 4

유명해지는 것의 중요성

미국 가정에 진입한 신기술과 개인의 새로운 사회적 관심에 대한 AOL의 연계는 문화적 맥락과 동떨어져 이루어진 일이 아니었다. 그 어떤 기술의 채택도 문화적 맥락을 벗어나서 이뤄지지는 않는다. 이 경우, 문화적 맥락은 우리가 이 책에서 계속 추적해온 진보의 일부로 볼 수 있다. 사회적 개인의 진보로 말이다. 우리는 주의력 산업이 소비자 집단에서부터 다양한 정체성과 다양하게 구성된 시장 단위로 초점을 이동하는 과정에서 그것을 목도했다.

그러나 주의력 산업이 결국 어디에 이르고 왜 오늘날의 주의력 환경이 이런 모양새를 갖췄는지 이해하려면 개인이 중심이 된 또 다른 현상을 다루어야 한다. 개인이 숭배적 관심의 대상이 된 현상, 즉 신과 같은 존재로 숭배되는 현상이 바로 그것이다.

인간의 주의력에 대한 첫 번째 수확의 주체는 종교였다는 사실을 잊지 말아야 한다. 우상화의 충동은 인간이 세속적 연륜을 쌓는 가운데서도 퇴색하지 않았으며 그저 이상한 신들을 추종하는 쪽으로 변모했을 뿐이다. "유명인 숭배"라는 표현 자체는 과장된 비유로 보일지도 모른다. 그러나 관심의 강도와 기간이 헌신과 여타 동기를 구분하는 기준인 한, 우리가 문화에서 목도해온 것이 신격화와 거리가 멀다고 주장하기는 어려울 것이다. 그럼에도 일신교적인 인식이 우세한 우리 문화에서 유명인에 대한 사람들의 강렬한 관심을 본질적으로 종교적인 것으로 설명하는 개념은 참말로 들리지 않는다. 그러나 유명인의 고대 버전이 영웅이었고 영웅과 신의 경계가 절대적이지 않았다는 사실을 기억하면, 우리의 주의력 산업이 새로운 신전을 창출해냈음을 누가 부인할 수 있겠는가. 앞으로 살펴보겠지만, 주의력 사업가들을 21세기로 이끌어간 것은 그러한 신전의 무한한 팽창이었다.

17

유명인-산업 복합체의 확립

1972년, 잡지 출판사인 타임라이프사Time-Life Inc.는 심각한 문제에 직면했다. 회사의 전설적인 설립자인 헨리 루스Henry Luce가 사망했고, 회사의 두 주력 상품 중 하나인 〈라이프〉지가 1969년 이래로 470만 달러의 적자를 쌓으면서 더 이상 손을 쓰기 힘든 내리막길에 들어섰기 때문이다. 〈라이프〉는 1960년대에 다른 주류 잡지나 전통적인 잡지와 마찬가지로 젊은 층과 "무관해"지면서 고전을 면치 못했다. 이제 〈라이프〉는 주의력 경제 특유의 소멸 형태인, 죽어가는 게 아니라 잊히는 상태를 향해 나아가고 있었다. 〈라이프〉의 본질적인 경박함, 다시 말해 불쾌한 세부 사항은 은근슬쩍 덮고 넘어가는 성향이 1950년대와는 완벽하게 어울렸지만, 인권 운동과 베트남 전쟁, 미국 문화 재편에 관심을 가진 1970년대의 우울한 사람들에게는 모종의 정치 선전처럼 이해되었다. 〈뉴욕〉지는 1971년 그런 상황과 관련해 "그들의 전설적인 판공비처럼, 잘나가던 타임 스타일의 일부를 구성했던 그 뚜렷한 무적의 기운이 사라져버렸다"고 선언했다.[1]

루스의 뒤를 이은 앤드루 하이스켈Andrew Heiskell은 1972년이 끝나기 전에

〈라이프〉를 폐간했다. 〈라이프〉의 황금 시절에 발행인을 맡았던 그였기에 그 결정은 고통스러울 수밖에 없었다. 그러나 아무런 대안을 찾을 수 없었기에 계획대로 진행했고, 〈라이프〉의 500만 가입자들을 날려버리는 대신 다른 대체물을 만들겠다고 마음속으로 맹세했다. “나는 회사의 건강을 회복시켜줄 훌륭하고 원대한 아이디어를 얻고자 계속해서 노력을 기울였다.” “적을 이길 수 없으면 한편이 되라”는 1960년대 텔레비전 방송사와 광고대행사 들의 논리는 〈에스콰이어Esquire〉나 〈롤링스톤Rolling Stone〉같이 진지하지만 히피 성향을 띠는 잡지, 즉 반문화 물결에 편승하는 잡지를 창간하자고 주장했을 것이다. 그러나 하이스켈은 창립자가 애초 갖고 있던 비전과 타임라이프가 초창기에 거둔 성공의 열쇠에 더 가까운 다른 것을 염두에 두고 있었다.

1923년, 스물넷이었던 루스는 경험보다는 허세에 의존하여 〈타임〉을 설립했다. 유행의 첨단을 걷는 젊은이였던 그는 독자들이 재즈 시대의 감성과 더욱 어울리는, 격의 없는 형식의 쾌활한 뉴스를 원한다고 생각했다. 또한 그는 미국인들의 주의 지속 시간이 어느 누구의 인식보다도 짧아졌다고 기꺼이 단언했다. 〈뉴요커〉의 작가 A. J. 리블링A. J. Liebling의 말을 인용하자면, 세로줄 여덟 개 형식의 〈뉴욕타임스〉는 “무색, 무취하고 특히 무미건조했다”.• 그와 대조적으로 〈타임〉은 주간 뉴스를 요약하는 형식을 취했는데, 루스가 1921년의 한 편지에서 밝힌 바에 따르면, “인간의 모든 관심 영역에 관한 모든 뉴스와 정리된 뉴스를 실을 예정이었다. 정치, 서적, 스포츠, 스캔들, 과학, 사회에 관한 기사가 게재될 것이고 어떤 기사도 200단어가 넘지 않을 터였다”. 초창기에 〈타임〉은 매주 100꼭지 이상의 짧은 기사를 실었는

• 리블링은 <뉴욕타임스>의 정치 기사에 대해서도 불평했다. 그는 <타임스>가 “양당의 보수파들과 동시에 육체적 관계를 맺을 수 있는 정치적 자웅동체”라고 지적했다.

데, 400단어가 넘는 기사는 하나도 없었다.

하지만 〈타임〉은 1920년대에 출범한 유일한 뉴스 요약물이 아니었다. 〈타임〉의 궁극적인 성공 비결은 루스의 특이한 통찰력에 있었다. 그는 뉴스가 사람들에 대한 기사, 즉 그 날의 가장 흥미롭고 가장 유명한 사람들에 대한 기사를 통해 전달될 수 있고, 또 그렇게 전달되어야 한다고 믿었다. 루스는 이렇게 설명한 적이 있다. "사람들은 집단에 관심이 없다. 흥분을 유발하는 것은 개인뿐이다." 그래서 유명인을 기초로 사업을 시작했고, 그것을 통해 어마어마한 수익을 올리게 되었다. 그렇다고 해서 그가 그냥 유명한 사람들, 요즘 말로 하면 "단지 유명한 것으로 유명한 사람들"에게 관심을 가졌다는 얘기는 아니다. 그가 생각한 중요한 사람은 큰 권력을 가졌거나 의미 있는 업적을 쌓은 인물이었다. (여성은 〈타임〉에 아주 드물게 등장했고, 표지에는 더더욱 그랬다. 또 다른 예외는 개가 한 번 등장한 일이다.) 역사가인 앨런 브링클리Alan Brinkley가 지적하듯이, "정치인과 기업주, 장군, 그리고 예술 및 연예, 스포츠계의 스타 같은 주요한 유명 인사들이 핵심 상품이었다". 이 철학을 강조하기 위해 〈타임〉은 처음부터 매주 표지에 주목할 만한 사람의 얼굴 사진을 실었고, 가을 늦게 "올해의 인물"을 발표했다. 이 잡지에는 나름의 선호 인물들이 있었다. 브링클리가 세어본 바에 따르면, 20세기 전반기에 스탈린은 열두 번 표지에 등장했고, 루스벨트, 처칠, 프랑코, 무솔리니가 각각 여덟 번,• 히틀러 일곱 번, 장개석 열 번이었다. 그리고 여러 해 동안 〈타임〉은 아무리 사소하고 의미 없는 것이라 해도 대통령이 한 주 동안 행한 일을 충실히 상술했다. 인물에 대한 끈질긴 집중은 뉴스를 다루는 색다른 방법이었지만, 루스는 자신의 혁신을 스스로 깎아내렸다. "사람들에

• <타임>은 창간 첫 10년째에 무솔리니가 "놀라운 자제력, 드문 판단력, 기존 문제의 해결에 아이디어를 효율적으로 적용하는 능력을 지닌 남성미 넘치는 정력적인 남자"라고 황급히 선언했다.

대한 이야기를 이렇게 강조하는 방식을 시작한 건 〈타임〉이 아니다. 성경이 먼저 시작했다." 그의 주장이었다.[2]

하이스켈의 아이디어는 그러한 유래까지 거슬러 올라갔지만, 한 걸음 더 나아갔다. 〈타임〉과 그 파생물의 보도 방식은 인물 위주이긴 했지만, 정치와 스포츠, 예술, 기업 등 분야를 막론하고 늘 진지한 주제를 택해왔다. 하지만 하이스켈은 그 한계를 없앨 생각이었다. 지금은 자명해 보이지만, 1970년대에는 보도 가치라는 겉치레마저 포기하고 유명인과 그들의 생활에 잡지 하나를 통째로 바치는 일은 실로 대담한 조치였다. 그는 자신의 아이디어에 "피플 오브 더 위크People of the Week"라 이름 붙였다. 그 새로운 표제의 담당 편집장 리처드 스톨리Richard Stolley는 훗날 이렇게 설명했다. "많은 미국 잡지들이 인물에 대한 기사에서 손을 뗐다. 그들은 좀 더 이슈 지향적으로 바뀌었다. 우리는 〈피플People〉로 그런 추세를 뒤집고자 했다."[3]

사실 하이스켈의 아이디어는 그가 훗날 주장하는 것처럼 완벽한 혁신은 아니었다. 유명인 전문 잡지는 〈피플〉이 등장하기 오래전부터 있었다. 브로드웨이 스타들과 사회 명사들에 대한 가십과 스캔들을 다루는 삼류 잡지들은 루스가 〈타임〉을 설립하기 전부터 쭉 존재했다. 더욱 근자에는 〈내셔널인콰이어러National Enquirer〉가 "우리는 사실을 말하고 이름을 밝힌다"나 "검열받지 않은 오프더레코드" 등을 표지 헤드라인으로 내걸던 〈컨피덴셜Confidential〉이나 〈허시-허시Hush-Hush〉 같은 이름의 잡지들이 채웠던 틈새시장을 장악하고 있었다. 그러나 이런 출판물들은 진실에 대한 관심 따위는 거의 없이 외설스러운 스토리를 폭로하는 데 전념하는, 상스럽고 값싼 대중지였다. 〈피플〉의 진짜 혁신은 주류 독자를 겨냥해 이 형식을 업그레이드했다는 점이었다.

어느 정도의 품격을 갖춘 새로운 잡지를 운영하기 위해 타임라이프사는 사내 편집자이자 저명한 저널리스트인 스톨리를 책임자로 임명했다. 스톨리는 1950년대에 〈라이프〉에 인권 운동에 대해 보도하면서 명성을 얻었고, 존 F. 케네디John F. Kennedy의 암살 현장을 우연히 촬영한 에이브러햄 재프루더Abraham Zapruder에게 필름을 15만 달러에 타임라이프사에 넘기도록 설득한 것으로도 유명했다. 그러나 이제는 그 모든 것이 진부한 이야기가 되었고, 새로운 사업에 대해 조금이라도 꺼림칙한 게 있었다 하더라도, 그는 결코 속내를 드러내지 않았다. 실제로 그는 그 일에 흥미를 갖고 전념하는 것처럼 보였다. 한 동료는 이렇게 말했다. "그가 말하는 〈피플〉은 절대로 싸구려처럼 들리지 않았다. 사람들이 〈피플〉을 쓰레기라고 생각한다면, 스톨리는 그냥 '그건 당신 생각이고요'라고 말했을 것이다."

스톨리가 임명되기 전에 출간된 시험 발행 호는 〈인콰이어러〉를 따라 하려는 의도를 확인시켜주는 듯했다. 표지에 여느 때처럼 가십거리를 올렸기 때문이다. 1970년대에 악명 높을 정도로 소란스러운 관계로 유명세를 떨친 엘리자베스 테일러Elizabeth Taylor와 리처드 버튼Richard Burton의 결혼 기사가 그것이었다. 타임라이프사 이사회뿐 아니라 포커스 그룹이 보기에도 그 시도는 저질스런 잡지를 목표로 한 것 같았다. 시험 발행 호는 "거슬리는 사진 및 글자체와 함께 지저분한 타블로이드지 분위기를 발산하고 있었다. (…) 심지어 치키타Chiquita 바나나의 캐릭터인 미스 치키타가 가슴을 그대로 드러낸 사진도 실었다". 어느 편집장의 점심시간에 가장 자주 등장한 말은 "지저분하다"와 "싸구려"였다. 훗날 스톨리는 "사창가 잡지"처럼 보였다고 인정했다.[4]

거의 1년이 지난 1974년 3월 4일, 마침내 〈피플〉이 가판대에 등장했다. 창간에 맞춰 발표된 보도 자료에 따르면, "이번 주에 타임사는 이름이 뉴스를 만든다는, 오래전부터 내려오는 저널리즘의 계율에 기초한 새로운 잡지 〈피플〉을 창간함으로써 공동 창업자(헨리 루스)의 생각을 한 걸음 더 진전시켰다". 실제로 스톨리가 이끌게 된 새로운 〈피플〉은 〈타임〉과 비슷해 보였는데, 광택이 나는 종이와 전통적인 글자체, 적당한 크기의 헤드라인들이 그랬다. 창간호 표지는 진주 목걸이를 입에 물고 있는 미아 패로Mia Farrow의 놀랍도록 아름다운 사진으로 장식되었다. 그해에 미아 패로는 영화 〈위대한 개츠비The Great Gatsby〉에서 데이지 뷰캐넌Daisy Buchanan 역으로 주연을 맡았다. 하지만 그 안에 있는 내용에 관해 말하자면, 가십을 다루던 과거의 삼류 잡지와 별반 다를 게 없었다. 마리나 오즈월드Marina Oswald(리 하비Lee Harvey의 미망인)를 다룬 기사는 "마침내 스스로 평안해졌다"는 그녀의 고백을 전하는 내용이었고, "아름다움에 집착하는 패션왕" 스티븐 버로스Stephen Burrows를 다룬 기사와 상당한 재산을 물려받은 상속녀에서 데님 디자이너로 변신한 글로리아 밴더빌트Gloria Vanderbilt가 "마침내 성공한 자신의 네 번째 결혼"에 대해 이야기한 기사도 함께 등장했다.

타임라이프사가 400만 달러를 들이부은 새로운 〈피플〉은 잡지 역사상 가장 큰 규모의 투자에 속했다. 스톨리는 뻔뻔하게 그 콘셉트를 이렇게 설명했다. "이름에는 추상적인 게 따르지 않는다. 사람들이 우리의 모든 주제다." 하지만 〈피플〉에 비판적인 사람들은 그 단순성의 아름다움을 알아주지 않았다. 일례로, 당시 〈뉴욕타임스〉 칼럼니스트로 새로이 이름을 내민 윌리엄 새파이어William Safire는 "누가 사람들을 필요로 하는가?"라는 제목의 논평에서 그 잡지를 "미국 일반 독자들에 대한 모욕"이라고 설명했다.[5]

> 세계에서 가장 유력한 출판 제국이 "20년 후에나 시작될 미국 최초의 주간지"를 창간했을 때, 그 회사 임원들은 스스로에게 물었을 게 분명

하다. 어떻게 해야 잡지 구매자들이 가판대에서 우리의 새 잡지를 거머쥐게 만들 수 있을까? 이 시점에서 어떤 주제가 독자를 확실하게 사로잡을까?

타임 사람들이 선택한 주제를 보면, 그들의 주요 타깃인 유복한 젊은이들의 최대 관심사에 대해 그들이 어떻게 생각하는지 단면적으로 알 수 있었다. 그리고 이러한 주제를 다루는 방식을 통해 〈피플〉 편집자들은 그들이 솔직히 독자들을 어떻게 평가하는지도 알려준다. 그들 눈에 독자들은 출세와 지적 허세에 깊은 관심을 가진, 유행에 민감하고 제정신이 아닌 천박한 사람들이며, 1930년대 홍보 담당자들이 연출한 포즈로 대중 앞에 나선 유명인을 보고 싶어 안달 난 사람들이다. (…) 〈피플〉은 자신들이 선택한 그 저속한 조건 때문에 실패한다. (그들의) 섹스는 섹시하지 않고, 가십은 최신의 것이 아니며, 판촉은 시대에 뒤져 있다. 천박한 수준까지 올리는 데도 많은 노력이 필요하다.

새파이어만 비난의 목소리를 높인 게 아니었다. 타임라이프사 내에서도 실망을 표현하는 목소리가 나왔다. 타임의 한 선임 편집자는 익명으로 〈피플〉을 "천재성이라고는 전혀 없는, 빈곤한 아이디어의 결과물"이며 "시장의 천박함을 활용하도록" 편집된 잡지로 평가했다. 타임의 홍보 담당 부사장 도널드 M. 윌슨Donald M. Wilson은 회고록에 다음과 같이 고백했다. "회사가 내놓은 모든 결과물 중에서 내가 남들 모르게 유일하게 개탄한 것은 〈피플〉이었다. 나는 처음부터 〈피플〉이 싫었다. 다른 많은 저널리스트들과 마찬가지로, 나 역시 〈피플〉이 타임사에 어울리지 않는다고 생각했다. 그러나 회사의 홍보 담당 책임자였던 나는 그것이 성공할 수 있도록 최선을 다해 지원하지 않을 수 없었다." 한 주의력 사업가의 양심 고백이다![6]

물론 〈피플〉은 엄청난 성공을 거두었다. 창간호는 거의 100만 부가 판매되었는데, 마릴린 먼로Marilyn Monroe가 표지에 등장하여 독자들에게 손을 흔들며 더 많은 것을 약속한 1953년의 〈플레이보이〉 창간지만이 상대가 될 정도의 데뷔였다. 루스와 마찬가지로 하이스켈 역시 적은 돈을 거는 실수를 저지르지 않았다. 〈피플〉이 일시적인 유행에 그치지 않았기에 하는 말이다. 1960년대 말부터 1970년대 초까지의 시기가 진지함을 포기하지 않으면서 어느 정도 해방을 이루는 데 성공했다면, 〈피플〉의 창간 무렵에는 그 진지함이 시들해지기 시작했고 해방은 관대한 탐닉의 분위기 속에서 방종으로 이어졌다. 그 같은 상황은 CBS의 〈60분〉이 〈미녀 삼총사Charlie's Angels〉 등의 "지글 텔레비전jiggle television(여성의 육체를 볼거리로 내세운 프로그램-옮긴이)"과 어깨를 나란히 하던 방송계에서도 그대로 나타났다. 따라서 1976년부터 1980년까지 〈피플〉의 수익이 네 배 이상으로 늘어나며 미국의 어떤 잡지보다도 많은 유료 독자를 확보했다는 사실은 절대 놀랍지 않다. 1991년 무렵 〈피플〉은 세계에서 가장 수익성이 높은 잡지였고, 그래서 금전적 가치가 가장 높았다. 〈피플〉은 그때 이후로 지금까지 계속 그 상태를 유지해오고 있다. (2010년대에 〈피플〉의 전면 광고비는 약 35만 달러에 달한 데 비해, 〈하퍼스〉는 1만 2,000달러에 불과했고, 〈뉴욕타임스〉의 경우엔 16만 달러였다.)[7]

신랄한 기자로서의 일면을 감추고 있던 스톨리는 이제 저널리스트로서의 통찰력을 매주 표지를 정하는 데 집중시키고 있었다. 표지는 〈피플〉의 매력에서 주요한 부분이었고 가판대 판매를 결정하는 중요한 요인이었다. 시간이 지나면서 그는 몇 가지 규칙을 고안하게 되었다. 첫째, 표지에 등장하려면 "미국 사람들 중 80퍼센트가 그 얼굴을 알아볼 수 있어야 했다". 둘째, "그 인물에게 독자들이 알고 싶어 하는 특별한 무언가가 있어야 했다". 그 다음 것들은 위계의 문제였는데, 무자비한 다원주의에 가까운 규칙이었다.

젊은 사람이 나이 든 사람보다 낫고.

예쁜 사람이 못생긴 사람보다 낫고.

부자가 가난한 사람보다 낫고.

텔레비전이 음악보다 낫고.

음악이 영화보다 낫고.

영화가 스포츠보다 낫다.

그리고 어떤 것도 정치보다는 낫다.

〈피플〉이나 타임라이프사에 있는 사람들 중에 유명인에 대한 기사가 그토록 많은 독자를 사로잡은 이유를 정확히 이해한 사람은 없었다. 그냥 그런 기사들이 그렇게 한 것으로 충분했다. 그리고 수십 년에 걸쳐 학계나 유사 학계가 그 이유를 주제로 많은 글을 써왔음에도 불구하고, 유명인들이 인간의 주의력을 그토록 강력하게 사로잡는 이유, 다시 말하면 그토록 많은 사람들이 영화나 텔레비전으로 봤을 뿐인 사람들의 삶에 관심을 갖는 이유가 무엇인지 완전히 만족스러운 대답을 내놓은 경우는 없다. 그 사람들은 "우리 삶에 중요한 영향을 전혀 미치지 않으며 여러 면에서 그저 우리와 비슷한 사람일 뿐"인데 말이다.[8]

스스로 유명인에게 특별한 관심이 없다고 생각하더라도, 우리는 정보의 삼투현상 같은 것을 통해 모르는 사람이지만 유명한 사람들을 수백 명이나 알아볼 수 있으며 그들에 대한 몇 가지 기본적인 사실들을 상세히 말할 수 있을 가능성이 높다. 그들이 어떻게 당신 마음속으로 들어오는 길을 찾았는지, 당신은 정말 모를 수도 있다. 가끔은 자신도 모르게 정신적 주입의 피해자가 된 것 같은 느낌이 들 수도 있다. 맷 데이먼Matt Damon이나 안젤리나 졸리Angelina Jolie, 레오나르도 디카프리오Leonardo DiCaprio가 유명한 배우임을 분간해내기 위해서 그들의 팬이 되어야 할 필요는 없다. 그들은 당신이 한 번도 방문해보지 않은 주요 도시의 이름을 알게 된 경우와 똑같은 방식으로 당신에게 알려졌으니까. 그리고 그것은 이 시대의 주의력 경제에 참여하는 평범한 사람을 설명하는 것이 되었다. 많은 사람들이 좀 더 적극적으로 관심을 갖고, 외모와 이름으로 수천 명의 모르는 사람들을 기억하고, 개인에 관한 사실들과 연애사가 담긴 진정한 기억 궁전을 자신의 머릿속에 지어놓는다. 중세의 예수회 사람들을 무안하게 만들기에 충분한 시냅스 투자인 셈이다.

완전히 싫증 난 유명인의 경우만 제외하고, 유명인을 만났을 때 생기는 신체상의 흥분, 즉 "인기 스타에 완전히 반한 느낌"도 부인할 수는 없다. 아주 유명한 사람을 봤거나 만났을 때의 순간을 회상해보면, 갑자기 심장이 더 빨리 뛰는 것 같은 느낌과 사진을 찍고 싶다는 충동, 그 순간이 어쨌든 중요하다는 감정을 가졌음을 알 수 있다. 그 순간, 시간이 그대로 멈춘 것 같은 생각이 들 수 있고, 그래서 그 즉시 무언가를 뚫고 약간 다른 영역 같아 보이는 곳에 도달한 듯한 느낌이 들 수도 있다. 스칼렛 요한슨Scarlett Johnasson이나 버락 오바마Barack Obama 혹은 당신을 비롯한 많은 사람들이 멀리서만 아는 어떤 중요한 사람을 만난다 치자. 화면에서 봐서 낯익지만 대개는 3차원으로 변형된 그 얼굴이, 진짜 살아 있는 사람의 모습을 한 그 우상이 갑자기 당신 앞에 나타나면, 그 순간 전형적인 신경 체계에 무슨 일인가가 일어난다는 사실을 부인하기는 어렵다.

이러한 감정이 강하게 느껴진다는 사실은 현대의 유명인 문화를 더 오래된 숭배 전통에 자주 결부 짓는 한 가지 이유가 된다. 평범을 초월하여 잠시나마 무한의 상태를 경험할 수 있다는 그 황홀한 가능성이 결코 20세기에 시작된 것이 아니라 거의 모든 영적 전통에서 나타난 보편적 열망이기 때문이다. 역사가인 캐런 암스트롱Karen Armstrong은 그것을 "비범한 것"에 연결되고자 하는 모든 인간의 "본질적인 열망"이라고 설명한다. "그것이 우리의 내면을 건드리고 잠시나마 스스로를 초월하는 곳으로 끌어 올려주기 때문에 우리가 평소보다 훨씬 더 완벽하게 살며 생의 더 깊은 흐름과 접촉하는 느낌을 받는 것 같다." 먼 옛날부터 세속의 조건을 그렇게 초월하는 존재는 영웅이나 반신반인, 성인聖人 등, 지위는 높지만 어쨌든 다가갈 수는 있어서 우리에게 다른 영역을 약간이라도 맛보게 해주는 사람들과 동일시되어왔다. 한때는 왕족에게도 해당하는 얘기였다(일부 지역에서는 여전히 그러하다).[9]

그렇다면 현대에 특별한 것은 그러한 사람들의 존재가 아니라 그들과 영적 교감을 느끼고 싶다는 요구와 그들을 (문자 그대로) 우상화하겠다는 의지에 기초한 하나의 산업, 즉 무언가에 빠진 사람들의 주의를 포획해내는 능력을 현금화하는 산업을 만들어낸 발상이다.

어쩌면 이것은 사회학자인 크리스 로젝Chris Rojek이 내세운 이론처럼 "쇠퇴해가는 종교와 마법에 대한 세속 사회의 응수일지 모른다. 우러러볼 성인이나 신이 없는 상황에서 서양 사회의 많은 사람들의 경우 그 빈 공간이 유명인 문화에 의해 채워지고 있는 것이다". 물론, 이러한 주장으로 유명인 문화가 사실상의 종교라고 말하기는 힘들다. 유명인 관습이 규범이 되려는 우울한 경향을 갖고는 있지만, 〈피플〉과 여타의 유명인 신전들은 우주기원론이나 윤리적 가르침을 제공하는 것을 목표로 하지는 않는다. 여기서 중요한 것은 종교적 경험의 신경학적 기초가 무엇이든, 그 경험과 같은 메커니즘을 가진 어떤 게 가장 유명한 사람들의 존재, 그리고 특히 그 사람들이 가까이 있다는 것에 의해 활성화되는 듯 보인다는 사실일 뿐이다. 이는 또한 일부 사람들이 유명인 문화를 왜 그토록 끔찍하게 여기는지 설명할 수도 있다. 우상숭배에 대한 해묵은 혐오감, 즉 모세가 황금 송아지를 불태운 뒤 가루로 갈아 물 위에 뿌린 다음 백성들에게 마시게 하며 느낀 그 분노와 비슷한, 조상 대대로 내려오는 감정적 반응을 유발하기 때문이다.[10]

대중문화의 시대에 산업은 늘 유명인의 영향력을 이용하려고 했다. 스튜디오 시스템studio system(1920년대부터 1950년대 초반까지 할리우드 스튜디오들이 이용한 대규모 영화 제작 방식-옮긴이)이 등장하면서 영화계 스타들은 사실은 별 볼 일 없는 상품에 청중을 끌어들이는 능력을 키우도록 양성되었고, 오늘날의 자유 계약 시스템에서도 그들은 여전히 그러하다. 우리가 최초의 화면이라 부른 그것(은막)에 스타들이 처음 나타났을 때부터 유명인을 실제 모습대로 보여주면 마음을 뒤흔드는 효과를 내는 게 분명해졌다. 비평가인 롤랑 바르트Roland Barthes는 〈가르보의 얼굴The Face of Garbo〉이라는 시론에서 그레타 가르보Greta Garbo의 우상적 이미지가 유발하는 경외감을 설명했다. 또한 그는 세상을 떠난 발렌티노Rudolph Valentino로 인해 어떻게 팬들이 자살에 이르렀는지도 언급했다. 그러나 그 반응이 그렇게까지 열광적이거나 충격적일 필요는 없다. 실제로 그 감동은 훗날 존경보다는 친밀감의 표시가 되었다.

1956년 도널드 호튼Donald Horton과 리처드 볼Richard Wohl이라는 두 심리학자는 텔레비전에서 모종의 의도를 갖고 유명인들을 보여주는 방식을 신중하게 구성한다고 결론 내렸다. 그 의도는 바로 "친하다는 착각"을 유발하는 것, 다시 말하면 시청자로 하여금 자신이 텔레비전 속의 그 유명인과 실제로 어떤 관계를 형성해가고 있다고 믿도록 만드는 것이었다. 버라이어티쇼뿐 아니라 토크쇼들도 특유의 기법으로 그러한 효과를 창출했다. 잡담에 의존하고 친밀한 호칭을 사용하고 근접 촬영하는 방법 등으로 청중과 유명인 게스트 간의 간격을 메우면서 시청자들에게 "친한 친구 중 한 사람"이라는 의식을 불러일으켰다. 두 심리학자는 이 "원거리 친밀감"을 설명하기 위해 "준準사교적 상호작용"이란 표현을 만들어냈다.[11]

결국 많은 사람들에게 유명인은 그들 주위에 구축된 주의력 환경의 일부가 되었고, 그럼으로써 사람들은 자신과 비슷하게 생겼지만 초월적 위치에 있는 그 매력적인 창조물들이 거주하는 다른 세계를 정기적으로 훔쳐볼 수 있었다. 물론 그러한 대중의 신들은 아브라함의 신이나 그의 성인들과는 전혀 다르다. 그 신들은 불현듯 분노나 앙심을 표출하고 시도 때도 없이 사소한 질투나 당황스러운 무절제를 보여주던 과거의 이교도 신들에 더욱 가깝다. 그러나 이런 면모는 그들이 접근하기 쉬운 존재라는 착각을 키우는 데 도움이 될 뿐이며, 적어도 상업적으로는 그들을 따르지 않을 수 없게 만든다.

〈피플〉이 성공을 거둔 1970년대 전반에 걸쳐 편집자들은 독자들이 아니라 그들이 보도하고 있는 인물들에 대해 중요한 사실을 하나 밝혀냈다. 과거엔 가능한 한 자신의 사생활을 사람들에게 공개하지 않는 것이 부자와 유력자들의 목표인 것으로 이해되었다. 물론 엘리자베스 테일러 같은 예외도 있긴 했다. 극적일 정도로 반복된 그녀의 결혼과 이혼은 그 어느 스타의 사생활보다 더 요란하게 세상에 알려졌지만, 대부분의 유명인들은 사생활 공개를 좋아하지 않거나 어쩔 수 없이 공개하는 입장이었다. 그런데 〈피플〉의 시대에는 그 점이 달라지고 있었다.

당연히 리처드 스톨리는 그 사실을 알아챘다. "우리는 뉴스에 나오는 사람들이 자신들에 대한 이야기를 우리에게 기꺼이 털어놓고 싶어 한다는 사실을 알게 되었다. 그들은 자신의 성생활이나 가족, 종교 같은 여러 가지 개인적인 일에 대해서도 이야기한다. 몇 년 전이었다면 꺼내지도 못했을 얘기들을 털어놓는다." 어쩌면 〈피플〉이 고급 잡지이기 때문이었을 수도, 혹은 〈인콰이어러〉가 아니라 타임라이프가 발행인이라는 사실 때문이었을 수도 있다. 이유가 무엇이든, 〈피플〉은 유명인들이 자기 자신과 가족들에 대한 소소한 이야기들을 기꺼이 털어놓는 경향이 점차 늘고 있다는 사실을 발견했다. 한때는 모두가, 유명인들은 특히, 빈틈없이 보호하려 했던 이야기였는데 말이다. 이제부터는 정말 묻기만 하면 됐다.

지금은 너무나도 자명해 보이지만, 당시에 분명해지던 것은 유명인들이 자력으로 주의력 사업가가 되어가고 있다는 사실이었다. 그들은 인기가 단지 자신들이 한 행위의 부산물에 그치지 않는다는 사실을 깨닫고 있었다. 이제 인기는 그들이 직업인으로서 가진 자산이었다. 그리고 1920년대에는 유명인들의 보증 광고가 유행이었던 것과 달리, 1970년대에는 그 어느 때보다도 유명인들이 자신의 고객 유인력drawing power을 활용하기 시작했다. 때는 도일데인번바크Doyle Dane Bernbach라는 대담한 광고사가 만든 폴라로이드Polaroid의 혁신적인 캠페인이 등장한 시기였다. 당시 최첨단 기술 회사로서 카메라를 만들던 폴라로이드는 제임스 가너James Garner와 캔디스 버겐Candice Bergen, 앨런 알다Alan Alda, 머펫츠the Muppets를 비롯하여 가장 유명하게는 셰익스피어 영화의 대배우인 로렌스 올리비에 경Sir Laurence Oliver 같은 스타들이 등장하는 스폿spot광고를 줄줄이 선보였다. 2년 뒤 테드베이츠Ted Bates라는 광고대행사는 버팔로 빌스Buffalo Bills의 스타 러닝백, O. J. 심슨Simpson을 허츠 렌터카Hertz Rent-a-Car 캠페인에 활용하면서 운동선수들의 보증 광고의 물꼬를 텄다.

결국 가장 성공한 배우들은 연기를 넘어 자신들이 끌어들일 수 있는 청중을 되팔기 시작하는 사람들이 되었다. 하지만 그 과정에서 그들은 자신들이 다른 유명인과 치열한 경쟁을 하고 있음을 깨달았고, 그 결과로 진정한 의미의 노출 경쟁이 발생하게 되었다. 물론 그들 중 일부는 아주 유명해서 더 많은 주의를 모으는 것이 불필요하기도 했다. 그러나 성공 가능성으로 볼 때 다소 안정적이지 않은 유명인들에게는 거북해하는 모습이나 개인적인 결점을 드러내거나 레드카펫에 정장이 아닌 차림새로 등장하거나 때로는 더욱더 극단적인 자기 과시벽을 보여주는 것이 제로섬 게임에서 경쟁자들을 물리치는 비결이 되었다. 〈피플〉이 궁극적으로 만들어낸 것은 여전히 저속함에도 못 미치는 자기현시나 고상한 주류 세력을 겨냥한 일종의 자기과시를 통해 주의를 끌어들이는 기반이었다. 팬들은 결코 질리는 일이 없기 때문에, 〈피플〉과 유명인 주의력 사업가들 모두, 새로운 고백 문화로부터 계속 무언가를 얻어냈다. 일단 바닥을 향한 경쟁이 시작하자, 과거의 상태로 돌아가는 것은 거의 불가능했다. 이런 새로운 환경에서 이제 유명인이 된다는 건 모든 것을 털어놓는다는 바를 의미했다. 그렇지 않으면 결과를 직시해야 했다.

〈피플〉은 그 자체로도 중요했지만, 직간접적으로 유발한 결과 때문에도 중요했다. 아니나 다를까 수익은 모방자를 끌어들였다. 1977년에는 뉴욕타임스컴퍼니마저도 〈피플〉을 제대로 베낀 〈유에스위클리Us Weekly〉를 창간하고 말았다. 텔레비전 같은 다른 미디어도 당연히 그 뒤를 따랐는데, 〈엔터테인먼트투나잇Entertainment Tonight〉 같은 프로그램이 대표적이었다. 그러나 그보다 더 큰 영향은 더 미묘하고 덜 눈에 띄었다. 이제 어떤 플랫폼이 발명되든 관계없이, 유명인은 주의력 사업가의 미끼가 되어 교묘하게 개발된 콘텐츠보다도 더욱 믿음직한 매력을 무한히 발산하게 되었다. 유명인 활용이나 유명인 문화의 시작은 아니었을지라도 〈피플〉은 둘 모두의 전환점이었다. 앞으로 살펴보겠지만, 〈피플〉은 유명해질 것으로 기대할 아무런 합리적인 근거가 없는 많은 사람들의 삶을 포함하여 전체 주류 집단에서 "유명인화celebrification"를 촉발하는 시발점이 되었다. 이 현상을 기술을 통한 보다 나은 삶에 대한 약속을 이행하는 것으로 경험하는 사람들이 있는가 하면, 19세기 싸구려 대중지에 의해 시작된 바닥을 향한 경쟁의 논리적 극단으로 경험하는 사람들도 있게 된다.

18

오프라 모델

1982년, 당시 유명한 영화 평론가이자 방송계의 저명인사였던 로저 에버트Roger Ebert는 볼티모어 지역 텔레비전의 아침 프로에 게스트로 출연했다. 프로그램 진행자는 오프라 윈프리Oprah Winfrey라는 무명의 젊은 여성이었다. 훗날 그의 회상에 따르면, 그녀는 재능은 있어 보였지만 형편없는 출연자들 때문에 힘들어하고 있었다. "그 프로그램의 게스트는 채식주의 요리사와 다람쥐처럼 옷을 입은 네 명의 난쟁이들이었다." 그의 전언에 따르면, 그 난쟁이 네 명은 훌라후프를 돌리면서 칩멍크 크리스마스 노래를 불렀다.[1]

오프라가 〈AM 시카고〉라는 토크쇼 진행을 맡으며 고향으로 돌아간 후, 그녀에게 살짝 반한 에버트가 오프라에게 데이트를 청했다. 평일 오전 9시에 방송하던 그 프로는 같은 시간대의 〈필 도나휴 쇼The Phil Donahue Show〉와 치열한 경쟁을 벌이고 있었다. 필 도나휴는 적어도 토크쇼 진행자치고는 진지했고 인기도 많았다. 그러나 오프라는 더욱 충격적인 내용으로 주의를 훔쳐오는 아주 오래된 전략에 의존해야 했다. 그녀는 나체주의자들(그들은 당연히 나체로 프로그램에 나왔다), KKK단(제대로 복장을 갖추고 나타났다)과 출연 계약을 맺었다. 그리고 "성기의 크기가 중요한가?"라는 문제를 다룬 방송에서 오프라는 다음과 같은 인상적인 선언을 했다. "선택할 수 있다면, 큰 게 좋을 겁니다. 친정으로 큰 사람을 데려가세요!" 충격적이긴 했어도 얼마 지나지 않아 그녀의 프로는 시카고 최고의 토크쇼로 자리 잡았다.[2]

에버트는 오프라와 만난 날 그녀를 햄버거 햄릿이라는 곳에 데려갔다. 그러고는 그녀에게 일방적인 충고를 건넸다. 본인도 그렇게 시작해서인지 그는 그녀에게 방송사를 떠나 자신의 방송 운명을 스스로 책임져보라고 제안했다. 오프라는 에버트와 계속 만남을 이어가지는 않았지만, 그의 충고는 받아들였다. 그녀는 주의력 산업에 존재하던 거의 모든 구속을 거부할 수 있을 정도의 독립을 이뤄냈다. 자신의 토크쇼에 대한 소유권을 갖고 텔레비전 방송사에 직접 프로그램을 팔기로 결정한 것이다. 사실상 NBC와 CBS 같은 방송사들의 경쟁자가 된 셈이었다. 그녀는 1972년 텔레비전에 대한 방송사들의 통제력을 약화시킬 목적으로 제정된 연방법의 수혜자가 되었다. 이 법은 부분적으로 리처드 닉슨 대통령이 선호하던 방송사들에 맞선 진보 세력의 반발이었다.[3] 그녀는 주의를 끄는 자신의 입증된 능력이면 충분히 광고주들에게 자신을 알리고 결국 자기 프로그램을 방송사에 팔 수 있다는 판단에 판돈을 걸었다.

그리고 그 도박은 성공했다. 1986년에 첫 선을 보인 그녀의 토크쇼는 당시 시청자들이 원하던, 감정에 호소하는 고백 스타일에 의존했고, 거기에 오프라가 가진 매력적인 페르소나가 더해졌다. 그녀는 〈AM 시카고〉의 아주 야하고 충격적인 요소들을 현명하게 순화하면서 존경할 만한 태도를 다루는 쪽으로 방향을 선회했고, 그 결과 훨씬 더 많은 시청자를 확보할 수 있었다. CBS가 1930년대에 라디오를 점잖은 방송으로 만들었고 〈피플〉이 가십 저널리즘을 품위 있게 바꿔놓은 경우와 비슷했다. 이제 화려한 볼

거리에도 원칙이 따라붙었다. 한 비평가가 지적한 대로, 그녀는 "직업인으로서 자신의 선택과 페르소나, 스타일을 도덕적인 것들로 묘사하고 자신의 청중과 함께 일종의 '도덕적 책무'를 실천했다".[4] 〈피플〉과 마찬가지로 그녀도 조건이 맞으면 모든 사람들이 자신의 심중을 털어놓길 좋아한다는 사실을 깨달았다. 그러나 그녀의 이기는 내기는 그녀에게만 확실하게 보였다. 1988년에 〈타임〉은 다음과 같이 소개했다.

> 오프라 윈프리가 그토록 빨리 가장 인기 있는 토크쇼 진행자가 되리라고 확신한 사람은 거의 없었다. 백인 남자들이 지배하는 분야에서 그녀는 몸매가 통통한 흑인 여성이다. (…) 그러나 저널리스트로서의 강인함은 부족하다고 해도, 그녀는 솔직하게 궁금한 것을 묻고 맛깔스러운 유머를 동원하고 무엇보다도 상대에게 공감하는 능력으로 그 부족함을 메운다. 슬픈 얘깃거리를 가진 게스트들은 쉽게 오프라의 눈물샘을 자극한다. (…) 결국 게스트들은 상상 속에서조차, 전국의 텔레비전 시청자들은 말할 것도 없고, 어느 누구에게도 말하지 않으려 했던 내용을 털어놓는다. 그녀의 토크쇼는 집단 치료 시간이다.[5]

당시에도 오프라의 야망이 어느 정도로 컸는지는 분명했다. 그녀는 〈스파이〉지에 "서른둘이 되면 내가 백만장자가 되어 있을 거라는 걸 알고 있었어요"라고 말했다.[6] 〈스파이〉지 기자는 자신의 행운을 믿을 수 없었다. "그녀는 나와 만난 지 한 시간 만에 이렇게 이야기했다. 그리고 두 시간이 되자 결의에 찬 모습으로 '나는 반드시 미국에서 가장 돈 많은 흑인 여성이 될 거예요. 거물이 될 생각이죠'라고 덧붙였다." 초창기에 그녀의 분명한 야망은 상당히 날카로운 비난을 초래했다. 〈뉴욕타임스매거진〉이 "오프라 되기의 중요성"이라는 제목으로 실은 표지 기사는 그녀의 토크쇼가 인기 있는 이유를 백인 시청자들이 그 프로를 보고 자신에 대해 더 기분 좋게 느낄 수 있기 때문이라고 평가했다. 그 기사는 더 나아가 그녀의 시청자들까지 실패자로 조롱하며 그 "외롭고 무식한" 사람들은 "그들이 친구라 부르는 거실 화면의 그 반짝거리는 존재로부터 삶의 자양분을 얻는다"고 지적했다.[7]

그런 비난은 오프라가 (특히 그녀의 핵심적인 지지층인 50대 이후의 여성들로부터) 격한 찬사를 받는 데 전혀 방해가 되지 않았다. 도대체 그녀의 시청자들은 무엇 때문에 그토록 그녀를 사랑했을까? 오프라는 게스트의 마음을 여는 재능을 지닌 명석하고 유창한 대화자이다. 하지만 그녀의 매력은 거기서 그치지 않는다. 팬들은 그녀가 "진실하고 솔직한" 사람이라고 생각하며, "그녀를 신뢰한다"고, 힘든 어린 시절을 극복한 그녀를 존경한다고 말한다. (그녀는 마약 복용을 비롯해 어릴 적 불우한 환경에서 저지른 비행을 숨김없이 털어놓았다.) 그녀의 한 팬은 "오프라는 연인같이 좋은 사람이다. 그녀는 그렇게 돈이 많고 영향력이 큰 데도 사랑과 존중으로 사람들을 대한다"라고 썼다.

여성 명사이자 1인 주의력 사업가로서 오프라가 거둔 성공은 1980년대 후반부터 1990년대까지 모방자들을 끌어들이기에 충분히 눈부셨다. 그 모방자들은 주로 독특한 개성에 의존하여 (대개는 틈새시장인) 자신들의 독립 사업에 청중을 끌어들였다. 1987년에는 전직 ABC 진행자 제랄도 리베라Geraldo Rivera가 초창기의 오프라가 도나휴로부터 주의를 빼어오기 위해 사용했던 주제들(예컨대, "레이스 팬티를 입는 남자와 그런 남자들을 사랑하는 여자들")로 저급한 대중을 겨냥하며 오프라의 쇼와 경쟁하기 시작했다. 그는 두 번째 시즌 중에 백인 우월주의자, 인종차별에 반대하는 스킨헤드족, 흑인 사회운동가, 유대인 사회운동가 등이 토론자로 나와 불안하게 섞여 있다가 갑자기 패싸움을 벌인 이후로 전 국민의 주의를 끌어모으는 데 성공했다. 리베라 본인도 그 난투극에 가담해 주먹을 날리다가 코뼈가 부러지는 부상을 당했는데, 그는 난투극 이후 몇 주 동안 그 부러진 코를 눈에 띄게 드러냈다.[8]

원래 라디오계의 명사였던 하워드 스턴Howard Stern도 1990년대에 자신의 텔레비전 프로그램을 시작했다. 그는 금기시되는 불쾌한 주제를 집중적으로 다루며 전국의 청중을 확보했다. 그는 라디오와 텔레비전, 베스트셀러를 플랫폼으로 삼는 자신이 "모든 미디어의 왕"이라고 주장했다. 한편, 그러한 타블로이드 형식("기괴한 쇼"로도 묘사된)은 리베라뿐 아니라 전직 정치인인 제리 스프링거Jerry Springer까지 먹여 살릴 정도로 인기가 높았다. 제리 스프링거의 토크쇼는 근친상간 같은 주제들을 집중적으로 다루었고 그의 장기는 방송 중에 게스트들끼리 극적으로 대립하게 만드는 것이었다. 그 외 〈리키 레이크Ricki Lake 쇼〉나 〈제니 존스Jenny Jones 쇼〉, 〈샐리 제시 라파엘Sally Jessy Raphael〉 같은 프로그램들은 한 비평가의 표현을 빌리자면, "집단 관음증이라는 위험도가 낮은 전략"에 의존했다.[9]

그렇게 더욱 충격적인 내용을 다루는 새로운 경쟁 프로그램이 속출했는데도 오프라의 토크쇼는 원래의 청중을 그대로 유지했다. 학계와 저널리스트들은 오프라의 청중이 그녀에게 그토록 친밀감을 느끼는 이유를 설명하기 위해 엄청나게 많은 글을 발표했다. 일례로, 로리 하그Laurie Haag는 스스로 "걸 토크girl talk"라 이름 붙인 오프라의 소통 스타일 때문이라고 설명한다. 상대에게 힘이 되도록 세심하게 들어주며, 자신이 들은 얘기에 진정으로 마음속에서 우러나오는 반응을 보여준다는 것이다. "그녀는 상황에 따라 콧방귀를 뀌거나 신음을 내거나 소리 내어 웃거나 울음을 터뜨리면서 집에 있는 시청자들을 똑같이 따라 하게 만든다." 그녀가 자기 인생에 대해 "용기 있게" 털어놓았다는 사실을 높게 평가하는 사람들도 있다. 린다 케이 Linda Kay는 "오프라가 다른 토크쇼 진행자들과 가장 다른 점은 두려움 없이 자기 자신을 드러내는 능력이다"라고 말한다.[10]

그러나 부인할 수 없는 그 모든 재능과 능력, 매력 외에도 그녀의 특장은 여타의 낮 시간대 방송에서는 볼 수 없는 독특한 무언가를 제공한다는 데 있었다. 그것은 바로 전통적으로 조직화된 종교와 영성에 의해 채워지던 갈망을 충족시키는 양식糧食이었다. 그녀의 프로그램은 속죄의 고백이나 고난, 정의의 이상, 현세에서의 구원 약속을 매일 적정량 제공해주었다.

〈오프라 윈프리 쇼〉의 홍보 문구도 그 프로의 영적인 목적을 설명하는 것을 피하지 않았다. 그 프로그램은 "사람들의 인생을 바꾸기 위해, 시청자들이 자기 자신을 다르게 보게 만들기 위해, 그리고 모든 가정에 행복과 성취감을 안겨주기 위해" 만들어졌다.[11] 그리고 오프라 본인도 가끔 자신의 일을 종교적 사명이라고 설명했다. "나는 하나님의 도구다. 나는 하나님의 전령이다. 내 프로그램은 나의 목회 활동이다."[12]

오프라의 말을 있는 그대로 받아들여서 그녀의 일을 목회 활동으로 생각한다면, 20세기 말의 그것은 규모나 영향력 면에서 사실상 경쟁 상대가 없을 정도로 대단했다. 일반적으로 오프라의 가르침은 고통 받는 사람들에 대한 사랑, 인간의 나약함, 분투하는 삶, 죄를 고백하고 속죄받기 위해 지속적으로 노력을 쏟는 일의 가치 등을 강조하는 기독교적 존재관을 따랐다. 그녀는 또한 20세기에 부상한 개념들도 강조했는데, 일테면 자부심과 자존감, 긍정적인 사고, 스스로에게 잘 대해주는 태도 등의 중요성이었다. "최고의 삶을 살아라"가 오프라 쇼의 모토 중 하나였다.

그러나 한 가지 중요한 측면에서 오프라의 가르침은 물질 만능주의의 정신적 위험을 변함없이 경고하는 기독교•를 비롯한 전통적인 종교들과 확연히 다른 경향이 있었다. 개인의 발전을 위해 오프라 쇼가 내린 처방에는 늘 자아실현과 자기 보상의 수단으로 소비를 포함했다. 수전 맥키칼리스Susan Mackey-Kallis는 "그녀에게 변신은 자부심과 소비 수준의 변화"라고 지적했다.[13] 그녀는 시청자들에게 갖고 싶은 걸 구매하는 행위로 스스로에게 잘해주라고 격려했다("당신 자신에게 사랑을 보여줘"). 그리고 프로그램 자체의 설계 과정에서 상업이 늘 뻔뻔스럽게 중심을 차지했다. 오프라가 사업체를 운영하고 있었기 때문이기도 했고 영적 성장과 소비를 서로 갈등 관계에 놓지 않고 신학적으로 연결했기 때문이기도 했다. 오프라의 위대한 혁신은 거대한 신앙이 오래전에 보여주었던 주의력 확보의 잠재력을 방송사의 프로그램 편성 기능, 그리고 그녀의 유명세가 지닌 대중 흡인력과 합쳐놓았다는 것이다. 어떠한 주의력 사업가의 기준에서 봐도, 그것은 광고주들이 강력하게 끌릴 수밖에 없는 제의였다.

실제로 광고는 오프라의 주요한 수익원이었다. 그리고 그녀가 자신의 청중을 팔 때에는 단순히 시선만 넘겨준 게 아니라 그녀의 대단히 강력한 영향력에 길들여져 구매 결정까지 내릴 수 있는 그들의 마음까지 넘겨주었다. 노스웨스턴 대학 켈로그 경영 대학원의 크레이그 가스웨이트Craig Garthwaite에 따르면, "결국 그녀의 영향력은 역사상 그 어떤 유명인의 영향력도 능가했다".[14] 하지만 그런 일이 하룻밤 만에 이루어진 것은 아니었다. 한 전기 작가의 지적에 따르면, 오프라는 열렬한 쇼핑객이었으며, "여러 해 동안 수건과 잠옷, 캐시미어 스웨터, 다이아몬드 귀걸이 등을 과시하며 자신의 마구잡이식 소비 철학을 시청자들과 공유했다".[15] 시간이 흐르면서

• 마태복음 6장 19절을 생각해보라. "너희를 위하여 보물을 땅에 쌓아두지 말라. 거기는 좀과 동록이 해하며 도둑이 구멍을 뚫고 도둑질하느니라."

그녀의 소비 열정은 특정 상품에 대한 보증 광고 같은 것으로 변했고 그녀의 마법과도 같은 터치는 중소기업들에게 작은 기적을 이루어주었다. 한 가지 사소한 예를 들면, 독서등을 만드는 라이트웨지LightWedge라는 회사가 있었다. 오프라가 방송 중에 "저런 등이 하나 필요한데"라고 말하자, 그 작은 회사는 그날 오후에만 9만 달러어치의 판매 기록을 올렸다.[16]

이 "오프라 효과"는 언제나 서적 출판같이 광고나 마케팅의 규모가 비교적 작은 시장에서 가장 극적인 영향력을 발휘했다. 1996년 오프라는 "세계 최대의 북클럽"이라 이름 붙인 독서 클럽을 출범시켰다. 그녀는 자신이 선택한 책을 발표하고 시청자들에게 한 달의 여유를 주면서 그 책을 읽게 했다. 그사이에 그녀의 프로듀서들은 자택에 찾아가 저자를 인터뷰하고 때로는 전문가까지 등장시킨 토론 영상을 제작하면서 그 책을 다루는 최종 방송에 내보낼 보충 영상을 준비했다. 그녀가 첫 번째로 고른 책은 재클린 미처드Jacquelyn Mitchard의 《사랑이 지나간 자리The Deep End of the Ocean》였다. 그 책은 실패작과 거리가 멀었기에 이미 6만 8,000부가 팔린 상태였다. 하지만 오프라의 북클럽에 선택된 후 그 책은 400만 부라는 판매고를 기록했다. 출범 1년 만에 그녀의 북클럽 덕분에 1,200만 부에 달하는 책이 판매되었고, 오프라는 적당히 성공한 소설을 베스트셀러로 만들어놓는 마법과도 같은 능력 덕분에 출판계의 사랑을 듬뿍 받는 인물이 되었다.[17]

덜 세련된 주의력 사업가였다면 그 정도의 힘을 활용해 거리낌 없이 보증 광고에 나서려고 했을 것이다(2010년대에 리얼리티 프로그램 출연으로 스타가 된 킴 카다시안Kim Kardashian처럼 이후에 기업화한 유명인들이 그랬다). 그러나 윤리적인 고려 때문이었는지 아니면 신뢰성이란 자신의 자산을 지키려는 영리한 생각에서였는지, 어쩌면 둘 다에 해당했는지도 모르지만, 오프라는 결코 돈을 받고 방송에서 무언가를 보증하지 않았다. 또 한 명의 상품 판매인이 되어 노골적으로 상품을 팔지 않았기에 그녀는 예측 불가능한 상태를 유지할 수 있었다. 결과적으로 그녀의 영향력은 커질 뿐이었다.

처음에는 마구잡이로 이루어졌던 그녀의 보증이 1990년대 말 무렵엔 여러 면에서 체계화되었다. 우선, 그녀는 〈오프라가 좋아하는 것들Oprah's Favorite Things〉이라는 프로그램을 제작했다. 이 연례행사에서는 방송 내내 그녀가 가장 좋아하는 상품을 홍보했는데, 일부 상품들은 스튜디오의 흥분한 청중에게 배포되었다. 종교적인 부흥회의 무아지경과 블랙프라이데이의 탐욕적인 격렬함을 결합시켜놓은 방송분에서는 전리품을 받고 비명을 지르고 눈물까지 흘리는 사람들의 모습이 등장했다. 1950년대의 게임 프로에서처럼, 평범한 사람들에게 갑자기 상품이 쏟아졌다. 대개는 부츠, 책, 팝콘, 디지털카메라 같은 것들로 시작해 분위기를 잡다가 고가의 물건을 등장시켰다. 오프라는 인정 많은 풍요의 여신처럼 그 모든 과정을 주재하면서 자신을 따르는 무리에 재물을 하나씩 전달하며 축복을 내렸다. 그녀의 전기 작가 키티 켈리Kitty Kelley는 절정에 이른 그 순간을 다음과 같이 묘사한다. "이미 받은 물건들로 인해 스튜디오의 방청객들이 극도의 흥분을 거의 다 소진했을 무렵, 드럼이 울리고 벨벳 커튼이 열리면서 고화질 TV가 문에 부착되고, DVD 연결 장치와 라디오까지 달린 LG 냉장고가 등장했다. 청중은 부들부들 몸을 떨었다. 그때 오프라가 소리를 질렀다. '저건 (소매가로) 3,879달러예요.'"[18]

오프라는 또한 방송의 일부를 사실상의 인포머셜 광고로 바꾸기 시작했다. 일례로, 한 방송분에서 오프라는 갑자기 방청객 276명에게 대당 2만 8,000달러에 달하는 신형 폰티액 G6를 선물했다. 기자들과 접촉한 드문 순간에 그에 대한 질문이 쏟아지자 그녀는 "그건 스턴트가 아니었다. 나는 '스턴트'라는 말에 분개한다"고 대답했다.[19] 광고계와 마케팅계의 전문가들 역시 방청객만큼이나 놀랐다. 그 프로그램의 30초짜리 스폿광고 단가가 7만 달러 정도였음에도 오프라는 방송 내용의 절반 정도를 폰티액을 다루는 데 썼다. 그중에는 폰티액 공장을 방문한 녹화 내용도 있었다.

2000년에 오프라는 〈오, 오프라 매거진O, The Oprah Magazine〉을 창간함으로써 자신의 브랜드와 주의력 수확을 확대했다. 그녀의 이름을 딴 그 잡지는 매번 실물보다 잘 나온 그녀의 사진을 표지에 실었다. 그 잡지는 그녀의 토크쇼와 마찬가지로 50세 이상의 여성들을 겨냥했고 얼마 안 가 발행 부수가 200만 부로 치솟았다. 이것이야말로 무료 보증 광고와 유료 광고를 신중하게 조화시킨, 더 큰 주의력 수확용 토지였다. 잡지는 만능의 일류 유명인이 무엇이 되었는지 보여주었다. 그녀의 잡지는 소비자 잡지같이 쇠퇴하는 미디어 분야까지도 소생시키는 힘을 갖고 있는 게 분명했다.

항상 그런 것은 아니었지만 그녀의 토크쇼나 잡지에서 축복을 누린 상품들이 종종 오프라의 광고주였다는 사실은 결코 그대로 간과되지 않았다. 예를 들어, 2000년대 중반 내내 도브Dove 비누는 다양한 상품과 그것들의 장점을 다루는 주요 꼭지에 단골로 등장했다. 실로 표면상의 주제는 일반인 여성을 모델로 등장시켜 "진정한 아름다움"을 고취하려는 도브 브랜드의 새로운 광고 캠페인이었다. 그 캠페인의 메시지는 자부심을 독려하는 오프라의 목표와 잘 맞아떨어졌다. 하지만 도브가 여러 방송사에 판매되는 오프라 토크쇼의 스폿광고에 1,640만 달러를 쓰고 〈오〉 잡지 광고에 3,280만 달러를 쓴 것 또한 사실이다. 심지어 도브는 도브 리얼 뷰티Dove Real Beauty상의 첫 수상자로 오프라의 친구이자 〈오〉의 편집자인 게일 킹Gayle King을 선정할 정도로 관대했다.

광고 구입이 방송 중의 무료 보증을 얻는 데 도움이 되는지를 물은 〈애드버타이징에이지Advertising Age〉의 한 기자는 오프라의 대답을 "약간 모호하다"고 설명했다.[20] 정말이지 그녀의 대답은 모호했다. "편집상의 결정과 창의적인 결정이 프로그램에서 상품을 언급하고 방송 내용에 포함시킬지를 결정한다. 어떤 브랜드가 언급되면, 그것은 비즈니스인 만큼이나 종종 뜻밖의 기쁨이 된다. 우리가 브랜드와 협력하는 것은 대개 우리가 추구하는 어떤 편집상의 방향이 있기 때문에 그렇다."[21] 달리 말하면, 광고는 대체로 중요하지 않지만, 안 중요한 것도 아니라는 얘기였다.

2000년대에 들어 오프라 윈프리는 미국에서 가장 부유한 여성 중 한 명이 되었고, 미국 역사상 최초의 흑인 억만장자가 되었다. 그녀는 크게 성공했는데도 윌리엄 페일리 같은 냉정한 주의력 사업가가 되는 데는 관심이 없었다. 그보다 그녀는 자신의 비전에 따라 좋은 일을 해서 성공할 수 있음을 여전히 확신했다. 그녀는 아동 학대나 여성 및 흑인들의 기회 부족 등, 많이 주목받지 못하는 이슈들에 대한 관심을 부추기려 했다. 이는 어떤 기준에서 봐도 가치 있는 일이었다. 하지만 그녀가 선에 대한 자신의 비전 중에서도 더욱 논란이 될 만한 측면을 추구하자 어려움이 찾아왔다.

앞서 언급했듯이, 오프라가 자칭 목회 활동이라고 한 데에는 정신적 고양과 도덕적 지침의 원천이라는 점을 강조하려는 의도였다. 그녀가 조직화된 종교의 대안을 제공하려 한다는 점은 처음부터 분명했다. 따라서 그녀의 가치가 기독교의 가치와 궤를 같이하는 것처럼 보이는 한, 그녀의 청중 중에서 기독교를 믿는 사람들이나 성직자들의 반대는 거의 없었다. 대부분의 서양 사회의 기준에서 보면, 미국인들의 기독교에 대한 헌신은 상당히 다양한 형태로 나타난다. 그래서 부의 복음Gospel of Wealth("하나님은 당신이 부자가 되기를 원한다!")을 전도하는 텔레비전의 전도사, 조엘 오스틴Joel Osteen조차도 눈감아 주는 듯하다. 그러나 오프라가 이단적인, 다시 말하면 명백히 성서에 반하는 가르침을 지지하기 시작하자, 예상된 반발이 거세게 일기 시작했다.

2000년대 초 오프라는 "끌어당김의 법칙the Law of Attraction"이라는 정신적 교리의 옹호자가 되었다. 사실 이 법칙은 19세기의 정신요법에서 시작되었고 여타의 전통에도 뿌리를 둔 개념이었다. 이것은 사람의 생각이 현실을 형성하는 힘을 갖고 있으며 올바른 묵상을 통해 돈이나 사랑 등 자신이 바라는 것들을 자기 삶에 끌어들일 수 있다고 가정한다. 오프라는 그 법칙을 자신의 웹사이트에서 이렇게 설명했다. "당신이 세상에 쏟아넣는 에너지는 좋은 에너지든 나쁜 에너지든 모두 정확히 당신에게 돌아온다. 이는 당신이 매일 내리는 선택으로 당신 삶의 환경을 만든다는 것을 의미한다."[22] 2006년, 오프라는 《시크릿The Secret》이라는 책을 자신의 토크쇼에서 반복적으로 다루며 저자 및 관련 전문가들을 출연시켰다. 책은 끌어당김의 법칙과 함께, 돈 문제 등에 그 법칙을 활용하는 방법을 설명하는 내용이다. "어떤 사람에게 돈이 없는 유일한 이유는 그 사람이 생각으로 돈이 자신에게 오는 것을 막고 있기 때문이다."[23] 이 설명이 조엘 오스틴의 설교보다 어째서 덜 기독교적인지는 이해하기 어려울 수도 있다. 하지만 비판가들은 그 설명을 그런 식으로 이해하지 않았다.

오프라가 《시크릿》을 비롯한 여타의 영적 수행을 공개적으로 지지하자, 종교계의 주류 집단으로부터 비판이 터져 나왔다. 남부 침례 신학대학교Southern Baptist Theological Seminary의 총장 앨버트 몰러Albert Mohler는 이렇게 지적했다. "오프라가 고위 성직자는 물론이고 미국 사회의 심리학 고찰의 아이콘까지 되었다. (…) 그녀가 성서 속의 기독교를 영성으로 대체하고 속죄

없는 용서를 장려하고 '라벨 없는' 신을 언급함에 따라 엄청난 문화적 지진의 진원지가 되었다."[24] 아마도 그건 지진이 아니었을 것이다. 오프라 생각은 오래전부터 미국의 종교였던 치유적 이신론deism(하나님이 우주를 창조하긴 했지만 관여는 하지 않고 우주는 자체의 법칙에 따라 움직인다고 보는 사상-옮긴이)과 크게 다르지 않았다. 그러나 그녀는 주의를 끌어들이는 영향력으로 인해 전통적인 신앙에, 어쩌면 비종교적인 믿음에도, 상당히 위험한 인물로 간주되었다. 합리주의를 추종하는 진영의 마이클 셔머Michael Shermer는 〈사이언티픽아메리칸Scientific American〉에 "오프라, 제발, 이 우스꽝스러운 헛소리(《시크릿》)에 대한 지지를 철회하시오. (…) 그리고 당신의 엄청나게 많은 추종자들에게 번영은 당신이 거친 그대로 고된 노동과 창의적인 사고에서 비롯된다고 말하시오"라고 지적했다.[25]

아마도 오프라의 가장 중요한 보증은 2007년 민주당 예비선거와 관련된 것일 터이다. 당시 그녀는 다들 대선 후보로 생각하던 힐러리 클린턴Hillary Clinton의 당내 경선 상대인 버락 오바마 초선 상원의원을 지지하고 있었다. 한 분석에 따르면, 아이오와와 뉴햄프셔 등 중요한 주에서 오바마와 함께 선거운동을 벌인 오프라는 42만 표에서 160만 표 정도를 끌어들였을 가능성이 높다.[26] 만약 실로 그랬다면, 오바마는 오프라의 지지 덕분에 민주당 대선후보로 뽑혔고 결국 대통령까지 될 수 있었던 셈이다.

오프라의 소규모 정치 활동을 반대하는 사람들이 있었다. 정치 평론가 벤 샤피로Ben Shapiro는 다음과 같이 주장했다. "오프라는 영향력 있는 문화계 인사 그 이상의 인물이다. 그녀는 위험한 정치적 세력이기도 하다. 시대의 주요한 이슈에 대해 예측 불가능하고 변덕스러운 태도를 보이는 여성이기에 그렇다."[27] 당시에 그녀의 시청자들 사이에서도 거부감이 형성되었는데, 그들 중에 힐러리 클린턴을 지지하는 사람들이 그녀의 토크쇼 게시판

에 불만의 글을 올렸다.[28]

2009년, 시청률이 하락세를 보이자 오프라는 25번째 시즌이 끝나는 2011년에 토크쇼 방송을 끝낼 것이라고 발표했다. 최종 시즌 첫 방송에서 그녀는 예고도 없이 300명의 방청객을 존 트라볼타John Travolta가 조종하는 비행기에 태워 호주로 데려갔다. 그런 마지막 시즌에 최대 규모의 청중을 다시 끌어모았기에 적절한 은퇴식 정도로 여겨질 수도 있었다. 그러나 늘 야망으로 가득 찬 오프라는 그 방송을 마무리하며 자신의 케이블 방송인 오프라윈프리네트워크Oprah Winfrey Network, OWN의 개국을 준비하고 있었다.

그러나 제아무리 오프라라 해도 업계의 보다 광범위한 트렌드를 피해 갈 수는 없었다. 그래서 케이블이 쇠퇴하는 시대에 방송국을 개국하는 일은 쉽지 않은 것으로 드러났다. 많은 사람들이 수백 개의 채널 중에서 그 방송을 찾지 못하거나 신경 써서 찾으려 하지 않았다. 개국 첫 해에 그녀의 방송사는 3억 3,300만 달러라는 어마어마한 손실을 입었다. 오프라는 자신이 과거에 병 속에 갖고 있던 그 번갯불을 되찾기 위해 다양한 방법을 동원했다. 가장 성공한 경우로는 사이클 선수인 랜스 암스트롱Lance Armstrong을 인터뷰한 방송이었는데, 거기서 그는 경기력 향상을 위해 약물을 복용했다고 털어놓았다. 그러나 이러한 방송은 일회성 행사에 불과했고, 청중은 자리를 지키지 않았다. 그녀는 또한 세계교회주의를 지향하는 〈빌리프Belief〉라는 시리즈 방송으로 예전 프로그램의 종교적 열망을 일으키는 데 성공도 했는데, 이 프로그램은 과거의 측정 기준으로 보면 공익 프로그램의 자격을 얻기에 충분했다. 유명세나 견고한 명성을 잃은 것은 아니었지만, 그녀는 이제 더 이상 미국 최고의 주의력 사업가로 여겨질 수 없었다.

2015년까지 OWN은 틈새 청중의 구미를 맞추라고 늘 요구하는 케이블 프로그램 편성의 기본 논리로 되돌아갔다. OWN은 일차적으로 블랙엔터테인먼트텔레비전의 경쟁자로 방송의 포지션을 다시 잡았고, 〈가진 자와 못 가진 자The Haves and Have Nots〉, 〈당신을 사랑하는 게 잘못이라면If Loving You Is Wrong〉 같은 멜로드라마로 성공을 맛보았다.[29] 그러나 어쨌든, 오프라의 유명인 주의력 사업가로서의 힘이 떨어지긴 했어도 그녀가 만든 그 모델이 영적 생존에 성공했다는 점을 고려하지 않을 수 없음을 강조하고 싶다. 왜냐하면 그녀의 1인 여성 진행자 프로그램이 엘렌 드제너러스Ellen DeGeneres, 닥터 필Dr. Phil, 레이첼 레이Rachael Ray 등 오프라의 길을 충실하게 따르는 유명인-주의력-상품-보증의 계승자들을 탄생시켰기 때문이다.

19

원형감옥 파놉티콘

톰 프레스턴Tom Freston은 1987년 MTV의 CEO 자리에 오른 날부터 MTV의 방송 영역을 넓히기로 결심했다. 그는 이렇게 묻길 좋아했다. “MTV가 음악 말고 다른 것도 하면 어떻게 될까?” 전직 광고인으로서 MTV의 탄생 과정에 참여했고 MTV의 기초가 된 사업 모델의 숨겨진 천재성을 그 누구보다 잘 아는 음악 애호가가 던진 질문치고는 다소 놀라웠다. 외부 사람들이 아는 MTV의 콘셉트는 MTV가 최초로 방송한 버글스Buggles의 〈비디오 킬드 더 라디오 스타Video Killed the Radio Star〉 비디오에 제대로 담겨 있었다. 이것은 텔레비전을 위한, 십대와 이십대를 겨냥하는 방송을 위한 록 뮤직이었다. MTV는 그런 방송국이었지만, 그보다 더 많은 일이 진행되고 있었다. 그것은 누구도 상상할 수 없을 정도로 높은 수익성을 올려주는 비법을 갖춘 최고의 사업체 중 하나이기도 했기 때문이다.[1]

MTV의 초대 CEO였던 밥 피트먼은 MTV 특유의 사업 모델을 추진했다. 다른 채널과 달리, MTV는 모든 콘텐츠를 명목상 무상으로 얻거나 공짜보다 훨씬 더 좋은 조건으로 얻었다. 피트먼은 음반 회사들이 한 가지 단순한 이유로 MTV에서 자신들의 비디오를 틀어주길 원한다는 사실을 알고 있었다. 마이클 잭슨의 〈스릴러Thriller〉나 듀란듀란Duran Duran의 비디오 같은 대단한 영상이 아티스트에 대한 지울 수 없는 연상을 창출하고 결국 레코드 판매를 천정부지로 끌어올릴 수 있다는 사실이 분명해졌기 때문이다. 게다가 그런 거래에 훨씬 더 좋은 점도 따랐다. MTV가 무상으로 콘텐츠를 얻고 있었을 뿐 아니라 레코드 회사들이 MTV에 가장 중요한 비디오에 대한 독점권까지 주며 경쟁으로부터 MTV를 보호해주고 있었기 때문이다.• 따라서 MTV는 프로그램을 편성하느라 머리를 쓰는 부담도 덜 수 있었다.

한마디로, 1980년대 내내 MTV는 본질적으로 또 다른 유형의 광고에 해당하는 방송으로 주의를 획득해 광고주들에게 판매할 수 있는, 부러움을 사는 지위를 누렸다. 그들의 방송에 드는 비용은 임대료와 임원 월급, 비디오를 소개하는 "VJ" 등의 젊은 친구들에게 지불하는 돈 등으로 국한되었다. VJ에게 주는 연봉도 3만 달러 정도로, 비교적 낮은 수준이었다. 하지만 VJ들은 MTV 신년 특집 프로그램 등에 참여해 록 스타들과 코카인을 복용하며 놀 수 있는 특권과 값으로 따질 수 없는 여타의 경험을 누렸다.[2] 이러한 유리한 조건들이 합쳐진 결과는 대부분의 미디어 사업에 영향을 미치는 일반적인 중력의 법칙으로부터 MTV가 자유로울 수 있음을 의미했다. 1980년대 중반 무렵 MTV는 모든 새로운 케이블 방송 가운데 가장 수익성이 높은 방송사로 손쉽게 자리 잡을 수 있었다.[3]

그러나 피트먼에게서 CEO 자리를 넘겨받은 프레스턴은 MTV의 약점에 대해 걱정했다. 사실 그 약점은 모든 미디어 사업의 궁극적인 운명이기도 했는데, 우리가 지금까지 각성 효과라 부른 그 문제를 의미했다. 당시 MTV

• 이런 식의 계약에 대해 신생 업체 디스커버리 뮤직 네트워크Discovery Music Network가 제기한 반독점 이의신청은 큰 진전을 보지 못하고 결국 아주 적은 수수료를 지급하는 것으로 해결되었다.

는 한창때이긴 했지만, 뮤직비디오의 인기에 전적으로 의존하는 상태였다. 뮤직비디오는 1980년대 초에는 실로 흥분을 일으키고 신선해 보였지만 10년이 지나면서 나이가 느껴지기 시작했다. 1987년에는 〈스릴러〉가 규정한 시대가 끝나가고 있다는 골치 아픈 신호가 나타났다. 프레스턴은 이렇게 말했다. "문제는 사람들이 뮤직비디오에 관한 한 볼 만큼 봤다고 느끼기 시작했다는 것이었다."[4] 또한 저작권 침해를 우려한 음반 회사들이 비디오로 나오는 신곡에 대해 통제를 강화하기 시작했다는 것도 문제였다. 이 모든 것은 그토록 많은 수익을 안겨주던 음반 회사들이 어쩌면 덤으로 주어진 시간을 사는 것일 수도(실제로 그랬다) 있음을 의미했다. 여느 신중한 사업가와 마찬가지로 프레스턴 역시, 사업을 지탱해나갈 다른 형식, 즉 대비책을 원했다. 하지만 MTV가 달리 무엇을 할 수 있단 말인가?

MTV의 간부급 프로그램 편성자들은 1990년대에 들어, 잔인할 정도로 막대한 콘텐츠 경상비를 발생시키지 않으면서 시도해볼 수 있는 것이 무엇인지 궁리에 궁리를 거듭했다. 다른 미디어의 경우 그러한 경상비로 인해 목숨이 위태로워졌고, 어쨌든 주주들 역시 많은 경상비 지출은 참아주지 않을 터였다. 그들은 1960년대에 인기를 끈 〈몽키스The Monkees〉를 재방송하기로 일정을 잡았다가 좋고 나쁜 것이 뒤섞인 결과를 얻기도 했다. 한 적극적인 프로그램 편성자는 약삭빠르게도 스포츠가 결국엔 돈이 된다고 예측하고는 NFL 경기를 방송하는 아이디어에 집착했다. 그러나 그 아이디어는 MTV라는 브랜드에 최적이라 할 수 없었다. 〈새터데이나이트라이브Saturday Night Live〉를 재방송하면서 중간중간에 뮤직비디오를 보여주자는 아이디어도 나왔다. 결국 MTV는 〈리모트 컨트롤Remote Control〉이라는 저예산 게임 프로그램을 방송하기 시작했다. MTV와 관련된 사소한 질문들로 구성된 그 프로는 "우스갯소리나 늘어놓으며 시청자의 시선을 확보하겠다는 의도를 숨기기 위한 핑곗거리"였다.[5]

어느 날 밴 토플러Van Toffler라는 젊은 임원이 MTV 시청자 데이터를 살펴보다가 색다른 아이디어를 하나 떠올렸다. 그는 MTV의 핵심 시청자와 낮 시간대에 멜로드라마를 보는 시청자의 일부가 일치한다는 놀라운 사실을 알아챘다. 어쩌면 MTV는 멜로드라마 방송을 시작해야 할 것 같았다. 전통적으로 유행에 아주 민감한 프로그램은 아니었지만, 연속극은 1930년대 이래로 확실한 시청률을 담보할 수 있는 콘텐츠였다. 게다가 시청자의 장기적인 충성심을 구축하는 경향도 있었다. 마침 새롭게 생긴 폭스 네트워크가 프라임 타임에 십대를 겨냥한 연속극 〈비버리힐스의 아이들Beverly Hills 90210〉을 방영하며 시청자들의 시선을 끌고 있었다. 그래서 MTV는 "로큰롤을 지향하는 십대용 연속극을 방송하기로 결정했다".[6]

톰 프레스턴은 프레드 실버맨(프로그램 편성 능력으로 1970년대 초에 CBS를 부활시킨 인물)에게 자문을 구했고, 실버맨은 메리-엘리스 버님Mary-Ellis Bunim을 영입하라고 권했다. 앞선 10년 동안 그녀는 위대한 유산에 해당하는 연속극 중 하나인 〈애즈 더 월드 턴스As the World Turns〉를 방송하고 있었다. 가족 간의 이야기와 사랑을 다룬 이 끝날 줄 모르는 이야기는 30여 년째 방송 중이었다. 1956년 CBS에서 첫 선을 보인 이후 〈애즈 더 월드 턴스〉는 계속 같은 비누 회사인 프록터앤드갬블의 후원을 받아왔는데, 연속극 장르를 처음으로 만든 어나 필립스가 프록터앤드갬블을 위해 만든 드라마였다.[7]

MTV가 버님을 부르자, 그녀는 또 다른 프로듀서인 조나단 머레이Jonathan Murray와 팀을 이루어 〈세인트 마크스 플레이스St. Mark's Place〉라는 제목의 십대 연속극을 시험적으로 준비하기 시작했다. 해당 드라마는 연기자나 아티스트로 성공하고자 하는 이스트빌리지의 젊은이들에 대한 내용으로 기획되었다(뮤지컬 〈렌트Rent〉의 선구자 격이었다). 그러나 버님과 머레이가 예산안을 제출하자, MTV 임원들이 떨떠름한 반응을 보였다. 머레이의 회상에 따르면, 그들은 "우린 공짜로 뮤직비디오를 얻는데, 30분짜리 프로그램에 30만 달러를 써야 한다고?"라고 말했다.[8] 확실히 프레스턴과 MTV는 새로운 형식에 대한 아이디어를 철저히 검토한 게 아니었다. 그런 새로운 형식에는 콘텐츠 비용이 들어갈 수밖에 없었다.

임원진의 반응에도 전혀 기죽지 않은 버님과 머레이는 다시 생각을 가다듬었다. 새로운 영감을 얻기 위해 1930년대에서 머리를 돌린 그들은 더욱 더 가망이 없어 보이는 곳에서 자신들이 찾고 있는 것을 발견했다. 그곳은 바로 1970년대 초반의 공영 텔레비전으로, 더욱 구체적으로 말하면, 다큐멘터리 형식이었다. 그들은 그 시대에 PBS에서 방송된 〈어느 미국인 가족An American Family〉에 대해 진지하게 생각하기 시작했다.

1971년에 촬영된 〈어느 미국인 가족〉은 PBS가 한창 반문화적 야심에 사로잡혀 있을 때 제작한 12부의 혁신적인 다큐멘터리였다. 프로듀서들은 상당히 전형적인 중산층 가족인 빌Bill과 팻 라우드Pat Loud 부부 집을 일곱 달 동안 따라다녔다. 그들은 다섯 명의 자녀와 캘리포니아 주 산타바바라에 살고 있었다. 그 시대의 세대 간 갈등을 그려내고 싶었던 크레이그 길버트Craig Gilbert는 다음과 같은 말로 프로그램을 시작했다. "라우드 씨 가족은 결코 평범하지도 대표적이지도 않은, 가족이라 할 수 없는 가족이다. 그들은 '전형적인' 미국인 가족이 아니라 그냥 '어느' 미국인 가족이다."[9]

그 일곱 달 동안 라우드 씨 가족은 상당한 혼란을 겪었다. 예를 들어, 엄마인 팻과 길게 머리를 기른 스무 살의 맏아들 랜스 사이에 계속 긴장감이 감돌았다. 랜스는 록 그룹 벨벳 언더그라운드Velvet Underground에 미쳐 있다시피 했다. 촬영이 진행되던 중에 랜스는 뉴욕으로 옮겨 가 첼시 호텔에 주거를 정한 뒤, 시청자들에게 자신이 동성애자임을 확실하게 밝혔다. 아마도 그는 대본이 없는 텔레비전 프로에서 자신이 동성애자임을 털어놓은 최초의 인물일 것이다. 방송 말미에 자신의 생활이 불만스럽다고 생각한 팻은 빌에게 이혼을 요구했다. 결국 프로그램이 끝나면서 빌은 집을 나갔다. 확실히 우울한 결말이었다. 그래도 그들은 여전히 미국 가정이었지만, 이제는 깨진 가정이었다.

1973년 이 프로그램이 방송을 탔을 때, 공영 텔레비전 기준으로 보면 어마어마할 정도로 많은 시청자의 관심을 받았다. 그리고 미국 전역에 논쟁을 불러일으키기도 했다. 길버트의 프레임은 본질적으로 비판적이었다. 그는 라우드 씨 부부, 그중에서도 특히 아버지인 빌을 가족을 희생하면서 물질적인 성공에 집착하는 사람으로 묘사했다. 그들은 "미국인의 삶에 나타나는 붕괴와 목적 상실의 상징"이 되었다. 그런 이유로 그 프로그램은 일반적으로 훌륭한 다큐멘터리 작품으로 평가받았는데, 한 비평가는 "오즈월드와 로버트 케네디Robert Kennedy의 살해 사건을 제외하고 텔레비전에서 그만한 현실성을 보여준 경우는 결코 없었다"고 인정했다. 이 프로가 일으킨 반향이 어느 정도였는지 설명하기는 힘들다. 〈에스콰이어〉는 이렇게 주장했다. "텔레비전 역사에서 어떤 것에 대해 그렇게 많은 이야기가 오고 간 적이 있었는지 의심스럽다."[10] 많은 사람들은 사회학자들이 호손 효과Hawthorne effect라 부르는 것, 즉 관찰과 촬영이 실제 일어나는 일에 미치는 영향의 정도를 궁금해했다. 따라서 그 프로가 착취와 호도의 성격을 띠었다고 생각한 사람들이 있었는데, 그들 중에는 결국 라우드 씨 가족도 포함되었다. 이 다큐멘터리를 옹호한 사람들 중에 가장 유명한 인물은 인류학자인 마거릿 미드였다. 그녀는 공영 텔레비전에 출연하여 이렇게 말했다. "앞선 세대에게 드라마와 소설이 그랬던 것처럼, 이런 다큐멘터리는 우리 시대에 중요할 수 있다. 사람들이 서로를 이해하도록 돕는 새로운 방법이기 때문이다."[11]

1990년대의 대부분의 사람들에게 라우드 씨 가족과 〈어느 미국인 가족〉은 먼 기억에 해당했고, 젊은 층에겐 전혀 모르는 무엇이었다. 버님과 머레이는 그런 다큐멘터리 형식을 채택해서 일반인들을 연속극의 극적인 목적에 이용하는 아이디어에 매달렸다. 새로운 종류의 프로그램인 "다큐멘터리 연속극"을 제작하는 게 그들의 목표였다. 전통적인 가정에 의존한 원작과는 달리, 그들의 프로그램은 덜 전통적인 유형의 집단인 "새로운 핵가족"을 보여줄 생각이었다. 〈렌트〉의 원조 격인 값비싼 아이디어에 여전히 매달려 있던 머레이와 버님은 이십대의 아티스트 지망생들을 모집하여 한곳에서 함께 살게 하기로 결정했다. 그들은 거기서 일어나는 모든 일을 필름에 담기로 했다.[12]

MTV 입장에서는 가격이 적절했다. 각 출연자는 카메라가 도는 상황에서 몇 달을 살며 13회 분량을 제작하기에 충분한 로푸티지raw footage(편집을 거치기 이전의 필름이나 녹화 영상-옮긴이)를 창출하는 대가로 겨우 1,400달러를 받았다.[13] 결코 이런 식으로 표현된 적은 없었지만, 시간이 지나면서 "재능"에는 돈이 아니라 관심이 지불되는 게 더 중요하다는 사실이 분명해졌다. (아직 "리얼리티 프로그램"이라는 이름이 붙지 않았던) 이 새로운 형식은 그렇게 MTV의 기존 사업 모델을 보전시키는 데 성공했다.

버님과 머레이는 500명 정도의 지원자들을 인터뷰한 끝에 열아홉 살에서 스물다섯 살에 이르는 "일반인" 일곱 명을 추려냈다. 두 사람은 구성이 다채로운 출연진을 원했고, 결국 원하는 바를 얻어냈다. "물 밖에 나온 물고기" 같은 남부 출신의 줄리라는 소녀가 있었고, 중서부 출신의 에릭이라는 남자 모델이 있었다. 그리고 힙합 연주자인 헤더, 시인인 케빈 등이었다. 다음 단계는 프로그램의 "무대"를 찾는 것이었다. 여기저기를 뒤진 끝에 프로듀서들은 1990년대 초만 해도 여전히 예술가 동네로 간주되던 뉴욕 소호에서 370제곱미터(약 110평-옮긴이) 넓이의 건물 맨 위층을 찾아냈다. 그곳은 방 네 개짜리 거주지로 탈바꿈했고, 몰래카메라와 마이크, 프로듀서들이 출연자들을 지켜볼 수 있는 공간이 차례로 설치되었다. 그렇게 그곳을 세팅한 버님과 머레이는 카메라가 돌아가게 했고(연속극의 특성상 근접 촬영이 많았다), 기대한 드라마가 전개되기를 기다렸다.[14]

1992년 5월, 이 프로그램은 다음과 같은 내레이터의 목소리로 첫 선을 보였다.

> 이 프로는 서로 모르는 일곱 명의 사람들이 건물 꼭대기층에 함께 살면서 자신들의 실제 생활이 촬영되는 가운데 더 이상 예의를 지키지 않고 현실적인 모습을 보여주기 시작했을 때 어떤 일이 일어나는지 알아보는 실제 이야기, 〈더 리얼 월드The Real World〉다.

이 새로운 프로그램은 용기 있고 특이한 형식 때문에 즉각적으로 주목을 받았지만, 초반에는 상당히 험악한 평가를 받기도 했다. 한 비평가는 〈유에스에이투데이〉에 다음과 같이 말했다. "다큐멘터리(너무 가짜 같아서)로도, 오락물(너무 지루해서)로도 실패한 〈더 리얼 월드〉를 지켜본 결과, 누가 누구를 더 이용하고 있는지 말하기가 힘들다."[15] 하지만 첫 시즌이 끝날 무렵, 비판적인 경향이 바뀌기 시작했다. 〈뉴욕타임스〉의 존 J. 오코너John J. O'Connor는 이렇게 지적했다. "연속극 형식에 기초한 리얼리티 프로로 발표된 MTV의 〈더 리얼 월드〉는 대개는 우연에 의한 현실적인 모습을 보여준다. 그리고 출연자 일곱 명이 너무 독립적이어서 작은 연속극 형식에 끼워 맞춰질 수가 없다. 그러나 이 강제적인 다큐멘터리 시리즈는 (…) 가장 관심을 사로잡는 올해의 텔레비전 프로로 꾸준히 발전해나가고 있다. 1990년대를 힘겹게 살아가는 이십대 젊은이들을 강렬하게 묘사하고 있다."[16]

오코너는 〈더 리얼 월드〉가 한 시즌 만에 끝이 난다면 가장 좋을 것이라고 주장했다. 그러나 프레스턴은 생각이 달랐다. 시청률이 좋아지자 그는 다가올 뮤직비디오의 몰락에 앞서 꿈꿔오던 대비책을 찾아냈을 수 있다고 생각하기 시작했다. 그래서 MTV는 이번에는 로스앤젤레스에서 촬영하는 두 번째 시즌을 제작 의뢰했다. 두 번째 시즌은 앞선 시즌보다 훨씬 더 많은 시청자의 시선을 사로잡았고, 당연히 세 번째 시즌과 네 번째 시즌까지 제작되었다. 시간이 지나면서 그 프로그램과 형식은 위험할 정도로 뮤직비디오에 의존하는 상태에서 벗어나게 해줌으로써 새로운 MTV의 긴요한 토대가 되었다.

제작자들은 일찌감치 두 번째 시즌부터 〈더 리얼 월드〉의 형식에 미묘한 변화를 주면서 〈어느 미국인 가족〉으로부터 의도 면에서 더욱더 멀어졌다. 첫 번째 시즌은 단순히 기회를 잡으려고 애쓰는 젊은이들을 필름에 담는다는 개념에 더욱 충실했다. 그래서 출연자들은 미숙하긴 해도 호감이 가고 생각이 깊었다. 때때로 프로그램은 연애가 덤으로 들어간다는 점만 빼면 편집된 대학생 세미나 같아 보이기도 했다. 그러나 지금의 기준에서 보면, 말이 매우 많았고 행동은 다소 부족했다. 2011년에 〈A. V. 클럽A. V. Club〉

이 예전 프로를 되돌아보며 쓴 기사에 따르면, 그 프로그램은 "놀랍고 성가실 정도로 진지하고, 상쾌할 정도로 적나라하며, 귀여울 정도로 이상주의적"으로 보였다.[17]

버님과 머레이는 이십대 이상의 합리적이고 사려 깊은 사람들의 이야기로는 드라마 같은 효과를 내기가 정말로 어렵다는 것을 상당히 일찌감치 깨달았다. 그래서 프로그램이 계속 제작됨에 따라, 더욱더 선천적으로 괴짜이거나 다루기 힘든 사람들을 캐스팅하는 데 의존하게 되었다. 그런 사람들이 공동 거주지에서 문제를 일으킬 가능성이 농후했기 때문이다. 예를 들어, 두 번째 시즌에 출연한 데이비드 에드워즈라는 스물한 살의 코미디언 지망생은 자신의 코믹 본능에 이끌려 속옷만 입고 있는 여성 동거인의 담요를 잡아 당겨버리고 말았다. 그 사건으로 그는 같이 사는 출연자들에게 자기 몸을 보여줘야만 했다. 길고 긴 토론 끝에 데이비드는 결국 그 집에서 쫓겨났고, 얼마 지나지 않아 많은 프로그램에서 유행하게 되는 "섬에서 추방당했다"는 대사가 탄생했다.[18]

〈더 리얼 월드〉의 성공은 저비용과 높은 시청률이라는 동일한 공식을 재현하기 바라는 모방 프로그램을 탄생시켰는데, MTV 본인들도 몇 개의 프로그램을 제작했다. 선천적 괴짜들이 지닌 잠재력을 깨달은 버님과 머레이는 기세를 몰아 〈더 심플 라이프The Simple Life〉를 선보였다. 다소 멍청한 상속녀 패리스 힐튼Paris Hilton이 농장에서 생활하는 모습을 집중적으로 다룬 프로그램으로, 프레드 실버맨이 1970년대에 내던져버린 "농촌" 모티프를 부활시킨 프로였다.

그러나 이 공식이 반복될 때마다 매번 똑같은 질문이 대두되었다. 펜의 영향력 없이 리얼리티를 유지하면서도 프로를 흥미롭게 만들 정도로 갈등과 드라마를 창출할 수 있는 요소는 무엇인가? 〈더 리얼 월드〉의 예측 불가능성은 비교적 광고비가 싼 MTV 방송에서는 충분히 훌륭했지만, 만약 그 새로운 형식을 지상파 텔레비전의 더 비싼 시간대에 접목시킨다면 지속적인 극적 효과가 주된 필요 사항이었다. 그 문제에 대한 답을 구하는 것은 다시 한 번 과거로부터 영감을 끌어오는 것을 의미했는데, 이번 경우에는 1950년대였다.

필경 많은 사람들이 동일한 아이디어에 끌렸겠지만, 선수를 친 것은 찰리 파슨스Charlie Parsons라는 영국의 프로듀서였다. 그는 1994년에 〈더 리얼 월드〉의 다큐멘터리 형식에 1950년대의 게임 프로그램 구조와 극적 경쟁을 섞은 아이디어를 제시했다. "다큐멘터리 게임 프로"라는 딱 어울리는 명칭의 아이디어였다. 한때 붐타운 랫츠Boomtown Rats의 리드 싱어였고 이후에는 라이브 에이드Live Aid를 창안한 밥 겔도프Bob Geldof가 포함된 제작 팀의 일원으로 파슨스는 스웨덴 공영 텔레비전에 그 새로운 형식을 홍보했다. 애초에는 "캐스트어웨이Castaway"였다가 나중에는 "로빈슨의 모험Expedition Robinson"이라는 타이틀이 붙은 이 프로그램은 외딴 무인도를 무대로 지속적인 감시하에서 계속되는 신체적 경쟁을 보여주었다. 열여섯 명의 경쟁자들은 두 "부족"으로 나뉘어 한 달 정도 섬에서 살게 되었다. 한 회가 끝날 때마다 출연자 한 명이 다른 출연자들의 투표에 의해 섬에서 쫓겨나는 내용이었다.[19]

스웨덴에서 방송된 이 프로그램은 히트를 쳤고, 파슨스는 다른 나라에 프로그램을 팔며 이름을 "서바이버Survivor"로 바꿔 달았다. 미국판 〈서바이버〉는 갈수록 시청률이 올라가면서 1950년대 게임 프로그램 수준의 히트작이 되었다. 2000년에 방송된 첫 시즌의 마지막 방송분은 5,000만 명의 시청자를 끌어들이는 데 성공했는데, 텔레비전 역사상 최고의 시청률에 필적했다. 이제 널리 "리얼리티 쇼"라고 소개되던 이 새로운 콘텐츠 방식은 문자 그대로 프라임 타임에 방송될 준비가 된 게 분명해졌다.

그 매력은 무엇이었을까? 몇 가지 면에서 이 새로운 리얼리티 쇼의 매력은 불가사의할 게 전혀 없었다. 멜로드라마나 연속극처럼 이런 프로그램에도 스토리 라인과 줄거리가 있었다. 다만 그것들이 자연 발생적인 것으로 보일 뿐이었다. 여기에 〈저지 쇼어Jersey Shore〉의 "스누키Snooki"와 〈더 시추에이션The Situation〉, 〈리얼 하우스와이프The Real Housewives〉의 "주부들"처럼 인상 깊은 출연자들과 인간관계 및 갈등이 어우러졌다. 이론의 여지는 있지만 이 모든 요소는 〈아모스 앤 앤디〉만큼이나 오래된 것들이었다. 그와 동시에, 〈서바이버〉같이 게임 프로에 영감을 받은 리얼리티 프로그램들은 스포츠 매치의 전형적인 극적 상황에 의존했다. 게임에는 규칙이 있었고, 결과는 불확실했고, 승자와 패자가 있으며 다량의 서스펜스가 조성되기 마련이었다. 이런 것들이 모두 이 공식의 확실한 매력이었다.

〈어느 미국인 가족〉 이래로 잠시나마 출연자가 유명해지는 현상은 리얼리티 프로그램에서 꾸준히 발생한 결과이자 예측 가능한 것이었다. 그런 유명세는 한꺼번에 모아 다른 곳에 팔 수 있는 스타 파워와는 달랐다. 찰스 밴 도렌이 망신을 당하기 전에 누렸던 그런 종류의 유명세일 뿐이었다. 그러나 그 정도로도 시청자들을 끌어들이고 출연자들에게 보상을 안겨줄 수는 있었다. 앞서 언급했듯이, 실제로 이 저예산 프로에 출연한 사람들은 대개 관심으로 보상을 받았기 때문에 좀 더 유명세가 지속되고 그에 따른 기회가 생기기를 희망하게 되었다. 확실히 유명세가 지속되는 동안은 진짜 유명인이 된 것 같았다. 〈더 리얼 월드〉 첫 시즌에 출연한 케빈 파월Kevin

Powell은 1992년의 비디오 뮤직 시상식에 참석했을 때를 이렇게 설명했다. "레드 핫 칠리 페퍼스Red Hot Chili Peppers, 너바나Nirvana, 하워드 스턴과의 인터뷰가 끝나자, 〈더 리얼 월드〉 출연자들과의 인터뷰가 이어졌다. 정말 팬들은 우리가 비틀스나 되는 것처럼 비명을 질러댔다. 그때 난 그 프로가 결정적인 무엇임을 제대로 깨달았다."[20]

이 효과에 있어서도 〈어느 미국인 가족〉이 원조였다. 훗날 랜스 라우드는 "이 시리즈는 그냥 자신의 진면목만으로도 유명해질 수 있다는 중산층의 꿈을 실현시켜주었다"고 말했다.[21] 길버트가 그렇게 의도했던 것은 아니었지만, 잠시나마 라우드 가족이 유명해진 것은 예상치 못한 결과였다. 팻 라우드는 자서전을 출간했고, 다섯 명의 자녀들은 〈딕 캐빗 쇼The Dick Cavett Show〉에 패트리지 패밀리Patridge Family와 같은 식의 록 밴드로 출연하여 공연까지 했다. 빌 라우드는 〈에스콰이어〉지에 목욕용 가운을 입고 포즈를 취한 사진이 실렸고, 랜스는 〈스크루Screw〉지에 생일 정장을 입고 등장했다. 하지만 1980년대에 접어들며 라우드 가족의 이름은 사람들 뇌리에서 대체로 사라졌다. 예외가 있다면 동성애자의 아이콘으로 불멸의 명성을 얻은 랜스였다.

제한적이었긴 하지만, "평범한 조" 부류의 유명인은 전에도 존재했다. 1950년대의 게임 프로 챔피언들이 가장 확실한 전례였다. 그러나 평범한 사람들을 "유명인으로 만드는" 온전한 프로그램 장르가 등장하여 순식간에 텔레비전을 지배한 일은 새로운 현상이었다. 그렇기에 그 현상은 유명인의 특징 자체에 미묘하지만 의미 있는 변화가 시작되었음을 나타냈다. 과거의 유명인들은 영웅, 반신반인, 왕, 성인들이었고, 그 이후엔 영화계나 스포츠계의 아이콘들로 이루어졌다면, 1990년대의 유명세는 누구에게든 일어날 수 있는 무언가로 변모하고 있었다. 따라서 대부분의 일반인들에게도 시도

해볼 만한 합리적인 목표가 되었다. 궁극적으로 이 점이 리얼리티 장르의 지속적인 매력을 설명해줄 수 있을지도 모른다.

리얼리티 형식은 항상 존재해왔던 부류, 즉 일반인들 사이에 존재하는 신 같은 부류를 받아들여 그것을 민주화함으로써 예전에는 도달할 수 없던 영역을 그 어느 때보다도 더 가까워지게 만들었다. 유명인들이 우리를 초월한 다른 존재이면서도 동시에 우리와 비슷하다는 사실은 이전까지 언제나 모순으로 존재했다(어쩌면 이는 초월적 신과 내재적 신이라는 고대의 이중성이 현대적으로 변형된 양상이었을지도 모른다). 그 모순은 그들의 유명세가 우리의 집단적인 관심에 의해 형성되면서 이해하지 못할 것을 이해할 수 있게 만들었기 때문에 생겨났다고 말할 수 있다. 그러나 유명인들이 예전에 사로잡은 관심은 그들의 학식이나 외모, 재산, 재능 면에서 어느 정도 객관적인 기초를 갖고 있었다. 리얼리티 프로그램은 순전히 주의를 확보하기 위해 유명인 제조 과정을 산업화함으로써 그 과정을 뒤집어놓았다. 평범한 사람들을 보여주며 주의력을 수확하는 방법을 고안해낸 리얼리티 쇼는 주의력 사업가의 사업 모델에 제대로 혁명을 일으켰다. 이런 식으로 모아진 주의력은 다른 어떤 주의력과도 마찬가지로 광고주에게 팔 수 있었기 때문이다. 또한 그것은 재능을 보상하는 데도 도움이 되었다.• 해마다 그토록 많은 유명인들을 만들어내며 이제 주의력 경제는 텔레비전이 모든 사람을 유명하게 만들거나 유명해질 기회를 보장해주는 시스템을 구축한다는 주장의 정당성을 입증하고 있었다. 참고로 이 주장은 앤디 워홀Andy Warhol이 한 것으로 알려져 있다. 이는 후기 산업화 국가의 모든 사람들이 자신도 부자

• 적어도 처음에는 그랬다. 리얼리티 프로그램이 대단한 인기를 끌자, 프로그램 출연자들은 다른 연예인들과 마찬가지로 출연료 인상을 놓고 흥정을 벌인다. 그러나 대부분의 주의력 사업가들은 그때까지 광고 매출을 충분히 올린 경우 과거의 모델로 되돌아가는 것을 개의치 않는다.

가 될 기회가 있다고 곧잘 믿었던 것과 같은 맥락으로 그 시스템을 지탱해 주었다.

평범한 사람들에게 리얼리티 프로그램은 거의 로또 같은 것이 되었다. 스타덤에 오르는 티켓은 여전히 통계적으로 얻기 힘든 무엇에 속했지만, 어린 소녀가 "캐스팅되기"를 바라는 마음에 영화배우나 영화계 사람들이 단골로 드나든 슈밥Schwab's 약국의 음료수 판매대를 빈번히 기웃거렸던 시절보다는 훨씬 가능성이 높아진 것으로 보였다. 사장이나 배우, 음악가처럼 전통적인 방법으로 유명해진 사람들과 달리, 리얼리티 프로그램의 스타들은 프로가 끝나면 하나의 생활방식이 된 주의를 지속시킬 수단이 없다는 점이 달랐다. 개중에는 재빠르게 움직여 자신의 인기를 그리 화려하진 않아도 새로운 일로 바꾼 사람들도 있었다. 하지만 대부분은 연예 산업에 늘 따르기 마련인 우여곡절을 겪었고 한번 침체되면 좀처럼 다시 부상하지 못했다. 결국 그들은 평소의 삶으로 돌아갔고, 이따금씩 인터넷에서 우스갯소리의 대상이 되곤 했다.

초기에 성공을 거둔 리얼리티 스타 중의 한 사람인 모델 에릭 니스가 어떻게 서서히 사라졌는지 생각해보자. 〈더 리얼 월드〉에 출연한 그는 잘생긴 외모와 셔츠를 훌쩍 벗어 던지고 멋진 식스팩 복근을 보여주길 좋아하는 성향으로 출연자 중 가장 큰 인기를 누렸다. 니스는 방송이 끝난 뒤에도 약간의 성공을 누렸다. MTV의 〈그라인드The Grind〉라는 프로그램의 공동 진행자로 발탁되어 몇 년 동안 무대 위에서 춤을 췄다. 1995년 그 자리에서 물러난 뒤 그는 연이어 춤 연습 비디오를 제작했는데, 다른 무용수들은 옷을 입은 채로 춤을 추는 동안 천천히 옷을 벗는 모습을 보여주었다. 이후 그는 복근 운동에 사용되는 긴 고무 밴드인 "아바라터스Abaratus"을 위한 인포머셜에 등장했다. 그리고 단명한 리얼리티 프로그램인 〈십대 아이돌의 고백Confessions of a Teen Idol〉에 마지막으로 등장하지 않았더라면 그의 연예인 활동은 거기서 끝이 났을 것이다.

그들 각자가 어떤 결과를 맞이했든, 리얼리티 프로그램은 주의력 사업가에게는 하늘이 내려 준 만나 같았다. 한 텔레비전 경영자의 말마따나, 그것은 결국 단순한 경제 논리로 요약되었다. "리얼리티 프로그램은 드라마나 코미디처럼 효과적으로 프라임 타임 시청자를 사로잡을 수 있는데, 때로는 비용을 반만 들이고도 그렇게 할 수 있다."[22] 이러한 이유 때문에 그리고 별다른 언급도 없이, 2000년대 초에 걸쳐 텔레비전 사업은 근본적으로 재설정되었다. 어떤 기준을 들이대도 리얼리티 모델이 프로그램 편성의 지배적인 형식이 되었기 때문이다. 리얼리티 프로그램은 2002~2003년 시즌에 프라임 타임의 63.1퍼센트를 차지했고, 1억 2,400만 명의 정규 시청자를 사로잡았다. 그리고 2000년대 중후반 내내 그 수준을 유지했다.[23]

리얼리티 텔레비전의 핵심 인구 집단은 늘 젊은 시청자들이었다. 아마도 이것은 그 장르가 MTV에서 시작됐기 때문이거나 상대적으로 젊은 시청자들이 자신도 살면서 유명해질 기회를 얻을 수 있다고 기꺼이 믿으려 했기 때문이었을 것이다(정치 분야를 제외하고, 중년들은 그런 망상에 휘둘리는 경우가 훨씬 더 적다). 그럼에도 불구하고 시간이 지나면서 프로그램 편성자들은 리얼리티의 이끼가 더욱더 늘어나 다른 인구 집단까지 뒤덮을 수 있음을 깨달았다. 그리하여 〈데들리스트 캐치The Deadliest Catch〉(낚시꾼들이 등장하는 프로) 같은 중년 남성들을 위한 프로그램과 〈와이프 스왑Wife Swamp〉(집안일에 초점을 맞춘 프로) 같은 자녀를 둔 여성들을 위한 프로그램, 모든 연령층에 존재하는 불변의 물질 만능주의자들을 겨냥하여 부자이면서도 결코 만족이라는 걸 모르는 대저택 사람들을 각본 없이 보여주는 〈리얼 하우스와이프〉 등이 등장했다. 실제로 이후 10년 동안에 생각해낼 수 있는 모든 조합의 주의력 포획 기법을 시도하는 새로운 리얼리티 프로그램이 300여 개나 등장했다. 〈아메리칸 아이돌American Idol〉 등의 오디션 프로, 스타트업의 성공적 출범을 돕는 프로(〈샤크 탱크Shark Tank〉), 사람들의 병적 측면을 보여주는 프로(〈호더스Hoarders〉), 〈더 리얼 월드〉의 주제를 변형한 프로(집단 생활을 통해 이탈리아계 미국인들의 "육체파 마초맨" 하부 문화를 보여주는 〈저지 쇼어〉), 유명인 가족의 생활을 보여주는 프로(〈오스본 가족The Osbournes〉, 그룹 블랙 사바스Black Sabbath의 멤버였던 오지 오스본Ozzy Osbournes의 평범한 가정 생활을 보여주었다), 돈 보고 결혼하는 여자들과 젊고 아름다운 아내를 전리품처럼 보여주기 위해 결혼하는 남자들을 등장시킨 프로(〈밀리언 달러 매치메이커Million Dollar Matchmaker〉), 부동산으로 성공하려는 사람들을 보여주는 프로(〈밀리언 달러 리스팅The Million Dollar Listing〉) 등이 대표적이었다. 그리고 정말로 기이한 실험도 있었는데, 예를 들면 출연자에게 가면을 쓴 스무 명의 남자들 중에서 남편감을 고르게 하여 예상 밖의 결말을 보여주는 중매 게임 프로가 그것이었다. 이 프로그램은 〈미스터 퍼스낼리티Mr. Personality〉라는 제목으로 백악관 인턴을 지낸 모니카 르윈스키Monica Lewinsky가 진행을 맡았다. 클린턴 대통령과의 스캔들로 유명해진 그 르윈스키 말이다. 이런 프로그램들은 제작비가 실로 저렴했고, 그 어떤 말도 안 되는 아이디어도 시도의 대상에서 제외하지 않았다.

적어도 그 장르의 전형과 그것이 주의력 산업에 초래한 변화를 한마디로 요약했다는 점에서 이 모든 프로그램 가운데 가장 대단했던 프로는 〈카다시안 따라잡기Keeping Up with the Kardashians〉일 것이다. 킴 카다시안은 리얼리티 스타였던 상속녀 패리스 힐튼의 친구이자 적이었고 이후에 DJ로 성공했다. 카다시안은 다른 유형의 상속녀였다. O. J. 심슨의 변호를 맡아 유명해진 고故 로버트 카다시안Robert Kardashian의 딸인 그녀는 자매 두 명(클로에

Khloé와 코트니Kourtney)과 불만투성이 남동생 롭Rob과 함께 살았다. 엄마 크리스는 올림픽의 전설 브루스 제너Bruce Jenner(이제는 케이틀린Caitlyn으로 이름을 바꾼)와 재혼했기 때문에 킴의 식구들 중에는 카일리Kylie와 켄들Kendall이라는 아버지가 다른 자매들도 있었다. 한때 린제이 로한Lindsay Lohan 등의 스타일리스트였던 킴은 어린 나이에 결혼을 하고 이혼을 하는 등 늘 극적인 것에 대한 불꽃같은 열정을 갖고 있었다. 이혼의 경우 그녀가 당시의 내연남과 악명 높은 섹스 테이프를 찍은 시점 이후에 성사되었다(그 테이프는 패리스의 섹스 테이프와 마찬가지로 결국 세상에 유출되고 말았다). 항상 자기 아이들을 생각하는 엄마 크리스는 자신의 자녀들이 텔레비전에 나오기에 딱 알맞다고 생각했다. 그 사실이 〈아메리칸 아이돌〉의 프로듀서이자 진행자인 라이언 시크레스트Ryan Seacrest의 레이더에 걸렸고, 라이언 시크레스트는 버님과 머레이로 이루어진 훌륭한 팀에 합류하여 2007년 〈카다시안 따라잡기〉를 제작, 발표했다. 그 나머지는 다들 말하듯 역사가 되었다.

리얼리티 프로그램이 성공하려면 혹평을 받아야만 한다. 〈뉴욕타임스〉는 그 새로운 프로를 "집단적 기회주의의 관점에서만 이해할 수 있는 (…) 그런 가족을 들여다볼 수 있는 창문"이라고 불렀다. 그리고 이렇게 덧붙였다. "그 카다시안 쇼는 평범하게 사는 별난 가족을 다룬 게 아니라 조금이라도 유명해지려고 필사적으로 애쓰는 여자들을 보여주고 있을 뿐이다. 그래서 더욱더 소름이 끼친다."[24] 〈팝매터스PopMatters〉는 다음과 같은 의견을 밝혔다. "인기에 대한 카다시안 가족들의 거센 갈망에는 뭔가 불안감을 주는 게 있다. 그러나 그보다 더 안 좋은 것은 이 가족이 지루한 삶을 살아가는 모습을 지켜보는 게 매우 따분하다는 사실이다."[25] 그러나 카다시안 가족에게서 인정해야 할 점은 리얼리티 프로의 덧없는 인기의 저주를 깼다는 것이다. 10년여에 이르는 지금까지 그들이 수억 달러 가치의 제국을 지탱해

오고 있기에 하는 말이다. 그 가족은 리얼리티 프로 버전의 시너지 효과를 입증했다. 시청자들이 가족 한 명의 지루한 별난 행동에 지쳐갈 때쯤이면, 다른 구성원이 재빨리 뛰어들어 립스틱 바른 레슬러들의 태그매치 같은 새로운 난장판을 보여주었기 때문이다. 한편, 2010년대에 들어 카다시안가의 소득은 은행가도 질투할 정도의 속도로 늘어났다. 2010년에 가족 전체가 번 돈이 6,500만 달러였고, 킴의 개인 소득은 2014년 2,800만 달러, 그리고 2015년에는 5,250만 달러에 달했다.

카다시안 쇼가 주된 주의력 플랫폼으로 역할을 하자, 그들은 사실상 세상에 알려진 모든 보조적인 수익 흐름을 이용하거나 개발할 수 있었다. 우선, 상품 보증 광고가 있었다. 그리고 유료 출연, 트위터, 후원을 받는 생일파티, 동일한 이름의 의류, 향수, 서적(《셀피시Selfish》라는 사진집은 그녀의 셀카 사진으로만 이루어져 있다), 파생 작품, 놀라울 정도로 이문이 남고 인기 있는 아이폰 게임 등이 있었다. 자매간 혹은 모녀간의 말다툼이 아무리 많이 방송되어도 연애, 이혼, 임신, 언급되지 않은 얼굴 성형, 전용 제트기 탑승이 아무리 많이 전파를 타도, 극적인 잠재력이 결코 약해지지 않는 것 같은 〈카다시안 따라잡기〉에 의해 이 모든 것이 고공 행진을 했다. 교수인 엘리자베스 커리드-할켓Elizabeth Currid-Halkett은 다음과 같이 지적한다. "카다시안 가족은 유명세 창출과 사람들의 주목으로부터 얻는 수익을 하나의 예술 형식으로 바꾸어놓은 게 분명하다."[26]

다음 것(다음엔 뭘 보여줄 것인가?)에 대한 청중의 열망은 끝이 없어 보인다. 그리고 바로 그러한 이유 때문에 카다시안 가족과 텔레비전 세계는 걱정거리가 많을 것이다. 최종적으로 어떻게 판가름이 나든 상업 텔레비전이 계속 어떤 특정한 형식, 특히 리얼리티 프로그램처럼 시장점유율이 높고 난개발된 형식에 대한 관심을 무기한 지속시킬 수 있다고는 생각할 수 없다. 재무 계산이 아무리 바람직하게 나온다 해도, 각성 효과를 무기한 앞설 수 있는 주의력 포획 전략은 없었다. 황금 알을 낳는 거위도 결국엔 나이가 들어 죽기 때문이다. 톰 프레스턴은 이 사실을 알았기 때문에 약간의 선견지명으로 방송사를 시의성 부족으로부터 구해낼 수 있었다.

어쨌든 리얼리티 프로는 중대한 발견이었다. 비록 이름이 잘못 붙여지긴 했지만 말이다. 시청자들은 가능한 한 가장 낮은 가격에 가장 많은 주의력을 수확하려는 미세한 조정의 대상이 되는 가운데 사실인 것과 사실이 아닌 것 모두를 보기 위해, 극적인 효과를 내려는 의도로 왜곡시킨 장면을 보기 위해 모여들고 있었다. 하지만 그 프로들은 문자 그대로는 아닐지언정 각본 있는 드라마를 믿는 방식으로 믿을 수 있을 만큼은 사실이었다. 그리고 새천년에 접어들 무렵 온 시청자를 만족시키고, 자기 자신의 또 다른 버전을 지켜보며 대리만족을 느끼게 만들 수 있을 만큼은 사실이었다. 이렇게 텔레비전은 현실에 대한 다른 누군가의 아이디어에 위태롭게 의존한 상태면서도 여전히 20세기의 숨 가쁜 주의력 확보 경쟁에서 차지한 챔피언의 지위를 보유한 채 새천년을 시작할 수 있었다.

PART 5

다시는 속지 않으리라

그것은 "지금까지 제작된 텔레비전 프로 중에서 가장 많은 공이 들어가고 종합적이며 야심 찬 특집"으로 선전되었다. 1999년 12월 31일, 새천년은 전 세계 텔레비전 방송사들로 이루어진 거대한 연합체에 의해 환영을 받았다. 그들은 전 세계의 새해맞이를 보도하는 스물세 시간짜리 생방송 프로그램을 준비했다. 특파원들은 모든 자오선에서 열리는 축제를 생방송으로 보도했고, 미국에서는 1950년대 이래로 브라운관을 꿋꿋이 지켜온 불로의 딕 클락Dick Clark이 비지스Bee Gees, 크리스티나 아길레라Christina Aguilera, 배리 매닐로Barry Manilow, NSYNC, 에어로스미스Aerosmith 등의 뮤지션 스타들이 출연하는 카운트다운 프로그램을 진행했다.

방송사들은 전 세계적으로 8억 명이 넘는 시청자가 그 프로를 시청했다고 자랑했지만, 그것을 텔레비전의 마지막 개가라고 생각하는 사람을 누가 나무랄 수 있었겠는가. 왜냐하면 그 획기적인 해에 대중의 주의력이 압도적으로 새로운 미디어로 옮겨 간 것처럼 보인다는 사실을 부인할 수 없었기 때문이다. 그 새로운 매체는 그 무렵 현재의 형태를 갖추기 시작했지만 여전히 가능성은 유아기에 머물러 있었다. BBC는 1999년을 "인터넷의 해"라고 선언했고, CNN닷컴CNN.com은 유저들에게 "샴페인을 준비한 후 컴퓨터를 부팅하고 미래에 어울리는 방법으로 새로운 시대에 들어설" 것을 요청했다.[1] 어스캠EarthCam이라는 사이트는 방송사들이 그토록 많은 비용을 들여 대대적인 축하 행사를 벌이던 바로 그 시각에, 전 세계의 새해 축하 행사를 카메라에 담아 보여주는 "세기의 웹캐스트"를 제공했다.[2] CNN닷컴은 나아가 "이 새해 전날에 집에서 컴퓨터와 함께 있으면, 정말이지 하나도 놓치지 않을 것"이라고 인정했다.

2000년이 되자, 지난 세기 동안 인간의 주의력을 획득해온 산업, 즉 "올드미디어"가 기본적으로 그 운이 다했다는 인식이 팽배해졌다. 올드미디어는 미래의 도래를 늦추기 위해 최대한 노력했지만, 결국 늘 그랬듯이 새로운 것이 옛것을 대체하고 말았다. 전통적인 주의력 사업가들과 광고계에 있는 그들의 협력자들은 소멸의 길에 접어들고 있었다. 뉴미디어의 대표적인 지지자, 제프 자비스Jeff Jarvis는 올드미디어를 향해 다음과 같이 말했다. "여기는 우리의 나라다. 이제 그것은 우리의 미디어다. 우리의 시간과 우리의 주의력이다. 우리 국민들이 그대들을 실망시켰다면 미안하다. 하지만 그대들이 우리를 실망시켰다는 생각은 들지 않는가?"[3]

텔레비전 쪽을 보자면, 점점 더 기이해지는 리얼리티 프로그램(극단적인 성형수술에 초점을 맞춘 <스완The Swan> 같은 프로)들을 쏟아내고 <6만 4,000달러짜리 질문>의 재탕인 <백만장자가 되고 싶은가?> 같은 게임 프로그램과 <바닐라 아이스가 아미시가 되다Vanilla Ice Goes Amish> 같은 '유명인+리얼리티' 형식의 이상한 하이브리드 프로그램을 내놓는 등, 자신들의 필사적인 입장을 스스로 확인해주는 것 같았다.[4] 텔레비전이 시청자에게 유발한 수동적이고 간청하는 상태가 문제였는지, 그것을 몰래 계획한 혐오스러운 임원들이 문제였는지, 아니면 대중의 가장 저속한 속성에 영합하는 그 파렴치한 사람들이 문제였는지는 모르지만, 지난 세기의 가장 막강한 주의력 수확기였던 두 번째 스크린은 전례 없는 구차함 속에서 사람들로 하여금 뭔가 더 나은 것이 언제 등장할지 묻는 것을 체념할 준비조차 못하게 했다.

이것이 2000년대 들어 달라진 점이었다. 아마도 그것은 일종의 천년왕국설이었겠지만, 대단한 변혁에 대한 기대감, 사람들을 자유롭게 해줄 새롭고 근본적으로 다른 무언가의 영향력에 대한 믿음이 확산됐다. 2001년 로렌스 레식Lawrence Lessig은 《생각의 미래The Future of Ideas》에서 월드와이드웹이 보통 사람들을 텔레비전의 "전자적 속박"에서 해방시켜주고 기여자이자 창조자로 바꿔주며 새로운 공유지 역할을 하게 될 것이라고 예언했다.[5]

2000년대에는 그렇게 새로운 유형의 시민이 탄생하게 될 것이었다. 한때 지배적인 주의력 사업가들이 대중 시장을 겨냥해 내놓은 것들에 빠졌던 것만큼이나 서로에게 관심을 갖는 창조자들이 주축을 이루는 시민 말이다. 그러나 그런 일이 실제로 어떻게 이루어질지는 여전히 모호한 상태였으며 예언이 다 그렇듯 이해하기 힘들기까지 했다. 그 모든 것이 무엇을 의미하는지 알기까지는 10년이 더 걸려야 했다.

20

콘텐츠의 왕국

1996년, 마이크로소프트의 영향력은 절정에 도달해 있었다. 가장 위협적인 거대 기술 기업으로서, 잔인할 정도로 효율적으로 주위의 모든 것을 정복하는 데 여념이 없는 게 확실해 보였다. 사랑받지는 못해도 지구상의 컴퓨터 대부분에 그래픽 운영체제로 들어가 있어서 세상 어디든 존재하게 된 윈도우와 오피스Office는 수십억 달러의 수익을 안겨주며 마이크로소프트를 세계에서 가장 가치가 높은 기업으로 만들어놓았다. 기본 제품 시장을 독점하고 고수해 엄청난 부를 축적한 누군가를 꼽으라면 누구든 마이크로소프트를 가리켰다.[1] 따라서 1996년 1월 3일, 아직은 유행을 좇는 허세가 아니라 진정한 컴퓨터광의 표시였던 검은 테의 큰 안경을 쓴 마이크로소프트의 최고 경영자 빌 게이츠가 자사 웹사이트에 "콘텐츠가 왕이다"라는 반직관적인 제목의 글을 올린 것은 놀라운 일이었다.[2]

그 대관식이 있던 시기에 인터넷의 "콘텐츠"는 집에서 만든, 번쩍이는 단어들로 가득한 웹 페이지와 컴퓨터광들이 목적 지향 프로그래밍 언어의 득실을 논하던 텍스트 포럼이 주를 이루었다. 그럼에도 게이츠는 인터넷의 미래를 지배하게 될 새로운 창의성의 폭발을 예언했다. 그는 "방송에서 그랬듯이, 콘텐츠야말로 인터넷에서 상당히 많은 돈을 벌어들일 것으로 기대되는 분야"라고 지적하면서 "반세기 전에 시작된 텔레비전 혁명은 수많은 산업을 탄생시켰다. (…) 그러나 장기적으로 승리를 거둔 이들은 그 매체를 이용해 정보와 오락을 전달한 사람들이었다"고 덧붙였다. 하지만 그의 예측에는 인터넷 콘텐츠가 훌륭해야 성공할 수 있다는 경고가 딸려 있었다.

> 만약 사람들이 화면을 보기 위해 컴퓨터를 켜는 과정을 참고 견디면, 그들은 자기 마음대로 탐구할 수 있는 최신의 심오한 정보로 보상받을 게 분명하다. 그들에게는 오디오, 어쩌면 비디오까지도 필요할지 모른다. 그들은 인쇄물 잡지의 편집자에게 보내는 편지 페이지를 통해 제공받는 수준을 훌쩍 뛰어넘는 개인적인 관여의 기회를 필요로 한다.[3]

따라서 세계에서 가장 많은 돈을 벌고 있던 그 기업은 위대한 지도자의 영도 아래 "인터넷 텔레비전"이라 불리는 세계, 즉 "수렴"에 의해 형성되고 있던 신흥 시장을 장악하기 위해 수십억 달러를 투입하며 대대적인 작업에 착수했다. 이제 새로운 유형의 주의력 사업가들이 탄생하고 있었고, 마이크로소프트는 그들을 모두 지배할 생각이었다. 불행히도 게이츠가 경고한 대로, 인터넷을 지배하려는 사람은 누구든 자신의 콘텐츠를 훌륭하게 만들어야 했다. 마이크로소프트에 그것은 걸림돌이 되는 난제로 판명되었다.

노력이나 재원이 부족해서는 아니었다. 마이크로소프트는 레드먼드 본사에서 꽤 떨어진 캘리포니아에 완전히 새로운 단지를 조성했다. 그리고 그곳에 뉴욕과 로스앤젤레스 등지에서 특별히 모셔온 "콘텐츠 담당자"들을 배치했다. 〈뉴욕타임스〉의 보도에 따르면, 그 팀은 "검은 옷을 입은 창의적인 유형들"로 구성되었고, "새롭고 멋진 유형의 미디어 사업을 구축하라"는 임무가 맡겨졌다. 사실, 새로이 고용된 그 직원들에게는 불가능한 임무, 즉 새로운 플랫폼과 새로운 형태의 콘텐츠 모두를 개발하는 임무가 맡겨진 것이었다. 텔레비전이나 영화, 컴퓨터 게임이 아니라 "MSN 2.0"이라 불리는 새로운 포털을 통해 "수렴 현상"을 활용할 수 있는 "쌍방향" 콘텐츠 형태여야 했다. 새로 출시되는 모든 윈도우 기계에 미리 설치되던 MSN 2.0은 인터넷을 텔레비전과 더욱 비슷하게 느껴지도록 만들려는 의도로 고안된 인터페이스의 이름이었다.[4]

"모든 새로운 우주는 빅뱅으로 시작한다"는 슬로건을 내세우며 출범한 MSN 2.0는 냉혹한 평가를 받았다. 〈타임스〉는 "짜증 나는 이십대 진행자가 '당신의 취향은 훌륭하군요!'라고 선언하며 뻔뻔스러운 멀티미디어 상업광고로 시작하는" 복잡한 지시가 마음에 안 든다고 했다. 그리고 다음과 같이 덧붙였다. "그 진행자는 '제가 약속하지요. 이건 조금도 힘들지 않을 겁니다'라고 말하는데, 치과 의사들도 다들 그렇게 말한다. 그런 후 유저 앞에 남는 건 별 볼 일 없는 브라우저인데, 그것을 통해 비디오게임과 다소 비슷하지만 로딩하는 데 훨씬 더 시간이 걸리고 이렇다 할 액션이 없는 일련의 쌍방향 프로그램을 다운로드하여 플레이할 수 있을 뿐이다. 나중에 마이크로소프트 역시 그 프로그램들이 '꼴사납게 실패했다'고 인정했다."[5]

인터넷이 그 콘텐츠 잠재력을 실현하기에는 아직 역사가 너무 짧다는 사실이 드러난 상황에서 마이크로소프트는 이제 텔레비전을 더욱 인터넷과 비슷하게 만들면 그 수렴 현상을 앞당길 수 있을지도 모른다고 판단했다. 그들은 이 논리를 좇아 마이크로소프트-NBC, 줄여서 MSNBC라는 새로운 케이블 뉴스 네트워크에 수억 달러를 투자했다. 그들은 방송이 결국엔 어떻게든 인터넷에 거주하게 될 것이라는 모호한 개념을 갖고 있었다. 마이크로소프트는 보도 자료에 “이제부터 인터넷의 밝은 전망과 텔레비전의 힘이 하나가 된다”고 설명했다. 하지만 평론가들은 무엇을 하겠다는 것인지 완전히 확신할 순 없었다. 미디어 비평가 스티브 로젠바움Steve Rosenbaum은 이렇게 말했다. “뭔가 아주 흥미롭고 강력한 존재가 만들어질 것이다. 그러나 나는 그것이 무엇인지는 모른다.” 그가 몰랐다면, 마이크로소프트나 NBC에 있는 어느 누구도 모른다는 것이었다. 마침내 출범한 MSNBC는 CNN을 모방한 방송국이 되기로 작정했다. 한 가지 다른 점은 인터넷 혁명만을 다루는 〈사이트The Site〉라는 프로그램을 방송했다는 점이다.[6]

뭐가 되기로 했든 간에, 그 시너지 효과는 실현되지 못했다. MSNBC의 낮은 시청률에 직면한 경영진은 전통적인 케이블 방송식 사고에 의지했다. 인구통계 자료를 파악한 그들은 좌파 성향의 시청자들에게 그들만의 뉴스 방송 네트워크가 없다는 사실을 알아챘다. 그에 따라 MSNBC는 〈폭스뉴스〉와 대조되는 이미지의 방송사로 거듭났다. MSNBC에서 “MS”는 새로운 주인이 깜박 잊고 치우지 않은 예전 가게 표지판처럼 거기에 남아 있을 뿐이었다. 이 시기에 마이크로소프트가 투자하여 유일하게 성공한 사업은 〈슬레이트Slate〉 잡지와 X박스 게임 콘솔이었다. 〈슬레이트〉는 스스로를 최초의 온라인 잡지라고 선전하면서 궁극적으로 그 콘셉트의 생존력을 입증해냈고, X박스 콘솔은 마이크로소프트가 언제나 잘해온 기본 제품 시장에 진출한 경우였다. 나머지 투자는 대부분 어마어마한 실패로 끝났다.[7]

한마디로, 마이크로소프트는 어려운 문제를 제대로 풀어내지 못했다. 텔레비전과 인터넷을 합친다는 생각은 지나치게 단순했다. 실제로 마이크로소프트는 인터넷을 단순히 콘텐츠를 방송할 수 있는 새로운 채널인 것처럼, 케이블 텔레비전을 확대시켜놓은 것처럼 취급했다. 그러나 그 충동이 완전히 엉뚱했던 것만은 아니었다. 인터넷이 포착하는 주의력을 죄다 팔아 돈을 벌려는 경쟁이 곧 시작되었기에 하는 말이다. 다만 마이크로소프트는 거기에 끼지 못했을 뿐이다. 가장 성공적인 경쟁자는 새로운 플랫폼과 그것을 사용할 방법을 제대로 파악한 존재였다.

마이크로소프트의 콘텐츠 계획이 시들해지던 1990년대 말, 검색을 전문으로 하는 구글이라는 새로운 기업에 대한 소문이 파다해지고 있었다. 인터넷이 이용자가 더욱 많아지고 텔레비전 채널처럼 주파수를 맞출 수 없을 정도로 거칠고 활기차게 방대해짐에 따라, 검색은 주요한 애플리케이션이 되었다. 당시엔 라이코스Lycos, 마젤란Magellan, 알타비스타AltaVista, 익사이트Excite, 야후! 같은 검색엔진이 여럿 운영되고 있었는데, 이들 모두 처음부터 인터넷 디렉토리로 출범했다. 그러나 얼마 지나지 않아 구글의 검색 기능이 어떤 것보다도 훌륭하다는 게 명확해졌다. 구글의 창안자들은 영리했고, 알고리즘은 훌륭했으며, 코드는 깔끔했다. 흰 페이지에 단순한 검색창을 배치한 구글은 우아했으며 당시 그 어떤 것보다 기술적으로 비약적인 도약을 이룬 상태였다. 그러나 그 회사를 지켜본 모든 사람들은 구글에 치명적일 수 있는 엄청난 문제가 존재함을 알고 있었다. 구글은 하나의 기업이라기보다는 학술 프로젝트에 더 가까웠다. 그렇다 보니 기대할 수 있는 사업 모델이 전혀 없었기 때문에 구글은 인기를 얻을수록 섬뜩할 정도의 속도로 돈을 까먹었다. 공동 설립자인 세르게이 브린Sergey Brin은 훗날 다음과 같이 회상했다. "그때 난 멍청이가 된 것 같은 느낌이 들었다. 나는 인터넷 기업을 창업했고, 모든 사람들이 다 그렇게 했다. 그리고 다른 모든 기업들처럼 이익을 내지 못하고 있었다. 그러니 얼마나 힘들었겠는가?"[8]

공공이 살펴볼 만한 흥미로운 순간이다. 기술 업계에서 가장 인기 있는 기업이 자신들의 미래에 대해 숙고하며 갈림길에 서 있었다. 그리고 대단히 신중한 기업이었기 때문에 각각의 선택이 가져올 결과를 면밀히 검토했다. 구글은 검색이 늘어난 덕분에 상당히 많은 주의력을 포착하고 있었다. 하지만 그것을 어떻게 활용해야 한단 말인가? 앞에서 살펴봤듯이, 주의력을 현금으로 바꾸는 방법은 늘 두 가지가 있었다. 둘 중에 오래된 방법은 오페라나 유료 케이블 텔레비전, 서적의 모델을 따라 구경거리에 대해 입장료(입회금, 구독료)를 부과하는 것이다. 구글에게 이것은 프리미엄 상품에 대한 접근권을 팔거나 라이선스를 부과하는 것을 의미할 터였다. 두 번째 방법은 자신들이 얻은 주의력을 되파는 것으로, 주의력 사업가의 모델을 따르는 것을 의미했다.•

구글처럼 주의력을 수확할 잠재력이 큰 업체에 가장 안전하고도 가장 즉각적인 수익 흐름은 광고에 있다는 사실을 깨닫는 데는 비범한 재능이 필요하지 않았다. 그래서 구글은 그 길을 택했다. 〈와이어드Wired〉를 공동으로 창간한 존 바텔John Battelle은 2005년 다음과 같이 썼다. "매일 수억에 달하는 인구가 컴퓨터 화면에 몸을 기울인다. 그러고는 단순한 색들과 멋진 흰 배경의 구글닷컴에 자신들이 원하는 것, 두려워하는 것, 의도하는 것을 입력해 넣는다."[9] 라디오가 "느긋한" 청중을 약속했다면, 이 경우는 훨씬 더 나은 것을 약속했다. 무언가를 원하고 그것이 무엇인지 정확히 말할 준비가 되어 있는 사람들, 전문용어로 "의도가 있는 트래픽intentional traffic"을 약

• 사실 두 가지 방법이 더 있었는데, 둘 다 진지한 고려 대상에 속하지는 않았다. 하나는 기부나 후원에 의지하는 것으로, 나중에 위키피디아 같은 공익 정신에 기반을 둔 프로젝트가 추구한 방향이었다. 두 번째는 훨씬 더 급진적인 공익 모델로, 닷컴 호황의 자극적인 유혹이 등장하기 전에 구글 창업자들 같은 사람들이 고려했을 법한 방법이다. 그들은 구글을 이메일이나 인터넷 그 자체처럼 진정한 공공 프로젝트로 만들 수도 있었다.

속했다는 얘기다. 구글은 이렇게 특별히 가치 있는 정신 상태, 즉 솔직하고 간절히 바라고 감수성이 예민한 마인드를 광고주들에게 내놓을 수 있었다. 주의력 사업가들만의 연금술을 이용하여 광고는 구글을 그 사용자들에게 "공짜"처럼 느껴지게 만들 것이었다. 마치 구글이 사용자들에게 커다란 호의를 베풀고 있을 뿐이라는 느낌을 만들 터였다.

되돌아보면, 그것은 쉬운 결정이었다. 그러나 구글의 주된 창립자인 래리 페이지Larry Page는 광고가 무언가를 타락시킬 가능성에 대해 흔치 않게 민감했다. 구글이 갈림길에 서기 전, 그는 브린과 함께 쓴 글에서 "광고로 재원을 얻는 검색엔진은 본질적으로 광고주에게 편파적이게 되고 소비자의 니즈와는 멀어질 것"이라고 강경하게 주장한 바 있었다.[10] 엔지니어이자 과학자로서 페이지는 상업적 왜곡이 없는, 깨끗하고 순수한 도구를 만들고자 했다. 더욱이 그의 반감은 순전히 학구적인 것만은 아니었다. 그는 브린과 자신이 싫어하는 한 남자가 팔러 다니던 광고 주도형 검색엔진이 어떤 모습인지 알고 있었다. 그 사람은 지금은 대체로 잊힌 인물이지만, 한동안은 구글의 최대 경쟁자였다. 그의 이름은 빌 그로스Bill Gross였다.

2년 전인 1998년 빌 그로스는 캘리포니아 주 몬테레이에서 열린, 당시엔 새로웠던 "기술, 오락, 디자인Technology, Entertainment, Design" 컨퍼런스에 참석해 광고 주도형 검색엔진에 대한 자신의 아이디어를 선전했다. 1990년대 초에 시작된 TED 컨퍼런스는 혁신자와 예언자 들의 짧은 강연을 무대에 올렸는데, 청중에게 영감을 주겠다는 목적으로 개최된 강연회였기에 상품을 팔려는 행위는 강력하게 저지되었다. 그러한 경고를 무시하며 경력을 쌓은 그로스였기에 그는 TED에서 자신의 최신 상품을 팔려고 했다. 그는 인터넷 검색을 위한 새로운 개념을 제안했다. 근사한 알고리즘 대신에 그가 제안한 것은 그냥 최고 입찰자에게 검색 결과의 공간을 팔면 어떻겠느냐는 것이었다. 그로스의 프레젠테이션은 매력적이었지만, 반응은 우호적이지 않았다. TED는 강연자를 존중하는 너그러운 청중으로 유명하지만, 이 경우에는 야유 소리가 들렸다. 이후 복도에 울린 수군거림은 완전히 부정적이었다. 존 바텔이 지적했듯이, 그 모델은 "미디어에 알려진 모든 윤리적인 경계선을 명확히 침해하는 것이었다".[11]

그러나 빌 그로스는 포기할 사람이 아니었다. 소란스럽던 1990년대의 닷컴 문화에서 등장한 그로스는 (스티븐 스필버그Steven Spielberg에게서 영감을 받은 것으로 추정되는) 어떤 아이디어를 자신의 벤처 인큐베이터인 아이디어랩Idealab에서 거의 하룻밤 만에 하나의 기업으로 바꾸어놓은 것으로 유명했다. 그는 "과거의 규칙이 인터넷 기업에는 적용되지 않는다"와 같은 말을 곧잘 하곤 했다.[12] 돌이켜 생각해보면, 그로스가 "과거의 규칙"이라 표현한 건 종종 다른 사람들이 "윤리"나 "가치 평가", "일반적으로 인정되는 회계 실무"라 부르는 것들이었다.

그로스의 혁신적 발상들 중 다수는 주의력 사업가의 모델을 새로운 극단으로 몰아갔다. 온라인 장난감 소매 업체인 이토이즈eToys는 성공에 그 이상 필요한 게 없다는 가정하에 그 단명한 사업 기간 동안 벤처 자금의 막대한 몫을 광고에 쏟아부었다. 그로스는 또한 프리PCFreePC도 설립했는데, 이 기업은 사람들에게 저가의 컴팩Compaq 컴퓨터를 지급하는 대신 그들의 상세한 개인 정보와 인터넷 서핑 및 구매 습관을 모니터할 권리를 얻었다. 그의 넷제로NetZero는 적어도 망하기 전까지는 광고와 사용자 습관 추적 관행에 의존한 "무료" 인터넷 서비스 업체였다.

그로스는 "최고 입찰자" 검색 아이디어를 고투닷컴GoTo.com이라는 업체로 바꾸어놓았다. 고투닷컴은 구글보다 일곱 달 먼저 출범했으며 한동안은 구글의 주된 경쟁 업체였다. 고투닷컴은 구글과 달리 검색 결과의 상위 순위에 올려주는 대가로 광고주들로부터 돈을 받았다. 이 검색 리베이트 체계에서는 "관련성"이라는 것이 투자한 돈에 좌우되었다. 그로스가 누누이 얘기했듯이, 그들은 "눈먼 알고리즘이 결정하게 놔두지" 않았다. 고투닷컴의 접근 방식은 AOL의 담장이 쳐진 유료 정원과 비슷했다. 그리고 검색으로 사용자를 유혹하여 광고를 전달하는 고투의 교묘한 수법은 비평가들로부터 사람들을 호도하는 비윤리적 방식이라는 비판을 받았다. 한 비평가는 이렇게 불평했다. "어떤 중학생이 고투에서 '영양분'을 검색하면, 맨 처음 등장하는 221개의 사이트가 입찰 기업들이다(주로 미용식을 판매하는 사이트들)." 〈뉴욕타임스〉가 그로스에게 고투의 검색이 시스템적으로 상업적 결과물에 혜택을 주느냐고 묻자, 그는 누구든 동일한 특권을 얻기 위해 돈을 지불할 수 있다고 대답했다. 〈타임스〉는 "그로스 씨는 비영리단체, 대학, 심지어 의료 기관들도 돈을 내고 검색 결과 상위에 배치되는 게 이롭게 될 것이라고 주장한다"고 보도했다. 그로스는 "자선단체라 해도 사람들의 관심을 원한다"고 말했다.[13]

그로스를 가장 적극적으로 비판한 사람들 가운데 브린과 페이지가 있었다. 두 사람은 그의 방법이 혐오감을 일으킨다고 생각했다. 구글의 검색 알고리즘을 설명하며 크나큰 영향력을 미친 1998년 논문에서 그 두 대학원생은 유료 검색 모델이 간파하기 쉽지 않은 문제를 일으킨다고 공격했다. "검색엔진의 편향성은 특히나 음흉하다. 심지어 전문가들도 검색엔진을 평가하기가 매우 어렵다."[14] 유인誘引을 섞어놓기 때문에 그랬고, 그것이 바로 광고주들을 위해 일한다는 것이 낳는 결과물이었다. 두 사람은 이러한 이유로 검색이 투명하고 공평해야 한다고 믿었다.

무엇보다도 이러한 정서는 구글을 뒷받침하는 주요한 원동력인 래리 페이지의 인성을 반영했다. 페이지는 카리스마를 발산하는 인물은 아니다. 그는 일률적이고 겸손한 태도로 유명하다. 구내식당 쟁반에 담긴 점심을 먹으며 회의를 하는 경우도 많은데, 만약 그렇게 회의 중인 그를 본다면 견딜 수 없을 정도로 자기 의견을 고집하는 중간 관리자라고 오해할 수도 있다. 하지만 일단 결심을 굳히고 나면, 그는 보통 때와는 달리 대담한 탁월성을 보여주고 거의 초자연적일 정도로 본능을 따른다. 마음속 깊은 곳의 그는 순수주의자이며, 일단 이해하고 나면 거부하기 힘든 아름다움을 지닌 공학적 미학에 헌신하는 사람이다.

구글의 암묵적인 모토는 늘 "우리는 더 잘한다"였다. 구글의 창립 문화는 철저한 실력주의로, 훌륭한 코드와 독창적인 시스템 디자인이 무엇보다도 중요했다. 초창기의 페이지는 마케팅이나 경영, 심지어는 돈을 모으거나 벌어들이는 일처럼 기술과 덜 관련된 측면에 대해서는 인내심을 발휘하지 못하는 경향이 있었다. 그가 그 모든 것보다 우위에 있다고 생각해서는 아니었다. 그보다는 나름의 근거를 가지고, 기업들이 진정한 목표를 희생시키면서 그런 세속적인 일들에 대부분의 시간과 에너지를 종종 낭비한다고 생각했다.* 물론 그 목표는 이전에 나온 어떤 것보다 엄청나게 더 좋은 아름답고 완벽한 도구를 고안하여 만들어내는 것이었다.

브린과 페이지가 좋아한 창작품에는 두 가지 특징이 나타났다. 첫째, 늘

* 구글의 초대 최고 경영자였던 페이지는 한번은 경영진 모두를 해고했다. 그들이 쓸모없을 뿐 아니라 그 모든 회의와 기획 회의 등으로 엔지니어링에 방해만 된다는 것이 그 이유였다. 그는 엔지니어들이 한 무리의 새처럼 감독하지 않아도 스스로 조직을 꾸려나갈 수 있고 그냥 자기들끼리 내버려두면 기적을 창출할 것이라고 진심으로 믿었다. Nicholas Carlson, "The Untold Story of Larry Page's Incredible Comeback," *Business Insider*, April 24, 2014 참조.

그것들은 고치기 힘들 것처럼 보이는 오래된 문제에 대한 용기 있는 새로운 해결책이었다. 원칙적으로 그것들은 반직관적이었고, 미친 것처럼 보이기까지 했지만, 일단 실행되면 마법을 발휘했다. 둘째, 그것들은 빨랐다. 구글은 구글의 작품들이 무엇보다도 더 빠르고 훌륭하게 작동할 것을, 그리고 너무나도 많은 다른 상품들이 참고 받아들이는 타협 없이 작동할 것을 요구했다. 이 두 가지 특징은 서로 합쳐져서 "구글다운Googley"을 규정할 정도까지 되었는데, "구글다운"이라는 형용사는 구글의 가치 개념을 반영하는 것들을 표현할 때 구글 캠퍼스에서 사용하는 말이다.[15]

그들이 그 이상을 어떻게 표현하든, 그들은 그렇게 해냈다. 음식이 맛도 있고 공짜여서 자판기 앞에서 줄을 서느라 시간을 낭비할 필요가 없는 캠퍼스를 만들면 "왜 안 되는가?" 사용자들에게 무료로 기가비트의 저장 용량을 주면 "왜 안 되는가?" 세상에 나온 책들을 모두 스캔하면? 카메라가 장착된 트럭을 몰고 방방곡곡 거리를 다니면서 그림 지도를 만든다면? 그러나 무엇보다 구글의 주력 상품이 가장 구글다워야 했다. 그래서 구글 검색은 다른 검색엔진보다 단순히 더 좋아야 할 뿐 아니라 야후나 고투 같은 그 추하고 느려터진 이복 자매들보다 1,000배는 더 훌륭해야만 했다. 구글 스스로 말하는 승리의 표현은 정말이지 감각적이었다. 구글은 빠르고 꾸밈이 없고 당할 자가 없고, 빛나고! 청렴한! 반면, 경쟁 업체들에 대해서는 본질적으로 "후졌다"고 생각했다. 느린 데다가 광고로 장식되어 있고 궁극적으로 부패한 존재들이라고 본 것이다.

이 모든 것 때문에 구글, 특히 페이지에게는 광고를 기대하기가 매우 어려웠다. 순수주의자의 입장에서는 광고보다 더 악취를 풍기는 것은 거의 없었으며, 일단 광고에 발을 들여놓으면 완전히 광고를 없애버릴 쉬운 방법이 없었다. 그러나 구글은 자신들이 어떻게든 돈을 벌 수 있다는 것을 보여줘야만 했다. 페이지와 브린은 상당히 순수했지만, 능률 또한 중요하게 생각하는 사람들이었다. 아무것도 이루지 못한 이상주의자도, 견해나 아이디어가 결코 빛을 보지 못하는 고결한 학자나 프로그래머도 존경하지 않았다. 구글은 그 자체의 이상에 걸려 좌초하기에는 너무 멀리 와 있었다.

그래서 실리콘밸리 엔지니어들 특유의 낙천주의로 무장한 페이지와 다른 기술자들은 구글의 수익 문제를 해결할 방법을 어떻게 고안해내야 할지 생각하기 시작했다. 그들은 구글의 상품을 해치지 않으면서 광고를 받아들이는 방법이 없을까 묻곤 했다. 맛은 그대로면서 칼로리는 전혀 없는 "다이어트코크"식 해법을 생각해낼 수는 없을까? 광고를 거리낌없이 받는 그 "후진" 경쟁 업체들은 구글만큼 창의적이지 않다는 점은 말할 필요도 없었다. 구글이 노력을 기울인다면 상품의 격을 떨어뜨리는 게 아니라 실제로 향상시키는 광고 유형을 만들어낼지도 모를 일이었다.

실제로 가치를 "더해주는" 광고 개념은 기술 업계와 광고 업계 모두에 성배와 같은 무엇이었다. 엔지니어들은 광고가 웹 페이지에 무엇을 하는지 정확히 알고 있었다. 광고는 페이지 속도를 느리게 만들고 화면 공간을 차지하고 사용자가 정말로 하고 싶어 하는 것으로부터 주의를 돌리게 만들었다. 그리고 때로는 고의적으로 바이러스를 심는 경우처럼 정말로 끔찍한 짓도 벌였다. 그러나 기만적인 내용이 아니라면 광고도 소비자에게 정보를 제공하는 유용한 목적에 도움이 될 수 있다는 이론은 늘 존재해왔고, 마케터들은 그 유용한 목적을 "발견"이라 불렀다. 월드와이드웹 밖에서는 광고가 과거에든 현재에든 항상 고객에게 멸시를 당한 것은 아니었다. 인쇄 광고는 편집된 콘텐츠만큼 아름다울 수 있다. 일례로 〈보그〉에 등장하는 많은 돈을 들인 광고가 그렇다. 그리고 신문의 항목별 광고처럼 일부는 특정 구매자와 판매자를 쓸모 있게 연결시켜줄 수도 있다. 또한 일부 슈퍼볼 시청자들은 주로 상업 스폿광고 때문에 텔레비전을 시청하는데, 그 광고들이 광고 업계에서 가장 혁신적이고 재치 있는 것으로 유명하기 때문이다. 그렇다면 구글도 바람직한 웹 광고를 만들어낼 수 있지 않을까?

페이지는 사내 최고의 엔지니어에게 2000년에 고안된 원시적인 광고 시스템을 더 낫게 손보도록 지시했다. 에릭 비치Eric Veach는 캐나다 출신의 훌륭한 수학자로, 그의 여러 자질들 중에서 돋보이는 점은 정말로 광고를 싫어한다는 것이었다. 그들은 작업에 착수했고, 2001년 중반 비치가 이끈 팀은 수수께끼를 풀었다고 확신할 수 있었다. (경매와 비슷한) 그로스의 아이디어 일부를 차용한 그들은 주의력 되팔기에 대한 기존의 통념을 완전히 뒤집는 광고 시스템을 고안해냈다.

주의력 사업가는 늘 청중이 참다못해 반란을 일으키기 직전까지 광고 공세를 펼쳐서 가능한 많은 청중에게 영향을 미치려고 애써왔다. 팻 위버가 처음으로 중간 광고를 도입한 이래로 텔레비전에서도 그러한 전략이 우세했다. 한 시간마다 14분에서 16분까지의 광고 시간을 밀어넣고 다른 방식의 브랜딩 광고를 3분에서 7분 추가하여 대략 방송의 3분의 1을 광고로 잡아먹는 전략이었다. 본질적으로 방송 내용은 매번 아슬아슬한 장면에서 중단되며 광고를 넣을 수 있도록 고안되었다. 그것은 여러 면에서 대량 우편 발송과 크게 다르지 않았다. 시청자들이 수용적일 경우 또는 판매되는 물건이 시청자에게 필요한 최적의 순간에 미미하더라도 일부 시청자를 붙잡는 동시에, 소비자로 바뀔 수도 있는 시청자들에게 "브랜드 인지도"를 구축하기 위해서라면 그 정도의 비용은 들일 만했다. 말하자면, 다른 모든 사람들이 부수적 피해자에 해당했다.

오늘 본 짜증 나는 광고 때문에 내일 시청자는 진통제를 먹을 수도 있다. 그러나 구글은 뭔가 다른 것, 즉 상업과 관련지을 수 있는 의도를 숨김없이 표현하는 사람들에게 접근할 기회를 가졌다. 어떤 사람이 "마약 재활"이나 "남성형 탈모증", "주택 담보대출 받기" 등을 입력할 경우, 그들이 무엇을 생각하는지에 대해서는 의심할 게 거의 없다. 따라서 그 새로운 시스템은 그 순간에만 관련된 광고를 보여줄 생각이었고, 그렇지 않으면 상당히 철저하게 멀리 떨어져 있으려 했다. 한마디로, 구글은 모든 주의력을 공략의 대상으로 삼지는 않겠다는 결정을 내린 것이었다. 광고주들이 적어도 융단폭격만큼이나 국부 공격도 높게 평가할 것이라는 이론이었다. 시청자의 마음을 읽고 그 사람의 관심사에 맞춰 한 시간에 단 하나의 광고만 보여주는 텔레비전 채널을 상상해보자. 그렇게 하면 시청자가 그 채널을 더 좋아하게 될 거라는 판단에서 말이다. 이것이 바로 초창기 구글의 생각이었다.

그렇게 구현된 기술 프로그램은 "애드워즈Adwords"라 불렸다. 특정 검색어(예를 들면, "원고 측 변호사"나 "대출")에 대한 검색 결과 옆에 등장할 수 있는 문자 광고들을 경매에 부치는 프로그램이었다. 그리고 거기에 실제로 클릭되는 횟수에 기초하여 각각의 광고에 "품질 지수"를 부여하는 기막힌 한 수가 추가되었다. 구글은 관련성이 있을 뿐 아니라 사람들이 실제로 좋아한 광고만 게재할 것을 고집했다. 그래서 "사해死海 성서 사본"을 검색하는 사람은 "대출"이나 "다이어트 보조제" 광고를 보게 되는 경우가 없었다. 대부분은 광고를 전혀 보지 않을 가능성이 상당히 높았다.[16]

사원 번호 59번인 더글러스 에드워즈Douglas Edwards의 말을 빌리자면, 애드워즈가 시작되자마자 구글은 "빠른 속도로 목성의 외곽 위성들을 지나 저 멀리 떨어진 완전히 돈으로만 이루어진 은하수까지 갔다".[17] 그러한 결과는 두 가지 이유 때문에 일어날 수 있었다. 첫째, 구글은 광고를 게재하면서도 여전히 야후나 라이코스, 고투 등의 검색엔진보다 더 나았기 때문에 그들의 시장점유율을 잠식해나갈 수 있었다. 둘째, 더욱 중요한 이유로 구글의 광고 시스템이 마침내 무덤에 있는 아서 닐슨에게서도 인정받을 수준의 측정 기준을 제공함으로써 광고주들을 만족시켰다는 점이다. 닷컴업체들이 몰락한 여러 이유 가운데 1990년대 후반기 내내 AOL을 비롯한 모든 업체들이 온라인 광고의 실효성을 입증하는 데 어려움을 겪었다는 사실이 있었다(그래서 AOL은 매출을 조작해야 했다). 그러나 구글은 클릭 수와 고객 추적이라는 직접 증거로 광고주들에게 마침내 자신의 광고와 최종 구매 간의 직접적인 연관성을 볼 수 있게 해주었다. 또한 구글 사용자들에게 구매 결정이 아주 가까워진 시점에 광고가 제공된다는 사실이 매력으로 작용했다. 그 검색엔진은 브랜드를 구축할 수 있다고 증명할 필요가 전혀 없었다. 대신, 그것은 공항을 서둘러 빠져나와서 택시를 찾는데 마침 광고가 보여 "클릭"한 여행객 같은 사용자들을 발견했다. 이러한 혁신적인 조치들 덕분에 돈이 쏟아져 들어왔다. 처음엔 수백만 달러가, 그다음엔 수억 달러, 마침내는 수십억 달러가 들어왔다. 곧이어 구글은 세계 역사에서 가장 수익성 높은 주의력 사업가가 되었다.*

아이러니하게도 구글이 결국 주의력 사업가로서 경쟁 상대가 없을 정도

* 한편, 고투의 설립자는 닷컴 시장이 무너지자 몰락하기 시작했다. 바텔은 이렇게 썼다. "초창기 인터넷 시대의 수많은 지도자들처럼 빌 그로스도 자신의 역량에 비해 너무 많은 연기를 피우고 있었다. 그래서 그 파티는 갑작스럽게, 그리고 불행하게 끝이 나고 말았다." "불행한 결말"은 자신의 고투 검색엔진을 야후에 팔고 10억 달러가 넘는 돈을 챙긴 사람에게는 특이한 묘사일 수도 있다. 그럼에도 바텔에 따르면, "그의 기억에는 후회와 고통의 그림자가 드리워졌다". 나중에 그로스는 짐짓 용감한 얼굴로 자신의 역할을 설명했다. 2013년 <슬레이트>와의 인터뷰에서 "나는 유료 검색 모델을 제안했다는 사실을 무척 자랑스럽게 생각한다"고 말한 것이다. Will Oremus, "Google's Big Break," *Slate*, October 13, 2013 참조. 고투는 또한 야후에 연방거래위원회의 규제 문제를 안겨주기도 했다. 연방거래위원회는 브린, 페이지와 마찬가지로 광고가 개입된 결과와 기본적인 결과를 뒤섞어놓는 관행에 주시했고 그것을 탐탁하게 생각하지 않았다. 엔지니어가 부정한 프로세스라고 본 것들을 변호사들은 소비자 기만의 일종으로 생각했다. 연방거래위원회의 견해에 따르면, 돈이 지불된 검색 결과는 명확히 광고로 고지되지 않는 광고 형태였기 때문에 불법적으로 남을 속이는 행위였다.

의 성공을 거두게 된 것은 (창업자들과 주요 엔지니어들이) 광고를 경멸했기 때문이었다. 어떤 조건이면 대중에게 광고를 참아달라고 할 수 있는지 고민하며 적정한 조건을 도출한 것이 비결이었다. 구글은 검색과 동의어가 될 정도로 2000년대 내내 일상생활의 일부로 자리 잡으면서 시대의 기준에서 볼 때 아주 합리적인 트레이드오프tradeoff(무언가를 내줘야 다른 것을 얻는 거래 관계-옮긴이)로 보이는 것을 제시했다. 거기에 이의를 제기하는 사람은 거의 없었고, 수익 성장률로 판단해볼 때 그로 인해 수모가 유발되지도 않았다. 애드워즈는 전혀 거슬리지 않았기 때문에 구글이 광고의 지원을 받는다는 사실을 깨닫지 못하는 사람들도 있었다. 구글은 그저 하늘에서 내려준 양식을 마음대로 가져가도록 존재하는 듯 보일 뿐이었다. 실제로 구글은 애초의 주의력 사업가 모델에서 정말로 기적적이었던 부분, 즉 정말로 가치 있는 무언가를 표면상의 비용 없이 가져갈 수 있도록 만드는 것이 가능함을 보여주었다. 정말로 아무것도 아닌 듯 보이는 것을 내주고 대중은 이제껏 설계된 가장 훌륭한 검색엔진은 물론이고, 시간이 지나면서 용량이 무제한인 무료 이메일 서비스와 천하제일의 지도, 세계의 도서관, 심지어 자율 주행 자동차 같은 흥미진진한 혁신을 다루는 연구 결과 등의 다른 근사한 것들까지 얻었다. 물론 지금도 항상 그렇지만, 그에 대한 대가는 있었다. 구글이 한창때를 구가하면서 구매를 결정한 사람들도 상품 광고에 노출되었다. 그러한 광고는 당연히 유용한 것으로 드러날 수도, 그렇지 않을 수도 있었다. 구글은 또한 사람들에 대한 정보를 대량으로 수집하기 시작했다. 그럼에도 불구하고, 광고에 대해 크게 꺼림칙해하던 페이지는 〈와이어드〉의 스티븐 레비Steven Levy 기자에게 자신이 애드워즈를 훌륭하고 올바른 혁신으로 생각하기 시작했다고 말했다. "그 시점부터 브린과 페이지는 영광스러운 수익 결과만을 보게 되었다." 레비의 지적이다.[18]

페이지는 자신이 악마보다 한 수 위였다고 느꼈을지 모르지만, 파우스트 같은 인물들은 다들 그런다. 애드워즈의 안전 장치 덕분에 한동안 구글의 핵심 상품은 손상을 입지 않았다. 하지만 기업의 생은 길고 성장에 대한 주주들의 요구는 그칠 줄 모르는 법이다. 월스트리트 사람들은 가장 견실한 광고 수익조차도 항상 개선의 여지가 있다고 생각한다. 시간이 지나면서 이러한 현실은 구글이 대중과 맺은 애초의 합의에 압력을 가했다. 패러다임의 전환을 이루긴 했어도 애드워즈는 여전히 광고였다. 그리고 아무리 독창적이라고 해도 구글은 여전히 주의력 사업가였다. 따라서 언제나 두 명의 주인, 즉 미녀와 야수를 모셔야만 했다.

21

모두가 모여든다

구글을 비롯한 서부의 몇몇 기업들은 웹 광고가 단순한 허풍이 아님을 증명해냈다. 인터넷이 포획한 주의력을 되팔아 정말로 많은 돈을 벌 수 있다는 것이었다. 그러나 구글은 애드워즈에 '리모컨'을 효과적으로 장착했다. 그래서 옛날 방식으로 수확 가능한 주의력은 훨씬 더 많이 남아 있었다. 2000년대 초까지 평범한 화이트칼라 근로자 각자가 꽤 빠른 속도로 인터넷에 연결되는 스크린을 책상 위에 두었다는 단순한 사실만으로도 그것은 확실했다. 이론적으로 더욱 생산적인 근무 환경을 조성하기 위해 설계된 이 장비는 의도하지 않은 결과의 법칙에 따라 주의력을 수확할 수 있는 절호의 새로운 기회 또한 탄생시켰다. 버즈피드BuzzFeed의 최고 경영자인 조나 페레티Jonah Peretti는 다음의 현상에 주목했다.

> 수억 명의 따분해하는 사무직 근로자들이 이메일을 보내고 블로그를 운영하고 실시간으로 문자를 보내고 게임을 하며 컴퓨터 앞에 앉아 있다. (…) 이 산만해진 직장인들은 뜻하지 않게 '무료한 직장인 네트워크

Bored at Work Network, BWN'를 탄생시켰다. 이는 CNN, ABC, BBC 같은 전통적인 방송국들보다 훨씬 더 영향력이 큰, 인간 동력 기반의 거대한 네트워크이다.

그 네트워크를 누가 수확할 것인가? 이제 경쟁이 시작되었다.

2000년 11월, 〈뉴요커〉는 새로운 현상을 세상에 소개하는 기사를 실었다. 그 기사는 다음과 같았다.

멕 휴리한Meg Hourihan은 기분이 안 좋았다. 그녀는 큰 걱정거리는 없었지만, 이십대 후반의 여성에게 흔한 세 가지 문제에 힘들어하고 있었다. 첫 번째로는 날씨가 나빴다. 두 번째로 그녀는 너무 열심히 일하고 있었다. 세 번째로 그녀에겐 남자 친구가 없었다. 어떤 것도, 심지어 먹는 것도 그녀에게 아주 흥미롭게 느껴지지 않았다. 유일하게 끌리는 생각은 프랑스로 이사해 멋진 새 프랑스 남자 친구를 찾는 것이었다. 하지만 그런 생각을 얘기할 때도 그녀는 냉소적으로 말한다는 인상을 주었다. 나는 몇 달 전에 멕넛닷컴Megnut.com이라 불리는 멕의 개인 웹사이트를 읽었기 때문에 멕에 대한 이런 사실들을 알고 있다. 나는 한동안 멕넛을 읽어왔기 때문에 멕넛의 저자에 대한 온갖 일들을 알고 있다. 나는 그녀가 다소 꿈이 많고 이상주의자에 가깝다는 것을 알고 있다. 그리고 기업공개 때문에 인터넷과 관련되어 있는 "닷컴 피플"과 인터넷이라는 매체가 제공하는 상상의 가능성과 사랑에 빠진 사람들인 "웹 피플"이 확실히 다르다고 그녀가 열렬히 믿는다는 사실, 그리고 그녀가 자신이 후자에 속한다고 생각한다는 사실도 알고 있다.[1]

이 새로운 고백 형식은 무엇이었을까? 작가인 레베카 미드Rebecca Mead의 설명에 따르면, 그것은 "'웹로그weblog' 혹은 '블로그blog'로 알려진 새로운 종류의 웹사이트였다". 그녀는 덧붙여 이렇게 설명했다. "블로그를 갖고 있다는 것은 매일 업데이트하는 온라인판 〈리더스다이제스트〉를 직접 출간하는 것과 비슷하다." 하지만 여기에는 대화 요소가 첨가되어 있다. "블로거로 알려진, 블로그를 가진 다른 사람들이 당신의 블로그를 읽으며, 그들이 당신의 블로그를 좋아한다면 자신들의 블로그에 당신의 블로그를 올린다." 물론 멕이 했던 것처럼 자신의 문제를 블로그에 올려야 할 필요는 없었다. 블로그에 올리는 주제는 어떤 것이든 괜찮았다. 주의를 끌어들이는 힘이 아주 확실하지는 않지만, 이것이야말로 완전히 새로운 주의력 포획 형식이었다.

사람들이 직장과 가정에 있는 그 모든 연결된 화면들에 아낌없이 주고 있는 주의력을 포획 가능한 가장 자연스러운 위치에 신문과 잡지 같은 전통적인 뉴스 매체가 자리했다고 생각할 수도 있다. 어쨌든 그런 매체들은 애초에 그런 주의력 조각들, 즉 사람들이 하루 중에 취할 수 있는 그 짧은 휴식 시간을 잡기 위해 설계된 것들이니까. 그러나 신문은 자신들의 콘텐츠를 웹에 맞게 바꾸는 데 특히나 느렸고 그래야 하는 현실에 분개하기까지 했다. 그들은 인터넷 보도의 신뢰성 부족과 인쇄 매체 수익에 대한 잠식, 그리고 붕괴하는 사업에 대한 여타의 전형적인 우려들 때문에 초조해했다. 그들의 편협한 태도는 웹의 새로운 사용자들을 흥분시키지 못했다.

그렇게 전통적인 매체들이 놓친 그 기회는 구성원이 다양하고 공통점이

별로 없는 집단이 잡았다. 그들은 사실상 갑자기 유명해진 무리로서 적어도 전에는 주의력 산업의 구역으로 인정되지 않던 곳에서 출현한 집단이었다. 클레이 셔키Clay Shirky는 이 현상을 놓고 "모두가 모여든다"라고 묘사했다.[2] 그것은 생각지도 못한 창작 집단의 탄생으로, 더 많은 청중을 겨냥하여 책이나 어떤 창작품을 내고 싶어 하는 사람들에게 새로운 도구를 안겨주면 사회에 엄청난 이익이 생길 거라는 로렌스 레식의 예언이 실현된 것이었다. 셔키의 말을 다시 한 번 빌리자면, "사회적 도구social tools는 표현의 자유를 막던 오래된 장애물을 없애며, 대중매체의 특징이었던 병목현상까지도 제거해준다. 그 결과로 전에는 대중매체의 전문가들만이 수행하던 작업에서 집단 아마추어화 현상이 일어나고 있다".[3]

이렇게 웹에서 2000년대 초기는 블로거들과 그들의 추종자들 세상이었다. 이는 그 이전에 등장했던 대부분의 집단과는 다른, 특정한 경험을 공유하는 놀라운 집단이었다.[4] 그들의 문화적 뿌리는 1980년대, 비상업적 성향을 띠던 인터넷 초기 시대에 있었다. 1999년에 발표된 《클루트레인 선언문The Cluetrain Manifesto》이라는 책은 이 시기의 웹을 다음과 같이 설명했다. "기술적으로 모호하고 불가해한 곳이었으며 컴퓨터광과 천재, 개인주의자와 사회부적응자 들이 사는 곳이었다. 그러나 곧 사람들이 아무런 제약도 받지 않고 다른 사람들과 이야기를 나눌 수 있는 곳이 되었다. 여과 장치나 검열, 당국의 허가 없이, 그리고 가장 중요하게는 광고 없이. (…) 그곳의 매력은 아무리 조정된다고 해도 누구든 말할 수 있다는 것이었다. 아무리 더디다고 해도 매력은 사람들의 대화에 있었다. 그리고 대체로 그 매력은 그들이 말하는 것들의 유형에 있었다. 역사상 그토록 많은 사람들이 그토록 다양한 주제에 관해 타인의 생각을 그토록 많이 알 수 있는 기회를 가진 적은 없었다."[5]

초기의 온라인 마케팅 전문가로서 이후 쭉 블로거로 활동해온 데이비드 와인버거David Weinberger는 초기의 웹블로거들이 무엇을 알아내고 있었는지 설명한다. "블로그가 생겼을 때, 그것은 우리를 반응하게 하고 대응하게 하고 도발할 수 있게 해주는 웹 존재감의 성취 방법이 되었다."[6] 이미 그 시기의 웹은 공적인 자아 형태를 만들어 표출하는 방법을 제공하고 있었다. 다시 말하면, 마르쿠제가 말한 해방으로 이르는 길, 기존 미디어계가 강요한 체계를 초월하는 길을 알려주었다. 와인버거는 이렇게 말한다. "내 블로그는 나였다. 내 블로그는 웹에서 내 몸과 같았다. 웹에 존재한다는 것은 우리가 생각한 것보다 훨씬 더 중요하고 훨씬 더 재미있는 일로 드러났다. (…) 우리는 우리가 혁명에 참여하고 있다고 생각했다. 그리고 그 생각은 어느 정도 옳았다."

그 새로운 창작자들은 속성상 다양했지만, 선구적인 정신과 상쾌한 아마추어적 정서로 하나가 되었다. 일부를 소개하면 다음과 같다. 드러지 리포트Drudge Report는 1990년대에 출범하여 빌 클린턴 대통령의 백악관 인턴(르윈스키) 스캔들과 관련된 뉴스를 때맞춰 폭로하면서 많은 관심을 받은 사이트였다. 슬래시닷Slashdot.org은 1997년에 출범한 사이트로 "컴퓨터광을 위한 뉴스"를 전달했다. 로봇 위즈덤Robot Wisdom 사이트는 뉴스 기사 링크를 제공하며 인공지능과 제임스 조이스James Joyce의 작품을 연결 짓겠다는 목표를 표방했다. 멕넛과 코트케Kottke.org는 두 인터넷 사업가의 개인 블로그였는데, 두 사람은 결국 결혼에 골인했다. 인스타펀딧The Instapundit의 글렌 레이놀즈Glenn Reynolds는 자유방임주의자 겸 우주 법칙 전문가로서, 그 날의 뉴스를 간결하면서도 함축적인 한 줄 평으로 정리하여 청중을 끌어모았다. 원래는 마크 프라우엔펠더Mark Frauenfelder가 출간하던 잡지였던 보잉보잉Boing-Boing은 코리 닥터로우Cory Doctorow를 비롯한 여러 작가들을 추가로 영입하여 폭넓은 인기를 얻는 블로그가 되었다. 그들은 "매일 발생하는 놀라운 일들을 소개해주었다".

위에 소개한 블로그들은 비교적 잘 알려진 일부였을 뿐이다. 이 "대화형 콘텐츠" 또는 "사용자 생성 미디어"의 황금시대에는 무엇이든 할 얘기가 있는 사람은 누구나 특정 부류의 팬들을 확보할 수 있는 것처럼 보였다. 마치 대중의 주의를 가두고 있던 어떤 천장이 열리면서 도둑들이 양껏 가져가게 된 것 같았다. 전 남친들에 대한 이야기, "다시 가본 브라이즈헤드Brideshead Revisited"에 대한 감상, 빈티지 혼다 오토바이 등, 모든 블로그에 지지층이 생겼다. 그리고 검색 기능 덕분에 사람들의 관심사를 새로운 콘텐츠 세계와 짝지어주는 일이 그리 어렵지 않았다. 새로이 등장하여 좀 더 유명해진 블로거 중에는 전현직 저널리스트들도 있었다. 거침없이 그리고 빠른 속도로 글을 쓰는 훈련이 된 사람들이었다. 과학기술자들도 일반 대중이 이해하기 어려운 내용일지언정 나름의 블로그를 운영하기 시작했다. 철학자, 경제학자, 과학자 같은 전문가들 역시 상아탑에서 빠져나와 서로에게 말을 걸었고 이제껏 주류 미디어에서 보던 것보다 훨씬 더 심오한 방식으로 아마추어들을 자극했다. 여행 기록이나 일종의 가족 일기 형식으로 자신과 가장 가까운 이들을 위해 블로그를 운영하는 사람들도 있었다. 그들은 "블로거"라는 단어가 탄생하기 전에는 때로 스스로를 "에스크리비셔니스트escribitionist[영어의 exhibitionist(과시욕이 강한 사람)와 '쓰다write'를 의미하는 스페인어 escribir를 합친 말이다-옮긴이]"로 불렀다.[7] 소규모의 오프라 윈프리 부대처럼, 각각의 성공한 블로그는 추종자들과 그들만의 작은 공동체를 창출했다. 2004년 하워드 딘Howard Dean의 선거운동을 위해 인터넷 조직을 이끈 제퍼 티치아웃Zephyr Teachout은 성공한 블로거들을 충성스러운 신도를 이끄는 목사에 비유했다.

결과적으로, 청중은 케이블 텔레비전을 〈에드 설리번 쇼〉가 방송되던 시절처럼 보이게 만들 정도로 세분화되었다. 가령 앤드루 설리번Andrew Sullivan이라는 블로거의 고정 지지자들은 전쟁에 찬성하는 보수적인 동성애 관점에 관심을 가졌는데 가톨릭교, 마리화나, 턱수염, 비글 개, 동성 결혼을 옹호했다. 보잉보잉이나 슬래시닷의 독자들은 기이함과 불가사의한 집착을 찬양하는 새로운 괴짜들의 사고방식에 진정으로 매료된 사람들이었다. 그러한 이들은 예전의 명확하게 구분된 인구통계학적 범주나 상대적으로 정확한 프리즘 집단과 전혀 달랐다. 실제로 블로거들은 때로 자신들이 순전히 공통의 관심사와 열정에 따라 비非지리적인 공동체를 형성하고 있다고 주장했다. 그리고 적어도 처음에는 블로거들이 돈을 벌 기대를 하지 않았기 때문에, 자신들의 기준을 굽히거나 견해를 누그러뜨리게 만드는 유혹도 전혀 없었다.

누구든 그것을 시작할 수 있다는 점은 블로그의 유일한 급진적 특징이 아니었다. 블로그의 형식은 "공유"라는 개념을 주의력을 끌어들이는 수단으로 대중화하기도 했다. 이는 이전의 주의력 수확 모델과 사실상 단절하는 것을 의미했다. 과거 모델의 중앙집권형 권위는 제3제국의 강압적 청취와 〈왈가닥 루시〉의 전국적인 시청 사이에 위치하며 모든 사람들이 전국에 도달하는 유일한 목소리를 듣도록 만드는 것을 이상으로 삼지 않았던가. 공유는 대개 링크를 교환하는 정도의 원시적인 수준에 머물렀지만, 방송 방식보다는 소문이나 대화의 방식으로 이미 정보 전파의 강력한 대체 수단으로 판명되고 있었다. 지금의 우리가 경험하는 수준의 정보 및 견해의 "사회적" 확산을 향해 한 걸음 더 나아가고 있었던 것이다.•

결국 (주의력 사업가가 전통적으로 제공해온) "제시 방식 미디어"와 새로운 "사용자 생성 콘텐츠", 즉 일반 대중이 만드는 "소셜 미디어" 사이에 확연한 구분이 생겼다(블로그는 소셜 미디어를 구성하는 하나의 요소에 불과했다). 비상업적 콘텐츠의 제작 물결은 여러 가지 형식으로 그리고 여러 미디어로 확산되었는데, 성공의 정도는 각기 달랐다. 중앙의 편집자 없이 사용자가 만드는 백과사전인 위키피디아는 2000년대 초 내내 놀라운 수준의 성공을 거두었다. 대의를 표방하는 프로젝트에 익명으로 공헌하고 싶어 하는 적극적인 젊은 사람들의 노력에 힘입은 성공이었다. 하지만 위키피디아는 검색엔진을 제외한 거의 모든 사이트에 필적하거나 그들을 추월할 정도로 많은 트래픽을 얻으면서 나름의 갈림길에 서게 되었고, 구글 등의 업체들과는 다른 길을 택했다. 광고가 없는 상태를 유지하기로 결정한 것이다. 위키피디아는 그렇게 수십 억 달러에 달하는 잠재 수익을 사실상 포기했다. 위키피디아의 창립자인 지미 웨일스Jimmy Wales는 공식적으로 그 결정을 다음과 같이 설명했다. "나는 위키피디아를 도서관이나 학교처럼 생각한다. 그런 공간에서 상업광고를 한다는 것은 부적절하지 않은가. (…) 수익을 극대화하는 것은 우리의 목표가 아니다."[8]

2005년 출범한 유튜브YouTube라는 새로운 기업도 블로거나 위키피디아와 동일한 기본 철학을 지지했다. 다른 출처에서 차용한 상당수의 동영상과

● 블로그 청중들이 보여준 미세분열은 노엄 촘스키나 캐스 선스타인Cass Sunstein 같은 몇몇 사상가들을 당황하게 만들었다. 촘스키는 블로그에 강력한 행위자를 구속할 힘이 부족하다고 주장했다. "대중매체에 대해 비판할 건 많지만, 그래도 대중매체는 다양한 주제에 대한 정보를 정기적으로 제공해준다. 그 기능을 블로그에서 재현할 수는 없다." Natasha Lennard, "Noam Chomsky, the Salon Interview: Governments Are Power Systems, Trying to Sustain Power," *Salon*, December 29, 2013 참조. 선스타인은 블로그가 한창 주가를 올릴 때 케이블이나 인터넷 같은 기술에 의해 가능해진 선택들에 대해 드물게도 학문적으로 공격을 가했다. 그는 블로그를 비롯한 기술들이 자기가 듣고 싶은 것에만 주의를 기울이는 정보 파벌로 나라를 분열시키고 있다고 주장했다. "민주주의 국가의 국민들은 청취실이나 정보 보호막에서 살지 않는다. 그들은 다양한 주제와 아이디어를 보고 듣는다." 그는 이러한 민주주의의 비전이 "새로운 기술들, 특히 인터넷의 특정한 용도에 대해, 그리고 정보 선별 능력의 놀라운 성장에 대해 심각한 의문을 제기한다"고 말한다. Cass Sunstein, *Republic.com 2.0* (Princeton: Princeton University Press, 2007). 선스타인과 촘스키 모두 국민들이 정기적으로 함께 NBC나 CBS, 공영방송 같은 것을 시청하는 환경을 선호했다.

사용자가 생성한 비디오를 기초로 하는 유튜브는 그러한 콘텐츠 공유를 활성화한다는 목적을 갖고 있었다. 전보다 저렴해지고 나아진 소비자 디지털 비디오 기술 덕분에 유튜브는 출범하자마자 어마어마한 성공을 거두었다. 그 초기 시절에는 광고도 없었고 저작권법도 적용되지 않았기 때문에 특히 사용자들을 쉽게 끌어들였다. 유튜브는 출범 1년 만에 1일 비디오 조회 수 1억 건에, 새로운 비디오가 매일 6만 5,000개 정도 업로드되고 있다고 발표했다. 그렇게 유튜브는 인터넷 최초로 텔레비전이 제공하는 영상에 도전하여 성공한 기업이 되었다. 그러나 텔레비전의 전문 영역을 빼앗으려 한 마이크로소프트의 편협한 시도와는 달리, 유튜브는 더 좋은 쪽으로든 나쁜 쪽으로든 사실상 새로운 장르를 탄생시키고 있었다. 아마추어 뮤지션이나 전문 뮤지션, 이야기꾼, 잠옷 바람으로 스타가 될 수 있다고 생각하는 사람 등의 공연과 함께, 상업적 콘텐츠의 단편들을 끌어들이고 있었기에 하는 말이다.

2006년 버지니아 허퍼넌Virginia Heffernan은 서서히 웹을 향해 움직이던 〈뉴욕타임스〉를 위한 새로운 블로그를 시작하면서, 1990년대에 마이크로소프트가 열렬히 떠들었던 바로 그 현상, 즉 그토록 오래전부터 기대되던 텔레비전과 인터넷의 "수렴"이 마침내 이루어지는 것 같다고 주장했다. 그런데 그 현상은 당황스러울 정도로 많은 형태를 취하고 있었다. "웹 비디오, 바이럴 비디오, 사용자 주도 비디오, 맞춤형 쌍방향 비디오, 소비자 생성 비디오, 내장형 비디오 광고, 웹 기반 VOD, 광대역 텔레비전, 디아블로그diavlogs, 브이캐스트vcasts, 브이로그vlogs, 비디오 팟캐스트, 모비소드mobisodes, 웨비소드webisodes, 매시업mashups" 등 실로 다양했다.[9]

교양이 있든 없든, 블로거들과 그들의 동조자들은 주의력에 관한 역학관계 전체를 뒤엎으며 흥청거렸다. 그들은 "모든 사람"이 말을 하는 동시에

들을 수 있을 정도로 말과 주의력을 민주화하면서, 여러 면에서 대중매체가 등장하기 이전 세계의 순박함을 다시 보여주었다. 블로거들이 라디오나 전축이 생기기 전 시대의 사람들이 그랬던 것처럼 본질적으로는 서로를 즐겁게 해주는 것 같았다. 하지만 누구든 사용할 수 있는 그 플랫폼은 의심의 여지 없이 미디어의 계급 체계와 그 권력을 뒤흔들고 있었다.

통계치는 수없이 많은 목소리가 이야기하고(가끔은 자기 자신에게만 이야기하고 있었지만 무슨 상관이겠는가) 있다는 느낌을 검증해주었다. 2005년 닐슨은 3,500만 명의 미국인들이 블로그를 읽고 있다고 추정했다. 그런데 같은 해에 또 다른 기관은 당시 블로그가 5,000만 개에 달한다고 추정했다. 이는 독자보다 블로그가 많음을 의미했다.[10] 전체적으로 블로그는 지속적인 대국민 대화와 비슷한 영향력을 미쳤다. 제프 자비스는 다소 모호하긴 했지만, "부족한 게 없는 현재 세상에서는 분배가 왕이 아니다. 그리고 콘텐츠도 왕이 아니다. 이제는 대화가 왕국이고 신뢰가 왕이다"라고 선언했다.[11]

2006년 〈타임〉지는 유행에 뒤처지지 않으려는 몸부림 속에서 올해의 인물로 "당신"을 선정했다. "그렇다 당신이다. 당신이 정보 시대를 지배한다. 당신의 세상이 온 것을 환영한다."[12] 저널리스트인 존 파렐스Jon Pareles는 이렇게 지적했다. "2006년 최고의 문화 유행어는 '사용자 생성 콘텐츠'다. (…) 나는 다소 구닥다리 같은 '자기표현'이라는 말을 선호한다. 용어 얘기는 별도로 하고, 올해는 전통 있는 미디어 거물과 온라인 미디어의 거인, 그리고 수백만 명의 웹 사용자들이 그 콘텐츠에 대한 관심이 필요하다는 점에 동의한 해로 기억될 것이다."[13]

그것이 얼마나 많은 것을 의미하는지, 혹은 무엇을 의미하는지 확실히 아는 사람은 없었지만, 사용자 생성 콘텐츠가 교두보를 확보한 것은 확실했다. 대화(말) 시장에 진출하지 못하게 막는 장애물이 없어지자 예측한 대로 많은 말이 터져 나왔다. 그 수준이 균일하지는 않았지만(한 비평가는 그것을 "아마추어 사이비 종교 집단"이라고 불렀다),[14] 요점은 그게 아니었다. 그것이 누구도 되팔 기회를 얻지 못하던 수백만, 어쩌면 수십억 시간의 주의력을 끌어들이고 있다는 사실이 중요했다.

당시 일어나던 일을 경제적 측면에서 생각해보자. 주의력 사업가들은 대중의 마음을 텔레비전의 상업적인 미디어 상품으로 유도하는 행위에 기초하는 사업 모델을 발전시켰다. 그러나 웹이 점점 더 인기를 얻게 되자, 사람들은 돈은 주고받지 않으면서 서로에게 더욱더 관심을 쏟기 시작했다. 블로거들은 어쨌든 처음에는 광고를 하지 않았다. 대화 중인 친구들이 야바위꾼처럼 상품을 선전하여 얻은 관심을 되팔려 하지 않는 것처럼 말이다. 상업이 서서히 멈췄기 때문이 아니었다. 모든 사람들이 구글을 이용하여 자신들에게 필요한 것, 어쩌면 필요하지 않은 것까지도 찾고 있었기 때문이었다. 이 즐거운 상황 때문에 고통 받는 쪽은 사람들에게 오락을 제공하며 광고를 용인하게 만들 최상의 방안을 고안하면서 지난 세기를 보낸 산업들이었다.

그런 점에서 초기의 웹은 1960년대의 반문화와 아주 흡사했다. 늘 위에서부터 내려오던 것을 위대하게 거부하라고 독려할 뿐 아니라 사람들에게 서로 더 많은 시간을 함께 보내라고 요청하고 있었기 때문이다. 초기의 웹은 주의를 교환할 때 돈이 관련되어서는 안 되며 모든 사람이 창작자가 될 잠재력을 타고난다고 단언했다. 구글 같은 몇몇 기업들의 초창기에는 그 연관성이 더욱 노골적으로 드러났는데, 기업의 많은 인원이 매년 버닝맨 페스티벌Burning Man Festival(매년 8월 마지막 주 미국 네바다 주 블랙록 사막 한가운데에 일시적으로 블랙록 도시를 형성하고 벌이는 예술 축제-옮긴이)에 참여하고 경영진은 반문화 사상을 실질적이고 실용적으로 구현하는 일이 가치 있다고 옹호할 정도였다. 아마도 그 때문에 1990년대 초에 티모시 리어리는 사람들에게 "켜고 부팅하고 접속하라"고 조언했던 것 같다. 심지어 그는 모종의 컴퓨터 게임을 고안하기까지 했다.[15]

1960년대처럼 이 대단한 배반은 기존의 주의력 산업에 패닉까지는 아니더라도 많은 실망을 안겨주는 요인이 되었다. 칼럼니스트이자 작가인 데이브 배리Dave Barry가 지적했듯이, "우리는 더 이상 사람들에게 주의를 기울이라고 강요하지 못한다. 과거에 우리는 '이건 폴란드에서 정말로 중요한 이야기래. 이 이야기를 읽어야 해'라고 말할 수 있었다. 이제 사람들은 말한다. '난 그냥 내가 관심이 있는 것만 인터넷에서 찾아 봐'".[16] 또한 전과 마찬가지로 그 변화는 강력하고도 명백해서 그에 대해 진지하게 의문을 제기하는 것은 주로 냉소주의자나 반대론자, 신기술 배척자 들이나 하는 일이 되고 말았다. 합리적인 전문가의 이의 제기는 적절한 서사적 표현을 동원해 무슨 일이 벌어지고 있는지 묘사하는 수준에 그쳤다. 요차이 벤클러Yochai Benkler는 이렇게 설명했다. "효과적인 정보 생산을 막던 물리적 제약이 제거되면서 인간의 창의력과 정보의 경제학 자체가 새롭게 네트워크화된 정보 경제의 핵심적인 구성 요소가 되었다."[17] 클레이 셔키는 그 "표현 능력의 급진적인 확산"을 "근대 세계를 탄생시킨 500년 전의 인쇄기 보급"에 비교했다.[18] 그러나 선언을 좋아하는 제프 자비스의 상대가 될 수 있는 사람은 거의 없었다. 그는 이렇게 표현했다. "우리는 산업 경제 및 대량 경제로부터 그 다음 경제로 전환해가는 새천년의 변혁을 겪고 있다. 붕괴와 파괴는 불가피하다."[19]

그 무리들 중에서 가장 어두웠던 로렌스 레식은 돌아보건대 가장 적절한 질문을 던졌다. 과연 이 현상은 얼마나 지속될 수 있는가? 사용자 주도 웹의 황금시대에도 비상업적 모델이 계속될지를 궁금해할 이유는 충분했다. 블로거들과 여타의 콘텐츠 창작자들은 르네상스 시대의 귀족이 아니었다. 그들은 대부분의 개인이나 소규모 기업들처럼 세속적인 제약에 직면했다. 대부분이 여전히 생계를 꾸려가야 했다는 뜻이다. 게다가 상황이 좋아지고 기대도 높아지면서 블로그를 업데이트하고 계속 매력 있게 만들려면 훨씬 더 많은 노력이 필요했다. 물론 그 시절에도 광고를 유치하거나 언론사에 매각하는 방법 등을 통해 남부럽지 않은 삶을 영위하는 소수가 있었다. 하지만 대부분의 경우 그 활동은 취미로, 더욱이 시간을 잡아먹는 취미로 남아 있었다. 필경 극도의 피로와 소모가 불가피했을 것이다.

1960년대에도 종종 그랬듯이, 승리주의는 시기상조인 것으로 드러났다. 블로고스피어와 아마추어 정신 모두, 도저히 막을 수 없는 존재가 아니라 사실은 상당히 취약한 무엇이었다. 하지만 레식이 예측한 대로 기존의 권력에 취약한 것은 아니었다(기존의 권력은 크로노스 신처럼 피할 수 없는 미래를 막기 위해 벼락출세한 자손들을 먹어 치우려 애썼지만 말이다). 대신, 그것들은 상업적 힘에 취약했다. 웹 자체에서 생겨난 상업적 세력이 계속 자라서 이 천국을 뒤덮게 되었다는 얘기다. 실로 우리는 웹의 설계자들이 의도했던, 웹을 개방적이고 자유롭고 비상업적으로 유지하자는 규범이 별것 아니었음을 이제 알 수 있다. 주의가 기울여지는 곳에는 주의력 사업가가 자신이 마땅히 챙겨야 할 것을 거둬 가기 위해 참을성 있게 도사리고 있기 마련이다. 웹이 이 힘에 무릎을 꿇는 것은 사실상 운명으로 이미 정해져 있는 일이었다.

돌아보면, 초기의 블로거들과 그들의 추종자들은 어떤 무인도에 맨 처음 방문한 사람들에 비유할 수 있다. 그들은 조잡하지만 매력 넘치는 호텔을 짓고 어떤 손님이 찾아오든 그들에게 봉사하며 자신들이 발견한 천국에 놀라워한다. 자연의 섭리는 웹에도 그대로 적용된다. 명승지로 이름을 얻게 되면 관광객들에게 바가지를 씌우는 행태가 곧 뒤따르기 마련이다. 상업적 착취가 장도에 오른다는 얘기다. 불행히도 인간 사회의 속성이 그렇다.

22

클릭베이트의 부상

2001년, 전직 교사 조나 페레티Jonah Peretti는 매사추세츠 주 케임브리지에 위치한 MIT 미디어 연구소의 책상 앞에 앉아 있었다. 그는 다른 많은 대학원생들과 마찬가지로 해야 할 일을 하지 않고 있었다. 페레티는 지도 교수의 논문을 부지런히 살펴봐야 했지만, 지금까지의 발명품 가운데서 해야 할 일을 미루게 만드는 가장 위대한 조력자로 자리 잡은 월드와이드웹으로 빈둥거리고 있었다.

유대인 어머니와 이탈리아계 미국인 아버지 사이에서 태어난 캘리포니아 출신의 페레티는 상당히 평범하고 진지해 보이는 젊은이였다. 그러나 입가엔 항상 미소가 엿보였는데, 이는 전형적인 대학원생의 외모 뒤에 숨겨진 그의 고질적인 장난꾸러기 기질을 알려주는 단서였다. 사실 그는 심각한 것과 터무니없는 것을 나누는 경계선에 크게 관심을 갖고 있었다. 그 경계선은 종종 그의 머릿속에서 예술과 상업의 윤곽도 상세히 그려주었는데, 항상 따로따로 그려준 것은 아니었다. 그가 추진한 벤처 사업은 대부분이, 심지어는 중요한 것으로 드러난 사업까지도 내부자들만 아는 농담이자 가능성의 한계에 대한 실험으로 구상된 듯했다.

그날 페레티는 웹 서핑을 하다가 우연히 나이키 웹사이트에 들어갔다. 그리고 고객의 마음에 드는 표현이면 어떤 단어든 붙여 자신만의 맞춤형 신발을 주문하게 해주는 특별 행사에 대해 알게 되었다. 그는 그냥 즉흥적으로 나이키 줌 XC 운동화에 "노동착취공장SWEATSHOP"이라는 단어를 붙여 주문했다.

다음 날까지 그 주문 건에 대해 별 생각을 하지 않던 그에게 다음과 같은 이메일이 왔다.

> 발신: 맞춤형, 나이키 아이디
>
> 수신: 조나 H. 페레티
>
> 제목: RE: 귀하의 나이키 아이디 주문 O16468000
>
> 귀하의 나이키 아이디 주문은 다음의 사유 중 한 가지 이상에 해당하여 취소되었습니다.
>
> 1) 귀하의 퍼스널 아이디에 다른 당사자의 등록상표나 지적재산권이 포함되어 있습니다.
>
> 2) 귀하의 퍼스널 아이디에 우리에게 법적인 사용 권한이 없는 운동선수나 팀의 이름이 포함되어 있습니다.
>
> 3) 귀하의 퍼스널 아이디 기입란이 채워지지 않았습니다. 귀하가 맞춤형 주문을 원한 게 맞습니까?
>
> 4) 귀하의 퍼스널 아이디에 욕설이나 부적절한 비속어가 포함되어 있습니다. 새로운 맞춤형 표현으로 귀하의 나이키 아이디 상품을 다시

주문하길 원하신다면 www.nike.com을 재방문해주시기 바랍니다.

감사합니다, 나이키 아이디.

페레티는 재미있겠다는 생각이 들어 자신이 어떤 규칙을 어겼는지 묻는 내용으로 다시 이메일을 보냈다. 나이키 고객 서비스 상담원은 다음과 같은 답을 보내왔다. "귀하의 나이키 아이디 주문은 지난번 이메일 답장에 언급되었던 대로 귀하가 선택한 아이디에 '부적절한 비속어'가 포함되어 있어서 취소되었습니다."

열 받은 페레티는 다시 이메일을 보냈다.

나이키 아이디에게

저의 줌 XC 운동화 주문 건에 관한 문의에 신속하게 답변해주셔서 감사합니다. 나이키의 신속한 고객 서비스를 칭찬하긴 했습니다만, 저의 퍼스널 아이디가 부적절한 비속어라는 주장에는 동의하지 않습니다. 웹스터 사전을 찾아봤더니 "노동착취공장"이라는 단어는 실제로 비속어가 아니라 표준어로 나왔습니다. 그것은 "노동자들이 낮은 임금과 비위생적인 환경에서 장시간 일하는 공장이나 작업장"을 의미하는 단어로, 1892년에 처음 생겼습니다. 따라서 저의 퍼스널 아이디는 귀사의 첫 번째 이메일에 상술된 사유 어느 것에도 해당하지 않습니다. 귀사의 웹사이트는 나이키 아이디 프로그램이 "선택의 자유와 자신이 누구인지 표현할 자유를 신장하기 위한" 것이라고 홍보하더군요. 저도 자유와 개인의 표현을 사랑하는 나이키와 생각을 같이합니다. 또한 사이트에는 "그 일을 제대로 해내고 싶다면 (…) 직접 만들어라"라는 말도 있습니다. 저는 저만의 신발을 만들 수 있다는 데 흥분했고, 저의 비전 실현에 도움을 주는 노동착취공장의 노동자들에게 감사하는 마음을 표시하는 의미로 제 퍼스널 아이디를 정한 것입니다. 아무쪼록 귀사가 제 표현의 자유를 소중하게 생각하여 저의 주문을 거절한 귀사의 결정을 재고해주시기를 바랍니다.

감사합니다.

조나 페레티

이에 대해 나이키는 그냥 주문을 취소해버렸다. 페레티는 마지막으로 이 메일을 보냈다.

발신: 조나 H. 페레티
수신: 맞춤형, 나이키 아이디
제목: RE: 귀하의 나이키 아이디 주문 OI6468000

나이키 아이디에게

귀사가 제 문의에 대해 시간과 에너지를 들인 데 대해 감사드립니다. 저는 다른 아이디로 신발을 주문하기로 결정했습니다. 하지만 작은 요청을 하나 하고 싶습니다. 저에게 제 신발을 만드는 열 살짜리 베트남 소녀의 컬러사진을 보내주실 수 있을까요?

감사합니다, 조나 페레티.

(답장은 없었다.)[1]

신이 난 페레티는 나이키와 주고받은 내용이 모두 담긴 이메일 체인의 복사본을 열두 명 정도의 친구들에게 보냈는데, 그중 한 명이 자신의 개인 웹사이트에 그것을 올렸다. 일주일도 지나지 않아 페레티의 이메일은 수많은 사람들에게 공유되기 시작했다. 처음에는 수천 명이었다가 몇 주 만에 수백만 명이 되었다. 그 과정에서 전 세계 주류 언론사들도 그 이메일을 포착했다. 2001년에는 존재하지 않던 표현을 사용하자면, 그 이메일은 "(입소문을 타고) 바이러스처럼 퍼졌다."

페레티는 당시 상황을 이렇게 말한다. "결국 나는 〈투데이 쇼〉에 출연하여 케이티 쿠릭Katie Couric과 노동착취공장에 대해 이야기를 나누게 되었다. 솔직히 '내가 노동착취공장에 대해 아는 게 뭔데?'라는 심정이었다." 이것이 바로 이후 급증하게 되는, 예상치도 않게 이름이 알려지는 현상, 전혀 예상할 수 없는 수준으로 청중에게 도달하는 현상의 시초였다. 훗날 페레티는 그 일을 단순히 이렇게 기억했다. "아주 사소한 일이 아주 큰일이 되었다." 당시 페레티 본인에게도 생소했던 그 경험은 결국 그의 진로와 인생을 바꾸어놓았다.

인기 있는 이메일 체인은 이메일 자체만큼이나 오래전부터 존재한 것이었지만, 2001년 당시 "바이러스처럼 퍼지다go viral"나 "인터넷 밈Internet meme", "클릭베이트clickbait(클릭 유도용 미끼)" 등은 아직 알려지지 않은 표현들이었다. 페레티가 당시 뭣도 모르고 경험한 것은 21세기 초에 주의력 수확 방법으로 곳곳에 파고들게 되는 방식의 초기 버전이었다. 호기심이 많고 과학적으로 사고하던 페레티는 그 현상을 신중히 체계적으로 고찰하기 시작했다. "나이키 신발 이야기와 비슷한 예를 찾아봤더니 실제로 그런 사례가 상당히 많았다. 누군가가 어떤 일을 했는데 그 일이 한동안 크게 히트를 치다가 거기서 끝이 나는 경우 말이다." 우연히 한 번 그런 일을 하게 된 그는 그런 일이 일어나도록 의도적으로 조종할 수 있는지 알고 싶었다. 그는 무언가를 "바이러스처럼 빠르게 퍼지게" 하는 데 필요한 것을 알아낼 수 있을지 궁금했다. 자신의 기이한 경험이 좀 더 깊은 의미를 갖고 있음을 깨달았기 때문이었다. 그것은 주의력을 포획해내는 방법과 그 대상이 인터넷에 의해 달라졌음을 의미했다.[2]

몇 달 뒤, 페레티는 MIT를 떠나 뉴욕 웨스트첼시 인근에 거대한 공간을 차지한 아이빔Eyebeam 예술 및 기술 센터에 취직했다. 밖에서 보면 그 센터는 주변에 있는 다수의 미술관과 비슷해 보였다. 이제 그는 그곳에 마련한 자신의 "전염성 미디어 연구소"에서 스스로 그 어려운 일을 해낼 수 있는지 알아내려 노력했다.

페레티는 뭐라도 달라붙는 게 있는지 알아보기 위해 웹에 이것저것 올려보기 시작했다. 드러난 바에 따르면 그는 혼자가 아니었다. 페레티처럼 인터넷에서 마법과도 같이 갑자기 폭발할지 모를 우스꽝스러운 내용을 만들어 올리는 데 집착하는 사람들이 여럿 있었다. 그는 "제이 프랭크Ze Frank"라는 이름을 내세우던 자칭 웹의 어릿광대를 알게 되었다. 다마스커스로 가는 제이 프랭크의 여정에는 웹을 기반으로 한 생일 파티가 포함되어 있었다. 그 파티에는 프랭크 본인이 출연하여 우스운 춤동작을 보여주었다.

이 영상의 검색 횟수는 수백만 건에 이르렀고, 그로 인해 그는 인터넷계의 아카데미상이라 할 수 있는 웨비상Webby Award을 수상했다. 페레티는 또한 코리 아칸젤Cory Arcangel이라는 개념 예술가도 만났다. 무엇보다도 그는 닌텐도Nintendo 게임인 "슈퍼마리오브라더스Super Mario Brothers"를 난도질하여 예술 작품을 만든 것으로 유명했다. 그리고 사회과학자인 덩컨 와츠Duncan Watts도 만났는데, 그는 수학적 모델로 미디어의 전염성을 파악하려는 학자였다. 그는 이 사람들에게서 가능성을 찾았다.

여동생인 첼시 페레티Chelsea Peretti도 그의 연구에 합류했다. 두 사람은 힘을 합쳐 흑인 친구를 사귄 사실을 과도하게 자랑스러워하는 백인 부부가 등장하는 가짜 웹사이트 www.blackpeopleloveus.com을 출범했다. 이 사이트는 60만 건의 조회 수를 기록했다. 또한 사람들에게 퇴짜를 놓는 것을 너무 불편하게 생각하는 사람들을 위해 "리젝션 라인Rejection Line"도 만들었다. 이 사이트는 다음과 같이 말했다.

> 작업 거는 사람들 때문에 늘 혼자 있는 시간을 망치나요?
> 그 사람들에게 "당신의" 전화번호라며 이 번호를 알려주세요: 212-479-7990
> 뉴욕의 공식 퇴짜 전화입니다!
> (운영자가 상시 대기 중입니다!)

마치 실제로 작성된 〈어니언The Onion〉 기사를 보는 것 같은 느낌이 들 정도였다.[3]

페레티와 그의 친구들은 확실히 아이빔에서 재밌는 시간을 보냈다. 그들은 "대중의 거짓말" 등을 주제로 삼아 일반인들을 상대로 입문 워크숍을 개최했다. 2005년 그들은 "전염성 미디어 대전Contagious Media Showdown"이라 불리는 행사를 개최하여 참가자들에게 3주의 시간을 주고 가능한 한 많은 트래픽을 얻어내라고 했다. "킬러고용닷컴hire-a-killer.com", "먹으면서 울기Crying While Eating", "이메일 신email god", "혈통을 바꿔라change your race" 등의 작품들이 나와 경쟁을 벌였다. 우승 작품(속임수의 결과였을 것이다)은 "나를 잊지 마 팬티Forget-me-not-panties.com"로, 이 사이트는 독점욕이 강한 아버지와 남편들을 위해 팬티를 입은 사람의 위치를 알려주는 여성용 팬티를 판매한다고 주장하는 가짜 사이트였다. "과거의 거추장스럽고 불편한 정조대와는 달리 이 팬티는 100퍼센트 순면이며, 최첨단 기술을 이용하여 가장 중요한 것을 지킬 수 있게 도와준다." 이 사이트는 블로거와 주류 언론 모두를 속였고, 상품이 일시 품절 상태라는 공지가 떠 있긴 했지만 한동안 실제로 운영되었다.[4]

페레티는 아이빔에 다니는 동안 예전의 그 나이키 사례만큼 규모가 큰 사건을 일으키지는 못했다. 하지만 그는 "전염성 미디어의 특징"이라 이름붙인 23개 조항의 선언서를 작성하여 그 버라이어티쇼가 다른 것들과 어떻게 다른지를 설명해주었다. 그중 몇 가지 특징은 너무나도 뻔했다. "전염성 미디어란 당신의 모든 친구들과 곧바로 공유하고 싶은 미디어이다. 당신이 소비하면서 즐거워할 뿐 아니라 전달하는 사회적 과정에서도 즐거워할 정도의 미디어 말이다." 좀 더 이론적인 것들도 있었다. "전염성 미디어는 일종의 대중 개념예술이다. 이 예술에서는 아이디어가 예술품을 만드는 기계이며(1967년, 르윗Sol Lewitt), 아이디어가 일반인들의 흥미를 유발하는 요소이다." 그러한 이유 때문에 "전염성 미디어 프로젝트는 특정 아이디어의 가장 단순한 형태를 보여주어야 한다. 화려한 디자인이나 관계없는 내용이 미디어의 전염성을 떨어뜨렸다. 별로 중요하지 않은 온갖 것들은 전염될 때 함께 끌고 가야 하는 '유상하중'을 구성했다. 그런 유상하중이 커질수록 전체 프로젝트는 더욱 느리게 퍼져 나갈 수밖에 없는 것이다". 페레티는 사실상 세계적인 전염성 미디어 전문가가 되었지만, 동료들에 대한 인정은 충분하지 않았다. 그는 성공의 척도를 트래픽 발생 능력으로 잡았다. 그는 다음과 같이 지적했다. "예술가의 경우, 작품을 좋아해주는 사람이 일부 큐레이터와 수집가에 불과하다고 해도 그 작품은 칭송받을 수 있다. 전염성 미디어 설계자의 경우에는 다른 사람들이 그 작품을 어떻게 생각하는가가 중요할 뿐이다. 사람들이 그 작품을 자기 친구들과 공유하지 않는다면, 그것은 그 작품을 만든 사람이나 비평가, 다른 엘리트들의 의견과는 관계없이 실패작일 뿐이다."

2004년에도 페레티는 가르치기도 하고 웹에 작품을 올리기도 하면서 아이빔에서 빈둥거렸다. 그러던 중에 정치 운동가로서 열성적인 활동을 펼치던 켄 레러Ken Lerer가 그를 찾아왔다. AOL에서 커뮤니케이션 담당 임원을 지낸 바 있는 레러는 원래 저널리즘을 전공했고 기금 모금에도 능한 인물이었다. 그는 본인이 시급하다고 생각하는 프로젝트 얘기를 꺼냈다. 당시 조지 부시George W. Bush 대통령은 재직 중에 온갖 종류의 실수를 저질렀는데도 재선될 가능성이 높아 보였다. 레러를 비롯한 여러 민주당원들은 이러한 현실을 이해할 수 없었다. 그들은 부시가 무능력자가 분명하다고 생각했다. 그들의 생각으로는 부분적으로 인터넷이 문제였다. 우파의 블로그들, 특히 가장 널리 읽히는 뉴스 링크 취합 사이트인 "드러지 리포트"가 좌파 성향의 모든 블로그보다 더 많은 주의를 사로잡고 있었다. 레러는 페레티를 구슬렸고, 훗날 페레티는 당시 상황을 이렇게 설명했다. "나는 국선 변호인과 공립학교 교사의 아들이다. 그 일은 상당히 중요해 보였다."[5]

처음에 "그 중요한 일"은 꽤나 불분명했다. 하지만 상황이 진전되면서, 아이디어가 다음과 같이 정리되었다. 트래픽을 유발하는 페레티의 재주와 레러의 기금 모금 능력뿐 아니라 할리우드 연예인들에 대한 좌파의 뛰어난 영향력까지 이용하여 보수주의 온라인 미디어에 대한 평형추를 만들자는 것이었다. 그들은 연예인 부분은 제3자, 즉 그때까지 단연 가장 잘 연결되어 있던 아리아나 허핑턴Arianna Huffington이 가장 잘 처리할 것으로 판단했다.

2005년 5월 10일, 전염성 미디어 대전이 끝난 지 불과 이틀 만에 뉴스와 블로그, 기타 콘텐츠를 취합하여 선보이는 〈허핑턴 포스트The Huffington Post〉가 주류 보도 분야에 첫발을 내디뎠다. 이 온라인 사이트의 창간호에는 허핑턴 본인을 비롯하여 미리 계획된 여러 유명인들의 블로그 게시물이 등장했다. 저명한 역사가이자 케네디의 친구였던 아서 M. 슐레진저 주니어Arthur M. Schlesinger Jr., 영화배우인 존 쿠삭John Cusack, 〈사인펠드Seinfeld〉의 프로듀서인 래리 데이비드Larry David, 총기 폭력 문제에 대한 블로그를 공동으로 올린 영화배우 부부 줄리아 루이스 드레이퍼스Julia Louis-Dreyfus(〈사인펠드〉 출연자이기도 하다)와 브래드 홀Brad Hall 등이 그들이다.

일부는 그 아이디어를 인정했지만, 미디어에서 중요한 것은 생각이 아니었다. 비평가들은 더욱더 가혹하고 시끄럽게 굴었다. 그리고 자기 이름을 빌려준 그 파트너만큼 욕을 먹은 사람도 없었다. 〈LA위클리LA Weekly〉는 다음과 같이 썼다. "도살장에 끌려가는 유명인들. 대대적인 사전 광고를 한, 멋대가리 없이 큰 유명인 블로그 〈허핑턴 포스트〉의 끔찍한 월요일 데뷔로 판단컨대, 미디어 정치계의 마돈나는 한 번에 너무 많은 재탄생을 겪었다. 그녀는 이제 스스로 온라인의 바보가 되었다. (…) 그녀의 블로그는 폭탄과도 같아서 최악의 영화로 손꼽히는 〈갱스터 러버Gigli〉, 〈사막탈출Ishtar〉, 〈천국의 문Heaven's Gate〉을 하나로 합쳐놓은 영화와 다름없다."

되돌아보면, 〈LA위클리〉 같은 비판가들은 자신들이 얼마나 인터넷을 이해하지 못하는지 증명하고 있었을 뿐이다. 페레티, 레러, 허핑턴은 모두 제각기 주의력 포획의 대가였던 터라, 그들의 합작품은 대단한 시너지 효과를 창출했다. 시간이 지나면서 정치적 계획은 다소 자제되었다. 어쨌든 허핑턴 본인이 예전에 클린턴 대통령의 사임을 요구하던 보수주의의 권위자 아니었던가. 얼마 지나지 않아 〈허핑턴 포스트〉는 유명인뿐 아니라 학생, 정치꾼, 사회운동가, 저자들도 기고자로 초대했다. 대가를 기대하는 직업 기자나 프리랜서를 제외하고는 누구든 초대받을 수 있었다. 개방성의 정도 면에서 오래된 미디어 모델보다는 웹과 블로고스피어 초기 시절에 더 가까웠다. 최소 비용, 최대 트래픽, 그리고 무엇보다도 거부할 수 없는 콘텐츠, 이것이 그들의 공식이었다.[6]

이 세 가지 중의 세 번째 요소를 추구하는 과정에서 〈허핑턴 포스트〉는 클릭베이트로 알려지게 되는, 자극적인 사진과 선정적인 제목이 달린 기사의 선구자로 나섰다. 자극적인 사진으로는 비키니를 입은 연예인이 항상 좋았다. ("가수 씰Seal의 새로운 비디오에서 전라의 하이디 클룸Heidi Klum을 보라.")* 그러한 콘텐츠는 적절히 조절하기만 하면, 사람들을 지배할 수 있는 것으로 보였다. 무엇이 있든 사람들의 손이 그것을 거의 무의식적으로 클릭하게 만들기 때문이었다. 〈허핑턴 포스트〉의 "뉴스"는 다른 경쟁 사이트들보다 더욱 자극적이고 더욱 유혹적이어서 더욱더 클릭하게 만들었다. 진지한 주제인 경우에도 〈허핑턴 포스트〉는 야한 매력을 전달할 수 있었다. 〈허핑턴 포스트〉를 비판하던 사람들에게는 원통하게도, 그 온라인 신문은 〈LA위클리〉

* 클릭베이트라는 표현은 "드래프트 베이트draft bait(징병을 앞둔 사람)"나 "제일 베이트jail bait(성관계의 대상으로 삼을 경우 강간죄로 처벌받게 되는 나이 어린 소녀)" 같은 그 이전의 속어와 관련이 있다. 클릭베이트는 2010년대 초에 널리 통용되는 표현이 되었지만, 1999년에 처음 사용된 기록이 있다.

같은 사이트들을 빠른 속도로 앞질렀고, 2007년 가을 무렵 유급 작가들을 고용하는 〈슬레이트〉나 〈살롱〉 같은 웹 매거진보다도 더 많은 주의력을 차지하기에 이르렀다. 그리고 2010년에는 대부분의 신문들도 앞질렀다. 월 독자 수가 2,400만 명에 달한 〈허핑턴 포스트〉는 〈뉴욕타임스〉에는 약간 못 미쳤지만 〈워싱턴 포스트〉와 〈로스앤젤레스타임스Los Angeles Times〉를 비롯해 당시 주류 미디어라 불리던 언론사 대부분을 제쳤다. 〈컬럼비아저널리즘리뷰Columbia Journalism Review〉의 지적대로, "〈허핑턴 포스트〉는 단순히 집단만이 아니라 소셜 미디어와 독자들의 발언, 그리고 무엇보다도 대중이 원하는 것에 대한 인식까지도 지배하고 조정했다".[7]

그렇지만 〈허핑턴 포스트〉는 결코 많은 돈을 벌지는 못했다. 〈허핑턴 포스트〉의 재무 상태가 한 번도 완전히 공개된 적은 없지만, 견실한 수익을 올린 적이 없다고 믿을 만한 이유는 충분하다. 첫째로 광고주들은 〈허핑턴 포스트〉를 정치 해설 사이트로 분류했고, 대체로 〈포춘〉 500대 기업 같은 유명 브랜드 광고주들은 위의 수치에도 불구하고 자신들의 이름을 〈허핑턴 포스트〉 페이지에 올려놓으려 하지 않았다. 또한 〈허핑턴 포스트〉의 트래픽이 많은 것이 구글 때문이라고 생각하는 사람들이 있었다. 이런 요인들이 결합되어 그 사이트는 최저 요금으로 최하위 광고주들에게만 광고를 팔 수 있었다(예를 들면, "이 기이한 방법은 당신의 허리둘레를 1인치 줄여줄 수 있다"). 〈허핑턴 포스트〉는 돈을 벌고 있지는 않았지만, 그럼에도 웹에서 다른 모든 주체, 특히 저널리스트들로부터 주의력을 빼앗고 있었다. 〈워싱턴포스트〉 편집국장이 〈허핑턴 포스트〉 및 그와 유사한 사이트들을 "다른 사람들이 만든 저널리즘에 의지하여 먹고사는 기생충"이라며 혹평한 것도 그런 이유에서였을 것이다.

돈을 벌지 못하는 것은 〈허핑턴 포스트〉만이 아니었다. 2000년대 내내 콘텐츠에만 의존하는 주의력 사업가들 중 어느 누구도 수익성이 좋지 않았다. 이는 부분적으로 광고주들이 너무 많은 주의력 사업가들이 경쟁하는 상황에서는 자신들이 신문이나 라디오, 텔레비전에 그랬던 방식으로 미디어 산업의 "비용을 부담할" 필요가 없다고 생각했기 때문이었다. 광고 회사 임원인 리샤드 타바코왈라Rishad Tobaccowala가 2010년에 밝힌 바처럼, 이미 광고주들은 진즉부터 광고로 소비자와 접촉하는 방법 외에는 어떠한 프로젝트에도 관여하고 싶어 하지 않았다. 경험상 짜증 나고 화가 나는 일이었기 때문이다. 기본적으로 그들은 "콘텐츠 창작에 대한 대가를 치르고 싶어 하지 않았다".

결국 〈허핑턴 포스트〉는 좌파 정치 세력 쪽으로 더 많은 웹 트래픽을 유발하려 한 원래의 목표는 이룬 게 확실했지만, 대부분의 다른 부분에서는 누구도 만족시키지 못하고 말았다. 치명적인 경상비 지출로 허덕이던 기존의 전통적인 신문사들이 가장 〈허핑턴 포스트〉를 싫어했다. 〈뉴욕타임스〉 편집국장 빌 켈러Bill Keller는 분을 참지 못했다. "〈허핑턴 포스트〉는 너무도 빈번히 다른 사람들이 쓴 글을 가져다가 자신들의 웹사이트에 잘 포장해서 올려놓은 뒤에, 원래대로라면 그 글의 창작자에게 돌아갔을 수익을 거둬들이곤 한다. 소말리아에서 이런 일은 해적 행위로 불린다. 그런데 작금의 미디어계에서는 훌륭한 사업 모델로 통한다." 한편, 언제나 웹이 색다를 뿐 아니라 좀 더 고상하고 더 훌륭하기를 바랐던 몽상가나 이상주의자들에게는 유명인과 클릭베이트에 가차 없이 의지하는 〈허핑턴 포스트〉는 쓴 약과 같은 무엇이었다.

돈을 버는 데 능하지는 않았더라도 그들이 주의력을 수확하는 방법을 알고 있었고 그래서 그들의 사이트가 게임의 규칙을 바꾸어놓았다는 사실을 부인할 수 있는 사람은 아무도 없었다. 1830년대의 〈뉴욕선〉이나 1970년대의 〈피플〉지처럼 〈허핑턴 포스트〉도 경쟁자들이 자신들과 더욱 비슷해지게 만들었다. 〈슬레이트〉나 〈살롱〉같이 상대적으로 진지한 사이트들도 점점 깊이 없는 가십거리를 더 많이 다루며 클릭을 중시하는 쪽으로 바뀌었다. 시간이 지나면서 전통적인 신문 웹사이트들도 무보수 작가들의 글과 유명인들의 가슴을 다룬 기사가 주를 이루는 사이트가 정한 기준에 자신들을 맞출 수밖에 없었다. 인쇄 업계의 용어를 빌려 표현하자면, 정도는 다양하지만 모든 매체의 스타일이 보통 사이즈의 신문에서 멀어지며 타블로이드를 향해 떠밀려 가는 듯 보였다.[8]

부활을 꿈꾸던 AOL•은 〈허핑턴 포스트〉의 트래픽과 광고료의 격차를 알아채고는 그 사이트를 3억 1,500만 달러에 인수하여 좀 더 점잖은 사이트로 만드는 데 자금을 투자하기 시작했다. 1930년대에 CBS가 추진한 "티파니" 전략을 변형시킨 이 방향 전환은 보다 고급한 광고주들을 끌어들일 것으로 기대되었다. 자금이 풍부해진 〈허핑턴 포스트〉는 이제 완벽한 자유와 재원을 제공받으면서 원하는 내용을 쓸 수 있는 노련한 기자들을 채용하게 되었다. 이 전략은 〈허핑턴 포스트〉의 데이비드 우드David Wood 기자에게 퓰리처상을 안겨주었다. 그는 1970년대에 〈타임〉에서 언론 밥을 먹기 시작해 〈로스앤젤레스타임스〉와 〈볼티모어선Baltimore Sun〉 등의 신문사에서 경력을 쌓은 종군기자였다. 그렇게 〈허핑턴 포스트〉의 품위는 높아졌지만, 여전히 손실이 많아서 큰 이익을 창출하지는 못했다. 하지만 2015년에도 〈허핑턴 포스트〉는 사상 최대의 주의력을 끌어들이고 있었고, 경영진은 여전히 "우리는 마음만 먹으면 지금이라도 회사의 수익성을 높일 수 있다"고 큰

• AOL은 2000년대 초에 불거진 광고 관련 회계 부정 등 여러 문제로 감소세는 탔지만 여전히 거대한 가입자 기반을 토대로 사업을 유지하고 있었다. AOL 가입자들은 이메일 계정이나 전화 접속을 통한 인터넷 접근에 대해 월간 이용료를 지불했다.

소리를 치고 있었다. 아마도 그 사이트는 속성상 정확히 하나의 사업체는 절대로 될 수 없는 것 같았다. 대신 그것은 인간의 주의력을 빨아들이는 거대한 진공 공간인 듯했다.[9]

2004년 말, 일자리를 알아보면서 남는 시간에 블로그 활동을 하던 마리오 아르만도 라반데이라 주니어Mario Armando Lavandeira Jr.는 똑같은 일을 하고 있는 여러 명 중의 한 명이었다. 마이애미에서 활동 중이던 젊은 쿠바계인 라반데이라는 〈소프라노스The Sopranos〉에서 "남학생" 역을 맡았고, 저예산 공포 영화인 〈캠프파이어 스토리스Campfire Stories〉에도 출연한 경력이 있었다. 참고로 〈캠프파이어 스토리스〉는 인터넷 영화 데이터베이스Internet Movie Database에서 10점 만점에 2.9점의 관람객 점수를 받은 영화였다. 훗날 그는 자신이 블로그 활동을 시작한 것은 "쉬워 보여서"였다고 고백했다. 진짜 쉬운 것으로 드러났는지 여부와는 관계없이, 라반데이라는 레러가 처음 페레티에게 접근했을 때와 거의 같은 시기에 블로그를 시작할 마음을 품었다. 그러나 라반데이라는 어떤 정치적 관점으로 주의를 끌어오기 위해 유명인들을 이용하기보다는 주의력 사업가가 취할 수 있는 가장 순수한 용도로 이용하려 했다. 그는 자신의 블로그에서 전적으로 연예인 가십만을 다루었는데, 이제껏 본 그 어떤 가십 블로그보다도 더욱더 악의적으로 비난하는 내용을 의도적으로 실었다.

그는 자신의 블로그를 "페이지식스식스식스닷컴Pagesixsixsix.com"이라 불렀다. 이는 〈뉴욕포스트〉의 가십 전문 사이트인 페이지식스Page Six와 짐작건대 적그리스도를 혼합해서 지은 이름으로 보인다. 그의 블로그는 〈뉴욕타임스〉의 모토를 모방해 "(다른 모든 곳에서) 활자화할 수 없는 모든 뉴스와 가십, 풍자"를 다룬다고 표방했다. 라반데이라는 자기 자신을 "페이지식스식스식스를 떠받치고 있는 이야기꾼이자 인습 타파주의자, 전도사 겸 미친 지휘자"라고 묘사했다. 초창기에 그의 블로그에 게재된 글을 하나 소개하면 이렇다. "힐러리 더프Hilary Duff는 입만 열면 거짓말을 하는 암캐다!! 최근의 인터뷰에서 힐러리는 〈새터데이나이트라이브〉에서 벌어진 애슐리 심슨Ashlee Simpson의 립싱크 사건을 뻔뻔스럽게 옹호했을 뿐 아니라 실제로 자기도 립싱크를 하지 않는다고 주장하기까지 했다. 이런 개 같은!"

그 블로그는 별 관심도 받지 못하다가 대부분의 블로그들처럼 사라질 수도 있었다. 하지만 독특하게 뒤섞인 라반데이라의 스타에 대한 앙심과 아첨이 이 블로그를 인기 사이트로 만들었다. 한 텔레비전 프로그램이 그 블로그를 "할리우드에서 가장 미움 받는 웹사이트"라고 부르는 바람에 트래픽이 갑자기 늘었다는 사실이나, 자신들의 상표인 "페이지식스"가 도용된 것을 알아챈 〈뉴욕포스트〉가 그를 고소했다는 사실도 그의 블로그에 타격을 입히지 못했다. 결국 라반데이라는 페이지식스식스식스닷컴(어쨌든 타자로 치기도 힘들었다)이라는 이름을 포기하고 대신 페레즈 힐튼Perez Hilton이라는 개인명을 택했다. 정확히 페레즈 힐튼은 누구여야 했을까? 라반데이라는 자신이 2000년대 초에 유명했던 사교계의 상속녀 자매, "패리스와 니키(힐튼)의 겉만 번지르르한 쓰레기 같은 쿠바 쪽 사촌인" 체했다. 2005년에서 2010년에 이르는 동안 페레즈 힐튼과 그것을 상업적으로 모방한 TMZ 같은 사이트들은 블로그 활동의 새로운 양상을 보여주었다. 새로운 밀레니엄이 시작할 때 상상되던, 디지털 공유지에서 활약하는 시민 저널리스트들의 교양 있는 묵상과는 거리가 먼 그들의 가십 블로그는 가장 전통적인 의미에서 갖출 것을 다 갖춘 주의력 사업가들이었다. 2007년 페레즈 힐튼은

하루 순 방문자가 400만 명에 이르렀고 일주일에 9,000달러어치의 광고를 판매하고 있었다.[10]

페레즈 힐튼은 웹의 익명성 덕분에 만드는 게 가능해진 가공의 페르소나였는데, 널리 인기를 끈 유일한 페르소나는 아니었다. 2006년에 유튜브에서 가장 유명한 인물은 론리걸15Lonelygirl15였다. 귀여우면서도 서투른 이십대 소녀의 첫 동영상에는 "첫 블로그 / 바보스러움이 만연하다First Blog/Dorkiness Prevails"라는 제목이 붙어 있었다. 한쪽 무릎을 세우고 그 위에 턱을 올려놓은 그녀는 카메라를 향해 애처롭게 말한다. "안녕하세요, 여러분. (…) 이것은 저의 비디오 블로그입니다. (…) 음. 저는 정말 바보 같아요. (…)" 론리걸15가 실제로 돈을 받는 여배우라는 사실은 뒤늦게 알려졌다. 그녀의 쇼는 아마추어 비디오 블로거가 대충 그런 모습일 것이라는 프로듀서의 추측에 기초하여 각본에 따라 제작되었다. 그들이 원하는 효과를 얻는데 성공하면서 EQAL이라는 제작사에 더 많은 일거리가 몰려들었다. 주의력 확보 능력을 제대로 입증한 EQAL은 CBS의 창작 웹 시리즈 등 많은 수의 콘텐츠 제작 의뢰를 받았다. 위의 장난질에 고용된 여배우 제시카 로즈Jessica Rose의 경우, 케이블 연속극 〈그릭Greek〉뿐 아니라 〈여학생회의 비밀Sorority Forever〉이라는 웹 TV 시리즈에도 캐스팅되었다. 프로아이스하키 팀 애너하임 덕스Anaheim Ducks의 팬이기도 한 그녀는 북아메리카프로아이스하키리그NHL를 위한 블로그 활동도 시작했다. 모든 주의력이 도움이 되는 법이다.[11]

〈허핑턴 포스트〉와 론리걸15, 연예인 가십 사이트들의 성공은 생긴 지 10년 만에 벌써 웹의 아마추어적인 국면이 끝나가고 있음을 보여주는 초기 신호였다. 위키피디아는 2007년에 적극적으로 활동하는 편집자가 5만

1,000명으로 정점을 찍었고, 이후로 계속 기고자가 줄기 시작했다. 2013년에는 2만 명 이상이 빠졌고, 시간이 남는 젊은이들로 이루어진 헌신적인 핵심층만 남은 상태가 되었다. 풍선의 바람이 빠지는 것처럼 웹 전체에 걸쳐서 열정이 줄어드는 분위기가 감지되었다.

한때는 창작 에너지가 고갈될 것 같지 않던 최초의 아마추어 블로거들도 다를 게 없었다. 다음과 같은 흔한 스토리 라인이 등장했다. 한동안 열정적으로 블로그에 글을 게시하다가 많은 블로거들이 자신의 선언이 생각보다 훨씬 더 적은 사람들에게 영향을 미친다는 사실을 깨닫기 시작한다. 그러면서 열정이 식는다는 것이었다. 아마도 웹 자체를 완벽하게 이해하지 못했기 때문인 듯했다. 더 많은 주의를 얻으려고 애쓰는 것도 가망이 없어 보였다. 한 블로거는 이렇게 한탄했다. "사람들이 해보라는 것을 모두 하면, 하루 방문객을 100명 정도까지 끌어올릴 수 있다. 하지만 그때 보이지 않는 벽에 부딪친 것 같은 느낌이 든다." 데이비드 와인버거는 자신이 겪은 "경종이 울린" 그 순간을 다음과 같이 회상한다.

> (클레이 셔키의) 분석은 블로고스피어가 모든 사람이 똑같은 목소리를 낼 수 있는 매끈한 공이 아님을 보여주었다. 오히려 블로고스피어는 엄청나게 많은 사람들을 끌어들이는 소수의 사이트에 의해 지배되었으며, 그 소수의 사이트 뒤로 팔로워가 몇 명밖에 없는 사이트들이 아주 기이이이이이이이이일게 늘어서 있었다. 과거의 유해한 위상심리학이 다시 대두되었다. 우리는 그 불행한 사실이 충분히 인식되기까지 한동안의 시간이 걸릴 것임을 알았어야 했다. 실제로도 그랬기에 하는 말이다.

고난을 극복하고 끝까지 살아남아서 열렬한 주의력 사업가가 된 블로거들도 항상 좋기만 했던 것은 아니다. 1830년대에 존재하던 뉴욕의 신문들처럼, 그들도 자신들이 더욱더 치열한 경쟁을 벌이고 있음을 깨닫게 되었다. 그 경쟁에서는 야하고 자극적이고 과장된 내용이 대체로 승리를 거두었다. 진지하고 성실한 정치 블로그가 생기면, 불을 뿜듯 위협적인 지지자들 앞에 붉은 고기를 던져줄 준비가 되어 있거나 완전히 타블로이드판으로 가는 상대적 블로그들이 늘 뒤따랐다. 일례로, "원키트Wonkette"는 미국 정계의 페레즈 힐튼 같은 가십 사이트가 되었는데, 다수의 정부 관료들과 맺은 불륜 관계를 적나라하게 폭로한 국회의원 보좌관 출신의 제시카 커틀러Jessica Cutler의 글로 엄청난 관심을 끌어모았다. 이와 비슷하게, 존경받는 법대 교수들이 운영하는 진지한 블로그들도 연방 사법부의 진상을 폭로한다는 "아티클 3 그루피Article III Groupie"라는 익명의 게시물과 경쟁을 벌이는 신세가 되었다.[12]

마치 타블로이드 저널리즘을 상대하는 것만으로는 충분치 않은 듯, 아마추어 블로거들은 여러 유형의 전문가들과도 경쟁해야만 했다. 뉴욕에 사는 닉 덴턴Nick Denton이라는 영국인 저널리스트는 세심한 관리하에 새로운 기기와 기술을 보도하는 블로그 "기즈모도Gizmodo"를 출범시켰다. 그리고 엘리자베스 스파이어스Elizabeth Spiers와 함께 "고커Gawker"라는 미디어 가십을 유포하는 사이트도 설립했다("원키트"도 나중에 "고커" 그룹에 편입되었다). 정치 블로그들도 전문화되었다. 진보 성향의 인터넷 포럼 "데일리 코스Daily Kos"와 좌편향적인 1인 블로그 "토킹 포인츠 메모Talking Points Memo"는 직원들을 고용하여 더욱더 야심 찬 기사를 게재하기 시작했다. 〈뉴욕타임스〉와 〈워싱턴포스트〉 같은 주요 신문사들도 경험 많은 저널리스트들에게 블로그만 전담하게 조치했다. 구미디어의 권위와 명성을 이용하여 새로운 청중을 확보해보겠다는 의도였다. 요차이 벤클러가 말한 "네트워크의 부wealth of networks"에 어떤 힘이 존재하든, 사람들에게 돈을 지불하는 구미디어의 수법도 여전히 어떤 힘을 갖고 있었다. 저널리스트들에게 일거리가 더 많아졌고, 그런 일거리는 전통적인 미디어로부터 주의력이 흘러 나가는 것을 저지했다.

2008년 〈와이어드〉지는 블로그를 시작하는 데 관심이 있는 사람들에게 다음과 같은 조언을 건넸다.

> 블로그를 시작하지 마라. 만약 이미 시작했다면, 손을 떼라. (…) 한때는 허물없는 자기표현과 영리한 생각이 모여 있는 깨끗한 오아시스였던 블로고스피어에 돈을 받는 더러운 물이 해일처럼 쏟아져 들어왔다. 이제 할인된 요금으로 글을 써주는 저널리스트와 비밀 마케팅 캠페인이 아마추어 명문장가의 진실한 목소리를 덮어버리고 있다. (…) 테크노라티Technorati의 상위 100위 블로그 목록을 쭉 훑어 내리면, 개인 사이트가 전문 사이트에 의해 밀려났음을 알 수 있을 것이다. 대부분의 블로그들은 근본적으로 온라인 잡지다. 〈허핑턴 포스트〉, 〈엔가젯Engadget〉, 〈트리허거TreeHugger〉 따위들 말이다. 독립 논평자는 하루에 30건까지 쏟아내는 프로 작가 팀을 따라잡을 수 없다.

2010년에 이른 무렵, 진정한 아마추어 블로거나 비디오 예술가는 다른 시대에서 건너와 끝까지 버티는 괴짜 같은 희귀한 존재에 해당했다. 거의 모든 사람들이 전문 블로그를 위해 글을 쓰면서 자기 일의 일부로 블로그를 운영하거나 일찌감치 블로고스피어를 떠난 상황이었다. 자유 문화를 예언한 로렌스 레식조차도 조금 지쳤다면서 블로그 활동을 접었다.

그러나 대중은 온라인을 떠나지 않았다. 그리고 그 수는 갈수록 많아졌다. 그전에 촉발된 그 모든 창작 에너지는 당시 어디로 가고 있었을까? 2010년대가 가까워질 무렵, 새로운 일단의 기업들은 자신들이 어떻게 효과적으로 그 에너지를 활용할 수 있는지 깨달아갔다. 어떤 면에서 그들은 대화와 사용자 생성 콘텐츠에 대한 모든 갈망을 끌어들이고 있는 셈이었다. 그 새로운 사이트들은 스스로를 "소셜 네트워크"라 불렀다. 그 사이트를 계속 따라가는 것은 블로그를 하나 유지하는 것보다 훨씬 더 쉬웠다. 앞에 소개한 〈와이어드〉 기사는 추가로 다음과 같이 충고했다. "이제는 예리하고 재치 있는 블로그 글을 쓰는 데 드는 시간을 플리커Flickr나 페이스북Facebook, 트위터Twitter에서 자기 자신을 표현하는 데 쓰는 게 더 낫다." 오래된 와인을 새 병에 담았다고? 꼭 그런 것은 아니었다. 이 네트워크들은 사람들을 한데 모으는 척하면서 이제껏 고안된 가장 침략적인 주의력 포획 장치를 수억 인구의 생활에 설치했다. 그 계약 조건은 어땠느냐고? 사용자 계약이 다 그렇듯, 서비스 제공업자에게 유리했다. 한 번의 클릭으로 빠르게 "동의"하게 하고 주의 사항은 작은 글자로 제시하는 식이었으니 말이다.[13]

23

있어야 할 곳

인터넷 혁명이 이미 청소년기에 접어든 2004년 하버드 대학 컴퓨터서비스실은 "전자 얼굴사진첩"이라는 것을 만들기 시작했다. 전통적으로 "얼굴사진첩facebook"이라는 말은 행사 때 가슴에 붙여주는 이름 스티커처럼 미국 대학들이 사회화를 촉진하기 위해 제작하는 실제 팸플릿을 가리켰다. 팸플릿 페이지에는 줄줄이 배치한 얼굴 사진과 함께 당사자의 이름, 때로는 전공과와 거주지까지 실려 있곤 했다. 그렇지 않으면 한꺼번에 기숙사에 배정된 완전히 모르는 사람들끼리 달리 어떻게 친구나 애인 혹은 섹스 파트너를 찾을 수 있었겠는가? 하버드대 기숙사 컴퓨터 실장은 2004년 중반 이렇게 말했다. "우리는 학생회와 계속 논의를 해왔고, 이 작업이 최우선적으로 필요하다는 데 합의했다. 우리는 가을 학기가 시작되기 전까지 전자 얼굴사진첩 작업을 반드시 완수하려 한다."[1]

하버드 컴퓨터서비스 측은 아이디어를 하나 도출해 이런저런 방법으로 시도해보기 시작했다. 그런데 마크 저커버그Mark Zuckerberg라는 열아홉 살의 학부생이 그 일을 더 훌륭하고 더 빠르게 처리할 수 있음을 보여주고픈 강한 충동을 느꼈다. 그는 청춘의 오만함에 한껏 빠진 재능 있는 프로그래머로, 코드를 해킹해 분석해내는 일을 가장 좋아했다. 저커버그는 이미 친구들과 수없이 복잡한 컴퓨터 작업을 성공해낸 바 있었다. 나중에 그는 이렇게 말했다. "우리는 그냥 이것저것 만들고 있었다. 그게 멋지다고 생각했기 때문이다." 바로 얼마 전에는 학생 사진 데이터베이스를 해킹한 사실이 발각되어 근신 처벌을 받기도 했다. 술에 취해 저지른 만행이었다. 그는 그 못된 짓을 자신의 블로그에 실시간으로 올렸다.

> 솔직히 말해서 나는 조금 취해 있다. 지금이 밤 10시에 화요일 밤인 건 맞는 거겠지? 아냐? 커클랜드 기숙사의 얼굴사진첩이 내 데스크톱에 열려 있는데, 정말로 얼굴 사진이 끔찍한 사람들도 있다. 이 얼굴들 옆에 가축 사진을 놓고 사람들에게 어떤 사진이 더 매력적인지 투표하게 하고픈 마음이 굴뚝같다. (…) 일단 난도질부터 시작해보자.[2]

이 일을 계기로 그는 하버드 전용 외모 평가 사이트 페이스매시Facemash를 만들었다. 저커버그가 손을 본 이 사이트에서는 두 명의 여학생 사진을 보여주며 사용자가 더 매력적인 쪽을 선택하게 했다. 저커버그는 그렇게 주의력을 모으는 능력을 입증해보였지만, 학생들의 불만이 제기되자 학교 행정위원회는 보안 침해와 사진 초상권 침해, 개인 프라이버시 침해 혐의로 그를 소환했다. 그는 경고를 받고 방면되었다.•

그래서 당시 스스로를 "설립자이자 정복자, 국가의 적"으로 명명한 저커버그가 자신의 코드 패거리를 모아 "더페이스북The Facebook"이라는 사이

• 저커버그는 운이 좋았다. 에런 스워츠Aaron Swartz라는 해커는 MIT 네트워크를 상대로 비슷한 짓을 했다가 다수의 중범죄 혐의로 연방 정부에 기소당했다.

트를 개설하고자 할 때 약간의 용기가 필요했다. 자신만만해 보일 수도 있었고 건방져 보일 수도 있었지만, 그는 평상시와 마찬가지로 다음과 같이 그 작업의 착수를 선언했다. "하버드 내 모든 사람들이 보편적인 얼굴사진첩이 필요하다는 의견을 피력해왔다. 나는 대학 당국이 그것을 만드는 데 2~3년 걸릴 것으로 본다. 어처구니없는 일이 아닐 수 없다. 나는 대학 측보다 그 일을 더 잘해낼 수 있을 뿐 아니라 일주일 내에 끝낼 수 있다."

도덕관념이 결여된 경솔한 기운이 자신이 다른 모든 사람들보다 훌륭하다는 것을 입증하겠다는 풋내기의 결심과 결합한 셈이었다. 이러한 특징들을 보면, 젊은 저커버그는 가장 성공한 하버드 중퇴자가 되는 경쟁에서 그가 뒤쫓게 되는 빌 게이츠와 우연한 유사점 이상을 보유했다. 훗날 나이를 더 먹은 저커버그에 의해 결국 해고된 미래의 직원은 이렇게 말했다. "그는 나쁜 사람은 아니다. 그렇다고 좋은 사람도 아니겠지만, 어쨌든 나쁜 사람은 아니다." 그러나 한 가지 점에서 젊은 저커버그는 젊은 게이츠와 완전히 달랐는데, 게이츠는 하버드에서 처음 데이트를 할 때 상대 여학생에게 SAT 점수를 물어봤으니 말이다.* 매력이라고는 찾아볼 수 없는 저커버그였지만 사회적 감각은 섬세했고 특히 다른 사람의 약점과 욕구를 알아내는 능력이 예리했다. 그는 심리학과 컴퓨터공학을 복수 전공했는데, 훗날 "나는 늘 그 두 학문을 결합하는 방식에 관심이 많았다"고 주장한다. 심리학은 시간 낭비가 아니었느냐는 질문을 받았을 때, 그는 "사람들을 이해하는 것은 시간 낭비가 아니다"라고 답했다. 무엇보다도 그는 어떤 것을 사회적으로 바람직해 보이도록 만드는 것이 무엇인지, 그리고 수용과 거부의 역학이 어떻게 작용해서 멋진 군중이라는 의식을 창출하는지 등을 파악하는 직관을

* 그건 그렇고, 게이츠의 SAT 점수는 1,600점 만점에 1,590점이었는데 저커버그는 1,600점 만점을 받았다.

갖고 있었는데, 그러한 직관은 하버드에서 다듬어진 게 확실했다. 정확히 말하자면 저커버그 본인이 멋진 것은 아니었지만, 멋져 보이는 상황을 만드는 것이 무엇인지는 이해했다는 뜻이다.[3]

업계에서는 실행에 비해 발명이 과대평가를 받는다고 종종 이야기한다. 이런 생각을 증명하는 21세기 최고의 증거는 아마 페이스북의 성공일 것이다. 페이스북이야말로 성공에 기여한 발명의 비율이 과도할 정도로 낮은 사업체이기에 그렇다. 이 기업의 역사에는 진정으로 독창적인 알고리즘은 말할 것도 없고, 전구도, 전화도 없다. 그럼에도 구글을 제외하고는 어떤 기업도 인터넷으로부터 이 회사만큼 많은 주의력을 수확하거나 효과적으로 상업화하지 못했다. 구글의 경우와 마찬가지로, 그 주의력은 사이트 사용자들의 니즈와 욕구, 노력의 부산물이었다. 그러나 구글은 최고의 검색 기능을 제공함으로써 승리를 거둔 반면, 페이스북은 "네트워크 효과", 즉 어떤 연결 시스템의 가치가 사용자 수에 비례해 높아지는 현상과 안정된 코드 덕분에 최고의 자리에 올랐다. 저커버그는 처음부터 이 사실을 알고 있었다.

AOL은 사람들을 컴퓨터와 더 많은 시간을 보내게 만드는 가장 확실한 방법이 모종의 사회적 경험을 약속하는 것임을 원시적인 방법을 통해 결정적으로 증명했다. 1980년대 이후로 컴퓨터만 아는 괴짜들과 컴퓨터광들은 사람들과 사귈 수 있는 안전한 공간으로 온라인 세계를 받아들였다. AOL의 귀중한 업적은 다양한 사회적 환경 속 다양한 유형의 사람들을 "사이버 공간"에 방문하도록 유인해낼 수 있음을 증명했다는 것이다.

그 이름이 암시하듯이, 1990년대 대부분의 기간 내내, 온라인에 접속한다는 것은 여전히 SF소설이나 환상 같은 느낌이 났다. 항상 인터넷에 연결되어 있는 우리 시대와는 달리, 당시 사람들은 "접속을 했다". 다시 말하면, 집 안 옷장 뒤를 지나 가명을 쓰는 낯선 이들이 거주하는, 평상시의 규칙은 어떤 것도 적용되지 않는 완전히 다른 세계로 들어갔다. 사이버공간의 개척자 존 페리 발로John Perry Barlow는 이렇게 말했다. "그 크기가 끝이 없을 정도로 거대한 대륙을 발견했다고 상상해보라. (…) 아이들만이 완벽하게 편안함을 느끼고, 물리학은 사물이 아닌 사고의 물리학이며, 모든 사람이 플라톤 동굴 속의 그림자처럼 가상의 존재인 대륙을 상상해보라."[4]

1990년대 AOL과 초창기 웹이 최초의 사용자 기반을 구축하기에 충분한 관심을 끌어모은 것은 상당히 멋진 일이었다. 그러나 되돌아보면, 그 개념에는 나름의 한계가 있었다. 우선, 신기함이 줄어들면서 온라인 콘텐츠가 사용자의 상상력에 의해 제한을 받았다. 상상력이란 게 무제한인 것처럼 들리지만, 실제로는 그렇지가 않았다. 어쨌든 그보다 더 심각한 문제는 악플이었다. 초기 시절부터 악플(그리고 악플의 상업적 사촌인 스팸)은 거의 모든 온라인 환경에 지속적으로 등장하는, 예측 가능한 특징이었다. 그렇게 악플은 AOL을 포함하여 적지 않은 온라인 사이트를 망쳐놓았다.

악플은 모욕적이고 과격한 발언으로 유사 대화에 속하는 에티켓을 침해함으로써, 다시 말하면 반드시 심각한 의도로 그러는 것은 아니더라도 감정적 반응을 유발하기 위한 의견을 피력함으로써 주의력 협정의 조건에 해를 가한다. 대부분의 사람들은 악플러가 아니지만, 분위기를 망치는 데 많은 악플러가 필요한 것은 아니다. 학계의 한 연구 결과에 따르면, 악플은 "사디즘, 정신병, 권모술수주의와 절대적으로 관련되어 있었다. (…) 모든 성격 측정 항목 중에서 사디즘이 악플과 가장 강력한 연계성을 보여주었으며, 그 관련성이 악플 행동 방식의 독특한 특성이라는 점이 중요하다."[5]

AOL은 그 수많은 사용자와 익명성을 고려할 때 악플을 끌어들일 수밖에 없는 환경이었다. 채팅방과 토론 포럼에서 이간질을 일삼는 사람들은 더할 나위 없이 유쾌했을 소통을 더럽히고 아무런 처벌도 받지 않았다. 그 결과, 사이트 전체가 어떤 식으로든 모든 방문자들에게 유해한 곳이 되어버렸다. 이러한 사실은 AOL이 소아 성애자들의 안식처라는 언론 보도를 더욱 심각하게 느껴지도록 만들었다. 그런 식의 비난은 완전히는 아니더라도 대체로 사실이 아니었지만, 쉽게 털어내거나 무시할 수 있는 무엇이 아니었다. (종종 악플과 결속하는 인터넷 루머, 즉 현대인의 평판을 해치는 그 재앙은 이미 그 속도와 위력을 보여주고 있었다.) 그 모든 것은 마치 사회가 제대로 기능하려면 폭력 충동이나 성적 충동을 억압해야 한다는 프로이트의 견해가 정당함을 입증하기 위해 계획된 것만 같았다. AOL이 쇠퇴하는 데에는 악플러 외에도 훨씬 더 많은 이유가 따랐지만, 어쨌든 AOL이 붕괴에 이를 정도로 사용자가 줄어들자 악플의 위협 없이 사회적 욕구와 니즈를 표현 가능한 온라인 공간을 제공할 수 있는 사람에게 엄청난 기회가 생겼다. 한때 온라인의 거대한 참나무였던 AOL이 쓰러지자 인터넷의 여러 도토리들이 동일한 틈새시장에서 상당히 색다른 것으로 성장할 기회를 얻었다는 얘기다. 이미 입증된 엄청난 양의 온라인 주의력은 누구든 제대로 된 노력만 기울이면 차지할 수 있었다.

2004년 출범한 페이스북은 곧바로 하버드에서 수천 명의 사용자를 확보할 정도로 인기를 끌었다. 출범 한 달 만에 교내 학생의 절반이 가입했다. 그러나 더 큰 그림으로 보자면, 저커버그의 발명품은 "소셜 네트워킹" 내기 경쟁에 뒤늦게 뛰어든 편이었다. 일찍이 2000년에 이미 여러 사이트들이 경주에 출장한 상태였다. 2004년에는 소셜넷SocialNet이나 매치닷컴Match.com 같은, 연애 상대를 찾는 데 특별히 집중하는 플랫폼이 여럿 등장했다. 이러한 온라인 데이트 사이트를 비롯해 미트업닷컴Meetup.com이나 링크드인LinkedIn과 같은 관심사 중심 사이트나 커리어 사이트는 모두 실명과 진짜 개인 정보를 요구하며 사이버공간의 일반적인 은신처와 어두운 모퉁이를 없앴다.

페이스북의 가장 확실한 선조는 프렌드스터Friendster였다. 샌프란시스코에 거주하던 캐나다 출신의 조너선 에이브럼스Jonathan Abrams가 2002년 설립한 프렌드스터는 소셜 네트워킹이라는 난제를 풀어낸 최초의 기업이었다. 페이스북은 사실상 이 기업의 콘셉트를 모방한 것이었다. 온라인 데이트 사이트들과 마찬가지로 에이브럼스의 구상도 사이버공간의 익명성에 대한 불만에서 영감을 얻었다. 그의 네트워크는 "진짜"만 통하는 악플 없는 구역으로 계획되었다. 그들의 방침은 "거짓 프로필을 올리는 사람이 없어야 한다는 것이었다". 에이브럼스는 이렇게 설명했다. "나는 오프라인의 현실 그대로의 상황을 온라인으로 옮겨놓고 싶었다. 그래서 나는 '사이버두드307' 대신에 '조너선'이 되었다."[6]

프렌드스터는 사용자를 반사회적 미치광이들이 사는 홉스의 세상에 떨어뜨리지 않았다. 대신 그들은 사용자에게 프로필을 만들어주고 사용자가 실제로 아는 사람들, 친구, 동료, 가족 등으로 이루어진 사용자의 실제 사회를 온라인에 다시 만들어주는 동시에, 그들 모두를 상대할 수 있는 장소를 하나 제공해주었다. 성공한 수많은 IT 기업들처럼 프렌드스터도 모종의 인간 증강을, 구체적으로 말하면 사회적 능력을 판매하고 있었다. 다소 이상하긴 해도 〈포춘〉지는 2003년에 다음과 같이 지적했다. "사람들을 웹사이트에 연결시키기보다는 사람들끼리 연결시키는 새로운 유형의 인터넷이 등장하고 있는 듯하다."[7]

2004년 당시 경기장은 프렌드스터의 모방 사이트들로 거의 만원에 가깝게 들어차 있었다. 당연히 페이스북은 거기에 추가된 하나일 뿐이었다. 예를 들면, 구글도 오르컷Orcut이라는 유사 사이트를 하나 운영했는데, 일하다 남는 시간에 코드를 쓴 오르컷 뷔위퀴텐Orkut Büyükkökten이라는 직원의 이름을 따랐다. 남부 캘리포니아에 본사를 둔 마이스페이스MySpace라는 대담한 복제 사이트도 있었다. 이 사이트는 "무슨 일이든 허용된다"는 AOL의 기풍을 따라 다소 느슨한 편이었다. 이 사이트는 금세 음악 밴드들에게 인기 있는 홍보 사이트가 되어 페이스북이 출범할 무렵 100만 명의 사용자를 확보했다.

이렇게 경쟁 사이트들이 나름대로 활개를 치는데도 페이스북이 성장한 것은 주목할 만한 사건이었다. 2004년이 지나가는 내내 페이스북은 이 학교에서 저 학교로 옮겨 다니면서 결국 모든 곳에서 큰 성공을 거두었다. 페이스북은 더 훌륭하고 더 안정된 소프트웨어를 갖췄지만, 그것이 성공의 열쇠는 아니었다. 아직은 하버드대 학생이던 저커버그와 그의 팀은 대학의 사회 환경과 궤도에 대한 현실적인 감각을 보유했기에 어떻게 해야 사이트가 타깃 청중에게 보람 있고 중요하게 느껴질지 제대로 간파하고 있었다. 그 사이트의 출발점이 다른 학생들에게 매력적인 대상일 수 있는 하버드대였다는 사실 역시 도움이 되면 되었지 해롭게 작용하지 않았다. 그것을 환영하는 대학 신문들을 보면 사용자들이 찾는 것, 즉 자신의 사회적 의미에 대한 확인을 페이스북이 얼마나 잘 요약하여 담았는지 가장 잘 이해할 수 있다. 〈스탠퍼드데일리The Stanford Daily〉는 다음과 같이 외쳐댔다.

> 수업을 빼먹고 있다. 과제도 무시하고 있다. 학생들이 완전히 매료되어 컴퓨터 앞에서 몇 시간씩 보내고 있다. 더페이스북닷컴 광풍이 캠퍼스를 휩쓸고 있다. (…) 프렌드스터닷컴 같은 소셜 네트워킹 사이트를 본떠 만든 이 물건은 스탠퍼드 학생들에게 또래로 이루어진 네트워크를 선사한다. (…) 친구가 100명 정도인 학생은 이제 1,500명 이상에게 연결되는 네트워크를 가질 수 있다. "화요일 아침에 가입하자마자 중독되었어요. 누군가가 나를 인정해주거나 친구 리스트에 넣어달라고 요청한다는 사실만큼 나의 사회적 존재감을 입증해주는 건 없으니까요. 유대감과 우쭐함이 동시에 형성되는 겁니다."[8] 한 학생이 말했다.

듀크대 신문은 정말로 많은 친구가 생겼다며 기뻐하는 타일러 그린Tyler Green이라는 신입생의 말을 전했다. "이건 정말 말도 안 된다. 가입하고 곧바로 다수의 사람들을 친구로 승인했더니 170명과 연결되었다. 지난 스물네 시간 동안 20분 정도 페이스북을 했는데 말이다." 물론 처음부터 비판자들도 있었다. 스탠퍼드의 한 4학년 학생은 화를 냈다. "이 시스템은 불안감에 사로잡혀 친구를 수적으로 늘려야 할 필요를 느끼는 사람들을 위해 만들어진 것이다." 실제로 그로 인해 이미 경쟁이 치열한 교내에서 "친구" 쌓기가 또 하나의 경쟁이 되었다.[9]

초기의 이런 기사들은 영원히 페이스북의 "생애의 변론"이 되어줄 효과, 즉 페이스북이 사람들을 접촉시킨다는 효과를 간단히 언급하고 있다. 그러나 실제로 페이스북이 사용자들에게 제공하던 것은 더욱 충실해지고 정리된 "사회"생활이 아니라 자기 자신에 대한 표현의 증강이라는 훨씬 더 매력적인 것이었다. 페이스북은 정확히 말해서 자신의 실제 모습이 아닌, 수백 명의 친구(초기에는 이 정도면 성공으로 간주되었지만 나중에는 수천 명은 되어야 그렇게 인식되었다)를 보유한 데다가 여전히 사람들이 줄을 서서 "승인"을 기다리는 자신의 꾸며 낸 최상의 모습을 제공하도록 돕고 있었다. 페이스북이 수천 명의 학생들을 유혹하여 몇 시간씩 시간을 보내게 만들기 시작했을 때 그 사이트가 갖고 있던 제한된 기능을 상기해보면 당시의 상황을 이해하는 데 도움이 된다. 당시엔 메시지도, 찌르기 기능도 없었다. 말하자면, 당시 페이스북에는 친구로 초대하는 것 외에는 사회적 상호작용 형태가 전혀 없었다. 네트워크에서 다른 사람들에게 몰래 다가가는 것 외에, 또 자신의 프로필을 다듬고 사진을 다시 올리며 수치에 의해 그리고 지리적으로 결정된 자신의 사회적 명성에 놀라는 것 외에 페이스북에서 할 일은 전혀 없었다. 프로필은 실로 주의를 끌어오는 미끼였다. 자기도취에 빠진 수많은 대학생들이 수업을 빼먹고 그렇게 미끼를 던져놓은 웅덩이를 뚫어져라 쳐다보고 있었다.

물론 모든 네트워킹 사이트에는 프로필과 친구가 있었다. 프렌드스터, 구글, 마이스페이스는 하지 않는데 페이스북만 따로 하고 있었던 것은 과연 무엇이었을까? 확실히 기술과 관련된 것은 전혀 없었다. 페이스북은 적절하게도 스스로를 "있어야 할 곳"으로 규정했다. 여기서 중요한 점은 페이스북이 대학교에서 생겨났다는 사실이다. 다른 사이트들은 사용자에게 구분되지 않은 대단히 많은 사람들 사이에서 각자의 코호트cohort(특정한 행동양식 등을 공유하는 집단-옮긴이)를 찾아내라고 강요했지만, 페이스북은 대학이라는 이미 존재하고 상대적으로 경계가 쳐진 사회적 현실을 재창조했다. 그 현실 안에 실질적인 관계들은 이미 존재했다. 하버드의 모든 학생들은 페이스북 네트워크가 빠르게 확산되던 교정에서 적어도 누군가를 알고 있었다. 애초 대학이 제작하려던 얼굴사진첩의 목적, 즉 사회화를 촉진시키려는 목적은 학생이 만든 이것에 의해 충족되었고, 그 사실은 사회적 신뢰를 높이는 데 도움이 되었다. 따라서 페이스북은 실제로 뭔가 새로운 것을 제공하는 게 아니라 기존의 사회적 현실을 증강시켜 보여주고 있었다. 이른바 네트워크들은 이미 거기에 존재했고, 페이스북은 그저 그 네트워크들을 눈에 보이게, 다시 말하면 아주 생생히 나타나서 계속 파악하기 쉽도록 만들었을 뿐이다.

많은 사람들이 이 차이가 연애 상대를 낚을 가능성과 관련된 경우에만 의미가 있다는 이론을 내세웠다. 다시 말하면, 페이스북이 동침할 가능성이 있는 사람들의 세계를 알려주면서 성공할 수 있었다는 것이다. 정말 그런 경우였을까? 복잡한 얘기다. 페이스북이 초창기에 성적 만남의 가능성 때문에 인기를 얻었다는 데는 의심의 여지가 없을 수도 있다. 많은 사용자들이 연결의 양을 질보다 더 높게 평가한 순간에는 특히 그랬다. 그 사이트에서 주선된 데이트를 언급하지 않은 대학 신문은 없었다. 그러나 페이스북은 그에 대한 언급을 순진한 척 회피하면서 그럴듯한 부정否定 기조를 유지했다. 그리고 결코 자신들을 데이트 사이트로 선전하지 않았다. 오히려 페이스북은 전통적인 연애보다는 브라운운동만큼이나 부딪힘이 잦은 대학 생활 자체의 모호함을 모방했다. 모두가 어떤 클럽에 가입하거나 심지어 대학에 다니는 것도 결국 섹스나 연애의 기회로 이어진다는 것을 알고 있었다. 그렇기 때문에 그것을 너무 노골적으로 드러내면 오히려 효과를 망칠 뿐이었다.

다른 사이트들이 섹스나 연애에 의해 규정되는 한계를 보여준 것을 보면, 결국 페이스북의 불확정성은 전략적으로 영리했던 것으로 드러났다. 고객이 돈을 내고 사랑을 찾는 매치닷컴은 돈은 좀 벌었지만 유리한 시작에도 불구하고 재정적으로 페이스북 근처에도 이르지 못했다. 데이트에 의해 형성되는 사회적 결속은 본질적으로 더욱 깨지기 쉽다. 그리고 항상 적극적으로 애인을 찾는 사람들은 당연히 인구 집단의 일부일 뿐이다. 친구 관계나 가족, 동급생, 동료 등의 더 오래되고 더 영속적인 관계는 이익을 노린 친구 관계의 가능성을 배제하지 않더라도 상당히 중요한 것으로 드러났다. 실제로 10년 뒤에 페이스북의 매력은 성적인 것보다는 정서적인 것이 되었는데, 페이스북이 없으면 안 되는 존재가 된 것은 누군가를 낚는 일보다는 관계를 유지하는 데 관련이 깊었다. 옛 친구나 가족에게 말을 걸어야 하는 부담 없이 그들이 무엇을 하고 있는지 알고 싶은 욕구를 충족하도록 도운 것이다. 그리고 이런 식으로 "현실 생활"보다는 온라인에서 더 많이 연결되면서 사회적 현실의 이미지는 점점 더 현실 자체가 되어갔다.

페이스북이 초기 역사에서 피한 총알은 데이트 사이트로 분류되는 위험만이 아니었다. 애초의 페이스북은 광고가 없기 때문에도 매력적이었다. 광고가 거의 없거나 너무 적어서 사람들이 알아보지 못할 정도였다. 저커버그와 팀은 구글의 사례를 보며 제대로 광고를 하는 것이 존재와 관련해서 중요하다는 사실뿐 아니라 광고의 밝은 전망과 위험 모두를 깨달았다. 사실 페이스북은 처음부터 광고에 자신들의 최종적인 성공이 달렸음을 완벽하게 알고 있었다. 설립자들 입장에서 보면, 우선적으로 아주 많은 주의력을 모으는 것이 최고로 중요했다. 2004년, 광고주들을 상대로 최초로 홍보에 나선 페이스북은 그 플랫폼이 보유한 "중독된" 사용자들과, 프리즘 설계자들이 꿈꾸던 특별한 수준으로 소비자들을 겨냥하는 나노타깃팅nanotargeting의 가능성을 장점으로 내세웠다. 사용자들의 연령과 성별, 관심사 (그리고 2009년부터 가동되는 "좋아요" 버튼) 등 사이트에 드러난 온갖 선호도를 이용하면 나노타깃팅이 가능하다는 것이었다. 놀랍게도 사용자들 모두가 자신의 정보를 공짜로 넘겨주고 있었는데, 다른 사람들도 다 그렇게 하기 때문이었다. 그것이 네트워크의 힘이었고, 군중의 광기였다.

저커버그는 구글 설립자들처럼 광고가 상품의 질을 떨어뜨릴 수 있음을 간파했다. 그는 과학기술 전문가로서 광고 자체는 물론, 광고가 웹사이트를 망치는 경향을 경계했다. 래리 페이지의 경우와 마찬가지로 저커버그의 성배도 사람들이 실제로 보고 싶어 하는 광고였다. 페이스북은 나노타깃팅이 그것을 가능하게 할 수 있을 거라고 판단했다. 그때까지 저커버그는 페이스북 사용자들의 경험을 방해할 수 있는 것은 무엇이든 명백히 반대하는 입장을 고수했다. 초기에 스프라이트Spirte사가 100만 달러를 줄 테니 하루 동안만 사이트를 초록색으로 바꿔달라고 했을 때, 그는 그 제안을 검토조차 하지 않았다. 한번은 이렇게 표현했다. "나는 모든 광고를 싫어하는 것은 아니다. 단지 고약한 냄새가 나는 광고를 싫어할 뿐이다."[10]

그러한 태도는 또 다른 경쟁 우위에 해당했는데, 페이스북의 주요 경쟁 사이트인 마이스페이스는 그런 도덕관념 같은 게 전혀 없었기 때문이다. 마이스페이스의 소유자이자 경영자인 뉴스코퍼레이션News Corporation은 그 사이트에 유료 콘텐츠를 채워넣었다. 가능한 한 빨리 많은 사용자를 확보하는 것이 사회적 추적의 열쇠라고 확신한 마이스페이스는 그러한 결과를 내려는 절박한 심정에 사용자 신원을 확인하는 일을 대수롭지 않게 여겼다. AOL의 치명적인 결함을 답습한 셈이었다. 또한 마이스페이스는 사용자들이 HTML 코드를 이용하여 각자의 페이지를 자기 목적에 맞게 변경할 수 있도록 해준 것과 달리, 페이스북은 모든 사람이 동일한 기본 규칙을 지키게 하고 더 나은 콘텐츠를 내놓도록 강제했다. 결과적으로 마이스페이스

사이트는 요란한 광고와 필명을 사용하는 회원들로 난장판이 되었다. 필명을 사용하는 회원들은 어김없이 옷을 거의 입지 않은 여자들(혹은 최소한 여자라고 주장하는 사람들)이었다. 그리하여 그 사이트는 1977년경의 타임스 광장과 아주 흡사한, 추잡한 데다가 약간 위험한 느낌이 나는 곳이 되기 시작했다.

어떻게 보면 프렌드스터는 훨씬 위협적인 경쟁자가 될 잠재력을 갖고 있었다. 그 사이트에는 활기가 넘쳤고 올바른 아이디어도 많았다. 심지어 대학 교정에도 침투하기 시작했다. 하지만 역사적인 성공을 거두기에는 기술적으로 준비가 되어 있지 않았다. 저커버그와 그의 친구들은 프렌드스터가 찾아낼 수 있는 프로그래머들보다 더 훌륭한 프로그래머들을 채용했다. 프랜드스터의 사용자 수가 수백만에 이르자 그들의 소프트웨어는 사용자의 무게를 못 견디고 무너졌고, 다시는 제대로 작동하지 못했다. 설립자인 에이브럼스는 2014년 한 인터뷰에서 "기본적으로 사람들이 2년 동안 우리 사이트에 거의 로그인을 하지 않았다"고 인정했다.[11]

마이스페이스와 프렌드스터는 마지막 주문을 받은 술집처럼 텅 비면서 당시로서는 충격적인 붕괴를 맞이했다. 마치 인터넷 전체가 페이스북으로 옮겨 간 것 같았다. 소셜 미디어 비평가인 다나 보이드danah boyd는 이를 일종의 "백인 중산층의 교외 이주" 현상으로 설명했다.•[12] 〈허핑턴 포스트〉가 보도한 대로, 2008년 무렵 "마이스페이스는 매달 4,000만 명이 넘는 순 방문자를 상실했고, 공동 설립자 두 명을 모두 잃었으며, 대다수의 직원을 해고했다. 그리고 과거 세력의 어수선한 결과론에 회자되는 수준으로 쇠퇴하

• 보이드는 연구 결과에서 자신이 페이스북으로 옮겨 간 이유를 설명한 백인 십대 소녀의 말을 인용했다. "사실 나는 인종차별주의에 빠져 있지 않다. 하지만 내 생각에 현재의 마이스페이스는 게토 같은 느낌이 든다." 보이드가 보기에 그 많은 스팸 전송업자들은 갱단 같았고, 눈에 거슬리는 과도한 광고는 도시 내의 황폐한 구역과 별반 다르지 않았다.

고 말았다."[13]

되돌아보면, 페이스북이 성취한 가장 중요한 것은 그것이 사회적으로 꼭 필요한 존재라는 믿을 만한 주장이었다. 페이스북의 경쟁 사이트들은 결코 페이스북에 필적할 수준까지 도달하지 못했다. 저커버그는 2009년 이렇게 말했다. "사람들이 오늘날 페이스북에서 무엇을 하는지에 대해 생각해보라. 그들은 가족이나 친구들과 계속 연락을 취하고 있다. 그러면서 그들은 자기 자신에 대한 이미지와 정체성도 구축한다. 어찌 보면 그들의 이미지와 정체성은 그들의 브랜드에 해당한다. 또한 그들은 자신이 관계를 맺고 싶은 사람들과 연결하고 있다. 지금 당신이 페이스북을 하지 않는다면, 그것은 불리한 처신에 가깝다." 페이스북은 유용성의 문제뿐 아니라 세상에 존재하는 색다른 방법까지도 제공하고 또 발전시킬 수 있었다. 브랜드로서의 자아 개념은 저커버그가 처음 생각해낸 것은 아니었지만, 페이스북 세대에게 확실하게 통했다. 그들은 한 직장에 오래 머무는 법이 없고 자기 자신과 자신의 경험을 직업적으로나 심지어는 사회적으로도 판매 가능한 상품으로 생각하는 사람들이었다. 이제는 평범한 사람도 유명인들처럼 사업적 가치를 띤 존재에 근접하게 되었다.[14]

한편, 삶은 계속된다. 마침내 새로운 애인 관계나 자녀의 탄생, 심지어 누군가의 죽음까지 인생의 중요한 국면을 선언하는 데 페이스북을 이용하는 것은 용인되는 행동일 뿐 아니라 적절한 예의까지 되었다. 페이스북은 그 대상이 자녀든 상황이든 가장 원시적인 갖가지 유형의 사회적 과시에 널리 이용되는 사이트가 되었다. 또한 친분을 다지는 수단으로서 각종 인사장을 대체하기도 했다. 사회학자인 제이넵 투펙치Zeynep Tufekci는 페이스북을 비롯한 여타의 소셜 미디어가 "가십, 사람들의 호기심, 잡담"을 대신하는 대체물을 형성했다고 주장했다. 그녀는 이렇게 썼다. "그러한 것들은 인간에게서 나타나는 영장류의 그루밍(social) grooming(동물이 동종의 다른 동물의, 특히 스스로 만지기 어려운 부위의 피부나 털, 깃털 등을 청소해주는 행동 양식-옮긴이)에 해당하는 것으로, 유대를 형성하고 관계를 확인하고 계층과 동맹을 확고히 하고 그에 대해 배우는 데 절대적으로 필요한 활동이다." 의미심장하게도 그녀는 "그루밍을 결속의 행동인 동시에 '경쟁의' 행동으로 간주해야 한다. 그것은 사회적, 실질적 결속과 자원에 대한 접근 기회일 뿐 아니라 인간의 평판과 지위를 향상시켜주는 수단"이라고 지적했다.[15]

2012년 2월, 월간 실제 사용자가 8억 4,500만 명으로 늘어난 페이스북은 오래전부터 기대되던 기업공개IPO 계획을 발표했다. 그러나 페이스북은 자신들의 사업 모델을 둘러싼 모든 의구심을 물리치지는 못했다. 가장 명백한 선례인 구글에 비해 페이스북은 추가적인 난제들에 직면해 있었다. 긍정적인 면을 보면, 페이스북은 누구보다 세계의 모든 사람들에 대해 더 많이 알고 있었다(2010년대의 일상어로 표현하면 "빅 데이터"를 보유했다). 이 덕분에 광고주들은 전례가 없는 수준으로 나노타깃팅에 나설 수 있었다. 페이스북은 광고주들이 지역, 성별, 연령, 출신 학교, 언급된 관심사 같은 기준에 따라 각자의 사냥감에 접근할 수 있는 측면 광고를 실었다. 예컨대 1970년대 빈티지 스피커를 팔고자 하는 광고주는 킨크스Kinks와 레드 제플린Led Zeppelin에 관심이 있다고 입력한 55~65세의 뉴저지 교외 거주자들을 목표로 삼을 수 있었다. 이 점은 좋은 부분이었다.

페이스북의 좋지 않은 부분은 구글과 달리 측정 기준이 없다는 점이었다. 구글에서는 사람들이 무언가를 찾고 있다는 사실과 함께, 사람들이 찾는 것도 알 수 있었다. 하지만 페이스북을 찾는 사람들은 다른 이유로, 즉 방금 전에 설명한 "그루밍"을 위해 들어왔다. 광고 용어로 표현하면, 구글의 사용자들은 거래 직전의 최종 단계에 매우 가까웠다면, 페이스북 사용자들은 기껏해야 초기의 인지 단계에 머물고 있었다.* 달리 말하면, 이는 사람들이 페이스북 광고를 그리 자주 클릭하지는 않는다는 의미였다. 블로거이자 벤처캐피털리스트 크리스 딕슨Chris Dixon은 2012년 다음과 같이 지적했다. "페이스북은 페이지뷰가 구글의 두 배인데도 수익은 구글의 10분의 1 정도이다. 일부 추정치에 따르면, 구글 검색 부문의 페이지뷰당 수익은 페이스북의 100~200X(링크 등을 공유받은 사람 중 한 명이 이를 클릭했다면 그것은 1X의 '바이럴 리프트'를 가졌다고 말할 수 있다-옮긴이)다."[16]

2010년대에 페이스북은 이 문제에 대한 해답을 몇 가지 찾았다. 우선, 페이스북은 사람들이 광고를 클릭하지 않더라도 광고 가치가 있음을 광고주들에게 납득시키기 위한 측정 기준의 개발에 막대한 투자를 했다. 자금 지원이 확실하게 이루어진 "측정과 통찰" 부서는 사용자가 클릭은 말할 것도 없고 광고를 의식적으로 알아채지 않더라도 페이스북이 브랜드 인지도를 창출하고 있음을 입증하기 위해 노력했다. 부서 책임자인 브래드 스몰우드Brad Smallwood는 광고주들에게 "온라인 브랜딩과 캠페인에 의해 발생한 판매의 99퍼센트는 광고를 봤지만 광고와 상호작용하지는 않은 사람들로부터 비롯되었다"고 말하면서 브랜드 광고주에게 진정한 가치를 안겨주는 것은 클릭이 아니라 딱 맞는 소비자에게 전달하는 마케팅 메시지임이 입증됐다고 주장했다. 이런 식으로 페이스북은 적극적 판매 방식의 상당 부분은 구글이나 〈허핑턴 포스트〉에 남겨두고 자신들은 맥매너스의 브랜딩 전통의 후계자인 척했다. 그리고 시간이 지나면서 광고주들은 페이스북에 승산이

* 판매 및 광고 용어에서 "구매 깔때기purchase funnel"는 소비자가 구매에 이르기까지 거치는 단계를 가리킨다. 일반적인 단계는 "인지", "고려", "전환"이다. 깔때기의 버전에 따라 다른 단계들이 존재할 수 있다.

있다는 데 동의했다.*17

또한 페이스북은 민간 사업체는 물론, 상품들도 자체 페이지를 만들어 돈을 내고 많은 친구들을 얻도록 허용하기 시작했다. 이 방침은 페이스북이 만든 "좋아요" 버튼과 딱 맞아떨어졌다. "좋아요" 버튼은 기업들로 하여금 브랜드 충성심이 주입된 사람들을 정확히 알 수 있게 해주는 동시에 비상업적 용도(친구의 약혼을 인정하거나 기이하게는 추도문에서 밝힌 내용 등을 인정하는 경우)에도 사용할 수 있는 특별히 뛰어난 아이디어였다. 페이스북은 사용자의 뉴스피드news feed(페이스북에 지속적으로 업데이트하는, 친구 네트워크에 속한 회원들의 활동과 메시지, 추천 목록 등-옮긴이)에도 광고를 구입하도록 허용함으로써 광고에 보다 많은 맥락적 연관성을 부여했다. 마지막으로, "좋아요" 버튼은 페이스북이 추적 기술에 엄청나게 많은 돈을 투자한 행위가 옳았음을 보여주기도 했다. 페이스북은 웹 곳곳에 흩어져서 모선에 메시지("그녀가 크루즈 여행을 기대하고 있음")를 보내주는 추적 기술 덕분에 사용자들이 온라인에서 어디를 가든 따라다닐 수 있었다. 그 결과, 예를 들어 카니발크루즈라인Carnival Cruise Line사는 사용자가 페이스북으로 돌아온 순간에 사용자의 "뉴스피드"에 "크루즈" 광고 메시지를 넣어 사용자를 놀랠 수 있었다. 페이스북은 그러한 추적 또는 염탐 기술에 의존하여 자신들이 모든 사용자에 대해 보유한 데이터를 향상시킬 수 있었는데, 이 사용자 집단은 빠른 속도로 전 세계의 구매 대중 규모에 가까워지고 있었다.**

* 특히 2012년 이후 모바일 플랫폼에서 그랬다. 운 좋게도 페이스북은 애플 아이폰과 심지어 구글 안드로이드폰의 소비자 얼굴 앞에 대형 광고를 설치한 몇 안 되는 기업들 중의 하나였다.

** 이는 2010년 내내 페이스북이 고안해낸 광고 기술들을 불완전하게 요약한 내용에 불과하다. 여기에 소개하지 못한 것 가운데 대표적인 발명품이 "유사 타깃" 형성 기술이다. 이 기술은 페이스북이 사용자들에 대해 알고 있는 모든 데이터를 기초로 특정 기업이 기존의 고객층을 이용하여 그들과 아주 유사한 사람들을 타깃으로 삼을 수 있도록 돕는다. 또한 페이스북은 모바일에서 앱의 설치나 사용을 촉진하는 "설치"와 "참여" 광고를 판매하기 시작했다.

결국 대중은 페이스북과 원대한 계약을 맺었다. 정확히 말해서, 모르고 맺은 것은 아니었지만 완전히 이해하고 맺은 것도 아니었다. 애초에 친구를 찾을 수도 있다는 생각 때문에 페이스북에 끌린 터라, 어느 누구도 이 새로운 주의력 사업가가 업계의 일반적인 계약 조건을 뒤집어놓은 사실을 알아채지 못한 것 같았다. 수십억 명에 달하는 전 세계의 페이스북 사용자들은 상세한 인구통계 데이터라는 보고寶庫를 그냥 넘겨주면서 고도로 맞춤화된 광고에 자신들을 노출시키고 있었다. 그런데 그들은 정확히 그 대가로 무엇을 받았을까? 신문은 기사를 제공했고, CBS는 〈왈가닥 루시〉를 보여줬고, 구글은 정보 고속도로에서 길을 찾게 도와주었다. 그런데 페이스북은?

흠, 페이스북은 "친구들"에게 접근할 수 있는 기회를 주었다. 예전에 블로그나 다른 온라인 활동에 쏟던 에너지의 많은 부분이 이제는 자신의 페이스북 프로필을 업그레이드하고 그와 함께 페이스북 자체의 가치도 향상시키는 일로 돌려지고 있었다. 이런 식으로 대중은 광고를 볼 수밖에 없는 신세가 되면서 건물주의 부동산을 대대적으로 발전시키는 일에 적극적으로 나선 임차인과 같아졌다. 페이스북의 궁극적인 성공 원인은 상당히 기발한 이 주의력 차익 거래 책략에서 찾을 수 있다. 이를 통해 페이스북은 가상의 주의력 농장을 만들 수 있었다.

눈치를 챘다고 해도, 대부분의 사용자들은 이런 식으로 이용당하는 것에 개의치 않는 것 같았다. 특히 이제는 모두가 페이스북을 하고 있었기 때문이다. 단순히 대학생들만이 아니라 모든 연령대의 사람들, 부모, 조부모, 심지어는 반려동물들도 자신의 페이지를 갖고 있었다. 그와 동시에, 갈수록 많은 사람들이 그 사이트에 들어가면 불행해진다고 불평하기 시작했다. 처음에 페이스북이 불안해하는 청년들의 사회적 역학 관계를 이용하려고 구상된 사실과 인간의 본성을 고려해보면 결코 놀랄 일이 아니었지만, 다른 사람들의 가장 좋은 시절이 담긴 영상을 보면 자신이 부족하다는 느낌을 받을 수밖에 없었다. 한편, (이메일처럼) 페이스북도 대개는 실망스럽지만 계속 유혹에 빠지도록 간간이 보답을 주는 스키너 방식의 강박 행동을 조장한다고 생각하는 사람들도 있었다. 확실히 어떤 것도 완벽하게 결정적이지는 않았지만, 다양한 연구 결과들이 우울증과 페이스북 이용을 연관지었다. "인터넷 검색에 비해 페이스북은 덜 의미 있고 덜 유용한데 시간은 더 낭비되는 활동이어서 기분이 안 좋아진다"는 연구 결과도 있었다. 산업화된 서양 세계의 사람들이 "자신을 잘라내어 자유와 만족을 얻었다"던 마르쿠제의 비평이 연상된다.[18]

페이스북은 사이버공간을 좀 더 "현실적인" 것으로 대체했다고 추정되었지만, 실제로 그 결과물은 또 다른 비현실의 영역, 즉 현실처럼 보이기 때문에 더욱 오도의 소지가 다분한 그런 영역에 불과했다. 친구들은 늘 축하해주고 축배를 드는 장소였고, 커플들은 좋은 식당에서 식사를 하거나 휴가를 떠나거나 약혼을 발표하거나 아기의 탄생을 알리는 그런 곳이었다. 그리고 아이들은 절대로 울지도 않고 기저귀를 갈 필요도 없으며 서로를 때리는 일도 없는 그런 곳이었다. 페이스북에서 행복한 가족들은 다들 비슷했다. 각자의 사정으로 불행한 시기를 겪는 가족이 있었지만, 그들은 페이스북에 나오지 않았다. 물론 모든 인간의 소통은 사실과 살짝 거리가 있기 마련이다. 그러나 직접 만나거나 혹은 전화 통화를 하는 경우, 시치미를 떼는 데는 한계가 따른다. 페이스북에 의해 가능해진 비슷비슷한 셀프 스타일링으로 인해 미국은 온라인의 워비곤 호수Lake Wobegon(이 호수 근처에 사는 모든 아이들이 유난히 공부를 잘했다는 전설적인 마을. 이러한 현상을 가리켜 워비곤 호수 현상이라고 한다-옮긴이) 같은 곳이 되었다. 되돌아보건대, 그에 비해 1950년대는 암울하고 불안감에 휩싸인 시대처럼 보였다.

24

마이크로페임의 중요성

2008년 시애틀에 살던 렉스 소가츠Rex Sorgatz라는 청년은 뉴욕의 IT 업계에서 성공의 길을 찾기 위해 뉴욕으로 건너갔다. 훗날 그는 "미디어와 기술이 처음으로 충돌하고 있던 이상한 시기였다"고 회상했다. 자신이 어떤 직업으로 끝날지 정확하게 확신하지 못해서인지, 그는 자신이 할 수 있는 모든 일을 줄줄이 늘어놓은 업무용 명함을 만들었다. 명함에는 이렇게 적혀 있었다. "렉스 소가츠, 창조과학기술자, 전략가, 사업가, 작가, 디자이너, 고문, 컨설턴트." 서부에서 옮겨 온 지 얼마 되지 않았기 때문에 그는 몇 가지 점에서는 뉴욕 사람들보다 살짝 앞서 있었다. 그는 사람들에게 트위터를 해보라고 말하곤 했다. "그들은 그냥 날 보고 계속 웃기만 했다."[1]

침착한 태도, 삐죽삐죽한 머리카락, 훌륭한 유머 감각을 갖춘 소가츠는 뉴욕이라는 무대에 상당히 잘 맞는 사람으로 드러났고, 특히 여자들에게 인기가 많았다. 그러나 뉴욕에 도착한 지 얼마 지나지 않아 그는 뉴욕의 웹 사업가들이나 블로거 및 관계자들에게서 다소 이상한 점을 발견했다. 그들 대부분이 유명해지려고 애쓴다는 점이었다. 사실 할리우드 연예인이나 영국 여왕과 같은 식으로, 그렇게 전통적으로 유명해지려는 것은 아니었고, 뭔가 다른 것을 열심히 추구하고 있었다. 소가츠는 그것을 "마이크로페임microfame"이라 불렀고, 다른 사람들은 "인터넷 명성"이라고도 했다. 뉴욕의 IT 업계 인사들은 마치 비장한 각오라도 한 듯이 자신들의 블로그나 스타트업, 기자 접대, 끝없이 이어지는 파티 등을 통해 이 목표를 추구했다. 뉴욕의 상황은 최고의 알고리즘을 만든 사람들에게만 영광이 돌아가는 서부와 이 점이 다를 뿐이었다. 뉴욕 사람들은 죄다 인터넷 스타가 되고 싶어 했다.

소가츠는 특유의 위트를 섞어 이렇게 썼다. "'마이크로페임'이라고 하면 사람들은 대개 유명인보다 좀 더 작은 형태의 유명세, 즉 포유동물이 되려고 애쓰는 하등 생물 형태를 상상하는 경향이 있다. 매크로페임macrofame(대형 유명세)이나 수프라페임suprafame(초유명세)과 대비되는 것으로 말이다. 그러나 마이크로페임은 그 자체로 독특한 유명세종種으로, 그 주체와 '팬'이 유명세의 형성에 직접적으로 참여하는 유형이다. 마이크로페임은 창작자의 작품 세계를 중심으로 의견을 남기고 리액션 비디오를 발표하고 이메일을 보내고 링크로 인터넷 평판을 구축하는 하나의 공동체를 형성한다."

이 정의는 2008년 〈뉴욕〉지에 "마이크로페임 게임The Microfame Game"이라는 제목으로 실린 그의 기사에 등장했는데, 외관상 기사는 마이크로페임을 얻는 안내서 같았다. 소가츠의 설명에 따르면, "마이크로페임은 사실상 하나의 학문이다. 그것은 마라톤을 하거나 LSAT(미국 로스쿨 입학시험-옮긴이)에서 좋은 점수를 획득하는 것처럼 계획을 세우고 추진해서 달성할 수 있는 무엇이다. 여기에 필요한 것은 로드맵뿐이다". 그는 무엇보다도 "인터넷에 과도할 정도로 많은 정보를 제공할 것"과 "자가 출판"을 권했다. 그리고 소가츠 본인도 따른 것 같은 한 가지 조언은 "약간 기이한 모습을 보여줘서 여타의 불협화음과 스스로를 차별화하라"는 것이었다. 그리고 그는 이렇게 덧붙였다. "아니다. 정정하고 싶다. 약간이 아니라 아주 기이한 모습을 보여라."[2]

한편, 소가츠 본인은 그다지 마이크로페임을 추구하지 않는다고 강조한다("오, 정말, 진짜 아닙니다"). 하지만 그 주제에 대한 확실한 전문가가 된 덕분에 실제로 어느 정도의 마이크로페임을 얻었다. 그는 이렇게 이야기한다. "소셜 미디어가 사람들의 삶에 단단히 자리 잡기 시작했을 때, 왜 그런지 모르겠지만 내가 현인으로 인식되었다. 그래서 사람들은 좋은 쪽으로든 나쁜 쪽으로든 나를 거기에 연관 지었다." 그의 블로그에는 독자들이 있었고, 트위터에는 팔로워가 있었고, 컨설팅 계약도 많았고, 〈뉴욕옵서버New York Observer〉와 〈뉴욕타임스〉에서는 그의 프로필을 제공했다. (〈뉴욕타임스〉는 그를 "소셜 네트워킹 버터플라이"라 칭했다.) 그는 다음과 같이 말했다. "되돌아보면, 나는 그 시대의 어떤 개인 드라마에 휘말린 게 분명했다. 하지만 내가 유일하게 '원한' 것은 세상에 대해 독특한 생각을 갖고 있는 사람들과 어울리는 것이었다."

"마이크로페임"이라는 모순어법은 "블로깅"이나 "해시태그", "셀카"처럼 2000년대 초기에 생긴 표현이다. 지난 세기의 사람들은 전혀 알아듣지 못했을 말들이다. 예전에는 상대적으로 분명한 선이 유명인과 일반인을 구분 지었다. 갑작스런 스타의 부상처럼 양쪽이 뒤섞이는 경우는 극히 드물었고, 찰스 밴 도렌이나 1950년대와 1960년대 프로그램인 〈1일 여왕Queen for a Day〉의 참가자들처럼 반짝 스타로 뜨더라도 일시적인 현상에 그치고 말았다. 〈피플〉 편집자가 규정한 대로, "유명해서" 〈피플〉 표지에 등장할 정도가 된다는 것은 대중의 80퍼센트가 얼굴을 알아봐야 한다는 의미였다. 따라서 다이애너Diana Frances Spencer 비는 유명했고 로버트 레드포드Robert Redford

도 유명했지만, 첨단 기술 사업가나 비디오 블로거, 셀카 찍는 재미에 빠진 사람들은 놀라울 정도로 많은 사람들이 알아본다 해도 유명하다고는 할 수 없었다.

하지만 구체제마저도 변화를 인지했고, 결국 그러한 변화는 1980년대에 제임스 울머James Ulmer라는 기자가 만든 울머 등급Ulmer Scale으로 가시화되었다. 제임스 울머는 자신이 고안한 체계에 자기 이름을 붙였는데, 아마도 지극히 미미한 수준으로나마 영원한 생명력을 바랐던 것 같다. 이는 "수익성(배우가 작품에 등장하는 것만으로 더해지는 가치의 정도)"의 산정이라는 명확한 목표를 갖고 배우들의 유명세 지위를 측정하려는 것이었다. 실제로 이는 유명 배우들을 월스트리트의 채권 등급과 비슷하게 A급, B급, C급으로 분류했다. 울머는 그것을 영화배우 "경마 예상표"라 불렀다.[3]

2000년대 초 어쨌든 유명하긴 하지만 기존의 측정 기준으로는 이해되지 않는 새로운 유형의 인물을 포함하기 위한 느슨한 범주로 D급이라는 표현이 일반적인 용어로 통용되기 시작했다. 가레스 팔머Gareth Palmer가 지적하듯이, D급에 해당하는 사람들은 "알려지지 않은 일반 대중과 유명인 사이의 공간"에 분포했다.[4] 일단 D급에 오른 사람들은 수익성이 전혀 없었다. 대신, 한 작가가 지적했듯이, 그들의 성과물은 "무명을 이겨낸 것"뿐이었다.[5] 모델이나 유명인의 애인, 한물간 팝 스타 등도 해당했지만, 당연히 그들의 원형은 리얼리티 프로의 스타들이었다. D급에 올랐다고 해서 반드시 으쓱해질 만한 것은 아니었다. 자기 주제를 모르는 사람으로 취급될 수도 있었기 때문이다. 계속 유명인의 상태를 유지하려는 그들의 노력은 당혹감을 유발할 정도였는데, 그렇기 때문에 일반적인 재미를 위해 방송할 가치가 있었다. 그럼에도 불구하고 D급이 생겼다는 사실 자체는 유명인과 그렇지 않은 사람의 경계선이 흐릿해지기 시작했음을 알리는 것이었다. 그것을 부인할 수는 없었다.

그러나 정보 기술이 점점 더 정교해짐에 따라, D급은 너무 조악한 측정 기준처럼 보이기 시작했다. 강력한 망원경 같은 새로운 도구들은 이전에는 보이지 않던 명성의 희미한 빛까지도 포착할 수 있었다. 2000년 초 구글로 이름을 검색해서 얻는 결과치가 명성에 대한 의미 있는 측정 기준으로 대두했다. 예를 들어, 전직 아역 스타로 검색 결과가 49만 4,000개 나오는 프레드 새비지Fred Savage와 1,820만 개 나오는 스칼렛 요한슨, 아니 그보다 더 수익성이 높은 2,970만 개의 조지 클루니George Clooney를 비교해보라.

그러나 마이크로페임과 나노페임nanofame, 그보다 더 작은 흔적 단계 등으로 측정 기준을 최초로 미세 조정한 것은 트위터였다. 물론 그것이 트위터의 창립 비전이었던 것은 아니다. 자주 말다툼을 하는 트위터의 설립자 네 명, 잭 도시Jack Dorsey와 에반 윌리엄스Evan Williams, 비즈 스톤Biz Stone, 노아 글래스Noah Glass는 상당히 평범한 아이디어였던 AOL의 "상태 업데이트status update"를 재포장하여 웹에서 널리 알리기 쉽도록 만들었다. 최초의 트윗들은 "나는 아침으로 계란을 먹고 있다"처럼 묻고 싶은 생각도 없고 궁금하지도 않은 과도한 정보에 해당하는, 정말로 상태를 업데이트한 것들이었다. 만약 트위터가 조금 더 늦게 등장했다면, 여전히 아침 식사나 알리고 있을 것이다. 하지만 운 좋게도 트위터는 자기표현에 대한 대중의 취미는 지속되고 있는데 격식을 갖춘 블로그에 대한 열정은 시들해지기 시작한 그 시점에 등장했다. 따라서 트위터 활동은 훨씬 더 부담이 적은 블로그 아류 활동으로 진화했다. 사람들은 블로그에 올리듯이 트위터로 연결 링크나 생각, 비난, 응원 등을 올릴 수 있었지만, 140자 제한 때문에 블로그만큼 귀찮지는 않았다. 당시에 글자 수 제한은 시와 비슷한 형식으로 이해되는 경우가 많았다. 그러나 실제로는 보다 쉬울 뿐이었다. 블로그가 전문가로서의 헌신 비슷한 것을 요구한 반면, 트위터에 하루에 한 문장을 올리는 일은 계속 집중해서 이어 가기에 충분히 쉬웠고, 유명인들은 직원에게 문장 작성을 맡길 수도 있었다.

기발한 혁신이 있었다면, 그것은 바로 트위터의 "팔로워" 시스템이었다. 누구든 다른 사람을 "팔로우"만 하면 그 사람의 트윗이나 게시물을 자동적으로 받을 수 있었다. 블로그와는 달리, 새로운 트윗을 찾아볼 필요가 없었다. 그냥 트윗이 도착하기 때문이었다. 그렇게 대략적이나마 관심 표명의 수단으로 자리 잡으면서 팔로워 시스템은 인기 측정의 새로운 기준이 되었다. 가수인 케이티 페리Katy Perry(8,320만 명)나 버락 오바마 대통령(7,030만 명)같이 이미 인정받은 유명인들은 수백만 명의 팔로워를 모았다. 그러나 트위터는 팔로워가 아주 적은 경우라도 그것을 감지하여 표시해줄 정도로 충분히 섬세했다. 새로운 도시로 옮겨 온 렉스 소가츠의 팔로워는 1만 명이었다. 회사를 차려서 결코 띄우지 못한, 정말 이름이 알려지지 않은 첨단 기술 업체 창업자 한 명은 트위터 팔로워가 8만 명이었다. 어느 정도 그 사람의 세상에서는 명성이 있는 셈이었다. 개중에는 팔로워가 프레드 새비지의 세 배 정도 되는 블로거들도 있었다. 그러나 팔로잉은 유전적으로 결정되거나 돌에 새겨지는 것은 아니었다. 능숙하게 발언을 관리하면 팔로잉을 늘릴 수 있었고, 그 결과로 주의력 경제의 최신 분야에서 자신의 영향력과 통용성에 대한 일반적인 인식까지 키울 수 있었다. 모든 사람들이 트윗을 하고 싶다는 충동을 느꼈기 때문에 모두들 자신이 저울질되는 상황을 감수했다. 이제 마이크로 수준의 명성은 신문기자나 일부 과학자 및 교수, 케이블 방송의 전문가, 이류 정치인, 노골적인 언사를 일삼는 벤처캐피털리스트들도 얻을 수 있었다. 본질적으로, 마이크로 규모의 대중을 향해 기꺼이 지껄일 생각을 가진 사람이면 누구든 그럴 수 있었다. 이런 식으로, 사람들은 대중의 99퍼센트나 99.9퍼센트, 심지어는 99.99퍼센트가 모르는데도 상당히 미세한 의미에서 "유명해질" 수 있었다. 이렇게 트위터는 마이크로페임을 유발하고 그것을 측정하는 동시에 더욱 부추겼다.

물론 수치로 보면, 마이크로페임을 얻는 경우 역시 극히 드물었다. 그러나 그 확률이 중요한 것은 아니었다. 마크 저커버그가 페이스북 사용자들에 대해 이야기했듯이, "그들은 자기 자신의 이미지와 정체성 또한 만들고" 있었고, "어떻게 보면 그것은 그들의 브랜드"였다. 실제로 모든 사람들이 페이스북과 트위터 덕분에 이제는 브랜드를 가질 수 있게 되었고 전통적인 유명세에 동반되는 흥분과 주의력의 일부를 얻을 수 있었다. 또한 그 주의력의 일부를 되파는 방법을 찾을 수도 있었다. 이는 앤디 워홀이 예측한 것과는 약간 다른 미래를 예고했는데, 과학기술자인 데이비드 와인버거가 빈정거렸듯이 이 미래에서는 "모든 사람들이 열다섯 명에게 유명해질 것"이기 때문이었다.[6] 그럼에도 렉스 소가츠는 이렇게 주장했다. "평등을 향해 한 걸음 나간 것 같은 느낌이다. 사람들은 마이크로페임을 가진 사람들과 페이스북 친구가 될 수 있다. 그들과 문자도 주고받기 시작할 수 있다. 훨씬 더 가까이서 그들을 사랑하고 미워할 수 있다." 미국 민주주의가 어떤 아이도 커서 대통령이 될 수 있다고 약속하고 미국 자본주의가 누구든 열심히 일하면 부자가 될 수 있다고 약속한 것처럼, 주의력 경제는 불만스러워하는 대중에게 모두가 유명해질 수 있다는 신기루를 보여주었다.

이는 유토피아적인 설명이다. 사실 명성 혹은 명성을 향한 갈망은 세계적인 유행병 같은 것이 되어 점점 더 많은 사람들을 집어삼키며 그들에게 만성 주의력 숭배라는 상처를 남겼다. 아이러니하게도 명성에 따르는 전통적인 보상은 실현되는 경우가 거의 없었는데 거기에 들어가는 비용은 점점 더 커졌다. 그리고 그것은 상대적으로 순수한 시대의 얘기였다. 즉 사람들이 집에 속박되어 있던, 트위터와 페이스북만이 지배하던 시대의 얘기였다. 훨씬 더 거친 짐승이 탄생을 기다리며 베이에어리어Bay Area를 향해 움직이고 있었다. 그러나 소셜 네트워크들이 현재의 형태를 취할 수 있게 되었을 때, 그 짐승의 등장 전에 무언가 다른 일이, 주의력 포착의 역사에서 훨씬 더 중대한 일이 일어나야 했다. 그것은 상업적 계획뿐 아니라 모든 사람들의 열망이 집결되는 새롭고 궁극적인 지점, 즉 제4의 스크린의 등장이었다.

25

제4의 스크린과 나르시스의 거울

21세기의 첫 10년이 지나는 동안 미국의 거리에서는 전에 없던 일이 일어나고 있었다. 대부분 정장 차림의 사람들이 강박적으로 작은 화면이 달린 장치를 꺼내 들고 뚫어져라 보느라 목을 길게 빼는 모습이 점점 늘어났다. 그들을 지켜보면, 작은 다이얼을 돌리다가 양쪽 엄지손가락으로 급박하게 버튼을 누르는 낯익은 움직임이 시작되곤 했다. 그 시절에 이 독특한 행동을 보이는 사람들은 대개 기업이나 연방 정부 소속으로 일하는 경우였다. 다른 모든 사람들 눈에는 잘난 체하는 약간 우스꽝스러운 모습으로 보였다. 미래의 자신의 모습을 보고 있음을 깨달은 사람은 거의 없었다.

사실상 확인 습성의 연장선에 놓였던 이 새로운 주의력 습관은 특별히 원대한 비전을 품었던 것은 아닌 캐나다 출신의 엔지니어, 미할리스 (마이크) 라자리디스Mihalis (Mike) Lazaridis와 더그 프레긴Doug Fregin이 휴대용 무선호출기(일명 '삐삐')를 개선한 제품을 내놓은 1990년대 말부터 시작되었다.* 조

* 호출기는 1980년대와 1990년대에 사용된 휴대용 기기로, 이를 소지한 사람은 전화 회신을 바란다는 알림을 받을 수 있었다.

개껍데기 모양의 그 기기는 호출을 받고 보낼 수 있을 뿐 아니라 아주 원시적인 방법이지만 밖에 돌아다니면서도 이메일을 읽고 쓸 수 있었다. 두 사람은 그 기기에 "900 인터랙티브 페이저The 900 Inter@ctive Pager"라는 이름을 붙였다. 기기 이름에 '@' 표시를 넣은 것은 그것을 미래 지향적으로 포지셔닝하는 동시에, 온타리오 주 워털루에 위치한 그들의 본사 리서치인모션Research in Motion, RIM의 중점 사항인 공학적 미학을 반영하려는 의도였다.

RIM 900은 원시적이었다. 단색으로 된 기기의 화면은 베이컨 한 조각 정도의 크기였다. 그것도 요리된 베이컨 조각 말이다. 그러나 그것이 대단치는 않아도 성공을 거두면서 라자리디스와 프레긴은 더욱더 고급화된 기기를 개발할 수 있었고, 대담하게도 거기에 "RIM 950 인터랙티브 페이저"라는 이름을 붙였다. 이번 것은 전체적으로 작아졌지만, 화면이 더 커졌고 훌륭하게 디자인된 키보드와 자동으로 이메일을 검색할 수 있는 기능까지 갖추었다(당시 이 기능은 "푸시push" 기술로 알려졌다). 또한 AA 건전지 한 개로 몇 주 동안 작동했는데, 이는 지금의 스마트폰 사용자들도 부러워할 법한 특성이다.

사실 라자리디스는 다른 엔지니어들처럼 마케팅의 영향력에 반감 같은 것을 갖고 있었던 탓에 마케팅 전문 지식이 전혀 없었다. 그럼에도 불구하고 그는 자신의 제품 이름에 생기가 부족함을 깨달았다. 그는 잠시 그 기기를 "포켓링크PocketLink"라고 부르면 어떨지 고민하다가 마지막 순간에 캘리포니아의 브랜딩 전문가들에게 컨설팅을 의뢰하기로 결심했다. 전문가들은 어니스트 디히터가 뿌듯해했을 법한 방식으로 분석한 끝에, B라는 문자가 신뢰성을 주고 그 기기의 작은 키보드가 딸기처럼 보인다는 의견을 밝혔다. 이 과정을 통해 도출된 제품명이 바로 "블랙베리BlackBerry"였다. 그렇게 새로운 이름을 갖춘 그 기기는 마침내 순풍에 돛을 단 듯 움직이기 시작했다.

새로운 결실이 서서히 북아메리카 지역에서, 이어서 전 세계에서 열리기 시작했다. 하지만 최종적으로 보면 큰 성공을 거두긴 했지만, 그 기기는 텔레비전이나 라디오처럼 대량 판매 시장의 상품이 되지는 못했다. 특정 엘리트 집단의 도구로 남았기 때문이다. 실제로 그 기기의 마케팅은 일반 대중이 아니라 직원들과 늘 연락을 취하거나 대기시키려는 기업들을 대상으로 진행되었다. 그리하여 다가올 세기를 규정할 주의력 습관을 개척하는 주체는 기업 쪽 사람들과 연방 정부 사람들(가장 유명한 경우는 버락 오바마)이 되었다. 20세기의 시간과 공간에 대한 텔레비전의 중대한 정복조차 새로 위세를 떨칠 정복에 비하면 한심할 정도로 불완전해 보였다.

지난 수백 년을 기록하는 과정에서 반복적으로 확인했듯이, 위대한 주의력 사업가를 탄생시키고 무너뜨리는 것은 그러한 습관들이다. 대중의 주의력은 처음엔 매일 신문을 읽을 때 포획되었고, 그다음엔 저녁 라디오 방송을 들을 때, 다시 주요한 시간대에 텔레비전 앞에 접착제로 붙여놓은 것처럼 앉아 있을 때 포획되었다. 그리고 마침내 1990년대에는 눈과 마음을 열고 깨어 있는 많은 시간을 전 세계의 서재와 사무실에 비치된 제3의 스크린인 컴퓨터에 넘겨주었을 때 주의력이 포획되었다. 그런데 이제 일테면 테이블 위에 놓여 있던 주의력을 수확할 수 있는 새로운 기기가 등장했다. 이 기기의 주의력 수확은 한때 절대로 접근할 수 없을 것으로 보이던 거대한 유전에 석유 채굴을 위해 수압파쇄법이 적용된 경우와 흡사했다. 절대로 포획할 수 없을 것 같았던 주의력까지 수확할 수 있게 되었다는 점에서 그렇다. 물론 그런 주의력을 내주는 거래 조건은 늘 그렇듯이 사용자들에게 유리해보였다. 이동 중에도 이메일을 사용 가능하다는 것은 일거리를 갖고 다닐 수 있고 집이나 사무실에 묶여 있지 않아도 된다는 것을 의미했다. 2015년 무렵 제4의 스크린은 사실상 모든 사람들의 손 안에 놓이게 되면서 미국인들의 깨어 있는 시간 가운데 거의 세 시간을 장악하게 되었다. 그렇게 그것은 모두가 인정하는, 21세기 주의력 수확의 새로운 개척지가 되었고, 주의력 사업가들의 명백한 운명이 되었다. 이제부터는 사람들이 어디를 가든 스마트폰도 함께 갔고, 당연히 광고도 따라다니기 시작했다.

첨단 기술 업계에서 종종 그렇듯 RIM은 게임을 개시했지만 끝까지 지배하지는 못했다. 그 일은 세계에서 가장 강력한 컴퓨팅 제국 두 곳에 맡겨지게 되었다. 2010년대가 시작되기 훨씬 이전부터 그 두 제국은 블랙베리가 보여준 가능성을 훨씬 더 폭넓게 채택할 수 있음을 암시했다. 공학과 디자인 분야의 인재를 거의 무제한적으로 보유하고 있던 애플과 구글은 블랙베리의 바통을 이어받아 각기 아이폰과 안드로이드를 만들었다. 그리고 각자의 방식으로 훨씬 더 매력적인 사용자 인터페이스를 제공함으로써 그 캐나다 엔지니어들에게 철저한 완패를 안겨주었다. 블랙베리는 아이폰이 처음으로 출시된 2007년 당시, 가입자가 900만 명에 불과한 상황에서도 많은 사람들에게는 천하무적으로 느껴졌다. 2011년에 이르자, 전 세계적으로 스마트폰의 연간 판매량이 4억 7,200만 대에 달했다. 그리고 곧이어 주의력 습관만이 아니라 결코 자신의 스마트폰을 몸에서 떼놓지 않고 산다는 새로운 사회적 규범도 뒤따랐다. 사람들은 세상 돌아가는 상황에 개의치 않고 마치 마비된 사람처럼 제자리에 서서 스마트폰만 뚫어져라 쳐다보았다. 어떤 기이한 일이 발생해서 사진을 찍고 싶은 충동이 분출되는 경우를 제외하고는 다른 사람들이 옆에 있어도 올려다보지 않았다. 또 다른 기술이 또 다른 방식을 탄생시킨 셈이다. 아마 앞선 세기에서 온 사람은 바로 그 점, 즉 주위 사람들을 전혀 의식하지 않는 부분을 가장 이상하게 생각했을 것이다.

사람들의 시선이 향하는 곳에는 곧바로 사업체가 뒤따른다. 그리고 2010년대에 접어들며 사실상 주의력 산업에 종사하는 모든 사람들이 이제는 수십억 명의 손바닥으로 향하는 그 모든 주의력의 일부를 얻어내는 최고의 방법이 무엇인지 알아내려고 애쓰고 있었다. 구글과 애플이 발 빠르게 움직여 유리한 고지를 점한 것을 모르는 사람이 없었지만, 웹이 온 세상의 모든 사람들을 따라다니고 있었기 때문에 당시 이른바 "모바일 전략"을 고안하느라 애쓰는 직원을 두지 않은 기업은 없었다.

응용 방안의 일부는 처음부터 분명해 보였다. 예를 들어, 대중교통을 이용한 출퇴근길의 지루함을 떠올리면 이동 시간에 먹히는 클릭베이트를 적용하면 그만이었다. 결국 초기의 시도는 라디오 프로그램을 텔레비전에 맞춰 조정하던 방식처럼 다른 플랫폼에서 이식해오는 데 치중되었다. 모바일에 더욱 적합한 것으로 드러난 콘텐츠는 "앵그리 버드Angry Birds"나 "캔디 크러시Candy Crush", "플래피 버드Flappy Bird" 같은 게임들이었다. 작은 화면에서 시간을 보내게 하기 위해 고안된 이 게임들은 단순하다는 점에서 "스페이스 인베이더"와 "팩맨", "테트리스" 같은 초기의 비디오게임을 닮았다. 페이스북은 다양한 앱을 선전하고 앱 설치를 용이하게 해주는 광고를 판매하여 수십억 달러를 벌어들였다. 그러나 스마트폰 고유의 역량을 완전하게 이용하는 최초의 주의력 수확 애플리케이션은 늘 그렇듯 그 등장을 예측하기가 불가능했지만, 등장하고 나자 유난히도 두드러졌다.

인스타그램Instagram은 말소리가 부드럽고 상당히 솔직한 IT 기업가인 케빈 시스트롬Kevin Systrom이 개발한 애플리케이션이었다. 그는 부분적으로 고등학교 시절 사진 클럽 회장을 지낸 경험에서 영감을 얻었다. 그와 그의 코딩 동업자이자 공동 설립자인 마이크 크리거Mike Krieger는 (만약 그런 것이 있다면) 2010년대의 전형적인 샌프란시스코 지역 기업가라 할 수 있었다. 젊고

가만히 있지 못하고 늘 아이디어를 찾아다니고 시장성이 있는 소셜 미디어 앱을 만들려다가 실패한 경험이 있는데도 전혀 창피해하지 않는 그런 부류 말이다. 사실 그들 가운데 대부분은 아무런 결실에 이르지 못했다. 그들에게는 저커버그 같은 대담성이 부족했다. 그들의 발명품은 에디슨Thomas Alva Edison이나 벨Alexander Graham Bell의 그것에 못 미쳤다. 그러나 앞서 살펴봤듯이, 주의력 산업에서는 교묘하게 적절한 공감만 이끌어낼 수 있다면 많은 것이 필요하지 않았다. 그들의 새로운 아이폰 앱은 두 가지 일을 해냈다. 우선, 사진에 적용할 수 있는 일련의 매력적인 필터로 아이폰의 카메라 기능을 향상시켜주면서 즉각적인 유용성을 창출했다. 두 번째 혁신은 최종적으로는 더 영향력이 컸는데, 사진을 중심으로 하는 소셜 네트워크, 즉 사진에 기초한 일종의 트위터를 창출한 것이었다. 사람들은 트위터로 메시지를 공유했고 사진은 옵션이었다. 인스타그램은 사진을 필수로, 메시지를 옵션으로 만들었다. 그렇다. 그게 다였다.

인스타그램 개념의 단순성은 초대장 역할을 했다. 사람들은 쉽게 알아들었고, 사용자들은 빠른 속도로 증가했다. 2012년 봄, 출범한 지 불과 18개월 만에 인스타그램의 사용자는 3,000만 명에 다다랐다. 인스타그램은 사용하기에 재미있고 쉬웠다. 하지만 등장 시기 또한 적절했는데, 그것이 통합 카메라를 인터넷과 앱 기능에 연결하는 방식으로 스마트폰 기능을 완벽하게 이용한 최초의 대중적인 소셜 네트워킹 앱이었기에 하는 말이다. 더욱이 인스타그램은 더 나은 이름이 없어 "유명세를 열망하는 시장"으로밖에 부를 수 없는 것과 스마트폰 기기들을 연결해주었다. 인스타그램 사용자들은 트위터처럼 팔로워를 확보했고, 팔로워들은 자신이 재미있어했거나 인정한 사진에 "좋아요" ♥를 클릭할 수 있었다. 이 "좋아요" 특징은 페이스북보다 훨씬 더 의미 있는 인스타그램의 심장이었다. 어떻게 보면, 모든 사진이 또래들의 평가를 받기 때문에 모종의 즉각적인 피드백을 얻을 수 있었다.

어떤 사람들은 인스타그램을 이용하여 자신의 사진 기술이나 자신들이 먹어 치우고 있는 요리를 소개했다. 그러나 단연코 인스타그램의 가장 유명한 특징, 즉 킬러앱은 호주 사람들이 "셀피selfie"라 부르기 시작한 셀카 사진이었다. "selfie"는 2013년 〈옥스퍼드 사전Oxford Dictionary〉에 의해 올해의 단어로 선정되기까지 했다. 초기에 인스타그램은 그렇게 지정된#selfie 사진이 5,300만 개라고 발표하기도 했다. 이런 셀카는 너무나도 중요해서 그 형식과 플랫폼 모두가 나란히 성공했다.

페이스북도 사진을 올리고 어느 정도까지는 남들에게 보이고 싶은 자신의 모습을 보여주는 장소였지만, 인스타그램은 끊임없이 더욱 지속성 있는 시각적 내러티브를 제공할 수 있게 해주었다. 적극적인 인스타그램 사용자들은 그렇게 사진을 통해 자신의 이야기나 적어도 정형화 또는 이상화한 자기 이야기를 전하면서 "인스타그램 인생을 만들어갔다". 보통의 페이스북 게시물은 즐거운 시간을 보내는 친구나 가족의 사진을 보여주었다면(대개 개와 포즈를 취하거나 파티에서 술잔을 들고 있는 모습), 인스타그램의 사진들은 주목을 받고 반응을 끌어내겠다는 계산된 의도에 따라 대개 좀 더 극적이고 화려했으며 종종 엣지 있었다. 이는 특히 그 앱의 많은 젊은 사용자들에게 해당하는 얘기였는데, 그들은 자신들의 할머니, 할아버지가 페이스북에 가입하기 시작했을 때 인스타그램으로 몰려들었다. 그들 중 많은 이들이 복수의 계정을 갖고 다양한 이야기를 발전시켰다. 구체적으로 말하면, 깊은 인상을 주기 위해 더욱 꾸며 낸 사진을 올리는 "진짜" 계정(린스타그램Rinstagram)과 규모가 작은 집단을 위해 더욱 자신과 가까운 모습을 올리는 데 만족하는 "가짜" 계정(핀스타그램Finstagram)이 있었다. 이렇게 인스타그램은 저커버그가 맨 처음 페이스북을 포지셔닝했던 영역, 즉 "있어야 할 곳"을 점유했다. 이와 더불어 실시간으로 발생하는 "좋아요"와 의견은 수많은 사람들에게 중독성 있는 자아 확인 방식이 되었다.

〈바이스Vice〉지의 양면 기사가 고등학교 졸업 앨범과 비슷하듯이 대체로 인스타그램 피드는 페이스북과 흡사했다. 사진들이 자연스럽지 않았고, 촬영을 위해 포즈를 잡았고, 수정이 가해졌고, 기획된 결과물이었다. 일부 사용자들은 더욱 노골적인 창의적 표현에 걸맞게 형식을 조정해 주제가 있는 계정을 만들기도 했다. 일례로, 리엄 마틴Liam Martin이라는 십대 소년은 대개 본인이 직접 여장을 하고 연예인들의 섹시한 사진을 저예산으로 재창조해 올렸다. 그리고 @소칼리티 바비@socality barbie는 인스타그램 문화를 조롱하려는 의도로 "힙스터 바비Hipster Barbie"의 생활을 교묘하게 기록해나갔다. "인스타그램에서 힙스터 바비는 당신들보다 훨씬 더 훌륭하다."[1]

초기의 블로그들처럼 훌륭한 인스타그램 피드는 노동이 많이 들어갔다. 소칼리티 바비는 인스타그램 활동을 그만두면서 "많은 사람들이 완벽한 인스타그램 인생을 만드는 데 미친 듯이 많은 시간을 쓰는 게 문제"라고 지적했다.[2] 늘어나는 팔로워들에게 조언을 제공하던 어맨다 밀러Amanda Miller라는 "패션" 인스타그래머는 "1만 8,500명의 팔로워와 소통하는 것은 실로 엄청난 일"이라고 고백했다.[3] 인스타그램 피드는 사진의 구도를 정하고 사진을 찍어 올리는 일 외에, 모르는 사람들과의 소통도 요구한다. 정치인이나 공인들처럼 그들에게 더욱 연결되어 있고 그들의 이야기를 들어준다는 느낌을 주기 위해서다. 사실 진짜 유명인은 그럴 필요가 없을 것이다. 밀러의 지적대로, "관계 구축은 돈으로 살 수 없는 무언가를 필요로 하고, 그래서 가장 어려운 일이다. 돈으로 살 수 없는 그 무언가는 바로 시간이다. 관계 구축에는 정말로 많은 시간이 들어간다".

때로 그 노력은 돈이 되기도 했다. 좀 더 인기가 있는 일부 인스타그램 사용자들(대개 젊고 매력적인 여성들이다)은 주의력 사업가가 되어 자신의 사진으로 PPL 광고를 판매하기도 했다. 새로운 소셜 미디어 광고대행사는 이렇게 설명했다. "기업들은 팔로워가 10만 명이 넘는 사람의 인스타그램 계정에 게재되는 사진 한 장이 어떠한 전통적인 광고 캠페인보다도 더 많은 사람들에게 직접적인 영향을 미친다는 것을 깨달았다." 마이크로페임을 성취한 인기 있는 인스타그래머는 광고주가 붙은 사진으로 "좋아요"를 얻을 때마다 브랜드 기업에 1달러 정도를 청구할 수 있었다.[4]

이미 주의력을 포착하여 되파는 사업에 종사하는 사람들, 즉 더욱더 유명한 사람들에게는 추가된 플랫폼이자 수익 흐름으로서 인스타그램의 효용성이 너무나도 분명했다. 물론 그들의 홍보 담당자나 직원들이 법인이 된 그들을 위해 그런 작업의 대부분을 처리해줄 것으로 기대할 수 있었다. 킴 카다시안은 2014년 단지 자신의 주의력 포획 능력을 과시할 목적으로 인스타그램을 이용한 것으로 유명하다. 그녀는 "인터넷을 결딴내기" 위해 자신의 엉덩이를 노출시킨 사진을 올려놓았다. 실제로 인터넷을 결딴내지는 못했지만, 관심 확보 측면에서는 기대한 만큼의 성과를 올렸다. 대가를 받는 데 상당히 능한 카다시안의 관리자들이 다른 어떤 보상도 성사시키지 않았기에 더욱 그랬다. 이것은 주의력이 화폐의 일종으로 인정받게 되었다는 또 다른 증거였다. 과거의 측정 기준에 따르면 C급 배우였고 본인이 "인스타그램 중독자"라고 고백한 제임스 프랭코James Franco는 그러한 인식이 폭넓게 받아들여지고 있음을 거론했다. "영화사들이 자신의 상품에 원하는 것, 전문 작가들이 자신의 작품에 원하는 것, 신문사들이 원하는 것, 아니 모든 사람들이 원하는 것. 그것은 관심이다. 관심이 곧 힘이다."[5]

프랭코의 경우, 자신의 이미지를 돌보는 것은 그 자체로 하나의 직업이 되었다. 그래서 그는 관객을 유지하기 위해 자기 자신을 마케팅하는 데 지금도 많은 의욕을 보이고 있다. 많은 직업이 건전하지 않거나 비상식적으로 간주될 수 있는 행동 방식을 용인하는 한, 그것을 단순한 나르시시즘이 아니라 하나의 사업 모델이라 해도 적어도 변명거리는 확보하는 셈이다.

어쨌든 주의력 전매는 여전히 주요한 기회로 남아 있다. 그 기회의 범위가 어느 정도인지 감을 잡는 데는 두 엉덩이 이야기로 충분할 듯하다. 하나는 방금 전에 언급한 킴 카다시안의 엉덩이다. 그녀가 "인터넷을 결딴내려고" 시도했을 때, 그녀의 인스타그램 팔로워는 5,500만 명 정도였다. 그 정도의 팔로워라면 멀티 플랫폼의 영향력에 해당하며, 〈피플〉 표지에 등장할 자격을 갖춘 명성이다. 이제 스물두 살의 피트니스 옹호자인 젠 셀터Jen Selter에 대해 생각해보자. 셀터의 명성은 운동으로 열심히 만든 엉덩이 사진에 기초해서 거의 소셜 미디어에서만 발생했다. 이 글을 쓰고 있는 지금, 셀터의 팔로워는 약 850만 명인데, 그다지 규모가 크지는 않더라도 카다시안이 누리는 것과 같은 스폰서십과 텔레비전 출연 등, 온갖 종류의 사업 기회를 끌어들일 수준은 넘는다. 대부분의 사람들에게는 알려져 있지 않지만, 그럼에도 불구하고 그녀는 완벽하게 성공적인 주의력 사업가가 되기에 충분한 인스타그램 스타이다.

그러나 주의력을 되팔 희망이 없는 다른 많은 사람들을 계속 바쁘게 인스타그램 피드에 매달리게 만드는 것은 도대체 무엇일까? 대부분의 사람들에게는 거기에 쏟는 노력 자체가 목적이다. 그리고 궁극적 청중은 카메라의 관심을 받는 바로 그 대상, 즉 자기 자신이다. 이런 식으로 생각하면, 인스타그램은 우리가 일상생활의 "특수화"와 평범한 사람들의 "유명인화"라 부른 그 수십 년에 걸친 발전 과정의 더할 나위 없는 성취이자, 값싼 콘텐츠를 만들어내기 위해 주의력 사업가들이 발전시킨 전략이라 할 수 있다.

우리의 이야기를 간략하게 다시 짚어보자. 인스타그램과 관련해 생각할 부분이 있기 때문이다. 인간의 역사에서 개인 초상의 확산은 로마 시대 동전에 새겨진 황제의 얼굴이든 은막에 비친 가르보의 얼굴이든, 유명인들의 유일한 특권이었다. 사진술이 상업화되면서 초상화에 대한 접근 기회가 넓어졌을지 모르지만, 지명 수배자 전단을 제외하고 일반인 대부분의 사진은 결코 널리 보급되지 않았다. 20세기에 할리우드는 반신반인들로 이루어진 코호트를 탄생시켰는데, 모든 사람들이 그들의 사진을 알아봤고, 실제로 많은 사람들이 그들을 숭배했다. 하지만 이제 스마트폰과 인스타그램이 등장하면서, 거대 영화사의 영향력이 상당 부분 유명해지고 싶어 하는 모든 사람들의 손으로 옮겨 갔다. 사람들은 과거의 매력적인 아이콘들의 사진에 필적하는 사진을 만들어낼 수 있을 뿐 아니라 수백만 명이 볼 수 있는 플랫폼에 올릴 수도 있게 되었다.

상승하는 자아의 세기, 구속을 떨쳐 낸 자아의 진보적 해방의 세기는 과연 어디에 이를 것인가? 타아他我를 보호하기 위해 구상된 것이 아닌 이 해방은 국가나 기업이 아닌 개인의 자아에 도움을 주는 기술의 마법과 결합되어 숭배할 대상으로서의 자아 외에는 어떠한 논리적 종착점에도 도달할 수 없는 것 같다.

물론 무해한 형태의 자아 표현까지 허영심으로 폄하하기는 쉽다. 가끔 자기중심적인 행동에 탐닉하고 유명세의 과시적인 요소를 갖고 노는 것은 자기 자신과 친구들에게 일종의 오락거리가 될 수 있다. 풍자 의식을 갖고 그런 행동을 할 때는 특히 그렇다. 또한 셀카와 더불어, 정말로 터무니없는 발명품이라 할 수 있는 셀카봉이 너무 쉽게 자기도취에 대한 비난의 표적이 된 것도 분명하다. 어쨌든 사람들은 태초 이래 여러 가지 방식으로 다른 사람들을 숭배하려고 해왔다. 그것은 인간의 사회적, 성적 본성의 특징이다. 옷을 잘 차려입고 과시하고 싶어 하는 사람들의 욕구는 공작이 점잔을 빼며 걸으려는 욕구만큼이나 인간의 내면에 깊숙이 자리 잡고 있는지도 모른다. 다른 모든 주의력 수확기들처럼, 인스타그램도 인간의 새로운 갈망을 휘저은 게 아니라 단지 이미 거기 있는 갈망을 건드려서 상상도 할 수 없을 정도로 희열을 조장했을 뿐이다. 그런데 진정한 문제는 바로 거기에 있다.

기술은 문화가 기술을 뒤따르는 만큼 문화를 따르지 않는다. 새로운 표현 방식은 새로운 미디어에서 자연스럽게 발생하지만, 새로운 감성과 새로운 행동 방식도 발생한다. 철학자이자 비평가인 르네 지라르René Girard의 지적대로, 모든 욕구는 본질적으로 모방의 성격을 띤다. 인간은 기본적인 욕구를 넘어 개인적으로 알거나 명성을 통해 아는 다른 사람들의 본을 받아 모종의 실체를 찾으려 한다. 인간의 욕구는 기본적인 수준을 넘어서면 형이상학적인 차원으로 들어가기 때문이다. 지라르의 지적에 따르면, 그 차원에서 "모든 욕구는 되고자 하는 욕구", 즉 다른 사람들에게서 목도한 충족의 이미지를 향유하려는 욕구이다. 이는 소셜 미디어와 명성의 민주화에 의해 해방된 우쭐대는 자아의 본질적인 문제이다. 이 우쭐대는 자아는 사람들에게 계속해서 본보기를 보여줌으로써 자기 확대 행위를 점점 더 많은 사람들의 목적으로 정당화한다. 누구에게든 자신의 화려한 모습으로 다른 사람들의 관심을 사로잡으라고 촉구함으로써, 경우에 따라서는 그것으로 먹고살라고까지 권함으로써, 우리 자신의 존재와 타인과의 관계에 대한 이해를 왜곡시키는 것이다. 이것이 우리 모두에게 존재의 방식이 되어야 한다는 것은 분명 후기 현대사회의 결정적인 반이상향적인 비전이다. 그러나 그것은 우리 문화에 주의력 사업가의 모델이 전이되듯 확산된다는 사실을 통해 이미 예견된 일일 수도 있었다.

2015년 가을 호주의 십대 소녀 에세나 오닐Essena O'Neill은 완전히 절망에 빠져 인스타그램을 그만두었다. 파트타임 모델로 활동하는 타고난 미인인 그녀는 50만 명의 팔로워를 끌어들인 사진들 덕분에 인스타그램의 유명인이 되었다. 하지만 그녀는 자신의 인스타그램 활동으로 인해 사는 게 고통스러워졌다고 설명했다.

"나는 꿈 같은 삶을 살았다. 인스타그램에서 50만 명의 사람들이 나에게 관심을 보였다. 유튜브에 올린 내 동영상은 대부분 10만 건이 넘는 조회 수를 올렸다. 많은 사람들이 보기에 나는 성공한 사람이었다." 그녀는 동영상을 통해 이렇게 고백했다. 그러나 갑자기 그 모든 게 너무 지나친 게 되었다.

> 내가 하고 있는 모든 것이 편집되고 억지로 짜 맞춰졌다. 더 많은 조회 수를 올리기 위해서였다. (…) 내가 한 모든 행동은 조회 수와 좋아요, 팔로워 때문이었다. (…) 소셜 미디어, 특히 내가 그것을 사용한 방식은 진짜가 아니다. 일부러 계획해서 만든 사진과 편집된 영상으로 순위를 다투는 셈이다. 그것은 사회적 인정과 좋아요, 조회 수 확인, 팔로워 유치에 기초한 시스템이며, 완벽하게 조율된 자기도취형 평가이다. (…) 나는 온라인에서 나보다 훨씬 더 성공한 사람들을 만났다. 그들도 나만큼이나 불행하고 외롭고 무서워하고 난감해한다. 우리 모두가 그렇다.[6]

런던의 〈가디언Guardian〉이 인스타그램을 비롯한 소셜 미디어 사용자들을 상대로 벌인 설문 조사 결과에서도 유사한 반응들이 나왔는데, 이는 상대적으로 팔로워가 적은 사람들도 소셜 미디어에 올인하는 것을 암울하게 여긴다는 것을 암시했다. 한 여성은 이렇게 지적했다. "사진을 한 장 올리고 나면 '좋아요'를 몇 개나 받을지 불안해진다. 만약 두 개를 받으면, '나한테 무슨 문제가 있구나' 하는 생각이 든다."[7] 또 다른 여성은 "나보다 더 예쁘게 생긴 여자들을 보거나 다른 여자들이 정말로 예쁜 사진을 올렸는데 내가 올린 사진은 그만큼 예쁘지 않을 거라는 걸 인지할 때, 불안감이 엄습한다. 사진에 '좋아요'를 많이 받지 못할까 봐 조바심이 나지는 않지만, '좋아요'를 많이 받지 못하면, 사진을 내리곤 한다"라고 말했다.

2012년 4월, 등장한 지 고작 18개월만에 인스타그램은 페이스북에 10억 달러에 인수되었다. 고공 행진을 하던 그 스타트업의 설립자들은 수익 모델조차 구상하지 않았는데도 돈을 챙길 수 있었다. 아무 문제도 없었다. 이듬해 11월, 페이스북의 제한된 타깃팅 원칙에 따라 최초의 광고 피드가 인스타그램에 등장했다. 페이스북의 인스타그램 인수는 영악한 전술로 판명되었다. 2012년 4월 인스타그램 사용자는 3,000만 명이었는데, 2014년 가을까지 4억 명으로 늘면서 트위터 사용자보다 더 많아졌다. 그렇게 페이스북은 군자금을 두둑이 갖춘 진부한 거대 기업 반열에 오르게 되었다. 젊은 피를 수혈받으면서 그들은 최고위급 주의력 사업가 지위를 유지할 수 있었다.

인스타그램과 관련해 덧붙이자면, 그들의 상승 활공은 관찰자와 관찰을 당하는 사람, 구입자와 판매자의 경계선이 어느 때보다도 흐려지는 미래를 예고했다. 한때 상당히 질서 정연했던 주의력 경제가 서로 끼리끼리 추켜세우는 혼란스러운 사회로 옮겨 간 것 같았다. 그 사회는 진취적인 나르시스트들이 넘쳐 나는, 인간사에서 전례가 없는 환경인 것만은 분명했다.

26

휘청거리는 웹

"당신은 아랍의 봄에 쫓겨난 어떤 통치자입니까?", "당신은 당신 성기를 잘못 닦고 있을 수도 있습니다", "보수주의자들이 오바마의 국정 연설을 보지 않는 대신 하는 서른일곱 가지", "호된 실패로 이름을 날린 고양이 스물아홉 마리".

이제 2010년대에 전성기를 구가한 버즈피드 얘기를 해보자. 위는 이론의 여지가 없는 클릭베이트의 확실한 왕이자 바이럴 마케팅의 그랜드마스터가 소개한 동영상들이다. 〈허핑턴 포스트〉의 공동 설립자 조나 페레티는 어느 정도의 성공과 인정, 개인적인 부를 얻었다. 그러나 얼마 지나지 않아, 스스로 굴러가기 시작한 〈허핑턴 포스트〉 운영에 대한 흥미가 떨어졌고, 자신이 처음부터 갖고 있던 열정, 즉 "전염성 강한 바이럴" 미디어로 주의력을 수확하는 순수한 기술이자 학문으로 돌아가고픈 생각이 들었다. 자신의 오랜 집착의 종점이자 결정타를 구상하기 시작했을 때에도 그는 〈허핑턴 포스트〉에 있었다. 그가 집착한 것은 바로 순수한 전염물을 만들어 하늘로 발사하는 것이 유일한 임무인 사이트였다.

버즈피드는 자신들을 "최초의 진정한 소셜 뉴스 기관"이라고 알렸다. 이는 소셜 네트워크에서 뉴스피드나 트위터 피드 등을 통해 공유되는 뉴스가 신용을 얻는, 페이스북과 트위터 이후의 세상을 위해 버즈피드가 설계되었음을 의미했다. 또한 버즈피드는 이제 세상 어디에나 존재하는 플랫폼에서 읽히도록 구상되었다. 2015년 무렵 버즈피드 트래픽의 60퍼센트는 휴대폰을 비롯한 무선 기기를 통해 이루어졌다(스냅챗Snapchat을 이용한 21퍼센트도 포함해서). 따라서 성공의 열쇠는 사람들을 모바일에서 소셜 뉴스를 공유하게 만드는 것이었다.

페레티가 버즈피드를 만들 무렵, 바이럴 미디어는 가끔 일어나는 현상이 아니었다. 그것은 상상의 해안에 부딪치는 연속적인 파도처럼 대중에게 도달하면서 기존의 주의력 포획 수단들과 경쟁하는 동시에 (상황에 따라서는) 그 수단들을 보완해주었다. 당시는 레딧Reddit이라는 온라인 게시판에 게재된, 성격 나빠 보이는 고양이 사진이 고양이 주인에게 성공적인 경력을 만들어주고, 〈강남 스타일〉 같은 우스꽝스러운 댄스 비디오가 24억 건이 넘는 온라인 조회 수를 기록하는 그런 시대였다(인류 역사상 가장 많은 사람들이 시청한 이벤트인 2014년 월드컵이 연인원 약 10억 명에게 도달한 것으로 추산되는 것과 비교해보라).

페레티의 기법을 온전하게 구현한 것에 불과한 버즈피드는 공적인 임무 같은 것은 있는 척도 하지 않았다. 그 사이트의 유일한 목표는 공유를 유발할 정도로 보는 사람들을 즐겁게 해주는 것뿐이었다. 의미 있는 소통을 찾기 힘든 콘텐츠가 태반인 이 매체는 정말이지 메시지 자체였다. 청중에 대한 전례 없는 냉소주의로 들릴지 모르지만, 그들의 발상은 사람들에게 창작의 의도를 전달하겠다는 것이었다. 청중만이 "특정 프로젝트가 10명에게 영향을 미칠지, 1,000만 명에게 영향을 미칠지 결정할" 것이기 때문이었다.[1]

버즈피드는 자신도 모르게 클릭할 정도로 해당 동영상을 거부할 수 없게 만들려는 "제목 최적화headline optimization" 같은 기법들을 개척하여 사람들의 결정에 도움을 주었다. "자크 월스Zach Wahls가 가족에 대해 말하다"는 제목 수정자들의 손을 거친 뒤에 "두 명의 레즈비언이 키운 아이가 이렇게 성장했다"로 바뀌면서 1,800만 건의 조회 수를 얻었다. 버즈피드의 대표 데이터 과학자인 카이 할린Ky Harlin은 제목 짓기의 자기모순적인 논리를 간명하게 설명한 적이 있다. "단순히 사람들의 호기심을 자극하는 무엇으로 어떤 동영상을 클릭하게 만들 수는 있다. 하지만 그렇다고 해서 그들이 실제로 그 콘텐츠를 좋아하게 된다는 의미는 아니다."

버즈피드는 또한 공유에 대한 통계학적 분석법을 개발해 다양한 측정 기준, 특히 "바이럴 리프트viral lift"라 이름 붙인 기준에 따른 상세한 정보를 축적했다. 120만 건의 조회 수를 얻은 "1990년대를 사로잡은 사진 마흔여덟 장"이라는 제목의 스토리를 예로 들어보자. 버즈피드는 얼마나 많은 사람들이 그 스토리를 읽었는지(조회 수) 측정하고, 그중에서 얼마나 많은 사람들이 트위터든 페이스북이든 관계없이 그 스토리를 공유했는지도 측정한다. 예를 들어 그 링크를 공유받은 스물두 명의 사람들이 그것을 클릭했다면, 그 스토리는 22X의 바이럴 리프트를 가졌다고 말할 수 있다. 그러한 데이터는 버즈피드의 전문가들이 어떤 동영상이 공유되고 공유되지 않는지에 대한 판단력을 높이는 데 도움을 주었다.

버즈피드를 비롯하여 경쟁 매체들인 매셔블Mashable, 업워시Upworthy, 그리고 시간이 지나면서는 일부 주류 매체들까지 모두가 암호를 해독하기 시작했다. 그리하여 결국 그들은 지속적으로 콘텐츠가 전염병처럼 퍼지도록 만들 수 있었다. 그들이 알아낸 결과 중 많은 것들이 페레티의 애초 이론이 옳았음을 입증해주었다. 무언가를 "널리 알리는 사회적 과정의 즐거움"을 자극하고 그 전염이 반드시 "특정 아이디어의 가장 단순한 형태를 대변하도록" 하는 것이 필요하다고 한 점이 특히 그랬다.[2] 그러나 공유의 "즐거움"은 꼭 콘텐츠를 보는 것이 유쾌했음을 의미하는 것은 아니었다. 공유하고 싶은 열망은 경외심, 분노, 불안감 같은 "고도의 흥분"된 여러 가지 감정에 의해 활성화되었다. "모든 방법이 실패하면, 그다음으로는 환자를 비난하는 일이 종종 발생한다"나 "무슨 적자? 월스트리트는 두둑한 보너스를 지불했다", "에이즈 환자를 치료했다고 보도된 치료법은 거의 없다" 등의 스토리는 위의 감정들 중 한 가지를 유발한다. 혹은 한꺼번에 여러 감정을 유발할 수도 있다.

주목을 받으려는 적나라한 장난은 늘 조롱거리가 된다. 버즈피드의 운이 상승하던 2010년대에도 예외는 아니었다. 저널리즘 사이트인 "더 데일리 밴터The Daily Banter"의 설립자 벤 코헨Ben Cohen은 이렇게 지적했다. "나는 버즈피드와 그들이 하는 모든 것이 정말 싫다. (…) 버즈피드는 지금껏 등장한 저널리즘에 대한 단일의 가장 큰 위협으로서 〈폭스뉴스〉를 능가할 정도이다."[3] 버즈피드가 이집트의 민주화 혁명을 영화 〈쥬라기 공원Jurassic Park〉의 장면과 합성해 일련의 움짤 (GIF 파일) 비디오로 제시했을 때, 코헨은 맹렬히 비판했다. "이런 짓을 유치하다고, 철없는 짓거리라고 말하는 것은 엄청난 과소평가에 해당할 것이다. (…) 고양이와 숙취를 다룬 우스운 움짤 게시물을 올리는 것은 그럴 수 있다. 하지만 고도로 복잡한 정치적 위기를 아이들 공룡 영화의 2초짜리 움짤 영상으로 바꾸는 것은 완전히 다르다. 만약 버즈피드가 정말로 저널리즘의 미래라면, 우리는 철저히, 그리고 완전히 속은 것이다."[4] 실제로 2012년 무렵, 버즈피드 같은 세력에 대항한, 시선을 사로잡으려는 쟁탈전은 뉴스 매체들을 새로운 바닥으로 끌어내리는 것처럼 보였다. 〈폭스뉴스〉가 자살하는 남성의 영상을 보도하고 버즈피드가 그 링크를 다시 올리자, 〈컬럼비아저널리즘리뷰〉는 다음과 같이 묻지 않을 수 없었다. "자살 장면을 방송한 〈폭스뉴스〉와 방송을 못 본 사람들을 위해 그 영상을 다시 올려준 버즈피드 중에 누가 더 나쁜가?"[5]

버즈피드는 정말이지 적어도 트래픽 면에서는 다른 모든 온라인 주의력 사업가들의 질투를 한 몸에 받는 것으로 드러났다. 2015년, 버즈피드는 200만 건이 넘는 월간 순 조회 수를 기록하며 대부분의 경쟁 매체들을 눌렀다. 버즈피드의 트래픽 중 75퍼센트는 소셜 미디어에서 발생하고 있었다. 결국 버즈피드의 기법은 "데일리 메일Daily Mail"이나 "크랙트닷컴Cracked.com" 같은 직접적인 경쟁 매체들뿐 아니라 페레티의 예전 벤처 사업체였던 〈허핑턴 포스트〉, 그리고 더욱 간접적으로는 〈워싱턴포스트〉 같은 신문, 〈슬레이트〉 같은 잡지들까지 합세하며 널리 모방되었다. 심지어 〈애틀랜틱The Atlantic〉이나 〈뉴요커〉 같은 문예지들도 뛰어들었다. 그렇게 버즈피드는 웹에서 주의력 포획의 참조점이자 황금 표준이 되었다.

버즈피드가 아주 수익성이 높았기 때문은 아니었다. 버즈피드는 출범 직후 여러 해 동안 손해를 보다가 2013년이 돼서야 겨우 수익을 내기 시작했는데, 1,000만 달러를 넘은 적도 전혀 없었다(공정한 비교는 아니지만, 똑같이 콘텐츠 사업을 하며 그다지 수익성이 높다고 여겨지지도 않던 애플의 아이튠스만 해도 연간 수익이 10억 달러를 넘은 것으로 추정되었다). 그들의 수입은 디지털 광고의 여전히 낮은 단가를 반영했다. 1억 달러 정도였던 버즈피드의 연간 광고 매출은 일테면 〈피플〉지(10억 달러 정도)보다도 훨씬 더 적었다. 그럼에도 버즈피드는 여전히 성장하고 있었고, 2010년대 중반에 이르렀을 때, 그

가치는 8억 5,000만 달러로 평가되었다. 그리고 2015년 여름이 끝난 뒤 케이블 업계의 대기업 컴캐스트Comcast는 버즈피드의 가치를 15억 달러로 평가하며 지분을 매입했다.

버즈피드에 대한 컴캐스트의 투자는 마이크로소프트와 AOL-타임워너가 한때 고려한 바 있던 올드미디어와 뉴미디어 간의 결합이 마침내 완성된 사례였다. 물론 마이크로소프트와 AOL-타임워너가 결합을 모색하던 그 의기양양했던 시절보다는 돈이 훨씬 적게 들어갔지만 말이다. 하지만 굳이 비교를 하자면, 마흔일곱 차례나 퓰리처상을 수상한 〈워싱턴포스트〉가 2013년 아마존에 2억 5,000만 달러에 인수되었다는 사실은 언급할 가치가 있다. 올드미디어의 평가 가치액도 이렇게 예전만은 못했다. 그러나 버즈피드가 의미 있는 돈을 끌어들였다고는 해도, 컴캐스트와의 거래는 어떤 식으로든 뉴미디어의 가치를 떨어뜨리는 것처럼 보였다. 제프 자비스를 비롯한 사람들이 기성 체제를 무너뜨릴 것으로 예측한 블로그와 기타 세력들은 결국 버즈피드로 대체되었다. 그리고 나서 버즈피드는 굉장히 적은 액수에 올드미디어에 인수되었다. 그 모든 것의 가치가 그 정도였다는 의미다.

페레티는 자신이 하는 일의 목적에 대해 항상 솔직하고 일관되게 말했다. 그의 목표는 주의력 확보 그 자체였다. 그러나 전염성 영상과 클릭베이트, 심지어 소셜 네트워크까지 콘텐츠 주도 미디어의 생태계에 진입하면서 그 생태계는 불가피하게 품위가 떨어지고 말았다. 마크 맨슨Mark Manson은 2010년대 웹의 상태를 다음과 같이 제대로 서술했다.

> 지난주에 나는 페이스북에 들어가서 술에 취해 친구의 성기를 잘라낸 뒤 그것을 개에게 먹이로 준 한 남성의 이야기를 봤다. 이 이야기 뒤에는 100세가 될 때까지 한 번도 바다를 본 적이 없는 할머니 이야기가 이어졌다. 그다음에는 자신이 1990년대 아이임을 알 수 있는 여덟 가지 방법에 관한 이야기가 등장했다. 그리고 다시 "더 영리한 블랙프라이데이 쇼핑객"이 되는 열한 가지 단계라는 모순어법의 이야기도 있었다. 이제는 다들 이렇게 산다. 끝없이 지속적으로 이어지는, 전혀 관계도 없고 자기 참조적인 쓰레기 같은 이야기가 터치스크린의 속도로 우리의 눈을 통과하여 머리 밖으로 빠져나간다.[6]

콘텐츠는 왕으로 선언된 지 20년 만에 노예가 되어가는 듯했다. 모든 관심 영역에서 아마추어 괴짜들을 육성하던 공유지였던 웹은 2015년에 이르러 상업적 쓰레기에 철저히 짓밟혀 있었다. 그 쓰레기의 상당수는 관음증과 간지러운 쾌감이라는 인간의 가장 저급한 충동을 겨냥했다. 물론 건전한 비영리 사이트인 위키피디아 같은 예외도 있었다. 그리고 구인터넷의 정신을 간직하고 피난처 역할을 계속하는 레딧이나 〈버지Verge〉, 〈쿼츠Quartz〉, 〈올Awl〉 같은 소규모 잡지, 그리고 "미디엄Medium"처럼 블로그에 다시 불을 지피려는 활동 등도 있기는 했다. 마찬가지로, 적합성이라는 존재론적 위기에 직면한 전통적인 뉴스 매체들은 오래전부터 인터넷에 알레르기 반응을 보이면서도 지난 10년 동안 온라인 콘텐츠를 극적으로 향상시켰다. 그러나 이 긍정적인 부분들은 거대한 암흑의 영역에 빨려 들어가고 말았다. 동반된 광고를 감기처럼 퍼뜨리며 대중을 계속 아무 생각 없이 클릭하고 공유하게 만들겠다는 목적만을 위해 운영되는, 사람들을 꼬드기는 리스티클listicle[list(목록)와 article(기사)의 합성어로 일상생활에 도움이 되는 정보를 나열한 요약형 기사를 말한다-옮긴이]과 유명인들의 가짜 이야기로 이루어진 그 땅덩어리에 매몰되고 말았다. 클릭 수가 늘어날수록 가장 우울한 측면은 이 모든 일이 엄청난 재산을 모으기 위한 것이 아니라 사실은 쥐꼬리만 한 상업적 이득을 위한, 더 원대한 상업적 책략의 반올림 오차일 뿐이라는 점일 것이다. 이상주의자들은 웹이 다를 것이라고 기대했다. 확실히 한동안은 웹이 달랐지만, 시간이 흐르면서 그것은 오수 구덩이는 아니라 해도 싸구려 물건 전문 상점 같은 것이 되어버렸다. 펜실베이니아 역이 철거되었을 때처럼, 위대한 건축학적 위업은 별다른 보상도 받지 못한 채 훼손되고 말았다. 주의력 사업의 역사에서 종종 그렇듯이, 경쟁이 심해지면 꼴사나운 일이 급증하고 상금은 급격히 줄어들기 마련이다.

그리고 이는 바로 콘텐츠에 해당하는 얘기였다. 동시에 광고는 훨씬 더 나빠졌다. 2010년대 중반 〈보스턴글로브Boston Globe〉의 보스턴닷컴boston.com 같은 뉴스 사이트의 일반 독자들은 최소한의 동의만으로도 이례적인 감시 체계의 대상이 되었다. 그러한 작동 방식은 그것이 유발한 지연과 유혹을 제외하고는 사용자의 눈에 보이지 않았다. 온라인 추적 기술은 소련 시대의 스파이도 얼굴을 붉힐 정도로 발전했다. 사용자가 NY포스트닷컴NYPost.com에 등장하면, 온라인 광고대행사, 즉 "광고 네트워크"로 20개가 넘는 "추적" 메시지가 전달된다. 이 네트워크들은 사용자가 어떤 기사를 읽고 있는지 일일이 알려줄 뿐 아니라 사용자에 대한 이용 가능한 정보를 조언해준다. 주의력 사업가들은 늘 주의력에 굶주린 모습을 보여왔지만, 이제 그들은 개인 정보까지 걸신들린 듯이 먹어 치우고 있었다. 소셜 미디어에서의 과도한 공유가 프라이버시의 기준을 낮춰버린 것 같았다. 어쩌면 사람들이 주의를 돌릴 때마다 그것을 포착해낼 수 있는 인터넷 때문에 이런 결과는 불가피했는지도 모른다. 어쨌든 몇몇 상업적 독립체들은 이제 남자, 여자,

아이 할 것 없이 모든 사람들에 관한 더욱더 상세한 관계 서류를 수집하고 있었다. 이는 지금까지 폭로된 NSA의 자료 수집보다 훨씬 더 철저하게 간섭적인 활동이며 그 효용성은 훨씬 더 모호하다.

자동적으로 형성되는 맞춤형 광고는 이론적으로는 사용자의 주의를 사로잡아 클릭하게 만들 가능성이 높은 것들을 보여준다는 의도를 갖고 있었다. 우리가 광고의 성배라고 설명해온 검색의 연속을 창출하려는 것이었다. 사용자의 관심사에 맞춰 조정되었기 때문에 아침 햇살처럼 환영받을 만한 선전이라는 것을 통해서 말이다. 이상주의자들은 광고 플랫폼이 스스로 무엇이 필요한지 알기 전에 주인에게 필요한 것을 알아내는 충성스러운 시종처럼 되는 날을 예견했다. 즉, 신발이 닳는 것도 눈치채지 못했는데, 합리적인 가격의 새 신발을 주인 앞에 내놓는 시종 말이다. 아마도 그런 시종은 주인 장모의 생일을 상기시켜주면서 주인에게 하루만 할인 행사에 들어간 적절한 선물을 보내라고 제안할 것이다.

그러나 이러한 이론과 실행의 간격은 키치너 경의 군대가 행진을 하며 지나가도 될 정도로 넓었다. 구글의 최고 경영자 에릭 슈미트Eric Schmidt는 "으스스한 선에 바짝 다가가면서도 그 선을 넘지 않는 것"이 이상적이라고 말한 적이 있었다.[7] 안타깝게도 2010년대 중반 광고들은 그 선을 끊임없이 넘고 있었다. 광고는 "도움이 되거나 배려할 것이라고" 약속하면서도 종종 "간섭적으로" 나왔고 때로는 그보다 더 안 좋은 것으로 경험되었다. 일부 광고들은 시종보다는 스토커에 더욱 가깝게 느껴졌다. 예를 들어, 우리가 아마존에서 신발을 보고 있다면, 바로 그 신발 광고가 웹에서 우리 주위를 따라다니기 시작할 것이며, 다른 신발도 보라고 재촉할 것이다. 우리의 바람이나 관심사에 "적절하도록" 의도된 것은 우리의 약점에 대한 세심하게 계획된 착취로 드러났다. 비만인 사람들에게는 다이어트 보조제가, 새로운 기계에 집착하는 사람들에겐 최신 제품들이 제시되었다. 그리고 도박꾼들에게는 베팅이 권장되었다. 췌장암 진단을 받은 한 남성은 "몰지각하고 무감각한" 장례 서비스 광고가 사방에서 자신을 따라다니고 있는 것을 발견했다. 고객이 그러한 광고를 점점 더 환영하거나 즐길 거라는 이론적인 생각은 고약한 농담처럼 느껴졌다.

설상가상으로, 행태 맞춤형 광고 기술이 모든 웹사이트의 코드를 더 복잡하게 만드는 바람에 시스템이 느려지거나 멈추는 경우가 발생했다. 때로는 아예 페이지가 로딩이 안 될 때도 있었다. 2015년의 〈뉴욕타임스〉 연구 결과에 따르면, 모든 기술이 향상되었음에도 불구하고 일부 웹사이트들은 로딩하는 데 5초가 넘는 시간이 걸리고 있었다. 그리고 휴대전화에서는 연결이 더 느려지면서 훨씬 더 상황이 나빴다.[8] 게다가 동영상은 불쑥 튀어나와 요청하지 않았는데도 저절로 재생되기 시작했다. 정지 버튼을 찾던 사용자는 그 버튼이 정말로 작고 종종 이상한 곳에 있음을 깨닫곤 했다. 그리고 음모 같은 것도 작동했다. 곧바로 정지 버튼을 누르지 못하면, 다른 웹사이트가 열리면서 더 많은 광고가 등장했다.

거의 모든 경우에 광고 기술은 소비자에게 소름 끼치는 존재였고, 광고주들에게도 특별히 많은 돈이 되는 것은 아니어서 안타까움을 더했다. 프로그래머인 마르코 아멘트Marco Arment는 2015년 이렇게 한탄했다. "지난 몇 년 동안 (…) 웹 광고의 품질과 참을성은 곤두박질쳤고, 짜증과 남용, 잘못된 지시, 추적은 급증했다. 오늘날 출판사들이 사업을 유지하는 일은 만만치가 않다. 하지만 그렇다고 해서 많은 이들의 악습과 프라이버시 침해, 얄팍하고 소름 끼치는 행태가 정당화되는 것은 아니다."[9] 기술 업계 사람들까지도 지저분한 일을 떠맡게 되었는데, 이 모든 나쁜 짓을 완수하려면 놀라울 만큼의 프로그래밍 재능이 필요했기 때문이다. 과학자인 제프 해머바커

Jeff Hammerbacher는 "우리 세대의 최고 지성들이 사람들을 광고에 클릭하게 만드는 방법에 대해 생각하고 있다. 정말 어처구니가 없다"고 평했다.[10]

결국 그 문제는 사람들의 주의력을 포획하여 이용하려던 애초의 계획만큼이나 오래된 것이었다. 그 계획은 새로운 기술이 등장할 때마다 수정되고 갱신되었으며, 새로운 기술은 늘 우리의 삶을 개선해줄 것이라는 기대하에 입장을 허락받고 있다. 옥스퍼드대의 윤리학자 제임스 윌리엄스James Williams는 다음과 같이 말한다.

> 당신의 목표는 "아이들과 더 많은 시간을 보낸다", "치터 연주법을 배우겠다", "여름까지 몸무게를 9킬로그램 줄이겠다", "학위를 따겠다" 등이다. 당신은 시간이 부족하고, 당신도 그 사실을 알고 있다. 한편, 당신의 기술들은 "사이트에서 보내는 시간"이나 "비디오 조회 수", "페이지 조회 수" 등의 목표를 극대화하려고 애쓰고 있다. 그래서 클릭베이트가 등장하고, 자동 재생 동영상이 등장하고, 알림이 쇄도하는 것이다. 당신은 시간이 부족하고, 당신의 기술들은 그 사실을 알고 있다.[11]

온라인 주의력 사업 영역에서 사실상 투톱에 해당하는 구글과 페이스북은 다른 수많은 게임에서와 마찬가지로, 추적 프로그램과 프로필 빌더 게임에서도 대세를 장악했다. 설계상 두 업체는 지구상의 모든 소비자에 대한 최고의 데이터를 확보했을 뿐 아니라 더 많은 데이터를 수집할 수 있는 최고의 도구까지 보유했고, 2010년대에 들어서는 둘 다 가능한 한 많이 그 데이터를 활용할 준비까지 갖추었다. 처음에 두 업체 모두 페이지를 오염시키거나 사용자 경험을 방해할까 봐 광고 게재를 망설였다는 사실은 이제 신경 쓰지 마라. 그건 그 시절 얘기니까. 절망감에 손을 떨던 그 시절 이후로 투자자들과 월스트리트가 분기별 매출 증대를 요구함에 따라 그들에겐 보일러를 켜는 것 외에는 선택할 게 별로 없었다. 그들은 각자의 시장 포지션이 너무 많은 사용자들의 이탈을 막을 수 있을 정도로 안정적이길 바라면서 광고의 범위를 확대해나갔다. 주의력 사업가의 본질적인 제약 요인이 스스로 악마를 이겼다고 생각한 그 파우스트적 천재들까지도 옥죄기 시작한 것이다.

이제는 구글의 자회사가 된 유튜브가 가장 극명한 변신의 예를 보여준다. 한때는 전혀 광고가 없던 유튜브의 동영상들이 2010년대 중반이 되면서 몇 분짜리 콘텐츠를 보려면 15~30초짜리 광고를 볼 것을 요구했다. 텔레비전의 계약 조건이 유튜브에 비하면 정중해 보일 정도였다. 그로 인해 주의력 사업가의 가장 중요한 마술인, 공짜로 재미있는 동영상을 본다는 그 귀중한 느낌이 매력을 잃어갔다. 속임수가 늘 그렇듯이 실제 작업 과정이 드러나고 줄이 눈에 보이자, 그것은 추잡해지고 너무 빤해졌고 사람들의 넋을 빼놓는 힘도 사라졌다.

타깃팅과 트래킹은 2010년대에 웹 광고에 등장한 유일한 혁신이 아니었다. 버즈피드 같은 사이트들은 점점 커지는 각성 효과를 앞지르기 위해 직접 발명품을 만들어 내놓았다. 그런 아이디어를 발명품으로 표현해도 된다면 말이다. 그중 하나는 "애드버토리얼advertorial(신문이나 잡지에 기사 형태로 실리는 광고-옮긴이)" 혹은 "네이티브 광고native advertising(광고주가 제공한 정보를 일반적인 기사처럼 보이게 싣는 온라인 광고-옮긴이)"라 불리는 것으로, 기사의 형식과 기능을 흉내 낸 광고였다. 광고처럼 보이지 않으면 더 많은 사용자의 방어막을 통과할 수 있다는 생각이었다. 페레티는 이 트로이 목마식 접근법을 추구하는 2010년대에 그답지 않게 전염성에 대한 본인의 뻔뻔한 사랑을 해치면서까지 다음과 같이 말했다. "우리는 대표적인 브랜드들과 협력하여 그들이 웹의 언어를 말하도록 돕는다. 나는 또 하나의 〈매드맨〉의 시대처럼 사람들이 정말로 창의적이어서 광고를 진지하게 받아들이는 황금시대를 창출할 기회가 있다고 생각한다."[12]

실제로 이 새로운 매드맨의 시대는 기업들의 명령에 따라 그리고 기업들을 희생시키면서 작성된 버즈피드 스타일의 스토리들로 이루어졌다. 도요타 프리우스Prius를 위한 시리즈인 "열네 종의 멋진 하이브리드 동물"이나 "당신이 놓쳤을 수도 있는 다운로드 가능한 멋진 게임 열 가지"에 덧붙여진 "(소니) 플레이스테이션에 대해 당신이 몰랐던 열한 가지"를 생각해보자. 버즈피드도 하이브리드 소니 플레이스테이션에 대한 "진짜" 뉴스 기사를 작성했기 때문에 때때로 광고주가 있는 콘텐츠를 구분하기가 상당히 힘들었는데, 사실 버즈피드 입장에서 그것은 그다지 문제가 되지 않았다.

유명 블로거이자 전직 기자였던 앤드루 설리번은 이 문제에 대해 다음과 같이 썼다. "어쩌면 내가 구닥다리 같은지는 모르지만, 저널리즘 종사자들이 지켜야 한다고 생각되는 한 가지 핵심적인 도덕 원칙은 신정 분리 원칙처럼 엄격하게 기사와 광고를 구분 짓는 것이었다."[13] 그럼에도 불구하고 2010년대 중반 네이티브 광고는 흔한 일이 되었고 저널리즘의 시대적 비애를 줄여줄 해결책으로 환영받기까지 했다. 네이티브 광고는 〈뉴욕타임스〉나 콘데 나스트Condé Nast같이 평판 좋은 미디어 기업들도 기꺼이 받아들였다. 이제 그들은 버즈피드처럼 광고주들을 위한 내부 스타일을 본뜬 사이트 전담 부서를 갖추게 되었다. 설리번은 "'광고주가 붙은 콘텐츠' 모델은 가능한 한 최대한으로 과거의 경계선을 흐릿하게 만들려는 목적을 갖고 있다"고 지적했다.

세상은 새로움이 모두 분출된 후에도 웹에 대한 공격은 느리게 진행했다. 정치적으로 그랬는지 아니면 지나치게 예의가 발라서였는지 모르지만, 웹은 많이 피폐해진 이후에야 비평가들의 도마에 올랐다. 그 개방성에 홀딱 빠져 있다가 비판에 나선 많은 사람들은 상황이 잘못되었음을 인정했다. 그렇긴 했어도 2012년 중반쯤에는 갈수록 많은 일반 사용자들이 황제의 새 옷에 대해 나름의 느낌을 갖기 시작했다. 어쩌면 엘리트들이 반란을 일으킬 거라는 최초의 조짐은 니콜라스 카Nicholas Carr가 웹이 사람들을 더욱더 바보 같게 만든다고 지적했을 때 표출되었을 것이다. 필경 그 조짐은 "정보 과잉"에 대한 논의가 갈수록 불거지고 있다는 사실과 재론 레이니어Jaron Lanier의 선언서《디지털 휴머니즘You Are Not a Gadget》에 등장한, 웹 문화가 개인의 창의성과 혁신을 억압하는 결과로 이어졌다는 주장과 더불어 분명해졌을 것이다. 한때 버즈피드 같은 독립 사업체들이 활용했던, 이메일과 트위터, 유튜브, 페이스북, 인스타그램 같은 공유와 소통의 놀랍도록 강력한 도구들마저도 그리 신비하게 느껴지지 않았다. 그들은 존경할 게 거의 없는 주의력 환경을 구축하는 데 힘을 모았을 뿐이었다. 전체적으로 웹은 공격적인 자기중심적 성향과 신경쇠약적인 소극성의 역류에 빠져 헐떡이는 것처럼 보였다. 그렇게 덫에 걸린 웹은 뭔가 다르거나 더 좋은 것을 약속하는 무언가에 쉽게 밀릴 정도로 갑자기 취약해졌다.

27

후퇴와 저항

2011년, 독립 영화사 미디어라이츠캐피탈Media Rights Capital은 영국에서 괜찮게 성공한 정치 드라마 〈하우스 오브 카드House of Cards〉의 미국판 리메이크 작품의 판로를 물색 중이었다. 제작자들은 무엇보다도 아카데미 각색상 수상작인 〈소셜 네트워크Social Network〉를 감독한 데이비드 핀처David Fincher가 프로듀서로 참여했다는 것을 장점으로 내세웠다. 가능하면 그들은 자신들의 아이디어를 〈매드맨〉의 성공 이후 진지한 드라마로 명성을 키우는 데 관심을 가져온 A&E 같은 케이블 채널이나 HBO에 팔 수 있기를 기대했다.

그런데 로스앤젤레스에 있던 핀처는 예상치도 못한 사람으로부터 전화를 받았다. 넷플릭스의 최고위 임원인 테드 사란도스Ted Sarandos였다. 당시 넷플릭스는 우편으로 DVD를 배송하는 사업으로 유명해진 기업이었다. 그리고 더욱 최근에는 인터넷에서 스트리밍 서비스를 시작했는데, 성공 여부가 유동적인 상황이었다. 사란도스는 할리우드에서 쓰고 남은 찌꺼기를 사들이는 것으로 이미 이름 난 인물이었다. 그는 극장에서 개봉된 후 DVD로 판매되거나 대여된 영화, 비행기에서 상영되거나 여타의 모든 유통 채널을 거친 예전 영화의 판권을 사들였다. 넷플릭스는 그렇게 콘텐츠 먹이사슬의 맨 밑바닥에 위치한, 도시의 고철상 정도에 해당했다.

사란도스는 핀처에게 이렇게 말했다. "우리는 그 시리즈물을 원합니다. 당신이 우리에게 그 작품을 팔아야 하는 이유를 설명해드리겠습니다."[1] 유명 영화감독을 설득하여 당시엔 고양이 동영상이나 인기를 얻는 것으로 유명했던 매체인 인터넷에 본인의 재능을 쏟아붓게 만드는 일은 쉽지 않았다. 그러나 넷플릭스는 많은 것을 약속했다. 핀처가 한 번도 텔레비전 시리즈를 감독한 적이 없었는데도 그에게 엄청난 통제권을 부여하겠다고 했다. 그리고 프로그램의 가능성을 테스트하기 위해 일반적으로 실시하는 파일럿 과정을 생략하고 각기 13회분의 두 시즌 대금도 선금으로 주겠다고 했다. 마지막으로 결코 무시할 수 없었던 것은 사란도스가 거금을 제시했다는 점이다. 알려진 바에 의하면 1억 달러를 제시했다고 하는데, 통상적으로 그 정도는 비용이 많이 드는 블록버스터 영화에 투자되는 금액이었다.

넷플릭스 측의 리스크는 그 많은 돈을 투자하고 슬로모션으로 터지는 폭탄을 떠안게 될 수 있다는 점이었다. 게다가 당시 넷플릭스는 회사 가치가 수억 달러로 평가는 되었지만 2012년에 거둔 수익이 1,700만 달러에 불과했다. 물론 핀처 측의 리스크는 아무도 그 시리즈를 보지 않거나 넷플릭스가 파산하는 것이었다. 그러나 그 1억 달러는 핀처가 거절하기 힘든 제안이었다. 결국 인터넷에서 첫 선을 보이는 최초의 진지한 장편 드라마인 〈하우스 오브 카드〉는 출연 배우들을 찾기 시작했다.

넷플릭스에 이 작품은 당연히 중요했다. 주가가 오르던 그 기업은 〈하우스 오브 카드〉를 사들여 텔레비전과 인터넷 콘텐츠 시장 양쪽에서 결정적인 지각변동을 일으킬 작정이었다. 2011년에는 광고가 인터넷의 모든 상업적 콘텐츠를 주도하고 있었다는 사실을 생각해보라. 물론 여러 가지 유형이 존재했다. 프로그래매틱 광고programmatic advertising(프로그램이 자동적으로 사용자의 검색 경로, 검색어 등의 빅 데이터를 분석하여 사용자가 필요로 하는 광고를 보여주는 기법-옮긴이), 네이티브 광고, 구글 애드워즈, 유튜브 프리롤preroll(사용자에게 동영상을 스킵할 기회를 주는 광고-옮긴이), 페이스북 광고, 트위터의 스폰서 트윗 등이 있었다. 그러나 모든 광고의 이면에는 동일한 과거의 모델, 즉 주의력 사업가의 모델이 자리하고 있었다. 1950년대의 텔레비전 이래로 그 모델에 의해 그토록 빠르게 지배당한 매체는 없었다.

당시 인터넷 기업으로서 넷플릭스는 사실상 홀로 다른 길을 개척하고 있었다. 스트리밍 서비스라는 모험적 사업을 시작할 때부터 넷플릭스는 광고 없이 해보겠다는 대담하면서도 무모해 보이는 결정을 내렸다. 넷플릭스는 누가 봐도 수익 잠재력이 있는 주의력 사업가 모델을 거부했다. DVD 서비스가 광고가 아니라 가입에 의해 이루어진다는 점을 고려하면 그 결정은 당연한 부분도 있었다. 넷플릭스의 CEO 리드 헤이스팅스Reed Hastings는 그 결정을 시청자에게 "경험의 통제권"을 주는 전략의 일부라고 설명했다.[2] 따라서 "그런 식의 제어 방향에는 우리가 사람들의 목구멍에 광고를 억지로 쑤셔넣지 않는 것이 꼭 필요하다"고 그는 말했다.

되돌아보면, 그러한 직관은 당시 대부분의 사람들이 알던 것보다 더 심오한 인식에 의해 형성되었다. 사업을 하다 보면 모두가 오른쪽으로 가고 있을 때 왼쪽으로 가서 무언가를 얻을 가능성은 늘 존재한다. 넷플릭스의 가장 강력한 경쟁사로 여러 미디어 기업의 합작회사인 훌루Hulu를 위시하여 모든 기업들이 광고에 의존하고 있을 때, 넷플릭스는 다른 종류의 경험을 제공함으로써 차별화를 시도할 수 있었다. 그러나 그보다 더 중요한 게 있었다. 어떻게 보면 넷플릭스는 잃어버렸던 인간의 주의력 보고를 다시 발견한 셈이었다. 웹과 케이블 텔레비전이 강탈하고 있던 순식간에 사라지는 쪼개진 주의력이 아니라 더욱더 깊고 지속적인 주의력을 되찾은 것이다. 정말이지 그것은 더욱더 사람들을 끌어들이고 몰입하게 만드는 콘텐츠에 대한 명백한 굶주림으로 가득 찬 풍부한 광맥이었다. 넷플릭스가 유일하게 그런 콘텐츠를 제공하는 업체는 아니었지만, 인터넷 업체로는 유일했다.

2013년 〈하우스 오브 카드〉가 개봉되었을 때, 넷플릭스는 13회분 모두를 한 번에 공개하는 조치로 세상을 놀라게 했다. 넷플릭스가 몰아보기를 필연적으로 예측한 것은 아니었다. 논리적으로 웹 서핑이나 채널 서핑의 반대되는 개념인 몰아보기는 한가하게 내용을 훑어보는 게 아니라 어떤 프로그램에 푹 빠져 앉은자리에서 몇 시간씩 볼 수 있는 행동 방식을 수반한다. 그 경험은 장편 길이의 영화 한 편을 보는 정도를 넘어서 바그너의 4부작 반지 시리즈Ring Cycle 공연을 보는 경험과 겨룰 수 있는 정도다. 〈하우스 오브 카드〉는 열세 시간짜리였지만, 넷플릭스의 발표에 따르면, 수천 명의 시청자들이 드라마가 개봉된 주말에 단숨에 다 봐버렸다.*

텔레비전 스트리밍 서비스를 이용하는 시청자들을 상대로 실시된 넷플릭스의 여론조사에 따르면, 61퍼센트가 자신들의 시청 스타일을 몰아보기로 규정했는데, 이는 앉은자리에서 2회분에서 6회분까지 시청한다는 것을 의미했다. 넷플릭스에서 돈을 받고 그 시청 습관을 조사(하고 홍보)한 문화인류학자 그랜트 매크래켄Grant McCracken은 이렇게 전했다. "텔레비전 시청

* "몰아보기 시청binge watching"이란 표현은 1990년대 말 <엑스파일X-Files>을 중심으로 한 온라인 사용자 포럼에서 처음 사용되었다. 1996년에 그 드라마의 VHS 테이프를 찾고 있던 한 팬은 다음과 같이 썼다. "우리 세 명은 동시에 홀딱 그 드라마에 빠졌다. 그래서 예언컨대 곧바로 어마어마하게 몰아보기를 할 것이다!" 하지만 그 표현은 2003년이나 돼서야 주류 미디어에 모습을 드러내기 시작했다. <뉴욕타임스>의 에밀리 누스바움Emily Nussbaum은 텔레비전 프로그램 DVD가 점점 인기를 끈다는 기사를 썼다. "DVD는 액션의 강도를 높이고 몰아보기의 병적인 즐거움을 조장하는, <24>같이 스토리가 빠르게 전개되는 드라마에 완벽하게 어울린다." 그리고 그 표현은 넷플릭스가 한 번에 시즌 전체 방송분을 보여준 2013년부터 널리 사용되기 시작했다. 옥스퍼드 사전은 단어 목록에 그 표현을 추가했을 뿐 아니라 "올해의 단어" 후보에도 올려놓았다(최종 승자는 "셀피"였다).

자들은 더 이상 자신의 하루를 잊기 위한 방편으로 TV 앞에 멍하니 앉아 있지 않는다. 그들은 이제 자신의 일정에 맞춰 다른 세상에 주파수를 맞춘다. 2~3주에 걸쳐 어떤 프로그램을 몇 회분씩 혹은 여러 시즌까지 몰아서 시청하는 것이 오늘날 특히 환영받는 새로운 유형의 현실도피이다."[3] 그는 그러한 지적을 통해 다른 모든 것은, 사람 미치게 만드는 무엇이 된 상황을 이야기하려 했다.

넷플릭스의 성공은 2000년대 초에 뿌리를 두고 있지만 예상되지는 못한 무언가의 증거였다. 전문가들은 바보상자, 무서운 "통일 기계", 욕먹는 "얼간이 브라운관"이라 불리는 텔레비전이 21세기에 끝장날 것이라고 선언했다. 가난한 사람들과 바깥출입이 힘든 고령자들을 만족시키며 무기력하게 연명은 하겠지만 결국엔 말이나 마차, 타자기의 길을 가게 될 운명이라는 것이었다. 늘 예측이 틀린다는 점에서 타의 추종을 불허하는 미래학자 조지 길더George Gilder는 1990년에 《텔레비전 이후의 삶Life After Television》이라는 책을 출간했다. 2007년에는 인기작인 〈로스트Lost〉의 공동 제작자 데이먼 린델로프Damon Lindelof도 "텔레비전이 죽어가고 있다"는 그릇된 견해를 대담하게 천명했다.[4]

다수의 케이블 방송국은 점점 무의미한 볼거리와 어처구니없는 캐릭터에 의존하는 행태로 인해 촉발된 각성 효과로 힘든 시기를 보내고 있었다. 하지만 같은 시기에 상업광고가 없는 고급 프로그램을 공급하는 네트워크들, 구체적으로 말하면 넷플렉스를 비롯하여 초기의 HBO, A&E, 쇼타임Showtime 등은 텔레비전 전성기 시절, 프라임 타임대의 끌던 규모에 버금가는 청중을 끌어모으며 급작스럽게 번창하기 시작했다. 큰 인기를 끈 HBO의 〈소프라노스〉는 2000년대 초 내내 회당 시청자 수가 1,800만 명이 넘었다. 그리고 10년 후인 2010년 초 HBO의 〈왕좌의 게임Game of Thrones〉은 회당 2,000만 명에 도달하기 시작한다.

물론 인구의 일정 부분은 절대로 텔레비전을 떠나지 않았다. 야구, 축구, 미식축구 등 스포츠를 사랑하는 사람들은 1950년대의 프라임 타임대 시청자들만큼 충실하게 습관적으로 예측 가능한 행동 방식을 보여주었다. 미국은 물론이고 다른 나라에서도 스포츠 방송은 다른 유형의 프로그램을 지배하는 법칙에 거의 영향을 받지 않음을 증명해주었다. 1932년에 4,000만 명의 청취자를 기록한 〈아모스 앤 앤디〉가 오래 지나지 않아 청취자 전부를 잃었다는 사실을 기억해보라. 역사상 가장 성공을 거둔 시트콤 중의 하나인 〈왈가닥 루시〉는 여섯 시즌 만에 흐지부지되었다. 그러나 스포츠 시청자들에게서는 그런 시듦이 감지되지 않았고, 그들은 세대마다 새로이 생겨났다. 스포츠에는 사람들의 주의력을 악용하는 일도, 갑자기 인기가 떨어지는 일도 없기 때문인 듯하다. 장기적으로는 시청자가 늘었다 줄었다 할 수는 있지만, ESPN의 존 스키퍼John Skipper의 말마따나 전체적으로 보면, 스포츠 방송은 "충격적일 정도로 높은 신뢰성을 누린다". 그러나 다른 모든 형식에서는 무료 텔레비전 때문에 주의력과 시청자가 줄어들고 있었다.

그러한 감소 추세는 21세기의 첫 10년 동안 전통적인 광고 산업마저도 경쟁력을 키우게 만들었다. 프라임 타임대가 다툴 상대도 없을 정도로 주권을 행사하던 그 오랜 기간 동안, 그리고 리모컨이 등장하기 전까지는 시청자들이 광고를 쭉 보며 앉아 있을 것으로 기대할 수 있었다. 최악의 경우라도 광고에 나오는 과자 같은 것을 집어오기 위해 자리를 뜨는 정도일 거라 예상했다. 리모컨이 먼저 그 불변성에 손상을 가했지만, 이제는 DVR부터 시작해서 사실상 무제한으로 선택 가능한 디지털 채널과 스트리밍을 통해 진정한 혁명이 시청자의 손에 제대로 된 통제권과 선택권을 다시 안겨주고 있었다. 1980년대처럼 전례 없는 경쟁에 직면한 광고계는 감명을 줄 기회를 갖기 위해 본질적으로 더욱 재밌어져야만 했다. 다시 한 번, 무수한 전문가들은 시청자들이 정말로 보고 싶어 하는 광고를 제작해야 한다고 시끄럽게 떠들어댔다.

그러나 광고를 보지 않을 방법이 그토록 많다고 해도, 아무도 광고를 보지 않는다고 확신할 수 있는 정도는 아니었다. 광고 업계는 예전의 전략으로 돌아가기 시작했다. PPL 광고는 더욱 흔해졌고, 심야방송의 코미디언들은 자신들의 긴 독백에 상품 얘기를 집어넣었다. 진지한 오리건 사람들을 풍자하는 내용의 〈포틀랜디아Portlandia〉 같은 프로그램은 스폰서 계약에 따라 스바루Subaru 자동차를 자신들의 촌극에 집어넣기 시작했다. 또한 등장인물들이 하던 일을 갑자기 중단하고 어떤 상품의 장점에 대해 이야기할 이유를 찾기 시작하는 "라이브 커머셜live commercial"도 등장했다. 아직은 강경한 광고 회피자들을 단념시킬 정도는 아니었지만, 2000년대 초부터 광고를 피할 수 없는 동시에 호감 가게 만들기 위해 전보다 훨씬 더 많은 노력을 기울였다는 사실만큼은 부인할 수 없다.

그러나 지금까지의 혁신 중 가장 중요한 것은 사방에서 공격을 받아 혼란스러워하는 청중들이 모여들고 있던, 무광고의 몰입적인 텔레비전이었다. HBO의 〈오즈Oz〉를 제작한 톰 폰타나Tom Fontana나 〈소프라노스〉를 구상한 데이비드 체이스David Chase 같은 일부 영리한 프로듀서들은 심리학적 특성을 지닌 영화 같은 텔레비전 프로를 제작해보자는 생각에 매료되었을 뿐 아니라, 일부 시청자들이 잠시 들어갈 수 있는 완벽한 형식을 갖춘 대안적 리얼리티를 찾는 것을 직감적으로 알아챘다. 시청자들의 주의력 환경이 그 안에서 살기가 힘들 정도로 혼란스러워진 터라 그것은 당연한 반응이라 할 수 있었다. 실제로 우리가 각성한 텔레비전 시청자에게서 목도한 것은 뭔가 더 오래된 것의 귀환, 다시 말하면 영화 관람객이나 좋은 책에 빠진 독자, 혹은 방송 내용에 완벽히 몰입하던 초기의 텔레비전 시청자에게서 볼 수 있었던 고품질의 심오한 주의력의 귀환이다. 이 주의력은 과거에도 지금도 영화와 텔레비전이 누리는 지속성 있는 이점이지만, 영화의 경우 추격 장면에 의해, 텔레비전의 경우 중간 광고에 의해 잘게 조각나버렸다.

누구든 이러한 유형의 주의력을 기울이면 보람 있는 결과를 얻을 수 있다. 저널리스트인 앤드루 로만도Andrew Romando는 자신이 좋아하는 텔레비전 프로를 다음과 같이 소개했다.

> 〈왕좌의 게임〉을 30초만 봐도 내 머리는 감수성이 풍부한, 흐릿한 의식 상태와 관련된 알파파를 만들어내기 시작한다. 그런 알파파는 암시요법의 "조명 최면 유도" 단계에서 발생하기도 한다. 그와 동시에 나의 신경 활동은 좌뇌에서 우뇌로 옮겨 간다. 다시 말하면, 논리적 사고 부위에서 감정 부위로 옮겨 간다. 이러한 이동이 발생할 때마다, 내 몸은 엔도르핀으로 알려진, 체내에서 자연스럽게 생성되는 아편제로 넘쳐난다. 이 사실은 시청자들이 텔레비전을 켜자마자 긴장이 풀어지는 느낌을 받는다고 누누이 과학자들에게 이야기해온 이유와 그 편안한 느낌이 텔레비전을 끄자마자 사라지고 마는 이유를 설명해준다.[5]

이것이 아무 생각 없이 보는 공짜 텔레비전의 그 모든 오락물보다 더 가치 있는 경험처럼 들린다면, 그럴지도 모른다. 마이크로소프트는 제대로 예측하지 못한 수렴의 결과인 텔레비전 스트리밍은 사람들의 주의를 빼앗으려는 웹사이트들과 유명인이 되고 싶어 하는 사람들에게 시달리다가 갑자기 그리고 예기치도 않게 디지털 대혼란의 피난처로 등장하고 있었다. 한때는 인간의 조건을 향상시켜줄 것만 같았지만, 사실상 처음 생겼을 때부터 상업적 이해관계에 납치당해 20세기 최대의 주의력 수확기로 성장했고 지금도 주의력 사업가가 가장 좋아하는 하인 역할을 하는 텔레비전이 이제 시청자들의 경험을 가장 중시하는 방식으로 자신들이 끌어모으는 주의력에 보답하고 있었다.

간헐적 관계가 아니라 깊게 연루하는 관계를 맺어주는 상황을 만들려면 일련의 새로운 내러티브 전략이 필요했다(시청자가 추구하는 바에 따라 수준과 섬세함을 달리하며 그런 텔레비전을 만들 수 있긴 했지만 말이다). 그래서 텔레비전은 새로운 어법의 창시자들을 영입해 장편영화의 모습을 보이기도 했고 심지어는 빅토리아 시대의 소설 같은 인상을 풍기기도 했다. 〈하우스 오브 카드〉가 몰아보기를 대세로 만들어놓긴 했지만, 앞선 10년 동안 프로그램 작가들은 빈스 길리건Vince Gilligan(〈브레이킹 배드Breaking Bad〉의 시나리오 작가)이 "하이퍼시리얼hyperserial"이라 표현한 새로운 내러티브 형식을 만들어내고 있었다. 과거의 드라마 연속극과 달리, 이러한 유형의 내러티브는 매회 그리고 실로 여러 시즌에 걸쳐 시청에 전념하는 사람들에게만 이해가 되었다.

텔레비전 입장에서 이러한 변화는 급진적이었다. 1950년대의 버라이어티 쇼 위주의 초기 프로그램들은 모두 줄거리가 없었다는 사실을 기억해보자. 처음으로 줄거리를 갖춘 프로들은 프로그램 편성 용어로 표현하면, 단편적인 사건들로 이뤄진다는 의미에서 "에피소드풍episodic"이었다. 그래서 시청자는 〈왈가닥 루시〉나 〈길리건스 아일랜드Gilligan's Island〉의 어떤 방송분을 접해도 문제없이 볼 수 있었다. 유일한 줄거리가 (〈왈가닥 루시〉의 경우) 연예계 진출이나 (〈길리건스 아일랜드〉의 경우) 섬에서 벗어나는 것이라는 사실을 알고 있었기 때문이다. 모든 방송분이 그 스토리 라인에서 벗어나지 않는 독립적인 단편일 뿐, 주요한 목표는 이상하게도 학습이 안 되는 등장인물들을 보여주는 것이었다. 각각의 방송분이 끝날 때(예외적인 경우 몇 회분마다 한 번씩), 프로그램은 새로운 플레이어를 위해 시작 화면으로 돌아가는 비디오게임처럼 영원한 출발점으로 되돌려지곤 했다.

하이퍼시리얼 형식에서는 줄거리가 장편영화나 소설의 그것처럼 인생의 흐름을 더욱 많이 담는다. 매회마다 나름의 결론이 있고, 등장인물들은 사라졌다가 다시 나타날 수도 있지만, 실제로는 전편을 아우르는 보다 큰 스토리가 전개된다. 등장인물들과 사건의 혼전은 다양하게 나타날 수 있다. 어떤 하이퍼시리얼은 실제의 어떤 인생처럼 다른 하이퍼시리얼에 비해 더 쉽게 빠져들 수 있다. 그러나 모든 훌륭한 스토리가 그렇듯 중간에서부터 이해하기는 거의 불가능하다.

훌륭한 스토리텔링이 가장 우선적으로 부상했어야 마땅했다는 건 아마도 텔레비전에 일어나고 있던 현상에 대해 말할 수 있는 가장 극적인 의견일 것이다. 그렇지만 어쨌든 그것이 등장했다는 바는 텔레비전이라는 매체가 늘 갖고 있던 잠재력을 증명해준다. 광고를 없앤 프로그램들이 가장 먼저 이러한 잠재력을 드러내는 일을 맡았다는 사실은 주의력 사업가들이 답해야 하는 것이 무엇인지 알려준다. 또한 그렇게 오랜 시간이 걸렸다는 사실 때문에 사람들은 우리가 그토록 오래도록 참아온 이유가 무엇인지 궁금할 수밖에 없었다.

28

여기서는 누가 보스인가?

2015년 6월 1일, 세계에서 가장 가치가 높은 기업인 애플의 CEO 팀 쿡Tim Cook이 전자사생활정보센터Electronic Privacy Information Center, EPIC라는 워싱턴의 작은 비영리단체의 연례 디너 행사에서 연설을 했다. 애플 책임자들이 워싱턴에서 연설하는 경우는 극히 드문 터라, 쿡의 등장은 사람들에게 놀라움을 안겼다. 사실 공평하게 말하면, 그가 디너 행사에 실제로 나타난 것은 아니었다. 그의 등장은 화상회의 방식으로 이루어졌다. 그럼에도 더욱더 놀라웠던 것은 연설 내용이었다. "저는 실리콘밸리에서 지금 여러분에게 말씀드리고 있습니다. 이곳 실리콘밸리의 가장 유명하고 성공한 기업들은 고객들이 개인 정보를 제공하는 데 대해 안일하게 생각하도록 안심시키는 방법으로 사업을 키워왔습니다. 그들은 고객에 대해 알아낼 수 있는 것은 무엇이든 모조리 파악해서 그것으로 돈을 벌려고 애쓰고 있습니다. 우리는 그것이 잘못되었다고 생각합니다."[1]

계속해서 쿡은 2000년대 초 이래로 웹을 지배하게 된 주의력 사업 모델의 근간까지 거세게 비난했다. "여러분은 이런저런 이른바 공짜 서비스를 좋아할지 모르지만, 그렇다고 그들이 여러분의 이메일과 검색 기록, 심지어 여러분의 가족사진 데이터까지 캐서 팔아치울 자격은 없다고 생각합니다. 어떤 목적을 가진 어떤 광고에 쓸지도 모르는데 말입니다. 우리는 고객들이 언젠가 이 모든 실상을 알게 될 것이라고 생각합니다."[2] 그렇게 생각할 만한 이유가 있었던 것이, "몇 년 전부터 인터넷 사용자들이 온라인 서비스가 공짜라면 사용자는 고객이 아니라 상품이라는 사실을 깨닫기 시작했기" 때문이다.[3]

그 표현은 비판가들이 광고의 지원을 받는 모든 미디어에 대해 수십 년에 걸쳐 언급해온 그대로였다. 로빈 앤더슨Robin Anderson은 1990년대에 "방송사들은 상품 판매를 위한 광고 시간을 광고주에게 판매하면서 시청자라는 상품도 팔고 있다"고 지적했다.[4] 미술가이자 문화 비평가인 리처드 세라Richard Serra는 1973년에 이렇게 말했다. "텔레비전은 사람들을 광고주에게 넘겨준다. (…) 소비자가 소비되는 셈이다. (…) 당신은 고객인 광고주에게 넘겨진다. 그가 당신을 소비한다."[5]

쿡의 발언은 당시 디너 행사에 참석한 사생활 옹호자들에게 크나큰 박수갈채를 받았다. 하지만 다른 곳에서는 그리 긍정적인 반응이 나오지 않았다. 〈뉴욕타임스〉는 쿡이 "광고의 지원을 받는 공짜 서비스가 전 세계 소비자들에게 안겨준 상당한 혜택을 무시했다"고 비난했다.[6] 페이스북 최고경영자 마크 저커버그도 쏘아붙였다. "애플 제품을 구입한다고 해서 소비자들이 애플과 동맹이라도 맺는다는 건가? 소비자들이 애플과 그렇게 같은 편이라면, 애플은 제품을 훨씬 더 싸게 제작해야 마땅하지 않은가!"[7] 쿡은 애플이 부과하는 가격만큼 제품의 가치를 극대화한다고 주장하고 있었던 게 아니었다. 쿡은 자신들의 사업 모델을 칭찬하기 위해 그 자리에 모습을 드러낸 게 아니었다. 다른 기업들의 사업 모델을 묻어버리려던 것뿐이었다. 경영학 석사학위가 없어도 개인 정보 보호에 대한 애플의 옹호 입장이 경쟁사들의 주요한 수익 구조에 대한 공격이기도 했다는 사실은 쉽게 알아챌 수 있었다.

쿡의 연설은 페이스북과 구글에 대한 거의 노골적인 비난이었지만, 전체 웹과 웹의 당시 상태를 겨냥한 것이기도 했다. 무대 뒤에 있던 애플은 웹에서 콘텐츠를 발표하는 사람들의 관행에 점점 더 인내심을 잃어가고 있었다. 터질 듯 많은 광고와 복잡한 추적 기술, 모바일 웹을 매력 없고 불쾌한 경험으로 만드는 여타의 쓰레기로 사이트가 채워지고 있었기 때문이다. 사이트들은 멈춰버리기도 했고, 유혹적인 내용으로 꽉 찬 탓에 사람들이 찾으러 온 것을 제대로 찾지 못하는 경우도 많았다. 그 어떤 경우도 애플 기기를 사용하는 경험을 향상시켜주지 못했다.

이론적으로 웹은 모두에게 속한다. 따라서 누구도 웹에서 이래라저래라 지시하는 절대적인 권력자를 좋아하지 않는다. 그러나 구조상 애플이 지나칠 정도로 통제할 가능성도 있겠지만, 이 경우에서 아이폰과 아이패드의 경험을 통제하고자 하는 그들의 바람은 인기를 끌었다. 왜냐하면 애플이 알아챘듯이 통제 불능의 광고 때문에 모바일 웹은 전적으로 사용자에게 속한 주의력은 말할 것도 없고 데이터 플랜, 배터리 수명까지 소진시키고 있었을 뿐 아니라 덤으로 사용자의 사생활까지 침해했기 때문이다. 플랫폼의 주인으로서 영향력을 행사하는 데 거리낌이 없었던 애플은 모바일 웹에 대해 무언가 조치를 취해야 할 위치에 있었다. 주의력 사업가가 아닌 사람들은 불평할 이유가 거의 없었다.

쿡의 연설 뒤 불과 며칠 만에 애플은 조용히, 아무런 의식儀式도 없이, 한 애널리스트가 "원자폭탄"이라 부른 사업 계획을 발표했다. 아이폰과 아이패드의 최신 운영체제인 iOS 9를 곧 공개할 거라는 내용에 애플은 다음과 같은 계획을 포함시켰다.

> 새로이 출시되는 사파리Safari는 iOS에 콘텐츠 차단 사파리 확장 프로그램Content Blocking Safari Extensions을 안겨준다. 이 콘텐츠 차단 프로그램은 소비자의 확장 프로그램에 쿠키, 이미지, 정보, 팝업 등의 콘텐츠를 차단하는 빠르고 효율적인 방법을 제공할 것이다.[8]

이 발표 내용의 진정한 의미를 처음으로 알아챈 곳은 비영리단체인 니이먼랩Nieman Lab이었다. "아이폰에 광고 차단 기능이 생길 것이다."[9] 광고 차단 프로그램은 특정 웹 페이지에 팝업이나 내장형 오디오 및 비디오 등의 광고가 수반되었는지 감지하여 그것들이 로딩되는 것을 막아준다. 또한 대체로 "추적" 기능도 막아준다. 소비자가 온라인에서 다니는 곳을 기초로 소비자에 대한 프로필을 만드는 구글이나 페이스북 같은 주의력 사업가들에게 정보를 보내주는 그 "추적" 기능 말이다. 광고를 차단하는 아이폰은 더 빠르고 훌륭하게 기능할 뿐 아니라 배터리나 대역폭 또한 덜 소비한다. 더불어 2000년경부터 웹을 지배해온 사업 모델의 숨통도 조인다.

9월이 오고 애플의 새로운 운영체제가 출시되자 웹 퍼블리셔와 광고주들은 상상도 못한 수준으로 상황이 나빠졌다. 광고 차단 프로그램은 실로 순식간에 단연 가장 인기 있는 앱으로 떴다. 수백만 카피가 다운로드되면서 일시적 유행이 아닌 대세가 되었다. 2015년이 끝나갈 무렵, 대략 1억 명에서 2억 명에 이르는 미국인들이 일정 기간 동안 광고 차단 프로그램을 이용하고 있었다. 애플의 음모는, 실로 음모였다면, 대가답게 성공을 거둔 셈이다.

주의력 사업가들, 광고주들, 모바일 웹에서 주의력을 되팔아 돈을 벌고자 했던 모든 기업이 분노와 두려움, 도덕적 분개 등이 뒤섞인 감정으로 애플의 조치에 반응했다. 〈애드에이지Ad Age〉는 "광고 차단 프로그램은 정말이지 강도다"라는 의견을 밝혔다.[10] 미국신문협회Newspaper Association of America는 "광고 차단 프로그램이 민주주의를 위협한다"고 발표했다. 광고업계는 또한 220억 달러에 달하는 매출이 파괴될 것으로 추정한 연구 결과를 발표하면서 상황이 더 심각해질 수 있다고 경고했다.[11] 또 다른 언론인은 "당신이 광고를 차단할 때마다 실제로 차단하는 것은 어린아이의 입에 들어가는 음식이다"라고 지적했다.[12]

대체로 광고 차단 프로그램의 개발자와 사용자들은 동요하지 않았다. 한 개발자는 "웹 광고와 행동 방식 추적은 통제를 벗어난 상태다. 그것들은 용인할 수 없을 정도로 비대하고 소름 끼치고 짜증스럽고 불안정하다. 게다가 놀라운 속도로 더 나빠지고 있다"고 썼다.[13] 광고 차단 프로그램이 웹의 현재 상태에 맞서 싸울 마지막 기회라고 생각한 사람들도 있었다. 옥스퍼드 대학의 윤리학자 제임스 윌리엄스는 "광고 차단 프로그램은 우리 사용자들이 웹의 영혼을 잡아먹는 사악한 설계 논리를 밀쳐내고 싶다면 가져야 할 몇 안 되는 도구들 중의 하나다"라고 말했다.[14]

주의력 사업가들에게는 사람들이 일단 광고를 피하는 데 익숙해지면 과거의 합의 조건을 받아들이기가 어려워진다는 게 큰 문제다. 콩깍지가 벗겨지면 한자리에 앉아 상품 광고를 응시하고 있는 게 더 이상 납득이 되지 않는 것이다. 마이클 울프가 지적했듯이, "사람들이 광고를 피할 수 있다면, 그들은 그렇게 한다. 광고를 피해 가는 방법을 알아낸 순간, 그들은 광고로 돌아가지 않는다".[15]

애플의 조치는 상품 지불금에 의존하는 자신들의 플랫폼을 감시하는 행위로 이해할 수 있다. 또한 최대 경쟁사인 구글이 가장 취약한 상태일 때 그들에게 손상을 가하는 동시에, 사용자들을 위해 움직인다는 도덕적 우위를 점하는 것으로 생각할 수도 있다. 광고 차단 캠페인은 업계 용어로 말하면, 한 개 값으로 두 개를 살 수 있는 반액 할인권이었다.

구글은 한 손이 뒤로 묶인 채 싸움하는 신세가 되었다. 2000년에 갈림길에서 주의력 사업가의 길을 선택한 결정 때문에 괴로움을 겪고 있었기 때문이다. 사실 안드로이드는 아이폰과 경쟁을 하고 있고, 따라서 반드시 확보해야 하는 코호트인 모바일 사용자들의 마음에 접근할 수 있는 구글의 가장 중요한 채널이다. 하지만 구글은 광고 모델에 단단히 결합되었기 때문에 애플을 좇아 안드로이드를 가능한 최고의 경험으로 만들 수 있는 입장이 아니었다. 구글은 두 주인을 섬겨야 하는, 자신들이 초래한 곤경에 처해 있었던 것이다. 사용자들이 점점 인내심을 잃어가던 시기에 구글은 광고주와 사용자 사이에서 균형을 잡아야 하는 주의력 사업가의 숙명적 역할을 수행하려 애쓸 수밖에 없었다.

래리 페이지와 세르게이 브린은 1998년에 광고에 의존하면 결국엔 최고의 상품을 만들기 어려워질 거라고 지적한 적이 있었다. 2010년대 후반 애플과 경쟁하는 과정에서 그들은 자신들의 예언에 직면하게 되었다. 스티브 잡스Steve Jobs가 세상을 떠난 이후 애플은 플랫폼 개방에 반대하던 입장을 다소 완화했고, 엄청난 수익을 이용하여 보다 나은 제품을 만들 수 있었다. 구글은 광고에 과도하게 의존하다 힘을 못 쓰게 된 야후 같은 경쟁사들은 제쳤지만, 2010년대 후반 들어 애플과 경쟁하는 과정에서는 당하는 입장이 되고 말았다.

혹시 애플은 진정으로 자신들의 사용자와 사업 모델을 보호하려 노력하다가 우연히 구글의 아킬레스건을 건드렸던 게 아닐까? 논란의 여지가 있는 문제다. 어쨌든 비열해진 모바일 웹에 대한 반감은 더욱 깊고 넓은 곳에서 비롯되었다는 사실에는 의심의 여지가 없다. 1960년대에 마셜 맥루한은 미디어를 "인간의 기술적 확장"이라고 설명했다. 2010년대에 접어들며 스마트폰 같은 기술이 단순한 확장에 그치는 게 아니라 인간의 능력을 향상시켜주는 기술적 인공기관이 되었다는 사실이 분명해졌다. 늘 지니거나 신체 어딘가에 부착하고 다니기 때문에 그 기술들은 인간의 일부가 되었다. "전화"라고 부르든 "시계"라고 부르든, "웨어러블 기기"들은 이메일에서 시작된 확인 습관을 받아들이고 (자연스럽게 발생하는 생체 기능까지 측정해주면서) 그 습관을 신체의 기능과 유사한 것으로 바꾸어놓았다. 눈을 가리고 가상현실을 구축하려는 2010년대 중반 이후의 야심 찬 시도는 여기서 한 걸음 더 나아간 예일 뿐이다. 마크 저커버그가 고글을 쓴 수백 명의 사용자들을 지나가면서 활짝 웃는 유명한 사진은 전혀 놀라움을 유발하지 않았다. 기술이 점점 더 가까이 우리의 일부분으로 느껴질수록 우리가 기술을 믿는 것이 더 중요해지는 건 당연한 일이다. 이는 인간이 거주할 수 있는 가상현실을 만드는 사람들에게도 해당하는 얘기다. 따라서 다음 10년 동안 주의력 사업가들은 인간의 몸에 가능한 한 가까이 다가갈 때 아주 살며시 발걸음을 내디뎌야 할 것이다. 그럼에도 불구하고, 적응은 놀라운 것이다. 인간의 역사가 보여준 게 있으니, 그것은 바로, 한 세대에겐 충격적으로 보이는 일이 다음 세대에게는 당연한 일로 받아들여진다는 사실이다.

성역

그 모든 게 다 꿈은 아니었을까? 부자들이나 기술에 정통한 코드커터cord cutter(코드로 연결된 것을 끊어내는 사람이라는 의미로, 텔레비전 방송 서비스를 이용하지 않고 인터넷을 통해 시간 등의 제약 없이 편리하게 방송을 보는 사람들을 말한다-옮긴이)들은 2010년대 중반 넷플릭스나 아마존에서 광고 없는 텔레비전을 보거나 전자책을 읽거나 광고가 차단된 스마트폰이나 컴퓨터로 웹을 검색하면서 이렇게 느꼈을 수도 있었다. 또 주의력 사업가들의 통치가 정도에서 벗어나면서 보다 나은 세상으로 가는 도중에 잠시 추악한 간격이 발생했다고 생각할 수도 있었다. 비록 마법이 한 세기 동안 지속됐지만 말이다. 우리의 관심을 싸게 사들여 비싸게 팔아넘기는 주의력 차익 거래와 광고가 성행했던, 그 길고 어두웠던 밤은 마침내 끝나는 것 같았다. 확실히 주의력 사업가들이 가장 바라던 타깃 인구 집단인 젊고 부유한 사람들 사이에서는 광고가 건강한 생활방식을 위해 피해야 하는 또 하나의 독소가 된 듯했다. 실로 그 집단은 단 청량음료나 가공식품, 선베드처럼 해롭지 않은 것으로 잘못 알려졌던 20세기의 또 다른 발명품 정도로 광고를 생각하는 것 같았다.

어쩌면 너무 과장하여 말한 것일 수도 있다. 하지만 새로운 밀레니엄이 시작된 이래로 광고에 대한 혐오감이 커지고 고요함에 대해 기꺼이 대가를 치르려는 전례 없는 의지가 발동하고 있다. 주의력 사업가들이나 광고 업계의 중개인들에게는 전혀 좋은 소식이 아니었다. 마이클 울프가 지적하듯이, 이제 텔레비전은 전반적으로 수입의 50퍼센트를 시청료에 의존하고 있었는데, 이는 전례가 없는 비율이었다. 한편, 모바일 웹은 포위 공격을 받았고, 자유롭지 않은 웹은 잊히고 있었다. 이러한 경향은 미디어가 사람들의 주의력을 위험한 수준으로 혹사했다는, 점점 커지는 인식과 결합해 확실히 주의력 사업가에게 희망이 없는 것처럼 보이게 만들었다.

그러나 우리의 이야기처럼 긴 안목으로 보면, 광고에 대한 그러한 저항은 보다 큰 역학 관계의 일부로 생각해야 마땅하다. 어쨌든 우리는 지난 100년 동안 적어도 네 차례나 죽을 고비를 넘긴 산업에 대해 이야기하고 있다. 그렇게 수차례, 파티가 끝나고 소비자들이 완전히 달아나버린 것처럼 보였지만 언제나 주의력 사업가들은 광고라는 오래된 나뭇잎을 잘라내는 듯한 그 밝고 새로운 기계를 다시 뒤덮어버리는 방법을 찾아내는 것 같았다. 반상업주의가 절정에 다다른 1960년대는 주의력 사업가들을 그 어느 때보다도 강하게 만들었다. 연구소 과학자들이 설계한 월드와이드웹은 통신 과정에 자리 잡은 상업주의에 치명적인 타격을 가할 것으로 추정되었지만, 상업주의는 결국 자신만의 논리를 갖고 있는 것으로 드러났다. 광고는 계속 덜 짜증 나고 덜 간섭하는 쪽으로 변화할 것이고 사람들은 "공짜" 물건에 대한 취향을 재발견한다는 논리 말이다. 이 장기적인 관점에서 보면, 약간의 즐거움을 안겨주는 대신 사람들의 주의력을 확보한 후 즐거움을 후원하는 업체들에 주의력을 되판다는, 놀라울 정도로 단순한 전제를 가진 사업이 그냥 사라져버릴 거라고 상상하기는 힘들다.

2010년대의 코드커터들과 광고 회피자들의 행동은 중요하긴 했어도 새롭지는 않았다. 그것은 (콘텐츠가 CBS의 저녁 뉴스든 유튜브의 햄스터 비디오든 관계없이) 주의력 사업가들과의 거래를 단속하려는 일반적이고 지속적인 노력의 일부였다. 다른 산업과 마찬가지로 주의력 산업도 지속적인 성장을 요구하기 때문에, 그 거래 조건은 끊임없이 달라질 수밖에 없다. 더 많은 주의력을 빼앗더라도 대가로 주는 오락물은 적어진다는 점에서, 대개 그 조건은 사용자들에게 불리해진다. 따라서 계약에 대한 주기적인 저항은 예측 가능할 뿐 아니라 필요하기도 하다. 주의력 경제가 (단순히 우리를 이용해먹지 못하게가 아니라) 우리에게 이롭게 작동하도록 만들려면, 우리는 주의력 경제의 활동에 대해 경계를 게을리하지 말아야 하며, 격이 떨어지는 주의력 경제의 성향에 불쾌감을 표현하는 데도 적극적이어야 한다. 앞에서 살펴봤듯이, 경우에 따라서는 주의력 경제가 필요 이상으로 뻗어 나가면 법률 외에는 치유책이 없을 수도 있다.

하지만 이 책이 제기하는 가장 긴급한 문제는 광고가 좋은 것인지 나쁜 것인지, 아니면 필요악인지에 대한 영원한 논쟁과는 관련이 없다. 우리 시대의 가장 절박한 문제는 주의력 사업가가 '어떻게' 사업을 해야 하는가가 아니라 '언제, 어디서' 사업을 해야 하는가이다. 한심하게도 우리 사회는 다른 맥락에서는 '지대 설정' 규칙이라고 부르는 것, 즉 비유적으로 그리고 문자 그대로 우리가 살고 있는 곳의 상업 활동을 규제하는 규칙에 대해 생각하는 데 소홀했다. 이는 과거에 사생활이라 불리던 것을 우리가 얼마나 중시하는가로 귀결되는 문제이다.

이 책은 공립학교에서 광고가 늘고 있다는 이야기로 시작했다. 이는 우리의 주의력 한 조각 한 조각이 상업적으로 이용하기에 꽤 괜찮은 사냥감이라는, 입 밖에 내지 않는 전제에 기초한 새로운 현상이다. 앞에서 살펴봤듯이 그 규범은 지난 세기에 걸쳐 천천히 그러나 멈춤 없이 퍼져 나갔고, 결국 그것은 사실상 우리가 점유하는 모든 시공時空과 관련된 기본 설정 조건이 되었다. 우리가 살아가는 경험 전체에 주의력 사업가가 미치는 순전한 영향력을 막는 일이 거의 필요하지 않았다는 사실은 충격적이다. 예전에는 기술의 상태가 스스로 제한을 가했다. 하지만 그러한 제한이 효과적으로 제거된 지금, 우리는 몇 가지 근본적인 질문을 던져야 한다. 우리는 사적인 영역과 상업적 영역 사이에 선을 긋고는 있는가? 만약 선을 긋는다면, 우리는 과연 어느 시간과 공간이 그런 상업적 맹습에 노출시키기에는 너무 소중하거나 사적이거나 신성 불가침하다고 생각해야 하는가?

과거에는 관습이 이러한 의문들에 답을 해줬다. 그러나 기술이 과거의 한계를 넘어선 것처럼, 우리는 이제 전통의 요구에도 영향을 덜 받는 것 같다. 예전에는 전통이 다른 사람들을 침입해도 되는 장소와 시간에 제한을 가했다. 필요한 기술은 있었지만, 걸어갈 때나 택시에 타고 있을 때는 말할 것도 없고 집에 있는 사람들에게도 접근하기가 항상 쉬운 것은 아니었다. 대체로 종교적 관행 역시 특정한 불가침의 공간과 순간을 규정하곤 했다. 가족들의 식사 시간 같은 덜 형식적인 규범들도 상당한 영향력을 행사했다. 그 세상에서는 사생활이 기본 설정이었고, 상업의 침입 행위는 예외에 속했다. 과거의 현실에는 불편하거나 불만스러울 수 있는 부분이 많기는 했지만, 유익한 효과를 얻는 보호 공간을 자동적으로 창출한다는 이점도 있었다.

지난 50년은 전례가 없는 개인주의의 시대였다. 덕분에 우리는 전에는 가능하지 않았던 갖가지 유형의 방식으로 살 수 있었다. 하지만 우리가 각자의 주의력 생활을 구성할 수 있도록 권한을 부여받았다는 사실은 제대로 인정받지 못했다. 우리는 치과에 가서 기다리는 동안에도 손가락으로 간단히 세상을 주무를 수 있다. 전에는 잔뜩 쌓여 있는 잡지로 만족해야 했던 곳에서 이메일을 확인하고 좋아하는 사이트를 검색하고 영화를 볼 수 있는 것이다. 그러나 가능성의 새로운 지평이 열리면서 사생활의 경계선이 침범당하는 일도 함께 생겼다. 우리가 주의력 생활을 그토록 철저히 개별화하는 가운데 다양한 미디어와 장치에 더 많이 사로잡혀 자기 자신의 모습을 잃어버리게 된 상황은 다소 역설적이지 않을 수 없다. 대부분의 사람들은 분명한 동의 의사를 밝히지도 않은 채로 언제 어디서든 상업이 자신의 주의력을 이용할 수 있도록 수동적으로 스스로를 노출시켜왔다. 이런 방식의 무절제한 확산을 저지하는 규제 계획이 있어야 한다면, 그것은 주로 개인의 의지력이어야 할 것이다.

지금 우리에게 필요한 것은 '인간 되찾기 프로젝트'라 표현할 수 있다. 비교를 위해, 버려진 주차장을 자연의 땅으로 복원하는 경우처럼 어떤 (다른) 천연자원을 되찾는 활동을 생각해보자. 다가오는 세기 동안 우리가 보호하고 보존해야 할 가장 중요한 인적 자산은 우리의 의식과 정신 공간이 될 가능성이 높다. 실제로 주말과 같은 특정 시간을 따로 떼어놓고 주의력 사업가의 영향에서 벗어나 시간을 보내는 것처럼, 단순하지만 점진적인 변화를 도모하는 개인들로부터 하나의 운동이 시작될 수도 있다. 최초의 움직임은 "플러그 뽑기"나 "디지털 안식일"처럼 현재 실행되는 활동에서 목도할 수 있다. 그러한 욕구가 또한 작가들의 뒷마당 작업실뿐 아니라 교실, 사무실, 가정 등 물리적인 피난처를 되찾는 움직임을 더욱 이끌어낼 수도 있다. 우리가 서로 소통하려 하거나 진지한 수준의 집중을 요구하는 일을 완수하려는 장소면 어디든 탈환의 대상이 될 수 있다. 이런 식으로 활동이 전개되면, 그것은 개인에게 이익을 줄 뿐 아니라 사회적 배당금까지 지불하기 시작할 것이다.

시간과 주의력을 되찾겠다는 목표는 높이 평가하기는 쉽지만, 달성하기엔 놀라울 정도로 어려운 것으로 드러날 수도 있다. 주말을 되찾으려는 경우만 하더라도, 이메일이나 페이스북, 기타 소셜 미디어를 확인하는 습관이나 자극적인 클릭베이트는 말할 것도 없고 뉴스 기사를 훑어보는 습관, 몇 시간씩 채널을 돌리며 소파에서 뒤척이는 습관 등, 우리의 몸에 깊이 밴 습관들을 거부해야 하는 고통스런 과정을 수반한다. 그렇게 하기가 어렵다는 사실은 우리가 얼마나 오랫동안 길들여졌는지, 가능한 모든 수단을 동원하여 최대한 길게 사람들을 붙잡아두려는 주의력 사업가들의 의지가 얼마나 대단했는지를 시사한다. 일에 몰두하거나 책을 읽거나 아이들과 시간을 보낼 때, 우리는 주의력 사업가들을 피해 몰래 움직이는 게 나을 것이다. 그들은 우리가 자신들이 제공하는 오락거리를 끊임없이 찾아다니고, 그들의 프로그램에 나오는 상업광고를 시청하거나 모종의 브랜딩 노력에도 도움이 되는 방식으로 친구들과 교류하기를 바란다. 사업상 필요하기 때문이다.

원래 나의 것인 주의력을 되찾는 불편한 과정을 완수하는 데 실질적인 동기가 필요하다면, 그렇게 하지 않을 때 발생하는 손해를 생각해보면 도움이 된다. 개인의 목표, 즉 우리가 이루고 싶은 일들이 무엇이든, 그것은 대개 주의력 사업가들의 목표와 상충한다. 가령 당신은 이메일을 보내거나 온라인으로 물건을 하나 구매하려는 목표를 갖고 자리에 앉았다가 몇 시간 뒤에 내가 지금까지 뭘 했는지 의아해한 경우가 없는가? 한 사회의 모든 사람들이 깨어 있는 동안 많은 시간을 집중하는 데 보내는 게 아니라 지속적으로 방해를 받는 가운데 단편적으로만 의식을 차리며 보낸다면 그 사회는 어떤 피해를 입겠는가? 이 점에서 우리의 생활은 서양이든 동양이든 관계없이 깊고 집중된 주의력의 결실을 수확하는 게 목표인 수도원에서 함양하는 생활과 정반대가 되었다. 한탄스러울 정도로 산만해진 정신 상태가 우리의 의지력이 부족해서가 아니라, 많은 시간에서 특별히 높은 수익성을 보이지도 못하는 특이한 유형의 사업이 요구하고 회유하는 무엇 때문이라는 것은 정말 아이러니한 일이다. 나머지 민간 부문 역시 당연히 개인이나 사회만큼 불만을 토로할 이유가 있다. 우리가 주의력 사업가와 보내는 모든 시간의 거시경제학적 가치를 뽑아보면 의심할 여지 없이 충격적인 결과가 나올 것이다. 그리고 그것은 경제학자들이 인간의 모든 노력을 측정하기 위해 이용하는 생산성 비율에 얼마나 큰 장애가 되는지에 대해 우리의 주의를 환기시켜줄 것이다.

우리가 인정하든 하지 않든, 실제로 주의력 사업가들은 우리들 삶의 향로를 설정하는 중요한 역할을 담당하게 되었다. 결과적으로 인류의 미래를 결정하는 역할인 셈이다. 그 미래가 우리 개개인의 정신 상태의 누계에 불과하게 되는 한, 이는 피할 수 없는 사실이다. 과장된 얘기처럼 들리는가? 머리말의 말미에 소개했던 윌리엄 제임스의 말을 다시 음미해볼 필요가 있다. 주의력 산업이 꽃을 피우기 전 시대에 살다가 세상을 떠난 그 미국 실용주의의 원천이 설파했던 내용 말이다. "우리 삶의 경험은 생이 끝나는 시점까지 선택에 의해 그랬든 무심히 그랬든 주의를 기울였던 모든 것과 동등하다." 삶의 경험은 결국 그 대상이 무엇이든 우리가 주의를 기울인 것의 총합이라는 얘기다. 그렇다면 위험에 처한 것은 우리가 인생을 살아가는 방식과 흡사한 무엇이다. 이는 적어도 우리가 일상적으로 감수하는 수많은 거래를 더욱더 면밀히 조사해야 하며, 더욱 중요하게는 이따금씩 전혀 거래를 하지 말아야 할 필요성도 고려해야 한다는 의미다. 만약 우리가 소비자 문화와 유명인 문화의 마취제 같은 영향은 물론이고 선전 국가식의 노예 상태를 피하는 미래를 바란다면, 먼저 우리의 주의력이 소중하다는 사실을 인정해야 하고, 여태껏 빈번히 그래왔던 것처럼 쉽게 혹은 경솔하게 주의력을 내어주지 않겠다고 결심해야 한다. 그러고 나서 개인적으로든 집단적으로든 주의력을 다시 본인의 것으로 만들고 삶의 경험 자체에 대한 소유권을 되찾기 위해 움직여야 한다.

먼저 산만하고 어색한 초고를 체계적으로 정리해준 편집자 조지 앤드레오George Andreou와 내가 만난 그 어느 누구보다 자신의 일을 잘 수행하며 중요한 순간에 개입해준 에이전트 티나 베넷Tina Bennett에게 감사의 말을 전한다. 컬럼비아 로스쿨의 학과장들인 데이비드 슈이저David Schizer와 질리언 레스터Gillian Lester는 나의 컬럼비아 동료들과 마찬가지로 이 작업을 아낌없이 지원하며 성원해주었다. 이 책의 아이디어 다수는 닉 톰슨Nick Thompson이 편집한 나의 〈뉴요커〉 기사와 제임스 버넷James Burnett이 편집한 나의 〈뉴리퍼블릭〉 기사에 기초한다. 스콧 헴필Scott Hemphill과 캐스린 터커Kathryn Tucker는 초고를 읽으며 격려해주었고 필립 보빗Philip Bobbitt은 어조를 잡는 데 도움을 주었으며 오닐 바타채리야Onil Bhattacharyya는 결론 부분의 지침을 제공했다. 원고를 읽으며 조언해준 또 다른 사람들은 데릭 슬레이터Derek Slater, 조너선 니Jonathan Knee, 마이클 울프Michael Wolff, 제임스 윌리엄스James Williams 등이다. 나의 가족들도 책의 방향을 잡는 데 도움을 제공했는데, 특히 바버라 버튼Barbara Burton과 찰스 저지Charles Judge 그리고 나의 어머니는 머리

말 초고에 혹평을 가해 그것을 개선하는 데 도움을 주었다. 또한 내가 제출한 초고를 검토해준 옥스퍼드 인터넷 인스티튜트와 예일 로스쿨, 클리블랜드-마셜 로스쿨, 뉴 아메리칸 재단, 컬럼비아 로스쿨의 관계자 여러분에게도 감사를 표한다. 아울러 컬럼비아 언론 대학과 스티브 콜Steve Coll 학장께도 감사드린다. 초기 작업은 또한 케임브리지 대학의 임마누엘 단과대가 제공하는 데릭 브루어Derek Brewer 연구비의 혜택을 입었다.

이 책을 위한 연구 조사에 도움을 준 뉴 아메리칸 재단의 레베카 섀퍼Rebecca Shafer와 맥길McGill의 클로이 네빗Chloe Nevitt, 그리고 컬럼비아 대학의 캐슬린 팔리Kathleen Farley, 팀 그레이Tim Gray, 모건 펫코비치Morgan Petkovich, 재니스 리Janice Lee, 에린 패트리샤 월시Erin Patricia Walsh, 그렉 울프Greg Wolfe, 조 카포Zoe Carpou, 패트리샤 헤인즈Patricia Haynes, 스콧 야카이티스Scott Yakaitis, 줄리아 머리Julia E. Murray, 스테파니 우Stephanie Wu 등에게도 고마움을 표한다. 특히 별다른 실마리도 없이 제니스와 텔레파시 관련 자료를 찾아낸 컬럼비아 로스쿨의 연구 사서들에게 큰 감사를 드린다. 또한 크노프Knopf 홍보 팀의 브레나 맥듀피Brenna McDuffie, 헬렌 토빈Helen Tobin, 대니 토스Dani Toth 등에게도 감사를 전한다. 카발리Kavli 뇌과학 연구소의 재클린 고틀립Jacqueline Gottlieb 교수와 그녀의 몇몇 학생들은 내가 주의력의 과학을 보다 잘 이해하도록 도왔다.

애정이 넘치는 아내이자 파트너인 케이트Kate에게도 못지않은 감사를 전한다. 이 책이 세상의 빛을 보기까지 일상적인 강박뿐 아니라 공직 출마까지 포함하여 엄청나게 많은 대소사와 스트레스를 관리하며 열정적으로 지지해준 데 대해 아무리 감사해도 지나치지 않을 것이다. 마지막으로, 사랑하는 딸 시에라에게 이 말을 전하고 싶다. "결코 마르지 않는 너의 연민과 격려가 없었다면 이 책은 아마 훨씬 더 짧은 시간 내에 완성되었을 것이다."

PART 1 맹렬한 근대화의 선구자들

1. 최초의 주의력 사업가

1. 〈뉴욕선〉과 경쟁지들의 부상에 관한 내용은 다음의 출처에서 뽑았다. Frank O'Brien, *The Story of the Sun, New York, 1833-1918* (New York: George H. Doran, 1918); Matthew Goodman, *The Sun and the Moon: The Remarkable True Account of Hoaxers, Showmen, Dueling Journalists, and Lunar Man-Bats in Nineteenth Century New York* (New York: Basic Books, 2010). 1830년대의 뉴욕 언론계에 관한 출처는 다음과 같다. John D. Stevens, *Sensationalism and the New York Press* (New York: Columbia University Press, 1991); Lorman A. Ratner and Dwight L. Teeter Jr., Fanatics and Fire-eaters: Newspapers and the Coming of the Civil War (Urbana: University of Illinois Press, 2003).
2. Blair Converse. "The Beginnings of the Penny Press in New York" (MA thesis, University of Wisconsin, 1918); Leo Bogart, "The Business of Newspapers," in *Press and Public: Who Reads What, When, Where, and Why in American Newspapers* (Hillsdale, NJ: Lawrence Erlbaum Associates, 1989).
3. 데이는 영국으로부터 속임수 하나를 더 배워서 도입했다. 가난한 이민 가정의 어린 소년들(일부는 다섯 살에 불과하기도 했다)을 고용해 거리에서 신문을 팔게 한 것이다. 아이들은 산업화 이전 시대의 관심 모으기 방법을 동원해, 즉 헤드라인을 소리 높여 외치는 방식으로 행인들의 주의를 끌어 신문을 팔았다. 100부를 현금 67센트(외상 75센트)에 공급받았으므로 모두 팔기만 하면 아이들은 꽤 짭짤한 수입을 올릴 수 있었다.

4. 18세기와 19세기의 "공론의 장" 확대 이론은 위르겐 하버마스가 주창했다. 그는 신문 구독과 커피하우스 토론의 증가, 그리고 대중이 서로 의견을 교환하는 여타 장소가 늘어나는 현상을 토대로 이를 가정했다. 다음을 참조하라. Jüurgen Habermas, *The Structural Transformation of the Public Sphere*, trans. Thomas Burger (Cambridge, MA: MIT Press, 1991); and Robert E. Park, "Sociology and the Social Sciences: The Social Organism and the Collective Mind," *American Journal of Sociology* 27 (1921).
5. 주의력에 관한 인지 모델에 대해 더 알고 싶으면 다음을 참조하라. Michael I. Posner and Charles R. R. Snyder, "Attention and Cognitive Control," in *Information Processing and Cognition: The Loyola Symposium*, ed. R. L. Solso (Hillsdale, NJ: Lawrence Erlbaum Associates, 1975).
6. 이 이야기의 원본은 이후 재판(再版)되었다. 다음을 참조하라. Richard Adams Locke and Joseph Nicolas Nicollet, *The Moon Hoax; or, A Discovery That the Moon Has a Vast Population of Human Beings* (New York: William Gowens, 1859), 8.
7. H. Hazel Hahn, *Scenes of Parisian Modernity: Culture and Consumption in the Nineteenth Century*, 189 (New York: Palgrave Macmillan, 2009); and Alexander Cowan and Jill Steward, eds., *The City and the Senses: Urban Culture Since 1500* (Burlington, VT: Ashgate Publishing, 2007), 167–70.
8. 위대한 윌리엄 제임스는 무시할 줄 아는 능력이 얼마나 중요한지 이해했다. 1890년 그는 이렇게 썼다. 주의력은 "동시에 떠오르는 것으로 보이는 여러 개의 대상이나 생각 가운데 하나를 마음으로 소유하는 것"이다. 그리고 이는 "어떤 것들을 효과적으로 다루기 위해 다른 어떤 것들로부터 생각을 거두는 것을 암시한다". William James, *The Principles of Psychology*, vol. 1 (New York: Henry Holt and Co., 1890), 403–4.
9. Guus Pijpers, "Brain Matters," in *Information Overload: A System for Better Managing Everyday Data* (Hoboken, NJ: John Wiley & Sons, 2010); E. Bruce Goldstein, *Cognitive Psychology: Connecting Mind, Research and Everyday Experience*, 4th ed. (Boston: Cengage Learning, 2015).
10. H. Hazel Hahn, "Street Picturesque: Advertising in Paris, 1830–1914" (PhD diss., University of California, Berkeley, 1997). See also "A Brief History of the Poster," International Poster Gallery, accessed November 25, 2015. http://www.internationalposter.com/about-poster-art/a-brief-history-of.aspx.
11. Karl Marx and Friedrich Engels, *The Communist Manifesto* (Minneapolis: Filiquarian Publishing, 2005), 10.
12. Terry E. O'Reilly and Mike Tennant, *The Age of Persuasion: How Marketing Ate Our Culture* (Toronto: Random House of Canada, 2009), 35–40.

2. 연금술사

1. Claude C. Hopkins, *My Life in Advertising* (New York: Harper & Brothers, 1917), 202. 자서전이었음에도(그래서 당연히 입증되지 않았지만) 홉킨스는 자신의 책이 "개인적인 스토리

가 아니라 비즈니스 스토리를 담고 있다"고, 다른 사람들에게 광고의 기술을 가르치는 게 목적이라고 주장했다.

2. 홉킨스에 대한 보다 자세한 정보는 다음을 참조하라. Stephen R. Fox, *The Mirror Makers: A History of American Advertising and Its Creators* (New York: William Morrow, 1984), 52.
3. Drayton Bird, *Commonsense Direct and Digital Marketing* (London: Kogan Page, 2007), 336.
4. 홉킨스는 처음에 비셀 카펫 청소기 회사에 경리 보조로 고용되었고, 결국 경리부장이 되었다. 경리부장이 된 이후 그는 카펫 청소기의 부적절한 광고 팸플릿을 접했고 다시 만들 것을 요구했다. 회사는 결국 그가 제안한 대로 광고 팸플릿을 제작하기로 결정했고, 그는 제품 수요를 증진하는 방법에 초점을 맞추다가 크리스마스가 곧 다가온다는 사실에 착안해 해당 카피를 도출했다. 그렇게 해서 비셀 카펫 청소기를 "크리스마스 선물의 여왕"으로 선전하는 캠페인이 탄생한 것이다. 더 많은 정보는 다음을 참조하라. Jeffrey L. Cruikshank and Arthur W. Schultz, *The Man Who Sold America: The Amazing (but True!) Story of Albert D. Lasker and the Creation of the Advertising Century* (Boston: Harvard Business Review Press, 2010); and Robert Schorman, "Claude Hopkins, Earnest Calkins, Bissell Carpet Sweepers and the Birth of Modern Advertising," *Journal of the Gilded Age and Progressive Era* (2008).
5. 이 시대의 홍보 및 선전에 관한 관점에 대해 보다 많은 정보를 원하면 다음을 참조하라. Philip M. Taylor, *The Projection of Britain: British Overseas Publicity and Propaganda, 1919–1939* (Cambridge, UK: Cambridge University Press, 1981), 78.
6. Phillip Schaff, ed., *The Ante-Nicene Fathers* (Peabody, MA: Hendrickson Publishers, 2004).
7. Paul F. Bradshaw, *Early Christian Worship: A Basic Introduction to Ideas and Practice* (Collegeville, MN: Liturgical Press, 1996), 73.
8. 퓨 리서치 센터의 최근 연구에 따르면 미국인 중 5분의 1이 종교를 믿지 않는다. 5년 전보다 15퍼센트나 증가한 수치다. 이러한 비종교인(즉 무신론자)의 증가는 세대 이동의 결과일 공산이 크다. 이에 관한 주요 이론과 보다 많은 정보를 알고 싶으면 다음을 참조하라. "'Nones' on the Rise," Pew Research Center, last modified October 9, 2012. http://www.pewforum.org/2012/10/09/nones-on-the-rise/; and "A Closer Look at America's Rapidly Growing Religious 'Nones,'" Pew Research Center, last modified May 13, 2015. http://www.pewresearch.org/facttank/2015/05/13/a-closer-look-at-americas-rapidly-growing-religious-nones/.
9. 닥터 슙스에서 그는 캐나다 출신의 존 케네디라는 카피라이터를 만나 함께 일했을 가능성이 크다. 케네디는 "리즌 와이" 광고의 창시자로 기억되는 인물이다. 초기 광고계의 설화는, 초기 광고 자체와 마찬가지로 의심스러운 주장들로 넘쳐났지만 말이다. (케네디 본인은 자신이 캐나다 기마경찰대 출신이라고 주장했는데, 이 역시 그 진실성에 대한 의문이 제기된 바 있다.)
10. 여기 묘사된 1800년대와 1900년대 초 키커푸 인디언 약품 회사의 새그와와 클락 스탠

리의 스테이크 오일 연고 등의 광고 이미지는 다음에서 확인할 수 있다. "Here Today, Here Tomorrow: Medical Show," U. S. National Library of Medicine, last modified September 21, 2011. https://www.nlm.nih.gov/exhibition/ephemera/medshow.html.

11. 전체 광고문은 1902년 1월 1일 발행된 〈파머스리뷰〉에서 확인할 수 있다. "Farmers' Review, 1 January 1902," Illinois Digital Newspaper Collections, accessed January 26, 2016. http://idnc.library.illinois.edu/cgi-bin/illinois?a=d&d=FFR19020101.2.37.
12. Dan Hurley, *Natural Causes: Death, Lies, and Policies in America's Herbal Supplement Industry* (New York: Broadway Books, 2006), 24. 그렇지만 뱀 기름에 대한 애초의 열광은 1800년대 철로 공사에 동원된 중국인 노동자들로부터 비롯된 것으로 보인다. 그들이 미국에 뱀 기름을 가져왔다는 얘기다. 그 치료약은 중국의 물뱀 기름으로 만들었는데, 오메가-3 산이 풍부해서 관절의 염증을 완화하는 효과가 있었다. 결국 미국인들도 그 효과를 믿게 되었지만 미국에는 중국 물뱀이 흔치 않았던 까닭에 어떻게 그들이 나름의 버전을 만들어낼 수 있는지 많은 이들이 의아해했다. 결국 클락 스탠리는 오리지널 중국 뱀 기름과 상관없이 방울뱀의 치료 효과를 선전한 셈이다. 뱀 기름의 역사에 관한 보다 많은 정보는 다음을 참조하라. Lakshmi Gandhi, "A History of 'Snake Oil Salesman,'" NPR, August 26, 2013. http://www.npr.org/sections/codeswitch/2013/08/26/215761377/a-history-of-snake-oil-salesmen.
13. 이 리쿼존 광고는 무료 샘플을 신청할 수 있는 쿠폰과 함께 많은 신문에 실렸다. 예는 다음에서 확인할 수 있다. *T.P.'s Weekly 6* (December 1, 1905).
14. 리쿼존의 첫 번째 광고가 나가고 1년도 지나지 않아 회사에는 150만 건이 넘는 무료 샘플 신청이 들어왔다. 무료 샘플 한 병에는 평균 18센트의 비용이 들어간 반면, 판매되는 한 병에는 평균 91센트의 매출이 발생했다.
15. 리쿼존의 이 주장은 훗날 새무얼 홉킨스 애덤스가 쓴 "Liquozone"이라는 기사에 특허 의약품들이 보여준 일련의 사기성 행태의 예로 제시되었다. Samuel Hopkins Adams, *The Great American Fraud* (New York: P. F. Collier & Son, 1906).
16. Samuel V. Kennedy, *Samuel Hopkins Adams and the Business of Writing* (Syracuse: Syracuse University Press, 1999).
17. Samuel Hopkins Adams, "Medical Support of Nostrums," *Maryland Medical Journal* 49 (1906). 홉킨스는 특허 의약품 조사에서 업계에 대한 공격이 진실을 기반으로 주의 깊게 수행되어야 한다고 촉구하며, 안 그러면 대중의 신뢰를 잃을 것이라고 경고했다.
18. Samuel Hopkins Adams, *The Great American Fraud, supra*.
19. 사실 디프테리아 간균을 투여하고 리쿼존으로 치료한 기니피그 여섯 마리는 모두 72시간 이내에 죽었다. 반면에 같은 양의 디프테리아 배양균을 투여하고 리쿼존 치료를 실시하지 않은 기니피그는 셋 중 두 마리가 생존 상태를 유지했다.
20. Theodore Roosevelt, "Applied Ethics in Journalism," *The Outlook*, April 15, 1911, 807.
21. U. S. Food and Drug Administration, "Notices of Judgment Under the Food and

Drugs Act," N. J. 4944 (1918).

22. 홉킨스는 1909년 1월 14일 뉴욕의 스핑크스 클럽 회원들 앞에서 연설하며 다음과 같이 토로했다. "어쩌면 여러분들도 저처럼 잭 런던과 같은 인물이 되기를 갈망했을지도 모릅니다. 그런 행복한 지위에 오르면 인류를 즐겁게 하는 데 기여할 수 있으니까요. 또 많은 사람들이 인정하고 박수를 보내니까요. 많은 곳에서 찾고 어디를 가든 환영을 받지요. 근심의 구름을 걷어내는 능력이 있으니까요. 하지만 우리는, 우리를 아는 사람들은 우리를 그저 타인의 돈을 탐내고 좇는 사람으로만 알고 있습니다." Stephen R. Fox, *The Mirror Makers: A History of American Advertising and Its Creators* (Chicago: University of Illinois Press, 1997).

3. 왕과 조국을 위해

1. John Oakes, *Kitchener's Lost Boys: From the Playing Fields to the Killing Fields* (Stroud, UK: History Press, 2009).
2. Henry D. Davray, *Lord Kitchener: His Work and His Prestige* (London: T. F. Unwin Limited, 1917), 96; Edmund Burke, *The Annual Register*, Vol. 158 (London: Longmans, Green, 1917).
3. Niall Ferguson, Empire: *The Rise and Demise of the British World Order and the Lessons for Global Power* (New York: Basic Books, 2004), 242. 또한 다음을 참조하라. John Oakes, *Kitchener's Lost Boys: From the Playing Fields to the Killing Fields* (Stroud, UK: History Press, 2009).
4. Bernard Lewis, *Swansea in the Great War* (Barnsley, UK: Pen & Sword Books, 2014); "Talk: Otto von Bismarck," last modified July 27, 2015. www.wikiquote.org/wiki/Talk:Otto_von_Bismarck. 독일 군대에 대한 더 많은 사실은 다음을 참조하라. Spencer C. Tucker and Priscilla Roberts, eds., *The Encyclopedia of World War I* (Santa Barbara: ABC-CLIO, 2005).
5. 다음 저서에서 인용한 내용이다. Geraldine M. Boylan, "Wilfred Owen's Response to Propaganda, Patriotism and the Language of War," *Revista Canaria de Estudios Ingleses* 38 (1999). 또한 다음을 참조하라. Sir George Arthur, *Life of Lord Kitchener*, Vol. 3 (New York: Macmillan, 1920); and Robert K. Johns, *Battle Beneath the Trenches: The Cornish Miners of 251 Tunnelling Company RE* (Barnsley, UK: Pen & Sword Books, 2015).
6. Philip M. Taylor, *The Projection of Britain* (New York: Cambridge University Press, 1981), 11.
7. Mark C. Miller, "Introduction," in *Propaganda* (New York: Ig Publishing, 2005).
8. 신병 모집 포스터의 이미지와 해당 캠페인의 성공에 관한 통계 수치는 다음에서 확인할 수 있다. Peter Simkins, *Kitchener's Army: The Raising of the New Armies, 1914–1916* (Barnsley: Pen & Sword Books, 2007), 32. 키치너의 군 입대 호소에 대한 보다 일반적인 논의는 다음을 참조하라. Sir George Arthur, *Life of Lord Kitchener*,

Vol. 3 (New York: Macmillan, 1920). 2015년 미 현역 군인의 규모에 대한 통계 수치는 다음에서 확인할 수 있다. Jim Tice, "Active Army Drops Below 500,000 Soldiers," ArmyTimes, February 5, 2015. www.armytimes.com/story/military/careers/army/2015/02/05/active-army-drops-below-500000-soldiers/22922649/.

9. 이 통계 수치는 다음에서 인용했다. Dr. Spencer C. Tucker, ed., *World War I: The Definitive Encyclopedia and Document Collection*, Vol. 1: A-C (Santa Barbara: ABC-CLIO, 2014); and Alan G. V. Simmonds, *Britain and World War One* (New York: Routledge, 2012). 해당 캠페인을 위해 제작된 몇몇 포스터의 이미지와 그에 대한 묘사는 다음을 참조하라. John Christopher, *British Posters of the First World War* (Stroud, UK: Amberley Publishing, 2014).

10. 미들섹스 연대 12대대 소속 토머스 매킨도 일병이 한 이 말은 다음에서 확인할 수 있다. Max Arthur, *Forgotten Voice of the Great War* (London: Random House, 2003), 9. 해당 포스터는 다음에서 확인할 수 있다. Britons. *Join Your Country's Army*, Imperial War Museum, Art.IWM PST 2734. www.iwm.org.uk/collections/item/object/16577.

11. John Allison, *World War I and the Origins of Nazi Propaganda*, 39 Southern Academic Report (Birmingham, AL: Birmingham-Southern College, 1993).

12. *The New York Times Current History of the European War*, Vol. 1: August-December 1914 (New York: New York Times Co., 1917), 106.

13. Catriona Pennell, *A Kingdom United: Popular Responses to the Outbreak of the First World War in Britain and Ireland* (New York: Oxford University Press, 2012), 60.

14. John R. Currie and Alexander G. Mearns, *Manual of Public Health: Hygiene* (Baltimore: Williams & Wilkins, 1948). 이 통계 수치는 다음에서 뽑았다. Alan Simmonds, *Britain and World War One*.

15. 이 노력에는 민간 영역도 합세했다는 점에 주목할 필요가 있다. 예를 들어 "하얀 깃털의 명령(Order of the White Feather)"이라는 그룹은 여성들을 조직화해 입대하지 않은 남자들에게 겁쟁이라는 표시로 하얀 깃털 한 개를 건네게 했다. "병역 기피자"라고 망신을 주는 것이었다.

16. Jacques Ellul, *Propaganda: The Formation of Men's Attitudes* (New York: Alfred A. Knopf, 1968).

17. 1914년 8월부터 1915년 말 사이의 자원 입대자 총수가 1916년과 1917년 두 해 동안 징병제에 의해 입대한 병력의 총수보다 많았다. Simkins, *Kitchener's Army*; Jeff Hatwell, *No Ordinary Determination: Percy Black and Harry Murray of the First AIF* (Fremantle, Australia: Fremantle Press, 2014); Michael Sanders and Philip M. Taylor, *British Propaganda During the First World War, 1914-18* (Basingstoke, UK: Macmillan, 1982), 1.

18. Simkins, *Kitchener's Army*. 키치너의 사망에 관한 이론들에 대한 더욱 깊이 있는 논의는 다음을 참조하라. Colin Wilson, "The Mystery of Lord Kitchener's Death: Accident or Murder?," in *The Encyclopedia of Unsolved Mysteries* (New York: Diversion

Publishing, 2015). 아서 코난 도일 경이 쓴 비문의 더 많은 내용은 다음을 참조하라. Henry D. Davray, *Lord Kitchener: His Work and His Prestige* (London: T. F. Unwin Limited, 1917), 96–97.

19. 크릴은 나중에 공보위원회의 국내 및 해외 활동을 다음 저서에 연대순으로 기록했다. *How We Advertised America* (New York: Harper & Brothers, 1920), 4.
20. 크릴은 1916년 윌슨 대통령의 재선 선거운동 기간 동안 임박한 전쟁에 대한 대통령의 초기 입장을 전임 정부들과 일치하는 것으로 옹호했다. "결국 전쟁에 의존하는 일 없이 정의를 실현하는, 워싱턴과 애덤스가 지향했던 평화로운 외교적 방법을 고수하는 용기 있는 자세이다." *Wilson and the Issues* (New York: Century Company, 1916).
21. Benito Mussolini, "Fascism," in *Princeton Readings in Political Thought*, Mitchell Cohen and Nicole Fermon, eds. (Princeton, NJ: Princeton University Press, 1996), 572.
22. George Creel, *Rebel at Large: Recollections of Fifty Crowded Years* (New York: G. P. Putnam's Sons, 1947), 158. 사실 크릴은 공보위원회의 목적을 정보 보급으로 묘사했고, 그래서 그는 독일인들이 사용한 선전의 개념을 거부했다. 선전은 "거짓이나 부정행위와 관련된 것이 되었다. 우리의 노력은 전적으로 교육적이었으며 유익했다. 우리는 팩트의 공정한 제시가 필수적이라고 느낄 정도로 우리의 입장에 확신이 있었다." *Complete Report of the Chairman of the Committee on Public Information* (Washington, DC: Government Printing Office, 1920).
23. Alan Axelrod, *Selling the Great War: The Making of American Propaganda* (New York: Palgrave Macmillan, 2009), 1.
24. 크릴이 추산한 연설 횟수와 청중 수는 다음 자료에서 확인할 수 있다. *Complete Report of the Chairman of the Committee on Public Information*. 크릴은 정규 캠페인 동안에 50만 5,190회, 캠페인 초기에 7만 회, 캠페인 말기에 18만 회, 그렇게 해서 총 75만 5,190회의 연설이 행해졌고, 정규 캠페인에는 연인원 2억 245만 4,514명, 캠페인 초기에 4,000만 명, 캠페인 말기에 7,200만 명, 그렇게 해서 연인원 총 3억 1,445만 4,514명의 청중이 연설을 들었다고 추산했다. 그렇지만 크릴은 실제로는 이보다 훨씬 더 많다고 믿었다. 상당한 수의 공동체에서 청중의 수를 보고하지 않은 것으로 가정했기 때문이다. 결과적으로 크릴은 "누락된 보고와 불완전한 보고를 감안하면 최종적으로 도합 100만 회의 연설과 연인원 총 4억 명의 청중으로 추산해도 무방하다고" 주장했다. 크릴의 추산은 불완전한 수치에 근거함에도 완전히 불합리하다고 할 수는 없다. 당시 총 36회의 전국 캠페인이 행해졌고 영화 관람객이 점점 늘어나는 상황이었기에 하는 말이다.
25. James R. Mock and Cedric Larson, *Words That Won the War: The Story of the Committee on Public Information, 1917–1919* (New York: Russell & Russell, 1968), 152.
26. 이 포스터의 크리에이터인 제임스 몽고메리 플래그는 나중에 프랭클린 루스벨트 대통령에게 해당 포스터의 사본을 제출하며 모델 비용을 아끼기 위해 자기 자신을 모델로 삼아 엉클 샘의 이미지를 창출했다고 밝혔다. 하지만 엉클 샘의 실제 모델은 다소 애매모호하고 여전히 논란이 되고 있다. 한 가지 대중적인 이론은 그 국민적 상징에 대한 영감을 뉴욕주 트로이 출신의 정육업자인 새뮤얼 윌슨에게 연결시킨다. 1812년 영미전쟁(1812~1814

년) 당시 미군에 정육을 공급한 인물이다. 윌슨은 상품 표시 요건에 부응해 납품 포장 각각에 "E. A.-U. S."라고 적힌 도장을 찍었다. "E. A."는 윌슨의 도급업자인 엘버트 앤더슨 주니어를, "U. S."는 미국을 상징했을 가능성이 높지만, 병사들은 "U. S." 표시가 "엉클 샘" 윌슨을 상징하는 것으로 해석했다.

27. 데브스 대 미국 사건은 전쟁 중 언론 자유를 제한하던 방첩법을 적용한 세 사건 중 하나였다. 데브스는 오하이오 주 캔턴에서 연설을 준비하면서 방첩법에 저촉되지 않도록 주의를 기울였고, 주로 "사회주의와 그것의 성장 및 그 궁극적인 성공에 대한 예언"을 전할 목적으로 연설을 했다고 주장했다. 그럼에도 불구하고 법원은 연설의 일부가 군 입대를 방해한 혐의로 유죄 선고를 받은 사람들을 찬양하고 그에 공감하는 내용이었다고 봤으며, 누구든 그 내용을 청중들에게 유사하게 행동하도록 부추기는 것으로 해석할 수 있다고 결론지었다. 결국 법원은 "부수적이든 아니든 연설의 목적 중 하나가 일반적인 전쟁뿐 아니라 이 전쟁을 반대하는 것이었으며, 그러한 반대가 신병 모집 방해라는 당연하고도 의도된 효과를 낳도록 표현되었다"고 판단한 것이다.
28. Walter Lippmann, *Public Opinion* (New York: Harcourt, Brace, 1922), 249.
29. 매스스 출판사 대 패턴 사건에서 해당 지방법원은 수정헌법 제1조에 의거해 그것이 특정 상황에서는 특정한 선동적 연설조차 정부의 기소로부터 막아줄 수 있다고 판단했다. 하지만 이 판결은 상급심에서 뒤집어졌다.
30. 사실 휘트니 대 캘리포니아 주 사건의 판결은 나중에 브랜든버그 대 오하이오 주 사건에서 극명하게 뒤집어졌다.
31. Edward Bernays, *Propaganda* (New York: Ig Publishing, 1928), 37.
32. *Printers' Ink* 105 (New York: Decker Communications, 1918), 44.

4. 수요공학과 과학적 광고 그리고 여자들이 원하는 것

1. S. N. Behrman, "The Advertising Man," *The New Republic*, August 20, 1919.
2. Cynthia Clark Northrup, *The American Economy: A Historical Encyclopedia, Volume 1* (Santa Barbara: ABC-CLIO, 2011).
3. Claude C. Hopkins, *Scientific Advertising* (Minneapolis: Filiquarian Publishing, 2007), 3.
4. 홉킨스에 대한 보다 많은 정보는 다음을 참조하라. David Ogilvy, *Ogilvy on Advertising* (New York: Vintage, 1985).
5. Charles F. McGovern, *Sold American: Consumption and Citizenship*, 1890-1945 (Chapel Hill: University of North Carolina Press, 2006), 25.
6. 앨버트 래스커와 클로드 홉킨스에 대한 보다 많은 정보는 다음을 참조하라. Edd Applegate, *The Rise of Advertising in the United States: A History of Innovation to 1960* (Lanham, MD: Scarecrow Press, 2012).
7. 광고사는 기법의 재창조로 가득하다. 이러한 접근 방식과 기법의 일부는 기술적으로 19세기 말에 발명되었다. 적어도 특정 형태로는 그렇다. 하지만 그것들이 완전한 산업화에 이른 것은 1920년대의 일이다.
8. Cynthia B. Meyers, *A Word from Our Sponsor: Admen, Advertising, and the Gold-*

en Age of Radio (New York: Fordham University Press, 2014).
9. Cruikshank and Schultz, *The Man who Sold America*.
10. American Academy of Pediatrics Committee on Nutrition, "The Use and Misuse of Fruit Juice in Pediatrics," *Pediatrics* 107, no. 5 (May 2001), 1211-12.
11. Linda S. Watts, Alice L. George, and Scott Beekman, *Social History of the United States: The 1920s* (Santa Barbara: ABC-CLIO, 2009).
12. James B. Twitchell, *Twenty Ads That Shook the World: The Century's Most Groundbreaking Advertising and How It Changed Us All* (New York: Three Rivers Press, 2000).
13. 펩소던트 광고의 예는 다음에서 볼 수 있다. "The Film Danger," advertisement, 1926, *Boys' Life*.
14. "Business: Coalition," *Time*, June 14, 1926.
15. Stephen R. Fox, *The Mirror Makers: A History of American Advertising and Its Creators* (Urbana: University of Illinois Press, 1984), 100 Claude Hopkins, *My Life in Advertising and Scientific Advertising* (McGraw Hill Professional, 1966).
16. 이 표현은 존 왓슨이 1935년에 한 어느 연설에서 나왔다. "에덴동산에서 뱀이 이브에게 영향을 미치고 다시 이브가 아담을 설득한 이래로 세상 사람들은 인간의 행동방식을 통제할 방법과 수단을 찾아내기 위해 노력해왔습니다." Tom Farley and Deborah A. Cohen, *Prescription for a Healthy Nation: A New Approach to Improving Our Lives by Fixing Our Everyday World* (Boston: Beacon Press, 2005), 110.
17. Martin Kornberger, *Brand Society: How Brands Transform Management and Lifestyle* (Cambridge, UK: Cambridge University Press, 2010), 53 John B. Watson, "Psychology as the Behaviorist Views It," 20 *Psychological Review* 158-177 (1913), 249.
18. C. James Goodwin, *Research in Psychology: Methods and Design* (Hoboken, NJ: John Wiley & Sons, 2010).
19. Joel Spring, *Educating the Consumer-Citizen: A History of the Marriage of Schools, Advertising, and Media* (Mahwah, NJ: Lawrence Erlbaum Associates, 2008), 51 Farley and Cohen, *Prescription for a Healthy Nation*, 110.
20. John McDonough and Karen Egolf, *The Advertising Age Encyclopedia of Advertising* (Chicago: Fitzroy Dearborn Publishers, 2002); Fox, *The Mirror Makers*, 73.
21. Theodore F. MacManus, "The Underlying Principles of Good Copy," in *Masters of Advertising Copy* (New York: IPL, 2007).
22. Robert E. Ramsay, *Effective Direct Advertising: The Principles and Practice of Producing Direct Advertising for Distribution by Mail or Otherwise* (New York: D. Appleton, 1921); Lisa Rado, *Modernism, Gender, and Culture: A Cultural Studies Approach* (New York: Routledge, 2009).
23. Linda M. Scott, *Fresh Lipstick: Redressing Fashion and Feminism* (New York: Palgrave Macmillan, 2005).

24. Harry Tipper, *Advertising, Its Principles and Practice* (New York: The Ronald Press Co., 1919); Ramsay, *Effective Direct Advertising*, 554.
25. Denise Sutton, *Globalizing Ideal Beauty: How Female Copywriters of the J. Walter Thompson Advertising Agency Redefined Beauty for the Twentieth Century* (New York: Palgrave Macmillan, 2009), 27.
26. Christine Seifert, *Whoppers: History's Most Outrageous Lies and Liars* (New York: Houghton Mifflin Harcourt, 2015).
27. Kerry Segrave, *Endorsements in Advertising: A Social History* (Jefferson, NC: McFarland, 2005).
28. Alan Brinkley, *The Publisher* (New York: Alfred A. Knopf, 2010).
29. *Motion Picture*, Vol. 27, 1924, 67. 알바 벨몬트에 대한 더 많은 정보는 다음을 참조하라. Sylvia D. Hoffert, *Alva Vanderbilt Belmont: Unlikely Champion of Women's Rights* (Indianapolis: Indiana University Press, 2012).
30. *Ladies' Home Journal*, Vol. 43, Part 2, 1926, 53.
31. Inger L. Stole, *Advertising on Trial: Consumer Activism and Corporate Public Relations in the 1930s* (Urbana: University of Illinois Press, 2005), 31.

5. 러키의 롱런

1. Stephen R. Fox, *The Mirror Makers: A History of American Advertising and Its Creators* (Urbana: University of Illinois Press, 1997), 115.
2. John Gunther, *Taken at the Flood: The Story of Albert D. Lasker* (New York: Harper, 1960). 건터는 1931년 광고 예산이 1,900만 달러였다고 인용했지만, 〈라이프〉나 〈빌보드〉 등의 여러 출간물은 조지 워싱턴 힐의 부고 기사에서 힐이 1931년에 2,000만 달러나 광고비로 썼다고 주장했다.
3. "구운 담배"라는 슬로건의 기원에 대해서는 역사적으로 약간의 논란이 되고 있다. 〈포춘〉이 게재한 한 기사는 홉킨스가 로드앤드토머스에서 카피라이터로 일할 때 "구운"이라는 표현을 처음 쓰기 시작한 것으로 암시한다. "How the Real Don Draper Sold Lucky Strikes," *Fortune*, September 19, 2010. http://archive.fortune.com/2010/09/17/news/companies/Mad-Men_Lucky-Strike_Lasker_excerpt.fortune/index.htm. 그렇지만 담배 광고에 대한 스탠퍼드 연구 조사에는 1917년에 "구운 담배"라는 표현을 쓴 광고가 등장한다. 로드앤드토머스가 러키스트라이크 광고를 맡은 1925년보다 한참 전의 일이다. 스탠퍼드의 담배 광고 모음집은 다음에서 확인할 수 있다. http://tobacco.stanford.edu/tobacco_main/images.php2=fm_st319.php&token1=fm_img13529.php&theme_file=fm_mt010.php&theme_name=Fresh,%20Pure,%20Natural%20&%20Toasted&subtheme_name=It%27s%20Toasted. 게다가 조지 워싱턴 힐은 1938년 〈타임〉과의 인터뷰에서 자신의 아버지가 어느 날 담배 제조 과정에 대해 논의하다가 "구운"이라는 표현을 창안했다고 회상한 바 있다. "ADVERTISING, It's Toasted," *Time*, December 5, 1938. http://content.time.com/time/magazine/

article/0,9171,760432,00.html.

4. 이 카피는 1931년 2월 〈파퓰러사이언스〉에 실린 광고에서 인용했다.

5. 이 광고는 1935년부터 1941년까지 메트로폴리탄 오페라의 대표 소프라노였던 헬렌 젭슨을 등장시켰다. 그녀는 광고에서 다음과 같이 말한다. "오페라와 콘서트 시즌은 나의 목과 목소리가 완벽한 상태를 유지해야 한다는 것을 의미한다. 따라서 (···) 신중하게 담배를 선택해야 하는 것이 내게는 몹시도 중요하다. 내가 러키를 피우는 이유는 (···) 목소리를 위해 가벼운 연기를 택하는 것이 현명하다고 느끼기 때문이다." 광고는 계속해서 헬렌 젭슨이 "목소리가 재산인, 라디오와 무대와 은막과 오페라의 폭넓은 주요 예술가" 중 한 명이며 "'굽기'라는 독점적인 과정에 의해 해로운 자극 성분이 제거된 가벼운 연기의 러키가 목에 부드럽게 작용하며 목을 보호해준다"고 주장했다.

6. 로드앤드토머스는 1920년대 중반에 담배를 보루 단위로 여러 의사들에게 보내 "러키스트라이크가 (···) 민감하고 연약한 목에 다른 담배들보다 덜 자극적인지" 여부를 묻곤 했다. 그리고 그런 설문조사의 응답을 "굽는 과정으로 인해 러키가 덜 자극적"이라고 주장하는 광고에 이용하곤 했다. 그렇지만 그러한 주장에 대한 실질적인 증거는 없었다. 담배 산업 전반과 의료업계의 관계에 대한 보다 많은 정보는 다음을 참조하라. Martha N. Gardner and Allan M. Brandt, *The Doctors' Choice Is America's Choice* (American Journal of Public Health, 2006). http://www.ncbi.nlm.nih.gov/pmc/articles/PMC1470496/.

7. "굽는 과정"이 러키를 덜 자극적으로 만든다는 것이 설문조사에 응한 의사들에 의해 입증되었다는 주장의 신빙성을 더욱 높이기 위해 광고는 "인용된 인물들이 회계 및 감사 법인 라이브랜드로스브로스앤드몽고메리에 의해 검증되고 확인되었다"고 주장했다. 1930년 7월 26일 〈월스트리트저널〉에 처음 실린 해당 광고를 다음에서 확인할 수 있다. http://www.ncbi.nlm.nih.gov/pmc/articles/PMC1470496/figure/f1/.

8. Larry Tye, *The Father of Spin: Edward L. Bernays and the Birth of Public Relations* (New York: Henry Holt, 1998), 28.

9. 공공 공간의 관리자나 소유주로 하여금 여성의 흡연을 허용하지 못하게 강제한 설리번 조례는 "리틀 팀" 설리번이 고안했는데, "대중의 정서가 자신의 생각과 함께하기에 설령 그것이 여성의 타고난 헌법적 권리를 다소 침해한다고 해도 이런 조례를 만들어도 무방하다"고 믿었다. "Bars Woman Smokers," *Washington Post*, January 7, 1908. 해당 조례는 1908년 1월 21일 통과되었다. "No Public Smoking by Women Now," New York Times, January 21, 1908.

   설리번 조례에 따라 여성이 체포된 것으로 보도된 유일한 사건은 케이티 멀케히(20세)의 경우였다. 그녀는 자신이 "어느 누구 못지않게 담배를 피울 권리가 있다. (···) 어떤 사람도 내게 이래라 저래라 할 수 없다"고 주장했다. 그럼에도 멀케히에게는 5달러의 벌금이 부과되었다. "Arrested for Smoking," *New York Times*, January 23, 1908. 재밌는 것은 법이 잘못 적용되었다는 사실이다. 해당 조례는 여성 본인이 아니라 여성이 담배를 피우게 허용한 공공장소의 관리자 또는 소유주에게 적용되는 것이었으니 말이다.

   그 조례는 사실상 단기적인 효과밖에 일으키지 못했지만 여성의 흡연을 금하려는 노력은 꾸준히 지속되었다. 예를 들면, 뉴욕 시의회 의원 피터 맥기니스는 여성의 도덕성을 보호하기 위해 공공장소에서 여성의 흡연을 금지하는 내용으로 도시 조례를 갱신하려고 시도했다. 그러한 정서는 1914년 〈워싱턴포스트〉 사설에까지 반영되었다. "Women and Smoking Share Checkered History," *Wall Street Journal*, March 12, 2008. 한 역사학자가 언급했듯이 여론은 여전히 여성의 흡연을 반대하는 편이었다. "여성의 입술 사이에 놓인 담배는 무대에 오르는 직업을 가진 진취적 여성, 또는 보헤미안적인 성향을 지닌 여성의 상징으로 간주되었다." Gerard Petron, *The Great Seduction* (Atglen, PA: Schiffer, 1996), 22.

10. 1929년 4월 1일, 뉴욕 시 부활절 퍼레이드에 참석한 사람들 중에는 일단의 신인 배우들도 있었다. 버네이스는 〈보그〉지 편집자에게서 명단을 확보해 5번가에서 공개적으로 담배를 피우는 것이 여성의 권리 신장으로 이어질 것이라고 그들을 납득시켰다. 버네이스가 소비자 문화를 광고하고 형성하는 데 정신분석학과 프로이트의 아이디어를 이용한 내용에 대해 자세히 알아보려면, 다음을 참조하라. Edward L. Bernays, *Crystallizing Public Opinion* (New York: Boni & Liveright, 1923); Lisa Held, "Psychoanalysis Shapes Consumer Culture," *American Psychological Association* 40 (2009).
11. 버네이스가 이 행사를 준비한 과정에 대한 보다 자세한 내용은 다음을 참조하라. Allan M. Brandt, *The Cigarette Century: The Rise, Fall, and Deadly Persistence of the Product That Defined America* (New York: Basic Books, 2007), 85.
12. 〈뉴욕이브닝월드〉의 한 기사에 따르면 거리에서 러키스트라이크에 불을 붙인 한 여성이 "지나가던 한 남자가 사람 난처하게 만들지 말고 담배를 끄라고 요구했을 때 이 캠페인에 대한 아이디어를 얻었다"고 했다. "나는 친구들과 이에 대해 이야기를 나누었고, 우리는 당장 이런 상황에 대해 무언가 조치를 취해야 한다고 결심했다." 그러나 버네이스의 전기 작가 래리 타이에 따르면 베르사 헌트라는 이름의 이 여성은 버네이스의 비서였고, 따라서 그의 입장을 대변하고 있었을 가능성이 다분하다. Larry Tye, *The Father of Spin: Edward L. Bernays and the Birth of Public Relations* (New York: Crown, 1998).
13. Noam Chomsky, "What Makes Mainstream Media Mainstream," *Z Magazine*, October 1997. 촘스키는 버네이스의 선전과 전반적인 작업을 "홍보 업계의 주된 매뉴얼"로 인용했다.
14. "Easter Sun Finds the Past in Shadow at Modern Parade," *New York Times*, April 1, 1929.
15. 이 슬로건의 또 다른 인기 있는 버전은 "유혹을 느끼면 대신 러키를 집어라"였다. 해당 슬로건은 1800년대 말 리디아 핑크햄이 여성들에게 "단것 대신 채소를 집어라"라고 촉구한 광고의 변형이었을 가능성이 높다.
16. Claude C. Hopkins, *Scientific Advertising* (Minneapolis: Filiquarian Publishing, 2007).
17. 러키스트라이크의 광고비는 1926년 1,200만 달러에서 1930년 4,000만 달러로 증가했다. Bob Batchelor, *American Pop: Popular Culture Decade by Decade* (Westport, CT: Greenwood Press, 2009). 1929년 GDP의 항목별 비율과 비교하면, 개인적 재화 소비가 42퍼센트, 개인적 서비스 소비가 32퍼센트, 국내 구조물 민간 총 투자가 0.05퍼센트, 국내 장비 및 소프트웨어 민간 총 투자가 0.05퍼센트, 주거 투자가 0.4퍼센트, 연방

및 주 정부 지출 및 총 투자가 0.1퍼센트였다. *Gross Domestic Product—Bureau of Economic Analysis*, https://www.bea.gov/scb/pdf/2012/08%20August/0812%20gdp-other%20nipa_series.pdf.

18. 그 회사의 거래 총액은 1920년 1,070만 달러에서 1920년대 말에는 3,750만 달러로 상승해 있었다. 그리고 거래 총액의 절반 이상이 여성 전담 부서에서 발생했다. 그 거대한 거래 총액의 명백한 열쇠는 당연히 그 부서였다. 랜스다운 본인도 이렇게 지적했다. "제이월터톰슨사의 성공은 상당 부분 우리가 여성용 제품에 전문적으로 집중했다는 사실에 기인한다." Mark Pendergrast, *Uncommon Grounds: The History of Coffee and How It Transformed Our World* (New York: Basic Books, 2010).
19. 그 목장은 리조 부부의 별장이었음에도 자체 운영 조직에 의해 연중무휴로 돌아갔다. 목장에는 "정교한 발전 시설과 유제품 저장고, 치킨 및 칠면조 가공 공장, 기계 상점, 소 및 말 관련 구조물"이 갖춰져 있었다. "The Snake River Ranch Historic District at the National Register of Historic Places," http://wyoshpo.state.wy.us/NationalRegister/Site.aspx453.
20. 래스커는 유대인이어서 지역의 골프 클럽에 가입할 수 없었다. 이 이유 때문에 그가 1921년에 약 1.3제곱킬로미터 너비의 농장을 매입한 후 여러 구조물 가운데 골프 코스를 지었을 가능성이 높다.
21. Calvin Coolidge, "Address Before the American Association of Advertising Agencies," Washington, DC, October 27, 1926. http://memory.loc.gov/cgi-bin/query/r?ammem/cool:@field(DOCID+@lit(ms221).
22. Claude Hopkins, *My Life in Advertising* (New York: Harper & Publishers, 1917).

6. 멋진 성공?

1. 국립연구소에서 슐링크가 한 일에 대한 보다 자세한 내용은 다음을 참조하라. Rexmond C. Cochrane, *Measures for Progress: A History of the National Bureau of Standards* (Washington, DC: U.S. Department of Commerce, 1974).
2. Stuart Chase and Frederick J. Schlink, *Your Money's Worth: A Study in the Waste of the Consumer's Dollar* (New York: Macmillan, 1936), 258.
3. Ibid., 260. 체이스와 슐링크는 이 저서를 위해 "슐링크는 사실 정보를 제공하고 글은 체이스가 쓰기"로 동의했다. 둘의 저서는 훗날 "미국의 사업 관행에 대한 맹렬한 공격"으로 평가되었다. Inger L. Stole, *Advertising on Trial: Consumer Activism and Corporate Public Relations in the 1930s* (Chicago: University of Illinois Press, 2006).
4. Chase and Schlink, *Your Money's Worth*. Sammy R. Danna, ed., *Advertising and Popular Culture: Studies in Variety and Versatility* (Bowling Green, OH: Bowling Green State University Popular Press, 1992), 26. 사회학자 로버트 린드는 다음의 글에서 처음으로 체이스와 슐링크의 저서를 "소비자 학대 부문의《톰 아저씨의 오두막》"으로 특징지었다. "Democracy's Third Estate: The Consumer," *Political Science Quarterly* 51, no. 4 (December 1936), 497–98. 소비자리서치에 대한 보다 자세한 내용은 다음을

참조하라. John McDonough and Karen Egolf, eds., "Consumers' Research," *The Advertising Age Encyclopedia of Advertising* (Chicago: Fitzroy Dearborn Publishers, 2002).

5. "Consumers Union Puts on Muscle," *BusinessWeek*, December 23, 1967. 다음을 참조하라. Lawrence B. Glickman, *Buying Power: A History of Consumer Activism in America* (Chicago: University of Chicago Press, 2009), 196 Stole, *Advertising on Trial*.
6. Theodore F. MacManus, "The Nadir of Nothingness," *The Atlantic Monthly* (May 1928), 594-608. https://www.unz.org/Pub/AtlanticMonthly-1928may-00594. 각각의 비평가에 대한 더 많은 논의는 다음을 참조하라. Stephen R. Fox, *The Mirror Makers: A History of American Advertising and Its Creators* (Chicago: University of Chicago Press, 1997).
7. Helen Woodward, *Through Many Windows* (New York: Harper & Brothers, 1926); James Rorty, *Our Master's Voice: Advertising* (New York: John Day, 1934), 18, 66-68.
8. Lawrence B. Glickman, *Buying Power: A History of Consumer Activism in America* (Chicago: The University of Chicago Press, 2009), 196-97. 국제광고협회는 찰스 카펜터를 고용해 광고 업계를 방어하는 역할을 맡겼다. 찰스 카펜터의 다음 저서에서 내용을 확인할 수 있다. *Dollars and Sense* (New York: Doubleday, Doran, 1928). 다음의 자료들도 참고하기 바란다. Sammy R. Danna, ed., *Advertising and Popular Culture: Studies in Variety and Versatility* (Bowling Green, OH: Bowling Green State University Popular Press, 1992); *The Tide of Advertising and Marketing* (New York: Tide Publishing, 1943); Fred DeArmond, "Consumer Clans Are Gathering," *Nation's Business* (January 1938). https://archive.org/stream/Nations-Business-1938-01/Nations-Business-1938-01_djvu.txt.
9. "연간 총 광고비 지출은 1929년 34억 달러에서 1930년 26억 달러, 1931년 23억 달러로 줄었고, 1933년에는 13억 달러로 떨어져 대공황 이전 수준의 고작 38퍼센트 정도가 되었다." Fox, *The Mirror Makers*.
10. 대공황이 광고 산업에 미친 영향에 대한 추가적인 논의는 다음을 참조하라. Stephen R. Fox, "Depression and Reform," *The Mirror Makers*; Eric W. Boyle, *Quack Medicine: A History of Combating Health Fraud in Twentieth-Century America* (Santa Barbara: ABC-CLIO, 2013). 본문에 소개한 책은 다음과 같다. Arthur Kallet and Frederick J. Schlink, *100,000,000 Guinea Pigs: Dangers in Everyday Foods, Drugs, and Cosmetics* (New York: Grosset & Dunlap, 1935); M. C. Phillips, *Skin Deep: The Truth About Beauty Aids* (New York: Garden City Publishing, 1937); Frederick J. Schlink, *Eat, Drink and Be Wary* (New York: Arno Press, 1935); J. B. Matthews, *Guinea Pigs No More* (New York: Covinci, Friede, 1936); T. Swann Harding, *The Popular Practice of Fraud* (New York: Longmans, Green, 1935).
11. 보다 많은 논의는 다음을 참조하라. Kathleen Franz and Susan Smulyan, eds., *Major*

Problems in American Popular Culture (Boston: Wadsworth, Cengage Learning, 2012).
12. Edward Chamberlin, *The Theory of Monopolistic Competition* (Cambridge, MA: Harvard University Press, 1933); Joan Robinson, *The Economics of Imperfect Competition* (London: Macmillan, 1933). Roland Marchand, *Advertising the American Dream: Making Way for Modernity, 1920–1940* (Los Angeles: University of California Press, 1986).
13. 이 사실들은 다음에서 뽑았다. Richard Kluger, *Ashes to Ashes: America's Hundred-Year Cigarette War, the Public Health, and the Unabashed Triumph of Philip Morris* (New York: Alfred A. Knopf, 1996). 다음은 또 다른 참조 자료다. Allan M. Brandt, *The Cigarette Century: The Rise, Fall, and Deadly Persistence of the Product That Defined America* (New York: Basic Books, 2007). 제과 산업과 담배 산업 간의 상호 관계에 관한 논의는 다음을 참조하라. Wendy A Woloson, *Refined Tastes: Sugar, Confectionery, and Consumers in Nineteenth-Century America* (Baltimore: Johns Hopkins University Press, 2003).
14. U.S. Supreme Court, *FTC v. Raladam Co.*, 283 U.S. 643 (1931). 힐과 래스커의 대응에 대한 더 많은 논의는 다음을 참조하라. Kluger, *Ashes to Ashes*. 오리지널 광고는 다음에서 확인할 수 있다. *The Milwaukee Journal*, July 8, 1930, 3. https://news.google.com/newspapers1499&dat=19300708&id=wYZRAAAAIBAJ&sjid=qiEEAA AAIBAJ&pg=5016,4850281&hl=en.
15. Wallace F. Janssen, "The Story of the Laws Behind the Labels," *FDA Consumer*, June 1981. http://www.fda.gov/AboutFDA/WhatWeDo/History/Overviews/ucm056044.htm; John E. Lesch, *The First Miracle Drugs: How the Sulfa Drugs Transformed Medicine* (New York: Oxford University Press, 2007).
16. Stole, *Advertising on Trial*.
17. Eric W. Boyle, *Quack Medicine: A History of Combating Health Fraud in Twentieth-Century America* (Santa Barbara: ABC-CLIO, 2013); Laurence V. Burton, "What the Food Manufacturer Thinks of S. 1944," *Law and Contemporary Problems* 1 (December 1933), 121; Stole, *Advertising on Trial; Richard Maxwell, ed., Culture Works: The Political Economy of Culture* (Minneapolis: University of Minnesota Press, 2001). 터그웰 법안에 대한 한 신문의 비평은 다음에서 확인할 수 있다. "The Tugwell Bill," *Chicago Tribune*, February 16, 1934. http://archives.chicagotribune.com/1934/02/16/page/12/article /the-tugwell-bill.
18. 프랭클린 루스벨트 대통령은 1938년 6월 25일 연방 식품의학화장품 법안을 승인했다. Janssen, "The Story of the Laws Behind the Labels." 휠러-레아 수정 법안은 "연방통상위원회의 사법권을 소비자는 물론이고 기업들이 주간(주내는 아니고) 상거래에서 사기성 행위 및 관행으로 피해를 입는 것을 막는 데까지 행사할 수 있도록 확대했다". Stole, *Advertising on Trial*, 157. 밀턴 핸들러의 비평 전문은 다음에서 확인할 수 있다. Handler, "The Control of False Advertising Under the Wheeler-Lea Act," *Law and Con-*

temporary Problems 6 (Winter 1939), 110.

19. 대공황이 광고 산업에 미친 영향에 대한 논의는 다음을 참조하라. Ronald Marchand, "Depression Advertising as a Shift in Style," *Advertising the American Dream*.

PART 2 시간과 공간의 정복

7. 프라임 타임의 발명

1. 컬럼비아 대학 생물화학과 윌리엄 기스 박사는 1909년 가루 치약들의 성분을 연구하기 시작했는데, 더불어 펩소던트가 광고에서 주장하는 바에 대한 광범위한 조사도 수행했다. James Wynbrandt, *The Excruciating History of Dentistry: Toothsome Tales and Oral Oddities from Babylon to Braces* (New York: St. Martin's Griffin, 1998), 191.
2. William J. Gies, "Pepsodent," *The Journal of the American Medical Association* 68 (April 28, 1917), 1387.
3. Kerry Segrave, *America Brushes Up: The Use and Marketing of Toothpaste and Toothbrushes in the Twentieth Century* (Jefferson, NC: McFarland, 2010), 65.
4. 콜게이트 광고는 1920년대에 다양한 잡지와 신문에 게재되었다. *The National Geographic Magazine* 40 (1921) and *The Saturday Evening Post* 191, nos. 40-43 (1919) for examples.
5. John Irving Romer, ed., "Radio as an Advertising Medium," *Printer's Ink* 119 (April 27, 1922), 201.
6. Herbert Hoover, Speech to First Washington Radio Conference, February, 27 1922, in Herbert Hoover, "Reminiscences," Radio Unit of the Oral History Project, 1950, Columbia University, New York, NY.
7. Samuel Lionel Rothafel and Raymond Francis Yates, *Broadcasting: It's a New Day* (New York: Century, 1925), 156.
8. Elizabeth McLeod, *The Original Amos 'n' Andy: Freeman Gosden, Charles Correll and the 1928-1943 Radio Serial* (Jefferson, NC: McFarland, 2005), 40.
9. Charles J. Correll and Freeman F. Gosden, *All About Amos and Andy and Their Creators* (New York: Rand McNally, 1929), 43.
10. 홍콩에 기반을 둔 홀레이앤드케미컬사에서 다키 치약을 제조해 홍콩과 말레이시아, 타이완과 동아시아 여러 국가에서 판매했다. 1895년 콜게이트-팔몰리브 미국 법인은 홀레이앤드케미컬을 인수하였고, 다키를 달리로 개명하고 로고도 다시 디자인하겠다고 발표했다.
11. "Originality Over the Air Pays Pepsodent," *Broadcasting*, April 15, 1933, 9.
12. Jim Cox, *American Radio Networks: A History* (Jefferson, NC: McFarland, 2009), 48.
13. "Niles Trammell," *Broadcasting*, January 1, 1939, 40.
14. 결국 이 슬로건의 지속적인 반복으로 인해 미국인들 사이에는 1년에 두 번 치과 검진

을 받는 관습이 생겼다. 템플린은 또한 (다른 아나운서가 아닌) 헤이만이 펩소던트 광고문을 읽을 것을 고집했다. 그리하여 대중은 헤이를 "NBC가 아닌 펩소던트사의 전통적이고 진지하며 정직한 대변인"으로 인식하게 되었다. Jeffrey L. Cruikshank and Arthur Schultz, *The Man Who Sold America: The Amazing (but True!) Story of Albert D. Lasker* (Cambridge: Harvard Business Review Press, 2010).

15. Arthur H. Samuels, "On the Air," *The New Yorker*, March 22, 1930, 96.
16. 다음을 참조하라. Cynthia B. Meyers, *A Word from Our Sponsor* (New York: Fordham University Press, 2014), 68-69. 메이어스는 이 광고의 전형적인 리즌 와이 요소에 주목한다. "핵심 요점의 반복('세정 및 광택')과 과학적 진보라는 주장('펩소던트 연구실'), 과장 표현의 이용('새롭고 다른', '새로운 발견물') 등 다양한 리즌 와이 기법을 이용했다."
17. Kay Trenholm, "Last Night on WJZ," *New York Sun*, August 20, 1929.
18. Erik Barnouw, *A Tower in Babel: A History of Broadcasting in the United States to 1933*, Vol. 1 (New York: Oxford University Press, 1966), 230.
19. 예를 들면 1920년 라디오 하드웨어의 주요 제조 및 판매사인 웨스팅하우스는 프로그램 편성을 통해 라디오를 판매할 목적으로 KDKA 방송국을 설립했다. 웨스팅하우스는 나중에 또 다른 라디오 제조 및 판매사인 제너럴일렉트릭과 웨스팅하우스 및 NBC GE의 합자 자회사인 RCA와 소유 지분을 공유하게 된다. 따라서 NBC의 첫 번째 사장인 메를린 에일스워스가 "방송의 주요 목적은 (…) 돈을 버는 게 아니라 대중에게 갈수록 보다 나은 프로그램을 제공해 그들이 계속 라디오를 구매하고 이용하도록 만드는 것"이라고 믿은 게 전혀 놀랄 일이 아니다. 그는 "그것이 NBC에 투자한 제조사들뿐 아니라 모든 라디오 제조사, 그리고 대중 전반에게도 이롭다"고 믿었다. Frank P. Stockbridge, "Feeding 13,000,000 Radio Sets," *Popular Science Monthly*, October 1929. 라디오 방송 초기 역사에 대한 보다 전반적인 정보는 다음을 참조하라. Thomas H. White, "The Development of Radio Networks (1916-1941)," accessed January 30, 2016. http://earlyradiohistory.us/sec019.htm.
20. Robert C. Allen, *Speaking of Soap Operas* (Chapel Hill: University of North Carolina Press, 1985), 119. 앨런은 〈페인티드 드림스〉와 〈오늘날의 아이들〉, 〈가이딩라이트〉 등 다양한 멜로드라마의 아이디어를 내고 각본을 쓴 어나 필립스를 인용했다. 필립스의 멜로드라마는 "손에 땀을 쥐게 하는" 엔딩과 같은 오늘날에도 여전히 인기 많은 다수의 문학적 장치를 갖추었다. 결국 1932년의 한 연구는 다음과 같이 결론 내렸다. "프로그램 스폰서는 가정주부가 대개의 경우 가족들의 구매에 가장 많은 영향을 미치며 집에서 가장 많은 시간을 보내는 구성원이라는 점, 따라서 가정주부가 라디오 방송으로 가장 쉽게 접근할 수 있는 대상이라는 점을 깨달았다." Allen, *Speaking of Soap Operas*, 106-7.
21. George Creel, *How We Advertised America* (New York: Harper & Brothers, 1920).

8. 왕자

1. 윌리엄 페일리의 삶과 시대에 대해서는 다음을 참조하라. Sally Bedell Smith, *In All His*

Glory: The Life of William S. Paley (New York: Simon & Schuster, 1990); Jim Cox, *American Radio Networks: A History* (Jefferson, NC: McFarland, 2009); Jim Cox, *Goodnight Gracie: The Last Years of Network Radio* (Jefferson, NC: McFarland, 2002). 라디오 방송 산업과 CBS의 부흥에 대해서는 다음을 참조하라. Michael J. Socolow, "Always in Friendly Competition: NBC and CBS in the First Decade of National Broadcasting," in *NBC: America's Network*, ed. Michele Hilmes (Berkeley: University of California Press, 2007); Erik Barnouw, *The Golden Web: A History of Broadcasting in the United States, Volume 2* (New York: Oxford University Press, 1968); Cynthia B. Meyers, *A Word from Our Sponsor: Admen, Advertising, and the Golden Age of Radio* (New York: Fordham University Press, 2014); Michele Hilmes, *Network Nations: A Transnational History of British and American Broadcasting* (New York: Routledge, 2012); David Halberstam, *The Powers That Be* (New York: Knopf, 1979).

2. 1927년의 라디오 법은 방송인이 "공익"을 제공해야 한다는 이해를 체계화했으며, 또한 "공익과 편리성 또는 필요성"에 따라 라디오를 규제하는 연방라디오위원회의 설립을 명문화했다.
3. 사노프의 거창한 경력에 대한 보다 많은 내용은 다음을 참조하라. Tim Wu, *The Master Switch* (New York: Vintage, 2011); Kenneth Bilby, *The General: David Sarnoff and the Rise of the Communications Industry* (New York: Harper & Row, 1986).
4. 버네이스는 페일리에게 CBS 라인업에 "최상의 교육 및 문화 프로그램, 뉴스 프로"를 포함하고 "그것을 공격적으로, 심지어 기만적으로까지 홍보할 것"을 촉구했다. 이들 프로그램이 CBS 전체 프로그램 중에서 작은 부분만을 구성했지만 말이다. "티파니 네트워크" 이론에 관한 더 많은 내용은 다음을 참조하라. Smith, *In All His Glory*.
5. Halberstam, *The Powers That Be*, 27.
6. David Halberstam, "The Power and the Profits," *Media* 237, no. 1 (1976).
7. David Patrick Columbia, *Quest Magazine*, 1993.
8. 엘더-우드러프 오디미터의 개발에 대한 더 많은 내용은 다음을 참조하라. Hugh Malcolm Beville Jr., *Audience Ratings: Radio, Television, and Cable* (Hillsdale, NJ: Lawrence Erlbaum Associates, 1988); Beville, *Audience Ratings*, 219.
9. 1978년 2월 8일 자 로버트 엘더의 편지.
10. 머로와 관련된 책과 수집품, 시청각 자료의 컬렉션인 '에드워드 머로 페이퍼스'는 에드워드 머로 관련 자료를 가장 많이 모아놓은 터프츠 대학에서 찾을 수 있다.
11. 1945년 12월 영국군의 베를린 폭격에 관한 묘사. Bob Edwards, *Edward R. Murrow and the Birth of Broadcast Journalism* (Hoboken, NJ: John Wiley & Sons, 2004).

9. 완벽한 주의력 통제 혹은 군중의 광기

1. David Welch, *The Third Reich: Politics and Propaganda* (London: Routledge, 1993), 42 Thomas Crosby, "Volksgemeinschaft: Nazi Radio and Its Destruction of Hitler's

Utopian Vision," *Valley Humanities Review* (Spring 2014); David Nicholls, *Adolf Hitler: A Biographical Companion* (Santa Barbara: ABC-CLIO, 2000).

2. Roger Manvell and Heinrich Fraenkel, *Doctor Goebbels: His Life and Death* (New York: Skyhorse Publishing, 2013); Marcel Cornis-Pope, *New Literary Hybrids in the Age of Multimedia Expression: Crossing Borders, Crossing Genres* (Amsterdam: John Benjamins Publishing Company, 2014), 102.
3. Gustave Le Bon, *The Crowd: A Study of the Popular Mind* (New York: Macmillan, 1896).
4. Richard F. Bensel, *Passion and Preferences: William Jennings Bryan and the 1896 Democratic Convention* (New York: Cambridge University Press, 2008), 231–33.
5. Margaret Harris and George Butterworth, *Developmental Psychology: A Student's Handbook* (New York: Psychology Press, 2002); and Naomi Eilan et al., eds., *Joint Attention: Communication and Other Minds* (Oxford: Oxford University Press, 2005).
6. "Putzi Hanfstaengl," *Helytimes*, October 18, 2013. http://stevehely.com/2013/10/18/putzi-hanfstaengl/. 히틀러의 연설을 들은 앨버트 스피어의 경험에 대한 더 많은 내용은 다음을 참조하라. Robert J. Lifton, *The Nazi Doctors: Medical Killing and the Psychology of Genocide* (New York: Basic Books, 1986), 474. John G. Stoessinger, *Why Nations Go to War* (Boston: Cengage Learning, 2010), 56. 나치 집회에 관한 알폰스 헤크의 설명은 다음을 참조하라. Alfons Heck, *A Child of Hitler: Germany in the Days when God Wore a Swastika* (Phoenix: Renaissance House, 2001), 21–23. Brian E. Fogarty, *Fascism: Why Not Here?* (Washington, DC: Potomac Books, 2011), 28–29. 레니 리펜슈탈의 경험에 대한 더 많은 내용은 다음에서 확인할 수 있다. Leni Riefenstahl, *Leni Riefenstahl* (New York: Macmillan, 1995).
7. Terry Rowan, *World War II Goes to the Movies and Television Guide* (Lulu.com, 2012); John Malam, *Hitler Invades Poland* (London: Cherrytree Books, 2008).
8. 〈의지의 승리〉에서 뽑은 이 번역 인용문은 다음에서 확인할 수 있다. Al Gore, *The Assault on Reason* (New York: Bloomsbury Publishing, 2007), 93; Anson Rabinbach and Sander L. Gilman, *The Third Reich Sourcebook* (Los Angeles: University of California Press, 2013). 독일어 원본은 다음에서 확인할 수 있다. *Feuilletons füur Triumph des Willens.* 1933년 8월 18일 자 괴벨스 연설의 전문은 다음에서 확인할 수 있다. Joseph Goebbels, "Der Rundfunk als achte Groß macht," *Signale der neuen Zeit. 25 ausgewälte Reden von Dr. Joseph Goebbels* (Munich: Zentralverlag der NSDAP, 1938). http://research.calvin.edu/german-propaganda-archive/goeb56.htm.
9. Nicholas J. Cull et al., *Propaganda and Mass Persuasion: A Historical Encyclopedia, 1500 to the Present* (Santa Barbara: ABC-CLIO, 2003); Thomas Hajkowski, *The BBC and National Identity in Britain, 1922–53* (Manchester: Manchester University Press, 2010). 나치 독일의 라디오 개발 및 이용에 관한 더 많은 내용은 다음을 참조하라. Corey Ross, *Media and the Making of Modern Germany: Mass Communications,*

Society, and Politics from the Empire to the Third Reich (New York: Oxford University Press, 2008). Daria Frezza, *The Leader and the Crowd: Democracy in American Public Discourse, 1880-1941* (Athens: University of Georgia Press, 2007).

10. 독일의 라디오에 관한 통계 수치는 다음에서 뽑았다. Martin Collier and Philip Pedley, *Hitler and the Nazi State* (London: Heinemann Educational Publishers, 2005). Eugen Hadamovsky, "Die lebende Brüke: Vom Wesen der Funkwartarbeit," in *Dein Rundfunk* (Munich: Zentralverlag der NSDAP, 1934). http://research.calvin.edu/german-propaganda-archive/hada3.htm Michael Burleigh, *The Third Reich: A New History* (London: Macmillan, 2000).
11. 법적 온정주의에 대한 논의는 다음에서 볼 수 있다. A. P. Simester and Andreas von Hirsch, *Crimes, Harms, and Wrongs: On the Principles of Criminalisation* (Oxford, UK: Hart Publishing, 2011).
12. Joseph S. Tuman, *Communicating Terror: The Rhetorical Dimensions of Terrorism* (Los Angeles: SAGE Publications, 2010). 광고의 심리학과 영향에 대한 더 많은 논의는 다음에서 볼 수 있다. Leslie E. Gill, *Advertising and Psychology* (New York: Routledge, 2013). Adolf Hitler, *Mein Kampf* (1939), 236-37. Jacques Ellul, *Propaganda: The Formation of Men's Attitudes* (New York: Alfred A. Knopf, 1968). Hans Fritzsche, "Dr. Goebbels und sein Ministerium," in Hans Heinz Mantau-Sadlia, Deutsche Fürer Deutsches Schicksal. *Das Buch der Küder und Fürer des dritten Reiches* (Munich: Verlag Max Steinebach, 1934) 330-42. http://research.calvin.edu/german-propaganda-archive/goeb62.htm.
13. Andrew Defty, *Britain, America and Anti-Communist Propaganda 1945-53: The Information Research Department* (New York: Routledge, 2004); Joseph D. Douglass Jr., *Soviet Military Strategy in Europe* (New York: Pergamon Press, 1981). 미국의 수정헌법 제1조와 그 영향에 대한 논의는 다음에서 볼 수 있다. Tamara R. Piety, *Brandishing the First Amendment: Commercial Expression in America* (Ann Arbor: University of Michigan Press, 2012).

10. 절정으로 치닫는 주의력 사업, 미국 스타일

1. Gary Edgerton, *The Columbia History of American Television* (New York: Columbia University Press, 2007), 113.
2. Hugo Müsterberg, *The Photoplay: A Psychological Study* (New York: Appleton, 1916) 153.
3. Vittorio Gallese and Michele Guerra, *Lo schermo empatico: Cinema e neuro scienze* (Milan: Raffaello Cortina Editore, 2015).
4. Bianca Bradbury, "Is Television Mama's Friend or Foe?," *Good Housekeeping*, November 1950, 263-64.
5. Calder Willingham, "Television: Giant in the Living Room," *American Mercury*,

February 1952.

6. Erik Barnouw, *Tube of Plenty: The Evolution of American Television* (New York: Oxford University Press, 1990), 103.

7. Reuven Frank, *Out of Thin Air: The Brief Wonderful Life of Network News* (New York: Simon & Schuster, 1991), 33.

8. Jack Gould, "Radio and Television: Edward R. Murrow's News Review 'See It Now' Demonstrates Journalistic Power of Video," *New York Times*, November 19, 1951, 26.

9. 매카시와 '빨갱이' 공포에 대한 머로와 프렌들리의 취재에 관해 더 많은 정보를 얻고 싶으면 다음을 보라. Ralph Engelman, *Friendlyvision: Fred Friendly and the Rise and Fall of Television Journalism* (New York: Columbia University Press, 2009).

10. CBS의 부흥과 프로그램 편성과 관련해 CBS가 직면한 격렬한 경쟁에 관해 더 많은 내용을 알고 싶으면 다음을 보라. David Halberstam, *The Powers That Be* (New York: Knopf, 1979), 417.

11. Jacques Ellul, "The Characteristics of Propaganda," in *Readings in Propaganda and Persuasion*, ed. Garth S. Jowett and Victoria O'Donnell (Thousand Oaks, CA: SAGE Publications, 2006). 엘륄은 매스미디어의 개인 관객들이 비록 "분산되어 있고 한 지점에 모여 있지는 않지만" 어떤 식으로 선전에 종속당하는 군중이 되는지 논의한다.

12. Jerry Mander, *Four Arguments for the Elimination of Television* (New York: William Morrow, 1978), 26. 광고 회사 중역 출신의 맨더는 텔레비전이라는 매체 자체에 내재된 많은 문제점에 대해 비판적이었다.

13. 이 표현은 1955년 처음 나왔을 가능성이 높은데, 훗날 오길비가 미래 세대를 위해 "성공하는 법"에 관해 쓴 광고 가이드인 《어느 광고인의 고백》에 다시 나왔다. David Ogilvy, *Confessions of an Advertising Man* (New York: Atheneum, 1963), 96.

14. 아나신 캠페인에 대한 보다 많은 정보는 다음을 참조하라. "Anacin," *Advertising Age*, last modified September 15, 2003. http://adage.com/article/adage-encyclopedia/anacin/98501/. 엠앤엠즈 캠페인에 대한 보다 많은 정보는 다음을 참조하라. "Mars, Inc.," *Advertising Age*, last modified September 15, 2003. http://adage.com/article/adage-encyclopedia/mars/98761/.

15. Mark Tungate, *Adland: A Global History of Advertising* (Philadelphia: KoganPage, 2013), 68.

16. 말보로맨과 그것이 미국의 아이콘으로 발전한 과정에 대한 보다 많은 정보는 다음을 참조하라. "The Man of Make-Believe," *The Economist*, January 24, 2015. http://www.economist.com/news/obituary/21640293-darrell-winfield-real-marlboro-man-died-january-12th-aged-85-man-make-believe. 졸리 그린 자이언트에 대한 더 많은 내용은 다음을 보라. "The Green Giant," *Advertising Age*, last modified March 29, 1999. http://adage.com/article/special-report-the-advertising-century/green-giant/140172/. 토니 더 타이거에 대한 더 많은 내용은 다음을 참

조하라. E. J. Schultz, "A Tiger at 60: How Kellogg's Tony Is Changing for a New Age," *Advertising Age*, last modified August 29, 2011. http://adage.com/article/news/kellogg-s-tony-tiger-60-changing-a-age/229493/.

17. Tungate, *Adland*, 65.
18. Edith Witt, "The Personal Adman," *Reporter*, May 14, 1959, 36–37.
19. Ronald Fullerton, "Ernest Dichter: The Motivational Researcher," in *Ernest Dichter and Motivation Research: New Perspectives on the Making of Post-War Consumer Culture*, ed. Stefan Schwarzkopf and Rainer Gries (London: Palgrave Macmillan, 2010), 58, 143, 147.
20. 디히터의 "음식 성별" 이론은 광고인들이 특별히 찾는 무엇이 되었다. 디히터는 소비자들이 음식에 잠재의식적이고 심리적인 반응을 보이고 그것이 그들의 구매 결정에 영향을 미친다고 주장했다. 그런 이유로 디히터는 광고인들이 다양한 음식 제품을 성별로 분류해 소비자들이 특정 제품을 선호하는 이유에 대한 통찰력을 얻는 것이 중요하다고 믿었다. 디히터의 "음식 이론"에 대한 더 많은 내용은 다음을 참조하라. Ernest Dichter, "Creative Research Memo on the Psychology of Food," submitted to the Fitzgerald Advertising Agency (July 1955); Ernest Dichter, "Creative Research Memo on the Sex of Rice," submitted to Leo Burnett Co. (October 1955); Ernest Dichter, "A Motivational Research Study of Luncheon Meats and Wieners," submitted to Bonsib, Inc. (November 1968), 16 and Katherine Parkin, "The 'Sex of Food': Ernest Dichter, Libido and American Food Advertising," in *Ernest Dichter and Motivation Research*, ed. Schwarzkopf and Gries, 140–54.
21. Ernest Dichter, *Handbook of Consumer Motivations: The Psychology of the World of Objects* (New York: McGraw-Hill, 1964), 419.
22. Ernest Dichter, *Handbook of Consumer Motivations: The Psychology of the World of Objects* (New York: McGraw-Hill, 1964), 66; Lawrence R. Samuel, *Brought to You By: Postwar Television Advertising and the American Dream* (Austin: University of Texas Press, 2001), 97.
23. 디히터와 그의 연구에 대한 더 많은 내용은 다음을 참조하라. Ernest Dichter, *The Strategy of Desire* (New Brunswick, NJ: Doubleday, 1960), 290, 297 Ernest Dichter, *Getting Motivated by Ernest Dichter: The Secret Behind Individual Motivations by the Man Who Was Not Afraid to Ask "Why?"* (New York: Pergamon, 1979); Vance Packard, *The Hidden Persuaders* (New York: D. McKay, 1957); Fullerton, *Ernest Dichter and Motivation Research*, 47.
24. 데이비드 사노프는 실베스터 "팻" 위버를 새로운 텔레비전 운영의 책임자로 고용했다. 위버는 "함께 일한 많은 사람들이 명석하고 조리 있는 비전가"로 묘사했다. Gerard Jones, *Honey, I'm Home: Sitcoms: Selling the American Dream* (New York: St. Martin's Press, 1993). NBC의 역사와 성공에 대한 더 많은 논의는 다음에서 볼 수 있다. Jim Bell, "Introduction," in *From Yesterday to Today: Six Decades of America's*

Favorite Morning Show (Philadelphia: Running Press, 2012), xi.

25. Tino Balio, *Hollywood in the Age of Television* (New York: Routledge, 2013); James L. Baughman, *Same Time, Same Station: Creating American Television, 1948-1961* (Baltimore: Johns Hopkins University Press, 2007). Erik Barnouw, *Tube of Plenty: The Evolution of American Television* (New York: Oxford University Press, 1990), 190.
26. John McDonough and Karen Egolf, *The Advertising Age Encyclopedia of Advertising* (Chicago: Routledge, 2015). 페일리와 머로 시절의 CBS는 명망과 품질 면에서 최고였는지도 모른다. 하지만 그럼에도 CBS는 그때까지 계속 프로그램 편성과 광고 수익 면에서 NBC에 뒤지고 있었다. 페일리는 그런 상황을 결코 그대로 받아들일 수 없었다. David Halberstam, *The Powers That Be* (New York: Knopf, 1979).
27. 〈6만 4,000달러짜리 문제〉에 대한 자세한 내용은 다음 자료에서 뽑았다. "The $64,000 Question," PBS. http://www.pbs.org/wgbh/amex/quizshow/peopleevents/pande06.html; Kent Anderson, *Television Fraud: The History and Implications of the Quiz Show Scandals* (Santa Barbara: ABC-CLIO, 1978); Lawrence Grobel, *The Hustons: The Life and Times of a Hollywood Dynasty* (New York: Scribner, 1989); Su Holmes, *The Quiz Show* (Edinburgh: Edinburgh University Press, 2008). Kent Anderson, *Television Fraud: The History and Implications of the Quiz Show Scandals* (Westport, CT: Greenwood Publishing Group, 1978), 3.
28. "Herbert Stempel," PBS, http://www.pbs.org/wgbh/amex/quizshow/peopleevents/pande01.html; Holmes, *The Quiz Show*, 47 Patricia Mellencamp, ed., *Logics of Television: Essays in Cultural Criticism* (Indianapolis: Indiana University Press, 1990).
29. 1950년대 퀴즈 쇼들에 대한 더 많은 정보는 다음을 참조하라. Anderson, *Television Fraud*; Holmes, *The Quiz Show*.
30. 1976년 CBS는 ABC가 선두를 차지한 가운데, 20년 만에 처음으로 프라임 타임 시청률에서 3위로 떨어졌다. 더 많은 정보는 다음을 보라. Sally Bedell Smith, *In All His Glory: The Life of William S. Paley, the Legendary Tycoon and His Brilliant Circle* (New York: Random House, 1990); Harold L. Vogel, 9th ed. of *Entertainment Industry Economics: A Guide for Financial Analysis* (New York: Cambridge University Press, 2014).
31. Halberstam, *The Powers That Be* (New York: Knopf, 1979).
32. Fred W. Friendly, *Due to Circumstances Beyond Our Control* (New York: Random House, 1967).
33. Halberstam, *The Powers That Be*. Ken Auletta, "The 64,000 Question," *The New Yorker*, September 14, 1994.
34. Erik Barnouw, *Tube of Plenty: The Evolution of American Television* (New York: Oxford University Press, 1990), 187. Jack Gould, "'See It Now' Finale: Program Unexpectedly Ends Run of Seven Distinguished Years on CBS," *New York Times*, July

8, 1958.

35. John Crosby, "The Demise of 'See It Now,'" *New York Herald Tribune*, July 11, 1958.

36. 이 점에 대한 전체 내용은 다음에서 확인할 수 있다. Erik Barnouw, *The Sponsor, Notes on a Modern Potentate* (London: Oxford University Press, 1978).

37. Edward R. Murrow, "Wires and Lights in a Box," in *Documents of American Broadcasting*, ed. Frank J. Kahn (Englewood Cliffs, NJ: Prentice Hall, 1978). Originally presented as a speech to the Radio and Television News Directors Association, Chicago, Illinois, October 15, 1958.

11. 주의력 반란의 서곡

1. 맥도널드는 진정 오랫동안 "생각 전달"의 가능성을 신봉했다. 그래서 듀크 대학의 조셉 뱅크스 라인 박사가 특정 개인들이 우연보다 더 높은 빈도로 카드를 맞출 수 있음을 밝힌 것으로 보이는 리서치 프로젝트를 포함해 텔레파시에 관한 연구 결과를 발표했을 때 맥도널드는 라인의 기법을 라디오 방송에서 실험하는 내용의 프로그램을 기획해 후원할 방도를 모색했다. 노스웨스턴 대학의 심리학자인 루이스 딜 굿펠로 박사와 로버트 하비 골트 박사에게 실험을 맡겨 텔레파시를 입증하고자 한 것이다. 매주 일요일 제니스 재단이 NBC 네트워크를 통해 특정 개인들이 카드에 집중하는 내용을 시리즈로 내보내면 라디오 청취자들이 "발신자들의 생각 전파를 포착하는" 방식이었다. 결국 굿펠로 박사는 "이 실험에서 초감각지각(ESP)에 대한 어떤 증거도 찾을 수 없다"고 결론 내렸다. 더 많은 정보는 다음에서 확인할 수 있다. Larry Wolters, "News of Radio," *Chicago Tribune*, September 7, 1937 and "Patterns and Peephole," *Time*, September 5, 1938, 16.

2. "McDonald v. the Adenoidal," *Time*, February 4, 1946, 66.

3. 사실 맥도널드는 라디오 시대에조차 상업광고를 싫어했다. 그는 라디오의 상업광고에 너무 많은 "으르렁거림과 투덜거림, 꽥꽥거림, 지껄임, 트림, 그리고 허스키보이스와 꿀 목소리가 뒤섞여 있다"고 믿었다. "McDonald v. the Adenoidal," 66. 이 이유로 맥도널도와 제니스는 상업광고 없이 오직 음악만 내보내는 방송인 WWZR를 지원하기 위해 1940년부터 연간 7만 5,000달러씩 쓰기 시작했다. 오늘날의 화폐 가치로 따지면 90만 달러에 상당한다.

4. Caetlin Benson-Allott, *Remote Control* (New York: Bloomsbury Academic, 2015), 49. 사용 중인 다양한 장치는 물론이고 인용된 광고의 완전한 이미지는 다음에서 볼 수 있다. "Remembering Eugene Polley and his Flash-Matic Remote (photos)," CNet.com, accessed February 5, 2016. http://www.cnet.com/pictures/remembering-eugene-polley-and-his-flash-matic-remote-photos/.

5. Margalit Fox, "Eugene Polley, Conjuror of a Device That Changed TV Habits, Dies at 96," *New York Times*, May 22, 2012. http://www.nytimes.com/2012/05/23/business/eugene-t-polley-inventor-of-the-wireless-tv-remote-dies-at-96.

html.
6. 1956년 10월 12일 자 〈뉴욕헤럴드트리뷴〉에서 인용한 내용인데, 다음 자료에도 등장한다. Robert Andrews, *The Columbia Dictionary of Quotations* (New York: Columbia University Press, 1993), 900.
7. Jacques Ellul, *Propaganda: The Formation of Men's Attitudes, trans. Konrad Kellen and Jean Leaner* (New York: Vintage, 1973), 103.
8. Vance Packard, *The Hidden Persuaders* (New York: D. McKay, 1957).
9. "The Hidden Persuaders," *The New Yorker*, May 18, 1957, 167.
10. Ellul, *Propaganda*.
11. Packard, *The Hidden Persuaders*, 266.
12. 〈도토〉에 대한 더 많은 내용은 다음을 참조하라. David Baber, *Television Game Show Hosts: Biographies of 32 Stars* (Jefferson, NC: McFarland, 2008).
13. House Committee on Interstate and Foreign Commerce, Investigation of Television Quiz Shows: Hearings Before a Subcommittee of the Committee of Interstate and Foreign Commerce, United States House of Representatives, 86th Congress (1960), 624.
14. Walter Lippmann, *The Essential Lippmann: A Political Philosophy for Liberal Democracy*, eds. Clinton Rossiter and James Lare (Cambridge, MA: Harvard University Press, 1982), 411–12.
15. Larry Ingram, "Network TV Faces Day of Reckoning," *Sunday Denver Post*, November 20, 1960, AA1.
16. House Committee on Interstate and Foreign Commerce, Report Pursuant to Section 136 of the Legislative Reorganization Act of 1946, United States House of Representatives, 88th Congress (1963), 372.

12. 위대한 거부

1. Martin Lee and Bruce Shlain, *Acid Dreams: The Complete Social History of LSD: The CIA, the Sixties, and Beyond* (New York: Grove, 2007).
2. Timothy Leary, *Flashbacks: A Personal and Cultural History of an Era: An Autobiography* (New York: Putnam, 1990), 252.
3. Martin Torgoff, *Can't Find My Way Home: America in the Great Stoned Age, 1945–2000* (New York: Simon and Schuster, 2004), 209.
4. Russell Jacoby, *The End of Utopia* (New York: Basic Books, 1999), 152.
5. Herbert Marcuse, *One-Dimensional Man: Studies in the Ideology of Advanced Industrial Society* (London: Routledge Classics, 1964), 6; Herbert Marcuse, *An Essay on Liberation* (Boston: Beacon Press, 1969), ix.
6. Timothy Leary, High Priest (Oakland, CA: Ronin Publishing, 1995), 320 Timothy Leary, *Leary to Canada: Wake Up!*, Recorded Speech (1967, Millbrook, New York).

7. Timothy Leary, *Start Your Own Religion* (Berkeley, CA: Ronin Publishing, 2009), 128.
8. Thomas Frank, *The Conquest of Cool: Business Culture, Counterculture, and the Rise of Hip Consumerism* (Chicago: University of Chicago Press, 1997), 24.
9. 다음에 묘사된 내용이다. Stephanie Capparell, *The Real Pepsi Challenge: How One Pioneering Company Broke Color Barriers in the 1940s* (New York: Free Press, 2008).
10. Peter D. Bennett, Robert P. Lamm, and Robert A. Fry, *Marketing*, Volume 1 (New York: McGraw-Hill, 1988), 178.
11. Tristan Donovan, *Fizz: How Soda Shook Up the World* (Chicago: Chicago Review Press, 2013), 182.
12. Frank V. Cespedes, *Managing Marketing Linkages: Text, Cases, and Readings* (Upper Saddle River, NJ: Prentice Hall, 1996), 140.
13. Timothy D. Taylor, *The Sounds of Capitalism: Advertising, Music, and the Conquest of Culture* (Chicago: University of Chicago Press, 2012), 155.
14. Frank, *Conquest of Cool*, 122.
15. Marcuse, *One-Dimensional Man*, 9.
16. Marcuse, *One-Dimensional Man*, 10.
17. 제리 맨더가 텔레비전이 제거되어야 한다고 생각한 이유에 대한 더 많은 내용은 다음에서 확인할 수 있다. Jerry Mander, *Four Arguments for the Elimination of Television* (New York: HarperCollins, 1978). 텔레비전과 그 성공의 긍정적인 영향과 부정적인 영향 양면에 대한 자세한 논의는 다음을 참조하라. Elihu Katz and Paddy Scannell, eds., *The End of Television? Its Impact on the World (So Far)*, Vol. 625 of *The Annals of The American Academy of Political and Social Science*, ed. Phyllis Kaniss (Los Angeles: SAGE Publications, 2009).
18. 머로의 연설 전체는 다음에서 듣거나 읽을 수 있다. Edward Murrow, "Wires and Lights in a Box," RTDNA convention, Philadelphia, October 15, 1958. http://www.rtdna.org/content/edward_r_murrow_s_1958_wires_lights_in_a_box_speech. 비영리 텔레비전의 발전과 역사에 대한 더 많은 내용은 다음에서 확인할 수 있다. Ralph Engelman, *Public Radio and Television in America: A Political History* (Los Angeles: SAGE Publications, 1996). 프레드 로저스와 그의 다양한 텔레비전 쇼에 대한 세부 내용은 다음에서 뽑았다. Tim Hollis, *Hi There, Boys and Girls!: America's Local Children's TV Programs* (Jackson: University Press of Mississippi, 2001); Mark Collins and Margaret M. Kimmel, eds., *Mister Rogers' Neighborhood: Children, Television, and Fred Rogers* (Pittsburgh: University of Pittsburgh Press, 1997); and M. Carole Macklin and Les Carlson, eds., *Advertising to Children: Concepts and Controversies* (Thousand Oaks, CA: SAGE Publications, 1999). 〈세서미 스트리트〉에 대한 세부 내용은 다음에서 뽑았다. Malcolm Gladwell, *The Tipping Point: How Little Things Can Make a Big Difference* (Boston: Little, Brown, 2006); and Michael Davis,

Street Gang: The Complete History of Sesame Street (New York: Penguin, 2008).

19. Eileen R. Meehan, *Why TV Is Not Our Fault: Television Programming, Viewers, and Who's Really in Control* (New York: Rowman & Littlefield, 2005); Michele Hilmes, *The Television History Book* (London: British Film Institute, 2003). Laurie Oullette, *Viewers Like You: How Public TV Failed the People* (New York: Columbia University Press, 2012), 196.
20. 2008년 5월 12일 저자와 인터뷰한 내용이다. 미국공영라디오에 대한 빌 시머링의 비전과 해당 임무의 구현에 대한 더 많은 내용은 다음을 보라. William H. Siemering, "National Public Radio Purposes, 1970," *Current*, May 17, 2012. http://current.org/2012/05/national-public-radio-purposes/.
21. Larry Brody, *Turning Points in Television* (New York: Kensington Publishing, 2005). 1,500만 가구가 〈찰리 브라운 크리스마스〉를 시청했고 피너츠 관련 상품이 엄청난 매출을 올렸다는 사실은 "크리스마스의 상업화에 대한 찰리 브라운의 불평을 다소 모순적으로 보이게 만들었다". Joey Green, *Weird and Wonderful Christmas: Curious and Crazy Customs and Coincidences from Around the World* (New York: Black Dog & Leventhal Publishers, 2005).
22. Mander, *Four Arguments for the Elimination of Television*, 31.
23. Laurie Ouellette, *Viewers Like You: How Public TV Failed the People* (New York: Columbia University Press, 2012); Janet Staiger, *Blockbuster TV: Must-See Sitcoms in the Network Era* (New York: NYU Press, 2000); Robert W. Morrow, *Sesame Street and the Reform of Children's Television* (Baltimore: Johns Hopkins University Press, 2011); Thomas Thompson, "In the Life-or-Death Ratings Game," *Life*, September 10, 1971 Kevin M. Kelleghan, "Image Battle Shapes in Mexico as Firms Gear for 'Tomorrow,'" *Billboard*, July 22, 1967.
24. Thomas C. O'Guinn et al., *Advertising and Integrated Brand Promotion* (Stamford, CT: Cengage Learning, 2014); Edward J. Rielly, *The 1960s* (Westport, CT: Greenwood, 2003); Frank, *The Conquest of Cool, 124–25*. 광고 혁명에 관한 흥미로운 요약은 다음에서 볼 수 있다. "History: 1960s," *Advertising Age*, last modified September 15, 2003. http://adage.com/article/adage-encyclopedia/history-1960s/98702/; "History: 1970s," *Advertising Age*, last modified September 15, 2003. http://adage.com/article/adage-encyclopedia/history-1970s/98703/.
25. Fox, *The Mirror Makers*, 270–71.
26. 전체 광고는 다음에서 볼 수 있다. "This Is the Way Love Is in 1969," *Life*, March 7, 1969. 벤슨앤드헤지스는 다음에서 볼 수 있다. "Benson & Hedges 100's Pick-Your-Favorite-Disadvantage Sweepstakes," *Life*, April 3, 1970. Stephen R. Fox, *The Mirror Makers: A History of American Advertising and Its Creators* (Chicago: University of Illinois Press, 1984).
27. Frank, *The Conquest of Cool*. 버지니아슬림의 전체 광고는 다음을 보라. "Virginia

Slims Commercials," September 1969. https://industrydocuments.library.ucsf.edu/tobacco/docs/#id=yhyd0111.

28. 이 통계 수치는 다음에서 뽑았다. "TV Basics: A Report on the Growth and Scope of Television," *TVB Local Media Marketing Solutions*, last modified June 2012. http://www.tvb.org/media/file/TV_Basics.pdf.
29. Taylor, *The Sounds of Capitalism*, 157.

13. 주의력 혁명의 피날레

1. Wallace Stegner, *Angle of Repose* (New York: Doubleday, 1971), 18.
2. David Burnham, *The Rise of the Computer State: The Threat to Our Freedoms, Our Ethics, and Our Democratic Process* (New York: Random House, 1983), 90.
3. Michael J. Weiss and Kelly Nelson, "ZIP: How Marketers See Portland… and Why They Look," *Casco Bay Weekly*, March 2, 1989, 10.
4. 로빈은 1960년대 내내 경제개발국을 위한 프로그램 개발에 몰두했다. 그런 프로그램 가운데 하나는 도시에 폭동이 일어날 가능성을 예측하는 "시민 소요 민감성 지수(Index of Susceptibility of Civil Disorder)"라는 것을 포함했다. 그가 개발한 모델은 궁극적으로 87퍼센트의 정확도를 이뤄냈다.
5. 이 사회공간학적 분할이 처음 나타난 것은 찰스 부스의 런던 빈곤 묘사도에서였다. 그 묘사도에서 부스는 동네를 구분해 런던의 빈곤 유형에 대한 통찰을 제공했다. 부스의 연구는 궁극적으로 로버트 파크와 어니스트 버게스 등의 사회학자에게 영향을 미쳐 도시 생태학의 한 이론을 개발하게 만들었다. 파크와 버게스는 도시 환경에서 땅을 차지하기 위한 경쟁으로 인해 사회집단들이 자연스레 지리적 "적소"별로 나뉘게 되었다고 주장했다. 지리통계적 분할에 대한 더 많은 내용은 다음을 참조하라. Austin Troy, "Geodemographic Segmentation," in *Encyclopedia of GIS*, eds. Shashi Shekar and Hui Xiong (New York: Springer, 2008), 347–55.
6. Charles Taylor, *Multiculturalism*, ed. Amy Gutmann (Princeton, NJ: Princeton University Press, 1994).
7. Troy, "Geodemographic Segmentation," 347.
8. 로빈은 자신의 프로그램을 이용하여 기업들이 40가지 생활 방식 군집에 맞게 제품과 마케팅을 조정하도록 돕는 데 관심이 있었지만, "미국의 군집화"에서 군집의 사회학적 특성을 자세히 설명한 마이클 웨이스는 그 문화적 함의를 탐구하고 "미국인의 생활 방식을 종합적으로" 이해하며 "미국인의 실제 생활 방식의 다양성을" 분석하고자 했다. 프리즘 군집 시스템과 군집 생활 방식에 대한 자세한 설명은 다음을 참조하라. Michael J. Weiss, *The Clustering of America* (New York: Harper & Row, 1988); Michael J. Weiss, *The Clustered World: How We Live, What We Buy, and What It All Means About Who We Are* (Boston: Little, Brown, 2000).
9. Weiss, *The Clustering of America*, 290.
10. Weiss, *The Clustering of America*, 300.

11. 다이어트코크의 개발과 역사에 관한 추가적인 정보는 다음을 참조하라. Jay Moye, "'We Needed a Big Idea': The Extraordinary Story of How Diet Coke Came to Be," Coca-Cola, last modified February 4, 2013. http://www.coca-colacompany.com/stories/we-needed-a-big-idea-the-extraordinary-story-of-how-diet-coke-came-to-be/.
12. Kenneth N. Gilpin, "Prospects," *New York Times*, July 26, 1981. http://www.nytimes.com/1981/07/26/business/prospects.html.
13. Red Smith, "Cable TV for Sports Junkies," *New York Times*, December 3, 1979.
14. 브라보는 "듀얼캐스팅"으로 여성과 동성애 남성이라는 확연히 다른 시청자 양쪽 모두를 충족시키기 위해 동성애 콘텐츠를 이용했다. 그러한 트렌드를 촉발한 쇼는 〈퀴어 아이 포 더 스트레이트 가이(Queer Eye for the Straight Guy)〉라는 리얼리티 프로그램으로서, 다섯 명의 동성애 남자가 출연해 이성애 남성을 "보다 나은 이성애자"로 변화시키는 내용이었다. Katherine Sender, "Dualcasting: Bravo's Gay Programming and the Quest for Women Audiences," in *Cable Visions: Television Beyond Broadcasting*, eds. Sarah Banet-Weiser, Cynthia Chris, and Anthony Freitas (New York: NYU Press, 2007).
15. Sandra Salmans, "Playboy's Hopes in Cable TV," *New York Times*, March 15, 1983. http://www.nytimes.com/1983/03/15/business/playboy-s-hopes-in-cable-tv.html.
16. 머독은 정치적으로 보수적인 견해를 보유했기에 그 뉴스 방송이 "전통적인 뉴스들이 보이는 진보적 편향에 대한 보수적 대안"을 제공할 것이라고 추측했다. 그러나 머독은 당시 보수주의적 의제를 지지하지 않을 것이라고 주장했다. "공정하게 가는 것이 더 중요하다"고 믿기 때문이라면서 말이다. Lawrie Mifflin, "At the New Fox News Channel, the Buzzword Is Fairness, Separating News from Bias," *New York Times*, October 7, 1996. http://www.nytimes.com/1996/10/07/business/at-the-new-fox-news-channel-the-buzzword-is-fairness-separating-news-from-bias.html.
17. Fred W. Friendly, "Asleep at the Switch of the Wired City," *The Saturday Review*, October 10, 1970, 3.
18. Peter Ainslie, "Confronting a Nation of Grazers," Channels, September 1988, 54-62 and Jib Fowles, *Why Viewers Watch: A Reappraisal of Television's Effects* (Newbury Park, CA: SAGE Publications, 1992), 37.
19. Bernice Kanner, "The Newest Ploy: Bait-and-Wait," *New York*, June 17, 1985, 41.
20. Rena Bartos, "Ads That Irritate May Erode Trust in Advertised Brands," *Harvard Business Review* 59 (1981), 137.
21. Kanner, "The Newest Ploy," 41.
22. 코카콜라 광고를 책임진 사람들은 위협적인 이미지의 성인과 어리고 취약한 이미지의 소년을 나란히 놓고 긴장을 조성한 다음 콜라를 건네면 따사로운 인간미가 형성되리라고 믿었다. 실제로 그린은 그 광고가 자신의 이미지를 확연히 바꿔놓았다고 회상한다. "갑

자기 사람들이 막 내게 다가오기 시작했습니다. (…) 아이들은 더 이상 나를 무서워하지 않았고 (…) 어른들은 내게 다가와 콜라를 건네곤 했습니다." Jay Moye, "Commercial Appeal: 'Mean' Joe Greene Reflections on Iconic Coca-Cola Ad That Changed His Life," Coca-Cola, last modified January 16, 2014. http://www.coca-colacompany.com/stories/commercial-appeal-mean-joe-greene-ref lects-on-iconic-coca-cola-ad-that-changed-his-life/.

23. David Burnham, "The Computer, The Consumer and Privacy," *New York Times*, March 4, 1984. http://www.nytimes.com/1984/03/04/weekinreview/the-computer-the-consumer-and-privacy.html.

PART 3 제3의 스크린

14. 이메일과 확인의 위력

1. Ray Tomlinson, "The First Network Email," http://openmap.bbn.com/~tomlinso/ray/firstemailframe.html.
2. "The Man Who Made You Put Away Your Pen," *All Things Considered*, NPR, November 15, 2009. http://www.npr.org/templates/story/story.php?storyId=120364591.
3. William F. Allman, "The Accidental History of the @ Symbol," *Smithsonian Magazine*, September 2012. http://www.smithsonianmag.com/science-nature/the-accidental-history-of-the-symbol-18054936/?no-ist.
4. Katie Hafner and Matthew Lyon, *Where Wizards Stay Up Late: The Origins of the Internet* (New York: Simon & Schuster, 1998).
5. David G. Myers, *Exploring Psychology*, 8th ed. (New York: Worth Publishers, 2009), 253.
6. Tom Stafford, "Why Email Is Addictive (and What to Do About It)," Mindhacks, September 19, 2006. http://mindhacks.com/2006/09/19/why-email-is-addictive-and-what-to-do-about-it/.
7. Kate Stoodley, "Father of Spam Speaks Out on His Legacy," *Datamation*, November 19, 2004. http://www.datamation.com/article.php/3438651.
8. Jonathan A. Zdziarski, *Ending Spam: Bayesian Content Filtering and the Art of Statistical Language Classification* (San Francisco: No Starch Press, 2005), 5.
9. Finn Brunton, *Spam: A Shadow History of the Internet* (Cambridge: MIT Press, 2013), 33.
10. Gina Smith, "Unsung Innovators: Gary Thuerk, the Father of Spam," *Computerworld*, December 3, 2007. http://www.computerworld.com/article/2539767/cybercrime-hacking/unsung-innovators—gary-thuerk—the-father-of-spam.html.

11. Gary Thuerk, "Anniversary," *LinkedIn* (blog), May 2014. https://www.linkedin.com/in/fatherespam.

15. 침략자들

1. Ralph H. Baer, *Videogames: In the Beginning* (Springfield: Rolenta Press, 2005). 자신의 영감과 영향에 대한 베어 본인의 말을 더 듣고 싶으면 다음의 인터뷰 내용을 보라. Benj Edwards, *The Right to Baer Games—An Interview with Ralph Baer, the Father of Video Games*. http://www.gamasutra.com/view/feature/1690/the_right_to_baer_games__an_.php?print=1.
2. 베어가 마그나복스오디세이를 발명하고 불과 몇 달 후 부시넬은 테드 대브니와 함께 각각 250달러를 투자해 아타리를 창업했다. Steven L. Kent, *The Ultimate History of Video Games: From Pong to Pokemon and Beyond… the Story Behind the Craze That Touched Our Lives and Changed the World* (New York: Three Rivers Press, 2001). Matt Fox, *The Video Games Guide: 1,000+ Arcade, Console and Computer Games, 1962–2012* (Jefferson, NC: McFarland, 2013).
3. Mike Snider, *Interview: 'Space Invaders' Creator Tomohiro Nishikado*, May 6, 2009. http://content.usatoday.com/communities/gamehunters/post/2009/05/66479041/1#.Vr0FTjYrLVo; Henry Allen, "Galaxy of Wars," *Washington Post*, September 2, 1980, https://www.washingtonpost.com/archive/lifestyle/1980/09/02/galaxy-of-wars/ea315a08-a9af-41c9-9666-230d2acbc7e2/.
4. Martin Amis, *Invasion of the Space Invaders* (London: Hutchinson, 1982), 14 Glenn Collins, "Children's Video Games: Who Wins (or Loses)?," *New York Times*, August 31, 1981. http://www.nytimes.com/1981/08/31/style/children-s-video-games-who-wins-or-loses.html.
5. Kent, *The Ultimate History of Video Games*; Mihaly Csikszentmihalyi, "The Pursuit of Happiness: Bringing the Science of Happiness to Life," accessed February 8, 2016. http://www.pursuit-of-happiness.org/history-of-happiness/mihaly-csikszentmihalyi/. Amis, *Invasion of the Space Invaders*, 20 Mark O'Connell, "The Arcades Project: Martin Amis' Guide to Classic Video Games," *The Millions*, February 16, 2012. http://www.themillions.com/2012/02/the-arcades-project-martin-amis-guide-to-classic-video-games.html.
6. Amis, *Invasion of the Space Invaders*, 56–57 Chris Morris, "Five Things You Never Knew About Pac-Man," CNBC, March 3, 2011. http://www.cnbc.com/id/41888021; "The Making of Pac-Man," Retro Gamer, January 27, 2015. http://www.retrogamer.net/retro_games80/the-making-of-pac-man/; Jaz Rignall, "Top 10 Highest-Grossing Arcade Games of All Time," *US Gamer*, January 1, 2016. http://www.usgamer.net/articles/top-10-biggest-grossing-arcade-games-of-all-time.

7. 아타리의 성공에 대한 사실과 더 많은 내용은 다음을 참조하라. Jimmy Russell, *101 Amazing Atari 2600 Facts* (Luton: Andrews UK Limited, 2012); R. J. Lavallee, IMHO (In My Humble Opinion): *A Guide to the Benefits and Dangers of Today's Communication Tools* (Boston: bent spoon Multimedia, 2009).

16. AOL이 사람들을 끌어들이다

1. CompuServ, "Things to Do. People to See. Places to Go," *Popular Science* 235, no. 2 (1989) : 7 CompuServe, "He Was a Sales Force of One. Until He Got CompuServe. Now He's a Sales Force to Be Reckoned With," *Popular Science* 243, no. 3 (1993) : 17.
2. Alec Klein, *Stealing Time: Steve Case, Jerry Levin, and the Collapse of AOL Time Warner* (New York: Simon & Schuster, 2004), 10.
3. Robert D. Shapiro, "This Is Not Your Father's Prodigy," *Wired*, June 1, 1993. http://www.wired.com/1993/06/prodigy/.
4. Ibid.
5. Kara Swisher, *Aol.com: How Steve Case Beat Bill Gates, Nailed the Netheads, and Made Millions in the War for the Web* (New York: Times Books, 1998), 89.
6. Ibid., 94.
7. Ibid., 97.
8. Keith Wagstaff, "AOL's Longest-Running Employee on the History of AOL Chat Rooms," *Time*, July 6, 2012. http://techland.time.com/2012/07/06/aols-longest-running-employee-on-the-history-of-aol-chat-rooms/.
9. Caitlin Dewey, "A Complete History of the Rise and Fall—and Reincarnation!—of the Beloved '90s Chatroom," *Washington Post*, October 30, 2014. https://www.washingtonpost.com/news/the-intersect/wp/2014/10/30/a-complete-history-of-the-rise-and-fall-and-reincarnation-of-the-beloved-90s-chatroom/.
10. EJ Dickson, "My First Time with Cybersex," *The Kernel*, October 5, 2014. http://kernelmag.dailydot.com/issue-sections/headline-story/10466/aol-instant-messenger-cybersex/.
11. Ibid.
12. Herbert N. Foerstel, *From Watergate to Monicagate: Ten Controversies in Modern Journalism and Media* (Westport, CT: Greenwood Press, 2001), 226.
13. Walter S. Mossberg, "Prodigy Has Lots of Promise, but AOL May Be the Prodigy," *Wall Street Journal*, October 8, 1992. http://www.wsj.com/articles/SB1004030142121986760.
14. Paul Farhi, "AOL Gets Its Message Out in 'Mail,'" *Washington Post*, December 17, 1998. http://www.washingtonpost.com/wp-srv/style/movies/features/aolinmail.htm.

15. Brian McCullough, "Those Free AOL CDs Were a Campaign for Web Domination. It Worked," *Mashable*, August 21, 2014. http://mashable.com/2014/08/21/aol-disc-marketing-jan-brandt/#XiWBGcICeaq3; Jan Brandt, "How Much Did It Cost AOL to Distribute All Those CDs Back in the 1990s?," *Quora*, December 27, 2010. https://www.quora.com/How-much-did-it-cost-AOL-to-distribute-all-those-CDs-back-in-the-1990s.
16. Rob Tannenbaum and Craig Marks, *I Want My MTV: The Uncensored Story of the Music Video Revolution* (New York: Penguin, 2011), 140.
17. Klein, *Stealing Time*, 247.
18. Swisher, *Aol.com*, 280.
19. William Forbes, *Behavioural Finance* (West Sussex, UK: Wiley, 2009), 158.
20. Klein, *Stealing Time*, at 167.
21. Complaint, SEC v. Kelly, 817 F.Supp.2d 340 (S.D.N.Y. 2011) (08 Civ. 04612), 2008 WL 2149270, at *2.
22. Steven Levy, "Dead Man Walking?," *Newsweek*, January 21, 1996. http://www.newsweek.com/dead-men-walking-176866.

PART 4 유명해지는 것의 중요성

17. 유명인-산업 복합체의 확립

1. Edwin Diamond, "Why the Power Vacuum at Time Inc. Continues," *New York*, October 23, 1972.
2. Alan Brinkley, *The Publisher* (New York: Alfred A. Knopf, 2010); David L. Larsen, *Telling the Old, Old Story: The Art of Narrative Preaching* (Grand Rapids, MI: Kregel Publications, 1995).
3. Steve M. Barkin, *American Television News: The Media Marketplace and the Public Interest* (Armonk, NY: M. E. Sharpe, 2003).
4. Edwin Diamond, "People Who Need People," *New York*, January 31, 1994.
5. David E. Sumner, *The Magazine Century: American Magazines Since 1900* (New York: Peter Lang, 2010).
6. Donald M. Wilson, *The First 78 Years* (Bloomington, IN: Xlibris Corporation, 2004).
7. 2016년 2월에 확인한 미디어 키트에 근거한 내용이다.
8. Ellis Cashmore, *Celebrity Culture* (New York: Routledge, 2006).
9. Karen Armstrong, *Fields of Blood: Religion and the History of Violence* (New York: Knopf, 2014).
10. Chris Rojek, *Celebrity* (London: Reaktion Books, 2001). "Are Celebrities Bigger than

Religion?" Stuff, last modified November 9, 2009. http://www.stuff.co.nz/entertainment/celebrities/2851918/Are-celebrities-bigger-than-religion.

11. Donald Horton and Richard Wohl, "Mass Communication and Parasocial Interaction: Observations on Intimacy at a Distance," *Psychiatry* 19 (1956).

18. 오프라 모델

1. Roger Ebert, "How I Gave Oprah Winfrey Her Start," in *Roger Ebert's Movie Yearbook 2007* (Kansas City, MO: Andrews McMeel, 2007), 830.
2. 따라서 오프라의 지역 방송 아침 쇼가 얼마 지나지 않아 시청률에서 도나휴 쇼를 앞선 것은 전혀 놀랄 일이 아니다. 결국 오프라의 인기가 매우 높아져 도나휴는 오프라 쇼와의 경쟁을 피하기 위해 뉴욕으로 옮겨 가 자신의 방송 시간대를 바꿔야 했다. 오프라에 대한 전반적인 정보는 다음을 참조하라. Kitty Kelley, *Oprah: A Biography* (New York: H. B. Productions, 2010), 1-8.
3. 1970년 연방통신위원회(FCC)는 프라임 타임 접근 규정을 채택했다. 1971~1972년 텔레비전 시즌 동안 프로그램 편성의 다양성과 경쟁 수준을 높이기 위한 조치였다. 동시에 FCC는 재정적 이해관계 및 신디케이션 규칙도 채택했는데, 이는 신디케이트 조직들에 대한 방송 네트워크의 지분 소유를 금하기 위해서였다. 결과적으로 기존의 신디케이션 분과들은 새로운 독립 회사로 분사되어야 했다. 결과적으로 오프라는 자신의 쇼에 대한 권리를 ABC 네트워크에 팔거나(그러면 ABC는 그것을 신디케이트 조직에 팔아 수익을 챙길 수 있었다) 아니면 텔레비전 프로그램 편성권을 지닌 독립 신디케이트 조직인 킹월드프로덕션과 손을 잡고 함께 자신의 쇼를 직접 배급하는 방식 중에 하나를 선택할 수 있었다. 본문에서 언급한 바와 같이 오프라는 에버트의 충고에 따라 후자를 택했다.
4. Eva Illouz, *Oprah Winfrey and the Glamour of Misery: An Essay on Popular Culture* (New York: Columbia University Press, 2003).
5. Richard Zoglin, "Oprah Winfrey: Lady with a Calling," *Time*, August 8, 1988, 62-64.
6. Bill Zehme, "It Came from Chicago," *Spy*, December 1986, 31.
7. Barbara Grizzuti Harrison, "The Importance of Being Oprah," *New York Times Magazine*, June 11, 1989.
8. 실제로 오프라는 일련의 타블로이드 형식 토크쇼가 생겨나게 만들었고 그런 쇼들은 "오프라화(oprahization)"라는 용어의 탄생에 일조했다. 오프라화는 "자신의 느낌과 감정을 공개적으로 표명하고 과거의 무분별한 행태를 대중 앞에서 고백하는 사람들이 늘어나는 경향"을 가리키는 말이다. "Oprahization," Word Spy, http://wordspy.com/index.php?word=oprahization.

   리베라의 〈십대 선동자들〉 에피소드에서 벌어진 난투극에 대한 개요는 다음에서 확인할 수 있다. "Geraldo Rivera's Nose Broken in Scuffle on His Talk Show," *New York Times*, November 4, 1988. http://www.nytimes.com/1988/11/04/nyregion/geraldo-rivera-s-nose-broken-in-scuffle-on-his-talk-show.html. 우연히도 리베라는 아마추어 복서 출신이었다.

9. 타블로이드 형식 토크쇼에 대한 추가적인 정보는 다음을 참조하라. Joshua Gamson, *Freaks Talk Back: Tabloid Talk Shows and Sexual Nonconformity* (Chicago: University of Chicago Press, 1998), 220.
10. Linda Kay, "My Mom and Oprah Winfrey: Her Appeal to White Women," in *The Oprah Phenomenon*, ed. Jennifer Harris and Elwood Watson (Lexington: University Press of Kentucky, 2007), 58; and Laurie L. Haag, "Oprah Winfrey: The Construction of Intimacy in the Talk Show Setting," *Journal of Popular Culture* 26 (1993): 115-22.
11. 오프라는 나아가 이렇게 설명한 것으로 인용되었다. "나는 사람들이 스스로 창조주의 아들이요, 딸이요, 육체적 자아 이상의 존재이며 (…) 궁극적으로 가장 위대한 영성에서 나온 영성임을 인식하게 되기를 희망한다." 이 분석에 대한 자세한 내용은 다음을 참조하라. Kathryn Lofton, *Oprah: The Gospel of an Icon* (Berkeley: University of California Press, 2011), 4.
12. Kelley, *Oprah: A Biography*, 3.
13. 수전 맥키칼리스는 빌라노바 대학교의 커뮤니케이션학 교수로서 다음 자료에 인용되었다. Susan Berfield, "Brand Oprah Has Some Marketing Lessons," *Bloomberg Business*, May 19, 2011. http://business.time.com/2011/05/24/how-oprah-winfrey-implicitly-endorses-consumerism-and-materialism. 이 기사에는 오프라의 소비주의 메시지가 반어적인 게 아니라 진정한 것이라고 나와 있다.
14. Tarini Parti, "The 'Oprah Effect': Winfrey's Influence Extends Deep into Politics," Open.Secrets.org: Center for Responsive Politics, May 25, 2011. http://www.opensecrets.org/news/2011/05/the-oprah-effect-winfreys-influence-extends-deep-into-politics/. 가스웨이트는 2008년 선거에 미친 유명인 지지 선언의 영향에 대한 한 연구에 공동 저자로 참여했다. 그 논문은 오프라의 "버락 오바마 대통령에 대한 지지 선언이 민주당 예비선거에서 100만 표에 영향을 미쳤다"고 보고했다.
15. Kelley, *Oprah: A Biography*, 399.
16. 해당 에피소드에는 수면 전문가 마이클 버넷 박사가 출연했다. 박사는 사람들의 수면을 돕는 다양한 제품을 소개했다. 오프라의 지지 발언의 영향은 수개월간 지속되었고 해당 제품은 전보다 다섯 배나 높은 판매고를 올렸다. 보다 많은 정보는 다음을 참조하라. M. David Hornbuckle, "The Oprah Effect," *Inc.*, August 4, 2009. http://www.inc.com/articles/2009/08/oprah.html.
17. 〈뉴욕타임스〉에서 묘사한 대로 오프라는 자신의 북클럽을 "영혼을 구원하는 전도사 같은 태도"로 발표했다. "그녀는 '국민 전체가 책을 읽게 되기'를 원했다." 오프라 북클럽의 영향에 대한 더 많은 내용은 다음을 참조하라. Gayle Feldman, "Making Book on Oprah," *New York Times*, February 2, 1997. https://www.nytimes.com/books/97/02/02/bookend/bookend.html; and D. T. Max, "The Oprah Effect," *New York Times Magazine*, December 26, 1999, 36-41.
18. 오프라는 〈오프라가 좋아하는 것들〉 쇼를 1999년에 시작했고, 2007년 시청자들에게 가

장 값비싼 품목을 제시했다. 그해의 "좋아하는 것들"을 위한 공급가액 총계는 7,200달러였다. Kelley, *Oprah*.
19. P. J. Bednarski, "All About Oprah Inc.," *Broadcasting & Cable*, January 23, 2005.
20. Jack Neff, "How to Get Your Brand on 'Oprah,'" *Advertising Age*, June 2, 2008.
21. 오프라의 프로덕션 회사인 하포프로덕션스의 성명서에서는 "방송 중에 내보내는 제품에 대한 찬사는 그 평판에 대한 철저한 사전 및 사후 통제를 거친다"고 말한다.
22. 오프라의 웹사이트는 2007년 《끌어당김의 법칙》에 대해 소개했다.
23. Rhonda Byrne, *The Secret* (New York: Atria, 2006).
24. Albert Mohler, "The Church of Oprah Winfrey—A New American Religion?," *Albert Mohler*, November 29, 2005. http://www.albertmohler.com/2005/11/29/the-church-of-oprah-winfrey-a-new-american-religion-2/.
25. Michael Shermer, "The (Other) Secret," *Scientific American*, June 1, 2007.
26. 칼리지파크 소재 메릴랜드 대학교의 두 경제학자가 수행한 분석으로서 민주당 예비 경선에서 오프라의 보증이 42만 표에서 160만 표 정도를 끌어들였다고 추정했다. 그들이 분석의 대상으로 삼은 주에는 텍사스와 미시건, 노스다코타, 캔자스, 알래스카는 포함되지 않았다.
27. Ben Shapiro, "The Oprah Schnook Club," *Townhall.com*, March 19, 2003. http://townhall.com/columnists/benshapiro/2003/03/19/the_oprah_schnook_club/page /full.
28. 팬들이 남긴 논평의 예는 다음에서 볼 수 있다. Carol Costello, "Oprah Getting Backlash from Some Fans for Obama Support," *CNN Political Ticker Blog*, December 14, 2007. http://politicalticker.blogs.cnn.com/2007/12/14/oprah-getting-backlash-from-some-fans-for-obama-support/.
29. 〈버라이어티〉는 타일러 페리가 각본을 쓰고 감독한 〈가진 자와 못 가진 자〉가 지금까지 OWN이 방송한 가장 인기 있는 시리즈라고 인정했다. Rick Kissel, "Ratings: OWN's 'The Haves and Have Nots' Hits Series Highs," *Variety*, September 23, 2015. http://variety.com/t/the-haves-and-the-have-nots/.

19. 원형감옥 파놉티콘

1. Rob Tannenbaum and Craig Marks, *I Want My MTV: The Uncensored Story of the Music Video Revolution* (New York: Penguin, 2011), 385.
2. Nina Blackwood et al., *VJ: The Unplugged Adventures of MTV's First Wave* (New York: Atria, 2013).
3. David Copeland, *The Media's Role in Defining the Nation: The Active Voice* (New York: Peter Lang, 2010).
4. Tannenbaum and Marks, *I Want My MTV*, 385.
5. Ibid., 389.
6. Ibid., 550.

7. Daniel B. Morgan, *Last Stage Manager Standing* (New York: Page Publishing, 2015).
8. Tannenbaum and Marks, *I Want My MTV*, 551.
9. Jeffrey Ruoff, *An American Family: A Televised Life* (Minneapolis: University of Minnesota Press, 2002), 65; italics added.
10. Ibid., xv.
11. Margaret Mead, panel discussion for *An American Family* (PBS), WNET, 1973.
12. Tannenbaum and Marks, *I Want My MTV*, 551.
13. Ibid., 553.
14. John J. O'Connor, "'The Real World,' According to MTV," *New York Times*, July 9, 1992. http://www.nytimes.com/1992/07/09/arts/review-television-the-real-world-according-to-mtv.html.
15. Matt Roush, "MTV's Painfully Bogus 'Real World,'" *USA Today*, May 21, 1992.
16. O'Connor, "'The Real World,' According to MTV."
17. Meredith Blake, "The Real World: 'This Is the True Story…'" *A. V. Club*, June 6, 2011. http://www.avclub.com/tvclub/the-real-world-this-is-the-true-story-57041.
18. Jonathan Gray et al., *Satire TV: Politics and Comedy in the Post-Network Era* (New York: NYU Press, 2009), 250; Samantha Murphy Kelly, "The Real World's Big Bullying Problem," *Mashable*, February 10, 2015. http://mashable.com/2015/02/10/real-world-skeletons-bullying-problem/#kJ_YeAQ5zZqa.
19. Andrew Corbus and Bill Guertin, *Reality Sells: How to Bring Customers Back Again and Again by Marketing Your Genuine Story* (El Monte, CA: WBusiness Books, 2007), 1.
20. Tannenbaum and Marks, *I Want My MTV*, 552.
21. Ruoff, *An American Family*, 120.
22. Annette Hill, *Reality TV: Audiences and Popular Factual Television* (New York: Routledge, 2005), 7.
23. "10 Years of Primetime: The Rise of Reality and Sports Programming," *Nielsen*, September 21, 2011. http://www.nielsen.com/us/en/insights/news/2011/10-years-of-primetime-the-rise-of-reality-and-sports-programming.html.
24. Ginia Bellafante, "The All-Too-Easy Route to Stardom," *New York Times*, October 13, 2007. http://www.nytimes.com/2007/10/13/arts/television/13bell.html?_r=0.
25. Amaya Rivera, "Keeping Up with the Kardashians: Season 1," *PopMatters*, October 15, 2008. http://www.popmatters.com/review/keeping-up-with-the-kardashians-season-1/.
26. Elizabeth Currid-Halkett, "How Kim Kardashian Turns the Reality Business into an Art," *Wall Street Journal*, Nov. 2, 2011. http://blogs.wsj.com/speak-

easy/2011/11/02/how-kim-kardashian-turns-the-business-of-self-promotion-into-an-art/.

PART 5 다시는 속지 않으리라

1. Iain Rodger, "1999: The Year of the Net," *BBC News*, December 30, 1999. http://news.bbc.co.uk/2/hi/business/574132.stm; James A. Martin, "New Year's on the Net," *CNN.com*, December 31, 1999. http://www.cnn.com/1999/TECH/computing/12/31/newyear.net.idg/.
2. "EarthCam's *Webcast of the Century* Provides the Most Comprehensive Coverage of the Biggest Web Celebration in History—From Times Square and Around the World," *EarthCam.com*, December 20, 1999. http://www.earthcam.com/press/pr-rel_122099.htm.
3. Jeff Jarvis, "The Dinosaurs Whine," *Buzz Machine*, January 31, 2006. http://buzzmachine.com/2006/01/31/the-dinosaurs-whine/.
4. 1999년 텔레비전 프로듀서 마이클 데이비스는 ABC 방송에서 〈6만 4,000달러짜리 질문〉 퀴즈 쇼를 부활시키려 시도하다가 영국의 게임 쇼 〈백만장자가 되고 싶은가?〉의 미국판을 제작하는 쪽으로 방향을 선회했다. David Baber, *Television Game Show Hosts: Biographies of 32 Stars* (Jefferson, NC: McFarland, 2008).
5. Lawrence Lessig, *The Future of Ideas* (New York: Random House, 2001).

20. 콘텐츠의 왕국

1. 실제로 마이크로소프트의 실적은 너무도 강력해서 회사 주가가 주당 2.375달러에서 주당 136.375달러로 치솟았다. 마이크로소프트의 1996년 실적에 대한 보다 많은 정보는 다음을 보라. Lawrence M. Fisher, "Microsoft Proves Even Stronger than Wall Street Had Expected," *New York Times*, October 22, 1996. http://www.nytimes.com/1996/10/22/business/microsoft-proves-even-stronger-than- wall-street-had-expected.html.
2. 이 글의 전문은 더 이상 마이크로소프트의 웹사이트에서 볼 수 없지만 재생된 사본은 다음에서 확인할 수 있다. Wayback Machine (Internet Archive) at Bill Gates, "Content Is King," January 3, 1996. http://web.archive.org/web/20010126005200/http://www.microsoft.com/billgates/columns/1996essay/essay960103.asp.
3. "Content Is King."
4. "레드웨스트"라는 이름의 그 위성 본사는 결국 MSN의 궁극적인 실패에 따라 초점을 다시 "유비쿼터스적이고 공리적인" 제품을 개발하는 데 맞추었다. 결과적으로 프로그래머들은 익스피디아와 같은 실용적인 "서비스"를 창출하게 되었다. Amy Harmon, "More Geek,

Less Chic; After a Tryout at Microsoft, the Hip Gives Way to the Really Useful," *New York Times*, October 13, 1997. http://www.nytimes.com/1997/10/13/business/more-geek-less-chic-after-tryout-microsoft-hip-gives-way-really-useful.html?pagewanted=all. 멀티미디어 기반의 제품을 개발하기 위한 마이크로소프트의 노력에 대한 개요는 다음에서 볼 수 있다. Denise Caruso, "Microsoft Morphs into a Media Company," *Wired*, June 1, 1996. http://www.wired.com/1996/06/microsoft-6/.

5. Stephen Manes, "The New MSN as Prehistoric TV," February 4, 1997. http://www.nytimes.com/1997/02/04/science/the-new-msn-as-prehistoric-tv.html. 하먼에 따르면, 마이크로소프트 가입자는 고작 230만 명에 불과했다. 마이크로소프트가 판매한 수백만 대의 PC에 MSN이 사전 설치되었다는 사실을 고려할 때 최소 수치였던 셈이다.
6. 마이크로소프트와 NBC의 파트너십에 대한 정보는 다음에서 확인할 수 있다. Michael Dresser, "Microsoft, NBC to Offer News Joint Venture Plans 24-Hour News on Cable, On-line Internet Service," *Baltimore Sun*, December 15, 1995. http://articles.baltimoresun.com/1995-12-15/business/1995349021_1_microsoft-cable-nbc-executives; and Megan Garber, "'The Revolution Begins Here': MSNBC's First Broadcast, July 1996," *The Atlantic*, July 16, 2012. http://www.theatlantic.com/technology/archive/2012/07/the-revolution-begins-here- msnbcs-first-broadcast-july-1996/259855/.
7. 〈슬레이트〉 창간호에 대한 정보는 다음에서 찾을 수 있다. "Inaugural Issue of Slate, New Interactive Magazine from Microsoft and Editor Michael Kinsley, to Debut Online Today," Microsoft News Center, June 24, 1996. http://news.microsoft.com/1996/06/24/inaugural-issue-of-slate-new-interactive-magazine-from-microsoft-and-editor-michael-kinsley-to-debut-online-today/.
8. 구글의 성장과 영향에 대한 전반적인 정보는 다음에서 뽑았다. Steven Levy, *In the Plex: How Google Thinks, Works, and Shapes Our Lives* (New York: Simon & Schuster, 2011), 94.
9. 바텔은 구글의 성공을 다음 자료에 기록했다. John Battelle, *The Search: How Google and Its Rivals Rewrote the Rules of Business and Transformed Our Culture* (New York: Portfolio, 2005).
10. 브린과 페이지가 함께 쓴 학술 논문은 구글을 "하이퍼텍스트에 제시된 구조를 중점적으로 이용하는 대규모 검색엔진의 프로토타입"으로 제시했다. Sergey Brin and Lawrence Page, "The Anatomy of a Large-Scale Hypertextual Web Search Engine." 해당 논문은 1988년 4월 14~18일 동안 호주 브리즈번에서 열린 7차 국제 월드와이드 웹 컨퍼런스에서 발표되었다.
11. Battelle, *The Search*, Ⅲ.
12. Dan Gillmor, "To Be an Online Company, First Throw Out Old Rules," *St. Louis Post-Dispatch*, February 24, 1997, 123.

13. 고투에 대한 추가적인 정보와 해당 모델에 대한 일반적인 비평은 다음을 참조하라. Laurie J. Flynn, "With Goto.com's Search Engine, the Highest Bidder Shall Be Ranked First," *New York Times*, March 16, 1998. http://www.nytimes.com/1998/03/16/business/with-gotocom-s-search-engine-the-highest-bidder-shall-be-ranked-first.html; "Rankings for Sale: Payola on the Information Highway? Or Payments for Good Shelf Space?," *From Now On: The Educational Technology Journal 10* (2001). http://www.fno.org/apr01/payola.html.
14. Brin and Page, "The Anatomy of a Large-Scale Hypertextual Web Search Engine."
15. "구글다운"이라는 용어에 대한 설명은 다음을 보라. Sara Kehaulani Goo, "Building a 'Googley' Workforce," *Washington Post, October 21, 2006.*
16. 구글의 애드워즈에 대한 자세한 설명은 다음에서 찾을 수 있다. "How AdWords Works," Google Support, February 21, 2016. https://support.google.com/adwords/answer/2497976?hl=en. 애드워즈의 성공에 대한 추가적인 정보는 다음을 참조하라. Peter Coy, "The Secret to Google's Success," *Bloomberg Business*, March 5, 2006; Steven Levy, "Secret of Googlenomics: Data-Fueled Recipe Brews Profitability," *Wired,* May 22, 2009.
17. Douglas Edwards, *I'm Feeling Lucky: The Confessions of Google Employee Number 59* (New York: Houghton Mifflin Harcourt, 2011), 190.
18. Levy, "In the Plex," 94.

21. 모두가 모여든다

1. Rebecca Mead, "You've Got Blog: How to Put Your Business, Your Boyfriend, and Your Life Online," *The New Yorker*, November 13, 2000, 102. 미드의 이야기는 다음 모음집에 소개되었다. *We've Got Blog: How Webblogs Are Changing Our Culture* (New York: Basic Books, 2002).
2. Clay Shirky, *Here Comes Everybody: The Power of Organizing Without Organizations* (New York: Penguin, 2008).
3. Shirky, *Here Comes Everybody: The Power of Organizing Without Organizations*, 55.
4. 초기 웹블로거 중 한 명인 존 바저가 "웹에 로깅"하거나 "세상의 재미난 일들을 수집해 그에 대해 인터넷에 글을 쓴다"는 개념을 나타내기 위해 "블로깅"이라는 용어를 처음 쓰기 시작했다. Ogi Djuraskovic, "Robot Wisdom and How Jorn Barger Invented Blogging," *firstsiteguide.com*, March 20, 2015. http://firstsiteguide.com/robot-wisdom-and-jorn-barger/.
5. Rick Levine, Christopher Locke, Doc Searls, and David Weinberger, *The Cluetrain Manifesto: The End of Business as Usual* (Cambridge, MA: Perseus, 2000), 76. 이 책은 1999년 3월 웹상으로 처음 출간되었다.
6. David Weinberger, "What Blogging Was," *Joho the Blog*, January 8, 2014. http://

www.hyperorg.com/blogger/2014/01/08/what-blogging-was/.
7. 에린 베네마가 1999년 웹 일기의 저자와 그저 일기장에 일기를 쓰는 사람을 구분하기 위해 "에스크리비셔니스트"라는 단어를 만들어냈다. www.escribitionist.org에 들어가면 베네마가 처음 그 단어를 사용한 이메일의 사본을 볼 수 있다.
8. Jimmy Wales, February 7, 2011, answer to "Why does Wikipedia ask for donations rather than having ads?," *Quora*, https://www.quora.com/Why-does-Wikipedia-ask-for-donations-rather-than-having-ads.
9. Virginia Heffernan, *The Medium: The Way We Watch Now* (blog), http://themedium.blogs.nytimes.com//.
10. Allan J. Kimmel, *Connecting with Consumers: Marketing for New Marketplace Realities* (New York: Oxford University Press, 2010).
11. Jeff Jarvis and John Griffin, "Is Print Doomed?," *Fast Company*, December 1, 2005, http://www.fastcompany.com/54733/print-doomed.
12. Lev Grossman, "You—Yes, You—Are TIME's Person of the Year," *Time*, December 25, 2006. http://content.time.com/time/magazine/article/0,9171,1570810,00.html.
13. Jon Pareles, "2006, Brought to You by You," *New York Times*, December 10, 2006. http://www.nytimes.com/2006/12/10/arts/music/10pare.html?pagewanted=print.
14. Andrew Keen, *The Cult of the Amateur: How Today's Internet Is Killing Our Culture* (New York: Doubleday, 2007).
15. Greg Miller, "Turn On, Boot Up, and Jack In with Timothy Leary's Long-Lost Video Games," *Wired*, October 1, 2013. http://www.wired.com/2013/10/timothy-leary-video-games/.
16. C. W. 네비우스는 데이브 배리가 샌프란시스코 소재 코먼웰스 클럽에서 연설을 하게 된 이후 그를 인터뷰했다. C. W. Nevius, "Podcasts, Blogs, and Dave Barry," *SFGATE*, January 31, 2006. http://www.sfgate.com/bayarea/nevius/article/Podcasts-blogs-and-Dave-Barry-2523537.php.
17. Yochai Benkler, *The Wealth of Networks: How Social Production Transforms Markets and Freedom* (New Haven, CT: Yale University Press, 2006), 5.
18. Shirky, *Here Comes Everybody: The Power of Organizing Without Organizations*, 66.
19. Jeff Jarvis, "My Testimony to Sen. Kerry," *Buzz Machine*, April 21, 2009. http://buzzmachine.com/2009/04/21/my-testimony-to-sen-kerry/.

22. 클릭베이트의 부상

1. 나이키의 기업 이미지에 대한 페레티의 도전에 대한 본인의 사적인 이야기는 다음을 참조하라. "나이키와의 뒤이은 이메일 교환은 노동착취공장에 대한 세계적인 반대 운동을 촉발했고, 그럼으로써 전국적인 뉴스가 되었다." Jonah Peretti, "The Nike Sweat-

shop Email: Political Consumerism, Internet, and Culture Jamming," in *Politics, Products, and Markets: Exploring Political Consumerism Past and Present*, ed. Michele Micheletti (New Brunswick, NJ: Transaction Publishers, 2006), 130-31. 페레티가 2001년 이래로 나이키와 교환한 전체 이메일 체인은 다음에서 볼 수 있다. "Jonah Peretti's Nike 'Sweatshop' Email," About.com, accessed February 19, 2016. http://urbanlegends.about.com/library/blnike.htm.

2. 이 페레티 인용문은 저자가 2012년 4월 4일 직접 인터뷰해서 뽑은 내용이다. 대략 "1,140만 명이 나이키 노동착취공장 이메일을 받았고, 페레티는 3개월 기간 동안 3,655건의 문의 메일을 받았다". Peretti, *Politics, Products, and Markets*, 132. 이메일이 그렇게 급속히 확산된 경위와 페레티가 받은 문의의 일부 내용을 알고 싶으면 다음을 보라. Peretti, "The Nike Sweatshop Email," in *Politics, Products, and Markets*.
3. Nicola Bednarek, ed., *Fresh Dialogue 8: Designing Audiences/New Voices in Graphic Design* (New York: Princeton Architectural Press, 2008); Greg Holden, *Internet Babylon: Secrets, Scandals, and Shocks on the Information Superhighway* (New York: APress Media, 2004). 던컨 와츠의 이론에 대해 알고 싶으면 다음을 참조하라. Duncan J. Watts, *Six Degrees: The Science of a Connected Age* (New York: W. W. Norton, 2004).
4. "forget-me-not-panties," *Panchira Corp.*, 2005. http://www.forgetmenotpanties.com/. "'나를 잊지 마 팬티' 사이트는 가장 독특한 유저들, 3주 동안 약 61만 5,000명을 확보하면서 우승했다. 경쟁이 끝난 후에도 그 여러 배에 달하는 트래픽이 발생해 총 2,000만 건에 이르렀다." Heidi Dawley, "Alas, at Last, the forget-me-not-panty," *Media Life Magazine*, December 5, 2005. http://www.medialifemagazine.com/alas-at-last-the-forget-me-not-panty/. 아이빔 워크숍에 대한 더 많은 내용은 다음을 보라. "Contagious Media Showdown—Workshops," *Eyebeam*. http://eyebeam.org/events/contagious-media-showdown-workshops. 또한 다음을 참조할 수 있다. "Unfair Results at Contagious Media Showdown?," *Google Blogoscoped*, May 21, 2005. http://blogoscoped.com/archive/2005-05-21-n39.html.
5. 23개 조항 모두를 읽으려면 다음을 보라. Jonah Peretti, "Notes on Contagious Media," 160-61. http://www.cultura.gov.br/documents/10877/35301/9-peretti.pdf/684f6ada-4479-4bed-a3a0-f434837f3e6b. Joe Karaganis, *Structures of Participation in Digital Culture* (New York: Social Science Research Council, 2007). Felix Salmon, "BuzzFeed's Jonah Peretti Goes Long: The Media Mogul (Twice Over) on Being Both Contagious and Sticky," *A Media Corporation*. https://medium.com/matter/buzzfeeds-jonah-peretti-goes-long-e98cf13160e7#.sjme15us5.
6. 〈허핑턴포스트〉에 대한 〈LA위클리〉 논평 전문은 다음을 보라. Nikki Finke, "Celebs to the Slaughter," *LA Weekly*, May 12, 2005. http://www.laweekly.com/news/celebs-to-the-slaughter-2139949. 초기 비평의 다른 주요 내용은 다음을 보라. Liz C. Barrett, "Top 5 UNENTHUSIASTIC HuffPo Reviews of 2005," *Columbia Jour-*

nalism Review, May 10, 2010. http://www.cjr.org/behind_the_news/top_5_un-enthusiastic_huffpo_re.php. Richard A. Gershon, *Digital Media and Innovation: Management and Design Strategies in Communication* (Los Angeles: SAGE Publications, 2016). The editors of *The Huffington Post*, *The Huffington Post Complete Guide to Blogging* (New York: Simon & Schuster, 2008). Kerric Harvey, ed., *Encyclopedia of Social Media and Politics* (Los Angeles: SAGE Publications, 2013).

7. Bill Gueskin, Ava Seave, and Lucas Graves, "Chapter Six: Aggregation," *Columbia Journalism Review*, May 10, 2011. http://www.cjr.org/the_business_of_digital_journalism/chapter_six_aggregation.php. 〈허핑턴 포스트〉의 성장에 대한 세부 내용과 추가적인 통계 수치는 다음에서 확인할 수 있다. Michael Shapiro, "Six Degrees of Aggregation: How The Huffington Post Ate the Internet," *Columbia Journalism Review*, June 2012. http://www.cjr.org/cover_story/six_degrees_of_aggregation.php.
8. 다음에서 뽑은 내용이다. Joseph Turow, *The Daily You* (New Haven, CT: Yale University Press, 2011), 117. Nate Silver, "The Economics of Blogging and The Huffington Post," *New York Times*, February 12, 2011. http://fivethirtyeight.blogs.nytimes.com/2011/02/12/the-economics-of-blogging-and-the-huffington-post/; Bill Keller, "All the Aggregation That's Fit to Aggregate," *New York Times Magazine*, March 10, 2011. http://www.nytimes.com/2011/03/13/magazine/mag-13lede-t.html?r=0; Mike Friedrichsen and Wolfgang Muhl-Benninghaus, eds., *Handbook of Social Media Management: Value Chain and Business Models in Changing Media Markets* (New York: Springer Heidelberg, 2013).
9. Keith J. Kelly, "Huffington Post Turns 10—but Its Profits Are Still a Mystery," *New York Post*, May 5, 2015 "AOL Agrees to Acquire The Huffington Post," *Huffington Post*, February 7, 2011. http://www.huffingtonpost.com/2011/02/07/aol-huffington-post_n_819375.html.
10. Doree Shafrir, "The Truth About Perez Hilton's Traffic," *Gawker*, July 10, 2007. http://gawker.com/276369/the-truth-about-perez-hiltons-traffic.
11. Elizabeth Day, "Mr Gossip Steps into the Real World," *The Guardian*, September 30, 2007. http://www.theguardian.com/media/2007/sep/30/digitalmedia.fashion. Perez Hilton interview by Dan Avery, *Big Words*, December 8, 2001; Jacquelynn D. Powers, "Bringing Miami Spice to the Celebrity Dish," *Ocean Drive Magazine*. http://www.siqueiros.com/oceandrive/hybrid/archives/2006_11/cover/index.html; Colleen Raezier, "How the Media Legitimized Perez Hilton, Cyber-Bully Extraordinaire," *NewsBusters*, September 22, 2009. http://www.newsbusters.org/blogs/colleen-raezler/2009/09/22/how-media-legitimized-perez-hilton-cyber-bully-extraordinaire; "Perez Hilton US Media Kit," *Perez Hilton*. http://perezhilton.com/mediakit/US/; Will Wei, "WHERE ARE THEY NOW? Cre-

ators of 'Lonelygirl15' Turned Web Series into a Multi-Million Dollar Company," *Business Insider*, July 20, 2010. http://www.businessinsider.com/where-are-they-now-creators-of-lonelygirl15-turned-web-series-into-a-multi-million-dollar-company-2010-7.

12. Jon Morrow, "Why I Quit Blogging (and What to Do if You're Struggling)," *Guest Blogging*, http://guestblogging.com/quit-blogging/; David Weinberger, "This Blog Has Gone Spamtacular," Joho the Blog, October 4, 2015. http://www.hyperorg.com/blogger/category/blogs/.
13. Michael A. Banks, *Blogging Heroes: Interviews with 30 of the World's Top Bloggers* (Indianapolis: Wiley Publishing, 2008); Marta Cantijoch, Rachel Gibson, and Stephen Ward, *Analysing Social Media Data and Web Networks* (New York: Palgrave Macmillan, 2014); Paul Boutin, "Twitter, Flickr, Facebook Make Blogs Look So 2004," *Wired*, October 20, 2008, http://www.wired.com/2008/10/st-essay-19/.

23. 있어야 할 곳

1. Alan J. Tabak, "Hundreds Register for New Facebook Website," *The Harvard Crimson*, February 9, 2004.
2. George Beahm, *The Boy Billionaire: Mark Zuckerberg in His Own Words* (Chicago: Agate Publishing, 2012), 42.
3. Henry Blodget, "The Maturation of the Billionaire Boy-Man," *New York*, May 6, 2012 David Kirkpatrick, *The Facebook Effect: The Inside Story of the Company That Is Connecting the World* (New York: Simon & Schuster, 2010).
4. Jack Goldsmith and Tim Wu, *Who Controls the Internet?: Illusions of a Borderless World* (Oxford, UK: Oxford University Press, 2006), 17–18.
5. Erin E. Buckels et al., "Trolls Just Want to Have Fun," *Personality and Individual Differences* 67 (2014), 1.
6. Max Chafkin, "How to Kill a Great Idea!," accessed February 22, 2016. http://www.inc.com/magazine/20070601/features-how-to-kill-a-great-idea.html.
7. David Kirkpatrick, "I Get By with a Little Help from My Friends of Friends," *Fortune*, October 13, 2003.
8. Shirin Sharif, "All the Cool Kids Are Doing It," *The Stanford Daily*, April 30, 2004, A4.
9. Emily Rotberg, "Thefacebook.com Opens to Duke Students," *The Chronicle Online*, April 14, 2004; Shirin Sharif, "All the Cool Kids Are Doing It," *The Stanford Daily*, April 30, 2004, A4.
10. Kirkpatrick, *The Facebook Effect: The Inside Story of the Company That Is Connecting the World*, 175.
11. Seth Fiegerman, "Friendster Founder Tells His Side of the Story, 10 Years After

Facebook," *Mashable*, February 3, 2014. http://mashable.com/2014/02/03/jonathan-abrams-friendster-facebook/#b9wfGLedTiqV.
12. Danah Boyd, "White Flight in Networked Publics? How Race and Class Shaped American Teen Engagement with MySpace and Facebook," *Race After the Internet*, eds. Lisa Nakamura and Peter A. Chow-White (New York: Routledge, 2011).
13. Amy Lee, "Myspace Collapse: How the Social Network Fell Apart," *Huffington Post*, June 30, 2011. http://www.huffingtonpost.com/2011/06/30/how-myspace-fell-apart_n_887853.html.
14. Fred Vogelstein, "The Wired Interview: Facebook's Mark Zuckerberg," *Wired*, June 29, 2009. http://www.wired.com/2009/06/mark-zuckerberg-speaks/.
15. Zeynep Tufekci, "Grooming, Gossip, Facebook and Myspace," *Information, Communication & Society*, 11 (2008), 546, doi: 10.1080/13691180801999050.
16. Larry Dignan, "Facebook's IPO: Massive Valuation Brings Business Model Scrutiny," May 16, 2012. http://www.cnet.com/news/facebooks-ipo-massive-valuation-brings-business-model-scrutiny/.
17. Brad Smallwood, "Making Digital Brand Campaigns Better," October 1, 2012. https://www.facebook-studio.com/news/item/making-digital-brand-campaigns-better.
18. Christina Sagioglou and Tobias Greitemeyer, "Facebook's Emotional Consequences: Why Facebook Causes a Decrease in Mood and Why People Still Use It," *Computers in Human Behavior* 35 (June 2014).

24. 마이크로페임의 중요성

1. 여기의 모든 인용문은 2016년 1월부터 저자가 렉스 소가츠와 진행한 이메일 인터뷰에서 따왔다.
2. Rex Sorgatz, "The Microfame Game," *New York*, June 17, 2008.
3. James Ulmer, *James Ulmer's Hollywood Hot List: The Complete Guide to Star Ranking* (New York: St. Martin's Griffin, 2014).
4. Misha Kavka, *Reality TV* (Edinburgh: Edinburgh University Press, 2012), 166.
5. Gareth Palmer, "The Undead: Life on the D-List," *Westminster Papers in Communication and Culture*, 2 (2005), 40, discussing Anita Biressi and Heather Nunn's argument over reality TV.
6. David Weinberger, *Small Pieces Loosely Joined: A Unified Theory of the Web* (Cambridge, MA: Basic Books, 2008), 104.

25. 제4의 스크린과 나르시스의 거울

1. Taylor Glascock, "Hipster Barbie Is So Much Better at Instagram than You," *Wired*, September 3, 2015. http://www.wired.com/2015/09/hipster-barbie-much-bet-

ter-instagram/.
2. Jenna Garrett, "Hipster Barbie Quits the Internet, Leaving Us Without a Hero," *Wired*, November 4, 2015, http://www.wired.com/2015/11/socality-barbie-quits/.
3. "How to Grow Your Instagram," *The Miller Affect*, http://themilleraffect.com/grow-your-instagram/.
4. Hannah Ellis-Petersen, "Instagram Users Turn Flash into Cash, as Companies Eye New Advertising Market," *The Guardian*, November 27, 2014. http://www.theguardian.com/technology/2014/nov/27/instagram-users-earn-income-advertising-brands.
5. James Franco, "The Meanings of the Selfie," *New York Times*, December 26, 2013. http://www.nytimes.com/2013/12/29/arts/the-meanings-of-the-selfie.html?_r=0.
6. Laura Donovan, "This Instagram Star Is Calling B.S. on the Industry That Made Her Famous," *ATTN*, November 2, 2015. http://www.attn.com/stories/3966/why-essena-oneill-quit-social-media.
7. Mahita Gajanan, "Young Women on Instagram and Self-esteem: 'I Absolutely Feel Insecure,'" *The Guardian*, November 4, 2015. http://www.theguardian.com/media/2015/nov/04/instagram-young-women-self-esteem-essena-oneill.

26. 휘청거리는 웹

1. Jonah Peretti, "Notes on Contagious Media," in *Structures of Participation in a Digital World*, ed. Joe Karaganis (New York: Social Science Research Council, 2007), 160.
2. Ibid., 161.
3. Ben Cohen, "John Peretti Can Laugh at 'The Wolf of BuzzFeed' Because He Is Worth $200 Million," *The Daily Banter*, April 4, 2014. http://thedailybanter.com/2014/04/jonah-peretti-can-laugh-at-the-wolf-of-BuzzFeed-because-he-is-worth-200-million/.
4. Ben Cohen, "Buzz Feed Takes Journalism to New Low with Jurassic Park GIF Version of Egyptian Revolution," *The Daily Banter*, July 9, 2013. http://thedailybanter.com/2013/07/buzz-feed-takes-journalism-to-new-low-with-jurassic-park-gif-version-of-egyptian-revolution/.
5. *Columbia Journalism Review*, Twitter, September 28, 2012. https://twitter.com/cjr/status/251772260455706624.
6. Mark Manson, "In the Future, Our Attention Will Be Sold," December 4, 2014, http://markmanson.net/attention.
7. James Bennett, interview with Eric Schmidt, *Washington Ideas Forum*, October 1, 2010. http://www.theatlantic.com/technology/archive/2010/10/googles-ceo-

the-laws-are-written-by-lobbyists/63908/.
8. Gregor Aisch, Wilson Andrews, and Josh Keller, "The Cost of Mobile Ads on 50 News Websites," *New York Times*, October 1, 2015. http://www.nytimes.com/interactive/2015/10/01/business/cost-of-mobile-ads.html?_r=0.
9. Marco Arment, "The Ethics of Modern Web Ad-blocking," *Marco.org*, August 11, 2015, https://marco.org/2015/08/11/ad-blocking-ethics.
10. Ashlee Vance, "This Tech Bubble Is Different," *Bloomberg Businessweek*, April 14, 2011. http://www.bloomberg.com/bw/magazine/content/11_17/b4225060960537.htm.
11. James Williams, "Why It's OK to Block Ads," *Practical Ethics* (blog), University of Oxford, October 16, 2015. http://blog.practicalethics.ox.ac.uk/2015/10/why-its-ok-to-block-ads/.
12. Heidi Moore, "BuzzFeed Announces $19.3m in Funding As It Transforms Internet Advertising," *The Guardian*, January 3, 2013. http://www.theguardian.com/media/2013/jan/03/buzzfeed-new-funding-transforms-advertising.
13. Andrew Sullivan, "Guess Which Buzzfeed Piece Is an Ad," *The Dish* (blog), February 21, 2013. http://dish.andrewsullivan.com/2013/02/21/guess-which-buzzfeed-piece-is -an-ad/.

27. 후퇴와 저항

1. Tim Wu, "Netflix's War on Mass Culture," *New Republic*, December 4, 2013. https://newrepublic.com/article/115687/netflixs-war-mass-culture.
2. Netflix, Inc. Earnings Conference Call, interview with Reed Hastings, *Thomson Reuters*, January 22, 2014. http://files.shareholder.com/downloads/NFLX/0x0x720548/ea656605-6780-4844-9114-3985aaabeaa4/NFLX-Transcript-2014-01-22T22_00.pdf.
3. "Netflix Declares Binge Watching Is the New Normal," *PRNewswire*, December 13, 2013. http://www.prnewswire.com/news-releases/netflix-declares-binge-watching-is-the-new-normal-235713431.html.
4. Damon Lindelof, "Mourning TV," *New York Times*, November 11, 2007. http://www.nytimes.com/2007/11/11/opinion/11lindelof.html?_r=0.
5. Andrew Romano, "Why You're Addicted to TV," Newsweek, May 15, 2013. http://www.newsweek.com/2013/05/15/why-youre-addicted-tv-237340.html.

28. 여기서는 누가 보스인가?

1. Matthew Panzarino, "Apple's Tim Cook Delivers Blistering Speech on Encryption, Privacy," *TechCrunch*, June 2, 2015. http://techcrunch.com/2015/06/02/apples-tim-ook-delivers-blistering-speech-on-encryption-privacy/.

2. Ibid.

3. Tim Cook, "Apple's Commitment to Your Privacy," *Apple*, http://www.apple.com/privacy/.

4. Robin Anderson, *Consumer Culture and TV Programming* (Boulder, CO: Westview Press, 1995).

5. Richard Serra and Carlota Fay Schoolman, "Television Delivers People," *Persistence of Vision—Volume 1: Monitoring the Media* (1973), video.

6. Farhad Manjoo, "What Apple's Tim Cook Overlooked in His Defense of Privacy," *New York Times*, June 10, 2015. http://www.nytimes.com/2015/06/11/technology/what-apples-tim-cook-overlooked-in-his-defense-of-privacy.html?_r=0.

7. Lev Grossman, "Inside Facebook's Plan to Wire the World," *Time*, December 15, 2014. http://time.com/facebook-world-plan/.

8. iOS Developer Library, "What's New in Safari," *Apple*, https://developer.apple.com/library/ios/releasenotes/General/WhatsNewInSafari/Articles/Safari_9.html.

9. Joshua Benton, "A Blow for Mobile Advertising: The Next Version of Safari Will Let Users Block Ads on iPhones and iPads," *NiemanLab*, June 10, 2015. http://www.niemanlab.org/2015/06/a-blow-for-mobile-advertising-the-next-version-of-safari-will-let-users-block-ads-on-iphones-and-ipads/.

10. Randall Rothenberg, "Ad Blocking: The Unnecessary Internet Apocalypse," *Ad Age*, September 22, 2015. http://adage.com/article/digitalnext/ad-blocking-unnecessary-internet-apocalypse/300470/.

11. David Chavern, "Opinion: Ad Blocking Threatens Democracy," *Digiday*, January 12, 2016. http://digiday.com/publishers/opinion-ad-blocking-disastrous-effect-healthy-democracy/.

12. Avram Piltch, "Why Using an Ad Blocker Is Stealing," *Tom's Guide*, May 22, 2015. http://www.tomsguide.com/us/ad-blocking-is-stealing ,news-20962.html.

13. Marco Arment, "Introducing Peace, My Privacy-Focused iOS Ad Blocker," *Marco.org*, September 16, 2015. https://marco.org/2015/09/16/peace-content-blocker.

14. James Williams, "Why It's OK to Block Ads," *Practical Ethics* (blog), University of Oxford, October 16, 2015. http://blog.practicalethics.ox.ac.uk/2015/10/why-its-ok-to-block-ads/.

15. Michael Wolff, "Ad Blockers Impair Digital Media," *USA Today*, September 13, 2015. http://www.usatoday.com/story/money/columnist/wolff/2015/09/11/wolff-ad-blockers-impair-digital-media/72057926/.

찾아보기

The Attention Merchants

주목하지 않을 권리

2019년 7월 20일 초판 1쇄 인쇄
2019년 7월 25일 초판 1쇄 발행

지은이 | 팀 우
옮긴이 | 안진환
발행인 | 윤호권
책임편집 | 김예지
책임마케팅 | 문무현, 서영광, 이영섭

발행처 | (주)시공사
출판등록 | 1989년 5월 10일(제3-248호)

주소 | 서울 서초구 사임당로 82(우편번호 06641)
전화 | 편집 (02)2046-2884 · 마케팅 (02)2046-2894
팩스 | 편집 · 마케팅(02)585-1755
홈페이지 | www.sigongsa.com

ISBN 978-89-527-3714-4 (03330)

이 도서의 국립중앙도서관 출판예정도서목록(CIP)은 서지정보유통지원시스템 홈페이지(http://seoji.nl.go.kr)와 국가자료공동목록시스템(http://www.nl.go.kr/kolisnet)에서 이용하실 수 있습니다. (CIP제어번호:CIP2019027659)